2016년도 대한민국학술원 선정
우수학술도서

보리수 가지치기

비판불교를 둘러싼 폭 풍

기득권과 위선과 침묵 뒤에 몸을 사리는 일본 불교의 현실에 대한 철저한 반성에서 시작하여, 동아시아의 불교와 유교와 도가에서 내세우는 조화(和)의 이념이 사회적 차별을 정당화하는 기득권의 가식임을 폭로하고, 비코에서 연원하는 포스트모더니즘 사조가 현실의 실제 적폐를 호도하는 위선임을 적시하고, 객관성을 표방하는 막스 베버 부류의 학문 풍토가 실상은 파렴치한 침묵임을 고발하는 비판의 폭풍이 이제 우리 앞에 몰아친다. "가만히 있으라"는 유체이탈화법 속 침묵의 카르텔에 감연히 맞서는 이 폭풍 앞에서, 우리나라의 지식인은 어떤 선택을 할 것인가?

Jamie Hubbard & Paul L. Swanson 편저
류제동 역

씨아이알

차 례

추천사 ix
편저자 서문 xvii
역자 서문 xxi

서 론-제이미 허바드 xxv
비판불교의 맥락 xxix
비판불교와 서양적 맥락 xxxii
개별적 기고들 xxxv

기고자들 xlix
출처 명시 lii
서지사항과 용어에 대한 관례 lv

제1부
비판불교란 무엇이며 왜 주창되는가?

1. **왜 선은 불교가 아니라고 이야기되는가?**
불성에 대한 최근 일본에서의 비판-폴 스완슨 3
본각사상의 역사 5
본각사상에 대한 최근의 비판 8
여래장사상은 불교가 아니다 9
연기에 대한 재해석 10
'일본주의'에 대한 비판 12
『연기와 공』에서 기타의 논문들 13
선사상에 대한 비판적 연구 16
하카마야 노리아키의 본각사상 비판 17
『본각사상 비판』(1989) 20
『비판불교』(1990) 22
'화'(和), 비폭력, 그리고 불교 23
천황제에 대한 비판적 고찰 25
선(禪)에 대한 비판 26
'자연'이라는 아이디어에 비판적인 불교 28
본각과 법화경 28

차 례

악업을 제거하기 위한 의례에 대한 고찰 29
이러한 이슈에 대한 반응 및 그 밖의 기여 30
도전에 대한 불교학자들의 반응 32
다무라 요시로 32
다카사키 지키도 32
히라카와 아키라 34
람버트 슈미트하우젠 35
불교학계 밖의 반응 35
조동종의 반응 35
본각사상과 일본의 페미니즘 36
몇 가지 개인적인 고찰 37
요 약 39

2. 비판불교와 근원으로의 회귀 - 댄 러스트하우스 43
두 차원의 불가피성 45
중국불교에서 7세기와 8세기의 결정적 중요성 50
언제 깨달음은 깨달음이지 않은 것인가? 57
비판불교는 본질적으로 불교적 논쟁의 부흥인가? 62
비판불교에 대한 비판에 관하여 73

3. 비판철학 대 장소철학 - 하카마야 노리아키 83
양 극단의 대립 90
서양의 토착적 사상 96
일본의 토착적 사상 103
결 론 111

4. 장소 공포증 - 제이미 허바드 121
장소불교? 122
비판론과 장소론, 데카르트와 비코 125
장소론의 구조 132
도 교 137
본각과 교토학파 142
코멘트와 평가 154
결 론 167

5. 비판으로서의 학문 - 하카마야 노리아키 169

6. **비판의 한계** - 폴 J. 그리피스 217

7. **비판불교에 대한 코멘트** - 마츠모토 시로 243

제2부
참된 불교를 찾아서

8. **여래장사상은 불교가 아니다** - 마츠모토 시로 247
불교란 무엇인가? 247
여래장전통 250
결 론 256

9. **불성사상은 온전히 불교적이다** - 샐리 킹 259
연기(緣起) 263
아트만과 여타의 공덕바라밀(功德波羅蜜, GUṆAPĀRAMITĀ) 264
본체론 270
불성의 긍정 270
실재에 대한 다른 관점 274
비판불교에서의 사회 분석 282

10. **유가행파와 여래장 문헌에서 기체설 사상** - 야마베 노부요시 287
기체설 이론의 기본 구조 288
일원론인가 아니면 다원론인가? 290
유위법인가 아니면 무위법인가? 293
종성과 법계 295
기체설 297
결 론 301

11. **기체설 사상에 관한 비판적 대론(對論)** 303
논의에 대한 답론 - 마츠모토 시로 303

재반론 - 야마베 노부요시 309
"*dhātu*"의 의미 312

차 례

유가행파 문헌에서 "dhātu"의 용례 313
『대승장엄경론』(大乘莊嚴經論, Mahāyānasūtrālaṃkāra-bhāṣya) 318
발생적 일원론 모델 318
보편적 법계에 기초한 종성 구분 320
「보살지」 321
『보성론』 324
결 어 326

12. 티벳으로 도입된 인도불교의 핵심 요소들
일본불교와의 대조를 통하여 - 야마구치 즈이호 **329**
보리는 해탈이 아니다 332
보리는 깨달음이 아니다 340
보시와 자비의 중요성 344

13. '선'(禪)의 의미 - 마츠모토 시로 **361**

14. 비판불교와 도겐의 『정법안장(正法眼藏)』
75권본과 12권본 텍스트를 둘러싼 논란 - 스티븐 하이네 **375**
비판불교적 방법론 대 전통적 접근법들 381
『정법안장』 텍스트에 관한 논쟁 388
개작된 권들 395
비판불교학자들의 입장에 대한 요약 399
전통적 학자들의 대응 402
비판불교의 기여에 대한 평가 413

15. 비판불교는 실제로 비판적인가? - 피터 N. 그레고리 **423**
교리적 발전을 지지하는 근거 427
문화적 변용을 지지하는 근거 431
종교의 본질 434

16. 형이상학, 고통, 그리고 해방
두 불교 사이의 논쟁 - 린쩐구어 **441**
현대성의 업 443
계몽이라는 미완의 기획 448
현대 중국에서 비판불교 451

부재가 현존이 되는 장소 454
고통을 품는, 기쁨에 찬 불교 460

17. **기체설과 불교학의 최근 동향에 대한 고찰** - 다카사키 지키도 463

18. **비판불교에 대한 재검토** - 스에키 후미히코 473
비판불교의 주장들과 학계의 반응 476
하카마야의 사상 476
종파적 차원 476
불교학적 차원 477
철학적 차원 479
사회비판의 차원 480
마츠모토의 사상 480
비판불교에 대한 반응 481
비판불교 문제에 대한 나의 참여 482
비판불교에 대한 나의 관점 484
도겐과 본각사상 484
중국 선(禪)에 대한 평가 487
고유한 내지 토착적 사유방식에 대한 평가 489
방법으로서 불교 491

제3부
사회비판

19. **사회적 차별의 이념적 배경에 대한 고찰** - 하카마야 노리아키 497

20. **불교와 가미**
일본주의에 반대하며 - 마츠모토 시로 523
간접적 일본주의 524
순수한 일본주의에 대한 비판 535
가와바타의 미학적 낙관주의로서 일본주의 535
모토오리 노리나가의 일본주의 537
미시마 유키오의 순수한 일본주의 540
일본주의에 대한 반대 546

차 례

21. 천태본각사상과 일본의 자민족중심주의적 전환 - 루벤 하비토 549
중세 일본에서 천태본각사상 551
『우관초』와 『신황정통기』 553
13세기 말 문헌에서 일본 중심주의 560
본각사상과 일본인의 자민족중심주의 564
결 론 566

22. 『법화경』과 일본문화 - 마츠모토 시로 569
"일승": 합일의 원리인가 아니면 특수한 선택인가? 570
『법화경』과 여래장사상 576
불탑신앙과 『법화경』 582
일본문화에 대한 개인적인 생각 587

미 주 591
참고문헌 679
역자 해제 687
색 인 696

추천사

Introduction for Korean translation of *Pruning the Bodhi Tree: The Storm over Critical Buddhism*

It is my great pleasure and honor that *Pruning the Bodhi Tree: The Storm over Critical Buddhism* (Jamie Hubbard & Paul Swanson, eds., University of Hawai'i Press, 1997) has been translated into Korean by Professor Jeidong Ryu. It seems that the book, in which the problems concerning Critical Buddhism are discussed by many scholars, has made a considerable impact on Buddhist scholars and philosophers around the world.

What, then, is Critical Buddhism? Professor Hakamaya wrote that "criticism alone is Buddhism." However, this assertion by Professor Hakamaya may be rather difficult to understand. What is the meaning of the word "criticism"? What is the object of criticism? The object of criticism is stated by Professor Hakamaya to be original enlightenment thought, Zen, and topical philosophy. For my part, I have asserted that, theoretically speaking, Tathāgatagarbha thought, or Buddha-nature thought, is not Buddhist. However, I must admit that the validity of my assertion has not yet been fully proved by detailed arguments based on many Buddhist texts. So I would like to try to prove it more clearly and convincingly hereafter.

It is also noteworthy that Critical Buddhism has social-critical aspects. For example, social discrimination, Japan-centered ideology connected with Japanese militarism, and so forth, are also criticized. In this respect, it seems to me quite significant that a Korean translation of *Pruning the Bodhi Tree* will be published when, I think, the right-winged ideological tendency has seemingly increased in Japanese society.

The authors of the articles contained in *Pruning the Bodhi tree* are not solely supporters of Critical Buddhism. Rather, Critical Buddhism is criticized therein sometimes vehemently by many authors. In this sense, I think I can recommend the book to all readers who are interested in Buddhist philosophy. To deny or to affirm Critical Buddhism is secondary. First, it seems necessary at least to know the assertions of Critical Buddhism, even if they are sometimes discordant with traditional understandings of Buddhism.

Shiro Matsumoto

Komazawa University, Tokyo, Japan

10 September 2014

추천사
『보리수 가지치기』 한국어 번역판 추천사

『보리수 가지치기: 비판불교를 둘러싼 폭풍』(*Pruning the Bodhi Tree: The Storm over Critical Buddhism*, Jamie Hubbard & Paul Swanson, eds., University of Hawai'i Press, 1997)이 류제동 교수에 의하여 한국어로 번역되었다는 것은 나에게 커다란 기쁨이자 영예이다. 다수의 학자들이 비판불교에 관한 문제들을 논의하고 있는 이 책은 전 세계의 불교학자들과 철학자들에게 상당한 영향을 미쳐 왔다. 비판불교란 무엇인가? 하카마야 교수는 "비판만이 불교이다"라고 하였다. 그러나 하카마야 교수의 이 주장은 다소 난해하게 들릴 수 있다. "비판"이라는 단어의 의미는 무엇인가? 비판의 대상은 무엇인가? 하카마야 교수는 비판의 대상으로 본각사상, 선, 그리고 토착 철학을 지목한다. 나는 이론적으로 말해서 여래장사상 곧 불성사상이 불교가 아니라고 주장해 왔다. 그러나 솔직히 인정하건대, 아직 나의 주장의 타당성이 다수의 불교 문헌에 기초하는 구체적 논증에 의하여 온전히 입증된 것은 아니다. 곧, 나는 차후로 그 주장을 더욱 명료하고 설득력 있게 입증하는 시도를 하고 싶다.

또한 비판불교에서 주목되는 것은 사회비판적 측면이다. 예컨대, 비판불교에서는 사회적 차별, 일본의 군국주의와 연계된 일본 중심의 이념 등을 비판한다. 이러한 측면에서 『보리수 가지치기』의 한국어 번역이 출간되는 때에, 우익 이데올로기적인 경향이 일본 사회에서 증가하고 있는 것으로 보이는 것은 아주 우려스러운 것으로 여겨진다.

『보리수 가지치기』에 실린 논문의 저자들은 비판불교 지지자들만 있는 것이 아니다. 오히려 여러 저자들이 때로는 격하게 비판불교를 비판한다. 이러한 의미에서 나는 이 책을 불교철학에 관심 있는 모든 독자들에게 추천할 수 있다고 생각한다. 비판불교를 부정하느냐 인정하느냐는 부차적이다. 우선적으로 필요한 것은 불교에 대한 전통적 이해와 때때로 부조화한다고 하더라도 최소한 비판불교의 주장이 무엇인지를 아는 것이라고 여겨진다.

마츠모토 시로

일본 동경 고마자와 대학교에서

2014년 9월 10일

추천사

批判佛教與雙重啟蒙

佛教追求雙重啟蒙---勝義啟蒙與世俗啟蒙。對於大乘佛教來說，若無世俗啟蒙的實現，就沒有勝義啟蒙的完成。八十年代出現在日本，由曹洞宗學者提出的「批判佛教」，其重點就是批判某些佛教思想造成世俗啟蒙的失敗。他們的批判將此失敗歸因於東亞佛教的主流教義－如來藏思想以及建立在如來藏思想上的一些教派與哲學，如《起信論》、禪宗和京都學派哲學。他們稱這類如來藏思想為一元論式的「基體論」，在社會與政治實踐上造成無法肯定多元價值與秩序的後果。

「批判佛教」此論一出，立即引發日本佛學界內部的批評與責難，也引起國際學界的注目，本書即是北美學界的回應。其後，東亞佛教學界(包括台灣、中國)都陸續提出了回應。這些回應很多是從佛教內部的教義爭論切入，說明「批判佛教」在佛教教義層面的確是傳統爭論的延續。但是，這次的「批判佛教」爭論出現在八十年代，帶著和歷史上佛教內部論爭不同的性質。那就是，針對現代性議題的後現代思潮，包括重提戰爭時期京都學派參與的「近代的超克」論題，佛教不能置身事外，必須在立場上有所清楚表示。

在八十年出現的「後/現代性」論述，針對戰後所提出的樂觀的、進步論的「現代化」理論，試圖透過知識論式的考察，對來自西方的「現代性」進行系譜學分析，揭示其時間性與歷史性，以解除其普世性的迷思。這種批判性的反省來自不同的歷史處境和意識型態立場，各有不同的解讀與對治性方案。宗教也不例外，和儒家、伊斯蘭、印度教一樣，佛教也必須在思想和實踐上對於現代性議題(民主、人權、性別、環境、全球化)提出回應。對於佛教來說，這是「世俗啟蒙」的課題，Jürgen Habermas 則稱為「啟蒙方案」的課題。從佛教的觀點來看，「啟蒙」(Enlightenment) 具有雙重意義：宗教上的覺悟與近代歐洲啟蒙運動的批判精神。前者是勝義啟蒙，後者是世俗啟蒙。大乘佛教主張「生死即涅槃」，就是主張勝義啟蒙的實現無法脫離世俗啟蒙的完成。「批判佛教」的爭論應該從這「雙重啟蒙」的視角來審視。

林鎮國

國立政治大學哲學系特聘教授

2014年 9月 4日

추천사
『보리수 가지치기』 한국어 번역판 추천사 - 비판불교와 이중적 계몽

불교는 승의(勝義)적 계몽과 세속(世俗)적 계몽의 이중적 계몽을 추구한다. 대승불교에 관하여 이야기할 때, 세속적 계몽이 실현되지 않는다면 승의적 계몽도 완성될 수 없다. 1980년대에 일본에서 조동종 학자들이 제창하면서 출현한 '비판불교'는 일부 불교사상이 세속적 계몽을 이루는 데 실패하였다고 비판하는 데 중점을 둔다. 그들의 비판은 이러한 실패의 원인이 동아시아불교의 주류 사상에서 발견될 수 있다는 것이다. 여래장사상과 그 사상에 기초하여 건립된 여러 교파와 철학, 예컨대 『대승기신론』과 선종 및 교토학파의 철학이 여기에 포함될 수 있다. 그들은 이러한 유형의 여래장사상이 일원론(一元論)적 기체론(基體論)으로서 사회적이고 정치적인 실천에서 다원적 가치와 질서를 긍정하지 못하는 후과를 낳았다고 비판한다.

'비판불교'의 주장이 제기되자마자 일본불교학계 내부에서는 비평 내지 비판이 잇달았고, 국제학계에서도 주목하였다. 이 책은 곧 이러한 논란에 대한 북미학계의 반응이라고 하겠다. 이후에 (대만과 중국을 포함하여) 동아시아 불교학계에서도 속속 반응을 내놓았다. 이러한 반응은 대부분 불교계 내부의 교의 논쟁으로서, '비판불교'는 불교 교의 측면에서 전통적 논쟁의 연속이라고 할 수 있다. 다만 이러한 '비판불교' 논쟁이 1980년대에 출현한 것은 역사상의 불교계 내부 논쟁과 다른 특성도 있다. 곧 현대성의 문제로서 포스트모던 사조를 포함하고 있으며, 전쟁 시기 교토학파가 참여한 '근대의 초극'이라는 논제를 포괄하여 거듭 제기하고 있으니, 불교에서 방치할 수 없으며 반드시 명확히 입장을 표명해야 한다.

1980년대에 출현한 '포스트/모던' 논란은 전쟁 이후 제시된 낙관적이고 진보적인 '현대화' 이론을 겨냥하면서, 지식론적 고찰을 통하여, 서방에서 유래하는 '현대성'에 대하여 계보학적 분석을 진행하고, 그 시간성과 역사성을 드러내며, 그 보편성의 신화를 해체시킨다. 이러한 비판적 반성은 서로 다른 역사적 상황과 의식형태에서 그 입장이 유래하기에, 각기 서로 다른 해석과 대치 방안이 있게 된다. 종교도 예외는 아니어서 유교, 이슬람, 그리고 힌두교와 마찬가지로 불교 또한 반드시 사상과 실천에서 현대성의 의제(민주, 인권, 젠더, 환경, 지구화)에 대하여 응답해야 한다. 불교에서 이것은 '세속적 계몽'의 과제로서, 위르겐 하버마스(Jürgen Habermas)가 '계몽 방안'의 과제라고 일컫는 것에 해당한다. 불교 관점에서 볼 때, '계몽'(Enlightenment)에는 이중적 의의가 있으니, 종교적 깨달음과 근대 유럽의 계몽운동에서 비판 정신이다. 전자가 승의적 계몽이라면 후자는 세속적 계몽이다. 대승불교에서 '생사즉열반'(生死即涅槃)은 승의적 계몽의 실현이 세속적 계몽의 완성과 분리될 수 없음에 대한 주장이다. '비판불교' 논쟁은 마땅히 이러한 '이중적 계몽'의 시각에서 살펴보아야 한다.

린쩐구어
대만 국립정치대학 철학과 특빙교수
2014년 9월 4일

편저자 서문

Preface to Korean translation of *Pruning the Bodhi Tree*

It was with great pleasure that I learned of a completed Korean translation of *Pruning the Bodhi Tree*, a collection of essays edited by Jamie Hubbard and myself on the controversial movement known as "Critical Buddhism," first published in 1997. The collection aimed to provide not only translations of works by Hakamaya Noriaki and Matsumoto Shirō, the two Japanese scholars whose confrontational statements regarding the heterodoxy of ideas such as Buddha-nature and original enlightenment defined this "movement," but also include discussions on this topic from various perspectives by scholars of many different backgrounds. I am also happy that the book seems to have spurred debates around the world, including Korea, Taiwan, mainland China, the United States, and Europe.

It is no doubt superfluous to even say that the idea of Buddha-nature 仏性 and original enlightenment 本覚 is also very important for Buddhism in Korea. One need only look at the influential work of Wŏnhyo, for example, and his commentary on the *Awakening of Faith*. Or one may mention the intriguing case of the advocacy of original enlightenment in the

Vajrasamādhi-sūtra (*K. Kŭmgang sammae kyŏng* 金剛三昧経), an apocryphal yet influential text that may have been composed or compiled in Korea. I think it is imperative for contemporary Korean Buddhists and scholars to examine these issues, such as the historical importance of Buddha-nature and original enlightenment, and reconsider the impact these ideas have had on contemporary Korean society.

Again, I welcome an open discussion that compares the social impact of these ideas with that of Japan. Can it be said that the "original enlightenment" ethos encouraged social discrimination and reliance on the status quo in Korea, as Hakamaya claims for Japanese society? Or was Buddha-nature thought useful, as pointed out by Sallie King in this volume, to justify social engagement and compassionate action to transform society in Korea? Such a comparative analysis would clarify the influence of these ideas on different societies and cultures in different historical eras, and lead to a deeper understanding of their potential power.

Finally, I want to thank Dr. Ryu Jeidong for his work and commitment to translate this entire volume into the Korean language. May his work bear fruit through encouraging avid discussion, and lead to a deeper clarification of these issues.

Paul L. Swanson

Nanzan Institute for Religion and Culture, Nagoya, Japan

9 September 2014

편저자 서문
『보리수 가지치기』 한국어 번역판 서문

"비판불교"라고 알려진 운동에 대한 논쟁에 관하여 제이미 허바드(Jamie Hubbard)와 내가 여러 논문들을 모아서 1997년에 초판을 펴낸 『보리수 가지치기』의 한국어 완역을 알게 되었을 때 나는 크게 기뻤다. 이 모음집은 불성 그리고 본각과 같은 아이디어의 이단성을 정면으로 선포하여 이 '운동'의 방향을 결정지은 두 일본 학자 하카마야 노리아키와 마츠모토 시로의 저작들에 대한 번역을 제공할 뿐만 아니라, 여러 상이한 배경의 학자들이 다양한 시각에서 이 주제에 관하여 논의한 것도 포함하여 제공하고자 노력하였다. 나는 이 책이 한국, 대만, 중국 본토, 미국, 그리고 유럽을 포함하여 전 세계적으로 논란을 촉발하여 온 현상에 대해서도 기쁨을 느낀다.

한국불교에서도 불성(佛性)과 본각(本覺)이 매우 중요한 아이디어라는 것은 별도로 언급할 필요가 없을 것이다. 예컨대 원효의 주요 저작 가운데 『대승기신론』(大乘起信論)에 대한 주석서를 살펴보기만 해도 이 사실은 자명하다. 또는 한국에서 저작되었거나 편집되었을 가능성이 있는 중요한 위경(僞經)인 『금강삼매경』(金剛三昧經)에서 본각을 옹호하는 것도 흥미로운 경우라고 하겠다. 나는 현대의 한국 불자들 및 학자들이 불성과 본각의 역사적 중요성 등의 이슈를 검토하고 이러한 아이디어들이 현대 한국 사회에 미쳐온 영향력을 재고하는 것이 반드시 필요하다고 생각한다.

또한 나는 한국에서 이러한 아이디어들의 사회적 영향력을 일본에서의 영향력과 비교하는 공개토론도 이루어지기를 희망한다. 하카마야가 일본사회에 대하여 주장하듯이, 한국 사회에서도 '본각'의 기풍이 사회적 차별과 기성 질서의 고착화를 고무했다고 말할 수 있는가? 아니면, 이 책에서 샐리 킹(Sallie King)이 지적했듯이 한국에서 불성 사상은 사회를 변혁하는 방향의 사회적 참여와 자비의 실천을 정당화하는 데 유용한 역할을 하였는가? 이러한 비교 분석은 서로 다른 역사적 시대와 사회 및 문화에서 그러한 아이디어들이 미쳐 온 영향력을 밝힘으로써, 그 잠재력에 대한 보다 깊은 이해를 이끌어낼 것이다.

마지막으로, 이 책 전체를 한국어로 번역하는 작업을 헌신적으로 해준 류제동 박사에게 감사를 드린다. 그의 작업이 열띤 논의를 촉진하여 이러한 이슈들에 대한 보다 깊은 규명을 이끌어내는 결실로 이어지기를 바란다.

폴 스완슨(Paul L. Swanson)

일본 나고야, 난잔 종교문화연구소(南山宗教文化研究所)

2014년 9월 9일

역자 서문

"일본에는 어떠한 형태의 사회적 차별도 존재하지 않는다." 이것은 1979년 세계종교평화회의(World Conference on Religion and Peace)에서 당시 일본 조동종(曹洞宗) 종무총장(宗務総長)이자 전일본불교회(全日本仏教会) 이사장이었던 마치다 무네오(町田 宗夫)가 한 주장이다. 2011년 우리나라 전임 대통령의 "(우리는) 도덕적으로 완벽한 정권"이라는 유체이탈화법식 발언을 연상시키는 이 주장에 대한 뼈아픈 반성에서 일본의 비판불교운동은 전개된다.

『보리수 가지치기: 비판불교를 둘러싼 폭풍』(원서는 *Pruning the Bodhi Tree: The Storm over Critical Buddhism,* Jamie Hubbard & Paul Swanson, eds., University of Hawai'i Press, 1997)은 일본 불교학계를 중심으로 전개되고 있는 이러한 비판불교운동에 관하여 다양한 관점에서 세계적인 불교학자들의 논문들을 담고 있는 책이다. 비판불교운동은 일본 불교학계를 넘어서 학계 전반, 그리고 불교계만이 아니라 일본 사회 전반에서 폭풍과 같은 논란을 불러일으키고 있으며, 일본을 넘어서 중국에서는 물론이고 서구 학계 전반에서도 중요한 관심사가 되고 있다.

비판불교운동이 이렇게 중요한 관심사가 되는 데에는 『보리수 가지치기』라는 책 제목이 시사하듯이 불교전통, 특히 동아시아 불교전통 자체에 대한 통렬한 비판이 주된 요인으로 작용하고 있다. 그 비판에서 우선 주목되는 것은 일본 사회에서 군국주의 그리고 부라쿠민(部落民) 차별이나 여성차별과 같이 구체적인 부정적 현실에 대하여 예리한 반성적 비판이 전개되고 있다는 점이다. 그러나 그 비판이 실로 통렬한 것은 이 운동의 주창자들이 마츠모토 시로 그리고 하카마야 노리아키 같은 일본 불교학계의 대표적 권위자들이기 때문이기도 하거니와, 그 비판이 본각(本覺) 사상을 중심으로 동아시아 불교의 역린(逆鱗)이라고 할 수 있는 핵심적 주제를 건드리고 있기 때문이라고 하겠다.

곧 비판불교운동의 주창자들은 불교전통이라는 보리수에 대하여 메스를 가하면서 철저한 가지치기를 해야만 불교전통이 정통성을 회복할 수 있다고 주장한다. 그 가지치기는 단순히 학문적 차원에 그치지 않고, 동아시아 사회 전반에 대한 반성적이고 실천적이며 참여적인 성찰을 포함한다. 그리하여 불교뿐만 아니라 힌두교를 비롯하여 유교와 도교 그리고 일본의 신토(神道) 사상에까지 토착 철학이라는 비판과 함께 예리한 메스가 가해지면서, 동아시아 사회를 그 기반에서부터 재구성해야 한다는, 어찌 보면 무모하다고 할 수 있을 정도로 대담한 주장이 제기된다.

비판불교운동에서 주요 비판 타깃이 되는 토착 철학, 곧 장소(場所) 철학은 지연(地緣)을 중심 기반으로 삼는 사상으로 비판된다. 동아시아 사회에서 냉철한 비판이 자리 잡지 못한 것은 유교, 도교는 물론이고 불교에서도 이러한 장소 철학이 주축이 되어 왔기 때문이라는 것이다. 비판불교운동의 주창자들은 더 나아가 장소 철학이 조화(和)의 정신이라는 미명 하에 온갖 연(緣)에 따른 사회적 차별을 정당화한다고 신랄하게 비판한다.

이러한 차원에서 비판불교운동은 단순히 불교 내의 운동에 머무는 것이 아니라, 종교란 무엇이며 무엇이어야 하는가에 대한 질문으로 나아가고, 더 나아가 철학 그리고 학문이란 무엇이며 무엇이어야 하는가에 대한 질문으로 나아가며, 궁극적으로 지식인으로서의 삶은 어떠해야 하는지를 질문하여 독자를 불편한 궁지까지 몰아간다. 이러한 몰아세움 앞에서 막스 베버를 비롯한 서구학자들마저 비판의 대상이 되고, 여기에 더하여 현대의 서구적 학문에 경도되어 있는 학계 종사자들 모두가 사회적 이슈에 대하여 침묵에 머물 것이 아니라 책임 있는 자세로 적극적으로 발언할 것을 요구받는다.

이 책에서는 이러한 비판불교운동에서의 주장에 대하여 긍정적 입장만 있는 것이 아니라, 반대 입장에 대한 다양한 논의도 전개된다. 다만 거의 모든 필자들이 사회적 차별을 초극해야 한다는 것에 대해서는 이견이 없다고 하겠다.

우리나라에서도 『연기와 공: 여래장사상은 불교가 아니다』(松本 史朗 저, 혜원 역: 운주사, 1994) 그리고 『비판불교의 파라독스』(소흥렬 등 저: 고려대장경연구소출판부, 2000) 등 관련 번역서 및 연구서를 비롯하여 다차원적으로 연구가 진행되어 오고 있지만, 아직 매우 미진한 차원에 머무르고 있다고 할 수밖에 없다.

구체적으로 원효(元曉)와 지눌(知訥)을 중심으로 한국불교 전통에 대하여, 그리고 오늘날의 한국불교 현실에 대하여 비판불교와 연관된 성찰을 할 때 우리는 어떠한 진실에 직면하게 될 것인가? 특히 본각사상의 기반이 되는 『대승기신론』(大乘起信論)에 대한 대표적 주석자이자 오늘날에도 우리나라 스님들이 가장 닮고 싶어 하는 스님 1위에 꼽히는 원효는 어떻게 조명될 수 있을까? 실로 원효 자신의 사상은 비판불교의 메스를 벗어난다고 하더라도, 오늘날 한국불교는 그 메스를 벗어날 수 있을까? 신자유주의의 횡행 하에 사회적 양극화가 고착되는 가운데 갑을 논란이 그치지 않고, 세월호 사건에서 극명하게 드러나듯이 부패와 부실이 심각한 지경에 이르고 있다고 할 수밖에 없는 우리 사회의 현실에서 한국불교 전통은 어떠한 역할을 하고 있는가, 또는 어떠한 역할을 해야 하는가? 비판불교운동의 관점이라면 지금보다 훨씬 더 적극적인 역할이 요구된다고 할 수밖에 없을 것이다.

며칠 전인 5월 25일 <한겨레신문>은 일본 역사학자들의 '과거사 직시' 공동성명을 보도하였다. 곧, 당일 도쿄에서 역사학연구회, 일본사연구회 등 일본 역사학계를 대표하는 4개 단체 모두를 포함하는 역사학 관련 16개 학술단체의 역사학자 13,800여 명이 위안부 동원 과정에 대한 일본 정부의 법적 책임을 부인하려는 아베 신조 정부의 입장을 정면으로 반박하면서, 위안부 여성들이 '자신의 의사에 반해' '강제연행'되었음을 강조하는 공동성명을 발표하였다. 참으로 고무적인 소식이다. 차제에 국사 교과서를 통한 극우파들의 역사왜곡이 심히 염려스러운 우리나라의 현실이 더욱 참담하게 다가온다.

앞으로 학문적 연구와 더불어 실천적 참여 차원에서도 이 주제에 대한 적극적 관심이 보다 확산되고 활성화되기를 바란다. 그래서 언젠가는 한국불교의 적극적인 역할에 힘입어 우리나라 사람들이 여실하게 다음과 같은 발언을 할 수 있기를 기대한다. "한국에는 어떠한 형태의 사회적 차별도 존재하지 않는다."

류제동

원미산에서

2015년 5월 28일

서론

제이미 허바드(Jamie Hubbard)

늘 안정되어 있던 일본 불교학계가 커다란 논란에 휩싸이고 있다는 소문이 서양에까지 퍼진 것은 이미 여러 해 전이다. 대체로 그 논란의 중심에는 하카마야 노리아키 그리고 마츠모토 시로 같은 저명한 학자들이 '불교인 것'과 '불교가 결단코 아닌 것'에 관하여 제기한 주장들이 자리한다. 즉 불성이나 본각(本覺)에 대한 가르침 내지 교토학파 철학 같은 것은 불교가 아니며, 『유마경』에서 가르치는 불이(不二) 사상이나, 진여(眞如, *tathatā*) 사상, 그리고 선불교의 대부분 등은 불교가 아니라는 것이다. 그러면 '불교인 것'은 무엇인가?

"비판만이 불교이다." 이렇게 하카마야 노리아키는 『비판불교』(批判佛教)라는 자신의 저서에서 그다운 대립적 어투로 말하고 있다. 그는 여기에서 더 나아가 자신의 비판불교 관념을 '장소불교'(場所佛教)와 대조시키고 있다. 이 장소불교라는 말은 진리와 거짓을 비판적으로 구별하는 데에는 관심이 없고 합리적 논증을 필요로 하지 않는 미학적 신비주의를 가리키고자 만들어낸 조어이다. 그는 이러한 부류의 사고가 불교전통을 실제로 압도하고 있다고 생각한다. 보다 구체적으로 말하자면, 하카마야와 마츠모토를 비롯하여 그들에 동조하는 여러 학자들은, 불교교학 전통의 상당 부분에 잠재하고 있는, 언어와 이성적 사고에 대한 격하가 사회정의는 물론이고 불교적 깨달음의 핵심인 진리의 비판적 식별에 대한 말살을 초래하고 있다고 생각한다. 하카마야와 마츠모토의 주장에 의하면, 샤카무니는 존재의 참된 본성을 깨닫고, 고(苦)를 극복하였으며, 모든 이들을 위하여 그 진리 및 그 진리를 실현하는 길을 가르쳤는데, 그 이후에 불교전통의 상당 부분에 있어서는 진리에 관하여 이야기할 가능성조차 부정하는 데 정신없었다. 하지만 그들이 비판하는 것은 불교전통만이 아니다. 노자나 장자의 도(道), 니시다 기타로의 장소(場所), 학계 전반에서의 객관적이고 가치중립적인 학문관에 관한 위선, 그리고 모든 것이 동등하게 타당하다는 나태하고 반동적이며 포스트모던적인 긍정 등도 장소철학의 사례들로서 거론된다. 이들은 모두 불교의 비판정신에 정반대되는 것들인데도 불구하고 나약한 정신의 소유자들은 흔히 이들을 불교와 융합시키곤 한다. 불교사상에 대하여 기존 전통의 많은 부분에서 가혹할 정도로 비판적인 하카마야와 마츠모토는 서양에서뿐만 아니라 일본에서도 많은 불자들에 의하여 당연시되던 것을 문제 삼기 시작하였고, 지성적 질병이라고 간주되는 것과 싸우면서, 진리 주장에 대한 비판적 평가 및 그 교학적 구체화에 온전히 참여하면서 자신들의 불교관을 명료화하기 시작하였다.

불교가 비판적 사고에 참여해야 한다는 요구에 걸맞게, 하카마야와 마츠모토의 저작의 많은 부분은 사회비판에 할애되고 있다. 기술적(記述的, descriptive) 차원에서 처방적(處方的, prescriptive) 차원으로 뚜렷하게 이동하면서, 그들은 자신들의 불교적 진리관을 비판의 기준으로 활용하여 일본에서 불교로 행세하는 문화적 구조물들의 이데올로기적 기원을 적극적으로 폭로시키고 있다. 일본의 토착적 사상들과 그에 관련된 불교적 혼합물들은 사회적 부정의, 성차별, 인종주의, 제도적 차별, 제국주의, 정치적 억압, 그리고 환경 파괴에 기여하는 것으로 지적된다. 특히, 본각과 화(和) 사상, 교토학파 철학, 그리고 현재 유행하고 있는 일본적 독특성에 관한 이론들은 불교철학의 정점으로 행세하고 있지만, 사회적 부정의와 차별의 이데올로기적 사례들일 뿐이라고 공격받는다.

하카마야와 마츠모토가 옹호하는 비판의 정신과 관련하여, 이 책에 담긴 각각의 에세이들은 그들의 사상과 그들이 비판하는 사상을 검토한다. 이 편저의 동기를 얻게 된 것은 1993년 11월 워싱턴에서 개최된 미국종교학회의 한 패널에서, "비판불교: 새로운 방법론적 운동에 관한 이슈들과 반응들"(Critical Buddhism (*Hihan Bukkyo*): Issues and Responses to a New Methodological Movement)이라는 주제하에 토론을 하면서였다. 스티븐 하이네(Steven Heine)가 조직한 이 패널은 상당한 반응과 관심을 이끌어냈고, 이에 따라서 그들의 아이디어 및 저작을 둘러싼 논란들을 보다 철저하게 소개하는 기획이 현실화 되었다. 당시 우리의 목표는 비판불교의 아이디어들을 그 비판대상과 관련하여 소개하고 비평하는 것이었으며, 그러한 접근을 오늘날의 포스트모던적 학문관에 대한 논의, 곧 참여적 종교 실천자들과 비참여적 학자들의 분리 및 학계 내에서 사회적 활동의 위상에 관한 논의 내에 위치시키는 것이었다.

원고들을 모으면서, 우리는 하카마야와 마츠모토 및 그 동료들의 저작(그 대부분은 이전에 번역된 적이 없다)을 제시하는 것과 그 저작에서 야기되는 생생한 논의를 제시하는 것 사이에 균형을 취하고자 애썼다. 번역할 글을 선별하는 것은 엄청난 작업이었다. 그들의 산출물은 막대했고,

나날이 증가하고 있었으며, 광범위하고 다양한 주제를 포괄하고 있었다. 따라서 우리는 하나의 주제에 초점을 맞추지 않기로 하였고, 일본 불교학의 전형적인 문헌 분석을 넘어서는 글이라도 이 논의가 포괄하는 영역에 들어가는 것이 뚜렷한 글은 포함시키기로 하였다. 상세한 문헌학적 연구, 사회비판, 종파적 논쟁, 문화 비판, 비판에 대한 반응과 재반응, 현대 일본 지성인들 간의 논쟁에 관한 시론, 철학적 비판, 학문 방법론 등을 예로 들 수 있겠다.

이러한 논쟁적 담론이 종파적 맥락 밖에서 무슨 의의가 있느냐고 묻는다면, 첫 번째 대답으로 제시할 수 있는 것은, 단적으로 말해서 불교 학자들은 늘 불자들이 무엇을 생각하는지에 대한 연구를 해왔다는 것이다. 여기서 착오를 일으키면 안 되는 것은, 하카마야와 마츠모토가 불자로서 논쟁하고 있기는 하지만, 그들은 또한 전통적인 의미에서 일급의 불교학자들이라는 것이다. 실로, 비판불교의 주제들에 관한 하카마야와 마츠모토의 여러 책들과 논문들은 그들의 전체 저작의 단지 일부일 뿐이니, 폴 그리피스(Paul Griffiths)와 같이 권위 있는 학자가 다음과 같이 말하는 것에 대해서 경청할 필요가 있다. "[하카마야는] 불교에 대해서 나에게 다른 누구보다도 많은 것을 가르쳐주었다. …… [그는] 거의 어느 주제에 대해서건 나보다 엄청나게 많은 것을 알고 있는 사람이다." 하지만, 여래장사상이나 그 밖의 관련된 교설의 의미와 타당성에 관한 논쟁은 그 사상들 자체만큼이나 오래된 것이니만큼, 그들의 주장에 있어서 우리의 관심을 새롭게 끌만한 다른 무엇이 있는지도 물어볼 수 있겠다. 내가 믿기로 어떤 의미에 있어서는 이러한 질문에 대한 최상의 답변은 여기에서 제시되는 정교한 비판의 면면들에서 찾을 수 있을 것이고, 그들의 저술이 전 세계적으로 야기한 열정적인 토론들에서 찾을 수 있을 것이겠지만, 그들의 비판에 대한 보다 넓은 배경을 제공해준다는 의미에서 몇 가지 이슈들을 그래도 언급해 보기로 하겠다.

비판불교의 맥락

비판불교에서 다루어지는 이슈들이 그 적절성에서 일본적 맥락에 제한되어 있는 것은 결코 아니지만, 우리는 우선 현대 일본 불교에서 종종 언급되는 윤리적이고 제도적인 위기의 맥락에서 비판불교의 쟁점을 고려할 필요가 있다. 이러한 의미에서 현대 일본에서 종교적 필요에 대하여 역동적인 방식으로 응답할 필요가 있다는 것은, 새로운 종교운동의 경이로운 신장이나 정토진종(淨土眞宗) 내에서 도보카이(同朋會) 운동과 같은 개혁운동의 비판정신과 같이 매우 다양한 현상들에서 증명된다. 이러한 의미에서 조동종(曹洞宗) 계통의 선불교 내에서 불교사상들에 대하여 비판적 관점을 자극하게 된, 아마도 가장 명백한 요인은 1979년 세계종교평화회의(World Conference on Religion and Peace)에서 비롯된 이른바 '마치다 사건'(町田 事件)의 충격이었다. 당시 일본 조동종(曹洞宗) 종무총장(宗務総長)이자 전일본불교회(全日本仏教会) 이사장이었던 마치다 무네오(町田 宗夫)는 일본에 어떠한 형태의 사회적 차별도 존재하지 않는다고 주장하였다. 그는 나중(1984년)에 이 발언을 취소했으며, 조동종은 그 종파의 오랜 역사를 통하여 사회적 차별을 지속해왔음을 인정하고 여러 위원회를 설립하여 그러한 상황을 연구하고 고쳐나가기 시작했다. 나아가, 그 사건에 관련되었던 많은 사람들이 이 문제를 더 심각하게 바라보면서, 그러한 관행이 조동종의 그 오랜 역사 동안 아무런 의문 없이 지속될 수 있었던 데에 어떤 시스템적인 이유가 있는지 궁금해 하기 시작했다.[1] 몇몇 사람들에게는 이러한 부류의 일들이 선(禪)이라는 찻잔 속에 가벼운 폭풍처럼 여겨질 수도 있겠지만, 조동종 내에서나 일본의 하층민들 사이에서는 당시에도 그렇지 않았고 지금도 그렇지 않다. 그 이래 하카마야의 (본서에 포함되어 있는) 논문 「사회적 차별의 이념적 배경에 대한 고찰」은 이 문제를 연구하도록 지정된 위원회 내에서 저술된 것이고, 학회에서가 아니라, 오사카 부락해방(部落解放) 센터에서 발표되었으며, 뒤에 조동종 종무청(宗務廳)에 제출된 공식 보고서에 첨부되었다.

마치다 사건에 의하여 야기된 애초의 폭풍은 다소 가라앉았지만, 조동종 인권옹호추진본부(人權擁護推進本部)는 계속해서 이 주제에 관하여 수많은 책과 기타 자료를 발행하고 배포해왔다. 그 쓰라림은 여전히 조동종 안팎 모두에서 광범위하게 느껴지고 있다. 이 위원회에서 검토된 다른 문제들로는 전쟁 기간 동안 고마자와 대학 교수진의 역할, 그리고 대역사건(大逆事件)에 가담한 죄로 1911년 처형된 조동종 승려 우치야마 구도(內山 愚童, 1874-1911)의 승직 박탈과 1993년 조동종에 의한 사후 승직 복권 등이 있다. 하카마야는 이어서 조동종 내의 승려로서의 지위뿐만 아니라, 고마자와 대학의 불교 교수직이라는 명예로운 직책도 사임하였다.

그러나 조동종 내의 마치다 사건이 비판불교의 유일한 매락인 것은 아니다. 우리는 이 논쟁에서 둘째로 중요한 맥락으로서 보다 폭넓게 일본의 정치와 문화의 영역 또한 살펴보아야 한다. 관련 논문들이 처음 발표된(1985-1986) 지 10여 년이 지났지만, 우리가 유념해야 할 것은 바로 그 언저리의 시기에 나카소네 야스히로가 투표에서 자민당의 압도적 승리 뒤에 수상으로 선출되었고, 로널드 레이건이 미국 대통령으로서 두 번째 임기를 누리고 있었으며, 정치적 진영에서만큼이나 심각하게 종교적이고 문화적인 세계에서도 좌파와 우파 간의 경계선이 뚜렷해지고 있었다는 것이다. 야스쿠니 신사에 대한 정부의 공식적 방문이라는 문제는 미국에서 근본주의 기독교 우파의 망령이 백악관의 정책을 압도하고 있었던 것만큼이나 일본에서는 충격적인 것이었다. 이러한 분위기에서 "일본인론"(日本人論)이라는 수사학의 강도가 심화되고 그러한 이념들을 전개하는 자들과 정부 간의 밀월 관계가 이어지면서, 전체주의의 귀환을 상상할 수 없는 기획이라고 여기고 있던 많은 사람들은 큰 충격을 받고 있었다. 서양인들은 일본 종교가 고등학교 교과서에서 소개되는 방식을 둘러싼 다양한 논쟁들-황제의 장례식이 불교적일 것인가 신토(神道)적일 것인가, 그리고 일본이 국방비를 더 부담해야 할 것인가 여부 등-에 관하여 많은 것을 듣고 있지는 않지만, 이러한 문제들은 일본인들이나 아시아의 이웃나라 사람들에게는 심각한 관심사안이다. 이러한 당대의 사회적 이슈들에 대한 언급이 하카마야나 마츠모토의 저술들에서는 지속적으로 부각되는데, 이는 비판불교의 사회적 참여가, 내 생각에는, 부분적으로 서양의 도처에서 전개되는 "문화 전쟁"에서의 접전과 유사한 것으로 간주되어야 한다는 것을 시사한다.

셋째로 우리가 염두에 두어야 할 것은 일본 불교학자들이 언제나 서양의, 적어도 미국의 불교학자들보다는 다소 더 사회적 목소리를 내왔다는 것이다. 일본은 물론 불교국가이고, 매우 열성적인 독서 대중은 불교문화의 온갖 측면에 관한 정보에 있어서 막대한 수요를 창출하고 있다. 잘 알려진 대부분의 불교학자들은 한두 차례는 일반 대중을 위한 서적을 저술하고, 그들의 기고가 수많은 주간지와 신문들에 일상적으로 등장한다. 동시에 더 나아가 대부분의 불교학자들은 불교 사찰의 주지라는 또 하나의 역할을 갖고 있는데, 이 역할은 흔히 고대로부터 내려오는 중요한 역할로서, 종파적이고 제도적이고 정치적이고 공동체적이거나 교구적인 문제에서 일정한 역할을 맡아 발언을 하는 것이다. 하카마야와 마츠모토는 어느 면에서나 이러한 역할들 사이에서 구분을 철저히 하지 않은 최초의 사람들이 아니다. 실로, 개별적인 학자들에 대한 그들의 많은 부분의 비판은 이른바 객관적인 학문 이면에 숨겨져 있는 헌신을 억지로라도 드러내려는 시도일 뿐만 아니라, 학자들로 하여금 자신들의 공적인 발언, 설법, 그리고 대중적인 저술들에 대하여 책임지게 하려는 시도라고 간주해도 좋을 것이다. 최근의 한 대화에서 그들이 나에게 말한 바에 따르면, 과거에 불교학자들과 정치적 기득권층 사이의 결탁이 가져온 파괴적인 결과는 역사적으로 흥미로운 사안에 지나지 않을 수도 있지만, 그들의 믿음에 의하면 책임성에 대한 이러한 요청은 오늘날 더욱더 중요한데, 왜냐하면 오늘날 일본인들이 비합리적이고 신비적인 경험을 강조하는 오컬트(occult)적이고 "뉴에이지(New Age)"적인 종교들－옴진리교 같은 종교들－에 매혹되고 있기 때문이다.

비판불교와 서양적 맥락

비판적이고 참여적인 불교학에 대한 요청이 일본의 종교적, 정치적, 그리고 문화적 맥락에 뿌리박고 있다고 하더라도, 이는 또한 서양학계의 경향과도 공명을 일으키고 있다. 우선, 우리가 언급할 수 있는 것은 실증주의적 역사기술의 정태적이고 몰역사적인 확실성에 대한 포스트모던적인 부정과, 그와 관련하여, 순수하게 객관적인 학문을 가능하지도 않고 바람직하지도 않은 것으로 배격하려는 경향이다. 더 이상 인류학이나 여성학이나 비교문학과 같은 유행사조에 제한되지 않으면서, "객관적인" 학문의 기득권에 대한 해체는 자연과학에까지 확산되어 왔으며, 심지어 불교학도 더 이상 안전지대가 아닌 것이다.[2)]

이와 관련되어 있는 사실로 주목되는 것은 오늘날 학계에서 참여적 경향이 점증하고 있다는 것이다. 다시 말해서, 학자들이 기술해낼(de-scribe) 때조차도 기술을 끌어들이고(in-scribe) 있다는 관념에 일단 동의하게 되면, 규범적인 가치판단에로의 움직임은 자연스러운 다음 단계인 듯하며, 아마도 심지어 도덕적으로 의무적인 단계로 여겨져, 마침내 문화비판이나 후기식민주의 연구와 같은 분야들은 그 분야 전체가 거의 그 본질상 참여적인 것으로 여겨지는 듯하다. 이러한 의미에서, 하카마야가 비록 스스로 "포스트모더니즘"에 대하여 부도덕하고 흐리멍덩한 상대주의라고 불평하는 면이 있음에도 불구하고, 그 스스로 객관주의적이거나 실증주의적인 접근을 배격하고 역사의 서사에 초점을 맞추는 것은, 서양에서 학문적 담론의 서사적인 (또는 메타서사적이거나 서사주도적인) 측면에 초점을 맞추는 것과 다르지 않은 듯하며, 이와 꼭 마찬가지로, 비판적 판단에 대한 그의 요청은 오늘날 학계에서 그러한 참여적 경향과 다르지 않은 듯하다.

따라서 '원래의' 불교에 대한 옛 추구의 반향 정도로 비판불교를 바라보기보다는, 오히려 그러한 접근, 곧 불교를 그 종교적인-다시 말해서, 주체적이고 가치판단적인-과거로부터 단절시킴으로써 과학적이고 현대적인 것으로 만들려는 접근에 대한 철저한 배격으로 비판불교를 바라보는 것이 나에게는 더 정확한 듯하다. 비판불교가 역사적 붓다에 대한 그러한 추구를 가리키지 않는다는 것이 가장 뚜렷하게 나타나는 것은 마츠모토의 주장에서인바, 그는 붓다의 가르침조차도 연기나 무아의 가르침과 모순된다면 기꺼이 비판하려는 태도가 '비판적 태도'라고 주장하는 것이다. 비판불교는 기원에 대한 역사적이거나 문헌적인 추구가 아니라, 철학적이고 비판적인 진리 추구를 가리키는 것이다.

다만, 이 비판이라는 아젠다는 불교적 진리의 맥락 내에서 추구되며, 하카마야와 마츠모토 양자는 모두 불자로서 논쟁하고 있는 것이다. 비록 이러한 호교론적 내지 "신학적" 입장이 아마도 그들이 생산해내는 토론의 가장 논쟁적인 측면이기는 하겠지만, 이 측면 또한 서양의 불교 연구 조류와 강한 공명을 일으키고 있다. 종교에 대하여 과학적 연구를 하자는 막스 베버의 요청을 따라, 서양에서 종교 연구는 그 신학적 기원으로부터 벗어나서 그 자체를 세속의 대학 내에서 존중받을 만한 분과학문으로 확립시키고자 오랫동안 애써왔다. 불교 연구도 예외는 아니어서, 오늘날까지도 대체로 그 유럽적인 기원을 따라서 텍스트에 대한 문헌학적 연구에 매진해왔다. 하지만 하카마야와 마츠모토가 객관적이고 가치중립적인 학문이라는 베버의 이상을 배격하는 것과 마찬가지로, 서양의 많은 불교학자들은 학문적 담론 내에서 헌신적인 불자들이 불교적 진리에 대한 자신들의 사상을 주장할 자리가 실로 있어야만 한다고 점점 더 공개적으로 주장하고 있으며, 몇몇 사람들에 의하면 많은 학자들이 이미 바로 그렇게 하고 있으나, 다만 그러한 헌신을 공개적으로 인정하고 있지 않을 뿐이다.[3)]

확실히, 대부분의 서양 불교학자들은 위에 언급된 일본의 불교학자들과 꼭 같은 정도로 이중적인 역할을 갖고 있지는 않다. 하지만 점점 더 많은 사람들이 실천적 불자로 자처하고 있으며, 그 다양한 역량에 따라 서양의 불교 공동체에 참여하고 있다. 도널드 로페즈(Donald Lopez)는 대학 내에 승려 경험이 있는 학자들의 존재에 주목하면서, 심지어 더 나아가서 전통적인 출가자들의 승가 공동체가 부재하는 상황에서는, "불교 승려들의 스승 역할이 종종 역설적으로 학계에 맡겨지는" 점을 시사하기에 이른다.[4)] 그리고 로버트 써먼(Robert Thurman)은 서양 대학의 기원과 교육이 우리의 삶에서 행사하는 적극적 역할을 상기시키면서, 종종 학자들을 "개혁파 승려들"(Protestant monks)이라고 일컬어왔다. 피터 그레고리(Peter Gregory)가 본서에 실린 자신의 논문에서 주장하듯이, 학계에서 이처럼 다양한 역할들을 산출하는 상황들 앞에서 우리는 잠시 멈추어서, 다양한 문화 내에서 지식이 생산되는 방식들에 대하여 성찰해야만 할 것이다. 하카마야와 마츠모토의 저술들은 확실히 바로 그러한 성찰에 추동력을 제공해준다.

개별적 기고들

이 책 자체는 세 부분으로 나뉜다. 제1부 「비판불교란 무엇이며 왜 주창되는가?」에서는, 비판불교라는 관념 그 자체의 실제와 맥락 양자를 모두 다루고자 시도한다. 폴 스완슨(Paul Swanson)의 논문 「왜 선(禪)은 불교가 아니라고 이야기되는가?」에서는 이 주제에 관한 하카마야, 마츠모토, 그리고 그 밖의 사람들의 저술에 대한 상세한 개관을 제공할 뿐만 아니라, 그들의 저술이 학계와 각 종파의 세계에서 불러일으킨 반응들의 몇몇을 소개하고 있다. 그는 결론에서, 비판불교에는 적어도 세 가지 수준의 비판, 곧 불교학적 비판, 종파적 비판, 그리고 사회적 비판이 포함된다고 이야기한다. 「비판불교와 근원으로의 회귀」에서 댄 러스트하우스(Dan Lusthaus)는 보다 폭넓은 역사적 조망을 하면서, 비판불교를 여러 역사적 전개에 대한 불가피한 반응이라고 간주한다. 그는 여래장(如來藏, *tathāgata-garbha*)을 둘러싼 고대로부터 전개되어온 논쟁 전통의 연장(또는 재현)으로서 비판불교를 바라본다.

하카마야의 논문 「비판철학 대 장소철학」이 그 다음에 이어지는데, 이 논문에서 하카마야는 이러한 대립을, 서양철학에서 르네 데카르트(René Descartes)의 비판적 방법과 잠바티스타 비코(Giambattista Vico)의 수사학적 강조 사이의 대립 맥락에서 해석한다. 여기에서 그는 후자에 대한 최근 일본에서의 매료를 지성적 질병의 일종이라고 평가절하 한다. 이러한 질병의 가장 큰 위험은 그들이 "그 자체의 수사학을 판매하기 위하여 권위의 목소리를 채택하는 것"이라는 데 주목하면서, 하카마야는 결론에서 스스로 자신의 논쟁에서 권위적인 목소리를 사용하는 데에 반문을 제기한다. 나 자신의 기고 「장소 공포증」에서는 '장소' 철학에 대한 하카마야의 비판을 명료화하고자 시도한다. 나는 이 아이디어를 살펴보는 데 있어서, 그 맥락이 되고 있는 사유들, 곧 아리스토텔레스의 논리학 고전 내에서 원래의 용례, 18세기에 장소철학을 주창하였으며 하카마야의 공격 대상이 되고 있는 잠바티스타 비코의 사상, 그리고 하카마야가 순응 내지 굴종의 이념이라고 공격하는 도가와 일본 사상에서 조화의 철학과 같은 동아시아 전통을 검토한다.

그 다음 장 「비판으로서의 학문」에서 하카마야는 막스 베버의 영향력 있는 에세이 "직업으로서의 학문"에서 예시되는 학문적 객관성의 문제를 파고든다. 베버와는 정반대로 – 그리고 위에서 언급한 바와 같이 현대 서양 학계의 보다 참여적인 경향과 더 잘 어울리게 – 하카마야는 객관적 학문이라는 관념이 장소철학에서 보여주는 권위주의적 접근의 추가적 사례임을 발견하고 있는데, 거기에서는 중립적 '사실'이 발견되어서 가치중립적인 것으로 드러내어진다고 전제되지만, 실제에 있어서는 그들의 (재) 표상 행위 자체가 주관적 견해를 몰래 끌어들이고 있다는 것이다. 하카마야는 독자들 앞에 그러한 사례 여럿을 열거하고 있다. 포스트모더니즘의 문학적이고 비판적인 경향을 반영하는 듯이, 그는 과거에 내하여 객관적 접근에 호소하는 것을 배격하고, 예컨대 역사의 서사적 성격을 선호한다. "'*장소*'(*topos*)를 높이는 이들이 또한 '객관적' 사실들을 높이는 반면에, 비판을 가치 있게 여기는 이들은 언어를 가치 있게 여긴다는 것은 타당하다. 후자는 비판으로서 언어를 다듬는 것 외에는 선택의 여지가 없는 데 반해서, 전자는 그저 '사실'을 *장소*(*topos*)로서 발견하기만 하면 되는 것이다." 이러한 의미에서 학자는 나아가 강의실에서도 객관성의 허울을 포기하고 선동가로 낙인찍힐 위험을 각오해야 할 것이고, 하카마야의 주장에 있어서는 그러한 길이야말로 도덕적으로 바람직한 길이다.

「비판의 한계」에서, 폴 그리피스(Paul Griffiths)는 내면적 인식론과 외면적 인식론이라는 보다 친숙한 술어를 통해서 하카마야의 비판 관념을 맥락화하고자 한다. 그의 주장에 따르면, 전자는 하카마야가 장소철학이라고 비판하는 것에 가까우며 그것이 야기하는 많은 문제들 때문에 배격되어야 한다. 자신의 주장을 예시하는 가운데, 그리피스는 불교에서 "본성"의 의미에 관한 하카마야와 슈미트하우젠의 논변을 살펴보면서, '비판'이 불자가 된다는 것의 의의를 얼마나 명확하게 해줄 수 있는지에 관하여 추가적인 질문들을 제기한다. 이 섹션에는 마지막에 짧은 논문으로 1993년 미국종교학회(AAR)에서 비판불교 패널 토의에 대한 마츠모토의 응답이 실려 있다.

제2부 「참된 불교를 찾아서」는 마츠모토의 「여래장사상은 불교가 아니다」라는 글로 시작하는데, 이 논문은 비판불교 논쟁을 야기한 글들 가운데 하나이다. 이 논문은 원래 1986년 일본 인도학불교학회에서 발표된 것인데, 여기에서는 연기(緣起)와 무아(無我)의 가르침에 위배되며 따라서 참된 불교가 아닌 것으로 배격되어야 할 발생론적 일원론의 한 형태로서 기체설(基體說)에 대한 마츠모토의 정의가 제시되고 있다. 이 논문에 이어지는 것이 샐리 킹(Sallie King)의 「불성사상은 온전히 불교적이다」라는 논문인데, 여기에서 그녀는 여래장과 불성이, 실체론적인 존재론이라기보다는 구원론적인 장치들로 간주되어야 하며, 따라서 그녀의 논문 제목이 시사하듯이, "온전히 불교적인 가르침"이라고 주장한다. 그녀는 또한 이러한 교설들과 사회적 차별 사이에는 불가피한 관계가 없으며, 오히려 그 교설들이 사회적 참여를 정당화하고 고무하는 데 사용될 수 있고 실제에 있어서도 그렇게 사용되어 왔다는 점을 발견하고 있다.

마츠모토와 하카마야가 계속해서 자신들의 논쟁을 이어가는 영역들 가운데 하나가 불교학의 전통적인 양식 곧 철학적 주석이다. 야마베 노부요시의 기고 「유가행파와 여래장 문헌에서의 기체설 사상」과 그에 이어지는 마츠모토와의 대론은 이러한 방식의 한 사례이다. 이 논문에서 야마베는 마츠모토가 기체 사상의 결정적 특징이라고 규정하고 있는, 차별적 다원주의를 야기하는 발생론적 일원론이 사실상 마츠모토가 인용하는 유가행파 논서들에서 발견될 수 없다고 주장한다. 이 문제들에 관해서는 마츠모토의 원래 논문들을 더 읽어보아야겠지만, 그의 답론과 야마베의 최종적 재반론("비판적 대론(對論)")은 그 논쟁의 복잡함과 그들이 추구하는 정교함의 수준을 잘 예시해준다. 두 저자 모두 토론을 계속해서 자신들의 입장을 더 명료화하고픈 바람을 표현했는데, 편집상의 제약으로 그 바람은 수용할 수 없었다.

"비판불교"는 하카마야와 마츠모토의 논쟁적인 저술과 가장 흔하게 연관되지만, 그들만이 비판적인 불교학에 종사하고 있는 것은 물론 아니다. 저명한 티벳불교학자 야마구치 즈이호는 이러한 면에 있어서 하카마야와 마츠모토 모두에 의해 영감을 주는 멘토로 자주 언급된다. 그의 기고 「티벳에 도입된 인도불교의 핵심 요소들」은 하카마야와 마츠모토에게 일찍이 영감을 준 저술 가운데 하나로서, 불교를 그 유명한 삼예 논쟁의 빛 아래에서 조망하고 있다. 이 논쟁은 마하연 선사에 의하여 대변되는 비개념적인 본래의 청정함과 그에 대한 순간적인 파악을 한편으로 하고, 카말라실라에 의하여 지지되는 육바라밀(六波羅蜜)의 점진적 수행이라고 하는 인도적 전통을 다른 한편으로 하는, 양 진영의 지지자들 사이에 가장 잘 알려져 있는 논쟁이다. 보리(菩提)의 지혜가 '해탈'이나 '깨달음'의 신비적 통찰과 동등한 것이라는 관념을 비판하면서 야마구치는 "불교의 목적은 '해탈'(mukta, vimokṣa)이 아니라 '위대한 연민'(mahā karuṇā)의 실천을 위한 '지혜'(보리)의 실현이다."라고 언급한다. 그는 곧 카말라실라의 편에 서서 결론짓기를 불교는 "완벽한 보시(布施)의 실전"으로 이루어지며, 이는 육바라밀의 실천에 달려 있다고 한다.

선의 돈오주의에 대한 이러한 유형의 비판은 물론 새로운 것이 아니고, 하카마야와 마츠모토 양자가 모두 조동종 선맥에 속해 있고 조동종 선을 지향하는 대학에서 가르치고 있는 학자들로서 선이란 도대체 무엇인가를 명료화하고자 몸소 매진하는 것은 자연스러운 일이다. 마츠모토의 1993년 저서 『선사상의 비판적 연구』(禪思想の批判的 硏究)는 선 전통에서 성스럽게 여겨지는 많은 부분에 대하여, 특히 '선'이라는 관념 그 자체에 대하여 비판적인 입장을 견지하고 있다. 이 책에 포함된 발췌고 「'선'(禪)의 의미」에 요약되어 있듯이, 마츠모토의 주장은 "선(선정의 수행)이 개념적 사유의 종식을 의미한다면, 그러한 선사상은 불교 그 자체를 부인하는 것이다."라는 데 있다. 유사한 방식으로, 『도겐과 불교』(道元と佛教)에서 하카마야는 일본 조동종 선 전통에서 그 자체의 창시자에 대해서 갖고 있는 이해에 대하여 포괄적으로 비판하면서 주장하기를, 도겐의 사상을 이해하는 데 있어서 본각사상에 대한 그의 비판이 근본적으로 중요한데, 이 비판이 가장 잘 드러나는 것은 『정법안장』(正法眼藏)의 표준이 되고 있는 75권본이 아니라 그의 만년에 완성되어 앞서의 75권본을 대체하는 의미를 지니고 있었던 12권본에서라고 하였다. 스티븐 하이네(Steven Heine)는 자신의 기고 논문 「비판불교와 도겐의 『정법안장』: 75권본과 12권본 텍스트를 둘러싼 논란」에서 이 주장을 검토한다. 종파적인 해석과 학문적인 해석이 당대의 사회적 관심사와 불가피하게 상호 엮이는 과정을 강조하면서, 하이네는 또한 학술적 담론과 호교론적 담론 사이의 경계를 논박하면서도, 역사적, 문헌학적, 철학적, 그리고 윤리학적 접근들을 동시에 사용하는 방법을 범주화하는 것이 갖는 어려움을 검토한다.

제2부의 마지막 네 개 장은 비판불교의 장점을 다양한 각도에서 평가한다. 피터 그레고리의 논문 「비판불교는 실제로 비판적인가?」는 종밀(宗密)의 사상에 대한 사례 연구를 통해서, '참된 불교'에 대한 추구가 다시 불교에 대하여 모종의 기체설적 본질을 전제하고 그리하여 그 자체에서 비판하고 있는 대상을 반영하고 있는 것이 아닌가를 되묻는다. 불교를 '상호 의존적이고 항상 변화하는 조건들(pratītyasamutpāda)의 복합적인 집합의 산물'로 보기를 선호하는 그는 종밀의 사상을 바라봄에 있어서, 그 사상이 '참으로 불교적'인가 여부를 판단하려고 하기보다는, 그 사상을 존재하도록 이끈 원인들과 조건들을 발견하고자 모색한다. 불성이 적극적인 사회적 변화의 촉매제로 이해될 수 있다는 샐리 킹의 주장과 유사한 방식으로 그레고리는 종밀에게 본각사상은 언어적인 초월론에 묶여 있는 것이 아니라, 반야 전통의 보다 근본적인 비판에 대한 대응으로서 언어의 긍정에 연계되고 있다고 주장한다.

위에서 언급된 바 있지만, 하카마야와 마츠모토의 비판이 갖는 가장 흥미로운 측면들 가운데 하나는 그들의 비판이 불교학의 좁은 범위를 넘어서 오늘날의 지성적이고 도덕적인 이슈들의 상당수를 반영하고 있다는 것이며, 아마도 바로 이러한 이유 때문에 전 세계에 걸쳐서 학자들 사이에 그토록 강한 반향을 불러 일으켜왔다고 할 수 있을 것이다. 이러한 반영은 린쩐구어(林鎭國)의 논문 「형이상학, 고통, 그리고 해방: 두 불교 사이의 논쟁」에서 훌륭하게 예시되는데, 이 논문에서 그는 근대 중국의 초기 "비판적인 불자들"의 사례뿐만 아니라, 하이데거, 아도르노, 데리다, 그리고 하버마스의 사상까지 사용하면서, 근대성과 탈근대성의 기획 사이의 갈등을 명료화하고 장소불교와 비판불교 사이의 대립에서 벗어나는 길을 시사한다. 「기체설과 불교학의 최근 동향에 대한 고찰」에서, 아마도 여래장전통의 걸출한 학사라고 할 수 있으며 마츠모토와 하카마야 모두의 스승이기도 한 다카사키 지키도(高崎 直道)는 불교전통에서 기체에 대한 주의 깊은 개관을 제시하고, 또한 불교학의 현 상황에서 그들의 방법론이 갖는 역할을 숙고하고 있다. 도쿄 대학의 스에키 후미히코는 하카마야와 마츠모토의 비판에 대하여 여러 해 동안 응답해온 학자들 가운데 한 명이다. 그의 논문 「비판불교에 대한 재검토」는 관련된 많은 이슈들에 대한 유용한 리뷰를 제시하고 있으며, 그 논의에 그만의 고유한 기여를 하고, 문화 비평에서 불교학이 갖는 역할에 대하여 반추하면서 글을 맺는다.

하카마야와 마츠모토의 비판이 갖는 현저한 특색들 가운데 하나는 그 비판이 사회비판에 연계되어 있다는 점이다. 제3부 "사회비판"에서는 이러한 이슈들을 직접적으로 다루는 네 편의 논문을 싣고 있다. 하카마야의 「사회적 차별의 이념적 배경에 대한 고찰」은 원래 조동종 내에서 오랫동안 관행이었던 제도적 차별에 대한 논란의 맥락에서 부라쿠 해방 센터에서 발표되었던 것인데, 여기에서 그는 조동종의 설법자들이 본각과 업의 교리를 이용해서 사회적 불평등을 정당화해온 것에 대하여 비판하고 있다. 인과와 업의 긍정이 아마도 비판불교의 주된 주장이라고 한다면, 사회적 불평등은 과거에 자신이 저지른 악행의 불가피한 결과로 이해될 수 있거나 그렇게 이해되어야만 한다고 할 수 있는가? 하카마야는 결론짓기를 한 개인의 업에 대한 개별적 이해나 체험은 사회적 불평등의 '여여(如如)함'에 대한 묵종의 이념으로 업을 권위적으로 사용하는 것과 결코 같은 것이 아니라고 한다. 마츠모토의 논문 「불교와 가미: 일본주의에 반대하며」는 근대와 현대에 있어서, 가와바타 야스나리와 우메하라 다케시와 같은 저명인사들을 포함해서, 일본의 민족적 독특성을 주창하는 사람들을 비판하면서, 일본문화에 대한 그들

의 찬양을 『국체의 본의』(国体の本義)에서와 같은 군국주의와 연관시키고 있다. 그는 또한 미시마 유키오의 말년 저술들에 있어서 유가행파에 근접하는 주제들을 살펴보면서, 그가 문학적 지성주의라는 자신의 합리적 세계로부터 벗어나서 순수 행위의 세계로 진입하려 했던 시도가 스스로의 죽음을 초래했다고 하면서 "순수 일본주의는 필연적으로 죽음의 철학"이 된다고 이야기한다.

일본의 자민족 중심주의와 문화적 국수주의를 선동하는 지식인들의 역할에 대해 최근 여러 해 동안 검토가 점증해왔는데, 위에서 언급하였듯이 하카마야는 특히 본각사상이 이러한 정신에 이념적 배경을 제공해주고 있음을 확인한다. 「천태본각사상과 일본의 자민족중심주의적 전환」에서, 루벤 하비토는 몇몇의 중세 문헌으로 우리의 이목을 집중시킨다. 본각사상이 갖는 영향력의 광범위함에 대한 다무라 요시로의 발견과, 중세 권력 구조를 지지하는 데 그 사상이 어떻게 작용했는가에 대한 구로다 도시오의 논의를 반영하면서, 하비토는 현상 세계에 대한 그 절대적 긍정이 "거꾸로 된 코페르니쿠스적 전환"을 야기하여서, 일본이 불교사에서 인도의 주변 지역이 아니라 오히려 우주의 중심으로서, 말법 시대의 퇴락에 빠져 있는 것이 아니라 오히려 번영을 누리면서 신들의 계속되는 축복과 "아마테라스(天照)의 후손들의 영원한 통치"를 기대할 수 있게 하였다고 이야기한다. 마츠모토의 마지막 논문 「『법화경』과 일본문화」는 일본의 문화적 국수주의에 대한 논의를 이어가면서, 법화경의 메시지가 조화로운 포괄주의의 메시지라는 생각에 도전하면서, 오히려 법화경에서는 대승의 배타적인 길을 가르치고 있어서 너무나 흔히 법화경의 가르침이라고 이야기되곤 했던 조화의 이념과는 상반되고 있다고 보아야 함을 주장한다. 마츠모토는 또한 법화경의 맥락에서 불탑숭배의 문제를 살펴보면서, "불탑숭배는 그저 붓다의 유골에 대한 숭배로서, 영원한 자아로서의 아트만 사상을 상징화하여 투사하고 있다."라고 결론짓고, 이는 인과와 무아라고 하는 불교의 가르침과 법화경의 메시지 자체 양자 모두에 상반된다고 이야기한다. 법화경에 대한 기체설적 접근이 일본문화의 해석에 어떻게 영향을 미쳐왔는가에 대한 성찰로 마무리를 하면서, 그는 일본문화의 독특성이 자연과 어떤 신비적인 조화를 이루는 데 있다고 하는 사상을 배격한다. "일본 사람들이 꽃과 나무를 응시하면서 유발되는 망아 상태에 지속적으로 빠져 있는 것은 아니다. 우리는 식물과 같은 사람들이 아니다. 우리를 독특하게 인간이게 하는 것은 서양인들을 인간이게 하는 것과 꼭 같은 것이다. 우리는 생각할 수 있는 존재이다."

* * * * *

이처럼 다량의 광범위한 원고를 준비하는 데 불가결한 도움을 준 사람들이 많다. 우선 나는 각각의 기고자들 모두에게 감사하고자 하는 바, 이 주제에 대한 그들의 관심은 매우 커서, 이미 넘치는 스케줄에도 불구하고 한 차례 더 이런 기획을 할 수 있을 정도였는데, 나는 특히 애초에 미국종교학회 패널을 구성하고 초기 기획 단계에서 이 책의 구도를 철저히 생각하도록 하는 데 도움을 준 스티븐 하이네에게 감사하고자 한다. 공동 편집자 폴 스완슨은 내가 난잔(南山) 종교문화연구소에서 한 달 동안 머무를 수 있도록 배려해주었는데, 우리는 거기에서 우리가 모은 논문들을 지금의 형태로 구성하게 되었다. 이미 부담스러운 스케줄에도 불구하고 그가 투여한 장시간의 노력과 특히 그의 따뜻한 친교에 대하여 나는 깊이 고마움을 느낀다. 거의 스무 해 동안 토론하면서 함께 해온 길이 이 협력을 통해서 모종의 결실에 이른 듯 느껴진다. 나는 그 연구소의 많은 동료들과 지인들에게 감사를 이루 다 표할 수가 없는바, 그들은 자신들의 시간과 전공 지식을 아낌없이 할애하여 모아진 글들의 양식, 전개, 그리고 전문적인 서술에 이르기까지 무수히 많은 세부사항들에 관하여 함께 작업해주었다. 연구소 해당 업무 담당자의 도움이 없었다면, 우리의 작업은 훨씬 더 어려웠을 것이다. 로버트 키살라(Robert Kisala)의 편집상 도움은 우리들이 수많은 밤 작업을 줄일 수 있게 해주었고, 에드먼드 스크르지프사크(Edmund Skrzypczak)는 이 책의 최종 편집본을 예리한 눈으로 검토하면서 세부사항에 대한 전설적인 열정을 보여주어 나에게 정말로 안심할 수 있게 해주었다. 다만 누구보다도 더 인정받아야 할 사람은 그 연구소의 소장 제임스 하이지히(James Heisig)인데, 그는 그와 함께 작업할 행운을 얻는 모든 이에게 잘 알려져 있듯이 무한한 열정, 집중력, 실망시키지 않는 인간미, 그리고 지성적 재능을 두루 갖춘 분이었다. 저자가 출처를 밝히지 않은 불명확한 중국어나 라틴어 인용문을 추적하거나, 각각의 기고자들이 사용한 14종의 상이한 워드 프로세서 프로그램 사이에 자동으로 상호 변환해주는 새로운 매크로를 개발하거나, 단 한 차례 등장하는 카로슈티(Karoṣṭī) 스크립트를 위해서 새로운 폰트를 만들어낸다거나, 융(Jung)이나 디나베 하지메(田辺 元)나 이반 일리치(Ivan Illich)에 대한 고무적인 논의로 매 순간을 빈틈이게 하거나, 끊임없이 바닥나지 않는 이야기로 우리를 즐겁게 하면서, 그는 내가 여태껏 접한 어떤 곳보다도 더 지적인 자극과 생산성을 갖춘 공동체적 분위기를 창출하는 데 성공적이었다. 이 모든 것 위에 그가 부자연스런 번역 원고를 다듬어 딱딱한 영어를 유려한 산문으로 바꾸어내는 능력은 정말로 놀라운 경이였으니, 이 책의 아이디어들이 접근하기 쉽고 더 나아가 읽는 재미를 느낄 수 있게 한 공은 거의 그의 것이다.

나는 또한 아시아학회(the Association for Asian Studies)에 감사를 표하고 사 하는바, 그 학회에서 제공해준 지역 여행 경비로 나는 최종 편집 단계에서 하카마야 그리고 마츠모토와 더불어 시간을 보낼 수 있었고, 일본에서 재정적으로 한 달 동안 무난히 생활할 수 있었다. 마지막으로 나는 하카마야 그리고 마츠모토 본인들에게 감사를 표하고 싶다. 그들의 투철한 비판과 용감한 입장이야말로 우리가 이 과제를 애초에 착수하게 된 동기를 부여해 주었다.

나는 1981년 최초로 하카마야를 만났는데, 당시 그는 위스콘신 매디슨 대학에 2년간 체재하기 위하여 와 있었다. 나는 하카마야와 늦은 밤까지 즐거운 대화를 무수하게 나누었을 뿐 아니라, 그의 아내와 어린 아이들과 더불어 호숫가로 피크닉을 다녀오기도 했고, 그가 당시 기요타 미노루(清田 実) 문하에서 공부하고 있던 폴 스완슨(Paul Swanson), 존 키난(John Keenan), 폴 그리피스(Paul Griffiths), 그리고 그 밖의 여러 사람들과 더불어 『섭대승론』을 주제로 조직한 세미나에 참여할 수 있는 특권도 누릴 수 있었다. 나는 그 세미나가 시작된 지 단지 몇 개월 지나 나의 학위 논문 연구를 위하여 일본으로 떠날 수밖에 없었지만, 그 그룹은 세미나를 계속해서 마침내 『깨달음의 세계: 아상가의 섭대승론 제10장(*The Realm of Awakening: (hapter Ten of Asanga's Mahāyānasaṅgraha)*』(뉴욕: 옥스퍼드 대학 출판부, 1989)을 발간하기에 이르렀다. 말할 필요도 없지만, 그 자료와 참가자들을 감안할 때 그 세미나 테이블을 둘러싸고 전개된 논의는 세부적일 뿐만 아니라 활발했을 것이고, 의미의 문제는 언제나 세부적인 문맥의 깊이에서 거듭 제기되곤 하였을 것이다. 뒤돌아보는 것의 지혜로나마 돌이켜볼 때, 이제 나는 당시의 많은 것들이 직접적으로 이 논문 모음집에 기여했음을 보게 되는데, 공동 편집자 폴 스완슨 그리고 그밖에 이 책의 다른 여러 기고자들과의 오랫동안의 친교는 특히 소중한 것이었다.

하지만 이를 넘어서, 불성과 여래장의 연구는 위스콘신 매디슨 대학에서 정규 교과 과정의 한 부분이었는데, 이는 부분적으로 다카사키 지키도 그리고 이 주제와 직접적으로 연관되어 있는 여타 학자들의 빈번한 방문에 의하여 자극받은 결과였다. 하지만 마찬가지로 중요했던 것은 이러한 주제들이 불교사상의 전개에 대하여 중요한 안목을 제공해 줄 뿐만 아니라 그가 매우 자주 직면했었던바 제한되고 추하게 표현되는 인간의 무지를 넘어 인간의 고결함에 관한 비전에 대해서 이야기하고 있다는 기요타의 깊은 확신이었다. 그리하여 기요타는 이 주제에 대하여 자주 가르치고 저술을 하였으며, 그의 동료 게셰 소파(Geshe Sopa)는 『보성론』(寶性論, *Ratnagotravibhāga*)에 관하여 강연을 하였고, 수많은 논문들이 이 주제의 이러저러한 측면들에 관하여 저술되기에 이르렀으며, 자연스럽게 이 주제는 『불성: 미노루 기요타 기념 논문집』(*Buddha Nature : A Festschrift in Honor of Minoru Kiyota*) (Griffiths와 Keenan 편집)의 중심 주제가 되었다. 그러나 기요타는 동시에 불교전통과 사회 제도 양자 모두에 대하여 언제나 비판과 의문을 제기하는 태도를 권장하였고, 그 결과 여래장사상의 철학적, 도덕적, 그리고 구원론적 의미의 문제는 빈번하게 논의될 수 있었다. 실제로, 학생이 박사과정 시험에 앞서 언제나 안전하게 준비할 수 있는 한 가지 문제는 여래장사상이 일종의 일원론을 나타내고 있는가 여부였다. 당시부터 빈번하게 논의되어 온 또 하나의 주제로서 내가 지금 보기에 비판불교 논쟁의 배경이 되는 것이 곧 인도불교의 중국화라는 주제인데, 또 한 명의 고마자와 교수 히라이 슌에이(平井 俊榮)의 영향 하에 여러 학생들은 길장(吉藏)의 사상을 인도 중관사상의 단순한 재진술일 뿐이라고 주장한 리처드 로빈슨(Richard Robinson)의 평가에 의문을 제기하고, 오히려 길장의 사상이 토착적인 사유 방식, 곧 정확히 마츠모토와 하카마야가 참된 불교에 상반된다고 규정한 사유 유형에 의하여 철저히 물들여져 있었다고 보는 입장을 선호하였다.

나는 학위 논문 연구를 위하여 매디슨을 떠난 바로 얼마 뒤 고마자와 대학에서 마츠모토 시로를 만났다. 내가 매디슨에서 왔다는 말을 듣자마자 마츠모토는 즉각 매디슨에서의 프로그램에 관하여, 특히 『승만경』(勝鬘經, *Śrīmālādevī Sūtra*)에 대한 다이애너 폴(Diana Paul)의 저술에 관하여 나와 견해를 나누게 되었는데, 그는 막 그 문헌의 일승 사상에 대한 논문 하나를 마친 상황이었다. 몇 년 뒤에, 도쿄에서 일본 인도학불교학회 연례 모임에서 그가 「여래장사상은 불교가 아니다」라는 자신의 논문을 발표하는 것을 듣게 되었는데, 그 때 나는 이 초기의 논문이 이미 그의 연구가 어떤 방향으로 가게 될 것인가에 대하여 암시를 주고 있었음을 알 수 있었다. 마츠모토는 최근에 나에게 이야기하기를 자신은 서양의 독자들이 자신과 하카마야의 지성에 대한 강조를 오해해서, 자신들이 오직 합리적이고 지성적인 것만 믿는다거나, 또는 지성적으로 모든 것이 이해될 수 있다고 생각할 정도로 자신들이 지나치게 순진하다고 받아들이지 않기를 바란다고 하였다. 그의 작업의 실제 추진력은 그보다는 사회로서나 개인으로서나 사정이 더 나아질 수 있다는 낙관주의에서 비롯되는 것이다. 단 이 낙관주의는 비판적으로 사고하고, 언어로 우리 자신을 표현하고, 우리의 삶의 방식을 바꾸고, 그리하여 전진을 이루어내는 우리의 역량에 기반한다. 불교전통의 한 중요한 궤적에서 언어와 합리적 과정의 유용성을 부정하고 그리하여 변화나 변혁의 가능성 자체를 부정할 때, 그 낙관주의는 도전에 직면하게 되는 것이다.

하카마야는 한때 말하기를, 언어를 믿는 사람들만이 자신들의 마음을 바꿀 수 있다고 하였다. 나는 이 논문집이 어떤 마음에 변화를 줄 수 있을지 확신할 수는 없지만, 애초의 만남 이후 정확히 15년이 흐른 오늘에 와서, 이 특출한 사상가들과 어울리면서 모처럼 체험할 수 있었던 지적인 자극, 날카로운 사회적 관심, 그리고 따뜻한 친교의 일부를 다른 이들과 나눌 수 있다는 것에 흥분을 느낀다.

기고자들

피터 그레고리(Peter N. Gregory): 일리노이 대학(University of Illinois) 종교학 프로그램과 동아시아 언어문화학과 교수이자, 불교학과 인문적 가치를 위한 구로다 연구소(Kuroda Institute for the Study of Buddhism and Human Values) 소장. 그의 저서로는 『종밀과 불교의 중국화』(*Tsung-mi and the Sinification of Buddhism*)(Princeton University Press, 1991)와 『인간성의 근원에 대한 탐구』(*Inquiry into the Origin of Humanity*)(University of Hawai'i Press, 1995) 등이 있다.

폴 그리피스(Paul J. Griffiths): 시카고 신학 대학(University of Chicago Divinity School) 종교철학 부교수. 그의 저서로는 『호교론에 대한 변론』(*An Apology for Apologetics*)(Orbis Books, 1991)과 『무심에 관하여: 불교의 명상과 마음-몸의 문제』(*On Being Mindless: Buddhist Meditation and the Mind-Body Problem*)(Open Court, 1986), 그리고 『붓다가 되는 것에 관하여: 성불에 관한 전통적인 교설』(*On Being Buddha: The Classical Doctrine of Buddhahood*)(SUNY, 1994) 등이 있다.

루벤 하비토(Ruben L. F. Habito): 남감리교 대학(Southern Methodist University) 퍼킨스 신학교(Perkins School of Theology) 세계종교와 영성 교수. 그의 저서로는 『치유의 호흡: 상처 입은 지구를 위한 선의 영성』(*Healing Breath: Zen Spirituality for a Wounded Earth*)(Orbis, 1993)과 『본각: 천태본각사상과 일본불교』(*Originary Enlightenment: Tendai Hongaku Doctrine and Japanese Buddhism*)(International Institute for Buddhist Studies, 1996) 등이 있다.

하카마야 노리아키(袴谷 憲昭): 고마자와 단기 대학(駒澤短期大學) 교수. 비판불교에 대한 저술 외에, 『아비달마구사론 색인』(阿毘達磨俱舍論索引)(공동 편집, 총 3권, 東京: 大藏出版, 1973-1978). 『현장』(玄奘)(공저, 大藏出版, 1981), 『깨달음의 세계』(*The Realm of Awakening*)(공동 편집, Oxford University Press, 1989),

『대승장엄경론 역주』(大乘莊嚴經論)(공역, 大藏出版, 1993), 그리고 『유식의 해석학』(唯識の解釈学)(春秋社, 1994) 등이 있다.

스티븐 하이네(Steven Heine): 펜실베이니아 주립대학(Pennsylvania State University) 종교학과 동아시아사 부교수. 그는 『도겐과 공안 전통』(*Dōgen and the Kōan Tradition*)(SUNY, 1994)의 저자이고, 『전통적 그리고 탈근대적 관점에서의 일본』(*Japan in Traditional and Postmodern Perspectives*)(SUNY, 1995)의 공동 편집자이다.

제이미 허바드(Jamie Hubbard): 스미스 대학(Smith College) 예한 누마타 좌(Yehan Numata Chair) 불교학 교수이다. 그는 "야마구치 이야기: 현대 일본에서 불교와 가족"("The Yamaguchi Story: Buddhism and the Family in Contempororay Japan," British Broadcasting Corporation, 1988)이라는 비디오를 연출했으며, 『절대적 망상, 완벽한 성불: 한 중국불교 이단의 흥기와 몰락』(*Absolute Delusion, Perfect Buddhahood: The Rise and Fall of a Chinese Heresy*, Univ of Hawai'i Press, 2000)의 저자이다.

샐리 킹(Sallie B. King): 제임스 매디슨 대학(James Madison University) 종교와 철학 학과 교수. 그녀의 저서로는 『정열적인 여정: 사토미 묘도의 영적 자서전』(*Passionate Journey: The Spiritual Autobiography of Satomi Myodo*)(Shambala, 1987)과 『불성』(*Buddha Nature*)(SUNY, 1991) 등이 있다.

린쩐구어(林鎭國): 타이완 국립정치대학(國立政治大學) 철학과 교수. 그는 1991년 템플 대학에서 「해심밀경(解深密經): 해방적 해석」(The Saṃdhinirmocana Sutra: A Liberating Hermeneutic)이라는 논문으로 박사학위를 받았으며, 불교와 철학에 관하여 중국어와 영어로 여러 편의 논문을 발표해오고 있다.

댄 러스트하우스(Dan Lusthaus): 플로리다 주립대학 종교학과 조교수. 그는 템플 대학에서 「성유식론(成唯識論)에 대한 철학적 탐구」(A Philosophic Investigation of the Ch'eng Wei-shih lun)로 박사학위를 받았다. 그의 저서로는 『불교현상학:

철학적 관점에서 바라본 성유식론』(*Buddhist Phenomenology: The Ch'eng Wei-shih lun in Philosophical Perspective*)이 근간 예정이다.

마츠모토 시로(松本 史朗): 고마자와 대학(駒澤大學) 불교학부 교수. 그의 저서로는 『연기와 공-여래장사상비판』(縁起と空-如来蔵思想批判)(大藏出版, 1989), 『불교로의 길』(仏教への道)(東京書籍, 1993), 그리고 『선사상의 비판적 연구』(禅思想の批判的研究)(春秋社, 1995) 등이 있다.

스에키 후미히코(末木文美士): 도쿄대학 문학부 교수. 그의 저서로는 『일본불교사상사논고』(日本仏教思想史論考)(大藏出版, 1993)와 『헤이안 초기불교사상 연구』(平安初期仏教思想の研究)(春秋社, 1995) 등이 있다.

폴 스완슨(Paul L. Swanson): 난잔 종교문화연구소(南山 宗教文化研究所) 상임연구원이자 난잔대학(南山大學) 교수. 그는 『일본종교학 저널』(*Japanese Journal of Religious Studies*)의 편집자이자 『천태 철학의 토대』(*Foundations of T'ien-tai Philosophy*)(Asian Humanities Press, 1989)의 저자이다.

다카사키 지키도(高崎 直道): 도쿄대학(東京大學) 명예교수이자 츠루미대학(鶴見大學) 총장. 그의 저서로는 『보성론 연구』(A Study on the Ratnagotravibhāga (Uttaratantra)(Istituto Italiano per il Medio ed Estremo Oriente, 1996)와 『여래장사상의 형성』(如来蔵思想の形成)(春秋社, 1974) 등이 있다.

야마베 노부요시(山部 能宣) : 규슈 류코쿠 단기대학(龍谷短期大學) 불교학과 조교수. 그의 논문으로는 「유가행파 전통의 선구자 안세고」(An Shigao as a Precursor of the Yogācāra Tradition)와 「범망경에서 환시적 참회와 환시적 수계」(Visionary Repentance and Visionary Ordination in the Brahmā Net Sūtra) 등이 있다.

야마구치 즈이호(山口 瑞鳳) : 도쿄대학(東京大學) 명예교수이자 나리타-산 불교학연구소 연구원. 그는 일본에서 티벳학 분야에 있어서 가장 널리 인정받는 전문가 중 한 명이며, 그의 저서로는 『토번왕국성립사연구』(吐蕃王国成立史研究)(岩波書店, 1983)와 두 권으로 된 『티벳』(チベット) (東京大學出版会, 1988) 등이 있다.

출처 명시

편집자들은 다른 곳에서 발표되었거나 이 모음집을 위하여 특별히 번역되거나 편집된 다음과 같은 자료들을 다시 출간하는 데 있어서 허락을 얻은 것에 대하여 공식적으로 감사하고자 한다.

「왜 그들은 선이 불교가 아니라고 말하는가: 최근 일본에서 불성에 대한 비판」(Why They Say Zen Is Not Buddhism: Recent Japanese Critiques of Buddha-Nature)은 폴 스완슨의 「'선은 불교가 아니다': 최근 일본에서 불성에 대한 비판」('Zen is not Buddhism': Recent Japanese Critiques of Buddha-Nature) (*Numen* 40, 1993: 115-49)을 개정하고 업데이트한 것이다.

「비판철학 대 장소철학」(Critical Philosophy versus Topical Philosophy)은 하카마야 노리아키의 『비판불교』의 서론(3-46)을 제이미 허바드가 번역한 것이다.

「비판으로서의 학문」(Scholarship as Criticism)은 『비판불교』의 「비판으로서의 학문」(批判としての學問)(93-154)을 제이미 허바드가 번역한 것이다.

「여래장사상은 불교가 아니다」(The Doctrine of *Tathāgata-garhba* Is Not Buddhist)는 『연기와 공-여래장사상비판』에서 「여래장사상은 불교가 아니다」(如來藏思想は佛教にあらず)(1-9)를 제이미 허바드가 번역한 것이다.

「'선'(禪)의 의미」(The Meaning of 'Zen')는 『선사상에 대한 비판적 연구』(禅思想の批判的研究)에서 「선사상의 의의-상과 작의에 관하여」(禪思想の意義-

想と作意について)(1-85)를 폴 스완슨이 부분적으로 번역한 것이다.

「비판불교와 도겐의 『정법안장』: 75권본과 12권본 테스트를 둘러싼 논란」(Critical Buddhism and Dōgen's Shōbōgenzō: The Debate over the 75-Fascicle and 12-Fascicle Texts)은 스티븐 하이네의 「'비판불교'와 75권본 그리고 12권본 정법안장 텍스트에 관한 논란」('Critical Buddhism' (Hihan Bukkyō) and the Debate Concerning the 75-Fascicle and 12-Fascicle Shōbōgenzō Texts)(Japaneses Journal of Religious Studies 21, 1994: 37-72)을 업데이트한 것이다.

「비판불교는 실제로 비판적인가?」(Is Critical Buddhism Really Critical?)는 피터 그레고리의 「종밀과 본각사상의 문제」(Tsung-mi and the Problem of Hongaku Shisō)(고마자와 대학선연구소연보 5, 1994: 1-50)를 축약한 것이다.

「불교학에 있어서 최근 동향과 기체설(基體說)에 대한 고찰」(Thoughts on Dhātu-vāda and Recent Trends in Buddhist Studies)은 다카사키 지키도의 「최근 10년의 불교학-불교사상학회 발족 10년에 즈음하여」(最近十年の佛教学-佛教思想学會發足十年に因んで)(佛教學 36, 1994: 1-18)의 개정판을 폴 스완슨이 부분적으로 번역한 것이다.

「사회적 차별의 이념적 배경에 대한 고찰」(Thoughts on the Ideological Background of Social Discrimination)은 하카마야 노리아키의 「차별적 현상을 산출한 사상적 배경에 관한 나의 견해」(差別的事象を生み出した思想的背景に關する私見)(『本覺思想批判』, 134-58)를 제이미 허바드가 번역한 것이다.

「불교와 가미: 일본주의에 반대하며」(Buddhism and the Kami: Against

Japanism)는 마츠모토 시로의 「불교와 신기-반일본주의적 고찰」(佛教と神祇-反日本主義的考察)(『연기와 공-여래장사상비판』, 99-119)을 제이미 허바드가 번역한 것이다.

「『법화경』과 일본문화」(The Lotus Sutra and Japanese Culture)는 마츠모토 시로의 「『법화경』과 일본문화에 대한 나의 견해」(法華經と日本文化に關する私見)(고마자와대학 불교학부 논집 21, 1990: 216-35)(1990년 8월 27일 브리티시 컬럼비아 대학에서 개최된 "『법화경』과 일본문화"에 대한 국제학회에서 발표된 논문을 개정하고 업데이트한 글)를 폴 스완슨이 번역한 것이다.

서지사항과 용어에 대한 관례

본문을 가능한 한 읽기 용이하도록, 다음과 같은 관례가 책 전반에 걸쳐서 채택되었다.

각주와 서지사항은 책 뒤쪽으로 모아 놓았다.

오직 한 논문에서만 등장하는 원전에 대한 완전한 서지 사항은 미주에서만 제시된다. 그밖에 모든 원전에 대한 서지 정보는 미주 다음에 있는 총 서지 목록에 모아져 있다.

중국어와 일본어의 글자들은 대부분 본문에서는 제거되고 미주로 옮겨졌다. 고유명사의 중국어-일본어 표기는 이 책의 말미에 있는 색인에서 찾아볼 수 있다.

보통 명사 또는 잘 알려진 용어에서 산스크리트와 팔리 표기는 일반적으로 이탤릭체로 하지 않은 채로 두었으며, 음가 표기 부호도 붙이지 않았는데, 원어로 주어진 저작 명칭의 경우에는 예외로 했다. 원칙적으로 우리는 로저 잭슨(Roger Jackson)의 "산스크리트와 팔리 원어 용어들의 영어 어휘로의 수용"(Terms of Sanskrit and Pāli Origin Acceptable as English Words)(*Journal of the International Association of Buddhist Studies* 5, 1982: 141-2)을 따랐다.

제1부

비판불교란 무엇이며 왜 주창되는가?

1. 왜 선은 불교가 아니라고 이야기되는가?

불성에 대한 최근 일본에서의 비판

폴 스완슨(Paul L. Swanson)

서기 817년 초에 일본 천태종의 창립자 사이쵸(最澄)와 도쿠이츠(德一)는 불성과 보편적 깨달음에 관한 논쟁을 시작하였다. 간토 지방에 살고 있었던 법상종 승려 도쿠이츠는 「불성초」(仏性抄)라는 소논문을 저술하였는데, 이에 대하여 사이쵸가 「법화거혹」(法華去惑)("법화경에 대한 오해를 물리침")이라는 글로 대응하였던 것이다. 그로부터 4년 동안 이 두 학자는 글과 토론을 통하여 일본 불교사에서 가장 중요한 교리 논쟁의 하나로 발전하게 되는 논쟁에 참여하게 되었다. 간단히 말하자면, 사이쵸는 보편적 붓다됨의 사상 곧 모든 존재가 붓다의 최고의 깨달음을 이루게 되어 있다는 법화경의 일승적 이상을 지지한 반면, 도쿠이츠는 오종성(五種姓)에 대한 유가행파의 해석을 지지하여 중생들에게는 다섯 가지 상이한 가능성이 잠재해 있으며 여기에는 전혀 성불의 희망이 없는

일천제(一闡提)의 종성도 포함된다고 하였다.[1)]

혹자는 이 논쟁이 오늘날 일본에서 종교 연구나 불교에 대한 우리의 이해와 어떤 관계가 있는지 의문이 있을 수도 있겠다. 우선 다음과 같은 것을 의식해보자. 우리는 일본 불교에 대한 매우 자극적인 '다시 생각하기'의 한가운데에 들어와 있는데, 몇몇 저명한 불교학자와 사상가들은 주장하기를 선, 여래장(붓다의 "종자", "기반", 또는 "자궁") 전통,[2)] 본각(本覺: "원천적인" 또는 "본래적인" 깨달음) 사상, 그리고 이들과 관련된 사상들이 "불교가 아니다"라고 이야기하고 있다. 이는 일본 불교의 전부는 아니라고 해도 대부분이 불교가 아니라고 이야기하는 것에 다름없는 주장이다.

어떤 의미에서는 이들 학자들이 이야기하고 있는 것이 그다지 새로운 것은 아니다. 여래장전통과 불성사상은 언제나 비불교적 실체, 곧 아트만과 같은 존재를 전제하고 있다는 비난에 열려 있었다. 이는 사이쵸와 도쿠이츠 사이의 논쟁이 우리 시대와 우리 맥락으로 옮겨온 것으로 보아도 무방한 것처럼 보인다. 무엇이 불성의 의미인가? 무엇이 붓다의 가르침에 대한 올바른 이해인가? 도대체 불교전통의 다양하고 상이한 흐름들 가운데 어느 흐름을 올바르고 정당한 것으로 수용해야 하며, 어느 흐름을 불법에 상반되는 것으로 배격해야 하는가? 불교전통에 대한 어떤 해석을 수용하거나 배격하는 것은 광범위한 사회적 차원에서 어떤 함의를 지니는가?

일반적으로는 사이쵸가 도쿠이츠와의 논쟁에서 '이겼다'고 간주된다. 확실히 사이쵸의 보편적 붓다됨의 입장은 일본 불교의 대부분이 수용하는 전제로 되었고, 사실상 일본에서 지배적인 종교적 기풍을 대변한다. 보편적 붓다됨의 사상은 마침내 본각사상-(초목이나 암석이나 산과 같은 무정물도 포함해서) 모든 존재들의 본래적 깨달음, 윤회와 열반의 일치,

"토착적인" 가미(神)와 불보살의 무차별, 그리고 신악을 포함해서 모든 이원성의 초월과 같은 사상까지 포함하게 되는 사유방식-으로 이어졌고, 이러한 기풍은 일본의 종교적 활동과 사유의 많은 부분에서 두루 의문 없이 확산되어 갔다. 그러나 드물고 간헐적이기는 했지만 본각사상의 아이디어와 함의가 의문시된 시기 또한 있었다. 지금 또한 그러한 시기이다.

현재의 공격은 (선불교의 조동종과 연계되어 있는) 고마자와 대학의 두 불교학자 곧 하카마야 노리아키와 마츠모토 시로에 의하여 주도되고 있다. 그들의 공격에서 주된 초점은 본각사상 전통(엄밀히 말해서, 모든 존재들이 "본래적으로" 또는 "원천적으로" 깨달아 있다고 하는 아이디어)과 일본 사회에서 대체로 거의 무비판적으로 수용되면서 작용하고 있는 이러한 유형의 사고방식('조화' 또는 '일치'로서의 '화'(和)의 이상에서 드러나는 사고방식)이 갖는 함의에 놓여 있다. 아래에서 나는 일본에서 이러한 전통이 발전되어 온 과정, 일본 종교와 사회에서 그것이 갖는 중요성, 그리고 하카마야, 마츠모토, 그리고 여타의 일본 학자들이 이 전통에 대하여 가하는 최근의 비판을 간략하게 검토하고자 한다.

본각사상의 역사

본각(本覺)이라는 용어는 이에 대응하는 산스크리트어가 없고,[3] 중국에서 편집된 것이 거의 확실한 『대승기신론』(大乘起信論)(T Nos. 1666, 1667)과[4] 중국에서 만들어진 두 위경 곧 『인왕경』(仁王經)(T Nos. 245, 246)과[5] 『금강삼매경』(金剛三昧經)(T No. 273)에서[6] 최초로 등장한다. 『대승기신론』에서 본각은 시각(始覺) 곧 깨달음의 '시작' 또는 '촉발', 다시 말해서 지금의 삶에서 깨달음을 실현해가는 과정과 대조되어 사용되며, 이러한 맥락에서 '본래적' 깨달음("original" enlightenment)이라고 할 수 있다. 『대승기신론』에서는 다음과 같이 가르친다.

> "본각"이란 깨달음의 촉발 과정[에서의 *마음*의 본질]에 대조되는 [(선험적인) *마음*의 본질]을 가리킨다; 깨달음의 촉발 과정은 원천적 깨달음과의 일치[를 온전하게 하는 과정]에 다름 아니다.[7]

원천적 또는 본래적 깨달음에 대한 이러한 아이디어는, 『대승기신론』 전반의 사상과 더불어, 동아시아불교의 발전에 지대한 영향을 주었다.[8] 몇 가지만 예를 들자면, 화엄의 제3조 법장(法藏, 643-712)은 『대승기신론』에 대한 영향력 있는 주석으로 잘 알려져 있으며,[9] 그 아이디어는 선 전통에 두루 퍼져 있고, 천태 전통에서 "무정물에도 불성이 있다"라는 관념의 발달에 기여하기도 하였다.

일본에서 본각사상은 그 자체의 생명력을 갖고 발전하였다. 그 영향은 진언종에도 미쳤는데, 특히 구카이(空海)가 『대승기신론』에 대한 나가르주나의 주석이라고 알려진 위경 『석마하연론』(釋摩訶衍論)(T No. 1668)을 광범위하게 사용하면서 그러하였다. 본각사상의 발전은 특히 천태종에서 광범위하게 전개되었다. 천태종은 사이쵸에 의하여 일본으로 도입된 뒤 많은 발전을 겪었는데,[10] 그 가운데 하나는 본각문이라고 불리는 뚜렷하게 독자적인 분파의 발전이었다. 본각사상을 내세우는 문헌들이 헤이안 말기와 가마쿠라 시대에 등장하였는데, 그 가운데 몇몇은 사이쵸, 겐신(源信), 그리고 료겐(良源)과 같은 저명한 천태종 인물들이 저술한 것으로 알려졌다. 이러한 문헌들로는 천태종의 가장 중요한 가르침을 본각사상의 맥락에서 해석하는 저서로서 사이쵸가 저술했다고 하는 『본리대강집』(本理大綱集), 『본각찬』(本覺讚)과 이에 대하여 료겐이 저술했다고 하는 주해서(『註本覺讚』)와 겐신이 저술했다고 하는 주해서(『本覺讚釋』), 부분적으로 사이쵸가 저술했다고 하며 본각사상 및 그 실천과 계보의 구두 전승에 대하여 상세한 내용을 담고 있는 『수선사결』(修禪寺決)과 같은 문헌 등이 있다.[11] 이처럼 본각 전통에 있어서 구두 전승과 그에 수반하는 계보는 중요한 구성 요소를 이룬다.

이러한 발전이 불교와 신토의 신격들 및 관행들의 일치를 강조하는 경향으로서 본지수적(本地垂迹)/신불습합(神佛習合) 운동의 성장과 동시대에 실로 그 일부로서 전개되기도 했다는 것은 결코 우연이 아니다. 본각사상의 영향은 신토와 불교 제파 내에서 슈겐도(修驗道, 산림에서의 금욕적 수행)가 발달한 것에서도 볼 수 있다. "윤회즉열반"(輪廻卽涅槃)이라는 대승적 아이디어에 입각한 본각사상은 (다무라 요시로의 말을 빌리자면) "절대불이"(絶對不二)와 세속에 대한 "전적인 긍정"의 기풍으로 발전되어갔다. 이러한 이상을 아마도 가장 잘 나타내는 표현들로는 이른바 산천초목이 다 성불한다고 하는 '초목국토 실개성불'(草木國土, 悉皆成佛)이나 '산천초목 실개성불'(山川草木, 悉皆成佛)을 들 수 있는바, 이러한 어구들은 일본의 문학, 미술, 그리고 연극 공연 등에서 거의 그칠 새 없이 등장하곤 한다.[12] 이러한 종교적 기풍은 일본 역사의 대부분에서 일상적인 것이었으며, 메이지 시대 초기 국가에서 불교적 요소와 신토적 요소를 강제로 '분리'하고자 했던 시도(神佛分離)에도 불구하고 오늘날에도 여전히 지배적 정서를 이루고 있다.

일본에서 이러한 본각 정신의 지배에 몇 가지 예외가 눈에 띄기는 한다. 특히 주목되는 것은 12세기 호치보 쇼신(寶地房 證眞)의 저술이다.[13] 쇼신은 본각사상에 비판적이었는데, 그는 주장하기를 이 사상을 이해하는 데 있어서 중생들이 '이미' 깨달아 있다고 받아들여서는 안 된다고 하면서 그러한 해석은 인과를 부정하는 것이고 '자연주의'로서 외도(自然外道)라고 하였다.[14] 종종 가마쿠라 시대의 이른바 '새로운' 불교 제파가 기성 천태 종단의 본각적 입장에 대한 반발로 흥기하였다는 주장이 제기되곤 하는데, 내 생각에는 이 새로운 운동들도 기성 종단으로 확립되어감에 따라서 하카마야와 마츠모토가 본각적 기풍이라고 비판하는 정서로 곧바로 '회귀'하였다는 점이 더 눈에 띄는 사실로 여겨진다. 도쿠가와 시대에 묘류 지산(妙立 慈山, 1637-1690)과 안락율파(安楽律派)의 레이쿠 고켄(霊空 光謙, 1652-1739)은 본각사상에 의하여 퇴락이 조장되고 있다고 파악하고 그에 대한 대응으로 『사분율』(四分律)에 기반한 계율의 엄수를 부활시키는 것을 추진하였다. 하지만 이러한 운동은 예외적이었으며, 본각의 기풍은 일본 불교의 전부는 아니라고 하더라도 많은 부분에 있어서 의문이 제기되지 않은 채 전제되어 왔다.

본각사상에 대한 최근의 비판

본각사상에 관한 최근의 논란은 이미 우리가 주목한 바와 같이 마츠모토 시로와 하카마야 노리아키를 중심으로 전개되고 있는데, 다만 그들에 한정되어 있는 것은 아니다. 이 두 인물이 모두 일류의 문헌학자이자 철학자일 뿐만 아니라 선불교 조동종 계통의 고마자와 대학 교수들이라는 사실은 결코 간과되어서는 안 된다. 그들의 비판은 외부자가 되는대로 우연히 내뱉는 비판과는 격이 다를 뿐만 아니라, 불교전통과 그 문헌들에 대하여 제대로 알지도 못하면서 엉성한 학식에 기대어 설익은 사회비평의 맥락에서 쏟아내는 비판과는 차원이 다른 것이다. 그들의 비판은 헌신적인 불자들로서 최고의 학문적 업적을 바탕으로 준비된 비판인 것이다.

마츠모토 시로는 중관 불교의 전문가로서 1989년 『연기와 공-여래장사상 비판』이라는 논문모음집을 출간하였다. 나는 우선 이 논문집에서 제기된 주요 주장들을 요약 소개하겠다.

여래장사상은 불교가 아니다

「여래장사상은 불교가 아니다」라는 자극적 제목의 첫 논문은 마츠모토의 입장이나 의도에 대하여 전혀 의문의 여지를 남겨놓지 않는다.[15] 여래장사상이 불교가 아니라면, 과연 무엇이 붓다의 가르침인가? 무아(無我, *anātman*)와 연기(緣起, *pratītyasamutpāda*)가 붓다의 가르침이다. 이 연기는 나중에 발전된 (예컨대 화엄 전통에서와 같이) 보편적인 상호적이고 동시발생적이며 무시간적인 연기가 아니라, 붓다가 보리수 아래에서 깨달았을 때 발견한 시간적인 십이지연기(十二支緣起)로서 『율장』(律藏) 「대품」(大品, *Mahāvagga*)에 전형적으로 표현되어 있다.[16] 여기에서 핵심은 어떤 영원하고 실체적인 기저로서 다른 모든 것이 의존하거나 다른 모든 것이 일어나는 근원이 되는 실재를 부정하는 데 있다. 연기의 가르침에 의하여 부정되는 이 '근원'은 기체(基體, *dhātu*)라고 명명되며, 어떤 기체의 존재를 함의하는 가르침은 모두 기체설(基體說, *dhātu-vāda*: 이 산스크리트 용어는 마츠모토가 새로 만들어낸 것이다)이라고 불린다. 기체설은 불교에 상반되는데, 왜냐하면 샤캬무니가 부정하고자 한 것이 바로 그러한 가르침이기 때문이다. 모든 중생들에게 붓다됨의 "종자", "기반", 또는 "자궁"이 본래적으로 있다고 하는 여래장사상은 일종의 기체설이고, 따라서 불교가 아니다. 기체설은 생생하게 묘사되고 그 단계들은 체계적으로 개관된다(뒤의 pp. 253-254를 보라).

마츠모토의 논증에서 하나의 중요한 부분은, 기체설이 궁극적으로 모든 것들이 단일하고 보편적이며 영원한 실재에 기반한다고 주장하면서 '평등'의 가르침에 대하여 거짓된 인상을 제시한다는 것이다. 실제로 기체설은 차별로 이어지는데, 왜냐하면 모든 것들에 대하여 단일한 기반으로서 기저의 실재가 전제되어 – 선과 악, 강과 약, 부와 빈, 정과 사가 근본적으로 '같다'고 하게 되고 – 어떠한 부정의함이나 잘못에 대해서도 바로잡을 필요나 동기를 갖지 못하게 하고, 기존 질서에 대하여 도전하지 못하게 한다. 그러므로 실상에 있어서 기체설은 차별과 부정의함을 지탱하고 조장한다. 보편적이고 본래적인 붓다됨의 아이디어는 낙관적인 것으로 보이지만, 실제적으로는 기존 질서를 강화하고 인간의 현 상황을 개선하려는 동기를 박탈한다.

이 논문은 다음과 같은 세 가지 주장으로 결론을 내린다.

1. 여래장사상은 일종의 기체설이다.
2. 기체설은 샤캬무니가 비판한 대상이고, 올바른 불교의 가르침으로서 연기는 기체설을 부정한다.
3. 현대의 일본 불교는 여래장사상의 정당성을 부정하는 한에서만 참된 불교를 자처할 수 있다.

연기에 대한 재해석

마츠모토 저작의 나머지 부분은, 곧 두 번째 논문 「연기에 관하여」에서부터, 위에서 개관된 기본적 주장들에 대한 상술과 함께 구체적인 지지를 제시한다. 거기에서 그는 우이 하쿠주, 와츠지 데츠로, 히라카와 아키라, 다마키 고시로, 후지타 고타츠, 그리고 츠다 신이치 등 상당수의 매우 저명한 현대 일본 불교학자들의 저술을 비판한다.

이 긴 논문에서 제시되는 몇 가지 보다 흥미로운 점들을 제시한다면 다음과 같은 것들이 있다. 우선, 시간을 떠나서는 종교도 없다. 연기에 대한 올바른 이해는 이론적이거나 공간적이거나 상호 포괄적인 인과가 아니라, 원인에 따르는 결과의 시간적 인과에 대한 이해이다. 십이지연기는 사물들 간의 관계가 아니라 원인에서 결과로의 시간적 진행을 가리킨다. 마츠모토의 도표(뒤의 p. 365을 보라)에서의 구도에 따르면,

연기는 초기체(超基體)들의 연속일 뿐 그 기저에 기체가 있는 것은 아니다. 곧 속성들의 연속일 뿐 실체(法, dharma)들의 연속이 아닌 것이다. 이러한 시간적 연속 너머 또는 기저에 어떤 실체로서의 기체(基體, *dhātu*)가 있는 것이 아니다. 본각 개념은 '시간 이선' 곧 시간 너머 모든 사물들이 일어나는 근원이 되며 그 안에서 모든 사물들이 동시적이며 상호적으로 연관되어 있는 상태를 상정한다. 이러한 주장을 하는 것이 기체설이다.

마츠모토는 덧붙이기를, 기체적 사고방식은 동양과 서양의 모든 고대 사회에서 발견될 수 있다고 한다. 그것은 "모든 사물들이 모든 것을 포괄하는 하나에서 일어나고 다시 그 하나로 돌아간다."라는 아이디어이다. 그러할진대, 여래장사상 곧 기체설은 '토착적인'('원시적인'이라고 감히 말해도 좋을까?) 애니미즘적인 아이디어들이나 '민속종교'가 이론적이거나 철학적으로 발전한 것이라고 말할 수 있을 것이다.[17] 몇몇 사람들은 '초목성불'이라는 아이디어가 불교사상의 발전의 정점이라고 주장해 왔지만, 마츠모토에게 그것은 일종의 애니미즘에 불과하다. 역사상 그 어떠한 시기에도 오늘날만큼 애니미즘이 높은 평가를 받은 적이 없다. 최근 일본의 한 학회에서 어떤 학자가 "일본인들의 종교적 의식의 근간은 애니미즘과 조상 숭배이다."라고 주장한 적이 있다. 민속종교에 대한 이러한 견해는 여래장사상과 밀접하게 연관되어 있다. 양자 모두 '토착적' 사고방식의 이론적 발전인 것이다. 이러한 사고방식을 대표하는 것이 우메하라 다케시의 '일본학'이고, 따라서 그가 일본의 민속종교와 여래장사상 양자 모두에 대하여 옹호하는 주장을 펼치는 것을 보게 되는 것은 결코 놀라운 일이 아니다.

'일본주의'에 대한 비판

이 마지막 주제는 세 번째 논문 「불교와 가미: 일본주의에 반대하며」에서 다시 다루어진다.[18] 여기에서 마츠모토 시로는 우메하라 다케시의 일본학에 의하여 대변되는 바와 같은 안이한 형태의 일본 찬양과 '일본주의'를 비판한다. 그는 우선 우메하라의 아이디어를 소개하는데, 우메하라는 빈번하게 일본 민족과 현재의 일본불교의 우월성을 적극적으로 언급하는데, 그 여래장적 요소들의 맥락에서 곧 무정물의 '성불'이라든가 '화'(和, 조화)의 강조를 통하여 그렇게 한다. 그가 지적하는 것은, 서양에 선불교를 대변하는 것으로 제시되어 온 '무념무상'(無念無想)이나 '직관'(直觀)이나 '불립문자'(不立文字) 같은 아이디어들이 실제로는 여래장이나 본각사상에 기반하고 있으며, 긍정적인 불교적 덕목으로 간주되어서는 안 된다는 것이다.

그러고 나서 그는 모토오리 노리나가, 가와바타 야스나리, 그리고 미시마 유키오의 '일본주의'를 간략하게 개관하면서, 그 각각의 인물들이 자기 자신들과 '일본'이라는 국가 내지 관념을 얼마나 밀접하게 동일시해왔는지를 설명한다. 마츠모토는 이러한 사유가 "죽음의 철학"(死の哲學)이며 불자로서 자신은 그 철학을 배격할 수밖에 없다고 결론짓는다.

> 고대 일본인의 생명관은 낙관주의적이었으며 다만 불교의 도입으로 인해 비관적으로 되었다는 관념은 종교의 의미에 관하여 초보적인 것도 모르는 사람들이 떠들어대는 것으로 전혀 허튼 소리이다. 사실, 고대 일본인들은 어떠한 희망도 품을 수 있는 기반을 갖고 있지 못했다. 그들의 삶은 공포와 인내 속에 죽음을 기다리는 것으로 영위되었으며, 그 뒤에는 황천국(黃泉國)이라는 무시무시한 어둠의 나라로 여행이 예정되어 있었다. 그들이 비로소 삶에 대하여 희망을 가지고 내세에서 다시 사는 것에 대한 확신을 가지게 된 것은 불교

를 마주하게 되면서였다.

그는 결론에서, 불자들이 무아라는 불교적 가르침에 따라야 하며, 자신들의 나라에 대한 애국심에 집착해서는 안 된다는 자신의 입장을 제시하고 있다.

『연기와 공』에서 기타의 논문들

네 번째 논문인 「실재론에 대한 비판」에서 마츠모토는 자신의 입장에 대한 즈다 신이치의 비판을 다시 비판하고 있다. 마츠모토는 '법'(法, dharma)을 '존재'로 이해하는 것을 비판하는 데 있어서 상세하고 전문적인 문헌학적 논증을 펼치면서, 기체설에 대한 자신의 비판을 확장해 간다.

그 다음 논문 「해탈과 열반: 몇 가지 비불교적 아이디어들」에서 마츠모토는 자신의 비판을 한 단계 더 진행시켜서, 불교의 최종 목적이 '해탈'(*vimukti*)이라고 말하는 것보다 더 커다란 오해는 없다고 주장한다. 해탈이라는 아이디어는 해탈될 자아가 있다고 하는 아이디어(*ātmavāda*)에 기반하고 있는데, 그러한 아이디어는 비불교적일 뿐만 아니라 반불교적인 것이다. 해탈뿐만 아니라 열반, 마음의 집중된 상태(禪定, *jhāna* 또는 三昧, *samādhi*), 그리고 심지어 '마음'(*citta*) 그 자체마저도 모두 자아라는 비불교적 아이디어에 기반한다. 이 논문에서 마츠모토는 선정, 삼매, 그리고 마음은 제쳐두고 해탈과 열반을 집중적으로 다룬다. 간단히 말해서, 그의 주장에 따르면, 해탈과 열반이라는 아이디어는 해탈될 '자아'를 전제하며, 따라서 일종의 기체설이다. 그는 *nir√vā* 곧 "불어서 끄다"라는 의미의 어원에 기반해서 열반을 "소멸"로 해석하는 일반적인 견해를 비판하면서 그 대신에 *nir√vṛ* 곧 "드러내다"라는 의미의 어원을 내세운다. 자신의 주장을 지지하기 위한 주의 깊은 문헌학적 검토 끝에 그는 다음과 같은 네 가지 결론을 도출해낸다.

1. "열반"의 원래적 의미는 "소멸"이 아니라 "드러냄"이었다.
2. "열반"의 기본적 아이디어는 "자아(atman)가 아닌 것에서 자아가 자유로워지는 것"이며, 따라서 "해탈"을 불교의 목적으로 상정하는 것과 연계된다. 곧 "열반"과 "해탈" 양자 모두 아트만 사상에 기반한 아이디어들인 것이다.
3. 아트만은 종종 "빛"에 비유되거나 빛을 산출한다고 이야기된다. 그 빛을 드러내면 곧 그 빛을 가리고 있는 것을 치우면, 그 빛은 밝게 비추면서 어둠을 밝힐 수 있다. 다시 말해서, "빛의 소멸"이 해탈 곧 아트만의 "열반"이라는 의미일 수는 없다.
4. "아트만이 아닌 것으로부터 아트만이 자유로워지는 것"은 "몸"으로부터 "영혼"이 자유로워지는 것이다. 곧 완벽한 해탈은 몸으로부터 완벽하게 벗어남으로써만 가능하며, 바로 그렇기 때문에 이러한 유형의 해탈은 "죽음의 철학"일 수밖에 없다.

우리는 마츠모토가 전통적인 불교 용어들과 개념들을 배격하거나 재해석하면서 얼마나 멀리까지 가려는지 더 살펴볼 필요가 있다. 우리가 나중에 보게 되겠지만, 다카사키 지키도는 마츠모토가 지나치게 멀리 가서 "불교적"이라고 불릴 수 있는 것을 전혀 남겨 놓지 않는다고 책망한다.

여섯 번째 논문 「반야경전군과 여래장사상」은 어떻게 [『팔천송반야』(八千頌般若, *Aṣṭasāhasrikā-prajñā-pāramitā*)를 비롯한] 반야경전군이 공 사상에 기반한 저술로서 시작되었는지를 보여주는데, 다만 기체설 타입의 아이디어들이 점진적으로 스며들었기 때문에, 그 문헌들의 내용을 주의 깊게 식별해야만 한다는 것이 마츠모토의 경고이다. 여기에서 주요한 주장 가운데 하나는, 현존하는 최초의 『팔천송반야』 판본으로서 AD 179년에 이루어진 중국어 번역본(T No. 224)에서 여래장과 같은 사상을 지지하기 위하여 인용되는 "심성본정"(心性本淨, *prakṛtiś cittasya prabhāsvarā*)이라는 그 유명한 문구를 포함하고 있지 않다는 것이다. 마츠모토의 결론에 따르면, 초기 반야경전군에서는 공(空)을 가르쳤지만 점진적으로 여래장 사조를 수용하게 되었고, 그 정점이 『이만오천송반야경』(二萬五千頌般若經, *Pañcaviṃśati-sāhasrikā-prajñāpāramitā Sūtra*)의 영향력 있는 주석서로서 여래장사상을 포용하고 있는 『현관장엄론』(現觀莊嚴論, *Abhisamayālaṃkāra*)의 편집이다. 마츠모토는 이러한 후대의 오도된 첨가물들을 솎아내는 데 도움을 얻기 위하여 반야경전군의 초기 판본들에 대한 연구를 역설한다.

그 다음 논문 「승만경과 일승 사상」은 마츠모토의 초기 논문으로서, 이 논문에서의 논증은 다른 논문들에서 더 정교하게 전개된다. 『승만경』(勝鬘經, *Śrīmālā-devī Sutra*)에서의 여래장사상을 검토한 뒤에 마츠모토는 다음과 같이 결론짓는다.

> 인도의 대승불교는 일반적으로 중관파와 유가행파의 두 주요한 교학 전통이 있어 왔다고 간주된다. 이러한 입장은 그 교학 전통을 분류하는 데 적절하며, 나는 여래장전통이 제3의 교파였다는 제안을 지지할 필요는 없다고 본다. 인도의 유가행파와 중관파 각 파의 내부에서 교학적 논쟁이 있었던 것은 확실하며, 유가행파와 중관파 사이에서도 논쟁은 있었는데, 다만 여래장파와 유가행파 사이에서는 논쟁이 있었다고 이야기할 수 있을까?

마츠모토에게 있어서 이 질문은 수사적인 것이다. 문맥상 그의 대답이 부정적이라는 것은 뚜렷하다.

마지막 논문 「공에 대하여」는 연기의 관점에서 공을 논한다. 마츠모토의 주장에 따르면, 나가르주나의 『중론송』(中論頌, *Mūlamadhyamka-kārikā*)의 중심 주제는 공이 아니라 연기이다. 그가 공과 연기를 서로 대립하거나 상충하는 개념들이라고 주장하는 것은 아니지만, 그가 뚜렷이 주의하고 있는 것은, 공이 연기의 맥락에서 이해되어야 하며, 거꾸로 이해되어서는 안 된다는 것이다. 거꾸로 이해하게 되면, 공을 일종의 기체설로 오해할 위험이 있다.

선사상에 대한 비판적 연구

1993년 마츠모토는 『선사상에 대한 비판적 연구』(禅思想の批判的研究)라는 또 하나의 논문 모음집을 출간하는데, 여기에서 그의 비판적 연구는 더욱 확장된다. 첫 논문 「선사상의 의미」는 마하연(摩訶衍)과 신회(神會)의 교설에 대한 분석을 제시하고, 선사상이 개념적 사유를 부정하거나 그 중지를 고집하는 한 불교적인 것으로 간주될 수 없다고 결론짓는다.[19)]

그 다음 두 논문 『금강경(金剛經)』에 대한 신회의 주석」과 「임제의 기본 사상」은 중국 선 전통을 면밀히 검토하고, 신회와 임제의 교설이 기체설과 유사한 전제에 기반하고 있다고 결론짓는다.[20)]

네 번째 논문 「연화장과 여래장」에서는 여래장사상의 전개에 관하여 고찰하면서, 그 사상이 적어도 부분적으로는 연화장(蓮花藏, padma-garbha: "연꽃의 기반") 사상에서 파생되었으며, 그 모든 장(藏, garbha)의 담론은 베다식의 아트만 이론으로의 회귀라고 결론짓는다.

다섯 번째 논문은 삼론종의 교설에 관한 것인데, 길장(吉藏)은 연기를 부정하였으며, 그의 철학은 기체설일 뿐이라고 결론짓는다.

마지막 장은 12권본 『정법안장』의 「심신인과」(深信因果, 인과에 대한 깊은 믿음) 권(券)에 관한 것인데, 여기에서 마츠모토는 이 주제에 관한 하카마야의 견해를 비판하고 있다. 특히 마츠모토는 도겐(道元)이 말년에 불성과 기체설에 가까운 아이디어들을 철저히 배격하게 되었다고 하는 하카마야의 결론에 이의를 제기하면서, 오히려 도겐은 결코 철저하게 여래장사상을 배격한 적이 없다고 주장한다.

이러한 비판에도 불구하고, 마츠모토 본인이 자신의 저술에서 여러 차례 언급하기도 하지만, 그는 하카마야 노리아키를 자신의 동료이자 절친한 동지로 여기고 있으며, 그의 사유가 자기 자신의 사유와 협력하는 가운데 발전되어 왔다고 생각한다. 여기에서 우리는 하카마야가 발전시킨 본각사상 비판으로 나아갈 필요가 있게 된다.

하카마야 노리아키의 본각사상 비판

고마자와 대학의 불교학과 교수였고 현재 고마자와 단기 대학의 교수인 하카마야 노리아키(袴谷 憲昭)는 유가행파에 관한 전문가로 저명한 학자이다. 그는 수많은 문헌학적 연구 업적이 있는, 다작의 저술가이고 학자이자 사회 비평가이다. 그는 지금 우리가 다루고 있는 주제에 관한 두 권의 논문 모음집, 곧 『본각사상 비판』(本覚思想批判, 1989)과 『비판불교』(批判仏教, 1990)를 출간하였다.

『본각사상 비판』에 대한 서문에서 하카마야는 본각사상이 불교가 아니라는 것을 보이는 것이 자신의 의도라는 것을 명료하게 밝힌다. 한 걸음 더 나아가 그는 선, 교토철학파, 심지어 『유마경』에서 불이(不二)의 교설마저도 불교가 아니라고 주장한다. 그리고 유가행파의 전문가로서 그가 궁극적으로 희망하는 것은 유식(唯識, Vijñaptimātratā) 사상이 불교가 아니라는 것을 논증하는 논문을 저술하는 것이다!

하카마야는 본각사상을 포괄적인 의미에서 이해하여, 권위주의적인 이데올로기로 작용하면서 말이나 개념이나 신앙이나 지성의 유효성을 인정하지 않고, 모든 존재가 기본적인 단일하고 언설 불가능한 실재('본각'의 상태)로 포괄된다고 하는 사유방식이라고 이야기한다. 여기에서 실재의 구조는-"본래적 깨달음"(本覺), 기반, 핵심, 또는 원칙으로 표현되는-"순수한" 기반(대상)과 그 실재에 기반하고 있는-"촉발된 깨달음"(始覺), 자취, 작용, 또는 현상으로 표현되는-결과(주관)로 구성되는 것으로 표현된다. 이 "기반"은, 어떻게 불리든 상관없이, 일종의 기체(基體)이며, 하카마야의 주장에 의하면, 기체를 허용하는 것은 무엇이든 불교적이 아닌 것이다.

그렇다면 불교란 무엇인가? 상당한 분량의 서론에서[21] 하카마야는 불교인 것과 아닌 것을 재단하는 기준으로서 불교의 세 가지 결정적 특징들을 제시한다.

1. 붓다의 기본적 가르침은 연기(緣起, *pratītya-samutpāda*)의 법칙이며, 이것은 인도철학의 실체적 아트만에 대한 대응으로서 정식화된 것이다. 기저의 실체("topos"; 場所)를 함의하거나 수용하는 사상이나 철학은 무엇이든 기체설(基體說)이라고 불린다. 기체설의 예를 들자면, 인도에서의 아트만 개념, 중국철학에서의 "자연"(自然) 사상, 그리고 일본에서의 "본각" 사상을 이야기할 수 있다. 이러한 사상은 불교의 기본적인 연기 사상에 상반된다.
2. 불교의 도덕적 요청은 다른 존재들을 이롭게 하기 위하여 무아(無我, *anātman*)로 행동하라는 것이다. 자아를 애호하여 다른 존재들을 소홀히 하는 종교는 어떤 종교든 불교적 이상에 위배된다. "산이

나 강이나 풀이나 나무나 다 성불하였다."(山川草木, 悉皆成佛)라거나 "의식이 있는 존재나 그렇지 않은 존재나 다 성불의 도를 갖추고 있다."(有情非情, 皆俱成佛道)(또는 하카마야의 표현대로 하자면, "붓다의 실체에 포함되어" 있다)라고 하는 본각사상의 아이디어는 이러한 도덕적 요청을 위한 여지를 전혀 남겨놓지 않는다.

3. 불교는 연기의 진리를 선택하기 위한 신앙, 언어, 그리고 지성(지혜; 般若, *prajñā*)의 사용을 요구한다. 언어 사용에 대한 선불교의 알레르기적 반응은 불교적이라기보다는 오히려 중국의 토착적인 것이며, 본각사상에서 주장되는 "진여"(眞如)의 언표 불가능성은 언어나 신앙을 위한 여지를 전혀 남겨놓지 않는다.[22]

하카마야의 주장에 따르면, 이러한 세 가지 특징들의 전형은 붓다 그 자신의 사상과 깨달음 체험에서 발견된다. 샤카무니는 보리수 아래에서 깨닫는 (하카마야는 "사유하는"을 선호한다) 시기에 인과의 진리를 자각했으며(하카마야는 "선택했다"라는 단어를 선호한다), 그 진리 및 깨달음의 기쁨을 혼자 간직하고픈 유혹을 이겨내고 다른 이들의 이로움을 위하여 나누어주는 쪽을 선택하였으며, 자신이 발견한 인과의 진리에 대하여 언어로 가르쳤고, 사람들의 신앙만이 아니라 지성에 호소하였다.

하카마야의 언급에 따르면, 이러한 패턴은 천태 지의(智顗, 538-597)의 도교 비판에서도 발견된다. 지의는 불교의 입장에서 자기 나라의 토착적 철학을 배격-그렇게 할 수 있는 몇 안 되는 인물 가운데 하나일 것이다-하였는데, 왜냐하면 도교가 인과를 인정하지 않았기 때문이기도 하고, 다른 이들을 이롭게 하는 이타(利他)의 이상을 결여하고 있었기 때문이기도 하며, '언어의 부정'(絶言)을 지향하고 있었기 때문이기도

하였다.[23)]

나는 하카마야의 두 주요 논문 모음집의 논문들 각각을 간략하게 요약한 뒤에 다른 몇 편의 대표적인 논문들을 다루겠다.

『본각사상 비판』(1989)

첫 논문 「공 이해에 있어서의 문제들」은 불교 문헌들에 있어서 공의 다양한 어법과 해석 및 언어(*logos, vāc*)의 중요성에 관한 논문이다. 그 다음 논문 「대승기신론에 관한 비판적 비망록」은 『대승기신론』에서 "진여"(眞如, *tathatā*)와 "심"(心) 개념에 대한 비판으로 이루어져 있다. 그 다음 논문 「연기와 진여」는 원래 히라카와 아키라 기념 논문집에 포함되었던 중요한 연구물로서, 연기를 진여 곧 '실체'(réalité)의 맥락에서 이해하는 것에 대한 비판적 경고이다. 네 번째 논문 「노리나가의 불교 비판에 대한 고찰」과 여섯 번째 논문 「노리나가의 양부신토(兩部神道) 비판: 사상과 언어의 문제에 관련하여」는 노리나가의 불교에 대한 비판 및 양부신토에서 본각사상의 영향에 대한 비판을 다루고 있는데, 여기에서 그는 언어가 "달을 가리키는 손가락"이라는 관용구에서 시사되는 것보다 훨씬 더 중요하다는 것을 강조한다.

다섯 번째 논문 「사회적 차별의 이념적 배경에 대한 고찰」은[24)] 오사카 부락 해방 센터에서 발표했던 것인데, 여기에서 하카마야는 일본 사회에서 하층민들에 대한 차별을 고무하고 유지하는 본각사상의 역할을 다루고 있다. 일곱 번째 논문 「'사의'(四依, *catuṣ-pratisaraṇa*)에 대한 비판적 고찰 서설」은, 사람이 아니라 법(法)에 의지해야 하고, (가르침의) 말이 아니라 뜻에 의지해야 하며, "해석 가능한 뜻"(不了義)이 아니라 "확정적 뜻"(了義)에 의지해야 하고, 식(識)이 아니라 지혜에 의지해야 한다는, 불교의 전통적 기준을 수용하는 것에 대한 비판적 경고이다.

여덟 번째 논문 「불교와 가미: 일본주의에 반대하며」는 마츠모토에 의한 동명의 논문에 대한 보완적 논문이다.[25] 아홉 번째 논문 「『유마경』 비판」은 하카마야의 초기 논문으로서 『유마경』의 불이(不二) 교설은 불교적인 것이 아니라는 아이디어를 제시하고 있다. 인도학불교학회 발표장에서 처음 발표되었던 이 논문은 비판불교의 최초의 논문들 가운데 하나로서, 다카사키 지키도와의 그 유명한 논전의 계기가 되었다.[26] 그 다음 논문은 「『보성론』(寶性論, *Ratnagotravibhāga*)에서 신앙의 구조에 대한 비판」이며, 그 다음 논문인 「장소(場所, topos)로서의 진여: "장소철학"(場所哲學) 비판」은 "비판철학"(批判哲學)과의 대조하에 "장소철학"을 다룬다.

이 책의 제2부는 도겐에 관한 일련의 논문들로 이루어져 있다. 「도겐 이해를 위한 결정적 시각」은 다수의 견해와는 대조적으로 도겐을 본각 사상에 대한 비판자로 이해해야 한다고 주장한다. 그 다음에 하카마야는 「「변도화」(辨道話)를 읽는 법」을 제안하고, 그 다음에 「12권본 『정법안장』 찬술설에 대한 재고찰」에서 그는 도겐의 생애 말년에 저술된 12권본은 본각사상에 대하여 비판적이었으며 『정법안장』의 그 이전 판본은 이 판본에 의하여 대체되어야 한다고 주장한다.[27]

「'삼교일치'에 대한 비판적 소고」에서, 하카마야는 유교와 도교와 불교의 종교 전통들이 "근본적으로 병립 가능하다"라는 모호하고 오도된 차원에서의 관용적인 아이디어를 불교에서 수용해서는 안 된다고 주장한다. 「'불법의 전반적 일치'라는 맥락에서의 도겐 이해에 대한 비판」은 하카마야가 자신의 동료 이시이 슈도(石井 修道)의 비평에 대응하여 발표한 논문으로서, 하나(一)와 모두(全)의 이론에 입각하여 도겐을 해석하는 것에 대한 비판이다. 그 다음에 이어지는 것이 「'교외별전'과 교선일치」이다. 제2부를 마무리하는 논문은 「도겐이 부정한 것」인데,

여기에서 하카마야는 만년에 도겐이 본각사상에 입각한 모호한 영성을 배격했다고 주장하며, 그 다음 논문 「75권본 『정법안장』에서 「발무상심」(發無上心) 권과 12권본 『정법안장』에서 「발보리심」(發菩提心) 권」에서는 두 텍스트가 모두 같은 주제를 다루고 있지만 철저하게 상이한 결론에 이르고 있는바 이는 도겐의 사유가 변하였고 그 최종적 입장은 후자에서 발견되어야 한다는 것을 보여준다고 주장한다.

『비판불교』(1990)

하카마야의 이 논문 모음집은 「비판불교 서설: '비판철학' 대 '장소철학'」으로 시작한다.[28] 그 요점을 한 마디로 말하자면, 불자가 된다는 것은 비판적으로 된다는 것이다. 곧 불자는 분별을 할 수 있어야 한다. 유일하게 참된 불교의 입장은 비판적 입장이다. 불교는 분별을 할 수 있는 "비판철학"이어야 한다. 불교는 "모든 것을 포괄하고" 무비판적으로 관용적인 (본각사상과 같은) 경험주의적 "장소철학"이어서는 안 된다.

제1부는 「교토학파 비판」으로 시작하는데, 여기에서 하카마야는 교토철학파(니시다 기타로와 니시타니 게이지)의 장소 관념을 비판하면서, 그 관념이 비불교적 관념으로서 본각사상의 연장이라고 주장한다. 그 다음 논문 「비판으로서의 학문」은 학문에서 비판적 방법의 중요성을 주장하고, 잘못된 것은 잘못된 것으로 지적되어야 하는 것이지 얄팍한 조화를 도모하는 관용을 핑계로 은폐되어서는 안 된다고 주장한다.[29] 그 다음 논문은 「고바야시 히데오의 『나의 인생관』에 대한 비판」이다.

제2부의 첫 논문 「미국에서의 불교 상황에 대한 일별: 한 젊은 불교학자의 논문 발표에 대하여」는 1985년 8월 25일에서 28일까지 위스콘신 매디슨 대학에서 개최된 일본불교에 관한 미일학술회의에서 하카마야가 스스로 경험한 것을 서술한 보고서인데, 여기에서 그는 특히 폴

그리피스의 발표 논문 「불교와 그리스도교의 상호작용에서 미래의 가능성에 관하여」에 대하여 공감을 표하고 있다.[30] 그 다음 논문 「진여, 법계, 법성」은 이 개념들의 비불교적 함의를 논하고 있다. 그 다음 「'화'(和)의 반불교적 성격과 불교의 비폭력적 성격」에서 하카마야는 화(和)라는 아이디어가 불교에서 긍정하는 덕목이 아니며 실제로는 무비판적인 혼합주의의 구실을 대변할 뿐이고 상부에 대한 순응을 강요하는 권력자들의 수중에서 희롱될 뿐이라고 주장한다. 참된 불교적 덕목은 비폭력적이며, 차별과 부정의에 대하여 비판적 입장을 요구하는바, 화가 아니라 '믿음'(信)의 이상을 따라야 하는 것이다. 「거짓 불교에 대한 배격」에서는 올바른 것을 선택하고 거짓된 것을 배격하는 것이 중요함을 강조한다. 제2부는 「와츠지 데츠로(和辻 哲郎)의 '법'(法)과 '공'(空)에 대한 이해에서 문제점」이라는 논문으로 마무리된다.

그 다음의 마지막 부는 「여실지견(如實知見): 『죽음에 이르는 병』을 읽고서」와 「유식(唯識)과 무아(無我): 나의 '지관타좌'(只管打坐)」 두 편의 논문을 싣고 있다.

하카마야는 고도의 전문적인 문헌학적 연구 성과뿐만 아니라 교학적 논설과 사회비평에 걸쳐서 다수의 저작을 계속해서 꾸준히 발표하고 있다. 하카마야가 자신의 전문적인 '교학적' 논설에서 제기하는 요점들은 상당수가 이미 앞에서 마츠모토의 저작을 요약하는 가운데 다루어졌으므로, 여기에서는 하카마야의 사회 비평에 집중하겠다.

'화'(和), 비폭력, 그리고 불교

「'화'(和)의 반불교적 특성과 불교의 비폭력적 특성」(1990)은[31] 일본에서 종교에 대한 관심의 증가, 국가와 종교의 협력, 그리고 왜 이것이 나라에 좋은 것인가 등에 관한 니시타니 게이지의 글을 길게 인용하는 것으로 시작한다. 옛날식 어투를 제외하고, 일본이 현재 또 한 차례의 종교 붐을 경험하고 있다는 사실을 감안하면, 이 인용문이 아주 최근에 저술되었다는 인상을 받을 수 있다. 그러나 그 인용문이 1941년에 저술되었으며 당시 일본은 세계대전에 열광적으로 참여하고 있었고, 종교에 대한 박해와 국민들에 대한 억압이 자행되고 있었다는 것을 의식하게 되면, 이러한 시각은 바뀔 수밖에 없다. 하카마야는 이 인용문을 발판으로, 화(和, '조화')의 사상이 일본에서 적극적인 이상으로 고무되고 있지만 실제로는 권력자들이 기존의 상황과 사회질서를 유지하고 비판을 제약하기 위하여 강요하는 억압적 원칙에 불과하다고 주장한다. 하카마야에 의하면, 쇼토쿠 태자와 그의 유명한 17조 헌법의 시대로부터 고무되어온 화(和)는 불교적 덕목이 아니다. 화는 불교의 적이며 진정한 평화의 적이다. 불자들은 모든 것을 '똑같다'고 하면서 무비판적으로 수용하는 굴종적이고 감상적인 '관용'에 굴복해서는 안 된다.

화의 이상과 똑같은 문제를 안고 있는 것이 본각사상의 종교적 기풍이다. 양자 모두 무비판적인 관용의 태도를 지지하는데, 하카마야는 이를 된장과 똥을 구분 못하는 태도와 같은 것이라고 한다. 양자 모두 옳고 그름의 차이나 좋고 나쁨의 차이를 무시하는 피상적 혼합주의를 지지하고, 그리하여 역설적으로 차별과 부정의를 유지하고 권력과 권위를 차지하고 있는 자들의 변덕을 지탱하는 역할을 하게 된다.

불자들은 화보다는 오히려 믿음을 강조해야 한다. 화는 유교든 도교든 일본의 토착적인 애니미즘이든 비불교적인 기체설의 사조든 어떤 교설이나 아이디어든 수용하는 것을 권장한다. '믿음'은 일정한 불교적 진리에 대한 확고한 신념과 더불어 이러한 진리에 상반되는 아이디어들을 배격하는 것을 요구한다. 곧 불교의 믿음(信, *śraddhā*)은, 믿음으로써 어떤 아이디어가 옳은지 옳지 않은지 여부를 판단할 수 있게 된다는 의미에서, 라틴어의 *크레도*(credo)와 똑같다. 이것이 『법화경』에서 가르치는 '믿음'이다. 『보성론』이나 『대승기신론』과 같은 여래장계 문헌들에서 가르치는 '믿음'은 이와는 대조적으로 믿는 자와 믿는 대상의 일치, 지기 자신의 불성 또는 붓다가 될 가능성에 대한 확신을 강조한다. 반면에 『법화경』의 믿음은 붓다의 언설에 대한 믿음 그리고 자신의 지성[般若, *prajñā*]으로 옳은 것과 옳지 않은 것을 구별하고 옳지 않은 것을 언설로 비판하는 것을 의미한다.

하카마야의 주장에 따르면, 화의 기풍은 전쟁 시기 일본의 국민들로 하여금 전쟁을 위한 노력에 무비판적으로 자신들을 희생시키고 침묵을 유지하도록 하였다. 불교의 믿음은 잘못된 관념과 활동에 대하여 언어와 행동으로 비판적 대응을 할 것을 요구한다. 이것이 불교의 '비폭력적' 입장이다. 화를 반대하는 것이야말로 참으로 비폭력적인 것이며 전쟁을 반대하는 것이다.

천황제에 대한 비판적 고찰

하카마야의 논문 「천황제에 대한 비판적 고찰」(1989)은 다음과 같은 도겐의 글로 시작한다.

> 중생들은 공포로 가득 차서 산신, 도깨비, 가미 등에 귀의하거나, 외도의 영험한 힘에 귀의해서는 안 된다. 그러한 것들에 의지해서는 고통으로부터 벗어날 수 없다. 외도의 삿된 가르침(邪教)을 따르는 것으로는 해탈을 이루는 원인에 도달할 수 없다. 지혜로운 사람은 이러한 것들을 칭찬하지 않는다. 그것들은 고통을 더할 뿐이고 좋은 보응이 따르지도 않는다. 그러므로 사도에 귀의하지 말고 그러한 것들을 분명하게 배격해야 한다.

하카마야는 쇼와 천황의 죽음과 그의 임종 때에 일본 국민들 사이에서 '자숙'(自肅)의 기간이 있었던 것과 관련하여, 현대 일본에서 천황제의 위상과 그 내재적 위험성에 대하여 언급한다. 그는 이 기간 동안 사회적 압력이 너무나 강력해서 어느 누구도 감히 그러한 상황에 '부적절한' 것으로 해석될 수 있는 언급을 하거나 처신을 하는 것이 거의 불가능했다는데도 불구하고 일본이 "이례적으로 사상과 표현의 자유를 누리는" 국가라고 어떻게 주장할 수 있는지 의아해한다.

하카마야에 의하면, 천황제는 본각사상이나 본지수적 사상의 기풍과 같은 것이다. 그것은 언표 불가능한 중심으로서, 애매모호한 혼합주의로 뭉쳐져 있으며, 화(和)의 이상에 기대어 어떠한 사상적 비판에 대해서도 억압을 가하고 있다. 그것은 도겐이 뚜렷하게 배격한 비불교적 영성이다. 불자들은 천황제와 그 제도를 둘러싸고 있는, 질식할 것 같은 분위기가 다른 견해를 억압하는 것에 대하여 비판해야 한다.

선(禪)에 대한 비판

「선종 비판」(禪宗 批判)이라는 논문에서 하카마야는 "일본의 선은 불교가 아니다"라는 자신의 비판을 재천명하고 부연하면서 야나기타 세이잔과 스즈키의 선 해석에 대하여 신랄하게 공격하고, 자신의 동료 이시이 슈도가 제기하는 몇 가지 질문에 대하여 응답한다.

특히 다음의 단락은 하카마야의 비판의 취지를 명료하게 드러낸다.

> 나는 "일본의 선은 불교가 아니다"라고 말한 적이 있는데, "중국의 선은 불교가 아니다"라고 말한 적이 있다는 것은 기억나지 않는다. 이 차이는 사소한 것으로 비칠 수도 있지만, 중요한 차이이다. 그 이유는, 지성(般若, *prajñā*)에 기반한 '비판철학'에 대한 시도를 전혀 보이지 않고 그저 경험적인 '선'(*dhyāna*, *bsam gtan*)이기만 한 것은,

인도에서건 티벳에서선 어디에서건, 불교일 수 없기 때문이다.[32)]

야나기타 세이잔(柳田 聖山)과 D. T. 스즈키(鈴木 大拙)에 대한 하카마야의 가혹한 비판은, 한편으로 불교의 정법(正法, *saddharma*)이 비판철학이자 낯선 사유의 길로서 수입된 것이고, 다른 한편으로 일본의 선이 선을 수입한 일본의 관습 및 문학적 풍습과 전혀 다름이 없는 장소철학인 한, 스즈키와 야나기타 양자 모두 서로 전적으로 대조되는 것으로 이해되어야 할 두 현상 곧 "불교"와 "일본문화"에 관하여 저서를 펴냈다는 사실이 바로 그들은 그 양자 사이의 근본적인 대립을 인식하지 못하고 있다는 점을 보여준다는 관찰에 기반하고 있다. 하카마야에 따르면, 중국과 일본에서 선의 승리는 토착적 사유가 불교를 자기 자신 안으로 흡수하여 붓다의 가르침이 지니는 비판적 추진력을 중화하는 데 있어서의 승리이다.

이 논문을 마무리하고 이시이의 질문에 응답하면서, 하카마야는 몇 가지 점에 대한 자신의 입장을 명료하게 밝힌다. 예컨대 그는 명백하게 단언하기를 '좋은' 본각사상과 같은 것은 전혀 있을 수 없다고 하는데, 이는 마치 그 이론의 특정한 부분은 불교적인 것으로 받아들여질 수 있고 다른 부분은 배격되는 식으로 이해할 가능성을 차단하는 것이다. 그는 또한 정법(正法, *saddharma*)에서 좌선과 다양한 종교적 의례들을 모두 가치 있는 것으로 인정하며 또한 사람을 정법으로 인도하는 데 있어서 스승의 고유한 역할을 인정하는 이시이의 주장에 이의를 제기한다. 하카마야에게, 스승이 절대적이며 결코 오류를 범하지 않는다는 권위주의적인 아이디어는 전적으로 배격되어야만 한다.

‘자연’이라는 아이디어에 비판적인 불교

또 하나의 1990년 논문에서 하카마야는 주장하기를, 불교는 “자연과 하나됨”을 가르치는 것이 아니라 오히려 모든 것을 포괄하는 “자연”이라는 아트만에 흡사한 아이디어는 배격한다고 한다. 불자는 “자연의 주인이자 점유자”(*maîtres et possesseurs de la nature*)가 됨으로서 “자연”을 파멸로부터 여전히 보호하면서도 “자연”으로부터 벗어나야만 한다. 하카마야는 비길 데 없이 독특한 방식으로 다음과 같이 첨언한다.

> 스즈키는 결코 지치지 않은 채 “동양”의 자연관을 찬미하였고, 그는 확실히 이러한 오도된 관점이 해외뿐만 아니라 일본 내에서도 뿌리내리도록 하는 데 커다란 역할을 하였다. 그러나 스즈키는 ‘선의 사람’이었고 불자는 아니었기에, 아마도 우리는 그가 항상 “자연”을 찬미하였다는 것에 대하여 불평해서는 안 될 것이다. 실제의 비극은 불자들이 그의 선례를 따르는 경우에 일어난다.[33)]

본각과 법화경

하카마야는 1990년 8월 브리티시 컬럼비아 대학교에서 개최된 “『법화경』과 일본문화”에 관한 학술회의를 위해서 「『법화경』과 본각사상」이라는 논문을 준비했다.[34)] 이 논문은 그의 주요 논점들 가운데 상당수를 재천명하며 산뜻하게 정리해주고 있다. 그는 우선 『법화경』이 유일하게 올바르고 참된 불교를 선포한다고 자처하면서 수입되는 사유 방식이라는 점에서, 그 경전이 들어가는 나라들 내에서의 토착적인 사유 방식에 상반되는 것으로 이해되어야 한다는 점을 지적한다. 본각사상은 그와 대조적으로 토착적인 사유방식에 본질적으로 친화적이다. 따라서 적어도 이론적으로 이 두 입장은 서로 상반된다.

앞에서 본각사상이 기체설이며, “올바른” 불교의 세 가지 기준은 연기를 가르치고, 이타적 이상을 수창하며, 진리를 표현하는 데 있어서 언어를 가치 있게 여기는 것이라고 하는, 하카마야의 관점에 대하여 언급하였다. 『법화경』은 이 모든 기준에 부합한다. 『법화경』은 본각사상이 '장소철학'에 대조되는 '비판철학'이다. 이 경전은 사람들에게 믿음을 가지라고 촉구하며, 붓다의 법에 대한 오도된 이해에 비판적이고, 언어라는 방편(方便, *upāya*)을 가치 있게 여긴다.

하카마야의 언급에 따르면, 불행하게도 일본 역사의 대부분에서 『법화경』은 비불교적인 방식으로 이해되어 왔다. 『법화경』을 도교적 사상이나 불성사상의 맥락에서 이해한 승조(僧肇, 384-414)나 길장(吉藏, 549-623) 등의 해석이 최초기부터 일본에 수입되면서, 쇼토쿠 태자가 주창했다고 하는 화(和)의 기풍에 영향을 주었고, 애초부터 『법화경』의 비판적 접근을 지나치게 관용적인 기풍으로 전환시켜버렸다. 곧 애초부터 본각사상의 태도는 『법화경』의 철저하고 비판적이며 진정으로 불교적인 접근을 압도했다.

악업을 제거하기 위한 의례에 대한 고찰

하카마야는 계속해서 다양한 주제들에 관한 다수의 저작을 발표하고 있다. 계속해서 발표되는 일련의 주목할 만한 논문들 가운데 한 종류는 악업을 제거하기 위한 의례에 관련된 것으로, 1996년 3월 가장 최근에 보완된 논문으로 그 여섯 번째 논문이 출간되었는데,[35] 여기에서 하카마야는 그러한 관행을 아트만 설에 기반한 것으로 배격한다. 이 논문들에서 그의 초점은 대승불교의 기원에 관한 고찰로 이동하고, 그러는 과정에서 그는 금욕적인 출가승들 그리고 불교 교단을 지원하는 재가 신자들 사이에 가교로서 활동했던 '집사'(執事, *vaiyāvṛyakara*)들의 역할이 중요했다는 것을 주장한다. 이러한 고찰은 하카마야의 저서 일반에서와 마찬가지로 비판불교의 함의를 풀어내는 지속적인 과정의 한 부분이다.

이러한 이슈에 대한 반응 및 그 밖의 기여

이 논쟁에서 마츠모토와 하카마야가 중심인물들이기는 하지만, 그들과 비슷한 주장을 하거나 다른 방식으로 그 논쟁에 기여한 다른 학자들도 있다. 이러한 맥락에서 고마자와 대학의 다른 네 명 교수들의 저작은 주목할 가치가 있다.

이시이 슈도(石井 修道)는 『송대선종사연구』(宋代禪宗史の研究, 1987)라는 중요한 저서를 출간했다. 서론에서 그는, 마츠모토와 하카마야의 저작 및 "중국 선은 불교가 아니다"(다시 말해서, 반우파니샤드적이지 않다)라는 그들의 결론을 언급한다. 그는 덧붙여 말하기를, "이러한 결론은 일견 다소 이상하게 보일 수도 있지만, '토착적인 도교 사상은 불교가 아니다'라는 나의 이해에 상응하며, 중국 선의 특성을 명료하게 하려는 나의 시도에서, 그들의 주장은 가치가 있는 것으로 전망된다."라고 한다.[36] 그러나 이시이는 하카마야와 마츠모토의 주장에 대하여 전폭적인 지지를 보내지는 않는다는 점에서 조심스러우며, 우리가 앞에서 이시이의 질문에 대한 하카마야의 대응에서 본 것과 같이, 쌍방은 현재 자신들의 입상을 명료하게 하고자 공개적인 논쟁에 참여하고 있다. 이시이는 "토착적인" 요소들이 가치가 있고 필연적으로 불교를 위태롭게 하는 것은 아니라는 점을 기꺼이 인정하는 것으로 보이는 반면, 하카마야는 전혀 그렇게 인정하려고 하지 않는다.

야마우치 슌유(山内 舜雄)는 『도겐 선과 천태 본각 법문』(道元禅と天台本覚法門, 1985)과 『선과 천태지관』(禅と天台止観, 1986)이라는 두 권의 묵직한 저서를 냈다. 전자는 본각사상의 전개에 관한 상세한 연구를 제시하면시 그 사상에 대한 도겐의 비판을 부각시키고 있다. 이 저작에 대한 서문에서 야마우치는 자신의 연구가 하지마 지코(硲 慈弘)와 다무라 요시로(田村 芳朗) 저작의 연장선상에 있다는 점을 인정한다.

요시즈 요시히데(吉津 宜英)는 『화엄선에 대한 사상사적 연구』(華厳禅の思想史的研究, 1985)를 출간하였는데, 여기에서 그는 법장(法藏), 징관(澄觀), 그리고 종밀(宗密)에 초점을 맞추면서 특별히 본각사상의 영향에 주목하고 있다. 그는 다음과 같이 결론짓는다.

> 본각사상이 헤이안 시대부터 가마쿠라 시대를 거치면서 일본불교에 뿌리를 내리게 되었다고 이야기되지만, 내가 여기에서 화엄선이라고 칭해온 본각의 중국적 의미와 일본에서 본각 개념의 용례 사이에 어떠한 접촉이 있었고 그에 수반하는 차이는 어떠하였는가에 대한 추가적인 연구가 수행되어야 한다.[37)]

이토 다카토시(伊藤 隆寿)는 중국에서 불교 수용 초기에 대하여 여러 편의 논문을 저술하였고, 이는 『중국불교에 대한 비판적 연구』(中国仏教の批判的研究, 1992)라는 책으로 편집되어 출간되었다. 그는 승조의 저작 및 삼론종(三論宗)의 체계를 세운 길장에 대한 그의 영향에 초점을 맞추고 있다. 그는 이 두 인물들이 불교가 중국에서 뿌리내리도록 하는 데 매우 영향력이 있었다는 관점의 유행에 주목하기는 하지만, 사실상 이 두 인물은 토착적인 중국 사상에 기반해서 불교의 교설을 수용했다고 반박한다. '격의'(格義) - 일반적으로는 중국에 불교가 도입되는 승조 이전의 초기 단계를 기술할 때에만 적용되는 표현 - 에 관한 자신의 논문에서 이토는 주장하기를, "그 도입기부터 선종의 압도에 이르기까지 중국불교 전체가 '격의' 불교이다"라고 한다.[38)] 다시 말해서, 중국불교는 언제나 도(道)나 리(理)와 같은 토착적인 아이디어에 기반하여 이해된다. '격의' 불교는 토착적인 중국 사상[老莊思想]의 연장에 불과하며, 정확하고 엄밀한 의미에서 불교로 간주될 수는 없다.

도전에 대한 불교학자들의 반응

다무라 요시로

본각사상이라는 주제가 최근 불교 연구의 전면에 등장한 것은 다무라 요시로(田村 芳朗)의 저작을 통해서였는데, 그는 하자마 지코와 시마지 다이토의 발자취를 따라 일본 불교 내지 종교에서 지배적인 기풍으로 본각사상을 지목했었다. 가마쿠라 신불교 운동에 대한 본각사상의 영향에 관한 다무라의 연구(1965)와 본각사상 관련 문헌들의 편집에서 그가 한 작업은 최근의 본각사상 연구에 토대를 놓았다.[39]

1989년 다무라가 서거한 것은 불교학계에 커다란 손실이었다. 그가 마츠모토와 하카마야가 제기한 도전에 어떻게 응대했을까에 관하여, 우리로서는 단지 추측할 수 있을 뿐이다. 다무라는, 기록에 의하면, 본각사상이 대승불교 발달의 징점에 있다고 이야기한 것으로 되어 있으며, 일본 종교에 있어서뿐만 아니라 일본문화의 다양한 영역에서도 이러한 기풍이 긍정적 영향을 미쳐 왔다고 옹호하는 데서도 지치지 않는 열정을 보여주었다. 스즈키가 "선"에 관하여 주장한 것을 다무라는 본각사상에 관하여 주장했을 것으로 여겨지기도 한다.[40] 그는 위와 같은 새로운 전개에 대하여 직접 응답할 수 없기 때문에, 그 주제에 관한 그의 저술 모음집(1990년에 출간)이 '응답' 역할을 해야만 할 것이다.

다카사키 지키도

오늘날 일본에서 여래장사상에 관한 가장 큰 권위를 지니고 있는 인물이 다카사키 지키도(高崎 直道)인데, 그의 대작 『여래장사상의 형성』(如来蔵思想の形成)은 1974년에 출간되었다. 마츠모토와 히카마야 양자 모두 다카사키 아래에서 직접적으로 대학원 공부를 했으며 그의 저작을 인용할 때에는 경이를 표하는데, 다카사키는 벌써 최근의 출간물에서 그들의 주장에 대한 예비적 성격의 응답을 하고 있다.[41] 다카사키는 그들의 주의 깊은 학문 태도와 비판적 접근을 칭찬하기는 하지만, 여래장사상과 본각사상이 "불교가 아니다"라는 그들의 결론을 수용할 수는 없다고 한다. 그는 여래장사상 문헌들 자체에서 지속적으로 아트만을 전제하고 있다는 비판의 가능성을 의식하고 있으며, 그에 대한 반박을 하고 있다는 점을 지적한다.[42] 그리고 이러한 비난을 받을 여지가 있었음에도 불구하고 여전히 인도에서는 어느 누구도 그 문헌들이 "불교가 아니다"라고 공격하지 않았다. 중관파에서 여래장전통과 유가행파 전통이 일반적으로 실체적 존재를 함의하는 표현들을 사용하는 것에 대하여 비판한 것은 사실이고 그 가르침을 "불완전한" 가르침이라고 간주하기는 하였지만, 중관 논사들은 여전히 그러한 언어가 대승불교의 한 부분이라는 것을 받아들였다. 여래장사상은 티벳에서도 대승불교전통의 한 부분으로 받아들여졌다.

마츠모토의 기체설이라는 아이디어에 관해서, 다카사키는 여래장사상과 유가행파 사상을 비판하기 위한 유용한 제안이며, 실로 우파니샤드의 범아일여(梵我一如) 사상과 구조적으로 유사한 점이 있다고 첨언한다. 동시에 다카사키는, 그 사상이 언제나 필연적으로 비(非)불교적이거나 반(反)불교적인지 여부, 그리고 불교적인 것과 아닌 것을 판단하기 위한 신뢰할 수 있는 리트머스 테스트로서의 역할을 할 수 있는지 여부에 대해서는 의혹을 제기한다. 다카사키는 마츠모토가 정의하는 불교의 특징들이 너무 협소하다고 이야기하면서, 아마도 샤카무니 그 자신도 기체설의 영향에 "오염되어" 있었을지 모른다고 한다. 마츠모토의 논리에 따르면 중관사상의 "승의제"(勝義諦, *paramārtha-satya*)라는 아이디어에 대해서도 비판을 가해야 하며, 궁극적으로는 불교전통의 모든 측면을 빼놓지 않고 비판하게 된다.[43] 마츠모토는 궁극적으로 자신이 오직 "절대 타자"에 의지할 수밖에 없다는 점을 뚜렷이 인정하는데, 여기에서 다카사키는 마츠모토가 궁극적으로 그리스도교를 포용하게 되는 것이 아닌지 궁금해한다.

다카사키의 지적에 따르면, 하카마야가 여래장사상을 공격하는 것은 사회 비평가로서 더욱 두드러지는데, 불교가 사회적 부정의와 차별에 기여해 왔다는 것은 부정할 수 없다.[44] 그러나 이러한 결점에 대한 비난이 유독 본각사상의 발치에만 쏟아질 수는 없는 것인데, 왜냐하면 '순수한' 공의 철학도 똑같은 결과를 초래했을 수 있기 때문이다. 어떤 경우에든 불자들이 다른 이들에게 연민과 배려를 보여야 하며 적절한 실천을 무시해서는 안 된다는 것은 명백하다. 다카사키는 또한 하카마야의 언어에 관한 비판이 중요한 문제들을 제기하고 있으며, 불교에서 언어적 표현들이 중요하다고 느끼지만, 언어의 한계는 인정해야 한다고 생각한다. 이러한 한계를 인정하는 것이 반불교적인 것은 아니다.

다카사키는 자신의 간략한 비평을 마무리하면서 중요한 문제들이 제기되었다는 데 주목하고, 여래장사상과 『대승기신론』을 다시 생각해야 할 때이며, 그 스스로도 자신의 이전 저작에서 제시되었던 결론들을 재고할 때라고 이야기한다.[45]

히라카와 아키라

일본 불교학계의 원로 가운데 한 명인 히라카와 아키라(平川 彰)는 자신이 편집한 논문 모음집 『여래장과 대승기신론』(如来蔵と大乗起信論)의 서론 역할을 하는 자신의 논문에서 마츠모토의 저작에 대한 응답을 하고 있다.[46] 그는 우선 성불의 "본성" 또는 "잠재성"이라고 하는 여래장에 대한 자기 자신의 이해를 제시한다. 여래장은 정태적이 아니라 항상 변화하고 있는바, 이러한 것이 여래장의 기체(*tathāgata-garbha-dhatu*)이다. 기체(基體, *dhātu*)는 마츠모토가 주장하듯이 꼭 어떤 실체적 "토대"나 "기반"을 의미하는 것은 아니다. 사실 『아함경』에는 기체를 연기(緣起, *pratītya-samutpāda*)와 동일시하는 단락들이 있다. 『승만경』 자체에서도 여래장은 아트만이 아니라는 점을 언급한다(T No. 353, 12.222b19-21). 히라카와는 연기, 공, 그리고 무아가 불교의 근본적인 교설이라는 데 있어서는 마츠모토에 동의하지만, 그러므로 여래장사상이 불교가 아니라고 한다면 그러한 주장에는 동의할 수 없다고 한다.[47]

람버트 슈미트하우젠

람버트 슈미트하우젠(Lambert Schmithausen)은 「'불교와 자연'의 문제에 관한 하카마야의 관점에 대한 고찰」을 발표하였는데,[48] 여기에서 그는 하카마야의 불교와 자연에 대한 관점을 비판하면서, 하카마야가 "참된 불교"를 옹호한다고 주장함에도 불구하고 그의 아이디어들 가운데 몇몇은 서양전통에서 차용해온 것이며 "오히려 불교의 옷을 입은 데카르트주의"라고 결론짓는다.[49]

불교학계 밖의 반응

조동종의 반응

하카마야와 마츠모토의 저술에 대한 조동종의 반응은 복합적이다.[50] 조동종 사찰들의 일상적 행사는, 다른 일본 불교 종파들 대부분에서와 마찬가지로 대개 장례 절차를 포함하고 있으며, 하카마야가 공격하는 타입의 기풍과 밀접하게 관련되어 있다.[51] 실천적 차원에서 본각의 기풍은 다른 어느 불교 종파에서와 마찬가지로 조동종 계열에 있어서도 두루 확산되어 있으며, 그들의 경제적 기반은 현 상황의 지속을 필요로 한다. 이론적 차원에서 이야기하자면, 어떤 주요한 신학교(혹은 케임브리지 대학)에서 기성 성서학자 또는 신학자가 영국 교회는 "그리스도교가 아니다"라고 주장한다면 영국의 교회 구성원들 사이에서 반응은 어떠할까?

본각사상과 일본의 페미니즘

본각사상 비판에 대한 가장 흥미로운 반응 가운데 하나는 일본 페미니스트들 측에서 나오는 반응인데, 그들은 그 비판의 논지를 채택하여 현대 일본 사회에 대한 비판에 활용해 왔다. 오고시 아이코(大越 愛子), 미나모토 준코(源 淳子), 그리고 야마시타 아키코(山下 明子)는 『성차별하는 불교』(性差別する仏教—フェミニズムからの告発)라는 베스트셀러로 상당한 센세이션을 일으켰다.[52] 그들은 지금까지 일본에서 페미니스트 운동이 대개 서양의 모델로부터 영향 받은 활동과 분석이 주된 경향이었는데, 일본 사회에서 페미니즘이 뿌리를 내리고 의미 있게 되려면 토착적인 상황에 대응해야 한다는 점을 지적한다. 이러한 맥락에서 그들은 하카마야의 본각사상 비판에 주목하면서 본각사상의 기풍이 일본에서의 성차별에 크게 기여해왔다고 주장한다. 그들은 화(和)의 기풍이 집안에 머무르면서 가족의 삶의 '조화'를 유지하는 짐을 여성들에게 떠맡기고 있으며, 이러한 풍조는 일본 여성들이 전통적으로 제한된 역할에서 벗어나지 못하게 억누르는 방향으로 작용하고 있고, 여성들의 일상생활의 모든 측면에서 무의식적으로 영향을 미치고 있는 것은 더 말할

필요도 없다고 이야기한다. 미나모토는 화(和)를 본각사상에 기반한 일본주의의 억압적 요소이자 차별적인 기풍이라고 공격한다.

일본사회에서 여성들의 위상에 대하여 친숙한 사람이라면 누구든 일본에서 여성들이 차별받고 있다는 주장을 부인할 수 없다는 점은 확실하다. 그러나 본각사상에 그 책임이 있다는 주장은 별도의 문제이며, 추가적인 분석이 요구된다.

몇 가지 개인적인 고찰

불성에 관한 모든 교설이 기체설로 분류되고 그리하여 불교에 상반되는 것으로 간주되어야만 하는 것인지 여부는 여전히 의문으로 남는다. 불성론 관련 주장들 가운데에는 그러한 실체론적 해석을 벗어나고자 노고를 아끼지 않는 사례들도 확실히 있다. 예컨대 천태 지의의 '삼인불성'(三因佛性) 개념은 실재, 지혜, 그리고 수행의 공동 작용을 제시하는바, 이러한 취지는 실체론적 기체설에 의존하는 것을 벗어난다. 구체적으로 말하자면, 불성은 삼중적이어서, 있는 그대로의 실재로서 불성(正因佛性, 성불의 '직접적' 원인), 있는 그대로의 실재를 밝혀주는 지혜(了因佛性, 성불의 '충분한' 원인), 그리고 지혜의 이러한 본래적 기질을 완성해가는 실천(緣因佛性, 성불의 "조건적" 원인)으로 이루어진다. 불성의 "존재" 여부를 지나치게 단순하게 취급하는 것을 피하기 위해서 지의는 『법화경』의 일승(一乘, *ekayāna*) 원리, 곧 모든 존재의 성불 가능성에 대한 약속의 맥락에서 불성을 해석한다. 곧 불성은 정태적 실체가 아니지만, 여전히 불성이 '존재하는' 것이 아니라고 말할 수도 없다. 모든 존재가 '그냥 있는 그대로' 붓다인 것은 아니다. 붓다됨의 본래적인 잠재력을 드러내는 과정이 요구되는 것이다. 불성은 더 넓은 경험 세계의 한 부분이며, 여기에는 세 가지 차원, 곧 있는 그대로의 실재, 사물들을 올바르게 파악하는 지혜, 그리고 이러한 지혜를 성취하기 위하여 요구되는 실천이 포함된다.[53)]

본각사상에 있어서 '본각'(本覺)이라는 용어를 번역하는 것의 어려움은 아마도 그 용어 자체의 긴장과 위험을 드러내는 듯하다. 나 자신으로서는 '원래의'(original) 깨달음이라는 번역에 대하여 항상 주저되는 마음이 있어왔는데, 왜냐하면 그러한 번역은 시간적 함의가 너무 강하기 때문이었다. 그러나 여전히 이 용어(그리고 『대승기신론』 그 자체)의 번역들의 다수가 실제로 그러한 이해를 고무시키고 있고 그리하여 마츠모토와 하카마야에게 본각사상을 기체설로 배격할 충분한 근거를 제공하고 있다. '내재적인'(innate)과 '본래적인'(inherent) 깨달음이라는 표현도 실체론적인 이단의 냄새가 난다. 실로 본각사상과 보편적인 불성이 불법(佛法)의 정당한 표현이려면, 이러한 종류의 사유를 주창하는 사람들은 반드시 불교의 기본적 교설인 무아 그리고 연기와 어떻게 양립할 수 있는지 입증할 책임이 있다.[54)]

마지막으로, 불성사상과 본각사상이 '정통'이냐 아니면 '참으로 불교적이지 않은' 것이냐 여부에 대한 전문적인 논증과는 별도로, 일본사회에서 이러한 기풍이 폭넓은 윤리적 차원을 제공하거나 사회적 윤리를 자극하는 데 실패해 왔다는 것은 부정할 수 없다. 일본 불자들은 이러한 현실은 문제가 아니며, 예컨대 선(禪)에 있어서 우선적인 것은 각 개인이 자기 자신의 깨달음을 실현하는 것이고 그 이후에는 다른 이들을 위한 자비와 배려가 '자연스럽게 흘러나오게' 된다고 주장할 수 있을 것이고, 실제로 그렇게 주장해오기도 했다. 그럼에도 불구하고, 역사가 보여준 것은, 이러한 기풍이 기존의 상황을 유지하는 경향이 있다는 것이다. 이러한 기풍은 사회적 변화와 이타적 활동에 필수적인 자극을 제공하지도 못하고 약자와 피억압자를 먹이로 삼는 사회구조에 저항할 기반을 마련해주지도 못한다. 거지를 문전박대하고 음식과 옷을 주기를 거절하면서 "그는 불성을 가지고 있다"고 이야기한 선사는 자비로워야 할 불자의 역할을 못한 것인가, 아니면 다만 불성의 기풍에서 자연스럽게 흘러나오는 함의를 내내 따르고 있었던 것인가?

요 약

하카마야와 마츠모토의 비판은 다수의 상이한 대상을 조준하고 있는 것으로 보이는데, 종종 그 대상이 명확하게 정의되고 있지 않은 듯하다. 일반적으로 그 대상들은 세 가지 차원 곧 불교학적, 종학적, 그리고 사회적 비판의 차원에서 상정된다.

1. 불교학적 차원에서 하카마야와 마츠모토는 불성 그리고 본각사상과 같은 개념들이 연기와 같은 여타의 기본적인 불교 개념들과 양립 가능성이 있는지 의문을 제기한다. 그들은 문헌학적이고 교학적인 논증을 통해서 불성사상(기체설)이 다른 더 근본적인 불교적 교설과 양립 불가능하다는 것을 보여주고자 시도한다. 그들의 논증의 구체적인 내용에 동의가 이루어지든 아니든, 불성 개념에 대한 불교학적이고 불교적인 재평가의 시기가 무르익었다.
2. 종학적 차원에서 그들은 자신들의 관점에서 볼 때 도겐의 가르침 가운데 자신들의 종파인 조동종에서 부정확하게 이해하고 있다고 여겨지는 것에 대하여 저항하고 있으며, 특히 불성사상에 관하여 도겐의 가르침을 재평가함으로써 조동종을 쇄신하고자 한다.
3. 사회비판의 차원에서 그들은 일본에서 불성 및 본각사상적 기풍

의 수용이 결함투성이의 사회 구조와 태도를 초래해왔으며, 이러한 기풍의 위험에 대한 인식이 그러한 상황을 바로잡는 데 필수적이라는 것을 보여주고자 애쓰고 있다. 이러한 사회비판이 현재 일본 사회에서 불교 공동체 그 자체의 내부로부터 일어나고 있다는 것은 불교 그리고 동아시아에서 불교의 전개 그리고 서양에서 불교의 함의에 관심이 있는 사람들에게 뿐만 아니라, 종교 사상의 역동성 그리고 과거와 현재 모두에서 그 사회적 영향에 관심이 있는 사람들에게도 커다란 중요성을 지니는 사안이다.

결론적으로 한 마디 언급하자면, 일본불교와 일본종교 전반에 대한 우호적이면서도 정형화된 묘사는 자연과의 조화 그리고 '조화로운' 사회; 절대적 내재성; 있는 그대로의 현상에 대한 무비판적 수용; 가미와 붓다의 상호의존 내지 일치; 평화에 대한 사랑; 현세에서 삶에 대한 긍정적이고 적극적인 태도 등에 대한 강조를 보여준다. 부정적인 측면에서, 일본의 종교성은 사회윤리적 관심의 결여; 기존 상황에 대한 무조건적인 지지; 정의 그리고 사회적 부정의에 대한 사상의 빈약함으로 인하여 사람들이 쉽게 정치적 선전과 사회적 압력의 먹이가 되고 순응하게 됨; 무책임한 '방관적' 기질로 오염, 자연 자원의 무모한 이용, 쓰레기 방치, 그리고 공공재의 파괴뿐만 아니라 자기 자신의 '그룹' 밖의 어떤 사람의 관심사에 대한 무시; 그리고 정(正)과 사(邪), 선(善)과 악(惡), 의(義)와 불의(不義) 사이에 윤리적 판단을 내리는 기반의 부재를 보여준다고 이야기된다.

이러한 주장은 지난 세기의 세계적인 환경 파괴를 그리스도교 성서 창세기에 나오는 "온 땅에 퍼져서 땅을 정복하여라"라고 하는 하나님의 명령 탓으로 이야기하려는 지극히 단순한 시도만큼이나 일본 종교의 기풍을 지나치게 단순화하는 것에 불과하다고 할 수도 있을 것이다. 여하튼 마츠모토와 하카마야가 볼 때에는 바로 이러한 기풍이 그들의 비판적 관심사 전반에 두루 미치고 있다. 무엇이 불법(佛法)에 대한 참된 이해인가? 불법에 대한 다양한 해석의 사회적 함의는 무엇인가? 오늘날 일본 사회에서 불교의 역할은 무엇인가? 불교 교리사의 전개는 어떻게 이해되어야 하는가? 내재적이고 보편적인 불성이라는 아이디어에 대한 무비판적 수용은 일본에 사회적, 정치적, 그리고 경제적으로 어떠한 영향력을 발휘해 왔는가? 현대 일본 사회는 불교적 시각으로부터 비판될 수 있는가, 그리고 그럴 수 있다면 어떻게 비판되어야 하는가? 그들이 묻는 질문들은 무시될 수 없다. 그들의 예리한 비판은 그만큼이나 예리한 답변을 요구한다. 이러한 의미에서 비판불교는 여전히 미완의 과제이며 계속되는 도전으로 남아 있다.

2. 비판불교와 근원으로의 회귀

덴 러스트하우스(Dan Lusthaus)

비판불교는 불가피했다. 동아시아 밖의 불교에 대한 연구로 명망이 높은 일본의 저명한 학자들이 비판불교의 목소리를 낸 것 또한 불가피했다. 비판불교가 강력하고 심지어 적대적인 반응을 불러일으켜 온 것 또한 불가피했다. 불가피했다는 것은, 비판불교를 야기한 원인과 조건을 분석하고 이해함으로써 비판불교가 그 맥락, 역사, 그리고 필연성을 가지고 있다는 것을 드러내는 것이 가능하다는 것을 의미한다. 비판불교는 필연적이다. 원인과 조건을 통하여 무엇이 일어나는가에 대하여 사유하는 것, 특히 그것이 문화적이고 사회적인 실체들에 어떠한 영향을 미치는가의 맥락에서 사유하는 것은 비판불교 그리고 불교의 올바른 실천 양자 모두의 주된 구성 요소이다.

본 논문에서는 비판불교에 기여해 온 요소들을 확실히 다 검토하지는 못하고 그 가운데 몇 가지 요소를 검토할 것이다. 여기에서 소개되는 몇몇 논증과 주장들은 비판불교의 관련 저술들의 내용을 그대로 다시 이야기하기보다는 일정한 거리를 두고 재구성하는 방식으로 제시될 것이다. 나의 보완 작업을 거쳐 이루어지는 이러한 재구성은, 비판불교의 주장들 상당수를 재조명하는데, 그 기원에 관련된 이슈들과 영역들에 초점을 맞춘다. 20세기 일본 불교 학계의 맥락에서 비판불교의 불가피성을 논의한 뒤에, 나는 그렇게 비판받는 유형의 불교가 동아시아에서 압도적으로 되는 데 결정적인 시기였던 7세기와 8세기 동안 중국에서 일어난 사건들 가운데 몇몇을 살펴볼 것이다. 그런 다음에는 동아시아불교에서, 특히 선 전통에서 본각 및 전승 계보의 권위 문제와 관련하여, 깨달음 관념에 어떠한 변화가 있었는가에 대해 비판적으로 검토할 것이다. 그리고서 더 넓은 맥락으로 물러서서 내가 제안하려는 것은, 비판불교가 그 반대자들이 묘사하듯이 특이하고 도착된 일탈이기는커녕 불교에서 애초부터 중심적이었던 주제의 불가피한 귀환이라는 점이다. 이 모든 사항들이 불가피성을 띠는바, 현대 세계에서 불교의 위기와 맞물려 있는 금세기 일본 학계의 궤적과 성취, 동아시아불교에서 마츠모토와 하카마야가 기체설이라고 명명한 이념적 기반이 보편적으로 확립되는 계기가 된 결정적인 역사적 사건들, 그리고 그와 병행하여 불교 세계의 다른 지역에서 발견되는 불교의 다른 상반되는 경향들 예컨대 불교논리학 같은 경향들이 배제되는 과정, 기체설 이데올로기 발달의 결과로서 또는 그 발달과 더불어 깨달음과 같은 몇몇 근본적인 불교 관념들이 침해되는 과정, 불교가 부단한 자기비판과 자기 재평가를 거치면서 종종 그러한 비판과 비판자를 찬탄하게 되는 (나가르주나가 가장 유명한 사례이다) 과정, 이 모든 점들로 인하여 오늘날 일본에서 (그리고 다른 지역들에서도) 비판불교가 등장하는 것은 불가피하였던 것이다. 마지막으로 『임제록』(臨濟錄)에 대한 마츠모토의 비판의 한 측면을 검토하면서 나는 비판불교에 비판적인 사람들이라고 할지라도 고려해야 할 것으로 여겨지는 몇 가지 전략적 분별을 제안하고자 한다.

두 차원의 불가피성

비판불교는 두 차원의 불가피성이 합류하면서 일어났다. 나는 여기에서 그 불가피성에 대하여 상술하기보다는 간단히 언급하면서 그 전반적인 윤곽을 몇 가지 실례와 함께 이야기하겠다.

첫 번째 불가피성은 지난 수십 년간 불교, 구체적으로는 동아시아불교 그리고 특히 일본의 선불교가 윤리의 영역에서 결함을 지니고 있다는 견해가 압도하게 되었다는 것이다.[1] 이러한 결함을 비판하는 학술회의가 개최되고 논문들이 발표되었으며, 그러한 결함을 바로잡기 위한 다양한 제안들이 개진되었다. 일본에서는 소수자와 피억압자의 곤경에 대한 불자들의 무감각함 및 다른 영역에서도 강력한 윤리적 리더십의 부재가 지적되었고, 이에 따라 일본의 대중들은 상당수의 불교 종파에서 그 윤리적 기반과 비전에 대하여 의문을 제기하게 되었다.[2]

두 번째 불가피성은, 불교 역사 전반의 맥락에서 훨씬 더 포괄적인 중요성을 지니는 것인데, 지난 세기 동안 일본 불교 학자들이 산스크리트와 티벳어 사료에 대하여 점점 더 주목하게 된 데에서 비롯한다. 이러한 연구 결과, 동아시아의 사료와 전승은 재평가를 할 수밖에 없게 된다. 동아시아의 학자들 그리고 무엇보다도 일본 학자들은 또한, 때로는 현존하는 티벳어 자료들을 통해서이기는 하였지만, 인도와 인도의 사료들에 대한 재발견에 맞닥뜨리게 되었다.[3] 아무리 과소평가하더라도, 이러한 발견으로 그들은 인도에 대한 동아시아의 이해를 극적으로 새로운 맥락에서 바라보게 되었으며, 우선적으로 불교가 중국에 전래되기 이전과 전래되는 동안에 인도에서는 어떤 상황이 전개되고 있었는가에 관하여, 기존의 구태의연한 전통적 동아시아의 전제에 대해 의문을 제기하게 되었다. 금세기 이전까지 한국이나 일본의 불자들은, 송(宋)나라 시대 이후 동아시아 밖 또는 인도에서 불교 발전에 관하여 도대체 관심이 거의 없었다. 이러한 발견의 이차적 영향은, 동아시아의 불교전통이 인도의 불교전통에 스스로를 정초시키는 전통적 방식에 대하여 의문을 제기하게 되었다는 것이다.

지난 100년여 동안의 상당한 학문적 성취를 조망해보면, 일본과 세계의 학자들이 인도적 맥락을 재발견하는 데 있어서 정밀함 내지 정교함이 어떻게 증진되어 왔는가를 곧 짐작할 수 있다. 일본 학계에 친숙하지 않은 이들이라고 하더라도, 예컨대 영어로 출간된 일본학자들의 서지학적 저작 두 권을 살펴보는 것만으로도 간편하게 상황을 파악할 수 있을 것이다. 난조 분유(南条 文雄)는 1883년 인도 원전의 한역 문헌에 대한 명나라 때의 목록을 영어로 번역하여 출간하였는데, 동아시아 언어에 익숙하지 않았던 당시의 불교학자들에게 이 저작은 커다란 선물이었으니,[4] 이 저작에서는 그 목록에 있는 문헌들에 대하여 산스크리트 제목을 재구성하여 제공하고 있었다. 다만 그 재구성은 정확하다기보다는 상상의 산물인 경우가 더 빈번했다.

거의 백 년 뒤에 나카무라 하지메(中村 元)는 『인도불교: 상세한 주해를 곁들인 조망』(*Indian Buddhism: A Survey with Bibliographical Notes*)이라는 저서를 펴냈다.[5] 상상에 의한 문헌 제목의 재구성이나 동아시아의 선입견으로부터 전적으로 벗어난 것은 아니지만,[6] 이 저작은 일본 학계가 얼마나 멀리 왔는지를 잘 보여준다.[7] 곧 이 책은 중국불교 문헌을 산스크리트어와 티벳어로 된 동일한 문헌이나 유관 문헌의 현존 본과 체계적으로 대조하고, 동아시아의 문헌에 대한 논의를 흔히 중국어로 구할 수 없는 인도와 티벳의 문헌에 대한 분석으로 보완하고, 번역상의 오류, 불완전함, 그리고 기타의 문제점을 있는 그대로 규명하였다.[8] 나카무라는 어느 정도의 수준에서는 동아시아에서 여태껏 보지 못했던 완성도로 인도불교 문헌의 현장을 재구성하고 있는바, 그가 여기에서 논의하고 있는 원전의 상당수는 중국어로 번역된 적이 없어서 동아시아 불교가 발전하고 확립되는 동안 전혀 알려지거나 평가되거나 해명된 적이 없었다.

나는 나카무라가 이러한 업적을 혼자서 성취했다고 주장하는 것이 아니다. 그와 정반대로, 그의 저작이 가능하게 된 것은, 오직 역사상 여태껏 가능하지 못했던 차원에서 더 다양한 문화와 더 많은 시대에 산출된 불교 문헌들을 가장 광범위하게 정독하고 목록화하고 연구해온 동료 학자들의 노고 덕택이었다. 단적으로 말해서, 나카무라의 이 저작에서 보여주는 조망은 중국 이외의 사료들이 난조의 목록에서보다 엄청나게 뛰어난 수준에서 익숙하게 다루어질 수 있었다는 것을 보여준다. 그럼에도 불구하고 이 사료들에 대한 그의 비판적 평가는 여전히 기체설적인 관점으로 물들어 있으니, 다시 말해서 그는 여전히 동아시아적인 모델과 전제를 통하여 불교 문헌을 해석하고 있다.[9] 난조는 오류투성이의 '사실'이나 구체적 내용을 제시하고 있으며, 그의 목록은 최소한의 정보와 함께 문헌들을 그저 열거하고 있을 뿐이고, 자신의 이해는 거의 제시하지 않는다. 그에 비해 나카무라는 세부적인 내용의 많은 부분을 '바로잡고' 있지만, 그도 동아시아의 관점에서 조망하고 *해석하고* 있기에 그 사료들의 온전한 취지는 아직 뚜렷하게 밝혀지고 있지 않다.

일본학자들의 연구가 더욱 정교화됨에 따라 인도 원전에 대한 태도에 있어서 미묘하지만 눈에 띄는 전환이 나타난다. 스즈키가 1900년 최초의 독자적 영어 저작으로 실차난타(實叉難陀, śikṣānanda) 역 『대승기신론』

에 대한 영어 번역을 출간했을 때,[10] 그는 서론의 상당 부분을 할애하여 『대승기신론』이 마명(馬鳴, Aśvaghoṣa)에 의하여 저술된 인도 문헌임에 틀림없다고 하는 동아시아 전승의 믿음을 열정적으로 방어하면서, 그러한 귀속을 의문시하려는 이들에 대한 비난과 경멸을 아끼지 않았다. 『대승기신론』은 사실상 거의 중국에서 6세기에 등장하는 순간부터 오랫동안 중국에서 위작된 문헌으로 의심받아온 문헌이었다. 1930년대 초에 스즈키는 자신의 『능가경(楞伽經) 연구』(*Studies in the Laṅkāvatāra Sūtra*)(1930)(1981년에 재출간)와 『능가경』에 대한 자신의 영어 번역(*Laṅkāvatāra Sūtra*)(1932)(1978년에 재출간)을 위하여 산스크리트어와 티벳어로 된 원전을 연구하였다.[11] 『능가경 연구』에서 그는 애초에 『대승기신론』을 마명의 문헌으로 언급하였으나 나중에는 "대체로 마명에게 귀속되는"이라는 표현으로 약간 물러선다.[12] 두 해 뒤에 『능가경』(*Laṅkāvatāra Sūtra*)의 서문(xxxix)에서 그는 다음과 같이 기술하고 있다.

> 『대승기신론』은 일반적으로 마명의 저작이라고 한다. *그가 이 극히 중요한 논서의 저자가 아니었을 수* 있지만, … 확실히 불교계의 한 위대한 지성이 있어서, 자신의 사유를 『기신론』을 통하여 펼쳐냈을 것이다. 몇몇 학자들은 『기신론』이 중국인의 저작이라고 주장하지만, 이러한 주장은 충분한 근거를 갖고 있지 못하다.[이탤릭체는 부가됨]

여전히 완강하게 『대승기신론』의 중국인 저작설을 거부하고 있지만(오늘날 학자들은 거의 만장일치로 중국인의 창작이라고 간주하고 있다), 그는 자신의 원래 입장에서 분명히 물러서고 있다. 자신의 최초의 저작과 이 개정된 견해 사이의 30년간 스즈키는 마명에 대해 알게 되었음에 틀림없으니, 마명은 대승 불교의 사람도 아니었고,[13] 현존하는 그의 산스크리트어 저작들 예컨대 『불소행찬』(佛所行讚, *Buddhacarita*)도 『대승기신론』의 사상과 전혀 닮지 않았던 것이다.[14] 스즈키의 심중에서 동아시아적 전제에 대한 지지가, 산스크리트어와 티벳어 원전에 대한 그 자신의 지식이 증가함에도 불구하고, 약간의 변화만을 겪었다는 것은 그의 『능가경』 관련 저술들 곳곳에서 누볏하게 드러난다. 『능가경 연구』에서 『능가경』의 '선' 사상과 유가행파 사상을 (실로 기묘하게도 선과 『능가경』이 "초월적 관념론"이 형태인 반면에 유가행파는 그렇지 않다는 입장에서) 절저하게 구분하려는 그의 시도는 당황스럽고도 순진한 것인데, 이는 아마도 『능가경』이 선의 핵심에 놓여 있다는 그 자신의 확신에서 비롯되었을 것이고, 그러한 확신은 선 전승에서 천 년이 넘도록 고수해온 확신이었다고 하겠다. 유가행파에 대한 선의 입장(곧 법상종에 대한 선의 입장)은 언제나 경멸적이었다.

역사적 기원에 대한 재검토는 수십 년 동안 극히 열정적으로 진행되어 왔으니, 야나기타 세이잔과 그 밖의 사람들이 선의 계보와 역사에 대하여 연구한 것은 그러한 사례로 극히 잘 알려져 있다. 이러한 재검토에서 확정된 것은, 인도불교와 선 종파들 사이에 전제되었던 관계의 많은 부분, 아마도 대부분이 - 예컨대 보리달마가 중국에 선을 전했다는 것을 포함하여 - 대체로 후대에 동아시아에서 구성해낸 것이라는 점인데, 예컨대 초기 선종 계보의 많은 부분이 그러하며, 덧붙여 말하자면, 천태종, 화엄종, 그리고 정토종의 조사들 계보 또한 그러하다.[15]

동아시아불교에서는, 그리스도교와 같은 이른바 역사적 종교들과는 달리, 역사적 주장들을 정당화할 필요성이 그다지 긴급하지는 않은 것으로 여겨질 수 있지만,[16] 여전히 이 문제가 중요하며, 특히 맥락을 중시하는 분위기와 함께 스승에서 제자로 '깨달음'이 전승된다는 관념에서 선종의 권위와 정당성이 확보되어 왔고, 그리하여 이러한 전승 계보의 정당성 자체가 그 권위를 유지하는 데 결정적 의미를 지니는 선종에서, 이 문제는 여전히 중요하다. 다시 말해서, 충분히 신뢰할 만한 계보가 부재할 경우에는 선종 자체의 권위가 의문시되는데, 이 문제에 대해서는 뒤에 다시 살펴보겠다.

동아시아의 불교전통들은 항상 그들의 인도에서의 뿌리에 대하여 단절성이나 상이성보다는 나름대로의 연속성을 의식하고 강조해왔지만, 이전에 한역본을 통해서 할 수 있었던 것보다 더욱 충실한 범위에서 인도의 원전들을 면밀하게 검토해오고 게다가 중국, 한국, 그리고 일본의 역사에서 동아시아불교의 자화상을 형성해온 요소들과 사건들을 재평가해온 기반 위에서 이루어진 인도불교의 재발견은 그 상이성에 훨씬 더 힘을 실어주고 있다. 중국에 전혀 적절하게 전달되지 않은 인도불교의 요소들뿐만 아니라 중국 사람들과 여타 동아시아 사람들이 그 인도적 기원을 알고 있었지만 다양한 이유로 인하여 그 기원과 상당히 거리가 멀고 심지어 상반되는 이론과 실천으로 재구성해 온 요소들은 특히 그러한 상이성을 두드러지게 하고 있다. 이러한 상이성은 너무나 막대하여 지금 온전한 범위에서 일일이 열거하거나 논의할 수 없지만, 몇 가지 기본적인 특색들과 동아시아 학계에 대한 그 영향은 간략히 제시할 수 있다.

중국불교에서 7세기와 8세기의 결정적 중요성

인도와 티벳의 불교에 대한 20세기 일본인들의 이해에 영향을 미친 강력한 저작 가운데 하나를 들자면 우이 하쿠주(宇井 伯壽)의 선구적 저작을 꼽을 수 있으니, 그는 동아시아불교의 발전에 있어서 유가행파 사상의 중심적 위상을 간파하였다. 우이 하쿠주의 이 저작은 동아시아불교를 정당하게 이해하는 데 있어서 인도 사상의 중요성에 대한 인식을 제고시키는 데 큰 역할을 하기는 했지만, 인도불교와 중국불교의 관계에 대한 그의 혁신적 연구마저도 여전히 전자를 후자의 프리즘을 통하여 고찰하는 문제가 있으니, 예컨대 그는 산스크리트로부터 중국어로의 번역에서 6세기 진제(眞諦, Paramārtha)의 번역이 7세기 현상(玄奘)의 번역보다 낫다고 주장하고 있는데, 이는 현장의 번역이 훨씬 더 정확하다는 것을 무시한 주장이다. 우이 하쿠주는 여전히 1200년 전에 동아시아 불자들이 행한 결정적인 이념적 선택을 답습하고 있다. 8세기 중국에서 기체설적 이념의 지배권 확립은 인도불교사상에 대한 현장의 소개를 거부하는 것에 적지 않게 의존하고 있었는데, 이러한 거부는 진제와 그 이전의 다른 사상가들의 저작들에서 표현되는 이념으로의 회귀를 수반하는 것이었다.

중국불교사에서 이 시기는 결정적 중요성을 지니는 것으로 드러났다. 동아시아불교는 자신들의 기원이라고 믿어지고 있었던 인도불교의 궤적으로 돌아가는 대신 이전에 자신들이 불교에 대하여 형성했던 오해로 적극적이고 열정적인 회귀를 선택한 것이다. 7세기 후반과 8세기 초반의 이러한 시기로 귀결되는 오해의 역사는 그 이전 시기의 현존하는 문헌들을 통하여 용이하게 추적될 수 있으며, 오늘날의 학자들에게는 이와 관련하여 많은 사실들이 잘 알려져 있다. 우선 초기의 이른바 반야학파는 영원한 자아 곧 신(神)을 그들의 체계 속으로 들여오고자 시도했고,[17] 구마라습(鳩摩羅什)의 동시대인이었던 혜원(慧遠)은 그 영적 존재의 영원성에 대하여 저술을 남겼다.[18] 또한 중국에서는 『대반열반경』(大般涅槃經, *Mahāparinirvāṇa Sutra*)의 불성사상에서 초기 중국 불자들이 그토록 간절히 추구하고 있었던 기저의 형이상학적 기체(基體)의 편재성(遍在性)에 대한 경전적 근거가 주어지고 있는 것으로 여겨지자 분위기가 크게 고무되었다. 나가르주나의 실제 중관사상마저도 기체설적인 경향을 띤 문헌인 『대지도론』(大智度論)으로 대체되었는데, 이 문헌이 나가르주나의 저술이라고 알려지면서 중국인들은 나가르주나에 대하여 기체설 주창자라고 하는 이미지를 갖게 되었다.[19] '신'(神), '대승'(大乘), 그리고 '도'(道)와 같은 용어들은 같은 의미를 지니는 것으로 빈번하게 서로 호환되어 사용되었고,[20] 특히 '대승'이라는 말은 중국과 한국의 저작들에서 종종 단순히 종파적 선호를 지칭하기보다는 오히려 주술적 분위기를 띠고 있었다. 6세기에는 순수하고 영원한 의식 또는 마음이라는 관념이 압도하게 되고,[21] 당(唐)나라와 송(宋)나라 때에는 화엄종, 선종, 정토종, 단명하기는 하지만 중국의 밀교, 그리고 비교적 규모가 작았다고 할 수는 있지만 천태종 등을 통하여 법체설(法體說) 내지 기체설 체계의 발달은 정점에 이른다. 이러한 형이상학적 기반으로의 회귀를 지향하는 반복된 시도는, 여타의 중국 불자들의 도전이 빈번했음에도 불구하고, 언제나 적극적으로 이루어졌으며, 8세기경 이러한 회귀는 결정적이고 되돌릴 수 없는 것으로 되어버렸다. 당시의 주요 슬로건 중의 하나가 "근원으로의 회귀"였는데, 이는 여러 면에서 불교의 도래 이전 중국에서 성행했던 중국의 형이상학적 전제로의 "회귀"였다. 그것은 불교의 근원 곧 인도불교사상으로의 회귀라기보다는 오히려 기저의 불변하는 보편적이고 형이상학적인 "근원"으로의 "회귀"였던 것이다. 화엄의 중심적 사상가인 법장(法藏, 643-712)은 여기에서 핵심적 역할을 하였다.[22] 이 시기의 몇몇 주요 사건들을 간략하게나마 재검토하는 것이 유용할 것이다.

중국의 유명한 순례승 현장(玄奘, 602?-664)은 인도에서 16년 동안 불교를 공부한 뒤에 중국에 돌아와서 74종의 문헌을 번역하면서, 당시의 중국불교사상을 인도불교의 맥락으로 재설정하는 데 평생을 바쳤다. 인도에 있는 동안 그는 중국불교의 방향이 자신이 인도에서 발견하고 있었던 불교의 방향으로부터 몇몇 매우 근본적인 차원에 있어서 차이를 보이고 있다는 것을 의식하게 되었다. 그러한 차이의 전부는 아니라고 하더라도 상당 부분은 비판불교에서 기체설이라고 명명해온 것과 일치한다. 중국으로 돌아온 그는 중국불교를 인도의 정통 불교사상에 부합되도록 재정비하고자 노력하였으니, 이미 중국에서 유행하고 있었던 문헌들 예컨대 진제의 학파에서 기본적인 문헌이었던 『섭대승론』(攝大乘論)을 그가 다시 번역한 것은 그러한 노력의 일환이었다. 현장은 자신의 관점에서 이 문헌이 진제의 왜곡으로부터 벗어나 확실히 올바르게 이해되도록, 두 종류의 주석서를 추가로 번역하였으니, 그 하나는 세친(世親, Vasubandhu)의 것이고 다른 하나는 무성(無性, Asvabhāva)의 것이었다.[23] 현장은 또한 중국인들이 접하지 못했던 새로운 자료들을 소개하였는데, 예컨대 인도의 승론학파(勝論學派, Vaiśeṣika)의 문헌도 소개하였으니,[24] 여기에서 무엇보다도 중요한 것은 *그가 인도의 논리학 문헌들을 최초로 한역하였다*는 점이다.

중세 인도의 불교철학과 티벳의 불교철학은 디그나가(Dignāga, 陳那)와 그의 논리학을 전제하지 않고서는 거의 상상할 수조차 없다. 하카마야와 마츠모토의 제안에 따르면, 불교는 비판적이고 합리적인 사유 곧 동아시아를 넘어서 디그나가의 논리학에 토대를 두는 사유의 유형을 발전시켜야 한다. 현장 이전에도 디그나가의 인식론적 저술들 가운데 몇몇은 다른 이들에 의하여 소개되고 있었지만,[25] 디그나가의 삼지작법(三支作法)에 관한 저작들은, 바로 이 저작들로 인하여 그가 심지어 불교를 넘어서 인도 전역으로 명성을 떨쳤음에도 불구하고, 중국에서는 여전히 알려져 있지 않았었다. 현장은 디그나가의 엄밀한 논리학 저작들 가운데 하나를 『인명정리문론본』(因明正理門論本)(원서는 *Nyāyamukha*)이라는 제목으로 역출하였는데,[26] 그는 이와 더불어 디그나가의 논리체계에 대한 개요서인 상카라스바민(Śaṅkarasvāmin, 商羯羅主)의 『인명입정리론』(因明入正理論, *Nyāyapraveśa*)(T No. 1630)도 역출하였다. 현장은 인도불교에는 논리학이 두루 스며들어 있다는 것,[27] 곧 7세기 인도불교에 있어서는 종파에 상관없이 엄밀한 삼단논법적인 논리의 연구와 응용이 불교적 실천 그 자체였다는 것을 발견했던 것이다.[28] 그럼에도 불구하고 중국에서는 이러한 기본적인 분야의 그 어떤 것도 그리고 이러한 기본적인 방법의 그 어떤 것도 아직은 알려져 있지 않았다.[29] 현장의 이러한 노력에도 불구하고 중국인들은 인도의 논리학이 지나치게 심원하다고 간주하여 8세기 말이 되면 그 논리학을 거의 망각하여 버렸다.

현장의 번역 작업은 그가 중국에 돌아온 해인 645년에 시작되어 664년에 그의 죽음과 함께 끝났다. 그 마지막 몇 해 동안에는 법장(法藏)이 짧게나마 현장의 번역 팀에 가담하였으나, 당시 법장은 이미 진제와 기타의 사람들에 의하여 확립된 중국적 "오해"를 굳게 고수하고 있었기에 현장을 위험스러운 수정주의자라고 간주하고 떠났으며, 지엄(智儼)의 가르침에서 현장의 불교 이해를 배격할 근거를 찾았다(나중에 지엄은 화엄의 제2조로 간주되고, 법장은 제3조로 간주된다). 지엄은 현장의 교설에 비판적이었고, 그의 교설이 당시 당나라의 수도 장안에서 그리고 실로 당시 동아시아 전역에서, 당대의 확실히 가장 탁월하고 저명한 중국불교학자로서 현장의 명성과 함께 강한 영향력을 발휘하고 있는 것에 대하여 비난을 퍼부었다. 중국 전역에서는 물론이고 한국과 일본에서도 현장에게 배우려는 이들이 몰려들고 있었던 것이다.

현장이 죽었을 때 그를 계승한 것이 규기(窺基)였는데, 법장(法藏)은 그를 공격하면서 측천무후(則天武后)의 후원과 관심을 얻고자 경쟁하였다. 그리고 마침내 법장은 승리했다. 현장과 규기의 유가행파에 대한 그의 반론은 몇 가지 슬로건으로 요약되었다. 곧, 유가행파는 법상(法相)에 관심이 있는 반면, 참된 불교(곧 법장의 중국적 불교)는 법성(法性)을 다루고 있다. 유가행파의 전문적 지식은 오염된 식(識)에 제한되어 (唯識, 법장은 *Vijñapti-mātra*를 오해하고 있다) 있는 반면, 참된 불교는 실재의 유일한 기반인 일심을 포괄하고 (唯心) 있다. 유가행파는 여래장의 구원론적 의의와 존재론적 실재를 거부하는 반면, 참된 불교는 여래장을 역동적으로 작용하고 있는 기반적 실재에 대한 별도의 동의어로 본다. 유가행파는 의타기(依他起, *paratantra*)의 맥락에서 연기의 인과를 궁극적으로 긍정하는 것으로 삼자성(三自性, *trisvabhāva*)을 이해하는(依他三自性) 반면, 참된 불교는 원성실(圓成實, *pariniṣpanna*)의 맥락에서 진공묘유(眞空妙有)로써 이사무애(理事無碍)를 긍정한다(圓成三自性). 현장의 교설에 대한 법장의 묘사가 정확한가 여부의 문제는 별도로 하더라도, 법장이 선호하는 입장들이 모두 기체설의 정조를 자아내고 있다는 것은 분명하다.

여기에서 다음과 같은 점에 주목할 필요가 있다. 곧, 당나라 초기(7-8세기)에는 중국불교를 인도의 전개에서 분리해내려는 의도적 시도가 있었다. 법장, 종밀, 그리고 여타의 많은 이들에 의하여 고무된 그 움직임은, 표면적으로는[30] 논(論)에서 경(經)으로, 곧 인도 학자들의 전문적 해석을 담고 있는 문헌들에서 붓다 자신의 말씀을 기록하고 있다고 하는 문헌들로의 전환으로 이야기되었다. 그들이 주목한 경전들이 예외 없이 대승경전 곧 붓다의 마지막 말씀보다도 5세기 혹은 그 이상 나중에 지어진 것들이라는 역사적 문제를 차치하고, 그에 더하여 그들이 인도 문헌들의 실제 번역이라고 간주한 경전들의 상당수가 사실은 중국에서 저술된 것이라는 추가적인 문제를 차치한다고 하더라도, 이러한 전환의 핵심적 취지는 (그리고 그 주요 결과는) 중국과 그 외의 동아시아 불자들을 인도적 이해로부터 의도적으로 벗어나게 하고, 그리하여 특수하게 동아시아적인 독해와 관심으로 불교를 재구성하는 데 있었다고 말할 수 있다. 단적으로 말해서, 인도불교의 정신은 불성(佛性), 깨달음의 돈점(頓漸), 그리고 판교(判教, 교설의 분류) 등과 같은 동아시아적 모델들에 의하여 의도적으로 대체된 것이다.

곧 논증하겠지만, 기체설적인 이념들과 그에 대한 해체 사이에 이러한 유형의 논쟁들은 불교의 역사 전반에 걸쳐 반복해서 등장해왔다. 동아시아불교의 전개에 있어서 가장 중요한 일련의 논쟁들은 수나라 때부터 당나라 때에 걸쳐 6세기에서 8세기 사이에 진행되었다. 현장은, 실제로 드러났듯이, 여러 면에서 기체설에 기반하지 않은 불교가 중국에 확고한 뿌리를 내릴 수 있는 마지막 기회였다(다만 현장의 저작도 그러한 요소가 전혀 없는 것은 아니었다). 그러나 궁극적으로 지엄과 법장이 압도하게 되었다. 법장에 의한 법성과 법상 (또는 유심과 유식) 사이의 논쟁적인 구분은 기체설과 비판불교 사이의 구분과 같은 노선을 따라 이루어지고 있는 것이 두드러진다. 중국, 한국, 그리고 일본의 불교를 지배해온 것은 법(法)이라는 기저의 보편적 기체(基體)가 존재한다는 것을 중심적 교의로 삼는 법성(法性) 사상이었던 것이다. 우리는 심지어 법성을 기체설에 대한 동의어로 간주할 수도 있을 것이다.

기체설 이데올로기의 불교 침투 문제가 중국이나 동아시아에서 시작된 것은 아니었지만 그 지역에서 강화된 것은, 기체설 측이 패권을 장악했을 뿐만 아니라 (몇몇 잠재적인 예외를 제외하고는) 그에 대한 확고한 반대가 역사의 무대에서 거의 사라졌기 때문이다.[31] 오직 한 측만이 존재하는 상황에서 참된 논쟁은 있을 수 없었으며, 동아시아불교의 종파간 논쟁은 모두 기체설 교파들 간의 논쟁이었으니, 다시 말해서 기체설 관념은 그들이 아예 문제시하거나 의문시하는 주제가 *아니었다*. 8세기경 중국 사람들과 다른 동아시아 사람들은 더 이상 인도의 전개에 관심을 갖지 않게 되었다. 그리하여 현장에 의하여 최소한으로 소개되었던 디그나가의 논리학은 망각되고 방치되었으며, 다르마키르티(Dharmakīrti), 찬드라키르티(Candrakīrti), 그리고 산타락시타(Śāntarakṣita)는 한역 문헌에서는 결코 등장하지도 않고 따라서 동아시아 지성계에는 전혀 영향을 주지 못하였다. 인도에서는 (그리고 후대에 티벳에서는) 지금 마지막으로 열거된 사상가들에 의하여 기체설을 대적하는 무기가 가장 예리하게 다듬어졌고 효과적으로 활용되었다. 13세기까지는 전법승들이 계속해서 중국에 도래하여 산스크리트어 원전들을 번역해내고 있었는데, 왜 도대체 그 어느 누구도 7세기 말 이래 인도 본고장에서 가장 지배적으로 활동해온 사상가들의 저작들을 택하여 번역하려고 하지 않았는지 궁금할 따름이다.[32)]

언제 깨달음은 깨달음이지 않은 것인가?

이론과 실천 양자 모두에 영향을 미치는 수행도(*mārga*)에 대한 입장에서 현저하고 철저한 전환이 인도와 중국의 불교 사이에서 이루어지는데, 그 전환에는 다음과 같은 것들이 포함된다. 우선 인도의 삼단논법적인 추론은 중국의 위계적 분류법과 은밀하게 도교적인 변증적 추론으로 대체되었다.[33)] 정교한 인도적 명상 실천은 마침내 '그냥 앉아서'(只管打坐)[34)] '붓다의 이름을 암송하는'(念佛)[35)] 것으로 축소되어 버렸다. 그리고 아마도 무엇보다도 중요한 것으로, 깨달음이라는 관념 그 자체가 인생의 온갖 난제들을 해소시키는 유일회적인 궁극적 절정의 체험이라는 관념에서 여러 차례 체험하는 것이 가능한 깨침으로 변모되어 버리니, 우리는 선사들의 전기물이나 자서전에서[36)] 먼저의 깨침을 교정하고 대체하는 나중의 깨침을 수차례 경험하는 것에 대한 기록을 읽게 된다. 인도에서 깨달음은 불교적 수행도(*mārga*)의 정점으로 간주되었다.

중국, 한국, 그리고 일본에서 그러한 유형의 정점에서 깨달음은 최종의 궁극적 깨달음으로 미루어지는데, 이러한 깨달음은 동아시아 문헌에서는 대개 『반야심경』이나 그 밖의 경전에서 발견되는 음사어구 곧 '아뇩다라삼먁삼보리'(阿耨多羅 三藐 三菩提, *anuttara samyak sambodhi*)('최상의 완전한 깨침')로 명명된다. 곧, 인도불교에서 논의되는 유일회적 깨달음과는 대조적으로 동아시아불교에서는 한편으로 앞의 깨달음을 연속적으로 넘어서는 여러 차례의 깨달음을 이야기하고 다른 한편으로는 최종적 정점에서의 깨달음 관념을 제시한다. 선 전통에서 '깨달음'에 관하여 이야기할 때에는 거기에서 언급되는 깨달음이 인도불교에서 깨달음이 의미하는 것과는 현격하게 다를 수 있다는 것을 감안해야 한다. 잠시 뒤에 살펴보겠지만, 동아시아 불자들의 점진적인 깨달음들은 그 목적(*telos*)으로서 최종의 궁극적인 깨달음에 기반하는 것이 아니라 오히려 모든 사람들은 아니라고 하더라도 대부분의 사람들에게 무시이래로 항상 현존하며 그러면서도 여전히 구현되어야 할 것으로서의 '본래적 깨달음'(本覺)에 기반하고 있다. 더욱이 송나라 때가 되면 '깨달음'은 더 이상-인도 문헌들에서 거듭해서 강조되었던 바대로-사람들만을 위한 깨달음이 아니라 우주를 구성하는 무정물(無情物)까지 포함하여 모든 존재가 무시이래로 참여하고 있는 깨달음으로 된다.[37)]

이러한 복합적인 과정은 기본적으로 다음의 두 근원에서 파생된다.

1. 보살의 진전 차제에 관한 난해한 문헌군: 이 문헌군은 중국에서는 일찍이 5세기 초 구마라습과 혜원 사이의 논쟁에서부터 상반되는 교설의 형성과 논쟁에 불을 지폈는데, 이러한 논란은 중앙아시아로부터 『대반열반경』(大般涅槃經, *Mahāparinirvāṇa Sutra*)과 함께 중국에 최초로 전래된 보편적 불성 이론에 의하여 용이하게

해소되거나 우회될 수 있는 것으로 여겨졌다.[38)]

2. 위작인 『대승기신론』에 나오며 본각사상의 단초이기도 한 저명한 단락: "본각(本覺)에 기반하여 불각(不覺)이 있다. 불각에 기반하여 시각(始覺)이 있다고 이야기된다. 나아가, 마음의 근원을 깨닫게 되는 것이 구경각(究竟覺)이라고 불린다."[39)]

『대승기신론』의 이 단락은 불가해하고 비논리적이다. 불각이 본각에서 일어난다거나 생성된다고 말하는 것은 무엇을 의미하는가? 이것은 신정론(神正論, theodicy)의 고전적 문제를 회피하고 있다. 곧, '본래적으로 선한 세계'(본각)로부터 악(불각)이 어떻게 발생하였는가?[40)] 본각에-중국에서는 특히 화엄종에서, 그러나 일본에서는 천태종을 포함해서 거의 모든 불교 종파들에서-결부된 '청정'이라는 수식어는 그 긴장을 오직 악화시키기만 할 뿐인데, 왜냐하면 마음 내지 법체의 '청정하고, 선하고, 보편적이고, 편재하는' 성격과 원리를 강조하면 무지나 불선 내지 악이 도대체 발생할 가능성을 논리적으로 배제하게 되기 때문이다.[41)] 송(宋)나라 때 천태종은 당시 화엄의 수사법에 공명을 보이기 시작한 다양한 '산외'(山外)파 천태종 분파들에서 바로 이러한 면을 비판하였는데, 이는 이러한 문제에 대한 인식과 비판이 중국불교에서 일찍이 일어나고 있었음을 뚜렷하게 시사하고 있다. 송나라 후기의 '산가'(山家)파 천태종, 특히 지례(知禮)의 저술의 시기는[42)] 중국불교에 있어서는 비판불교의 마지막 노력이 비상하게 경주된 순간이었다고 할 수 있을 것이다. 그 관련 자료들에 대한 추가적인 연구가 이루어져야 하겠지만, 아마도 이 시기가 가장 정치하고 가장 합리적이며 조리가 선 논의가 전개된 때였을 것이다.

앞에서 인용된 『대승기신론』의 단락은 본래의 청정하고, 영원하며,

불변하는 '깨달음'이라는 아이디어를 무대 중앙에 올려놓았을 뿐만 아니라,[43] 또한 '시각'과 '구경각' 사이의 구분을 도입하였다. 『대승기신론』에서는 시각을 보리심(菩提心, *bodhicitta*) 곧 발심(發心, *cittotpāda*, '깨달음을 향한 마음을 일으키는 것')에 대한 동의어로 취급하는데, 이것이 사실 정확히 이 문헌의 제목과 내용의 요점이다.[44] 더욱이 이러한 고안은 그 중국 옹호자들의 해석을 거쳐 *깨달음을 추구하는* 욕구를 일으키는 것과 *실질적인 깨달음*(actual enlightenment)의 체험 그 자체를 하나로 여기게끔 하였다. 법장은 (보살 수행의 10단계 또는 52단계에서 최초의 단계로서) 최초의 믿음으로 수행의 길에 막 발을 들여놓는 것이 왜 (10번째 또는 52번째 단계로서) 그 수행의 길을 완성 내지 완수하는 것과 동등한 것인지에 대하여-(뒤에 다시 이야기하겠지만) 예컨대 "10개의 동전"의 비유(十錢喩)를 드는 등-상세하고 수사적인 설명을 제시하였다.[45] 종밀은 (그리고 후대에 한국의 대표적인 선사 지눌(知訥, 1158-1210)도) 돈오(頓悟)와 점오(漸悟)의 문제에 시각과 구경각의 구분을 적용하면서, 돈오(=시각)는 구경각에 이르기 위해서 (10단계 등의) 점진적 수행이 뒤따라야 한다고 하였는데, 이는 진정한 본각사상의 입장에서 볼 때 본각이 그 자체를 재발견하는 데 이르는 것이었다. 선 이론의 맥락에서 시각과 구경각 사이의 기간에 여러 차례의 '잠정적' 깨달음이 일어날 수 있는 것이다.

앞에서 언급하기도 했지만, 선의 역사에 대한 연구는 보리달마(菩提達磨)와 여섯 조사들의 전법 과정에 관하여 전해 내려오는 전설들뿐만 아니라 전승 계보에 관한 전통적인 설명에 대해서도 돌이킬 수 없을 정도로 그 신빙성을 무너뜨렸다. 여러 세기 동안 이러한 전법 이야기들은 (붓다 자신에게로 계보를 소급해가면서) 선의 정통성 그리고 특정한 스승의 권위와 진실성을 지지하고 보장하는 역할을 해왔었다. 그러나 이제 우리는 선이 붓다는 고사하고 인도로부터도 유래하지 않았다는 것을 알고 있다. 더욱이 계보조차 확인되지 않는 상황에서, 선 수행을 하려는 제자가 자신을 가르치게 될 '스승'이 그 스승으로서의 위치가 가리키듯이 실제로 깨달았다는 것을 스스로 어떻게 확신할 수 있으며, 더 나아가 그 스승이 가르치는 '깨달음'이 붓다가 성취하고 가르친 유형의 깨달음을 반영하고 있다고 어떻게 확신할 수 있겠는가? 혜능(慧能, 638-713)의 '깨달음'이 홍인(弘忍, 601 674)에 의하여 인가되지 않았나면, 혜능이 홍인으로부터 전법을 받았다고 언제나 전제해온 전통의 무게 외에, 혜능이 진실로 깨달았다는 것을 무엇이 우리에게 확신시켜줄 것인가? 심지어 우리가 알게 된 사실에 의하면, – 전통 자체에서도 실제로 혜능이 저술했다고 주장한 적이 없는 – 『육조단경(六祖壇經)』의 편집본들은 서로 너무나 다르고 여러 세기에 걸쳐 지속된 논쟁에 부응하기 위하여 개정되어 왔을 것으로 여겨지는 상황에서, 혜능 스스로 말하였거나 생각했던 것이 무엇이었을지 알 수 있는 길은 전혀 없다. 임제(臨濟)와 '그의' *어록*에 대해서도 같은 의혹이 제기될 수 있다.[46] 몇몇의 독자들이 이러한 저작들에서 감화를 받을 수 있다는 것만으로는 불충분하다.[47] 감화 그 자체만을 깨달음의 증좌라고 할 수는 없는 것이다.

이러한 비판에 대한 가장 일반적인 반론은, 어떤 특정한 계보의 지지가 있든 없든 선은 정당성이 있다는 것이다. 곧, 그 수행자들의 깨달음 경험에서 선 그 자체가 실존적으로 정당화된다는 반론이 있을 수 있다.[48] 그러나 이러한 주장은 상당히 문제를 우회한다. 계보가 실제의 깨달음의 전승을 기록하고 있지 않다면, 그 계보에 거명된 사람들에게는 아니라고 하더라도 누군가에게는 그러한 일들이 일어나고 있었다고 고집하는 사람들은 그저 맹목적인 믿음으로 후퇴하고 있을 뿐이다. 게다가, 선 전통에서 기록되어 있는 수차례에 걸친 깨달음 이야기들이 드러내고 있듯이, 심지어 가장 진지한 열망자라고 하더라도 자신의 어떤 체험이 완전한 깨달음이라고 착각하여 믿고 있다가 추후의 경험에 의하여 그렇지 않다는 것이 밝혀질 수 있다. 비록 우리가 기록되어 있지 않은 모종의 '계보' 또는 전법을 인정한다고 하더라도 '깨달음'이라는 관념 그 자체는 선 전통에서 여전히 문제가 되는데, 왜냐하면 '깨달음'이라는 이름하에 전해지고 있는 그 체험이 보리수 아래에서 싯다르타의 체험과 어떤 진정한 의미에 있어서 일치한다고 보장할 길이 전혀 없기 때문이다. 마츠모토와 하카마야는 그 체험들이 일치하지 않는다고 주장한다.

비판불교는 본질적으로 불교적 논쟁의 부흥인가?

인도와 동아시아 사이의 경계선은 지금까지의 논의에서 시사되는 것만큼 뚜렷하게 그어질 수는 없다. 비판불교에서 제기된 이슈들은 불교의 오래된 논쟁, 거의 그 초창기 이래 - 그리고 아마도 마츠모토에 의하면 심지어 붓다 자신의 마음 또는 표현 속에서 애초부터 - 전개되어 온 논쟁으로의 복귀이다.[49] 간단히 표현해서 나가르주나의 중관적 접근에서 강조되는 내용에 따르면, 그것은 기체설적인 형이상학(*svabhāva*)을 주장하는 것과 그러한 기체설을 전제하지 않는 인과적 조건들이라는 통찰 사이의 차이에서 비롯한다. 곧 분석을 통하여 탈중심적인 다른 인과적 조건들 속으로 탈중심화되는 조건들, 다시 말해서 찬드라키르티(Candrakīrti)의 소위 '전적인 조건성'(*pratyayatā matreṇa*)에 대한 통찰이 관건이다.[50] 다시 말해서 나가르주나는 자신의 사유와 인식 행위를, 기체설적이고 실체적이며 보편주의적이고 본질주의적인 관념의 온갖 흔적에서, 정화하는 데 초점을 맞추고 있다. 비판불교는 당나라 중기 이래 동아시아불교를 지배해 온 실체적 형이상학에 초점을 맞추고 있는바,

그들은 이를 기체설(基體說, *dhātu-vāda*)이라고 명명해온 것이다. 곧, -여래장사상, 본각사상, 심성(心性), 본심(本心), 그리고 불성(佛性) 등과 밀접하게 연관되어 있는- 기체설은 일원론적인 실체적 존재론의 한 특수한 형태이다. 다만 실체적 존재론에 대한 불교의 일반적 비판은 일원론적 실체에만 한정되지 않는다. 어떤 개별적 존재나 그러한 존재들의 군집의 맥락에서 상정되는 여하한 실체도 배격된다. 이러한 무실체적 통찰의 전형적 용어들에는 무아(無我, *anātman*), 무자성(無自性, *niḥsvabhāva*), 그리고 정화된 의타기(依他起, *paratantra*) 등이 포함된다.[51] 중세 인도철학에서 실체에 대한 불교적 비판은 실체적 이론들 그 자체만을 공격하는 것을 넘어서서, 보편적 범주, 존재자의 영속성, (언제나 추상적인 자기동일적 실체를 전제하는) 정체성의 불변, 그리고 관찰될 수 없는 '실재'를 끌어들이는 온갖 주장들에 대한 비판적 배격을 포함하였다. 다시 말해서, 당시 불자들에게 있어서 어떤 것이 실유(實有, *dravya-sat*)로 간주되는 기준은 그것이 관찰될 수 있는 작용을 산출해야 한다는 것이었다. 그것은 '인과적 특징'(*nimitta-kāraṇa*)들을 보여야 했으며, 이러한 효과가 야기되고 있을 때에만 실재하는 것이었으니,[52] 곧 은닉성이나 잠재성 같은 본질주의적 관념 또한 배격되거나 적어도 문제가 있는 것으로 간주되었다.[53]

여기에서 마지막의 언급은 결정적으로 중요하다. 나가르주나의 『중론송』 첫 품 서두의 서술에 따르면, 어떤 것도 그 자체를 원인으로 할 수 없으며, 타자를 원인으로 할 수도 없고, 그 자체와 타자를 동시에 모두 원인으로 할 수도 없으며, 그 자체와 타자를 동시에 모두 원인으로 하지 않는 것을 넘어서 별도의 원인을 찾을 수도 없다. 이것은 흔히 인과라는 아이디어 그 자체를 전적으로 배격하는 것으로 해석된다. 그러한 해석은 반야바라밀다 경전들과 그 밖의 대승 문헌들에서 '일어나지 않음'에 관한 거듭된 서술(*anutpattika-dharma, anutpāda*, 등등)에 의하여 뒷받침

된다. 중국에서 지속적으로 진지한 관심을 받게 되고 그 주변으로 최초기의 학파들이 형성되는 최초의 불교 문헌이 반야바라밀다 문헌이었다는 것은 의미심장하다. 초기불교에서는 인과가 너무나 중요하여 여러 세기 동안 이론적 불교는 거의 인과에 대한 분석에 지나지 않았다고 주장하는 것도 타당하다고 할 수 있는 반면, 이렇게 새롭게 나타난 대승의 인과를 반대하는 수사학은-애초에는 이전의 인과 이론에서 그 기체설적 가정과 자취를 제거하고자 고무되었으나-궁극적으로는 태초의 불교적 기체 곧 법계(法界, *dharma-dhātu*) = 불성(佛性) = 공(空) = 법신(法身, *dharma-kāya*) = 일심(一心) = 무시이래의 영원하고 끝없는 기체를 확고히 하는 토대의 일부로 되어버린다. 예컨대 수론학파(數論學派, Sāṃkhya)에 의하여 주장되었을 때 불자들에 의하여 거듭 배격되곤 했던 본원적 실체(*mūla-prakṛti*) 관념은 그리하여 불교적 언어에 터를 잡기 시작하고 동아시아불교 종파들의 체계 기저에 정착하게 된다.

인도불교의 모든 인과 이론은 작용인(作用因, *efficient cause*)에 관련된다. 정통 바라문 사상가들이 제시한 형상인과 목적인은 언제나 불자들에 의하여 예리하게 논박되었다.[54] 중국의 인과 이론은 인도의 이론들과 현저하게 다른 역사를 가지고 있는데,[55] 그 사실은 중국 불자들이 인도 문헌으로부터의 인과 논증을 '해석'하고 재구성한 방식에서 가장 두드러지게 드러난다. *작용의 인과가 형상의 인과로 변형된 것이다.*[56] 가장 잘 알려진 사례는 법장의 두 인과 논증, 곧 열 개의 동전이 서로 "원인"이 된다는 비유와 대들보가 집의 "원인"이라는 비유이다. 전자의 비유에서, 첫 번째 동전은 두 번째 동전이 두 번째가 되도록 하는 '원인'이 되고, 세 번째 동전이 세 번째가 되도록 하는 '원인'이 된다는 식으로 이야기하면서, 열 번째 동전은 첫 번째 동전이 첫 번째가 되도록 하는 '원인'이 되는 식으로 순환된다. 후자의 비유에서 지붕을 떠받치는 대들보는 집의 '원인'이다. 이 두 사례의 어느 것도 작용적 인과의 사례가 아니라는 것은 명백하다. 오히려, 양자는 모두 형상적 인과 원리에 호소하는데, 특히 첫 번째 사례는 그러하다. 형이상학의 역사에는 기체설적 형이상학과 형상적인 인과론적 사유 사이의 밀접성에 관한 기록이 풍부하다. 그러한 형이상학의 관점에 따르면, 형상인으로서의 기체(基體)와는 대조적으로 작용인은 실재성이 덜한 (마츠모토에 있어서 "超基體"라고 불리는) '현상적' 그림자들만을 묘사할 뿐이다.

'불교'의 인과적 입장과 비인과적 입장 또는 작용인적 입장과 형상인적 입장 사이의 긴장은 그처럼 불교가 양분되는 한 사례에 불과하다. 비판불교는 대체로 인도의 불교사상으로 거슬러 올라가는 다양한 논쟁들의 재연이라고 할 수 있다. 중국에서 그리고 불교계 전역에서 그 논쟁들은 다양한 조건하에 다양한 어휘로 거듭 전개된다. 사실 이러한 논쟁들은 불교 역사 전반에서 발견되지 않는 곳이 없다. 가장 유명한 사례들은 다음과 같다.

1. 무아(無我, *anātman*) 대 푸드갈라 설(*pudgala-vāda*), 그리고 본생담(本生譚, jataka) 이야기들에서 함의되는 암묵적 "자아"에 의하여 무아 교설에 유입되는 복잡함.[57)]
2. 순수한 마음(心, *citta*)으로 상정되는 깨달음 대 의식(識, *vijñāna*)의 해체로 상정되는 깨달음. 이 두 개념에 대한 시사가 팔리 문헌들의 다양한 부분들에서 발견될 수 있으며, 이 논쟁은 여래장사상의 등장과 함께 무대의 중심에 서게 되었다. 많은 문헌과 교파에서 다수의 문맥을 통하여 마음과 의식을 동의어로 간주하고 있으므로, 깨달음에서 자각되는 형이상학적 기체를 심(心)이라고 하고 극복되어야 할 오염된 의식을 식(識)이라고 하는 동아시아의

전형적 접근으로는 이러한 긴장을 만족스럽게 해결할 수 없다.

3. 『능가경』(楞伽經, *Laṅkāvatāra Sutra*)과 『대반열반경』(大般涅槃經, *Mahāparinirvāṇa Sutra*) 같은 문헌들에서 여래장과 아트만에 대한 논쟁적 주장 대 반야바라밀다 경전군의 특정한 계통에서의 공(空)과 철저한 의타기(依他起)에 대한 중관파와 유가행파의 해석. 이러한 논쟁은 두 가지 버전의 삼자성(三自性, *trisvabhāva*)(뒤에 개관됨), 곧 원성실(圓成實, *pariniṣpanna*)을 부각시키는 버전과 의타기(依他起, *paratantra*)를 부각시키는 버전을 통하여 전개되었다.

곧 비판불교에 의하여 두드러지고 있는 긴장은 인도불교 원전의 다양한 층에서 뚜렷이 분간된다.

이러한 긴장의 몇몇은 삼자성(三自性)에 대한 대조적인 두 해석을 검토함으로써 산뜻하게 정리될 수 있다. 몇몇 문헌들 예컨대 『해심밀경』(解深密經, *Saṃdhinirmocana Sutra*)과 『섭대승론』(攝大乘論, *Mahāyānasaṃgraha*)에서는 두 해석이 모두 제시되고 있으며 때로는 단지 몇 줄의 간격을 두고 함께 나타나기도 한다. 다른 문헌들은 뚜렷이 한쪽 모델을 편들고 있다(도표1 참조). 앞에서 언급된 현장 대 법장의 논쟁 맥락에서 현장은 모델1을 선호하는 반면 법장은 모델2를 단호하게 주장한다.

모델1: 이 버전에서는 의타기(依他起, *paratantra*)가 결정적인 구성요소이다. 변계소집(遍計所執, *parikalpita*)(잘못된 인식)에 의하여 흐려지거나 오염되었을 때 이것은 '염분의타'(染分依他)이며, 변계소집이 없을 때에는 '정분의타'(淨分依他)이다. 변계소집에 대한 '대치'(對治, *pratipakṣa*)가 원성실(圓成實, *pariniṣpanna*)이며, 이에 의하여 의타기는 변계소집을 비워내고 청정해진다. 이 모

도표1: 두 삼자성(三自性) 모델

모델1

변계소집		**의타기**		**원성실**
(잘못된 인식, 거짓된 전제와 투사; 무명(無明)에 상응)		(다른 것에 의존함; 연기)		(공(空, *Śūnyatā*)에 상응)
	⇨		⇦	
(의타기에 침투하여 감염시킨다)		(변계소집에 감염되면 오염된다; 원성실이 변계소집을 제거하면 청정해진다)		(변계소집에 대한 대치)

모델2

원성실

(완성된 참된 본성; 진여; 일어남도 없고 스러짐도 없음; 진제(眞諦, *paramārtha*)[궁극적 진리])

⇧

의타기

(잠정적, 속제(俗諦, *saṃvṛti*)[세속적 진리], 조건적)

⇧

변계소집

(거짓, 망상, 등등)

델에서 의타기는 연기(緣起, *pratītya-samutpāda*)와 동의어이고, 청정해진 의타기는 수행의 완성이다. 중(中)의 속성 곧 의타기를 해결책으로 자각한다는 이러한 의미는 『중변분별론』(中邊分別論, *Madhyānta vibhāga*)(“극단 사이의 중(中)에 관한 논의”)의 제목에 하나의 근거가 된다.

모델2: 이 모델은 삼자성(三自性)을 중도(中道)로 향하는 변증법적인 상호작용으로 보는 대신에 직선적인 상승의 위계로 간주한다. 속제(俗諦, *saṃvṛti*)로 간주되는 의타기는 진제(眞諦, *paramārtha*)로 간주되는 원성실로 향하는 길에서 중간 지점에 해당한다. 원성실은 의타기의 부침하는 흐름 너머에 있는 지고의 성취로서 영원한 '청정함'이다. 이것은 진여(眞如, *tathatā*), 법계(法界, *dharma-dhātu*) 등등으로 불리기도 한다. 따라서 변계소집은 가장 낮고 의타기가 그보다 높으며, 최고의 성취는 청정한 원성실이다. 기체설을 전제하고 지지하는 것은 이 모델이다.

모델1은 원인들과 조건들에 대한 명료하고 합리적인 이해를 촉진시키고 깨달음과 자유를 조건들 *내에* 위치시키는 반면, 모델2는 인과 자체를 아예 초월하거나 회피하고자 하고, 영원하며 본원적인 기체와 합일되는 것을 추구한다. 불교문헌들에 있어서는 오랜 세월 동안 이러한 상반되는 입장이 모두 표현되어 왔다.

마찬가지로, 인식 행위 배후에 놓여 있는 초월적 주체의 문제는 불자들에 의하여 엄밀하게 검토되어 왔는데, 대체로 그러한 주체는 반박되었다. 그러나 '참된' 또는 '청정한' 자아에 관하여 이야기하는 불교 문헌도 실제로 발견되는데, 특히 탄트라 전통에서 그러하다(*Guhyasamājatantra*, ch. 12 v. 4 참조). 그리고 동아시아불교, 특히 일본 불교에서는 '참된' 또는 '진정한 자아'에 관하여 전반적 수사학을 발전시켜왔다.

예컨대 『능가경』(楞伽經, *Laṅkāvatāra Sutra*) 게송품(偈頌品, *sagāthakam*)의 뒷 부분(746행-850행)에서는 기묘하게도 불교적이지 않을 정도로 자아(自我, atman)를 찬미하는 데 한 절 전체가 할애되어 있음을 발견하게 된다. (스즈키의 번역을 따라) 몇 가지 예를 들자면 다음과 같다.

746. 청정은 참된 자아(*ātma*)의 모습이다; 이는 외도들은 알지 못하는 여래장이다.

753. 본성이 청정한 마음에 번뇌와 의(意, Manas) 등이 따르며, 아(我)가 상응한다. 이것은 최고의 설법자가 설하는 바이다.

755. [본성이] 청정한 자아가 오염된 것은 시작이 없는 과거로부터 바깥의 번뇌로 인한 것이니, 바깥으로부터 더해진 것은 [더럽혀진] 옷과 같이 씻어내야 한다.

756. 옷에서 때를 씻어냈을 때, 또는 금에서 불순물을 제거했을 때, 옷과 금은 파괴되는 것이 아니라 여전히 있는 그대로이니, 오염으로부터 벗어난 자아도 그러하다.

760. 자궁이 그것을 가지고 있는 여자 자신에게는 보이지 않듯이, 온(蘊) 가운데 아(我)는 지혜가 없는 이들에게는 보이지 않는다.

763. 진실한 자아가 없다면, 수행의 단계, 자재함, 신통, 관정(灌頂), 뛰어난 삼매도 없다.

764. 어떤 파괴자가 와서 말하기를 "자아가 있다면 나에게 보여라"라고 한다면, 지혜로운 이는 답하기를 "그대의 분별을 나에게 보여라"라고 할 것이다.

이 게송들에서는 자아라는 아이디어가 마치 '건전한 불교'인 것처럼 고무될 뿐만 아니라, 자아를 논박하는 불교의 전형적인 논증들 몇몇, 예컨대 오온(五蘊) 너머 여섯 번째 존재는 없다거나 '자아'는 입증할 수 없다거나 하는 주장들에 대한 반박도 제시된다. 이 게송들의 의미에 대하여 설령 의혹이 남는다고 하더라도, 다음의 네 게송은 명백하다.

765. 무아[*anātman*]의 설을 주장하는 자들은 불교의 가르침을 훼방하는 자들이며 유(有)와 무(無)의 이분법적 견해에 집착하는 자들이니, 비구들의 회의를 소집하여 배격해야 하며 함께 이야기하지 말아야 한다.

766. 진실한 자아의 가르침이 찬연히 빛나는 것은 마치 겁화(劫火)가 일어나는 것과 같으니, 무아의 숲을 태워버리고 외도들의 오류를 멀리 떠난다.

767. 소락(蘇酪), 석밀(石蜜), 그리고 마유(麻油)는 각각 고유한 맛을 갖고 있지만, 맛보지 않은 사람은 그 맛을 알지 못한다.

768. 온(蘊) 가운데에서 다섯 가지로 자아를 추구하다가 어리석은 이는 보지 못하지만, 지혜로운 이는 자아를 보고 해탈한다.[58]

무아설의 추종자들은 이단으로 쫓아내야 하는 반면에 자아에 대한 비전은 해탈을 가져오는 것이다!

『능가경』에 대해서 공정하게 말하자면, 아(我)를 비판하고 무아(無我)를 주장하는 행들도 다수 제시되고 있는데 예를 들자면 게송품의 60행, 281행, 그리고 728행이 그러하다. 그러나 이러한 사례들은 이 경전의 양면성을 증폭시킬 뿐이다. 예상하지 못할 바는 아닌 것이, 한 문헌이 전반적으로 양면적이고 애매모호할 때에는 광범위한 해석의 여지가 있게 되고 서로 대단히 상이한 해석들이 전개되는 것을 허용하게 된다. 여기에 꼭 맞는 간단한 사례로 역시 게송품에 있는 다음의 행을 제시할 수 있다.

419. 청정은 신체, 언어, 그리고 사유[곧 업이 되는 행위]에 의하여 얻어지지 않는다. 여래종성(種姓)(*gotraṃ tathāgatam*)은 청정하여 업을 떠나 있다.(필자의 번역)

종성(種姓, *gotra*)은 "가계" 곧 혈통을 의미하는데, 최초기불교 문헌 이래로 카스트 의식을 반박하기 위하여 그 용어의 실체적 내지 존재론적 의미 대신에 오히려 기능적 의미를 대입하여 사용되어왔다.[59] 간단히 말하자면, 누구든 자신이 누구라고 주장하는 바(*ātmāna*)가 아니라 오히려 자신이 행하는 바(*karmaka*)에 의하여 그 정체성을 부여받는다는 것이다. 『디가 니카야』(*Dīgha Nikāya*)의 「소나단다 숫타」(*Sonadanda sutta*)는 카스트 내지 계급 용어를 기능적이고 윤리적인 용어로 재정의하는 이러한 장르의 훌륭한 사례인데, 여기에서는 사제계급을 지칭하는 바라문(婆羅門, *Brahmin*)이라는 용어가 재정의되고 있다. 곧 여기에서는 바라문이 태생이나 본성에 의하여서가 아니라 인격적 성품과 현재의 행위에 의하여 바라문으로 되는 것이라고 주장한다. 따라서 카스트상 바라문이 아닌 사람들이라고 하더라도 그들의 품행이 고결하다면 '기능상 바라문'일 수 있다. 그리하여 『능가경』의 게송은 기능상 여래를 따르는 이들이 행위함이 없이 행위한다는, 곧 그들의 행위는 업을 산출하지 않는다는 역설을 제시하는 것이다. 보다 구체적으로 이야기하자면, 『능가경』에서는 '청정'은 업이라는 수단을 통해서는 성취될 수 없다고 주장하는데, 왜냐하면 청정은 그 정의상 업의 부재를 의미하기 때문이다. 여기서 관건은 방법론과 과정에 있다. 스즈키는 이러한 아이디어들을 실체론적으로 해석하는 경향이 배어 있는 동아시아 전통을 정확히 반영하여 해석할 뿐만 아니라 실제로도 위의 단락을 그러한 실체론에 입각하여 다음과 같이 번역하고 있다.

> 419. 청정성[여래됨의 본질]은 신체, 언어, 그리고 사유에 의하여 얻어지지 않는다; 청정한 여래됨의 본질(*gotraṃ tathāgatam*)은 행위를 떠나 있다.(삽입구는 스즈키에 의함. *Laṅkāvatāra Sutra*, 258)

스즈키는 이 게송을 실체화시켰을 뿐만 아니라, 또한 그 기본적인 취지-업이 되는 행위의 극복-조차 모호하게 해놓았다. 곧 '청정'은 실체론적이고 존재론적인 실재의 속성, 아마도 더 나아가 실체적 속성이 되어버리고, 방법론 내지 행위상의 조건을 묘사하는 것과는 동떨어진 의미를 갖게 된다. 이러한 유형의 해석학적 입장에서 '진정한 자아'의 수사학을 산출한다는 사실이, 현장 그리고 그가 극복하고자 애썼던 중국 내의 유가행파 내지 그 사조 사이에 있었던 갈등의 한가운데에 들어서는 것이다. 몇몇 문헌들은 뚜렷하게 그 양 진영 가운데 한쪽을 편드는데, 『능가경』만은 기체설적인 이념과 그 정반대되는 이념을 동시에 제시하면서 그 사이의 긴장을 해소시키지 않고 있다는 점에서 더욱 더 흥미롭다. 덧붙여 말하자면, 스즈키의 "해석"에서 보이듯이, 어떤 문헌을 특정한 방식으로 읽으려는 선입견은 그 문헌으로부터 어떤 의미를 도출하게 되느냐에 영향을 주기 마련이다.

이러한 종류의 이중적 가능성-특정한 어구들을 기능적 차원에서 읽는 것과 실체론적 차원에서 읽는 것-에서 다수의 불교 문헌들은 해석학적 여지가 여전히 열려 있다. 어떤 문화에서 한쪽의 독법을 고무시키고 강화하면서 다른 쪽 해석을 비방할 때, 그렇게 고무된 독법은 그 지역의 대부분의 독자들에게 '당연한' 것으로 여겨지기 마련이다. 이 점 때문에 심지어 오늘날의 학자들에서도, 기체설적 분위기는 위험성이 있는 것이다. 그러한 위험성의 전적인 영향력은 이제야 비판불교 학자들에 의하여 도전받기 시작하고 있다. 그러한 영향력의 한 사례로 우리가 주목할 수 있는 것은, 『화엄경』(華嚴經, *Avataṃsaka Sutra*)이 동아시아 사상에서-특히 중국과 한국에서, 그리고 약간 덜한 정도로 일본에서 (일본에서는 『법화경』이 우위를 차지했다)-획득해온 기반적 의의로 인하여 동아시아 학자들이 아주 최근까지도 "화엄"(華嚴, Avataṃsaka) 학파가 인도에서 번성한 적이 있음에 틀림없다고 전제해온 것인데, 그러한 학파에 관해서 인도의 원전에서는 전혀 근거가 없을 뿐만 아니라 『화엄경』은 사실 대체로 인도가 아닌 중앙아시아로부터 중국으로 전래되었다는 것이 밝혀졌음에도 불구하고, 그들은 이러한 전제를 유지하여 왔다는 사실이다.[60]

비판불교에 대한 비판에 관하여

비판불교는, 오랫동안 견지되어 오면서 두루 확산되어 있는, 수많은 전제들과 그 전제들을 고수하는 사람들 내지 제도들에 도전해왔고, 그 도전의 방식도 일본식 담론에 어울리지 않게 (다시 말해서, 간접적으로 조용하게 비공개적으로가 아니라 직접적이고도 노골적으로) 전개되어 왔기에, 다양한 전선에서 강력한 저항을 불러일으켜 온 것이 어쩌면 당연했다. 많은 사람들이 비판불교가 그냥 스러지기를 바라고 있으며, 이러한 적대자들은 그 붕괴를 가속화하기 위하여 비판불교의 주장 가운데에서 자신들이 찾아낼 수 있는 어떠한 약점이든 다 (그 주요 주창자들에 대한 인신 공격적 기술까지도 포함해서) 찾아내고자 온 힘을 기울이고 있다. 비판불교를 논파하고 그럼으로써 해체시키려는 열정에 달아오른 나머지 그들은 때때로 마치 단일한 이슈나 측면을 논파하는 것만으로도 비판불교의 온갖 주장들과 논증들을 다 해체시키기에 충분한 듯이 처신한다. 비판불교에서는 물론 비판을 정당하고 심지어 필요한 활동으로 수용해야만 한다. 그러나 비판은 합리적이어야 한다. 지나치게 성급한 해체적 결론을 내리지 않도록 주의하기 위해서라도, 그 적대자들은 타깃, 논증, 그리고 실증적인 제안의 세 영역을 뚜렷이 구분해야 할 것이다.

하카마야와 마츠모토는 역사적, 사회적, 제도적, 문헌학적, 민족주의적, 문화적, 이념적, 그리고 정치적 이슈를 포함해서 극히 광범위한 타깃에 공격을 퍼부어왔다. 그 타깃들 각각의 적절성은 개별적으로 평가될 필요가 있다. 몇몇 대상의 선택은 명백하게 적절하다고 할 수 있지만, 다른 몇몇 대상에 대해서는 덜 적절하다고 할 수 있다. 예컨대 '화'(和)[61]에 대한 공격이 부적절하다고 결론을 내린다고 하더라도-그리고 그 결론을 건전한 추론을 통하여 뒷받침할 수 있다고 하더라도-기체설 내지 여래장사상에 대한 비판이 해체된다거나 다른 무수한 타깃들에 대한 공격이 부적절한 것으로 드러나는 것은 아니다. 역으로, 일본에서 사회적 차별에 대한 공격이 정당하다고 결론이 내려진다고 하더라도 다른 모든 타깃에 대한 비판불교 학자들의 공격 내지 주장이 자동적으로 타당성을 갖는 것은 아니다. 각각의 사안은 그 자체의 정당성에 입각하여 판단되어야 한다. 포괄적인 질문으로서 "비판불교는 지나치게 많은 타깃들을 공격해왔는가?"(전략적 내지 전술적 질문) 또는 "타깃의 그러한 다양성은 적절한 초점을 갖고 있는가, 아니면 그러한 다양성과 상이성이 기본적인 취지를 흐리게 하는가?"(전술적이고 수사적인 질문) 등등과 같은 질문을 제기할 수도 있다. 특정한 문헌, 특정한 단락 내지 용어에 대한 해석, 또는 특정한 개인이나 제도를 공격하는 것의 적절성에 관한 미시적 질문들 또한 제기될 수 있다. 예컨대 기체설(基體說, *dhātu-vāda*)은 신조어로서 유용한가 아니면 역효과적인가?[62] 더 나아가, (예컨대 기체설 내지 유아설(有我說, *ātma-vāda*)이라고 하는) 일반적으로는 적절한 비판이 어떤 문헌이나 사상가에게는 부적절하게 적용되고 있다고 생각할 수는 있지만,[63] 그 구체적인 적용이 논파될 수 있다고 하더라도 다른 맥락에서의 일반적 비판까지 정당성을 잃는 것은 아니다.

특정한 타깃에 대한 비판의 적절성 여부 문제는 그러한 비판에 적용된 논증 그 자체의 가치 문제와는 별개이다.[64] 예컨대 화(和)가 비판받아 마땅한 대상이라는 점을 받아들일 수 있다고 하더라도, 그 비판에 적용된 몇몇 논증들은 여전히 결함이 있다고 판단할 수 있는 것이다. 어떤 논증이 실패한다면, 그 논증의 개선이 필요하다고 할 수는 있겠지만, 그렇다고 해서 그 비판의 정당성 자체가 무효화되는 것은 아니다. 이러한 주의는 특히 서양 학자들에게 중요한데, 마츠모토와 하카마야가 일본 학자들의 전형적 태도와 달리 보다 직접적인 방식으로 논쟁하기는 하지만, 서양학자들의 눈에는 그 논쟁 스타일이 여전히 일본의 청중들을 향한 극히 일본적인 것이라고 보이기 때문에 그러하다. 서양적 기준에서 볼 때 일본적 논쟁 스타일은 순환적이고, 장황하고, 간접적이며, 때로는 지나치게 감정적인 듯하다. 비판불교가—그저 학계에 보고되는 대상에 그치는 것이 아니라—서양 불교학 담론의 일부가 되려면 그 논쟁이 서양의 기호와 방법론에 더 적절한 형태로 재구성되어야 할 것이다.

어떤 특정한 논증이 방법론적으로 건전한지, 일관된 초점이 있는지, 논리적인지, 비판불교에서 제기되는 주장들의 다른 측면들과 상충되는지 부합되는지 등등에 대한 질문도 제기될 수 있다. 다만 이러한 질문들에서 가장 중요한 것은 그 특정한 논증의 타당성이지 어떤 특정한 비판 대상의 적절성 여부는 아니며, 비판불교 전체의 취지는 더군다나 (어떤 특정한 논증이 비판불교에서 주장하는 다른 모든 것에도 토대가 된다는 것이 입증될 수 없는 한) 별개의 문제이다. 물론 그 논증이 잘 구성되어 있다는 것을 알게 되더라도 여전히 그 대상의 적절성이나 그 제안의 설득력에 대해서는 믿음이 가지 않을 수도 있다(잘 구성된 논증은 '타당'하다고 하더라도 필연적으로 '진실한' 것은 아니다).

마지막으로, 하카마야와 마츠모토 양자는 모두 수많은 적극적 주장을 펼치고 있다. 예컨대 하카마야의 주장에 의하면 참된 불교는 반드시 비판적 사유와 인과적 분석을 (다시 말해서 인과적 분석에 대한 비판적 사유를) 포함해야 하며, 마츠모토는 더 나아가서 올바른 윤리적 방향이 수반되어야 한다고 주장한다. 이러한 주장은 구체적 대상이나 특정한 논증의 질과는 별개의 것이라고 할 수 있다. 예컨대 무심하게 머리를 비우는 것이 아니라 오히려 합리적 사유가 불교에 필수적인가 여부는 기체설이 타당한 공격 대상인가 여부와는 별도의 이슈이다. 마찬가지로 그들의 논증의 질이 그들이 제시하는 주장의 설득력 정도와 연계될 수도 있지만,

설령 특정한 논증이 불만족스럽다고 하더라도 그 주장은 가치 있는 것으로 밝혀질 수도 있다. 예컨대 『율장』(律藏) 「대품」(大品, *Mahāvagga*)에[65] 나타나는 고전적 형태의 연기(緣起, *pratītya-samutpāda*)를 모든 불교적 사유의 토대로 받아들이자는 마츠모토의 제안은 매력적이라고 하더라도, 이에 대하여 그가 제시하는 논거는 여전히 부적절한 것으로 판단될 수 있는 것이다.[66] 마찬가지로 설령 그들이 표적으로 삼는 모든 대상들이 적절하다고 받아들여지지 않는다고 하더라도, 그와 상관없이 그들의 제안 자체는 고무적인 것으로 판명될 수 있는 것이다. 역으로 그들의 제안은 궁극적으로 거부되더라도 그들의 논증과 그 대상은 여전히 적절한 것으로 밝혀질 수도 있다.

간단히 말해서, 이 세 영역은 각각 별도로 평가될 필요가 있다. 어떤 한 영역에서 약점이 파악되거나 상정된다고 하더라도 다른 영역들까지 배격할 근거가 마련되었다고 간주해서는 곤란하다. 어떤 특정한 이슈에 있어서 두 영역이 논파된 후라고 하더라도 세 번째 영역은 여전히 논파되지 않은 채로 남을 수 있다. 예를 하나 들어보자.

마츠모토는 자신의 『선사상에 대한 비판적 연구』(1994) 제3부에서 『임제록』의 "그대들의 붉은 고기 덩어리 위에, 한 차별 없는 참된 사람이 항상 그대들 각자의 얼굴을 드나들고 있다"(赤肉團上, 有一無位眞人, 常從汝等諸人面門出入)라는 그 유명한 표현의 전거를 추적하고자 시도한다.[67] "얼굴"(面門)(문자 그대로 한다면 "얼굴 문")이라는 용어에 초점을 맞추면서 마츠모토는 이 용어가 다음의 인도적 원천 셋 가운데 하나로부터 파생되었다고 주장한다.

1. 『아타르바 베다』(*Atharva Veda*)의 순수 아트만 관념. 이 순수 아트만은 몸 안에 위치해 있으면서 몸의 아홉 '문'[68]을 통하여 나가

시 감각 대상들을 만나고 *내면에서* 그 만남을 성찰하는데, 이는 마치 왕이 자신의 궁실을 *나갔다가 다시 들어오는* 것과 같다.

2. 자이나교의 감각의 '문' 관념. 이 문을 통하여 업의 물실적 입자로서 번뇌(漏, *asava*)가 *들어와서*, 그 침입을 제외한 면에서는 전지자(全知者)인 자아(atman)[69]를 가로막고 제약한다.
3. 초기불교에서 자아의 부재에 대한 관념. 여기에서는 마음이 근본적인 감정적 그리고 인식적 경향으로서 번뇌(漏, *āsava*)를 야기한다. 곧 번뇌는 '*흘러 들어온다*'라기보다는 '*흘러 나온다*'라고 간주된다.[70]

그는 묻는다. 임제의 "얼굴"(面門) 관념의 배후에 있는 것은 이 세 이론 가운데 어느 것인가?

명시적인 논증이라기보다는 암시적인 시사에 의하여, 임제가 근원으로 하는 것은 『아타르바 베다』(*Atharva Veda*)의 아트만 이론이라고 그는 결론 내리는데, 왜냐하면 얼굴을 드나들고 있는 차별 없는 참된 사람(無位眞人)의 모습이 자신의 궁실을 나갔다가 다시 들어오는 왕처럼 드나드는 아트만과 아주 흡사하기 때문이다. 반면에 자이나교와 초기불교의 모델은 단지 안으로의 흐름(자이나교)이나 바깥으로의 흐름(불교)만을 기술하고 있지, 양자 모두를 기술하고 있지는 않다. 그의 '논증'은 그 스타일에 있어서 문헌학적이다. 그는 "붉은 고기 덩어리"(赤肉團)라는 어구가 심장(*hṛdaya*, 心)을 의미한다고 해석한다.[71] 그의 주장에 따르면, 다섯 가지 감각은 때때로 "문"이라고 묘사될 수 있지만, "얼굴"과 "문"의 결합(*mukha-dvāra*)은 불교의 팔리 문헌 내지 산스크리트 문헌에서 나타나지 않는다. 그는 『육조단경』(六祖壇經)에서의 용어와 개념을 대입하여 『임제록』에서의 용어를 해명하며, 특히 "차별 없는 참된 사람"(無位眞人)은 『육조단경』에서의 "자성"(自性, *svabhāva*)과 "심지"(心地) 관념에 연관시키는데, 이 용어들은 그에 의하면 아트만적인 기체설 이념과 관련된다.[72] 이러한 힌두교적 모델이 어떻게 『임제록』의 저자에게 이르렀을까? 마츠모토의 추론에 의하면 중국에 그러한 전래가 이루어진 것은 탄트라를 통해서인데, 왜냐하면 『대비로자나경』(大毘盧遮那經, *Mahāvairocana Sutra*)과 같은 주요 탄트라 문헌에서는 "대아"(大我)와 같은 관념들과 함께 아트만적인 사유를 뚜렷이 보여주고 있기 때문이다.

마츠모토의 이러한 논증을 요약해서 제시하는 목적은 그의 주장을 인정한다거나 논박하려는 데 있는 것이 아니다. 여기에서 그의 논증은 타깃, 논증, 그리고 제안이라는 세 영역이 개별적으로 어떻게 다루어져야 하는가에 대한 하나의 사례로서 가치가 있는 것이다. 타깃에 해당하는 것은 『임제록』에서의 한 핵심적인 어구이다. 논증으로는 그 양식에 있어서 우선적으로 문헌학적인 몇 개의 논증이 있다. 이 경우에서－비판적 사유, 인과적 사유, 또는 윤리적 방향성과 같은－구체적이고 적극적인 제안은 명시적으로 나타나지 않지만, 몇몇 일반적 제안이 암시적으로 내포되어 있다고 주장할 수는 있을 것이다. 예컨대 이 어구는 아트만적이므로 비불교적인 것으로 간주해야 한다거나, 불교는 이러한 비불교적 수사 내지 이념들을 색출해내고 그것들로부터 자유로워질 때에만 위험한 일탈로부터 스스로를 바로잡게 된다거나 하는 제안을 내포할 수 있다.

『임제록』을 하나의 공격 대상으로서 가치 있는 표적이라고 간주하느냐 여부는 그 문헌의 중요성과 진리성에 대하여 각자가 이전에 가지고 있던 느낌에 어느 정도 달려 있다고 하겠다.[73] 이러한 느낌은 마츠모토나 다른 어떤 누군가가 제시할 수 있는 논증에 의하여 영향을 받을 수도 있고 받지 않을 수도 있다. 『임제록』을 개인적으로 성스러운 경전이라고 신봉해온 사람이라면 적어도 처음에는 그 성스러운 위상에 대한 어떠한 도전에 대해서도 분개하게 될 것이다. 역으로, 검토 대상이 되고 있는 그 특정 이구가 공격 대상으로서 적합하고 심지어 중요하다고 생각하면서도 제시된 논증이 불충분하다고 판단하는 사람도 있을 수 있다.[74] 또한, 논증은 설득력이 있다고 판단하면서도 임제를 그 공격에서 "구해내고자" 시도하는 가운데 『임제록』이 임제 이후에 편집되었으며 여러 차례 개정되고 수정되었으며 따라서 이 어구는-임제의 가장 유명한 표현 가운데 하나로서 일반적으로 인식되고 있음에도 불구하고-결정적인 것이 아니고 깨달은 선사로서 임제의 모습에는 전혀 손상을 가하지 않는다는 관념에 기대려는 사람도 있을 수 있다.[75] 내가 여기서 지적하려는 것은, 그 공격 대상의 적합성을 거부하면서도 여전히 그 논증의 타당성을 인정하는 사람도 있을 수 있고, 논증의 타당성은 거부하면서도 여전히 그 대상의 적합성은 인정하는 사람도 있을 수 있다는 것이다. 지금 이 구체적인 경우에서 그 논증과 대상을 다 논파한다고 하더라도 여전히 여타의 다른 경우의 모든 대상 내지 논증도 배격할 근거를 갖게 되는 것은 아니다.

마츠모토가 『임제록』의 언어를 『육조단경』의 언어로 환원시키는 것은 저의가 있다고 지탄받을 수도 있는데, 왜냐하면 후자의 언어는 실로 기체설적인 표현과 함축으로 가득 차 있기 때문이다.[76] 둘 다 선의 계보에 있다는 점에서 "전통적으로" 임제를 혜능에 연결시키는 경향이 있기는 하지만, 양자는 스타일, 내용, 어휘, 그리고 방법에서 엄청난 차이가 있다. 임제의 언어는 상이한 방식으로 읽힐 *수 있다*. 예컨대 『육조단경』은 '내면적인' 본성에 '외면적인' 사물들과 아이디어들을 대조시키는 경우가 빈번한 반면, 임제는 그러한 이분법을 명시적으로 배격한다. 임제는 다음과 같이 말한다.

붓다도 없고 붓다의 가르침도 없고 수행도 없으며 깨달음도 없다. 그대들은 무엇을 그다지도 열심히 좇고 있는가? 그대들의 머리 위에 머리를 올려놓고, 이 눈 먼 멍청이들아? 그대들의 머리는 있어야 할 곳에 바로 있다. … 그러나 그대들은 그것을 믿지 못하고 그리하여 밖으로 향하여 구한다. 속지 마라. 밖으로 향해도 불법은 없고, 안으로부터도 얻을 것은 전혀 없다.[77)]

임제의 이러한 말에 의거할 때, 마츠모토가 위에서 "문"에 관한 세 모델을 묘사할 때 기준으로 삼는 "안/밖"의 구별은 초점을 벗어난 것이라고 할 수 있지 않은가? 바깥의 불순물(기체설)에 의한 "불교"의 "오염"이라는 문제를 설정하는 방식 자체에서 자이나교의 모델을 전제하는 것이 마츠모토 그 자신은 아닌가? 실제로 불교의 순수성이 바깥(힌두교, 도교, 애니미즘, 민족주의 등등)에서 오염되어 왔는가? 『육조단경』이 실제로 아트만설 내지 기체설과 같은 비불교적인 오염으로 '물들어' 있다고 하더라도, 마츠모토는 아마도 바깥으로부터 『육조단경』과 『아타르바 베다』를 덧씌움으로써 임제를 오염시키고 있는 것은 아닌가? 마츠모토의 주장에 의하면, -그가 아트만을 반박하는 모델이라고 이야기하고 있는- 세 번째 모델인 초기불교 모델에서는 마음으로부터 번뇌가 흘러 *나온다*. 초기불교에서 깨달음은 '연기에 대한 이해'에 상응하며 일반적으로 "번뇌의 제거"라고 기술된다.[78)]

마츠모토는 참된 불교에 대한 시금석으로서 팔리 문헌의 특정 부분들과 나가르주나를 거듭해서 환기시킨다. 초기불교에서 번뇌(근본적인 마음의 문제들)의 제거는 나가르주나가 목표로 하는 희론(戱論, *prapañca*)(인식적이고 언어적인 차원에 있어서 오도된 증폭)의 적멸(寂滅)[*prapañcopaśama*]과 어떻게든 다른 것이기는 한가? 그리고 이것은 임제의 "한 생각 마음이 쉬는 곳"(一念心歇得處)과 어떻게 다른가?[79)] 임제의 언어 분석은 '비판적'일 뿐만 아니라 나가르주나의 희론 분석을 충실히 반영하고 있다.[80] 이러한 종류의 질문들에서 임제가 공격 대상으로서 적합한가 여부의 문제가 제기된다. 한 차별 없는 참된 사람이 붉은 고기 덩이리 안에 머무르는 것이 아니라 위에 있다는 사실은 마츠모토의 안/밖 분석을 불안하게 하는가? 이러한 유형의 질문은 논증의 질을 문제 삼는다. 마지막으로 임제는 윤리적 진전, 비판적 사유, 그리고 본체론 내지 실체론에 대한 비판과 같은 마츠모토의 여러 적극적 제안들에 부합할 수도 있다.

우리는 비판불교가 여러 불가피성의 결합으로 이루어졌다는 것을 보았다. 우리는 또한 기체설적인 불교의 등장과 제도화가 양면적인 단락들과 모델들에 대한 지속적인 오독에서 비롯되었다는 것을 보았다.[81] 유가행파의 입장에서 해석학적으로 이야기하자면, 이러한 오독은 "여실"(如實, *yathābhūtam*)하게 곧 있는 그대로 인식하는 능력의 부재를 시사한다고 언급할 수도 있을 것이다. 하지만 이러한 명백한 오독(또는 『법화경』이 실제로 역사적 붓다의 말씀을 기록하고 있다고 하는 니치렌의 순진한 견해와 같은 것)보다 더 문제가 되고 더 식별해내기 어려운 것은 더욱 미묘한 실체론적 독해이다. 불교는-다양한 형태로 표현되는-영원한 자아에 대한 기저의 믿음이야말로 인간이 집착하는 가장 뿌리 깊고 가장 해롭고 가장 치유하기 어려운 문제라는 것에 주목하는 데에서 시작되었다. 유아견(有我見, *Ātma dṛṣṭi*)은 깨달음에 최고의 장애인 것이다. 후대의 불자들은 이 치유하기 어려운 견해(*dṛṣṭi*)에 소지장(所知障, *jñeyāvaraṇa*)이라는 이름을 부여했으며, 그들 또한 이것이 깨달음의 주된 장애라고 보았다. 그러므로 우리는 모든 존재가 "본각"을 간직하고 있다는 믿음에도 불구하고 깨닫지 못하고 있는 동아시아 불자들이 이러한 견해(*dṛṣṭi*)에 집요하게 매달리는 것에 대하여 놀랄 필요가 없다. 비판불교 학자들은 그 논쟁이 끝난 것이 아니며 다만 1,200년 동안 유예되어 왔을 뿐이라는 점을 우리에게 환기시켜준다.

3. 비판철학 대 장소철학

하카마야 노리아키(袴谷 憲昭)

나는 종종 내 책의 제목으로 사용된 "비판불교"라는 용어에 관하여 질문을 받곤 하는데, 이 용어가 다소 불명료하고 사람들이 그 내용에 대하여 의아해하는 것 같기도 하다. 이는 아마도 단순히 이 용어가 이전에 전혀 사용된 적이 없다는 데 기인할 수 있는데, 나로서는 상당한 기간 동안 이 관념과 함께 작업을 해오기는 했다.[1] 여하튼 나는 이 용어를 내가 어떻게 사용하고 있는가를 설명함으로써 내가 거기에 부여하는 의미를 명료하게 하고자 한다.

"비판불교"라는 말에 의하여 내가 가리키려는 바는 "불교는 비판이다", 다시 말해서 "오직 비판적인 것만이 불교이다"라는 것이다. 물론 이것은 실제 그러한 것은 아닌데, 왜냐하면 분명히 불교라고 해서 다 비판적인 것은 아니기 때문이다. 사실 일본에서 '불교'의 범주에 속하는 것의 대부분이 비판적이지 *않다*고 말하는 것은 그다지 틀린 말이 아닐 것이다. 내가 "불교는 비판이다"라는 제안을 내놓은 것은 이 문제를 가능한 한 널리 공론화하기 위해서였다. 다만 내가 걱정하는 것은, 이 문제와 관련하여 내가 간단한 역사적 내지 문화적 사실조차 간과하고 있다고 느끼는 이들에 의하여 나의 제안이 별 생각 없이 내쳐질 수 있다는 점이다. 여하튼 나는 일본에서 발견되는 무비판적 유형의 거짓 불교를 "장소불교"라고 잠정적으로 명명하고 이어지는 지면에서 이 문제를 검토해 나가고자 한다.

"비판철학"(*kritische Philosophie*)과 "장소철학"(*topische Philosophie*)이라는 대립적인 용어는 서양철학에서 빌려온 것이다.[2] 그 구별에 처음으로 주의를 기울인 사람은 잠바티스타 비코(Giambattista Vico, 1668-1744)였다. 에르네스토 그라씨(Ernesto Grassi)가 지적하듯이, 비코는 비판적 방법이 인간의 사유에서 매우 중요한 비유와 상상의 의의를 흐리는 면이 있음을 강조한다. 그라씨는 비코의 다음과 같은 단락을 인용하고 있다.

> 우리 현대의 고등 비판 주창자들은 외부의 것이 섞이지 않은 핵심적인 '순수한' 일차적 진리를 온갖 물체적 표상에 앞서, 그 바깥에, 나아가 그 너머 있는 것으로 평가한다. 그러나 일차적인 철학적 진리들에 대한 이러한 공부는 젊은이들의 마음이 그러한 진리로부터 혜택을 얻기에는 너무나 미성숙하고 너무나 불안정할 때에 이루어진다. 노년이 이성의 힘에서 강력한 만큼이나, 청소년기는 상상력에서 강력하다. 상상력은 언제나 장래의 발전에서 가장 선호될 만한 징주라고 간주되어 왔으므로, 어떻게든 무디어져서는 안 된다. 더욱이 교사는 학생들의 기억력 계발에 최대의 주의를 기울여야 하니, 기억력은 상상력과 정확히 똑같은 것은 아니지만 거의 일치하는 것이기 때문이다. 청소년기에는 그 활력에서 기억력이 다른 모든 기능을 압도하며, 집중적으로 훈련될 필요가 있다. 상상력 내지 기억력이 (또는 그 양자의 결합이) 압도적인 역할을 하는 (회화, 시, 변론, 법학과 같은) 기예에 대한 청소년의 자연스러운 이끌림은 결코 둔화되어서는 안

된다. 또한 오늘날 모든 기예와 학문의 일반적 도구로 중시되는 고등의 철학적 비판이 이 모든 것에 결코 장애가 되어서는 안 된다.

그라씨는 이 단락에 대하여 다음과 같이 평하고 있다.

여기에서 제기될 수 있는 물음은, 우리가 제시한 문제와 비코의 '비판적' 철학 작업에 대한 배격 사이에 어떠한 관계가 있느냐 하는 것이다. 그것은 정확히는 "장소철학"이라는 용어의 출현이라는 맥락에서 제기되는데, 비코는 이 용어를 "비판철학"과 대조시킨다. "논점의 발견이 본질상 그 논점의 진리성에 대한 판단에 앞서는 것과 꼭 마찬가지로 장소철학(Lat. *doctrina*)은 비판철학에 대하여 우선권을 부여받지 않으면 안 되기 때문이다." 그리하여 발견(*inventio*)은 논증(*demonstratio*)에 앞서는 것이다.

발견(*invention*)과 장소(*topics*) 사이에는 어떤 관계가 있는가? 일단 최초의 진리가 발견되면 과학적 절차는 반드시 엄격한 연역을 적용하는 것으로 이루어진다는 것을 우리는 알고 있다. 다만 비코에게 있어서 철학의 본질이 합리적 연역의 과정에서만 배타적으로 발견될 수 있다는 아이디어는 수용할 수 없는 것이었는데, 왜냐하면 무엇보다도 그는 별도의 활동, 곧 연역을 선행하는 발견의 필요성을 전제하였기 때문이다. 사실 비코는 발견의 철학(*the doctrine of invention*)을 장소철학(*topical philosophy*)과 동일시하고 있다.[3)]

그라씨가 주목하듯이, 비코는 장소철학 곧 '발견'의 철학에 대한 강력한 논증을 제시하였다. 비코의 작업은 서양철학에 별 영향을 주지 못하였는데, 서양철학은 일본철학과 달리 비판 전통에 깊이 뿌리박고 있기 때문이었다. 비코는 "비판으로서의 철학"이라는 전통의 토대를 놓은 데카르트에 의도적으로 반발하고 있었던 것이다. 다만 그는 비판과 논리적 증명이라는 관념 자체를 폄하했기 때문에 스스로 할 수 있는 것은 철학이 비판의 영역만이 아니라 장소의 철학도 포함한다고 저항적 주장을 하는 것뿐이었다. 비코의 논증은 수사학적 방법에 기반하고 있었기에 데카르트에는 결코 필적할 수 없었다.

그럼에도 불구하고 수사학적 전통은 강력하고 내구성이 있는 것으로 입증되어 왔다. 기예에 대한 청소년의 자연스러운 경향을 함양하려는 데 있어서 이 전통은 비판철학의 논리가 압도해온 서양에서조차 비판(*critica*)에 대하여 장소(*topica*)가 우선한다는 것을 선포한다.[4] 이처럼 심지어 서양에서도 반동적인 불합리성의 시대가 발견되는데, 그러한 시대에는 장소철학과 공모하는 운동이 표면화되고, 비판철학에 대한 반기를 들게 된다. 오늘날이 바로 그러한 시대이고, 현대성에서 노정되는 곤경에 대한 인식은 이러한 맥락에서 포스트모더니즘 내지 포스트구조주의로 표현된다.

앞에서 인용된 그라씨의 평이 비코의 사상에 대한 국제 심포지엄에서 발표되고 간행된 것은 1969년의 일이었다. 일본은 대체로 서양의 사조들을 반영하는 데 재빠른데, 이 경우에는 1987년이 되어서야 나카무라 유지로(中村 雄二郎, 1925-)의 선도하에 "비코 읽기"라는 제목으로 『시소』(思想) 저널의 특집호가 발간되었다. 같은 해에 비코의 『우리 시대의 연구 방법에 관하여』(*De nostri temporis studiorum ratione*) 일역판(『學問の方法』)도 출판되었다.[5] 때늦게 전래된 비코의 '장소철학'은 여기 일본에 있어서는 틀림없이 서양에서보다 훨씬 더 심하게 반동 철학으로서 기능하고 있는데, 그 영향하에서 '비판불교' 대 '장소불교'의 대립을 시도하고자 하면, 오히려 그러한 반동적 경향에 추진력을 더해줄 뿐이라는 우려도 있을 수 있다. 나는 개인적으로 불교는 오직 비판이라고 확신하고 있지만, 데카르트에 저항하는 비코의 반기를 따라 불교의 중심철학은 장소철학이라고 거꾸로 주장하는 사람들도 있을 수 있다. 그러한 반동을 부추길 위험에도 불구하고 나는 이러한 입장의 대립에 내포되어 있는 핵심적 문제가 무엇인가를 일본의 지식인들에게 드러내는 것이 중요하다고 생각한다. 나는 여기서 지성적 실문의 핵심이 동양과 서양의 상이한 사유방식에 있는 것이 아니라, 오히려 장소론과 비판론 사이의 대립에 놓여 있다고 믿는다. 우리 일본 고대의 토착적인 "장소적" 세계관을 이 최신의 외국으로부터의 수입물과 융합시키고자 안간힘을 쓰는 일본 지식인들이 그 최근의 서양적 유행을 지루하게 앵무새처럼 따라하는 면전에서 이러한 대립을 명료화하는 것이야말로 그러한 융합의 가능성을 차단하는 훌륭한 처방일 수 있지 않을까 하는 생각도 든다.

'비판철학' 대 '장소철학'의 대립을 내가 최초로 구체적 연구주제로 택한 것은 『비판불교』의 두 번째 논문으로 실려 있는 「비판으로서의 학문」에서였다. 나는 이때에 최초로 비판/장소의 대조 그 자체의 윤곽을 제시하였지만, 「교토학파에 대한 비판」(『비판불교』에 실린 첫 논문)을 집필하기 시작한 이래 줄곧 나는 이 근본적인 관점의 충돌에 대한 보다 면밀한 관찰로 무비판적인 철학적 수입 사조들을 제지하는 데에 오랜 노력이 필요하리라는 느낌을 가지고 있었다. 나는 교토학파 철학자들에 대한 나의 비판에서 그들의 작업을, 일본문화의 자기 긍정적 찬미를 위한 철학적 상부구조를 건립하고자 획책하는 시도라고 특징지었는데, 그들은 본각사상, 불교로 포장되어 자기 긍정적이고 과장되게 선포된 "동양 토착 사상의 찬미", 그리고 서양의 것이라기보다는 독일의 토착사상이라고 해야 할 독일 관념론을 혼합함으로써 이러한 과제를 성취하고자 하였다.

당시에 나는 토착적인 사유방식에서 동양과 서양 사이에는 차이보다는 유사점이 많다고 느꼈고, '장소철학'에 대한 비판이야말로 그러한 유사점을 부각시킬 수 있는 좋은 방책이라고 간주하였다. 하지만 두 번째 논문을 작성하는 과정에서, 내가 일본 내에서 생활하고 그 철학적 분위기를 호흡하면서 살고 있었음에도 불구하고 실제 그 진행상황을 의식하지 못하고 있을 정도로, 장소철학이 일본 내에서 하나의 힘으로서 두루 뿌리 깊게 스며들어 있다는 것을 자각하게 되었다. 동시에 나는 비판의 예봉을 겨눌 편리한 '타자'로서 교토학파를 설정하는 것이 편안하지 못하였다. 그리하여 나는, 내가 애호하는 저자 가운데 한 명인 고바야시 히데오의 저작을 통하여 이러한 문제들에 대하여 성찰하게 되었고, 그 결과로 『비판불교』의 세 번째 논문인 「고바야시 히데오(小林秀雄)의 『나의 인생관』 비판」이 나오게 되었다. 이 세 논문은 원래는 『고마자와 대학 불교학부 논집』(駒澤大學佛教學部論集 17, 18, 그리고 19호)의 "논평"(論評)란을 통하여 간행되었던 것인데, 당시 나는 "논평"의 취지는 "비판"이라고 의식하고 있었다.

『비판불교』의 제2부를 구성하는 논문들은 앞의 세 논문과 동시에 집필되었고, 이러저러한 면에서 동일한 이슈와 연관되어 있다. 제4장 「미국에서의 불교 상황에 대한 일별」은 1985년 8월 일본불교에 관한 미-일 학술대회에서 내가 겪었던 경험을 기술하는데, 그곳에서 나는 동양과 서양의 대화에 대한 나의 불신을 더욱 확신하게 되었다. 이러한 불신에 대한 이유는 나의 친구이자 동료인 시카고 신학대학의 폴 그리피스(Paul J. Griffiths)가 발표한 논문에 대한 반응에서 가장 잘 예시된다.[6] 이 논문에서는 종교 간 대화의 적절한 방식으로 논리에 의한 논증적 대화를 옹호하였다. 이에 대하여 일본 측 참석자들은 논리를 초월하는 '동양적 철학'을 옹호하면서, 자신들이 동양 사상에 정통하고 있다고 자부하는 서양 측 참석자들 다수와 한통속이 되어서, 오히려 그가 '동양' 곧 논리 내지 고정된 입장에 의하여 제약되지 않는 동양에 대하여 보다 심층적인 이해를 할 필요가 있다고 설득하고자 애썼다. 나중에 논증하겠지만, 이러한 태도야말로 장소철학의 수사학 그 자체의 태도라고 할 수 있으며, 이러한 면에서 그 반응이 마츠모토 시로가 「여래장 사상은 불교가 아니다」를 발표했을 때의 반응과 아주 닮아 있다는 것은 놀라운 일이 아닌데, 후자에 대한 나의 논의는 「비판으로서의 학문」에서 제시한다. 실로 이 두 논문에 대하여 주어진 부정적 반응과 더불어 그러한 부류의 장소철학에 대하여 비판철학을 대조적으로 제시할 필요성을 더욱더 느끼게 되면서, 나는 조동종 교학 심의회 전문부 회의에서 "나는 학문적 발언의 안전한 경계를 포기하고자 한다"라고까지 주장하게 되었던 것이다.

『비판불교』의 제5장 「진여, 법계, 그리고 법성」은 전통적으로 대승불교의 중심 개념들이라고 생각되는 몇몇 아이디어들이 사실상 불교의 핵심을 얼마나 벗어나고 있는지를 논의한다. 제6장 「'화'(和)의 반불교적 성격과 불교의 비폭력적 성격」은 (쇼토쿠 태자 시대 이래 일본 문화의 결정적 가치라고 간주되는) 이 일본적 '조화' 관념이 반불교적이며 순전히 정치적 이데올로기에 지나지 않는다는 점을 지적한다. 이러한 논문들을 집필하면서 나는 중국과 일본을 그렇게 지배하고 있는 '장소철학'이 기본적으로 본각사상과 동일한 것이라는 점을 자각하게 되었다.[7] 따라서 제7장 「거짓 불교에 대한 배격」에서는 일본에서 저널리즘을 좌지우지하고 있는 지식인들을 염두에 두고, 보다 일반적 차원에서 뿌리 뽑아야 할 거짓 불교로서 본각 관념을 논의하였다. 제8장 「와츠지 데츠로(和辻 哲郞)의 '법'(法)과 '공'(空)에 대한 이해에 있어서의 문제점」은 마츠모토 시로의 「연기에 대하여」와 「공(空)」이라는 두 논문의 문제 제기를 받아들여서,[8] 일본 불교학계에 큰 영향을 미친 와츠지 데츠로조차도 법과 공에 대한 자신의 이해에서 어떻게 하여 본각이론의 한계를 끝내 넘어설 수 없었는지를 밝힌다. 이 논문에서는 또한 본각이론의 최고 권위자 기무라 다이켄(木村 泰賢)의 작업을 부활시키려는 야마오리 데츠오(山折 哲雄)의 반동적 시도에 대한 나의 반박 논증을 제시한다.

양 극단의 대립

앞에서 설명해 왔듯이, 나는 일본 복장을 한 서양의 토착 사상을 거의 벗어나지 못하고 토착적 사상들로 뒤죽박죽이 되어서 최신의 사상적 흐름으로 소개되면서 일본의 지성계를 황폐화시키고 있는 질병 곧 '장소철학'이라는 질병을 척결하는 데 목표를 두었다. 이 논문들을 집필할 때 나는 장소철학과 비판철학 사이의 대립에 대하여 그제야 점차적으로 의식해가고 있었기에 이러한 측면이 일부 논문들에서는 명료하게 드러나고 다른 논문들에서는 그러지 못하였으므로, 여기에서 나는 보다 직접적으로 이 문제에 집중하고자 하는데, 일부 독자들에게는 지나치게 일반적으로 이야기하는 것으로 여겨질 수도 있다고 느껴진다.

앞에서 언급하였듯이, 장소철학(*topica*)은 수사학 내지 변론술과 밀접하게 연계되어 있는데, 나카무라 유지로는 다음과 같이 이야기한다.

> 장소론(場所論, *topica*)이 수사학과 거의 동의어라는 점을 감안할 때 비코(Vico)에게서 장소론은 철학적 비판론(*critica*)과 명백히 대립한다. 그리고 더 나아가 이 전통이 이미 키케로(cicero)에서부터 존재한다는 것을 의식할 때, 수사학으로서 장소론은 논리 내지 변증법으로 이해되는 철학 전통과는 전혀 동떨어져 있고, 그리하여 확실하게 반(反)철학적 성격을 갖고 있다는 사실이 명확해진다.
>
> 다시 말해서, '철학'의 보편주의와 연역적 필연의 절대성에 대한 주장과는 정반대로 장소론 내지 수사학은 전혀 다른 유형의 지식으로

서 구체적인 문제에 대한 다중적 접근, 복수의 진리 가능성, 발견의 기술 등등을 포함하는 지식이다. 1930년대의 「수사학의 정신」(レトリックの精神)이라는 논문에서 미키 기요시(三木 清)는 논리학은 사고의 학문으로서 그 법칙을 연구한다고 썼다. 논리학은 일반화된 형태의 객관적 사고 곧 추상적 사고를 다룬다. 미키는 논리학과 수사학을 대조시킨다. "수사학은 그 본질상 단순한 웅변술 내지 연설법이 아니며, 언어 문장 상의 단순한 장식 내지 미화의 기술이 아니다. 근대 철학은 수사학의 문제를 거의 전적으로 무시 내지 망각하고 있는데, 이는 그 추상성과 빈곤화를 드러낸다. 철학은 자체의 본질을 잃지 않기 위하여 그 단초 곧 희랍 철학으로 돌아가지 않으면 안 된다."[9]

나카무라가 아주 뛰어나게 지적했듯이, 장소론은 '반(反)철학'에 다름 없다. 데카르트가 온갖 노고를 아끼지 않고 유럽의 반철학 전통으로부터 '철학'의 길을 일으켜 세웠는데, 왜 우리는 이러한 반철학으로 또 다시 돌아가야 하는가? 나카무라가 자신의 주장에서 미키를 인용하고 있듯이, 그 대답은 아마도, 철학에서 수사학이 철학의 정수이며 수사학만이 철학의 추상화와 빈곤화를 막을 수 있다는 점을 결코 망각해서는 안 된다는 데 있을 것이다.

나카무라는 '장소'(*Topos*)에 관한 자신의 가장 최근 저작을 다음과 같은 말로 마무리하고 있다.

자아(또는 개별자)는 공동체에서 드러나고 주인공은 합창단(chorus)에서 드러나는 것과 꼭 마찬가지로, 주제는 토픽에서 드러나고 주어는 술어에서 드러난다. 주어/주제의 기능은 술어/기반과의 *자의식적 합일(self-conscious union)*에서 발견된다. 달리 말하자면, 우리는 *우리의 실존 기반, 거기에서 우리가 솟아나오는 그 기반* 속으로 깊이 추선(錘線)을 드리워서, *그 기반과 자의식적으로 융합함으로써 그 기반에서 분리되*

어 설 수 있게 된다. 자아, 영웅(주인공), 주제, 그리고 주어가 공동체, 합창단(chorus), 장소, 그리고 술어의 존재를 망각할 때, 그들은 그 관계의 긴장을 잃어버리고 자족적으로 되며, 그러할 때에 그들은 곧 자신들의 힘도 잃게 된다.[10]

철학의 추상성과 빈곤화를 막기 위하여 미키는 우리로 하여금 '반철학적' 수사학으로 돌아가게 하고자 한다. 그와 마찬가지로 철학이 그 힘을 상실하지 않도록 하기 위하여 나카무라는 비판철학을 여전히 그 발생적 기반인 반철학적 장소(*topos*)로 되돌아가도록 하는 '자의식적인 합일'을 의도하는 것이다.

앞의 인용문에서 나카무라가 수사학의 결정적 특징으로서 전에 이야기하였던 '반철학적' 특질을 언급하고 있지 않다는 것은 주목할 가치가 있다. '철학'과 '반철학' 사이의 대립은 명백하지만, '철학' 내지 '비판'과 장소(*topica*) 사이의 대립은 양면적이다. 술어가 주어를 포괄하는 것과 꼭 마찬가지로, 철학 내지 비판은 장소론 내에 포괄되고, 그 양자 사이의 묘하게 어울리는 긴장은 "자의식적 합일"이라고 이야기되는 것이다. "철학은 비판이며, 오직 비판만이 철학이다"라고 말하는 것은 비판 이외의 모든 것을 비철학적인 것으로 간주하게 하지만, '반철학'을 거부하고 장소(topica)를 택하는 것의 '이점'은 장소에는 모든 것 심지어 비판조차도 포괄된다는 점에 있다. 그 결과로, 철학이 장소를 배격하지 않고 그 존재를 허용한다면 장소는 '장소철학'으로서 갑자기 철학 안에 자리를 점하게 된다. 따라서 나는 '비판철학' 대 '장소철학'의 대립이라고 명명은 하지만, 실제의 대립은 비판과 장소 사이에 있는 것이며, 장소는 진정한 철학에서 항상 배제되어야 하는 것이다. 이러한 의미에서, "오직 비판만이 철학이다"라고 주장하는 사람들은 (내가 이 말을 고안해내도 좋다면) '비판론자'(criticalist)라고 불릴 수 있는 반면, 나카무라와 같이 철학 내에 그 존립기반 내지 발생기반으로서 장소를 포함하면서 그 양사의 '자의식적 통합'을 도모하는 사람들은 장소철학의 옹호론자들로서 '장소론자'(topicalist)라고 불릴 수 있을 것이다. 당연히 데카르트는 '비판론자'의 진영에 속하고 비코는 '장소론자'의 진영에 속한다. '어떠한 판단도 하지 않고 우리가 알 수 없는 것들에 대하여 말하는 것에' 목적이 있는 전통적 논리학의 무용성을 점검하고서[11] 데카르트는 논리학의 네 가지 원칙을 제시하였는데, 그 첫 번째 원칙은 다음과 같다.

> 첫 번째는 내가 명증하게(*évidemment*) 참되다고 알지 못하는 것에 대해서는 그 어떤 것이든지 결코 참되다(*vraie*)라고 받아들이지 않는 것이다. 다시 말해서 주의깊게 속단(*précipitation*)과 편견(*prévention*)을 피하는 것이고, 모든 의혹의 여지를 배제할 정도로 명석하고(clairement) 판명하게(distinctement) 나의 정신(mon esprit)에 드러나는 것 이외에 그 어떤 것도 나의 판단 가운데 용납하지 않는 것이다.[12]

데카르트에게 있어서는 명석하고 판명하게 그리고 주의 깊게 진위를 구별하는 것이 최우선이었다.

> 잘난 체하고 싶은 사람들은 비판철학의 이러한 원칙들을 알고자 그다지 고민할 이유가 없는데, 왜냐하면 그저 원하는 것이 온갖 것들에 대하여 발언할 수 있고 학식(*docte*)에 관하여 명성을 획득하려는 것이라면, '진리로 보이는 것'(*vraisemblance*)에 여전히 만족하면서 더욱 용이하게 자신들의 목적을 달성할 수 있기 때문이다. 그러한 것은 온갖 부류의 사항들에 있어서 그다지 어렵지 않게 찾아질 수 있다. 진정으로 추구되는 '진리 그 자체'(*vérité*)는 다만 서서히 그것도 일정한 부문에서만 스스로를 드러내며, 그러기에 우리들은 그 밖의

것들에 대하여 말하여야 할 때에는 그저 우리의 무지를 고백할 수밖에 없게 된다.[13)]

반면에 비코는 마치 데카르트에게 직접적으로 악의적인 답변을 하는 듯이 다음과 같이 이야기한다.

[비판철학으로 어떤 이의 교육을 시작하는] 그러한 접근은 뚜렷이 해롭기만 한데, 왜냐하면 청소년의 교육은 가능한 한 이른 시기에 계발시켜야 하는 상식(*sensus communis*, *senso comune*)에 대한 훈육이 필수적이기 때문이다. 그러한 훈육이 없다면 성년이 되었을 때 기묘하거나 오만한 처신을 하게 된다. 지식(*scienza*)이 진리(*vero*)에서, 오류(*errore*)가 허위(*falso*)에서 기원하는 것과 꼭 마찬가지로 상식은 진리로 보이는 것(*verisimilis*, *verosimile*)에 기반한 파악으로부터 생겨난다는 것은 확고한 사실이다. 말하자면 '진리로 보이는 것'은 진리와 허위 사이의 중간쯤에 위치하는데, 왜냐하면 대부분의 경우에 참된 것들은 다만 아주 드물게만 거짓되기 때문이다.

결론적으로, 젊은이들은 상식을 교육받아야 하므로, 고등의 추상적 비판을 습관화시킴으로써 그들의 내면에서 상식의 성숙이 억압되게 하는 것은 피하도록 주의해야 하는 것이다.[14)]

비코는 데카르트를 거꾸로 읽어서, 거의 실제로 명성의 추구자들에게 '진리 자체(*la vérité*, *vero*, *veritas*)를 추구하기보다는 오히려 진리로 보이는 것(*la vraisemblance*, *verosimile*, *verisimilis*)에 만족한 채로 있으라'라고 권유하는 듯하다! 놀라울 일도 아니지만, 비코는 왜 데카르트의 비판적 방법을 따르는 것이 "성년이 되었을 때 기묘하거나 오만한 처신을 하게" 이끌 것인가에 대하여 아무런 논리적 설명도 제시하지 못하고 있다. 결국 그는 그저 사실적인 사태의 상대적 선후관계에 있어서 선행하는 것을 우위에 두어야 한다고 설득하고자 애쓰는 설교사처럼 보일 뿐이다. 실로 진리로 보이는 것은 진리에 선행하고, 비코의 논증에 대한 그라씨의 제시에서와 같이, 장소(*topica*)는 비판(*critica*)에 선행한다.[15] 그러나 그저 선행성에 근거해서 장소에 우위를 인정하는 것은 상소석인 것을 자명한 출발점으로 긍정하는 실재론자와 다름없게 되는 것이다. 이러한 유형의 '장소론자'에게서 긴요한 것은 다만 참으로 존재하는 장소(*topos*)를 '발견'하는 것일 따름이다. 말할 필요조차 없지만, 이러한 사상가들은 '비판론자'의 입장에 대한 합리적 비판은 결코 시도조차 하지 않고 다만 오히려 장소가 비판에 선행한다고 주장하며 대립을 회피하면서 관대한 듯이 비판을 장소에 흡수해버리고 만다. 그러나 이것은 다만 장소론자의 전략일 뿐이다. 비판론자는 타협을 거부하고 비판과 장소 사이의 대립을 명료하게 하는 길을 고수할 것이다.

나는 샤카무니 붓다가 인도에서는 최초로 그러한 비판론자였다고 간주하며, 내가 옳다면, 또한 "불교는 비판이며 오직 비판만이 불교이다"라는 입장도 따라올 수밖에 없다. 장소철학으로 회귀하려는 경향이 심지어 비판철학이 확실히 정착했다고 여겨지는 서양에서조차도 상당한 세력과 함께 주기적으로 표면화된다면, 인도에서 비판철학이 장소철학에 의하여 삼켜지고 제거되는 것은 얼마나 더 용이했을까를 의식하는 것이 중요하다. 이를 염두에 두고, 우리는 서양에서 비판과 장소 사이의 충돌에서 제시된 논증들을 불교의 경우에도 적용하여 '장소불교'에 대하여 '비판불교'를 대조시켜 볼 수 있을 것이다.

데카르트와 마찬가지로 샤카무니는 비판론자였다. 그는 자신의 시대와 선대의 장소론자들을 비판했다. 다만 비코가 데카르트에 이어 등장한 것보다 더 재빠르게 장소철학 옹호자들은 인도불교사에서 거듭 등장하여 샤카무니의 진정한 비판론을 무력화시켜 왔다. 따라서 중요하게 고려해야 할 것은, 비판불교의 취지가–샤캬무니가 확립한 불교 곧 연기(緣起, *paṭiccasamuppāda*)의 불교이자 '관습을 거스르는'(*paṭisotagāmin*) 불교로서–'기체'(基體, *ālaya*: '아래에 놓여 있다'는 동사 '*ā-lī*'로부터 파생됨) 곧 자신의 익숙한 세계로서 장소(topos)의 관행을 비판하는 데 있다는 것, 그리고 장소철학의 옹호자들이 샤캬무니의 비판에 이식시켜서 우리에게 전해져 온 토착적 사유 방식 곧 '장소불교'를 제거해내는 방도를 제시하는 데 있다는 것이다. 마츠모토 시로와 나는 바로 이러한 투쟁에 참여해왔다.[16]

서양의 토착적 사상

장소철학은 비판철학조차도 허용하는 관용을 보일 뿐만 아니라, 자체가 무비판적이고 자기 긍정적인 가운데 온갖 부류의 토착적 사상들까지도 흡수하여 스스로를 팽창시켜 나간다. 비판철학이 이러한 장소철학의 공격에 맞서 싸우려면, 그 부정할 대상 곧 온갖 부류의 토착적 사상에 각각 초점을 맞추고, 그 각각의 모든 사례에 대하여 엄밀한 논리적 비판을 적용하는 입장을 견지하여야 한다. 가마쿠라 시대의 극히 짧은 시기를 제외한다면 장소철학으로서 본각사상은 천 년 이상 동안 일본을 괴롭혀 왔다. 이러한 경향을 거스르는 것이 어려울 수도 있지만, 우리가 비판불교를 추구하고자 한다면, 우리는 우선 바로 무엇이 우리의 비판 대상인지를 자각해야 한다. 따라서 내가 바로 적시하여 명명하자면, 일본과 서양 양자 모두의 토착적 사상이 비판 대상이라고 하겠다. 이 두 형태의 토착적 사상에 대한 비판은 그들과 기꺼이 결탁하기 쉬운 장소불교의 성격을 명료하게 하는 데에도 도움을 줄 것이다.

나는 서양철학 연구자도 아니고 아마도 그저 나 자신의 무지를 드러내는 것으로 끝날 가능성이 크지만, 비판불교의 입장에서 비판을 개관하는 네 있어서 서양의 사례에서 시작하고자 한다. 잠시 그라씨(Grassi)에게로 돌아가 그의 논문 「비판철학인가 아니면 장소철학인가?」의 결론 부분을 인용해보겠다.

비판철학인가 아니면 장소철학인가? 이 질문으로 우리는 시작했었다. 무엇보다도 유의해야 하는 것은, 두 가지 유형의 철학하기에 대한 비코의 구분을 더 이상 단지 역사적 관심거리에 불과한 종결된 이슈로 간주할 수 없으며, 오히려 오늘날 현안으로서의 관련성을 크게 가지고 있는 문제로 바라보아야 한다는 것이다. 오늘날 우리는 과학을 찬미하고 인공두뇌학적인 도구들에 열광하면서 우리의 미래를 거기에 맡기고 있는 가운데, 우리가 여전히 '정보'(data)를 발견하고 '정보를 창출'하는 문제를 안고 있다는 것을 망각하고 있다. 인공두뇌 프로세스는 단지 정보를 정교화하거나 주어진 정보로부터 일정한 결과를 도출해줄 수 있을 뿐이다. 인간의 천부적 재능 내지 창조성의 본질 문제는, 합리적 연역에 관련된 현대 기술이 불가능한 정도로까지 심화되고 발전된다고 하더라도, 그러한 연역으로 환원될 수 없다.

다음으로 우리는 두 번째 결론으로서, 다음과 같이 생각할 수 있겠다. 장소철학에 관한 비코의 이론은 라틴 인문주의 전통에 뿌리박고 있다. 그 전통에서 수사학이 지닌 역할과 중요성은 오늘날 전적으로 망각되어버렸다. 그 인문주의적 사유는 항상 사물(res)과 언어(verba), 내용과 형식의 통합에 관심을 갖고 있었는데, 그 통합은 일단 단절되면 결코 다시 회복하기 어렵다. 합리적 요소가 우리 언어에서 유일하게 가능한 내용으로 인정된다면, 더 이상 거기에 혼을 감동시킬 수 있는 '형식'을 부여할 수 없게 되고, 점차로 철학은 망각된 역사의 영역 속으로 넘겨져 버릴 것이다.

비코에 대한 재평가는 이탈리아의 관념론에서 시작되었는데, - 그 관념론은 비코에 의하여 제창되었던, 진리인 것(verum)과 만들어진 것(factum)을 동일시하는 사고방식에 기반한 것이었고 - 이 재평가에서 무엇보다도 비코는 인간 사유의 창조성, 그리고 온갖 맥락을 개의치 않고 "나는 생각한다. 고로 나는 존재한다"라는 데카르트의 사유에 관한 명제의 옹호자로서 모습을 드러냈다. 이것은 비코의 중심 사상에 대한 잘못된 설명이었고, 이는 그의 인문주의적으로 문제가 되는 입장에 대한 적확한 이해를 가로막는 것이었는데, 왜냐하면 그는 관념론적 전통 내지 특히 헤겔주의와는 아무런 공통점도 없기 때문이다.

진리와 진리로 보이는 것에 대한 인문주의적 구별(humanistic distinction)은 정치적 행위의 본질 내지 법률적 전통의 성장에 관한 전반적 성찰을 가능하게 해주었다. 궁극적으로, "일차적 진리"(first truth)와 "이차적 진리"(secondary verities)의 구별은,[17] 관념론에 고유한, 자연과학에 관한 철학 상의 선험적 연역법을 저지해온 것이다. 그러나 반(反)데카르트주의 맥락에서 인문주의 전통의 참된 역사는 아직 집필되어야만 한다.[18]

그라씨의 결론은 비코를 인문주의자로 바라보는 자들 가운데에서는 전형적이다. 실로, 비코의 "진리와 진리로 보이는 것에 대한 인문주의적 구별"은 확실히 데카르트처럼 후자를 *배제*하는 것이 아니라, 오히려 후자를 '장소'로서의 기반에 위치하도록 함으로써 전자를 후자 안에 *포괄*하려는 시도였다. 인문주의적 입장에서 말하자면, 이는 가장 포용적이고 관대하고 풍요로운 입장을 취하는 것으로 보이는데, 이러한 '인문주의'(humanism)야말로 서양의 토착적 사상 내지 문화적 전통인 것이다. 이탈리아의 관념론에 의하여 제시된 비코 해석을 거부하고 그라씨는 그를 라틴 인문주의 전통 곧 이탈리아 르네상스를 야기하는 운동 그 자체 안에 위치시키는 데 적극적이다. 더 나아가, 토착적인 서양 전통으로의 회귀-보다 구체적으로는 고대 로마 제국의 라틴 문화에로의 회귀-그리고 중세시대 이래 그리스도교에서 그 전통을 수용해온 방식을 거스르는 전환이야말로 르네상스를 추동하여 라틴 인문주의의 부활을 이끌어내었다. 그 시점부터-이탈리아를 중심으로 하는-서양 문화는 신 중심에서 인간 중심으로 세계관의 전환을 시작하였다.

이러한 인문주의를 서양의 토착적 기풍이라고 부르는 것이 정확하다면, 이와 대조적으로 그리스도교는 셈족 계통의 유다 민족 사이에서 일어나 고대 로마 제국에 지속적으로 도전하고 마침내 제국의 종교로 스스로를 확립하는 데 성공한 외래 전통을 대표한다. 일본에서는 외래적 사유 방식에 의하여 그렇게 철저한 전환을 결코 겪어본 적이 없기에 그리스도교가 서양 전통과 거의 동의어가 될 정도로 서양에 그렇게 깊이 뿌리내렸다는 것이 어느 정도의 영향을 주고 있는지 상상하기조차 어렵다. 그럼에도 불구하고 서양에서조차, (그곳에서는 일본이 자체의 토착적 사고방식을 영예롭게 여기는 차원의 진부한 선전은 결코 성공하지 못할 것이지만) 언제나 비코와 같은 사상가들을 포용하려는 저류는 존속해왔다. 그러나 이러한 저류에도 아랑곳하지 않고 서양에서는 비판과 논증이 아주 확고하게 뿌리를 내리고 있어서 장소철학의 옹호자들이 비판론자들을 이겨내고 토착적 사고방식을 확립한다는 것은 거의 있을 수 없다. 지금의 문제점은, 이 문제가 논쟁을 거쳐서 장소적 입장이 논리적이고 합리적인 승리를 기록하고 있기는커녕, 아무런 논쟁도 없이 장소적 사고방식이 마치 프랑스 파리로부터 불어온 최신 유행의 바람처럼 그냥 일본을 휩쓸고 있다는 데 있다. 그저 서양과 비교해서 일본에서는 비판 전통이 피상적이라는 것을 지적할 수 있을 따름이다.

실존주의, 현상학, 해석학, 베르그송(Bergson), 하이데거(Heidegger), 그리고 융(Jung)에 이르기까지 변화하는 유행사조의 풍미는 모두 동일한 현상을 드러내고 있으며, 보다 최근에 유행하고 있는 구조주의, 해체주의, 그리고 포스트모더니즘 역시 그러하다. 더욱 문제가 되는 것은, 토착적 사유의 확산자들이 더 이상 단순히 학계에 머무는 것이 아니라 이른바 "새로운 아카데미"라는 이름하에 매스 미디어에 자신들의 영혼을 팔아치우며 토착적인 일본주의 기풍을 증명이 필요 없는 자명한 진리로 찬양하고 있다는 점이다. 그리고 당연한 것이지만, 이들 골수 장소론자들은 본능적으로 반데카르트주의자들이며 반근대주의자들이다.

예컨대 나카무라 유지로(中村 雄二郎)의 저술들을 살펴보면, 그는 명백히 장소론자라는 것이 드러난다. 자신의 저서 『장소』(場所, *Topos*)에서 나카무라는 데카르트를 "원인들을 알 수 있다면 그 원인들만으로 우리의 마음에 이미 완전히 사라졌던 이미지들을 다시 불러오는 것은 쉬운 일이다" 내지 따라서 "기억에 의존할 필요가 없다"라는 취지의 말을 한 것으로 인용한다. 이러한 논지에 대하여 그는 다음과 같은 입장을 제시한다.

> 데카르트의 "방법론"은 시대적 요구를 충족시켰다. 근대의 시작에 인류는 전통과 역사의 억압에서 벗어나 과거의 속박을 끊어내고 개인이 공동체에서 독립적으로 될 필요가 있었다. 다시 말해서, 인류는 그 공통의 기억을 제거할 필요를 느꼈다. 데카르트적 의미의 "방법론"은, 용이하게 기억을 제거하고 전적으로 새롭게 시작하도록, 요구되었다. 곧 다른 무엇보다도 근대는 "방법론"의 시대이다. 그러나 그 "방법"이 일종의 근본적 원칙이 되고 그 통제가 고도화되고 널리 확산되자, 사람들은 자신들의 삶 내지 존재의 기반 상실을 예리하게 느끼게 되었다.[19)]

비록 나카무라는 단순하게 '방법'을 제거하고 '장소'로 대체함으로써

'존재의 기반 상실'로부터 구제될 수 있다고까지 주장하지는 않지만, 그가 데카르트를 묘사하는 방식에서 볼 때 그는 적어도 왜 '방법'이 '존재의 기반 상실'을 초래하는지에 대하여 상당한 논거를 제시할 책임이 있다. 그는 그렇게 하지 못할 뿐만 아니라, 데카르트에게서 발견되는 "기억에 의지할 필요가 없다"를 "기억을 제거할 필요"로 바꾸어버리기까지 한다. 그러나 (나카무라 자신이 앞에 인용된 글에 바로 선행하는 단락에서 인정하듯이) 데카르트는 또한 "나는 종종 내가 기억의 풍부함과 기민함에 있어서 … 다른 사람들과 같았으면 하고 바라곤 했다"라고도 썼다.[20] 자신의 "방법"에 관하여 데카르트는 그것이 "내가 생각하기에 나의 앎을 점진적으로 늘리고, 나의 재능의 평범함과 나의 삶의 짧은 존속 기간이 나에게 도달하는 것을 허용하는 한에 있어서 가장 높은 지점까지 조금씩 조금씩 그 앎을 제고시키는 수단을 나에게 부여해준다"라고 썼다.[21] 그가 "기억을 제거"하기를 원한다는 것은 상상하기조차 어렵다. 데카르트에게 기억은 우리 삶의 짧은 존속 기간 내에서 우리의 앎을 그 최고 수준까지 확장시키는 데 도움이 되는 것 자체였다. 그로서는 그저 자신의 마음을 장소(*topos*)화 해서 잡다한 정보로 채울 필요가 없었을 뿐이다. 모든 기억을 제거하는 것은 시간과 언어를 무화시키고 결과적으로 인류 문명을 종말에 이르게 할 것이다. 이것은 결코 데카르트의 의도가 아니었다.

데카르트는 『방법서설』(*Discourse de la méthode*)에서 시간과 기억에 대한 자신의 견해를 명쾌하게 밝히고 있는데, 내가 의심하기로 장소철학의 옹호자들은 시간의 문제에 관하여 골머리를 앓을 생각은 전혀 하지 않을 것이다.[22] 자신의 『공통감각론』(共通感覚論)이라는 저서에서 나카무라 유지로(中村 雄二郎)는 미카엘 엔데(Michael Ende)의 『모모』(*Momo*)에서 "시간 도둑들"에 대한 세 가지 사색을 전개하고 있는데, 그 가운데 세 번째는 다음과 같이 이야기되고 있다.

> 『모모』의 세 번째로 매우 흥미로운 측면은 불가사의한 노인이 나타나 모모를 도와서 시간 도둑들과의 싸움에서 곤경에 빠진 그녀를 구해낸다는 것이다. 이 노인은 '시간의 나라 왕'(어디에도 없는 저택의 교수)으로서 사람들에게는 시간을 느끼는 마음이 있다고 말한다. … 우리가 빛을 우리의 눈으로 보고 소리를 우리의 귀로 듣듯이, 우리는 시간을 우리의 마음 안에서 느끼고, 따라서 우리는 이로부터 마음이 또한 전적으로 인간적이며 전적으로 몸의 것이라고 이해할 수 있다. 그리하여 모든 감각의 합류로서 마음은 우리의 공통 감각을 나타낸다.[23)]

『모모』의 독일어 원전을 접하지는 못했지만, 그 책의 이 부분에 대한 영어 번역을 점검해보니, "heart"(심장, 마음)라는 단어가 사용되고 있어서, 내 생각에 여기에 해당하는 독일어는 "*Herz*"라고 여겨진다.[24)] 시간을 느낀다고 이야기되는 것이 "heart"인지 여부와 상관없이 나는 여기에서 나카무라가 어떻게 해서 "모든 감각의 합류로서 마음은 … 공통 감각을 나타낸다."라고 결론을 내릴 수 있는지 알지 못하겠다. "heart"라는 용어를 정의하는 것에 관하여 느슨해진다고 하면, 나는 별도의 대안적 해석을 제시해보겠다. 잠정적으로 시간을 경험하는 것이 마음이라고 하는 것을 인정한다고 하더라도, 그것이 시간을 경험할 수 있게 되는 것은 언어에 의하여 수반되는 마음 곧 명확히 말해서 기억이기 때문이다. 혹시라도 우리가 언어를 상실하게 된다면 우리는 그럼으로써 시간 역시 전적으로 상실하게 될 것이다. 살아 있는 존재들의 '시간'에 관하여 이야기할 수 있는 유일한 길은, 아마도 언어와 시간 양자를 모두 결여하고 있는 비극으로서 혼수상태로 생존하고 있는 누군가와 비교해서일 것이다.

그 소설에 대한 나카무라의 해석을 공격하기에 앞서 나 자신의 독해를 제시해야 했을 것 같기도 하다. 솔직히 말해서, 시간을 다루고 있다고 이야기함에도 불구하고 『모모』에서는 시간이 오히려 멈추어버린 듯하다. 이 소설은 어떤 대도시의 교외에 있는 원형 극장의 폐허에서 시작하고 그곳으로 다시 돌아가서 끝난다. 시간은 나카무라의 인용에도 언급되어 있는 불가사의한 노인 곧 시간의 나라 왕이 거처하는 곳으로 "어디에도 없는 저택"이라고 불리는 곳에서 나와서 그곳으로 돌아간다.[25] 이는 희랍어에서 "어디에도 없는 곳"을 뜻하는 "유토피아"(utopia, *οὐτόπος*)를 상기시킨다. 그렇게 결코 끝나지 않는 유토피아에서 시간은 무슨 소용이 있는가? 『모모』에서는 언어도 그다지 높은 가치를 부여받지 못한다. 전체 소설에서 유일하게 중요한 단어는 카시오페이아(Cassiopeia)라는 거북의 등에서 번개처럼 번쩍이는 "전혀!"라는 말이다.[26] 나의 결론을 내리자면 『모모』는 시간과 전혀 상관이 없으며, 원형 극장의 폐허가 게르만 내지 라틴의 토착적 정신의 부활을 암시하는 데 사용된다는 것이 내게는 놀랍지도 않다.

일본의 토착적 사상

서양철학에서 철학 안에 시간에 관한 논의를 다시 가져오고자 노력한 사람이 앙리 베르그송이었는데, 그는 시간을 "의식에 직접 주어지는 것"(*les données immédiates de la conscience*)이라고 간주하였다. 그는 의식을 언어에 의하여 수반되는 기억이라고 생각하였기에 또한 실어증(*aphasia*)도 연구하였다. 하지만 시간의 연속성에 대하여 지나치게 강조하면서, 그리고 시간을 공간 안에 위치되도록 하고 나란히 놓이게 하는 일차적 요인이 언어라고 보았기에, 그의 철학은 결국 언어를 초월하는 직관의 철학이 되어버렸다.[27] 이것은 그의 철학이 『창조적 진화』(L'évolution créatrice)의 "생명의 비약"(*élan vital*)을 거쳐서 『도덕과 종교의 두 원천』(*Les deux sources de la morale et de la religion*)에서 신비주의(mysticisme)로 절정에 이른 것과 무관하지 않다. 그의 철학이 어떻게 전개되어 왔는가와 무관하게, 프랑스를 중심으로 서양에서는 많은 사람들이 그의 사상적 함의를 깊이 이해하고 정확하게 비판하였다. 그러나 언어를 초월한 그의 직관 철학이 언어가 결코 일차적 중요성을 지닌 것으로 간주된 적이 없는 일본으로 수입되자, 일본의 토착적 사상을 온존시키고자 오랫동안 진력해온 '장소론자'들은 광적으로 기뻐하였다. 자기들을 옹호하는데 서양의 권위를 휘두르며 그들은 철저하게 자기들 멋대로 그의 사상을 윤색하여 퍼뜨렸다. 언어를 무시하고, 직관을 강조하며, 그 결과 반근대주의 내지 반지성주의적인 분위기를 조장하는 『모모』와 같은 저작들에서 전개되는 사유를 별 생각 없이 수용하는 풍토는 예나 지금이나 변한 것이 거의 없다.

서양 사상의 수용에 앞서서 일본 문화에 언어 경시 기풍을 고착시킨 것은 중국의 도(道) 관념이었다. 나는 이전에 나의 「교토학파 비판」에서 이러한 논증을 하였었는데, 그곳에서 나는 아쿠타가와 류노스케(芥川 龍之介)의 『서방의 사람』(西方の人) 맨 끝의 한 절을 인용하여 나의 입장을 옹호하고자 하였다. 하지만 그 때에 충분히 나의 입장을 명료하게 하지 못하였던 것으로 여겨지기에 여기에서 다소의 설명을 부가하고자 한다. 우선 아쿠타가와로부터 인용한 문장은 다음과 같다.

> 니체는 종교를 위생학의 한 형태라고 불렀다 … 동방의 사람들은 일반적으로 이 위생학을 깨달음에 정초시키는 시도를 해왔다. 노자는

무하유지향(無何有之鄕)에서 때때로 붓다와 인사를 나누었다 … 거기에서 노자는 연소한 공자－중국의 그리스도－와 문답을 나누었다.[28]

역사적으로 이야기하자면, 노자를 공자보다 연장자로 간주하는 것은 이상한 것으로 여겨질 수 있다. 왜냐하면 노자의 탄생은 일반적으로 공사 사후 약 200년 뒤로 상정되기 때문이다. 물론 아쿠타가와는 이것을 알고 있었다. 그의 고전에 대한 교양을 감안할 때, 이 단락은 『사기』(史記)에 있는 전설에 기초한다고 생각할 수 있을 것이다. 그곳에서 공자는 노자에게 예(禮)에 대하여 묻는데, 이에 대하여 노자는 다음과 같이 대답한다.

언어에만 의지한다면 그대의 직관은 가치가 없게 된다. 그처럼 언어에만 의존하는 것은 참을 수 없을 정도로 역겹다. 훌륭한 인물은 뛰어난 덕을 안에 감추고 외면적으로는 어리석은 이처럼 보이는 것이다. 그대의 오만과 지나친 야심을 버리는 것, 이것이 긴요하다![29]

여기에서 왜 아쿠타가와가 공자를 "중국의 그리스도"라고 언급하는지가 드러난다. 공자는 언어를 존중하는 사람으로서 예리하고 간명하며 긴요한 질문을 제기한다. 답변자로서 노자는 언어를 조롱하고 인격을 문제로 삼으며, 자신의 말을 조작하여 당면한 문제를 회피한다.

나의 구도에 따라 이야기하자면, 이 장면은 비판론자 공자와 장소론자 노자 사이의 대조를 묘사하고 있다. 이 인용문의 기본적인 취지는 고대 중국의 토착적 사상의 대변자이자 장소론자로서 노자가 비판론자인 공자에 앞서는 것으로 묘사하는 데 있다. 인도의 샤카무니와 마찬가지로 중국의 공자는 비판철학자로서 토착적인 중국이라는 장소(topos)로부터 언어를 복권시키고 인간의 윤리 언어에 스며들어 있는 예(禮) 개념으로 그 장소를 비판하였다. 훨씬 뒤에 등장한 노자는 이러한 비판정신을 팔아치우고 토착적인 중국의 장소철학으로 회귀하여 공자의 비판철학을 차단하고자 애썼다. 그러나 여전히 공자는 노자보다 약 200년 앞서 역사의 무대에 등장하였기에, 그의 비판철학은 샤캬무니가 인도에서 확립할 수 있었던 것보다 훨씬 더 강력한 비판 전통을 중국에 확립할 수 있었다. 이것이 또한 아쿠타가와가 공자를 "중국의 그리스도"라고 본 이유이며, 그와 같은 유산을 남기지 못한 샤캬무니 붓다는 '인도의 그리스도'로 여겨지지 못하고, 오히려 노자와 더불어 엮이어 무하유지향(無何有之鄕)에서 인사를 나누는 것으로 묘사되는 이유이다.

이 무하유지향보다 더 고대 중국의 장소(topos) 개념을 잘 대변할 수 있는 것은 없다. 그 이름 자체에서, 무하유지향(無何有之鄕)은 희랍어 어원에서 유래하는 "유토피아"(utopia, *οὐτόπος*) 내지 미카엘 엔데의 "어디에도 없는 저택"을 닮아 있다. 『장자』(莊子)에서 다음과 같은 단락들은 더욱 그러한 점을 잘 드러내준다.

> 지금 그대에게는 커다란 나무가 있는데 그대는 그 나무가 쓸모없어서 근심에 차 있다. 왜 그대는 그 나무를 무하유지향, 광막한 들판에 심고 그 옆에서 느긋하게 무위(無爲)하거나 그 아래에 드러누워 여유롭고 편안한 잠을 청하지 않는가?
>
> (이름이 없는 사람이 말하였다.) "나는 바야흐로 조물자와 함께 벗이 되려 한다. 그리고 그것이 지겨워지면 가볍고 날렵한 새를 타고 육극(六極) 너머로 날아가 무하유지향에서 노닐고 아득히 넓은 들판에 머무를 것이다."
>
> 그 지인(至人)은 정신을 시작이 없는 곳으로 돌아가게 하며 무하유지향에 누워서 단잠을 자고, 형태가 없이 물같이 흐르거나, 태청(太淸)으로부터 졸졸 흘러내린다. 참으로 가련하도다. 그대는 가는 털끝만

알고, 큰 평안에 대해서는 아무것도 모르는구나![30)]

자신의 일본어 번역에서 후쿠나가 고지(福永 光司)는 이 세 난락에서의 "무하유지향"을 순차적으로 각각 "어떤 것도 없는 세계", "무엇에도 속박되지 않는 허무의 세계", 그리고 "아무 것도 존재하지 않는 근원적 무의 세계"라고 번역하고 있지만, 무하유지향이란 무엇보다도 그 핵심이 그 자체로서는 아무런 '장소'가 없으면서도 모든 것들의 궁극적인 '장소'라는 데 있고, 따라서 그저 '무'(無)이거나 '허무'(虛無)인 것은 아니다.[31)] 따라서 지인은 그 장소 안에서 노닐 수 있고 여유롭게 잘 수 있으며 커다란 나무를 심을 수도 있는 것이다. 확실히 그 유토피아에서 노니는 근본적 조건은 언어와 앎 양자 모두를 포기하는 것이다. 그리하여 장자는 언어와 지식에 구애되는 소부(小夫, '비범하지 못한 사람들'에 대한 지칭)에게 "그대는 가는 털끝만 알고, 큰 평안에 대해서는 아무것도 모르는구나!"라고 이야기하는 것이다.

장소(topos)는 그리하여 도(道)로 철학화 되어간다. 『노자』(老子)의 그 유명한 첫 장에 나타나는 도에 대한 묘사를 제시해보고, 이어서 도를 묘사하는 『장자』의 한 절을 제시해본다.

> 말할 수 있는 도는 영원한 도가 아니고;
> 이름 붙일 수 있는 이름은 영원한 이름이 아니다.
> 이름 없음은 만물의 시원이고;
> 이름 있음은 만물의 어머니이다.[32)]

> 도는 진실한 작용과 그 징표가 있지만, 작위함이나 형태는 없다. … 스스로 본원이 되며 스스로 뿌리가 된다. 하늘과 땅이 존재하기 이전에 예부터 확고하게 있었으며 … 태극(太極) 너머에 있지만 높다고 할

수 없고; 육극(六極) 아래 있지만 깊다고 할 수 없다.[33)]

우리는 『노자』에서 도가 바로 어떻게 관습적인 명명을 거부하고 언어를 부정하는지 알 수 있고, 『장자』에서 도가 어떻게 "스스로 본원이 되며 스스로 뿌리가 되어", 그 자체로 장소가 없으면서도 궁극의 장소인 무하유지향과 일치하는지 알 수 있다. 우리는 또한 이 도가 『논어』의 도와 얼마나 직접적으로 대조되는지도 알 수 있다.

아침에 도를 들으면 저녁에 죽어도 좋다.(4.8)

사람이 도를 넓힐 수 있는 것이지, 도가 사람을 넓힐 수 있는 것이 아니다.(15.28)

그리하여 중국에서 도가는 서양철학에서 비코와 대략 유사한 역할을 한다. 곧, 비코가 데카르트의 진리를 "진리로 보이는 것"이라는 자기 자신의 관념과 구분하면서도 전자를 후자 내에 포괄하는 것과 같은 방식으로, 노자나 장자의 도에서 순수한 장소는 공자의 보다 시간적으로 순차적인 도를 포괄한다. 그 지점에서는 더 이상 그러한 도라고 하는 관념을 표현할 어휘가 있을 수 없게 된다. 나카무라 유지로의 논증 노선을 차용해서, 우리는 도가 사람들이 공자의 비판적 도 개념을 수용함으로써 비판적 개념과 장소적 개념의 '자각적 통합'(self-conscious unity)을 성취할 수 있었다고 말할 수 있을 것이다.

노자 내지 장자의 획책에도 불구하고 도가의 도는 공자의 비판철학을 매장하는 데 성공하지 못하였다. 『도덕경』과 『장자』의 난해하고 불투명하고 난삽한 사상과 달리 『논어』의 간결함과 명료함은 공자의 입장을 정확하게 반영하고 있다. 그를 이러한 방식으로 독해하는 사람들이 많지는 않지만, 나는 공자에게서 진리와 허위를 준별하는 이러한 비판적 정신을 식별해낸 비판론자의 한 사례로 이토 진사이(伊藤 仁斎)를 인용해보겠다.

일반적으로, 잘 쓰인 책들은 직설적으로 이야기하고 명료한 논증을 전개하며 이해하기 쉽고 그 논리 전개가 정확하다. 말이 어렵고 논리 전개가 고원하며 이해하기 쉽지 않고 읽기 난해한 책들의 설명은 언제나 거짓되다. 그대가 이것을 고수하고 이것을 추구한다면 그대는 세상의 책에서(특히 『논어』에서) 아무것도 놓치지 않을 것이다.[34]

은미한 설명과 고묘한 이치에 관해서는, 그대가 그러한 것을 보려 해도 볼 수 없으며, 들으려 해도 들을 수 없으니, 사람들의 인륜풍속에서 그러한 것을 발견하게 될 경우 다 도리에 어긋난 것들에 불과하다. 그대는 천지간에 본래 그러한 이치가 결코 없다는 것을 자각해야 한다. 그대는 그 안에서 진실과 허위를 뚜렷하게 구분해야 한다.[35]

심지어 중국에서도 이토 진사이만큼 『논어』의 의미를 독해할 수 있었던 사람은 드물었다. 대부분의 지식인들에게는 토착적인 노자와 장자의 기풍이 더 친숙했고, 그러한 나머지 정당하게 외래 전통으로 직면되었어야 했던 불교마저도 노장사상에 의하여 흡수되어버리고 그러한 과정에서 그 알맹이는 스러지고 말았다. 승조(僧肇)에서 길장(吉藏)에 이르기까지 불교가 이 토착적 사상에 의하여 변용되어간 과정은 이제 막 이토 다카토시(伊藤 隆寿)에 의하여 비판적으로 연구되기 시작하였다. 나는 그의 작업에 대하여 큰 기대를 품고 있지만, 여기에서 그 결과를 감히 미리 논하지는 않겠다.[36]

어느 경우에든 명백한 사실로서, 송(宋) 왕조의 지식인들 사이에서 풍미하게 된 선종(禪宗)은 도가사상으로 철저하게 물든 이러한 유형의 불교에서 등장하였다. 가마쿠라 시대 이래 일본으로 선불교가 수입되자,

그 이전 이미 도가의 영향을 받았던 길장(吉藏)의 불교전통은 더욱 강화되었고, 마침내 오늘날 일본의 토착사상이 불교의 "본각" 사상으로 선양되고 있다. 말할 필요도 없지만 토착적 사유는 - 어느 나라에서나 - 언어의 문자적 의미를 거부하는 토착적 장소 관념에 의하여 구성된다. 역설적이게도, 이것이 또한 의미하는 것은 토착적 사상이 일종의 부호로서 사람들의 관심을 끄는 목적에 도움이 되는 한 어떤 언어든 이용할 수 있다는 것이다. '본각'이라는 용어는 - 그러한 '부호'의 가장 명백한 사례에 속하는 것으로서 - 그 의미의 차원에서 도가의 '도' 철학과도 근본적으로 연관되어 있다. 바로 그러한 이유 때문에 "일본의 토착적 사상"이라고 명명된 본 절에서 도가에 초점을 맞추었다. 일본으로 수입되어 일본의 이러한 토착적 세계관으로 흡수된 모든 것이 - 불교를 포함해서 - 결국은 노장사상으로 귀착되는 것이다.

다양한 세계관들이 하나의 동질적인 장소적 혼합물로 그토록 용이하게 용해되어버릴 수 있다는 것은 그 자체로 흥미로운 현상이지만, 여전히 주목해야 할 사실은 바로 무위자연을 존중하고 언어를 무시하는 이 노장적 '깨달음'의 사상만큼 일본에서 비판철학의 성장을 어렵게 만든 것이 없다는 점이다. 실로 아마 현대 일본에서조차도 이 '깨달음'만큼 독특하게 불교적인 것으로 간주되는 아이디어는 없을 것이다. 그러나 오늘날까지 일본에서 풍미해온 불교의 대부분이 실로 노장적인 '장소불교'를 거의 벗어나지 못하므로, '비판불교'의 입장에서 본다면 '깨달음'보다 더 비불교적인 것도 없다.

본래 '깨달음'은 불교의 용어가 전혀 아니었으며, 가장 오래된 중국어 사전 『설문』(說文)에 따르면, "悟"('*wu*', 일본어에서 "*사토리*"라고 발음된다)는 "覺"('chüeh', 일본에서는 "*가쿠*"라고 발음된다)과 호환되어 사용되었으며, 양자 모두 단순히 잠에서 깨어나거나 어떤 것에 대하여 의식하게 된다는 의미를 지니는 데 그쳤다.[37] 몽롱한 마음이 어떤 것에 대하여 의식하게 되는 것은, 단순하게 의식하게 되는 것을 지칭하는 것이 아니라 오히려 현상의 진위를 명료하게 '분별하여 아는'(*dharma-pravicaya*) 붓다의 지성(知性, *paññā, prajñā*; 般若)과는 전혀 무관한 것이다. 그럼에도 불구하고, 이러한 부류의 도가로부터 영향 받은 '장소불교'가 두루 확산됨으로써, 무분별적 '깨달음'(*사토리*)이 붓다의 체험인 것으로 여겨지고, '분별' 내지 '판단'은 최대의 악으로 비난된다. 그 모든 것이 이러한 도가적 '장소불교'의 영향에서 기원한다는 것은 아무리 강조해도 지나치다고 할 수 없다.

결 론

나는 앞 절에서 일본의 토착적 사상은 노장사상을 재탕한 것에서 거의 벗어나지 못한다는 점을 주장하였다. 하지만 일본의 토착적 전통으로서는 그것이 전부인가? 일본 고래의 토착사상을 추구하고자 한 모토오리 노리나가(本居 宣長)는 자신의 『구즈바나』(葛花)에서 다음과 같이 이야기한다.

> 불법(佛法)은 무분별하게 구성된 전통이고, 당연히 도(道)와 다르다. 그 해로움은 명백하고 쉽게 보이며, 이미 중국에서 유학자들에 의하여 논증되었고, 근대에는 우리 일본의 신토 학자들에 의하여 논증되었다. 따라서 이러한 논증을 전부 다시 거듭해서 수고롭게 반복할 필요가 없다. 그와 대조적으로 유도(儒道)는 그렇게 뚜렷하게 해롭거나 그렇게 뚜렷하게 혐오스럽지는 않다. 그러한 유형의 평판이 부재하기에, 그리고 표면적으로는 전적으로 도리에 합치하는 것으로 보이는 설명과 교설을 갖추고 있기에, 이 가르침은 오랫동안 일반적으

로 신봉되어왔다. 심지어 지식인들 가운데에서조차 이 사상에 스스로 정초하지 않는 사람이 아무도 없었다. 근대에는 이러한 사고방식을 비판하는 신토 학자들을 이따금 발견하게 되지만, 그들도 자신들이 비판하는 대상의 근저는 간파하지 못하기에 결국 똑같은 유교적 믿음으로 다시 미끄러져 들어가고 만다. 고래로 이러한 잘못을 참되게 이해한 사람들이 드물었고, 따라서 그 도가 일견 해로움이 없는 것으로 보이는 까닭에, 그 해로움의 깊이와 크기는 불도를 넘어선다.[38)]

나는 이와 같은 의미에서 명백하게 해로움의 원천이 되고 있는 불교로서 '본각사상'을 비판해왔는데, 이 사상을 일종의 도가적 '장소불교'라고 불러도 좋을 것이다. 노리나가는 이 사상을 유교의 도와 대조시키는데, 이 도는 그렇게 뚜렷하게 해롭지는 않지만 "그 해로움의 깊이와 크기는 불도를 넘어선다." 노리나가는 확실히 이 '유교의 도'에 대하여 분개하였으며, 유교측 비판자 이치카와 다몬(市川 多門)의 예의충효(禮義忠孝)에 대한 입장을 공격한 뒤에, 중국 성인들의 가르침이 쓸모없고 해롭다는 결론에 도달하여 다음과 같이 첨언한다. "세상 사람들이 표면적인 이로움에 미혹되어버렸는데, 어떻게 그 아래 숨어 있는 큰 해로움을 볼 수 있겠는가?"[39)] 그렇다면 노리나가는 도가 전통에 대하여 어떻게 생각하였는가? 다시 한 번 『구즈바나』를 살펴보자.

비판자들이 이야기하는 자연의 도는 노자와 장자가 존중하는 자연에 관한 것이다. 참으로 이 자연의 도는 무(無)이다. 그런데 인간에 의하여 만들어지지 않은, 신들의 시대로 거슬러 올라가는, 스스로 이루어진 도가 있다. 신들과 함께 연원하였기에, 실제로는 자연이 아닌데, 다만 인간적 기원을 지닌 사물들과 비교할 때에는 자연과 유사하다. 그와 대조적으로, 음양오행과 같은 중국의 교설들은 신들과 함께 연원하지 않았고, 성인들이 자신들의 지식과 사물에 대한 관념에 따라서 고안해낸 것들이다. 그들의 지식은 한계가 있고, 그 지식이 닿지 않는 영역들이 많기에, [노자와 장자의 도에서는] 많은 것들이 신들에 의하여 확립된 '도'에 부합하지 않는다는 것을 알아야만 한다.[40]

만년에 노리나가는 신들의 시대로부터 존재해온 '참된 길' 곧 '스스로 이루어진 길'을 토착적인 일본의 기풍으로서 상소하였나. 이것이 도가의 "자연의 도"와 매우 흡사하다는 주장에 직면했을 때, 그는 방금 인용된 단락에 반영되어 있는 바와 같이 대답하게 되었던 것이다. 노리나가는 그 답에서, 궁극적으로, 도가의 "자연의 길"이 인간의 창작이기에 일본에서 가미의 길에 비견될 수 없다고 주장하는 것이다. 하지만, 그는 이 점이 애매하게 둘러대는 궤변임을 의식했을 수도 있어 보이기도 하는데, 왜냐하면 그는 항상 "비록 실제로는 자연이 아닌데, 다만 인간적 기원을 지닌 사물들과 비교할 때에는 자연과 유사하다."라는 취지의 언급을 덧붙이기 때문이다.

그가 『다마카츠마』(玉勝間)에서 얼마나 "중국의 노자의 교설들은 참된 길과 흡사하다"고 할 수 있는가를 다루는 데에서도 같은 이야기를 할 수 있다. 의심할 바 없이, 모든 인간사에 대한 자신의 태도가 경멸적이라면, 고대의 토착적 장소에 기반한 모든 '길'은 똑같은 것으로 보일 것이다. 그리하여 노리나가는 『다마카츠마』에서 다음과 같이 서술하고 있다.

> 참된 도는 신들에 의하여 정해진 도이고, 그 도에는 어떠한 인간적 이성의 요소도 부가되어 있지 않다. 그 함의의 설명에서 예상할 만한 것은, 그[노자]의 반이성적 교설들과 유사성 내지 일치점이 많이 있다는 것이다. … 일반적으로, 이 세상의 것들은 서로 서로 자연적인 유사성이 있고, 저절로 서로 섞이는 경향이 있으며, 그리하여 이 도가

공자의 함의 및 불교의 도에 비슷한 것과 섞이는 것과 꼭 마찬가지로, 노자 내에서 비슷한 것 또한 자연적으로 서로 섞이게 될 것이다.[41]

인간적 노력을 추방하는 결과로, 『구즈바나』(葛花)에서는 정확히 이러한 종류의 무차별적이고 혼융된 "도"가 기술되고 있다. "처음에는 일견 그 도가 해로움이 없어 보이므로, 그 해로움의 깊이와 범위는 불교를 뛰어넘는다." 진사이가 주장하듯이, 『논어』에 직접적으로 기반한 유교는 "직설적으로 말하고 명료한 논증으로 이루어져서 이해하기 용이하게 잘 서술되어 있는 책"으로 표현되어 마땅하다. 이러한 접근은 유교의 참된 본성을 드러내므로, "그 해로움의 깊이와 범위"는 문제시되지 않는다. 따라서 『구즈바나』에서 기술되는 "공자의 도"는 오히려 진사이가 "은미한 설명과 고묘한 이치에 관해서는, 그대가 그러한 것을 보려 해도 볼 수 없으며, 들으려 해도 들을 수 없으니, 사람들의 인륜 풍속에서 그러한 것을 발견하게 될 경우 다 도리에 어긋난 것들에 불과하다."라고 기술할 때 시사된다. 그것은 오히려 온갖 인간적 노력을 추방한 "자연의 도"를 닮아 있다. 일단 자연의 "참된 도"를 주장하게 되면, 그 주장은 "일반적으로, 이 세상의 것들은 서로 서로 자연적 유사성이 있고, 저절로 서로 섞이는 경향이 있다"고 하는 결론에서 그다지 멀리 있지 않다.

노리나가가 한 때-예컨대 "뜻은 닮기 쉽지만, 모습은 닮기 어렵다"라고 지적하고, 또한 다자이 슌다이(太宰 春台)가 공자에 대하여 자기 자신이 이해한 바의 진리를 고집하는 것을 칭찬하면서-다른 어떤 것보다 언어를 더 높게 평가했다는 점을 고려하면, 이러한 종류의 "도"를 옹호하는 노리나가가 과연 어떻게 그와 동일한 한 사람일 수 있는 것인가 이해하기 어렵다.[42]

물론 이러한 종류의 토착적 세계관에서 그렇게 다양한 아이디어들이 함께 섞이는 것이 허용되는 주된 이유는, 그 세계관이 본질적으로 장소적이라는 데 있다. 추가적으로, 내가 앞에서 시사했듯이, 이것은 전 세계의 토착적 세계관의 지지자들로 하여금 합의를 이루기 쉽게 하는데 왜냐하면 적어도 이론적으로 말하자면 이러한 세계관적 다양성은 공통의 원초적이고 보편적인 장소에 기반하기 때문이다. 아무것도 아닌 마을, 어디도 아닌 장소(οὐ τόπος), 곧 무하유지향(無何有之鄕)이 이상적으로, 그들 자체의 장소(topos)를 갖고 있지 못한 모든 것들의 최종적 장소임에 틀림없는 것과 꼭 마찬가지로, 궁극적 장소는 원리적으로 하나임에 틀림없다. 더 나아가, 항상적 장소는 종종 부정적으로 묘사되는 것과 꼭 마찬가지로, 그러한 장소는 근본적으로 언어의 범주를 넘어서야 한다. 도교적 맥락에서 우리는 이것을 "도"(道)라고 부를 수 있는데, 이것은 장자에 따르면 "가장 높은 지점 너머에 존재하나 그대는 그것을 높다고 할 수가 없고, 여섯 방향의 한계 아래에 존재하나 그대는 그것을 깊다고 할 수 없다."[43] 이것은 사실 장소의 성격에 대한 이상적 표현인데, 그 단락의 나머지 부분에서는 계속해서 "하늘과 땅보다 먼저 태어났지만 그것이 오랫동안 거기에 있어 왔다고 할 수 없으며, 가장 이른 때보다 이르지만 그대는 그것을 오래되었다고 할 수 없다."라고 서술한다.[44]

명백하게 집요한 이러한 종류의 토착적 기풍은 어디에서나 수사적 표현의 힘을 통하여 고무되면서 가능한 한 인상적으로 묘사되고, 그리하여 명백한 자기 긍정의 태도 가운데에서 장소적 세계관을 고무하는 역할을 하게 된다. 오늘날 일본에서 이러한 전략은 서양의 '장소철학'의 외피를 입고 구가되어 왔다. 그 결과로 장소철학은 일본사람들의 고대적이고 "독특한" 사유방식에 어떠한 변화도 야기하지 않은 채 그 자체로 일본에서 지배적 위상을 획득해 왔다. 바로 이러한 상황에서 그렇게 많고 다양한 철학과 종교들이 일본에서 동시에 유행할 수 있게 되는 것이고, 그리하여 비판철학이 일본에서 결코 뿌리내리지 못해 온 것도 이로써 설명되는 것이다.

『나의 인생관』에서 고바야시 히데오(小林 秀雄)는 "관(觀, 파악 또는 보는 것)이라는 단어는 일본인들에게 독특한 뉘앙스를 지닌다."라고 서술하고, 사실상 "우리가 무엇을 생각하느냐 하는 것은 우리가 무엇을 보느냐 하는 것과 동일할 수밖에 없다"는 경험적 확신을 질리도록 반복해서 이야기한다. 하지만 어디에서도 그는 왜 "보는 것"이 일본인들에게 독특한 뉘앙스를 지니게 되는가에 대해서－논리적으로 그리고 자기 자신의 말로－설명하고자 한다는 어떠한 시사도 하지 않는다. 그와 정반대로, 그는 미적 인식과 보는 것의 미학에 호소하고, 무엇보다도 그러한 파악의 진화를 베르그송 철학에서의 인용을 통하여 설명한다.[45] 결국 일본인들에게서 "보는 것"의 독특함이 지니는 구조와 권위는 한 프랑스 철학자에 기반한다.

이것은 얼핏 보이는 것만큼 그렇게 우스꽝스러운 것이 아닌데, 그렇다고 하더라도 독특하게 일본적인 것이라고 자처하는 어떤 것에 대한 '권위'로서 서양의 사상을 활용하는 것은－실제로 일본에서 잘 확립된 전통이고, 이전에는 중국 사상들을 같은 용도로 활용하기는 했지만－아무리해도 솔직하지 못한 태도이다.

이른바 '교토학파'는 토착적인 동아시아의 기풍으로서 본각을 독일 관념론에 물들여서 선양하고 있다는 점에서 일본적 독특함의 비전을 일본 사람들에게 장사하려는 또 하나의 시도에 지나지 않는다고 하겠다. 니시타니 게이지는 지난 세계대전을 거치면서 일말의 자기 성찰도 없는 채로 교토학파의 대표자가 되었고, 직접적 체험으로서 불교적 "깨달음"(覺, 사토리)을 계속해서 극찬하였다. 그리스도인들은 니시타니에게 지속적으로 경외심을 보여 왔고, 그와의 대화를 모색해 왔으며, 그러한 대화는 대체로 내가 앞서 언급했던 일종의 동-서 간 "수용적 대화"로 귀결되었다.

최근에 니시타니 게이시(西谷 啓治)와 야기 세이이치(八木 誠一) 사이의 대화록이 출간되었는데, 이 저서는 그들이 비판적 논증을 철저하게 결여하고 있음을 두드러지게 보여주고 있으니, 그러한 부류의 진실성 없이 나긋나긋한 대담의 표본이라고 하겠다. 서론에서 야기 세이이치는, 자신이 니시타니와 대화를 추구한 것은 "선의 깨달음이 직접적 체험과 깊게 연관되어 있다는 사실 때문에, 그리고 나는 선불교 학자와 나의 생각을 나누고 이러한 직접적 체험에 관하여 글을 쓰기를 원하였기 때문에"라고 밝힌다. 다음의 대담은 이웃 사랑에 율법적으로 접근하는 논리에 대하여 니시타니가 비판하면서 이루어진다.

니시타니: 직접적 경험과 동떨어져서 하느님이나 이웃에 대하여 이야기하는 것이 어떻게 가능하겠습니까? 나는 이것이 문제의 핵심이라고 믿습니다.

야　　기: 네, 네, 그렇습니다.

니시타니: 불교에서 우리는 이것[직접적 체험]을 '깨달음' 또는 깨어남이라고 부르는데, 깨어남이 실제로 도대체 무엇인가에 대한 질문은 상당히 복잡하게 될 수 있지만, 깨어남은 간단히 말하자면 깨어나서 우리의 눈을 뜨는 것입니다. 우리가 눈을 뜨게 되면 붓다가 거기에 있고 중생들이 거기에 있어요-모두가 거기에 있습니다. 그들이 현존하지 않을 때-글쎄, 이런 것은 직접적 경험이라고 불릴 수 없겠지요. 이것이 문제의 핵심입니다.

야　　기: 예수에게서 어떤 사람이 자기 자신, 자신의 이웃, 그리고 하느님을 발견할 수 있는 것은 직접적인 경험에서입니다.[46]

니시타니의 "깨어남" 또는 "직접적 경험"은 불교와 전혀 무관하다. 그것은 순전히 도교적 '장소철학'의 한 표현에 지나지 않는다. 예수는 그리스도인들이 도교적 아이디어들을 사용하여 자신에 대하여 이야기 하는 것을 들으면 충격을 받을 것이다. 니시타니의 장소철학에 대한 도교로부터의 영향은 완벽하고 철저하기 때문에, 그가 언어에 대하여서도 경멸을 표하고 있다는 것은 당연한 것이다. 그는 자랑스럽게 말하기를, "선문답은 수수께끼와 같고, 수수께끼처럼 보일 수밖에 없다. 이는 그저 당연한 것이다. 내가 전에 말했듯이, 모든 말들에 앞서, 모든 이론에 앞서 그리고 모든 사상에 앞서, 핵심적인 질문은 어떻게 붓다의 마음을 체득하느냐 하는 것이다."라고 하였다.[47] 그는 여기에서 승조의 다음과 같은 유명한 시구를 인용한다. "하늘과 땅은 나와 뿌리가 같고, 모든 것들은 나와 같은 바탕을 가지고 있다."(天地與我同根, 萬物與我一體) 승조의 시는 물론 장자의 표현을 재탕한 것에 불과한데, 니시타니와 야기는 그 사실도 의식하지 못하고 있는 것으로 보인다. 아쿠타가와의 비유를 빌리자면, 니시타니는 무하유지향에서 야기와 인사를 나누었던 듯하다.

니시타니는 고비야시 히데오와 같은 세대에 속하고, 나는 나보다 연장자인 사람들에게 경의를 표하지 않으려는 의도는 없다. 그러나 니시타니가 옹호하는 장소철학은 초시대적이며, 영구적이고, 불변하는 것이다. 장자의 철학이 "죽음의 철학"이라고 불리는 것과 꼭 마찬가지로 니시타니의 철학 또한 죽음의 철학인 것이다. 장소는 원초적으로 존재하고 시간과 분리되어 있기 때문에 나이가 들어서 삶이 변화하는 것을 배격한다. 장소철학의 목표는 문자 그대로 죽어서 장소와 하나로 되는 것이다. 죽음은 '죽을' 수 없지만, 삶은 죽음을 두려워하면서도 죽음의 장소에 매료되어 있기에, 비판을 통하여 스스로를 이 장소로부터 자유롭게 하고자 분투해야 한다. 이것이 대체로 내가 인생을 이해하는 방식인데, 그러한 이해를 공유하지 못하는 이들에게는 나의 엄숙함이 우스운 것으로 보일지도 모르겠다.

비판철학과 장소철학 사이의 역사와 상호작용은 복잡다기하다. 나는 희랍철학 내에서 소크라테스의 역할, 유다교 내에서 예수의 역할, 또는 일본에서 이른바 가마쿠라 신불교 창시자들의 역할 같은 것들에 대한 온갖 언급을 생략하였다. 대신에 나는 서양에서 데카르트와 비코 사이의 비교를 통하여, 중국에서는 공자와 장자 내지 노자 사이의 비교를 통하여 그 두 입장을 구분하고자 하였다. 나는 인도에서의 불교에 대한 논의는 거의 지나쳤는데, 그곳에서는 나가르주나 그리고 다르마키르티와 같은 몇몇 예외를 빼고는, 샤카무니의 비판철학의 성격이 변질되어서, 원래 그의 비판 대상이었던 장소철학의 베일에 가려지고 말았다. 바로 이러한 이유 때문에, 불교를 비판으로 바라보는 것이 절실하고, 비판불교와 장소불교 사이에 명료한 구분을 두어야 하며, 그리하여 장소가 불교의 가장 심오한 진리로 간주되어 온 오랜 역사를 재검토해야 한다. 『비판불교』라는 제목 하에 여러 논문들을 함께 모은 목적은 바로 거기에 있었다. 아마도 책 제목을 '장소불교에 대한 비판'이라고 붙이는 것이 더 나았을 수도 있겠지만, 『비판불교』라고 제목을 붙인 것은 비판적 불교의 지속적 구성을 우리의 과제로 삼아야 한다는 신념 때문이었다. 나는 그저 이러한 신념이 이 분야의 다른 학자들 사이에서 공명되기를 바랄 따름이다.

* * * * *

오에 겐자부로(大江 健三郎)는 20대 때 쓴 일련의 글들을 모아서 『엄숙한 줄타기』(厳粛な綱渡り)라는 책을 냈다. 이 책을 처음 읽으면서 나는

그 제목에 공감하게 되었다. 오에 겐자부로가 1958년에 눈부시게 데뷔하여 아쿠타가와 문학상을 수상했을 때 나는 중학교 3학년이었지만, 주저 없이 그의 책을 읽어갔다. 그런데 최근에 가나자와 아츠시(金沢 篤)로부터 오늘날의 작가들 가운데 독특하다고 하면서 오에 겐자부로의 소설들을 권해 받으면서, 그 소설들을 새삼스럽게 보게 되었다. 묘한 우연이겠지만, 나는 이 글을 1989년 10월 15일 저녁에 쓰기 시작했다. 그날은 일요일이었는데 일찌감치 가족과 함께 오푸나(大船)로 자전거를 타고 갔었다. 도중에 우리는 쇼핑을 하게 되었는데, 거기에서 나는 중고책방에 가서 둘러보았다. 책 선반들을 둘러보던 중, 오에 겐자부로의 『엄숙한 줄타기』가 눈에 띄었다. 가격이 800엔에서 500엔으로 다운되어 표시되어 있었기에, 나는 두 번 생각할 것도 없이 그 책을 집어 들었다. 그 책의 아무 곳이나 펼쳤는데, 다음과 같은 단락이 눈에 들어왔다.

> 어떠한 종류의 에세이라고 하더라도, 권위적인 어조를 보이는 작가는 견딜 수가 없다. 내 글에서 나 자신의 약점을 감추기 위해서 그러한 태도를 취하는 행들을 발견하게 될 때면, 나의 독자들이 아무리 관용적으로 된다고 하더라도, 나는 나 스스로가 부끄러워진다.[48)]

'장소철학'은 그 자체의 수사법을 판매하는 데 권위적 목소리를 택한다. 나는 그러한 장소철학을 비판할 필요를 느끼는데, 여기에는 나 자신의 내면에 있다고 느껴지는 그러한 요소들도 포함된다. 그날 저녁 오에 겐자부로의 『전후 세대의 이미지』를 읽으면서, 나는 마치 청년 오에 겐자부로가 권위적인 목소리로는 결코 말하지 않겠다고 맹세하는 음성이 방안에 메아리치는 것을 듣고 있는 듯했는데, 나 자신의 비판적 평론들은 그에 비하면 무의미한 것으로 느껴졌다. [이 글은 Jamie Hubbard가 원문에서 축약한 글이다.]

4. 장소 공포증

제이미 허바드(Jamie Hubbard)

하카마야는 비판불교에 관한 자신의 논문집 서두에서, 비판불교의 의미에 대하여, "불교는 비판이다" 곧 "오로지 비판적인 것만이 불교이다"라고 말한다. 하카마야가 비판이라고 말할 때에는 방법론적으로 활용되는 역사비판이나 텍스트비판을 의미하는 것이 아니다.[1] 오히려 그가 말하는 비판은, 참과 거짓에 대한 엄격한 판단, 거짓에 대한 배격, 그리고 그러한 주장을 천명하기 위한 언어의 사용을 가리킨다.[2] 그와 마찬가지로, 하카마야에게서 반야는 무개념적이고 언표 불가능하며 직접적인 체험으로서 인식활동이 사상(捨象)된 순수지각, 직관적 도약, 순수의식 사건, 곧 매개되지 않은 진리를 가리키는 것이 아니다. 불교적 지혜는 분별적 지혜(*dharma pravicaya*), 곧 세계가 참으로 존재하는 방식(인과적으로 그리고 무아(無我)적으로)과 그렇지 않은 방식(원인이 없이 곧 자기원인적으로, 다시 말해서 절대적으로)을 분별하는 앎이다. 곧, 불교는 그러한 분별적 앎이 역사 속에서 표현된 것이다. 그가 전혀 상이한 맥락에서 쓴 것이기는 하지만, "시초에 불교 교설은 내적 깨달음의 영역에서 언표된 교설의 영역으로 건너온 반면에, 그 이후의 역사는 … 언표된 교설의 영역에서 내적 깨달음의 영역으로 건너간다."[3] 이러한 주장은 또한 하카마야가 역사 내에서 존재하는 전통과 제도로서 불교의 언설 내지 교설과 그 전통의 목표 사이의 관계를 어떻게 이해하고 있는지를 보여준다.

달리 표현하자면, 경전과 교설은 다만 달을 가리키는 손가락에 불과할 수도 있지만, 그 손가락이 달 대신에 땅을 가리킨다면 우리가 시선을 들어 달빛을 향하게 될 가능성은 거의 없게 된다. 곧, "비판적인 것만이 불교이다"라고 주장할 때, 하카마야는 많은 경우에 그러한 손가락의 가리킴의 정확성에 관하여 규범적 내지 규정적 주장을 뚜렷이 하는 것이며, 여기에서 그는 '불교는 불자들이 행하는 모든 것이고, 사실상 대부분의 불자들은 철학적 비판을 행하지 *않는다.*'고 보는 역사학자나 민속학자가 맨 먼저 이러한 입장에 반대할 것임을 잘 알고 있다. 이에 대한 그의 답변은, 실로 "일본에서 '불교'의 범주에 속하는 것의 대부분이 비판적이지 않다고 말하는 것은 그다지 틀린 말이 아닐 것이다"이며, 이러한 '허위불교'를 그는 "장소불교"라고 부른다.[4] 하카마야가 언급하고 있듯이, 그의 책이 비판불교를 제시한다기보다는 이러한 '허위불교'에 대한 비판에 더 관심을 두고 있다는 점에서 '장소불교에 대한 비판'이라고 제목을 붙이는 것이 더 나을 수도 있을 것이다.[5]

장소불교?

비판적 사유의 중요성을 강조하는 것은 그다지 특이한 것으로 보이지 않을 수도 있지만, 이것이 불교의 근간이라는 생각은 많은 사람들에게 충격적으로 보일 수도 있을 것이다. '장소불교'에 대해서는 그러한 이야기를 할 수 없는데, 이 용어는 형이상학적 존재론으로서 기체론적이고 발생론적인 일원론(마츠모토가 비판한 기체설과 유사한 장소론), 그와 연관되는 인식론적 교설로서 언표 불가능성과 자체적 정당화를 주장하는 체험주의, 그리고 강요적 포괄주의를 가리키기 위하여 만들어진 신조어이다. 하카마야에 따르면, 이 모든 것은 17세기 철학자 잠바티스타 비코가 옹호한 장소론(*topica*)의 방법과 구조적으로 유사하다.

발생론적 일원론의 의미에서 장소불교는 모든 존재의 '토대', 거기로부터 모든 것들이 일어나고 그 안에 모든 것들이 뿌리를 두는 '장소'(*topos*), '청정한 마음'(*citta-viśuddhi, citta-prakṛti*)이라거나 여래장, 불성, 그리고 본각 같은 연관된 관념들을 통하여 전형적으로 표현되는 아이디어에 관하여 이야기한다. 인식론적 맥락에서 장소불교는 사고와 언어가 의식의 원초적 단일성에서 유사하게 발생하며, 그러면서도 그러한 단일성의 진리(진리는 언어를 초월하여 언표 불가능하다)를 숨기고 있고(*saṃvṛti*), 이와 자주 연관되는 아이디어로서 그러한 언표 불가능한 단일성에 대한 직접적이고 개인적 경험(*pratyakṣa*)이 종교적 믿음의 충분한 기반이라는(곧 종교적 경험이 그 자체로 정당성을 가진다는) 아이디어를 가리킨다.[6] 하카마야에 따르면, 장소론은 비판적 입증에 선행하는 "발견"의 기법을 가리키며, 그 자체로서 또한 비판 이전의 그리고 언어 이전의 것이 우선적이라는 것을 시사한다고 간주된다.

무분별적 장소의 존재론적 구조와 장소론의 방법은 종종 함께 결합되며, 아시아 사상에서 이러한 결합의 사례들에 하카마야는 노자와 장자의 도(모든 구별에 선행하면서 무수한 현상을 생성시키는 혼돈), 그리고 니시다의 "절대 무의 장소"(모든 판단을 미리 논리적으로 배제하면서도 모든 판단을 일으키는 의식의 장)를 포함시킨다.

하카마야의 목표가 더 폭넓다는 것은 그가 잠바티스타 비코의 서양 철학 전통을 언급하는 것에서 알 수 있다. 17세기에 비코는 비판적 능력에 대하여 장소적 능력이 우선한다는 것을 주장하였고, 그리하여 당대의 지성적이고 교육학적인 사유를 지배하게 되었던 데카르트적 비판에 대하여 장소론의 방법이 앞선다는 것을 주장하였다. 이러한 면에서 하카마야는 주제가 불교이든 철학이든 별 차이가 없다고 주장하는데, 왜냐하면 "지성적 물음의 핵심이 동양과 서양의 상이한 사유방식에 있는 것이 아니라 오히려 장소론과 비판론 사이의 대립에 놓여 있기" 때문이다.[7] 그리하여 여래장, 불성, 그리고 여타의 아이디어들이 연기와 무아의 의미, 구조, 그리고 도덕성과 양립 가능한가라는 순수하게 불교적 질문에서 논의를 확대하여서, 하카마야는 훨씬 더 일반적이고 비교학적인 차원으로 자신의 논의를 확장해간다. 여래장은 장소불교의 한 사례이고 따라서 불교에서 내적 비판의 대상이기는 하지만, 온갖 양태로 현현하는 장소철학이야말로 하카마야가 비판하려는 보다 큰 타깃이다. 실로, 『비판불교』에서 그의 긴 서론은 데카르트(Descartes, 1596-1650), 비코(Vico, 1668-1744), 도교, 그리고 유교를 다루면서, 불교는 거의 전혀 언급하지 않는다. 그는 특히 비코의 사유가 최근에 "파리로부터 불어온 최신 유행의 바람처럼 그냥 일본을 휩쓸고"[8] 토착적 사유방식과 단순하게 융합함으로써, 우메하라 다케시(梅原 猛, 1925-)와 전임 수상 나카소네 야스히로의 토착주의에서 보이는 바와 같은, 위험천만한 정치적 우경화를 지지하는 식으로 되어간 경향에 대하여 경계한다. 그의 논쟁에서 이러한 '장소성'을 유념해야 하는 것은 이러한 논쟁이 옛적의 불교 논쟁과 서양학계에서 최근의 지성적이고 이론적인 경향들을 반영하는 것만큼이나, 당대 일본의 사회 정치적인 이슈들도 뚜렷이 반영하고 있기 때문이다.

여기에서 주의할 필요가 있는데, 왜냐하면 일원론적인 장소(topos)와 장소론(*topica*)의 방법론이 서로 다른 기원을 가지며, 비코가 장소론을 방법론으로 주장하는 데 일원론이 필수적으로 함의되지는 않기 때문이다. 다른 한편으로, 하카마야의 사례들에서 제시되는 장소 관념에는, 마츠모토의 기체설 관념에서 정의되는 것과 같은 발생론적 일원론, 그리고 이에 연관되는 것으로 만물의 이 근원에 대한, 비판 이전의 무분별적이고, 직접적이며 직관적인 '순수 경험'을 주장하는 포괄주의 인식론 양자가 모두 포함된다. 사실상 비코의 입장에 관련해서는 비판불교와 잘 공명되는 것이 많이 있고, 꼭 마찬가지로 데카르트의 비판에서도 불교적 맥락에서 다소 어색하게 보이는 것이 많이 있다. 곧, 비판론과 장소론은 종종 오버랩되기는 하지만, 여기에서 나는 인식론적 모델로서 그 양자 사이의 충돌에 대한 하카마야의 이해에 초점을 두어 살펴보겠다.

비판론과 장소론, 데카르트와 비코

하카마야는 데카르트를, 모든 오류 그리고 모든 개연성의 제거를 지향하는 근본적 의심이라는 비판적 방법론의 서양적 전통을 확립한 독보적 존재로, 그리고 "진실과 거짓에 대한 명료하고 편향되지 않으며 주의 깊은 분별을 최고의 가치로 추구한" 사람으로 제시한다. 예컨대 그는 그 유명한 "네 가지 원칙들"의 첫 번째를 다음과 같이 인용한다.

> 첫 번째 [방법론적 원리]는, 내가 명백하게 참되다고 알지 못하는 그 어떤 것에 대해서도 결코 참되다고 받아들이지 않는 것이었다. 다시 말해서, 나는 주의 깊게 경솔함과 편견을 피하였고, 나의 판단에서 나의 마음에 모든 의심의 근거를 배격할 수 있을 정도로 명료하고 뚜렷하게 제시된 것 외에는 그 어느 것도 수용하지 않았다.[9)]

이것이 제시한 도전을 이해하기 위해서 우리는 데카르트 시대에 유럽 사상에서 교회에 의하여 지배되고 있었던 고전학, 수사학, 그리고 숨 막히는 스콜라철학을 중심으로 한 인문 교육에 대한 저항이 무르익고 있었다는 점을 유념할 필요가 있다. 사실 그대로, 데카르트의 방법론은 실로 이후 여러 세기 동안의 과학적 발전과 사회적 변화에 토대를 제공해주었다.

하지만 모두가 설득되지는 않았으며, 잠바티스타 비코는 특히 설득되지 않았다. 그는 데카르트 그리고 새롭게 지배적으로 된 그의 방법론에 대하여 강력하게 반발하였으며, 교육체계에서 장소론을 그 정당한 위치로 복귀시킬 필요를 역설하였다. 비코는 구체적으로 교육에서 데카르트적 방법론의 해악적 효과라고 여겨지는 것을 논박하는 데 관심을 두었으며, 특히 보편적으로 참되고 객관적이며, 실로 의심할 수 없는 첫 번째 원리에 도달하기 위한 방법으로서 비판 관념을 논박하는 데 관심을 두었다. (비코는 또한 그 첫 번째 원리의 근원 내지 맥락으로서의 의식에 대하여 반박하였다.) 비코의 사상이 재발견되고 최근에 일본으로 수입되면서 하카마야기 장소불교와 비판불교를 대립시키는 틀을 설정하도록 한 것이기에, 우리는 우선 비코가 데카르트의 비판론에 대립하는 것으로 제시한 장소론을 간략하게 살펴볼 필요가 있다.

비코는 1698년에서 1741년까지 나폴리 대학에서 수사학 교수를 역임하였고, 그 기간 동안 데카르트의 비판론에 대립하여 장소철학을 확립하고자 분투하였으며, 다른 한편으로는 아리스토텔레스의 장소론적 수사학 전통을 부흥시키고자 하였다. 『장소론』(*Topica*)은 『오르가논』(*Organon*, '도구' 또는 '기구')이라고 알려진 아리스토텔레스의 논리학 저작들 가운데 하나에 속하며, 변증론 곧 '일반적으로 받아들여지는 견해들로부터 추론하여' 그 결론들이 확실하기보다는 개연적인(라틴어로 *verisimilis*, 진실과 닮은) 변증론을 다루고 있다.[10] 그리하여 이 저작에서는 올바른 논증을 다루고, 하나의 논증을 어떻게 바라볼 것인가, 그리고 하나의 논증의 토대가 되는 장소들(희랍어로 *topoi*, 라틴어로 *loci*)을 발견(희랍어로 *heuresis*, 라틴어로 *inventio*)하는 것에 관하여 논의한다. 이 저작은 하나의 논지를 확립하거나 논파하는 실제적인 문제에 관심을 두고 있으며, 플라톤의 아카데미아에서 실습되었던 유형의 논변들을 위한 교과서로서 활용되었을 가능성이 있다.[11]

장소론의 방법이 변증법적 논증의 올바른 추론을 요구하기는 하지만, 과학의 기원이 되며 참되고 일차적인 전제들을 필요로 하는 '참'에 대한 논의에 관심을 두는 것은 아니다. (그러한 논의는 『장소론』(*Topica*) 이후에 집필되어 증명 내지 입증의 형식 논리학으로서 대체로 장소론을 대체하는 『분석론 후서』(*Analytica Posteriora*)의 주제이다). 장소론의 방법은 논증의 일관성, 일관성을 어떻게 성취할 것인가, 그리고 자신의 적수에 대하여 비일관성을 어떻게 발견하여 논파할 것인가에 더 관심을 둔다. 곧 아리스토텔레스는 장소론의 연구가 매우 실제적인 성격을 갖고 있다고 보았으며, 지성을 훈련하고 일반적으로 받아들여지는 전제들에 기반하여 다른 이들의 이론을 논의하는 데 유용하다고 간주하였지만, 어떤 의미에서는 참을 추구하여 추론하거나 입증하는 것보다는 열등한 것으로 보았다. 이러한 실제적 성격으로도 장소론 연구는 수사학에 매우 근접하게 된다. 그러나 이 방법은 모호함도 없지 않은데 왜냐하면,

> 개별과학들에서 사용되는 원리들의 궁극적 기초들과 관련하여 추가적인 쓸모가 있기 때문이다. 왜냐하면, 당면한 구체적인 과학에 적합한 원리들로부터, 그 원리들을 다른 모든 것들의 첫째(*primus*)라고 보면서, 그 궁극적 기초들을 논의하는 것은 불가능하기 때문이다. 그 궁극적 기초들은, 구체적인 지점들에서 일반적으로 견지되는 견해들

을 통해서 논의되어야 하며, 이러한 과제는 정당하게 또는 가장 적절하게 변증론에 속한다. 왜냐하면 변증론이야말로 모든 탐구의 원리들로 나아가는 길이 놓여 있는 비판의 과정이기 때문이다.[12)]

그렇다면 변증론은 또한 구체적인 과학들에 고유한 원칙들을 통하여 접근될 수 없는 첫째 원리들을 논의하는 데에도 쓸모가 있는 것으로 보인다. 여기에서의 우리 목적에서는, 단순한 견해들과 개연성들을 다루든 또는 증명할 수 없는 첫째 원리들의 "비판의 과정"이라는 차원에서든, 변증론은 논증의 '도구들'에 관심이 있다는 것을 언급하는 것만으로 충분하다. 이러한 의미에서 이 저작은 참되거나 확실한 첫째 원리들로부터 그리고 첫째 원리들의 참됨과 확실성을 위한 논증에서 진행되는 입증과 거리가 있다는 점뿐만 아니라, 견해와 설득의 문제에 대한 관심을 『수사학』(*Rhetoric*)과 공유한다. 하지만 이는 '개별 과학들에서 사용되는 원리들의 궁극적 기초들'에 관한 물음은 미결인 채로 놓아두게 되고, 그 기초들은 장소론의 변증론적 방법으로 접근할 수도 있기는 하지만 입증할 수 있는 범위 너머에 머무르게 된다.

아리스토텔레스의 장소론과 마찬가지로, 비코의 장소철학은, 비판적 입증의 중요성을 부정한다기보다는, 추후에 입증 대상이 되는 '장소들'을 발견하는 것이 우선적이라는 점을 고집한다. 정태적이고 선험적인 "첫째 원리들"의 확실성을 배격하면서, 비코는 인류의 역사가 맥락적이며, 따라서 역사 이론들은 필연적으로 맥락에 의존한다고 이해하였다. 비코는 아마도 만들어진 진리(verum factum)에 대한 자신의 주장으로 가장 잘 알려져 있다. 우리가 확실성(verum)을 갖고 알 수 있는 것은 오직 만들어진 것(factum) 곧 우리가 만드는 것뿐이며, 어떤 순수과학이라고 하더라도 의심할 수 없는 첫째 원리들로부터 진행한다고 자처하는 과학은 오류를 범하는 것인데 왜냐하면 그러한 첫째 원리는 언제나 만들어지지 않은 것으로서 증명될 수 없기 때문이다.[13] 물질적 세계에서 절대적인 첫째 원리는보다는 오히려, 인간 사회, 법체계, 문학, 간단히 말해서 인류 문화야말로 확실한 앎의 정당한 대상이며, 따라서 인간 사건의 장이야말로 탐구의 정당한 초점이 놓이는 곳이었다. 따라서 비코는 또한, 시간을 초월하는 "자연법" 내지 "사회계약"(예컨대 홉스)을 모색한 사상가들의 사회 이론들에 대해서 자기 자신들의 지성적 맥락을 역으로 역사에 인위적으로 투사하고 있다고 배격하였다. 비코는 그 대신에 당대 사람들에 관해 생각하기 위한 원천자료로서 문학, 민담, 그리고 고대의 이야기들로 향했으며, "[역사가 자신이] 자신의 일상적 경험에서 친숙한 것들과 전적으로 상이한 의식의 양태를 재포착할 수 있는 상상의 역량"을 요구하였다.[14]

또한 비코는 언어 그리고 언어가 시간의 흐름에 따라 취하게 되는 광범위하게 다양한 의미들에 매우 관심이 있었고(불교학자들과 마찬가지로 그의 관심은 인식론적이고 문언학(文言學)적으로 정향되어 있었다), 은유적 상상 그리고 그러한 상상이 시를 통하여 소통되는 것에 각별한 주의를 기울였다. 비코에게 있어서 시는 단순히 장식적 예술이 아니었으며, 동시에 데카르트적인 합리성으로 환원될 수 없는 "자연적이고 확산적인 인간적 표현 양태"이었다.[15] 우리는 시적인 것에 대한 이러한 관심이 또한 비코의 역사 순환 이론에서도 표현되는 것을 보는데, 그 이론에 따르면 합리성 이전의 시적 심성은 점점 더 회의적으로 되는 합리성에 의하여 점진적으로 잘려져 나가며 대체된다. 그러한 선(先) 합리성은 재포착되어야 하는데, 왜냐하면 한 주석가가 썼듯이, "공동체의 해체가 멈추게 되는 것은 사람들이 창발적인 원시적 심성을 재포착하고 그와 함께 하느님과의 접촉을 다시 새롭게 하고 종교를 다시 새롭게 할 때에만 가능한 것이다."[16] 간단히 말해서, 장소철학은 사물들의 존재론적 기반에 관한 물음보다는 인식적 토대에 관심이 있는 것으로 보이며, 이러한 '만들어진' 것이 아닌 것에 대한 선험적이고 선비판적인 발견 내지 직관이라는 관념에 대하여 하카마야는 붓다의 분별적 지혜와 상반되는 것이라고 주장한다.

장소론의 중요성을 다시 역설하려는 비코의 시도는 그 자신의 시대에는 별 영향력이 없었으나, 시대는 변하였고, 하카마야가 인정하듯이, 오늘날의 지성계는 논리적이고 합리적인 비판을 배격하는 데에서 앎의 기반을 찾는 아이디어에 훨씬 더 동정적이다. 구체적으로 하카마야에게는, 서양과 일본에서 선합리적이고 시적인 앎의 양태를 재포착하고, 확실성을 포스트모던적으로 거부하고, 그에 따라서 확실성의 이데올로기적 맥락을 해체하고, "세상을 다시 상상하는 것"을 요청하고, 뉴에이지적 영성을 추구하고, 과학적이고 기술적인 진보에 직접적으로 비례할 정도로 오컬트가 유행하는 것 등, 이 모든 것이 실증적이고 과학적인 이념들에 의하여 틀이 잡힌 현대에 오히려 인간의 정신이 현저하게 빈곤화되었다는 것을 가리킨다. 이러한 유행, 보다 구체적으로는 일본이 이러한 유형의 인문주의의 대변자로서 비코를 발견하고 수입한 것에 초점을 두고 하카마야는 다음과 같이 말한다.

> 이처럼 심지어 서양에서도 반동적인 불합리성의 시대가 발견되는데, 그러한 시대에는 장소철학과 공모하는 운동이 표면화되고, 비판철학에 대한 반기를 들게 된다. 오늘날이 바로 그러한 시대이고, 현대성에서 노정되는 곤경에 대한 인식은 이러한 맥락에서 포스트모더니즘 내지 포스트구조주의로 표현된다. … 일본은 대체로 서양의 사조들을 반영하는 데 재빠른데, 이 경우에는 1987년이 되어서야 나카무라 유지로(中村雄二郎, 1925-)의 선도하에 "비코 읽기"라는 제목으로

> 『시소』(思想) 서널의 특집호가 발간되었다. 같은 해에 비코의 『우리 시대의 연구 방법에 관하여』(*De nostri temporis studiorum ratione*)에 대한 일본어 번역이 나타났다. … 데카르트에 지향하는 비코의 반기를 따라 불교의 중심철학은 장소철학이라고 거꾸로 주장하는 사람들도 있을 수 있다. 그러한 반동을 부추길 위험에도 불구하고 나는 이러한 입장의 대립에 내포되어 있는 핵심적 문제가 무엇인가를 일본의 지식인들에게 드러내는 것이 중요하다고 생각한다. 나는 여기서 지성적 질문의 핵심이 동양과 서양의 상이한 사유방식에 있는 것이 아니라, 오히려 장소론과 비판론 사이의 대립에 놓여 있다고 믿는다.[17]

하카마야가 장소철학에 대한 자신의 공격을 시작하면서 나카무라 유지로를 인용하는 취지는, 논리적이고 비판적인 것과 '연역적 수반의 절대주의'에서의 추상적이고 보편적인 목적과 달리, 장소철학이 '구체적 문제들에 대한 다중적 접근, 복수의 개연성이 있는 진리, 그리고 발견의 기예 등'을 수용하는 경향이 있다는 점에서, 장소론의 기예가 수사학과 매우 밀접하게 연관되고, 철학적 논리학이라는 학문 전통의 밖에 놓여 있음을 밝히는 데 있다. 곧 나카무라에 따르면, "적극적 의미에서 [장소론은] 반(反)철학적이다." 동시에 장소론은 철학의 기반이기도 하며, 논리가 추후에 논증하게 되는 그것을 사전에 경험하고 발견하는 것이며, 따라서 비판철학에 앞서며, 비판철학에 대하여 그 논증의 구체적 맥락 곧 '장소'를 제공해주는 것이다. 그와 유사하게, 우리의 인간적 실존의 개별성은 모든 실존의 기반에 의하여 선행되며, 그 기반과 하나이면서도 여전히 개별적인 것이다. 나카무라는 다시 다음과 같이 말한다.

> 자아(또는 개별자)는 공동체에서 드러나고, 주인공은 합창단(chorus)에

서 드러나는 것과 꼭 마찬가지로, 주제는 토픽에서 드러나고 주어는 술어에서 드러난다. 주어/주제의 기능은 술어/기반과의 *자의식적 합일*(*self-conscious union*)에서 발견된다. 달리 말하자면, 우리는 *우리의 실존 기반, 거기에서 우리가 솟아나오는 그 기반* 속으로 깊이 추선(錘線)을 드리워서, *그 기반과 자의식적으로 융합함으로써 그 기반에서 분리되어 설 수 있게 된다.*[18)]

이곳이 결정적 지점이니, 왜냐하면 여기에서 우리는, 장소론의 방법론적 우선성에서 실존의 존재론적 기반 곧 장소로의 움직임을 대하게 되기 때문이다. 그 구조는 여전히 동일해서, 그것은 '추후에' 드러나게 되는 여하한 비판에 대해서도, 또는 구체적인 도덕적 행위자로 서려는 여하한 개별적 자아에 대해서도 마찬가지의 유해한 영향을 미치게 된다. 다시 말해서 그 존재론적 "기반"은 순응성을 포용하는 가운데 비판자를 질식시키게 되고, 그 개별자는 전체에 함몰되며, 비판은 장소론에 의하여 흡입되어 버리는데, 왜냐하면 "술어가 주어를 포괄하는 것과 꼭 마찬가지로 철학 내지 비판은 장소론 내에 포괄되고, 그 양자 사이에 묘한 긴장이 '자의식적 합일'이라고 이야기되기" 때문이다.[19)]

장소론의 구조

하카마야는, 장소론과 비판론 사이의 상이성에 초점을 두어, 곧 실로 종종 서로 대립하여 설정되는 사유방식으로서, 사물들에 관한 두 가지 깊게 뿌리박힌 사유방식에 주목하도록 한다. 물론 하카마야의 의도는, 단순히 이 점을 지적하는 데 있는 것이 아니라, 장소론적 접근이 그러한 대립의 사실마저도 인정하기를 거부하고 대신에 그것을 흡수

구조적 대립표

좌반구 모드 ↔ 우반구 모드
비판철학 ↔ 상소철학
지성주의 ↔ 경험주의
판단의 기술(*ars iudicandi*) ↔ 발견의 기술(*ars inveniendi*)
입증(*demonstratio*) ↔ 발견(*inventio*)
진리(*veritas*) ↔ 진리를 닮음(*verisimilitudo*)
올바름(*orthotēs*) ↔ 비은폐성(*alētheia*)
본질(essence) ↔ 실존(existence)
분석(analysis) ↔ 직관(intuition)
비량(比量, *anumāna*) ↔ 현량(現量, *pratyakṣa*)
연기(緣起, *pratītyasamutpāda*) ↔ 여여(如如, *tathatā*)
역류(逆流, *paṭisotagāmin*) ↔ 순류(順流, *anusotagāmin*)
반야(般若, *prajñā*) ↔ 선정(禪定, *samādhi*)
혜해탈(慧解脫, *paññā-vimutti*) ↔ 심해탈(心解脫, *ceto-vimutti*)
증상혜(增上慧, *adhiprajñā*) ↔ 증상심(增上心, *adhicitta*)
앙신(仰信, *śraddhā*) ↔ 신해(信解, *adhimukti*)
『법화경』 ↔ 선(禪)불교
인과에 대한 믿음 ↔ 본각의 교설
앎 ↔ 수행(修行)
자신의 행위의 과보를 받음 ↔ 무정중생(無情衆生)의 성불
육도윤회(六道輪廻) ↔ 무정중생의 성불
시간 ↔ 공간
언어를 가치 있게 여김 ↔ 언어를 폄하함
언어에 대한 믿음(**vāk-śrāddhika*) ↔ 사실에 대한 믿음(**vastvādhimuktika*)
시간설(**date-vāda*) ↔ 기체설(**dhātu-vāda*)
인간 ↔ 동물

내지 포용함으로써, 그러한 대립을 제거 내지 중화하는 작용을 하는, 사악한 특권적 양태를 보인다는 점을 비판하는 데 있다. 그는 그 노골적 대립을 지성적인 동시에 도덕적인 필연성이 있는 것으로 인식하며, 그 구조적 대립을 위와 같이 도표화하여 그 대조가 뚜렷하게 드러나도록 하였다.[20]

유형적 내지 구조적 비교로서 이 목록은 명백하게 난점들이 많이 있지만-예컨대 우리들 대부분은 두뇌의 좌반구와 우반구 양자 모두에서 꽤 잘 기능하는 듯하다-이 목록이 가리키는 구조적 구분은 계속해서 문제가 되고 있다. 실로 이 이슈는 불교전통의 역사 내내 잘 알려져 있지만 (가장 현저한 것은 아마도 8세기 티벳에서 삼예 논쟁 또는 동아시아 사상의 돈/점 논쟁 맥락에서 볼 수 있다) 다른 맥락에서도 알려져 있지 않은 것은 아니다. 이러한 긴장관계로서 더 잘 알려진 사례들을 더 들자면, 칼 포터(Karl Potter)가 "비약"(leap)과 "진보"(progress)의 철학을 구분한 것, 선정을 지향하는 명상적 전통과 지혜를 지향하는 성찰적 수행 사이의 차이에 대한 묘사, 그리고 티벳 전통에서 타공(他空, gzhan stong)과 자공(自空, rang stong)의 논쟁이 포함될 수 있다.[21] 루엑(D. Seyfort Ruegg)이 최근에 출간한 비교연구서 『불성, 마음, 그리고 점진성의 문제에 대한 비교적 조망』(*Buddha-Nature, Mind and the Problem of Gradualism in a Comparative Perspective*, 1992)은 이러한 패러다임이 인도-티벳 불교전통 내에서 얼마나 깊이 뿌리내리고-그리고 종종 대립해오고-있는지를 탁월하게 보여주고 있다. 그는 자신의 논의를 아마도 가장 포괄적인 구조적 구분 곧 본성(nature) 대 양육(nurture)의 구분 맥락에서 프레임화하고 있다(이는 하카마야의 장소철학과 비판철학에 상응한다). 루엑은 철학 문헌에 대한 자신의 깊은 지식에 기대면서도, "구원론과 인식론이라는 이중적 영역에서 '본성'과 '양육'"에 대한 구조적이고 비교적인 고찰에 관심을 쏟으며,[22] 그 역사적이고 교리적인 발전의 많은 부분들을 밝혀내면서, 또한 더 포괄적인 이슈들에 대해서도 간과하지 않고 있다.

이러한 학자들의 작업에 부분적으로 기대면서, 우리는 하카마야의 목록을 확장시켜, 다음과 같은 대립 내지 구조적 긴장을 포함시킬 수 있을 것이다.

육성 ↔ 본성

발전 ↔ 발견[23)]

드러내는 것으로서 세속제(*saṃvṛti*) ↔ 감추는 것으로서 세속제[24)]

점(漸) ↔ 돈(頓)

노력을 통한 계발 ↔ 즉발성

개심(改心) ↔ 회귀

창조되고, 만들어지고, 또는 구성되는 ↔ 내재적 내지 본질적인

매개된 ↔ 직접적인

산출된 ↔ 드러내어진

진보 ↔ 비약

과보의 산출 ↔ 선재하는 과보

교학적 연구 ↔ 수행

정통 교리 ↔ 정통 수행[25)]

통찰의 계발(*vipassanā*) ↔ 고요함의 계발(*śamatha*)

추론적 앎 ↔ 지각과 개념화의 정지

이와 유사한 다른 것들도 추가될 수 있을 것이다. 이러한 구분은 명료한 것으로 보이기도 하지만, 하카마야가 우리에게 주목하도록 요구하는 물음은, 그 구분의 양극이 회복 불가능할 정도로 대립적인가 여부이다. 실로 (이 책 내에서의 많은 사람들과 마찬가지로) 불교전통의 많은 사람들은 그 간극이 실재한다기보다는 겉보기에 그러할 뿐이라는 점을 보여주기 위하여 많은 애를 써 왔다. 예컨대 고요함의 계발은 오랫동안 분석적이고 추론적인 성찰을 위한 적절한 준비로 간주되어왔지, 그러한 성찰과 무관한 목표를 지향하는, 전혀 관계없는 기법으로 간주되어 오지는 않았다. 또는 다시 말하자면, 여래장을 방편으로 설명하는 것은 그 실체론적 지향을 우회하는 잘 입증된 전략이다. 이러한 면에서 루엑은 이러한 구분이 드러나는 여러 사례에 대한 자신의 검토 서두에서 다음과 같이 말한다.

> 서로 대립되고 따라서 명시적으로는 서로 화해 불가능한 사상의 조류들이 실로 우리의 원전들에서 발견되기 마련이다. 하지만 이러한 조류들이 양극적 긴장 관계로 존재하는 사유의 (그리고 기법의) 형태들이기는 하지만, 불교전통이 이른 시기부터 그 양자를, 필연적으로 대립하는 교설(그리고 양립불가능한 기법)로서 오직 인위적이고 피상적으로 '포괄주의'와 같은 모종의 전략을 통해서만 조화될 수 있는 것으로 보기보다는, 균형 있게 취할 필요를 느껴왔을 가능성을 더 고려하고 아마도 더 무게를 두어 고찰해야 할 것으로 보인다.[26)]

논증, 논쟁, 강요적 포괄주의, 그리고 뚜렷한 배척이 그러한 대립적 교설의 문제에 대하여 사실상 불교 내에서 전형적 접근이었음이 오히려 명백한 것으로 보이는 한편, 이러한 문제 자체는 하카마야의 논쟁에서 타깃으로 되고 있는 것 같지 않다.[27)] 오히려 그는 모든 차이를 언어적으로 초월적이거나 인식론적으로 선행적인 '실재', '여전히 그 발생적 기반인 반철학적 장소'에 대한 경험 내에 포괄하고자 (또는 환원시키고자) 모색하는 이러한 전략의 변종을 문제 삼는다.[28)] *이러한* 형태의 화해는 하카마야를 분노하게 하니 그에게는, 진리에 대한 비개념적 경험 안에서 수용을 통한 조화가, 그저 방법론적으로 일관적이지 않을 뿐만 아니라(비개념적이고 경험적인 '진리'에 대한 이 내재론적 인식론은 그 진리를 소통불가능하고 단지 사적인 것으로 만들어버린다), 도덕적으로 파산한 입장에 불과하다(그러한 입장은 궁극적 진리의 문제에서 비판적 대립의 가능성을 부정하면서, 동시에 이 문제에 관한 앎에 확신을 주장한다는 점에서 참으로 패권적이다). 실로 말로 표현될 수 없는 경험을 했다고 주장하면서 그 참됨은 그 자체로 정당화된다고 하는 누군가와 토론을 한다는 것은 어려운 일인데, 왜냐하면 동일한 경험을 하지 못한 사람은 누구든, 그러한 경험에 대한 정의에 따르면, 대화하기에 부적합하기 때문이다.

궁극적으로 개인적 경험의 권위에만 배타적으로 의지하는 앎에의 태도는 토론을 결코 수용하지 못한다. 그 의미에서 이보다 더 사적이면서 동시에 권위적인 입장을 상상하는 것은 실로 어렵다. 샤캬무니는 깨달음의 길에 적합하지 않은 질문들에 답하기를 거절했다고 할 수 있지만, 진리에 대하여 이야기하는 것은 결코 거부하지 않았으며, 자신의 경험이 언어를 넘어서는 것이있다고 주장한 적이 없다. 하카마야가 계속해서 주목하는 것은 샤캬무니가 참과 거짓에 대한 비판적 구별을 강조하고 자신의 가르침에서도 명료성에 있어서 마찬가지였음에도 불구하고 장소적 태도가 단순히 일본이나 동아시아불교만이 아니라 불교전통 전반을 압도하고 있다는 것이다.

> 데카르트와 마찬가지로 샤캬무니는 비판론자였다. 그는 자신의 시대와 선대의 장소론자들을 비판했다. 다만 비코가 데카르트에 이어 등장한 것보다 더 재빠르게, 장소철학 옹호자들은 인도불교사에서 거듭 등장하여 샤캬무니의 진정한 비판론을 무력화시켜 왔다.[29]

도 교

여기에서 하카마야에 따르면, 장소철학의 일차적 기준은 개인적 경험에 기반하여 앎의 무분별적 원천을 확언하고, 따라서 진리를 감추는 기능을 한다는 이유로 분별적 내지 차별적 앎과 언어를 격하시킨다. 이러한 맥락에서, 하카마야가 왜 도(道)를 장소철학의 우선적 사례로 제시하는가는 이해하기 어렵지 않다. 『도덕경』의 첫 장에 잘 예시되어 있듯이, 우주의 움직임과 변화의 총체로서 도는 무한하고 그 정의상 무엇이 그 길에 '부합' 또는 '부적합'한가 한정하는 경계가 있을 수 없다. 곧 도는 심지어 길로 인식할 수도 없으니, "'도'라고 말할 수 있는 도는 항구적인 도가 아니다." 또한 이름을 붙이는 것은 바로 사물들을 한정하거나 구별하는 기능을 할 수밖에 없기 때문에("이것은 의자이고 이것은 탁자이다"), 도는 이름을 붙일 수 없다. "이름 붙일 수 있는 이름은 항구적인 이름이 아니다." 곧 도는 개별적이고 구별되는, 또는 이름이 붙여지는 실체를 전혀 가지고 있지 못하지만, 그럼에도 불구하고 이 "비존재"[無]는 모든 존재[有]의 원천이며, 그리하여 존재[有]는 다시 모든 현상을 산출한다. "무(無)는 하늘과 땅의 시원이라고 불리고, 유(有)는 만물의 어머니라고 불린다." 따라서 그 시원을 온전히 파악하기 위해서는 속박된 존재의 한정된 형태들에 대한 매료와 뒤얽힘(특히 언어)을 넘어서야 한다. "어떤 이들은 언제나 무에 머무는데 그 경이로움을 파악하려는 때문이고, 어떤 이들은 언제나 유에 머무는데 그 경계를 파악하려는 때문이다." 무는 유의 기저에 있으면서 유를 산출하므로, "이 양자는 같은 기원을 가지면서도 달리 이름 붙여진다. 이러한 같음은 현묘함이라 불린다." 무와 유의 이러한 같음[不二性]은 바로 개념적이고 언어적인 차별화를 넘어서기 때문에 "현묘하다." 하지만 심지어 그것을 신비하다고 부르는 것조차도 그것에 이름을 붙이려는 시도이고, 그리하여 "현묘함, 그리고 다시 현묘함, 이것이 뭇 현묘함의 문이다."[30]

언표 불가능한 도를 만물의 원천으로 하면서, 『도덕경』과 『장자』의 편만적 모델은 개념적 앎과 언어의 한정적이고 경계 설정적인 기능에 앞서는 실재로 회귀하려는 모델이다. 더 나아가, 성인(聖人)됨을 창출하거나 계발하려는 여하한 시도도 성인을 전체에서 구별하려는 것인 이상, 그 모델의 목표는 인간의 도덕성을 계발하거나 훈련하는 것이라기보다는 오히려 자연스러움 곧 "스스로 그러함"(自然)의 창조적 즉발성을 발견하는 것이다. 하카마야가 언급하듯이, 획득된 지식의 온갖 형태를 덜어내고 거듭 덜어내는 이러한 이상적 상태로의 도가적 회귀가 장자에서 일컫는 "무하유지향"(無何有之鄕)이라고 하는 본향으로의 회귀이며, 그 이상적 마을에서는 모두 앎, 모든 차별적 언어, 모는 열망, 모두 기억, 그리고 모든 시간이 부재한다.[31] 그곳이 "무하유지향"인 것은 실재하지 않는 장소이어서가 아니라, 오히려 궁극적 장소로서 모든 장소들이기 때문이다. 다시 말해서, 그곳은 모든 장소들 곧 보편적 장소로서 어떤 특정한 장소가 아니니, 어떤 다른 장소로부터 구별될 수 있는 단일한 장소가 아니며, 문자 그대로 "어디에도 없는 장소"(no place)로서 유토피아(utopia, οὐτόπος)인 것이다. 그리고 하카마야가 언급하듯이, "그 유토피아에서 노니는 근본적 조건은 언어와 앎 양자 모두를 포기하는 것이다."[32]

이러한 포기에도 불구하고, 하카마야가 언급하듯이, 언어와 윤리적 행위의 경계 지어진 내지 한정된 형태는 도의 우선성과 발생적 힘의 내면으로부터 여전히 발생하거나 포용된다고 일컬어지는데, 이는 데카르트적 비판론이 합리성 이전의 장소가 갖는 무차별적 우선성의 내부로 산실되어 버리는 것과 꼭 마찬가지이다. 이러한 효과에서 도는, 비코의 "개연적 진리들"과 마찬가지로 비판철학에 대하여 *적대적* 관계가 아니라 *비대립*, 모든 관계의 부재, 진정한 인식적 절대의 차원에서 설정된다.[33] 하카마야는 특히, 비판적 대화에 참여하고자 그 입장을 발견하려고 애쓰는 대화 파트너를 대면할 때에, 포괄주의의 득의만면한 전략을 따라 장소철학이 "비논리의 논리"와 "무입장이라는 경계가 없는 입장"(어떤 장소도 아니면서 모든 장소인 장소, 곧 유토피아)이라는 수사학에 호소하는 것에 분개한다.[34] 몇몇 사람들이 관용의 정신을 보는 상황에서, 하카마야는 특별히 위험한 형태의 특권적 정당화를 보는데, 이것이 위험한 것은 특권적 정당화라는 단순한 사실 (이것은 결국 가치 판단을 내리는 모든 철학 곧 모든 비판철학의 특색이다) 때문이라기보다는, 그 특권이 조화, 일치, 그리고 수용으로 가장하기 때문이다.[35] 그러나 우리가 주목해야 하는 것은, 이러한 형태의 장소철학이 아리스토텔레스 장소론의 실제적 방법과 다소 상이하다는 점인데, 아리스토텔레스의 목적은 정확히 어떤 논증이 기대고 있는 '장소들'을 *발견*하는 것이었기 때문이다. 또한 앞에서 언급하였듯이, 장소론의 방법은 존재론적으로 선재하는 실재나 인식적으로 선재하는 진리를 발견하거나 '경험'하려고 애쓰는 데에는, 필연적으로 내지 심지어 전형적으로라도 관여하지 않는다.

물론, 창조에 선행하는 비존재의 '혼돈'이라는 아이디어는 도교 전통에 한정되어 있지 않다. 또한 차별화나 대립 이전에 존재하는 혼돈으로 회귀하거나 거기에 머무는 것이 종교적 수행의 목표라는 아이디어도 그러하다(창조된 질서의 유지가 보다 흔히 규범적으로 제시되기는 하지만). 실로 대부분의 우주발생론적 이야기는 차별화된 존재에 선행하여 존재하는 어떤 단일성의 관념에 의존하고 있다.[36] 내 생각에, 하카마야는 이러한 구조를 염두에 두고 장소철학에 대하여 다음과 같이 말하고 있다.

> 그리하여 중국에서 도가는 서양철학에서 비코와 대략 유사한 역할을 한다. 곧, 비코가 데카르트의 진리를 "진리로 보이는 것"이라는 자기 자신의 관념과 구분하면서도 전자를 후자 내에 포괄하는 것과 같은 방식으로, 노자나 장자의 도에서 순수한 장소는 보다 시간적으로 순차적인 공자의 도를 포괄한다. 그 지점에서는 더 이상 그러한 도라고 하는 관념을 표현할 어휘가 더 이상 있을 수 없게 된다.[37]

또한 이러한 구조, 특히 언어의 부정이, 토착적 사유에 대한 그의 지속적 비판에서 타깃이 되는 것으로 여겨진다. "말할 필요도 없지만 토착적 사유는-어느 나라에서나-언어의 문자적 의미를 거부하는 토착적 장소 관념에 의하여 구성된다.”[38]

하카마야에게 불교적 수행의 초점은, 우리가 본성적으로 존재하는 상태(일종의 원초적 침묵?)로의 회귀가 아니라, 오히려 붓다의 분별적 앎과 자비를 성취하고자 힘차게 분투하는 것이다.[39] 그가 이렇게 보는 것은, 그가 불교는 모든 것을 포용하는 도가 아니라 오히려 “흐름을 거슬러 가는”(*paṭisotagāmin*) 좁고 규범적인 실, 곧 우리의 ‘토착적인 길’에 ‘이질적인’ 사유와 실천의 길이라고 간주하기 때문이다. 자연스럽게 다가오는 것을 행하거나 ‘흐름에 따라 가는 것’(*anusotagāmin*)은 개인으로든 문화 전체로든 간에 무지와 탐욕과 증오라고 하는 우리의 자연적 상태에 굴복하는 것이고, 그에 반하여 불교적 길은 이러한 ‘자연적’ 도덕에서 확고하게 멀어져서 전환해 나갈 것을 요구하는 것이다. 이러한 의미에서 하카마야는 “토착사상”으로, 일종의 원시적 본체주의, 모든 구성된 정교화의 뿌리에 있거나 그에 선행하는 어떤 것에 대한 동경, 개별적 자아 내지 독특한 종족적, 민족적, 혹은 문화적 정체성으로 이해되는 원초적이고 자연적인 실재를 가리키려는 것으로 보인다. 여기에서 우리는, 무아의 교설로서, 그러한 토착적인 것에의 동경에 대하여 이질적이고 적대적인 것으로 불교를 직면하고 참여해야 한다. 그러나 그 이질적이고 부자연스러운 길인 불교적 수행이 토착적이고 ‘자연스러운’ 길의 무차별적 장소 내부로 흡수된다면, 아마도 그 지점에서 그것은 더 이상 불교는 아닌 것이다.

인도에서 토착적 사유방식은, 우파니샤드에서 가르치듯이, 브라흐만이나 아트만과 같은 근본적 기반 내지 실체를 상정하였다. 불교는 이러한 사유방식에 대응하여 일어났다. 불교는 공간적이고 불변하는 단일한 장소를 부정했고, 그 대신에 유일한 진리는 ‘조건적 일어남’(*paṭiccasamuppāda*, *pratītyasamutpāda*, 緣起)의 시간적 과정이라고 가르쳤다. … 불교가 중국에 '외국의 종교'로서 전파되었을 때, 그 중심 교설은 전복되었으며 … [그리고] 그 결과로 불교의 독특한 특색은 조금도 남아 있지 않게 되었다. 조건적 일어남과 인과라는 불교적 개념들은 제거되고 '자연'(自然, 자연스러움 내지 즉발성)이라는 토착적인 중국적 개념이 선호된 것이다.[40)]

이러한 포괄적인 비판의 역사적이고 철학적인 뉘앙스의 많은 부분은 논란의 여지가 있지만, 중국불교 특히 선불교에 대한 도교적 아이디어들의 강력한 영향은 널리 인정되고 있다. 강압적이거나 승리주의적인 포괄주의를 참된 불교에 위배되는 것으로 배격하는 사람의 입장에서 유일한 결론은, "정당하게 외래 전통으로 직면되었어야 했던 불교마저도 노장사상에 의하여 흡수되어버리고 그러한 과정에서 그 알맹이는 스러지고 말았다."는 것일 수밖에 없다.[41)]

본각과 교토학파

하카마야는 비판적 분별에 대한 일본적 반감이 이러한 도 관념에 뿌리박고 있으며, 그 도 관념은 일본적인 토착적 사유와 결합한데다가 장소불교라는 베니어판으로 덮어씌워져 있다고 본다.[42)] 불교를 이룬다고 일컬어지는 것은 "무분별적 '깨달음' … '분별' 내지 '판단'은 최대의 악으로 비난된다. 그 모든 것이 이러한 도가적 '장소불교'의 영향에서 기원한다."[43)] 그리하여 그는 다음과 같이 말한다.

송(宋) 왕조의 지식인들 사이에서 풍미하게 된 선종(禪宗)은 도가사상으로 철저하게 물든 이러한 유형의 불교에서 등장하였다. 가마쿠라 시대 이래 일본으로 선불교가 수입되자, 그 이전 이미 도가의 영향을 받았던 길장(吉藏)의 불교전통은 더욱 강화되었고, 마침내 오늘날 일본의 토착사상이 불교의 '본각' 사상으로 선양되고 있다.[44)]

일본 불교의 거의 모든 측면에서 본각이론의 중요성은 널리 알려져 있고, 무정중생의 깨달음을 긍정하는 것에 대한 그 영향 또한 잘 알려져 있는데, 이는 종종 일본의 토착적인 '성스러운 현상주의'에 비견되는 것으로 (그리고 나중에 그에 대하여 교리적 정당화를 부여하는 것으로) 인용되곤 한다. 『대승기신론』(大乘起信論)은 본각 교리의 고전적 전거로서 전형적으로 인용되니, 여기에서는 본각을, 선재하거나 원래적이고 순수한 것으로, 공간적이고 편만하여 시간적이고 순차적인 것과 대조되며, 무차별적인 것, 따라서 사유를 넘어서는 것으로 정의하는데, 이 모든 개념들은 장소철학에 대한 하카마야의 정의 그 자체와 관련하여 독자들에게 친숙할 것이다. 그 본문에서는 다음과 같이 말한다.

> '깨달음'의 의미는, 마음의 기원이 [개별적] 사유들과 별개라는 것이다. 사유들과 별개라는 특징은, 모든 것에 편만한 텅 빈 공간의 차원에 상응하는 것이며, 실재(*dharma-dhātu*) 곧 무분별적 여래의 법신과 하나가 되는 (그리고 동일한) 특징이다. 그것이 법신에 기반해 있기에, '본각'이라고 설하고 이름한다.[45)]

그리고 하카마야는 이에 대하여 다음과 같이 언급한다.

> "마음이 사유와 별개이다"라고 하기보다는 "마음의 *기원*이 사유와 별개이다"라고 말하는 것은 매우 수완 좋은 술책이다. 마음은 그 사유와 별개일 수 없는데, 그 사유는 지속적으로 일어나고 멸하지만, 만약 그 마음 이면에 "마음의 기원"이 있다면 그 기원은 모든 현상

을 유지하는 영원하고 불변하는 '진여'(眞如, *tathatā*)와 동일할 수 있는 것이다.[46)]

하카마야는 본각 교리가 불교적 관념으로 간주되어야 한다는 아이디어에 대하여 특별히 경멸을 드러낸다. 그에게, 이 교리는 오히려 장소철학의 전형적 사례이며, 여기에는 온갖 철학적이고 사회적인 문제들이 수반된다. 이러한 맥락에서 그는 빈번하게 교토학파 철학자들을 인용하면서, 바로 본각 교리가 얼마나 무비판적으로 토착적인 것에 대한 동경을 정당화하고, 이 경우에는 특히 일본인의 문화적 독특함과 우월성에 대한 긍정(이러한 아이디어들의 집합체는 폭넓게 '일본인론'으로 알려져 있다)을 정당화하는 기능을 하는지 설명한다.

> [교토학파는 단지] 일본문화의 자기 긍정적 찬양을 위한 철학적 상부구조를 건립하려는 시도인데, 이 과제를 그들은 본각, 자기 긍정적으로 과장되게 선포된, 불교로 가장한 "동양 정신의 영광", 그리고 서양적이라기보다는 독일적인 일종의 관념론을 융합시킴으로써 성취하였다.[47)]

교토학파의 철학자들은 확실히 하카마야의 범주에 폭넓게 부합하는 아이디어들을 실제로 옹호하는 것으로 보이는데, 톰 카슐리스(Tom Kasulis)가 니시다의 "장소의 논리"라는 변증법과 헤겔의 변증법을 비교하는 것에서도 이를 볼 수 있다.

> 헤겔과 같은 서양철학자들에게, 변증법은 진보적이다. 그것은 출발점으로부터 대립을 거쳐서 더 높은 차원의 통합으로 우리를 데려간다. … 반면에 니시다의 변증법은 회귀적이다. 그것은 대립 이전의

한 지점으로 되돌아가는데, 그 지점은 그 양극성이 애초에 전개된 지점이고 … 양자 모두에서 그 변증법적 양식은 갈등 너머 합일을 추구하지만, 헤겔주의자들에서 그 합일은 그 대립이 해결을 지향하여 전개되는 방향인 반면에, 니시다의 변증법에서 합일은 그 대립이 원래 나타났던 지점 이전의 것이다. … 니시다의 논리는 … 판단의 출처를 들여다본다. 판단이 나타나는 상황(장소)은 무엇인가?[48]

실로 바로 무엇이 이 장소, 이 합일이기에, 거기에서 모든 판단이 나타나면서도, 여전히 그 자체로서는 갈등을 넘어서 존재하는가?

그것은 순수한 활동으로서, 내가 판단을 내릴 수 있는 '의자' 또는 '나'와 같은, 어떤 추상화된 주어가 없는 술어이다. 그러면서도, 그것은 모든 판단을 위한 기반이다. 이 장소 내의 경험은 판단에 의하여 언표될 수 없으므로, 니시다는 그것을 "절대 무의 장소"라고 부른다.[49]

우리가 카술리스의 분석을 정확한 것으로 받아들일 수 있다면, 니시다의 철학은 실로 하카마야가 비판하는 장소철학의 구조에 부합하는 것으로 보인다.[50] 실로 소위 교토학파 철학자들 사이에서도 미묘한 (그리고 다소 덜 미묘한) 차이들이 다수 있지만, 합리성 이전의 그리고 판단 이전의 그러면서도 "모든 판단의 기반"인 순수 경험에의 호소는 니시다 기타로(西田 幾多郎)에서 아베 마사오(阿部 正雄)에 이르는 사상가들의 주된 특징이다. 심지어 다나베 하지메(田辺 元)도 참회도(懺悔道)로서 철학의 쇄신을 이야기하면서도, 여러 측면에서 니시다와 대조적이기는 하지만, 합리성을 넘어서 갈 필요를 선포한다. "'참회'는 대체로 합리에 기반한 사유 영역에서 발견되는 바와 같은 지성적 통찰로 이루어지는 성찰적이거나 사변적인 철학을 초월하는 것을 의미한다." 놀랍지도 않은 것이지만, 진리는 스스로 정당화되는 종교 경험에 기반한다.

> 참회는 매우 강력하여 그 자체에 관한 모든 의심을 밀쳐버린다. 나에게는 이것이 그 진리성의 증거로 간주될 수 있는 것으로 보인다. … 참회를 구성하는 것은 참회의 길에서 우리에게 일어나는 자각 그 자체이다. 참회의 길에 본질적인 것은 그 길을 따르는 이들의 자각이며 그렇게 하여 달성된 지혜이다. 바로 이러한 이유로 인하여 참회는 철학이라고 명명될 수 있는 것이다.[51)]

하카마야의 관점에서 볼 때, 이러한 서술은 장소론자의 입장을 적절히 대변하는 것이다. 그 자체를 비판할 수 있는 여하한 "합리에 기반한 사유"도 넘어서는, 스스로 정당화되는 체험에 뿌리박은 참회는 그럼에도 불구하고 "바로 이러한 이유로 … 철학이라고 명명될 수 있는 것이다."[52)]

비판적 분석에 장소론자를 참여시키고자 애쓰는 가운데 느끼는 분개에 더하여, 하카마야가 뚜렷하게 확신하는 것은 이러한 종류의 포괄주의가 단지 철학적으로 일관성이 없고 인식론적으로 빈약한 변명에 불과하고 비불교적일 뿐만 아니라, 또한 도덕적으로도 빈곤하며, 그 악의적이고 패권적인 유형의 포괄주의적 영향이 철학적 담론의 비의적 영역에 제한되지 않고 일본의 역사와 사회 전반에 넘치도록 드러나고 있다는 것이다. 그가 장소철학에서 폭로시키는 도덕적 묵종은 세 가지인 것으로 보인다. 첫째, 비판 이전의 합일 내지 조화를 선호하여 비판적 분별을 포기함으로써, 실질적인 역사적 차이의 실상을 평가절하하거나 심지어 부인하고, 그리하여 기성 질서를 긍정하고 사회비판의 필요를 부인하는 것을 허용하는 경향이 있다. 둘째, 기성 질서를 손쉽게 긍정하고 무비판적 태도와 영합함으로써, (사적인) 종교 경험에서 궁극적 앎을 그 자체로 정당화하는 것은 권위주의를 긍정하는 모델을 제공한다. 셋째, 무아 교리가 이타적 활동을 위한 창구를 열어주는 반면에, 유정중생과 무정중생 양자 모두의 본래 깨달은 성품에 대한 긍정은 그러한 이론적 기반을 제공하지 못한다. 그의 발견에 의하면, 이 세 문제 모두 일본에 편만해 있으며, 특히 조화를 오랫동안 강조해온 데에서 그러한데, 그가 보기에 이 조화는 불교적 평등의 교설이 아니라 오히려 정치적 이념으로서 순응을 강조하는 것이다. 그리고 토착적인 것의 낭만적 매력, 다시 말해서, 우메하라 다케시와 전임 수상 나카소네 야스히로와 같은 현대 인물들의 일본주의 담론에서 발견되는 유형의 일본정신, 곧 야마토 다마시(大和魂)에 대한 찬양에서도 그러하다.

첫째의 문제, 곧 장소철학이 기성 질서를 긍정하는 경향이 있다는 것은, 하카마야가 이미 존재하는 것에, 있는 그대로 그 자체로 모든 것이 완벽한 여여(如如)함에, 다시 말해서 '자연스러움'에 순응하는 장소론적 경향과는 대조적으로 '흐름에 거슬러서' 가는 것으로 불교를 이해하는 것과 관련되는 것으로 보인다. 하카마야는 이처럼 기존 질서에 도전하는 것을 거부하는 것이, 모든 요소가 동등한 역할을 하는 업보에 따른 숙명의 문제로 이 세상에서 자신의 운명을 받아들이는 것을 옹호하는 쪽으로 이끌어가는 것만큼이나 일본에서 사회적 차별의 배경이 되는 것으로 이해한다.[53] 그는 이러한 태도의 한 사례로서 묘에(明惠)의 "있어야 할 그대로"(阿留辺幾夜宇和, あるべきやうわ)에 대한 다음과 같은 풀이를 인용한다.

> 사람들은 "있-어-야-할-그-대-로"(あ-る-べ-き-や-う-わ)라는 일곱 글자를 고수해야 한다. 스님들은 스님들로 있어야 하고, 재가자는 재가자로 있어야 한다. 황제는 황제로 있어야 하고, 신하들은 신하들로 있어야 한다. 이 "있어야 할 그대로"[라는 원칙]에 어긋나게 행위하는 것이 모든 악의 근원이다.[54]

또한 그의 비판에 따르면, 메이지 시대 조동종의 설법자들이 활용한 “교활한 논리는 우주의 원래적 토대인 ‘동일하고 평등한 하나의 실재’로부터 출발하여 갑자기 현재의 불평등을 다만 과거생의 업의 결과로 수용하는 쪽으로 비약함으로써” 그들이 사회적 불평등을 마주하고도 “차별은 평등에 다름 아닌 것이고 평등은 차별에 다름 아닌 것”이라는 전제하에서 체념할 것을 가르치도록 허용하였다.[55]

하카마야와 마츠모토는 『국체의 본의』(国体の本義)에서 화엄과 같은 포괄주의적 수사를 전체를 위하여 개인을 무시하는 사회적 이념으로서 “있어야 할 그대로”가 집합체의 전체주의적 이념으로서 기능할 수 있는 가장 지독한 사례로 비판하는 비판자들의 코러스에 자신들의 목소리를 추가한다. 이러한 맥락에서 하카마야는 쇼토쿠(聖德) 태자가 일승불교사상의 ‘합일과 평등’을 “씨족으로부터 독립되어 천황 아래 기능적 관료국가를 만드는 데 가장 효과적인 이념”으로서 옹호한 것에 대하여 우메하라 다케시가 찬양한 것을 인용하면서 언급하기를, “쇼토쿠(聖德) 태자에 귀인되는 「17조 헌법」(十七條 憲法)에서 조화(和)의 이념은 실로 우메하라가 지적하는 그대로이다. 그러나 이것이 실제 의도되었던 그대로였다고 하더라도, 이것을 참된 불교와 혼동하지는 말자.”라고 한다.[56] 이러한 방식으로 하카마야가 주장하는 것은, 쇼토쿠 태자의 헌법과 그 헌법이 조장해온 서의 천오백년 간의 조화의 전통은 차이를 허용하기보다는 오히려 차이를 흡수해버리는 장소적 전략에 전적으로 일관되는 것으로 사실상 순응의 이념이라는 것이다. 일본 속담에 있듯이, “삐져나온 못은 망치질을 당하는 법이다.”[57] 국제정치의 영역에서 이 헌법은 대동아공영권(大東亞共榮圈)이라는 “환상의 동양”으로 되었다.[58] 그와 유사하게, 오늘날 유행하는 일본인론이라는 담론은 전쟁을 위하여 일본 ‘정신’을 동원하고자 활용된 것과 구조적으로 동일한 민족적 우월성이라는

포괄주의적 장소론에 의하여 촉진되며 구성되는 것이다.[59)]

장소철학의 "자연주의"가 끼치는 또 하나의 유해한 영향은 "있는 그대로"의 사물들이 이미 "있어야 할 그대로"라고 긍정함으로써 자아에 대해서건 사회에 대해서건 비판적으로 사유할 필요를 제거시켜버린다는 것이다.[60)] 예컨대 불교가 윤리 너머에 있다는 아이디어는 D. T. 스즈키나 니시다 기타로와 같은 선불교의 대변자들의 수사에 의하여 지지되었는데, 그들은 역사적 우연성의 범위 너머 직접적 경험의 무매개성에 초점을 둔다.[61)] 물론 여기에서 문제는 선불교의 사람들과 그들의 제도들이 역사적 우연성에 의하여 무척이나 매개되고 있으며, 그들의 직접적이고 순수한 경험에 대해서도 마찬가지라고 말하곤 하는 사람들이 많다는 것이다.[62)] 로버트 샤프(Robert Sharf)가 언급하듯이, "있는 그대로의 실재"에 대한 초월적 경험은 또한 덜 초월적인 역사적 실재를 면책시키는 역할을 한다. 그의 서술에 의하면, "이러한 변호론적 담론은 종교에 대하여 그 종교의 이름으로 범해진 범죄로부터 효과적으로 면책되도록 한다. 그 전통의 '영적 본질'은 교회나 성직자의 결점에 의하여 영원히 오염되지 않은 채 남는 것이다."[63)] 하카마야에 따르면, 그 결과로 "있는 그대로의 실재"에 대한 긍정은 역사적 우연에 대한 부정과 결합하여, "비판적 성찰에 대한 필요를 전혀 느끼지 못한 채로 어느 시대나 장소에서의 어떤 사회적 상황에 대해서도 인정하고 변명할 수 있게 한다."[64)] 그리하여, 선불교가 역사 너머에 있다고 몇몇 사람들은 주장하는 반면, 다른 몇몇 사람들은 역사적 사실에 주목하면서, 선의 제도들은 일본에 선불교가 도입된 때로부터 세계대전 시기의 군국주의에 이르기까지 군사-정치적 기득권에 스스로를 적응시켜 왔으며, 계속해서 당대 일본의 많은 사찰들의 재정적 안녕을 확보하기 위한 단체 수행 프로그램을 수용해 왔는데, 이는 초역사적인 수사에도 불구하고 그런 것이 아니라, 바로 그러한 수사로 인해서였다. 또 한 명의 고마자와 대학 교수 오카베 가즈오(岡部 和雄)도 언급했듯이, "제2차 세계대전 시기의 불교는 그저 시류에 편승할 때 어떠한 일이 일어나는가의 참혹한 사례이다. 군국주의에 굴복하고 심지어 찬미한 것은 불교사에서 결코 지울 수 없는 오점이다."[65]

기성질서를 따라가는 것에 대한 하카마야의 비판과 흥미로운 방식으로 연관되어 있는 것이 그가 지적하는 둘째의 문제, 곧 스스로 정당화되는 종교 경험에 의하여 인정되는 정당성 내지 권위이다. "장소철학은 그 자체의 수사법을 판매하는 데 권위적 목소리를 택한다."[66] 다시 말해서, 언표 불가능한 경험이라는 스스로 정당화되는 기반에 서 있는 포괄주의가 전체주의적인 것은, 그 권위에 도전할 수 있는 어떠한 언어 내지 합리적 논증도 배격하기 때문이다. 모든 의혹을 밀쳐 버리고 다만 경험을 그 자체의 진리성의 증거로 간주하면서, 삶에 대한 권위주의적 이념에 바로 다가서게 되는 것이다. 이러한 태도는 다시 사회적 순응과 통제의 이념을 조장하는데, 이는 하카마야와 마츠모토가 보기에 전쟁 전 시기에 『국체의 본의』에서 발견되는 것과 같은 일본의 이데올로기에서 무척이나 잘 드러나고 있다.[67]

하카마야가 권위의 문제에 초점을 두는 것이 놀랍지 않은 것은, 인식적 정당성 내지 권위(*pramāṇa*)의 문제가 인도의 종교적 사유 전반 그리고 구체적으로 불교적 사유와 실천에서도 중심적이기 때문이다. 전형적으로 불교는 두 가지 형태의 정당한 인식 곧 직접 경험(*pratyakṣa*)과 추론(*anumāna*)을 인정한다고 일컬어진다. 하카마야는 다음과 같이 말한다.

> 이 [장소 내지 발견, 그리고 비판 내지 판단의] 두 측면은 인도 철학에서 직접 경험과 추론의 구분에 거의 정확히 상응한다. … [그

리고 더욱이] 인도적 사유는 직접 경험의 우선성에 압도적으로 기반하고 있다. 여기에 예외가 되는 것이 다르마키르티(Dharmakīrti, 7세기)의 불교논리 전통인데 이는 나중에 티벳불교의 총카파(Tsong kha pa, 1357-1419)와 겔룩파 교단에 의하여 계승된다.[68]

그가 장소철학을 권위주의적 인식론으로 비판하는 것에 관련하여 가장 흥미롭다고 느껴지는 것들 가운데 하나는, 그가 학문에 대한 실증주의적 내지 객관주의적 태도를 그러한 권위주의적 태도의 또 하나의 형태로 간주한다는 것인데, 이 경우에는 특히 객관적 사실에 대한 비참여적 '발견'과 제시의 가능성을 특권화하고 자명한 것의 권위적 드러냄을 통하여 사실상 기득권을 위장하고 있다는 것이다. 다시 말해서, 객관적 사실을 가치중립적으로 제시한다는 관념은 모든 종교적 현상을 동일한 수준으로 환원시키고, 그렇게 하는 가운데 포괄주의의 질식시킬 듯한 포용과 정확히 동일한 방식으로 기능하면서, 다양성을 부정하고 권위주의적 패권주의를 조장하는 것이다. 그는 다음과 같이 서술한다.

장소에 대한 경외가 객관적 사실에 호소하는 반면에, 비판에 대한 헌신이 언어를 매우 중시한다는 것은 전혀 근거 없는 주장이 아니다. 전자는 단지 사실들을 장소로 재정의하면 되는 반면, 후자는 언어로 작업을 해서 비판적 사유를 표현하여야 한다. 베버 자신이 "사실들이 그 자체로 말하게 하라"(*die Tatsachen sprechen läßt*)고 명하면서, 또한 "학자가 개인적인 가치 판단을 끌어들일 때에는 언제나 사실들에 대한 온전한 이해가 멈춘다."고 뚜렷하게 서술하였다.[69]

다른 곳에서 그는 자기 자신이 소속되어 있는 대학의 총장이자 널리 알려진 민간종교 전문 연구자 사쿠라이 도쿠타로(桜井 徳太郎)가 행한

한 강연을 공격하면서, 객관적 학문이라는 외관 아래 개인적 신념들을 몰래 끌어들이고 있다고 비판하였다.

> 종교와 민속에 대한 학문적 연구는 "사실들이 그 자체로 말하게 하라"는 베버의 언명에 따라 학계에서 객관적인 자율성의 확보를 모색하면서 발전되어 왔다. 문제는 사쿠라이가 사실들에 충실하다는 인상을 주면서도 객관성의 한계를 넘어서 커다란 비약을 했다는 점이다. … 여기에서 오해가 없기를 바란다. 나는 개인적 신념이 중요하며 공적으로도 적절하다는 것을 도대체 부정하려는 의도가 전혀 없다. 그 정반대로 나는 우리가 우리의 신념의 진위를 평가하고자 한다면 그 신념을 표현하기에 적절한 말을 발견해야 한다고 주장한다. 다만, 종교와 민속에 대한 객관적 학자라는 고지에 자신을 위치시키고 그 전통들 자체의 외부 입장에서 종교에 대한 유형학적 연구에 참여하여 "사실들이 그 자체로 말하게 한다."고 자처하면서, 동시에 일본 민속종교의 우월성을 역설하는 것은 나에게 규칙 위반이자 일종의 사기행위로 보인다.[70]

하카마야는, 학문적 객관성이라는 관념에 대하여 적극적으로 공격하면서, 자신이 학계 내에서 그 자체로 정당화되는 권위가 갖는 이러한 독선적이고 자기만족적인 입장에서 문제를 느끼게 되어 "학문적 발언의 안전한 경계를 포기하고" 비판철학 대 장소철학이라는 주제를 제기하게 되었다고 고백한다.[71] 하카마야와 마츠모토 양자가 모두 주목하는 것은, 이념적 구조에 대한 지성인의 참여에 영향을 주는 비판을 하려는 자신들의 헌신에 일관되게, 비판적이고 판단적인 입장을 포기하는 것이 ("너무나 자주 [이러한 입장은] 기성 권력층의 호의 안에 머무르기 위해 객관성에 대한 타협을 초래하게 된다"는 점에서[72]) 기성 제도의 권위에 극히 이로울 뿐만 아니라, 또한 대학교수라는 직업을 참으로 목가적인 것으로 만든다는 것이다.[73] 그러나 우리가 보게 되듯이, 장소론의 권위에 대한 하카마야의 불신에는 더 깊은 함의가 있다. 곧 그는 그것이 사회적이고 정치적인 전체주의의 일부라고 본다. 예컨대 그는, 앞에서 언급한 묘에의 "있어야 할 그대로"에서 조장되는 태도가 "사회적 차별을 지지하고 자신의 윗사람들에 대한 맹목적인 복종의 윤리를 소장한다"고 결론 내린다.[74] 포괄주의적 관용은, 그렇게 포괄된 자들에게 유리한 지점에서 조망이 이루어질 때, 쉽사리 질식시킬 듯한 전체주의의 포용으로 전환된다.

셋째의 문제, 곧 무아라는 불교 교설과 불교 윤리의 관계는 광범위하게 검토되어 왔으니, 여기에서 그 다양한 이슈들을 되풀이하여 다룰 필요는 없을 것이다. 싯다르타를 자신의 궁성에서 나가게 한 것은 사회적 규범(*dharma*)의 유지가 아니라 오히려 개인적 앎(*jñāna*)에 대한 추구였다는 점에서, 불교는 부분적으로 우주론적 윤리로서 사회적 의무가 갖는 권위주의에 저항하여 인격적 내지 개인적 책임감의 윤리를 설정하는 것으로 이해될 수 있다는 점을 주장할 수 있다고 말하는 정도로 충분할 것이다. 이와 유사하게, 마야(*māya*, 幻)의 환상적 고통 대신에, 불교는 실제로 존재하는 이들의 실질적 고통을 묘사하고, 독립적이며 불변하고 영원히 지복을 누리는 자아 내지 인격적 실체가 있다는 관념을 배격하며, 상호의존적이고 변화하는 현상을 종교적 실천의 유일한 기반으로 선호한다. 따라서 고통과 도덕의 문제가 고전적으로는 깨달은 이의 자비로운 다가감에 대한 관심으로 제시되기는 하지만, 그것은 실질적으로는, 고통 받고 있으며 그리하여 종교적 수행의 우선적 동기가 된다고 가르쳐지는 (다시 말하자면, 고통이라는 첫 번째 성스러운 진리의 차원에서), 깨닫지 못한 이들에 대한 관심의 문제인 것이다. 우리의 참된 본성이 순수하고 깨달아 있다면 고통과 고뇌로부터 어떤 동기가 되는 의미를 끌어내는 것은 불가능하지는 않다고 하더라도 구조적으로 어렵다.[75)]

이러한 점에 대한 철저한 분석은 이 논문의 범위 밖이다. 나는 다만 여기에서, 그러한 순수한 기반을 중생이나 우주의 참된 본성이라고 상정하는 많은 철학들이 일원론보다는 이원론에 훨씬 가까운 쪽으로 귀결된다는 점을 언급하고자 하는데, 『보성론』(寶性論, *Ratnagotravibhāga*)의 경우도 그러하다. 그곳에서는 염오가 여래장의 청정함과 전적으로 무관한 것으로서, 오직 우연적인(*āgantuka*) 것으로 여하한 실재성도 결여하고 있다고 여겨진다. 그런데 바로 염오야말로 도덕 이론과 종교 수행의 관심이어야 한다. 의심할 바 없이 바로 이러한 이유 때문에 이 이슈는 불교 내의 논쟁에서 주기적으로 전면에 부각되어 왔으며, 그러한 논쟁에서 불변하는 자아 내지 만물의 기저에 대한 긍정은 전형적으로 도덕과 종교적 수행의 필요성을 부정하는 것과 같은 것으로 간주된다. 실로 본각의 압도적 수사에 맞서서, 도겐은 사회적 차별의 고통을 부정하는 것이 본래 깨달은 마음을 긍정하는 데에서 근원한다는 의미에서 종교적 수행의 필요성을 묻게 되어, 종교적 추구를 하게 되었던 것이다. 비판적 실재론자는 (고통을 포함하여) 사태의 실재성을 받아들이면서, 말하자면, 인과적으로 그리고 자아가 없이 사태가 실제로 *어떻게* 존재하는가에 대한 비판적 인식을 유지한다.

코멘트와 평가

이 모든 논의를 정리하고자 시도한다면 우리는 하카마야의 글에서 세 가지 상이한 이슈가 맞물려 있음을 지적할 수 있다. 첫째로 아마도 가장 불화를 일으키는 이슈는 "무엇이 불교인가"에 관한 판단을 내리고 다른 것들을 "불교적이지 않다"고 선언하는 것에 관련된다. 둘째는 징소론과 비판론이 상호 배타적인가 여부의 문제이다. 세 번째의 마지막 이슈는 장소불교의 유해한 영향에 관련된다. 이러한 세 가지 이슈에 초점을 맞추면서 나는 하카마야가 "참된 불교"라고 부르는 것의 진리적 가치의 문제는 괄호 속에 넣고자 하는데, 다만 궁극적으로는 이 문제가 유일하게 실질적으로 중요한 문제라고 할 수 있을 것이다. 왜냐하면 하카마야가 실재에 대한 '진정한' 불교적 관점, 도교와 그 불교적 관점의 양립불가능성, 그리고 그렇게 왜곡된 불교의 부정적인 사회적 영향을 지적하는 것에 대하여 동의할 수 있다고 하더라도, 그러한 불교적 실재관을 참이 아닌 것으로 *여전히 배격하는* 것이 확실히 가능할 수 있기 때문이다.

사정이 극히 복잡해지는 것은, 바로 어떤 것들은 불교적이고 다른 것들은 "불교적이지 않다"고 판단하는 행위 그 자체에서인 것이다.[76] 한편으로 그 절차는 상당히 간단한 것으로 보인다. 불교를 정의하고 나서, 불교적이라고 일컬어지는 어떤 특정한 교설이나 수행을 그 정의와 대조하여 그것이 그 정의의 조건에 부합하는가 여부를 살펴보면 되는 것이다. 예컨대 불교를 가르친다고 하는 클레어 프로펫(E. Claire Prophet), 론 허바드(L. Ron Hubbard), 또는 아사하라 쇼코(麻原 彰晃)의 주장을 이러한 방식으로 평가할 수 있을 것이다. 무엇이 불교이고 무엇이 아닌가에 관한 이러한 주장을 평가하는 데에는, 사실상 학자로서든, 불자로서든, 아니면 그저 우리 자신의 상식을 활용하는 관찰자로서든 언제나 우리가 이러한 구분을 하고 있다는 사실을 염두에 두는 것이 좋다.[77] 예컨대 루카 복음이 불교 경전이라고 간주되어서는 안 된다고 판단하는 것이 상당히 어렵다고 하는 이는 거의 없을 것이다. 다른 차원에서 우리가 언급할 수 있는 것은, 일본불교가 토착적 사유 및 실천과 긴밀하게 뒤얽혀 있다는 것을 무시하고서는 이해될 수 없다고 주장하는 우메하라 다케시, 구로다 도시오(黒田 俊雄), 닐 맥멀린(Neil McMullin), 앨런 그래퍼드(Allan Grapard), 그리고 그밖의 학자들에 대하여 하카마야는 실질적으로 완벽하게 동의하고 있다는 것이다. 실로 (우메하라와 같은) 몇몇 사람들의 관점에 의하면 일본불교는 심지어 불교라고 간주될 수 없을지도 모른다.[78] 그와 유사하게 중국의 불교적 사유 및 실천에 대한 도교의 영향을 부정하는 사람은 거의 없다. 하카마야와 마츠모토에서의 차이점은, 이러한 영향이 *불교적 관점에서* 비판적으로 평가될 때, 이러한 영향의 전부는 아니라고 하더라도 일부는 참된 불교와 양립 불가능한 것으로 배격되어야 한다고 그들이 주장한다는 데 있다. 많은 사람들은 그러한 판단이 가능하다거나, 또는 가능하다면 그렇게 하는 것이 바람직하다는 아이디어에 대하여 커다란 문제가 있다고 보는 듯하다. 나 자신으로서는, 그러한 기획을 전적으로 정당하다고 본다. 더 나아가 나는 그러한 비판적 판단이 불자들이나 학자들 모두에게 필수적이라고 생각한다.

불자들 자신들에게 있어서는, "참된 불교"의 조건에 대한 논의가 불교사상가들이 항상 해온 것이며, 심지어 하카마야가 비판하는 보편적 내지 유토피아적 형태의 불교를 주장하는 데 몰두할 때조차도 그러했다고 말하는 것으로 충분할 것이다. 이것이 지금의 유일한 문제라면 우리는 하카마야, 마츠모토, 그리고 그밖의 사람들이 자신들의 불자로서 길을 가도록 놓아두고, '헌신적' 불자로서의 발언하려는 그들의 선택이 학계 바깥에 서려는 하나의 선택을 대변한다고 간주해도 좋을 것이다. 물론 도겐을 연구하면서도 도겐의 아이디어가 갖는 진리성이나 가치에 관한 판단을 내리는 것에 대해서는 거부할 수 있는 입장이 학문적 불교연구의 지배적 입장이다. 그러나 이러한 접근에 암시되어 있는 것은, 학문적 내지 객관적 방식의 탐구가 특권을 부여받고 있다는 것이며, 바로 이러한 면에 대하여 하카마야와 마츠모토는 도전하려는 것이다. 이른바 객관적인 연구조차도 주관적인 가치판단의 도입을 피할 수 없다는 자신의 주장과 일관되게 하카마야는, "스스로를 불교전통의 외부에 두면서 불교전통에 대하여 발하는 것이, 종교에 대한 모든 구분에 앞서는 위치에 스스로를 놓는 [그리하여 모든 종교가 동등한 가치를 지닌다고 가장하는] [장소론자들]에게 논의의 장을 실질적으로 넘겨주어, '지성적 정직성'"도 없다고 주장한다.79)

나는 하카마야와 다른 많은 이들의 주장에서, 학자들이 실제로 사실상 무엇이 불교이고 무엇이 불교가 아닌가에 관하여 그리고 그뿐만 아니라 어떤 종류의 불교가 참된 불교인가에 관하여 항상 판단을 내리고 있다고 하는 것에 대하여 동의한다.80) 나는 또한 객관적인 학자라는 아이디어는 이미 그 시효가 지난 아이디어라는 데 동의한다. 학자의 중립성에 관한 논란에 대하여 최근에도 많은 글들이 발표되어 왔고, 오리엔탈리즘적 담론의 신학적 기초 작업이든, 서양학문의 지면에서 종파적인 일본불교의 관점이 가로채어지거나 역류되든, 티벳의 종파적 관점이 "라마의 발치에서 외국인"에 의하여 소화되어 모방된 채로 펼쳐지든, 지난 여러 해 동안 학자의 몫으로 여겨지는 비판적 행위가 그 자체로 하나의 산업으로 되어 왔다. 일단 진정으로 중립적인 학문의 불가능성이 인정되자, 관건은 더 이상 학자가 판단을 내리느냐 여부가 아니라, 오히려 하카마야가 예리하게 지적하듯이, 그러한 판단이 객관성과 중립성의 권위적인 외관으로 포장되어 있느냐 아니면 개방적으로 검토될 수 있게 되어 있느냐 여부로 되었다.

우리들 가운데 매우 많은 수의 사람들이 불교 출판사와 주기적으로 거래를 하고 불교 기관들로부터 제도적 지원을 끌어오고 있음에도 불구하고, 자신들의 작업에서 종교적 영향을 인정하는 학자들은 극히 드물다.[81] 불교전통을 비판적으로 바라보는 저작은 여전히 더욱더 드물다. 그 결과로 몰래 끌어들여 오는 암묵적 전제는 대부분 비판적으로 호교론적이기보다는 오히려 경건하게 호교론적인 경향이 있다.[82] 객관성이라는 구실이 자신의 저작에 대한 '큐레이터적' 접근을 조장한다면, 대상에의 암묵적 헌신은 일종의 '발굴적' 접근을 지향하게 되고, 그러한 접근에서 문헌, 의례, 성인의 전기 등등은 당대의 다양한 지성적, 사회적, 그리고 문화적 이슈들에 대한 보다 탁월한 불교적 접근의 증거로 샅샅이 파헤쳐진다. (이러한 서술은, 이른바 '참여불교'와 그 이론적 사촌인 불교윤리학에 관한 다량의 서양적 글쓰기가 아니었다면, 단순한 풍자적 묘사로 보일 수도 있을 것이다.)

물론 우리가 헌신적이면서도 비판적인 학자라는 하카마야의 관념을 개방적으로 받아들인다면, 비판적 방법의 활용과 '핵심'으로 규정되는 아이디어들 양자 모두의 일관성과 정당성이 비판과 판단에 개방되어야 한다. 이 시점에서 내가 그리피스(Griffiths)와 동의하는 것은, "[하카마야의] 논쟁적 상황의 긴급함은 의심할 바 없이 그로 하여금 자기 자신의 인식론을 해명하는 것보다는 적대자들의 오류를 설명하고 논박하는 데 더 많은 지적 에너지를 소비할 것을 요구한다"는 것이다.[83] 동시에 나로서는, 하카마야가 비판론(*critica*)에 대한 자신의 관념, 그리고 그 관념이 무아와 인과적 상호의존이라는 "참된 불교"와 어떻게 연관되는지를 밝힐 필요가 있다고 여겨진다. 다만 나는 비판과 판단이 바람직하지 않다거나 불가능하다는 제안은, 합리적인 지침 내지 우리의 학문적 작업의 이상적 도달점에서 받아들일 수 없다.

그러나 나는 학자로서 우리가 우리 자신의 학문 활동에서 기득권적 지분을 갖고 있다는 발견이, 폭로되거나 비난되거나 제거되어야 할 필요가 있는 어떤 불쾌한 비밀 내지 이해관계의 개재를 필연적으로 함의

한다는 것을 뜻하는 것은 아니며, 스스로 어떤 형태로든 불자라고 아울러 고백하는 학자들의 경우에는 더욱더 그러하다. 연구자로서 우리는 우리의 학문적 주목을 끄는 것에 대하여, 그리고 아마도 더 중요하게는 우리가 연구하는 불자들을 포함하는 청중들에 대하여 (다시 말해서, 항상 진리를 논증하는 데 관심을 가져 온 전통과 관련하여) 우리 자신의 입장을 유념할 필요가 있다. 나의 동료 브루스 달버그(Bruce Dahlberg)가 한때 지적했듯이, 종교 공동체 그리고 그들의 문헌과 관습을 연구함으로써 우리가 생계를 유지하는 이상 우리가 무엇으로 그들에게 되갚을 수 있는가를 고려하는 것은 온전히 합리적인 것이다. 나로서는, 책임감 있는 비판적 학문은 학계에 쓸모가 있는 것만큼이나 종교 공동체에도 쓸모가 있어야 한다고 여겨진다.

장소철학과 비판철학이 회복 불가능할 정도로 서로 대립적인지 아니면 루엑(Seyfort Ruegg)의 의미에서 단순히 긴장의 유형으로 보는 것이 최선이며 "불교전통은 이른 시기부터 그 양자 사이에서 균형을 잡을 필요를 느껴왔다"고 볼 수 있는 것인지의 문제에 관련하여, 나는 하카마야가 데카르트와 비코를 대조시키는 것에 대하여 코멘트를 하지 않고 넘길 수는 없다. 나는 데카르트의 방법이 비판적 논증에 대한 하카마야의 요구에 어떻게 부합하는지 이해하는 데 오랫동안 어려움을 겪고 있다. 데카르트는 수사학적 전통의 많은 부분을 배격했지만, 그 자신의 가장 기초적인 명제 "나는 생각한다. 따라서 나는 존재한다"(*cogito ergo sum*)는 궁극적으로 개인적 경험 내지 직관의 확실성에 기반하는 내재적 인식론의 절정인 것으로 여겨진다. 또한 "나는 생각한다. 따라서 나는 존재한다"라는 데카르트적 확실성의 내용이 갖는 문제도 있다. 로저 콜리스(Roger Corless)가 언급했듯이, 불자측의 대답은 확실히 "다시 생각하라"이어야 할 것이다.[84] 하카마야가 데카르트적 접근에서 대처해야 될 것으로 예측되는 또 하나의 문제는 그 심신 이원론이다. 그 이론으로 데카르트는 초연한 관찰자라는 아이디어로 나아갔고, 이는 베버적인 객관주의와 긴밀하게 연관되며 하카마야의 헌신적 학문관에 직접적으로 모순된다.

마지막으로 우리는 합리성에 대한 포스트모던적 배격에 기여하는 현대의 불확정성 이론에서 많은 부분이 사실상 데카르트적 물리학의 과학적 전통으로부터 직접적으로 자라 나온다는 것에 주목하지 않을 수 없다. 다시 말해서, 포스트모더니즘에서 합리성의 위치를 변화시키고 그에 수반하여 '신화계' 그리고 거듭 상상된 우주에 대한 주목을 다시 새삼스럽게 요구하게 되는 것, 간단히 말해서 비코에 대하여 다시 새삼스럽게 관심을 보이게 되는 것은, 비록 오늘날 그 양자가 현저한 대립 관계에 놓여 있다고 하더라도, 계몽주의적 합리주의로부터 내려오는 관심사인 것이다. 단순하게 괴델과 하이젠베르크, 양자역학과 카오스 이론만이 아니라, 위상수학과 장소론마저도 - 심지어 미래의 어느 날에는 우리의 밥솥에 누룽지를 다시 돌려줄 것으로 기대되는 퍼지이론들마저도 - 모두 역사적 객관성에 대한 하카마야의 배격과 유사한, 객관적 확실성에 대한 배격으로부터 탄생된 것이다. 비코의 "개연성"이나 "진리를 닮음"에 대한 하카마야의 배격은 모종의 실증주의적이고 합리주의적인 이상으로서 객관적이고 연역적인 진리로의 순진한 내지 향수적인 회귀를 시사하지는 않는다. 동시에 그는 그 양자 사이의 차이에 대하여 언제나 마땅한 정도로 명료하지는 않다. 그와 유사하게, 모든 의심을 넘어서는 데카르트적 확실성에 대한 그의 주장은, '참된 불교'에 대한 반역사적인 요구와 결합하여, 불교의 비역사적 본질을 상정한다는 비난에 처하게 되는 것으로 보이는데, 스즈키나 니시다가 했던 방식과 상당히 같은 방식으로 그러해서, 하카마야도 권위주의라는 동일한

비난에 처하게 될 수 있다.[85)]

합리성 이전의 경험이나 신적인 것의 발견에 대한 비코의 이론들은 17세기 이탈리아에서 어울리지 않는 것은 아니지만, 그 양자 모두 방법론으로서 장소론에 중심적인 것도 아니다. 그것들은 명백히 아리스토텔레스의 『장소론』(*Topica*)의 일부는 아니었다. 만약 불교적, 인식론적, 또는 도덕적 관점에서 '순수한' 내지 '비판 이전의' 경험의 - 필연적으로 그 실재성은 아니라고 하더라도 - 적절성이 (다만 데카르트의 자기 확신과 마찬가지로) 배격되어야 한다는 데에서 하카마야와 동의한다면, 남는 것은 오직 비코의 실질적인 관심사로서 철저하게 연계되어 있는 곧 맥락적인 인간 세계이다.[86)] 예컨대 그의 "만들어진 진리"(verum factum) 관념은 한편으로는 변치 않는 인과에 대한 불교적 관념과 밀접한 친연성을 가지며, 인과적으로 "만들어진" 현상들이 지속적으로 생성되고 소멸하는 것에서도 그러하다. 비코는 비역사적 보편자들보다는 오히려 역사와 법이론 등의 개별자들 내지 구체적인 것들에 관심을 갖고 있었다. 데카르트적 "확실성"이나 "첫째의 진리"와는 대조적으로 "개연성"에 대한 그의 강조는 진리에 대한 배격이 아니라 불변하는 보편자들에 대한 배격이었다. 참되고 보편적인 것은 변화에 의하여 영향 받지 않는다는 희랍적 아이디어에 따라서, 비코는 변화하는 것, 만들어지거나 산출되는 것을 '참된' 것이라기보다는 오히려 "개연적인" 것이라고 불렀다. 이것은 우리가 참된 것을 결코 알 수 없다거나 '아마도 참되거나 아마도 거짓된' 것에 대한 추구가 진리에 대한 추구와 마찬가지로 정당하다는 것을 뜻하지는 않는다. 그와 반대로 비코의 논점은 단순히, "만들어진" 것의 계속해서 변화하는 세계 내에는 절대적이거나 보편적인 본질이 없다는 것이다. 나로서는, 이러한 입장은 불교와 유사한 것으로 들리는데, 적어도 그 비여래장 계열의 불교와는 유사한 것으로 보인다.

마찬가지로, 언어에 대한 비코의 관심은 결코 논증의 타당성 또는 그 전제들의 참 내지 거짓을 판단하는 것의 중요성을 무시하는 방향으로 나아가지는 않았다. 실로 데카르트에 대한 그의 비판은, 그에 대한 번역자가 언급하듯이, "'명쾌하고 뚜렷한' 만큼이나 (말하자면, 데카르트적인 반데카르트주의로서) 예리하였다."[87) 『장소론』(*Topica*)과 『비판론』(*Critica*)은 양자 모두 논증을 다루지만, 아마도 전자는 귀납적인 반면에 후자는 연역적이다. 그리고 앞에서 언급했듯이 아리스토텔레스에게서도 장소론은 첫째 원리들에 연계되어 있었다. 하카마야가 공격하는 "발견"(*inventio*)은 다중적인 진리들을 통째로 발명하는 것을 가리키는 것이 아니라, 귀납적 과정의 발견(heuresis)을 가리킨다.[88) 마찬가지로 아리스토텔레스의 장소론 또한 예비적인 것으로 이해하는 것이 최선일 수 있다. 다시 말해서 장소론은 단순히, 발견적 실천이 타당성의 논증과 입증에 선행한다는 점에서 방법론적으로 선행적이라는 것이며, 존재론적이거나 인식론적으로 선행적인 (따라서 우월한) 실재를 가리키는 것은 아닌데, 다만 하카마야가 공격하는 대상이 되는 이들은 아마도 사실상 그러한 구조를 주장했을 수 있다.

나 자신은 수사학 이론과 비코의 철학을 간략히 살펴보면서, 수사학이 종교사에서 기능하는 방식에 대하여 더 잘 이해할 필요성을 확신하게 되었다. 예컨대 정소 논쟁의 수사학적 성격을 많은 이들이 지적해왔지만, 우리는 아직 역사적 실재가 수사학적 주장들의 거짓됨을 얼마나 밝힐 수 있는가를 보여주는 "수사학 대 실재"의 태도를 그다지 넘어서지 못하고 있다. 사실은, 수사학이 논증의 맥락에서 실제로 기능을 한다는 것이며, 따라서 긍정되거나 배격될 수 있는 명제들을 포함하고 있다는 것이다.[89) 예컨대 종교적 포괄주의의 수사학은 실제로는, 『법화경』에서와 같이, 배타주의적 논증이라는 것이 일반적으로 인정되고 있다.

방법론적으로 말하자면, 수사학은 그러한 면에서 (입증은 아니라고 하더라도) 논증과 판단의 일부이다.

그리하여 수사학에 대한 자신의 온갖 조롱에도 불구하고 하카마야의 산문 역시 수사학적으로 풍요로운 표현들로 가득하다. 독자가 그의 충격적인 표현들에 웃음을 터뜨리든 그의 차분하지 못한 감정의 폭발에 민망해 하든, 하카마야가 자신의 주장을 훨씬 더 많은 대중들의 장으로 전개해 나가려는 시도에서 수사학의 무기들을 교묘하게 휘두르고 있다는 데에는 의문의 여지가 없으며, 그렇게 하지 않았다면 그의 대중성은 확보될 수 없었을 것이다. 그러므로 만약 우리가 수사학적 양식들을 더 잘 이해하게 된다면, 우리의 관점을 바꾸어서, 자신들이 언어와 논증을 초월하고 있다는 교토학파 철학자들의 주장을 그 자체로 (유마힐의 침묵 못지않게) 비판적 평가에 개방되어 있는 참다운 논증으로 바라보게 될 수도 있을지 모른다. 간단히 말해서 나는 고전적으로 정의되는 맥락에서 장소론과 비판론의 방법이 왜 서로 회복 불가능할 정도로 적대할 필요가 있는지 알지 못한다.

여기에서 우리는 경험과 이성, 파토스와 로고스 사이의 구분이라는 더 큰 이슈로 나아가는데, 현재의 논쟁에서 매우 많은 것들이 이 구분에 의지하고 있다. 나 자신으로서는, 인간 실존의 경험적, 직관적, 또는 미적 양태를 정당하게 '종교적'이라고 간주되는 것의 영역으로부터 제거하려는 요구에 저항하는데, 다만 그러한 요구가 (적어도 사문 출가자의 운동으로 간주되는) 불교의 원래 취지였다고 여겨지는 경우도 종종 있다는 것은 인정한다. 오늘날 자신들의 불교가 세상과 무관하기를 바라지 않는 (또는 보다 적극적으로 표현하자면, 사회적으로 참여하기를 바라는) 이들뿐만 아니라 자신들의 현대적 생활방식의 온갖 편안함을 유지하기를 원하는 수행자들 사이에서도 수도원주의와 출가주의는 인기가 없기 때문에, 우리는 샤카무니의 깨달음 체험 뒤의 "세상으로 돌아감"에 관하여 자주 듣게 된다. 그러나 잊지 말아야 할 것은, 그가 돌아가서 자신의 아내 그리고 아이와 함께 살지는 않았으며, 왕자로서의 의무를 통한 사회적 참여로도 복귀하지 않았다는 점이다. 또한 상기할 필요가 있는 것은, 인도의 정통 종교들과 달리, 불교는 사실상 음악, 섹스, 미술, 그리고 기타 등등에 대하여 그다지 말할 것이 많지 않았으며, 내 생각에는 그 점에 있어서는 더 빈곤해져 있다.

여기에서, 사실상 불교가 사회적 차별을 용인했다면 자신은 더 이상 불자일 수 없다고 하는 마츠모토의 선언에 대하여, 나는 불교에 미적 정서를 위한 여지가 없다면 불자일 수 없다고 첨언할 수 있을 것이다. 이것은 내가 아름다움, 감정, 또는 육체적 체험의 다양한 느낌을 감상하는 것이 합리와 논증에 정면으로 위배된다고 생각하기 때문이 아니다. 과학자의 통찰이 추후에 실험과 응용기술을 통하여 입증되듯이 또는 감정가의 미적 감상이 식별적 앎을 통하여 심화되듯이, 나에게는 합리성이 경험을 지지하는 방향으로 설 수 있고 서야 한다고 여겨진다. 불교 인식론과 논리학에 관한 나의 불완전한 이해를 펼치고 싶지는 않지만, 직접경험(*pratyakṣa*)과 추론(*anumāna*)의 정당한 관계는, 합리성에 의하여 반박되지 않는 한에서만 경험이 앎의 정당한 수단으로 간주되는 관계이이야 한다고 뚜렷이 느낀다.[90] 예컨대 다나베 *철학*의 비일관성은 그의 참회 경험을 타당하지 않거나 무의미한 것으로 만들지 않는다. 그것은 다만 그가 그 경험이 의미하는 바를 다시 생각해야 한다는 것을 시사할 따름이다. 이러한 면에서 나는 본각, 여래장, 도, 그리고 교토학파의 니시다와 그밖의 사람들의 신비주의 사상에 대한 하카마야와 마츠모토의 견해에 전적으로 동의한다. 사실상 고전적 장소론 커리큘럼에서보다는 이들 후자에서 하카마야가 정의한 '장소철학'의 구조에 부합하는 것이 훨씬 더 많다는 것을 보게 된다. (비코와 달리 불자들은 절대자에 심취할 구실이 전혀 없다.) 이러한 사상들이 모든 것에 대하여 절대적이고, 불변하며, 독립적이고, 곧 언어와 합리를 초월하는 기반 내지 진리를 상징하는 이상, 불자이면서 학자인 사람은 그 사상들이 무아 그리고 인과적 상호의존의 사상과 충돌한다는 것을 볼 수 있어야 한다. 따라서 불자는 이러한 아이디어들을 비불교적이라고 배격하거나 그것들을 방편(*upāya*)으로서 수용할 필요가 있는데, 이러한 수용은 그것들을 배격하는 것과 – 수사학적으로는 아니라고 하더라도 – 논리적으로 동일한 것이라고 할 수 있다.

동시에 역사학자로서 나는 일본의 모든 사회적 병폐에 대한 비난을 '장소불교'에 쏟는 것은 어렵다고 생각한다. 불교 도입기부터 오늘날에 이르기까지 일본에서 문화적 권위주의의 다양한 형태를 이념적으로 지지하는 수단으로서 불교사상과 불교 제도 양자 모두가 활용되어 왔으며, 이러한 현실이 또한 그 같은 전체주의를 조장하는 데 도움이 되어 왔다는 사실을 부정할 수는 없다. 또한 우리는 하카마야와 우메하라 양자가 모두 인정하듯이 그렇게 활용된 불교가 본각 전통에 의하여 압도되고 있었다는 점도 부정할 수 없다. 그러나 이 문제의 복잡함은 하카마야가 일본의 화(和) 사상을 조화의 이데올로기로 비판하는 데에서 잘 예시되는데, 그 사상이 다양성을 질식시키고 억누르는 기능을 할 수 있으며 종종 그런 기능을 해왔다는 데에는 동의하지 않을 수 없다. 그러나 쇼토쿠의 화(和)는 도교적 이념이 아니라 유교적 이념이며, 하카마야는 종종 공자를 비판론자라고 일컫는다. 비록 『논어』에서 화(和)가 사회적 규범에 대한 단순한 순응을 의미하는 것은 아니지만, 사회적 에티켓(의례적 적절함으로서의 禮)에 부합하는 것이 자연적 인간 조건의 야만성을 섬세하게 다듬는 수단이었으며, 이는 불교에서 율(律, vinaya)의 목적이

'길들여지지 않은 것을 길들이는' 것과 대체로 같은 것이다. 다시 말해서, *화*의 목적은 '자연적인' 것을 *자제하도록* 하는 것이다. 그렇다면 하카마야가 "참된 불교와 혼동되지 말아야 할 최우선적인 정치적 이념"이라고 *화*를 비판하는 것에 대하여 어떻게 받아들여야 하는가? 우리는 이로부터 하카마야에게 참된 불교는 비정치적이라고 이해해야 하는가?

그렇게 말하는 것은 오늘날의 풍조와는 맞지 않을 수 있지만, 나 자신의 느낌으로, 불교전통에서 사회적으로 파격적인 측면은, 불교에서 이따금 사회를 개혁하려는 노력을 기울이는 데 있는 것이 아니라, 사회로부터 떨어져 나오는 것을 제도화한 데에 있다. 하지만 이것이 실로 하카마야가 *화*를 비판하는 데서 의도하는 것이라면, 그 자신의 사회적이고 정치적인 의제는 어떻게 되는 것인가? 내가 다만 상정할 수 있는 것은, 하카마야에게 *화*는 단순히 잘못된 정치 이념이고 그렇기에 참된 불교와 혼동되지 말아야 하며, 다른 한편으로 올바른 정치 이념은 참된 불교와 동의어일 수 있다는 것이다. 그렇게 되면 그는 '붓다의 말씀'(*buddhavacanaṃ*)을 참된 모든 것을 포괄하는 것으로 정의하는 전통에 가까이 다가서게 된다. 어느 경우든 중심적 이슈는 권위의 오만함을 핵심으로 하고 있는 것으로 여겨지며, 이 점에서는 하카마야도 동의하리라고 믿는데, 오만함은 비판론자나 장소론자 모두에게서 발견될 수 있을 것이다. (어느 면에서든 르네 데카르트는 단순히 아주 오만한 작자로 일컬어졌었다.) 이러한 면에서도 내가 언급하고 싶은 것은, 자기 자신의 권위주의적 태도에 대한 이따금의 고백에도 불구하고 하카마야는 '참된 불교'에 대한 자신의 관념이 이론적 차원에서뿐만 아니라 실천적 차원에서 권위주의를, 특히 자신의 강력하고 심지어 경멸적인 어조의 수사법과 결합될 때에, 어떻게 벗어나는지를 보다 명료하게 입증할 필요가 있다는 점이다.

결 론

그 가장 기초적인 차원에서 비판불교는 사물들을 구분하는 것의 정당성에 관심을 둔다. 링컨 타운 카와 같은 고급차는 물이 새는 노 젓는 배와 같은 것이 아니라는 것, 또는 링컨 타운 카를 타는 경험은 물이 새는 노 젓기 배를 타는 것과 전혀 다르며, 그 각각이 우리를 다른 목적지로 데려다 줄 수 있다는 것은 여하한 의미에서든 참된 것인가, 그리고 참되다면 어떠한 의미에서인가? 불교가 도교와 다르다는 것, 또는 그 각각의 수행법은 다른 성취를 가져온다는 것은 어떤 의미에서든 참된 것인가? 하카마야 편의 비판론자는 이 두 질문 모두에 대하여 긍정적으로 답할 것이며, 또한 고통을 제거한다고 하는 불교의 목표가 성취될 수 있는 것은 오직 바로 그러한 적합한 구분을 하는 데 있다고 이해할 것이다. 다른 한편으로 장소론자는 그 구분의 정당성을 부정할 뿐만 아니라, 또한 그러한 개념화와 구분이 바로 고통의 근원이라고 주장할 것이다. 이렇게 대략적으로 묘사되는 장소론자의 입장을 거부하고-무엇보다도, 누가 물이 새는 노 젓기 배를 타기를 원하겠는가?-무엇보다도 구분을 하는 것의 정당성을 긍정한다면, 그는 이미 비판론자이고 그의 과제는 다만 정의를 내리고 비교하는 것이다. 이것이 바로 하카마야, 마츠모토, 그리고 이 책에서 대표되는 이들과 같은 비판론자들이 행해온 것이다. 또한 하카마야의 공헌은, 다른 많은 사람들이-불교 학자들, 정치가들, 비판가들, 그리고 대학총장들 모두-비록 자신들의 판단이 기반하고 있는 가치들을 인식하고 있지는 못하더라도 동일한 활동에 어떻게 참여하고 있는지를 강력하게 지적하고 있다는 것이다. 여기에서 비판론적 불자들에 의하면, 불교의 기본적인 목적은 분별적 앎, 참과 거짓에 대한 앎, 거짓의 배격, 그리고 그 앎을 언어로 표현하는 것이다. 거기에는 이러한 목표에 위배되는, 하카마야가 "장소불교"라고 정리해서 일컫는, 여하한 형태의 불교도 배격하는 것이 수반된다. 원래적 청정성에 대한 긍정, 현상과 합리성과 언어에서 분별하는 것에 대한 자기 지시적이며 일관적이지 못한 부정, 그리고 이에 수반되는 조화와 포괄주의의 정치 등이 그러한 형태에 포함된다. 정의를 내리고, 비교하고, 심지어 "불교는 비판에 다름 아닌" 것인지 여부를 판단하는 것은 불자들과 학자들 모두에게 속한 과제인데, 양자 모두 그러한 정의와 판단에 관심을 가져야 한다고 하는 하카마야의 주장은 정당화되는 것인지에 대해서, 나는 그의 주장을 온전히 기꺼이 수긍한다.

5. 비판으로서의 학문

하카마야 노리아키(袴谷 憲昭)

"말할 수 없는 것에 대해서는 침묵해야 한다"

L. 비트겐슈타인, 『논리철학수고』

이 논문의 제목은 막스 베버의 "직업으로서의 학문"을 비틀어서 취한 것이다. 나의 유일한 목적이 패러디였다면, 나는 '직업에 반하는 것으로서의 학문'이라거나 '학문으로서의 직업' 등과 같은 어떤 것을 취했을 것이다. 그러나 나는 베버를 취할 다른 이유가 있었다. 나는 고마자와 대학 캠퍼스 뉴스레터에 "학계의 루머 600단어"라는 제목으로 기고했던 칼럼의 다음과 같은 언급으로 시작하겠다.

> 나는 대학이 막스 베버가 "직업으로서의 학문"에서 기술하는 류의 가치판단 배제의 사상에 이끌려서 조각 지식들을 판매하는 데서 만족을 취하는 사이비 객관주의에 의해 압도되고 있다는 생각을 떨칠

수가 없다.

그 증거로, 우리는 다만-원래 일종의 영적 기회주의를 기술하는 경멸적 용어로 사용된-혼합주의가 종교학, 문화인류학, 그리고 민속학에서 갑자기 시민권을 얻어서, 어떠한 뒤죽박죽의 종교도 가치중립적으로 다른 여느 종교와 마찬가지로 정당한 종교로 바라보도록 하게 된 과정을 훑어보기만 하면 된다.

나의 입장에서, 종교의 최소한의 요건은 자신의 신념을 말로 표현하고 그 말의 진위를 확인하고자 모색하는 것이다. 따라서 나는 나 자신에게 내가 대학에 고용된 상태에서 스스로 부여하는 최소한의 조건으로서, 베버의 이상에 정면으로 배치되는 "비판으로서의 학문"이라는 이상을 설정하고자 한다.

나의 생애의 현 시점에서 나는 나의 실패가 나의 이상보다 더 뚜렷하다는 것을 고백할 수밖에 없다. 그러나 눈치에 의하여 조절되지 않는 솔직함을 나의 유일한 덕목으로 생각하면서, 그리고 니체의 성실성(*Wahrhaftigkeit*)과 데카르트의 상식(*bon sens*)의 정신으로, 나는 불교학 분야에서 나의 비판적 연구를 계속해서 진행하고자 결심한다. 우선 나는 1937년에 문부성에서 발표한 『국체(国体)의 본의(本義)』에 간직된 것으로 여겨지는 "조화"(和)의 정신의 추한 측면을 폭로하고자 한다.[1)]

여기에서 나는 처음으로 "비판으로서의 학문"이라는 어구를 반베버적인 의미로 사용하였다. 순전히 우연이지만, 나의 칼럼은 그 캠퍼스 뉴스레터의 두 번째 페이지에 등장하였고, 그 앞의 제1면은 고마자와 대학과 브리티시 컬럼비아 대학 사이의 대학간 교류 프로그램의 서명식에 할애되었다. 그 머리기사는 고마자와 대학 총장 사쿠라이 도쿠타로가 브리티시 컬럼비아 대학에서 "일본의 민속종교와 전통적인 가미 개념"에 관하여 행한 기념 강연의 요약을 포함하고 있었다. 기자의 요약문에서 그의 강연을 판단하는 것은 전적으로 공정한 것은 아니겠지만, 내가 읽은 내용에 의하자면, 그와 나는 정확히 스펙트럼의 양 극단에 서 있다고 여겨졌다.

> 일본에서 가미로 숭배되는 것들은 많고 다양하다. 산, 나무, 바위, 그리고 물과 같은 자연물들, 비, 바람, 천둥과 같은 자연 현상들, 인간과 동물의 혼령들, 그리고 한 가족이나 씨족의 조상으로서 외경의 대상으로 선정된 죽은 이들의 혼령들까지 가미로 숭배된다. 지역사회와 직능집단 또한 자기들의 지역이나 직장을 지키고 번영을 보장하기 위하여 다양한 수호신들을 상정한다. 이러한 행위 패턴을 연구하는 서양의 종교학자들은 그 현상을 "다신론"이라고 명명하였고, 종교 발달의 가장 원시적 단계에 소속시키면서, 그리스도교, 이슬람, 그리고 불교와 같은 가장 고등한 세계 종교들의 일신론과 거리가 있다는 것을 강조하였다. 그러한 관점은 미성숙한 동시에 피상적이다. 분명히 일본의 가미는 일신론을 시사하지는 않지만, 그렇다고 하더라도, 그 가미들이 무수하게 질서나 조직이 없이 공존한다고 할 수는 없다. 반대로 그들은 서로에 대하여 일정한 원리에 따라 기능하며 믿을 수 없을 정도로 체계적인 위계 관계로 엮여 있다. 보통은 다른 세상에서 조용하게 숨겨져서 인간의 거주처로부터 멀리 있는 그 가미들은 필수적인 역할을 해야 할 때가 되면 이 세상에 나타난다. 일본의 가미는 일종의 범신론적 성격을 갖고 있다.[2]

종교와 민속에 대한 학문적 연구는 "사실들이 그 자체로 말하게 하라"[3]는 베버의 언명에 따라 학계에서 객관적인 자율성의 확보를 모색하면서 발전되어 왔다. 문제는 사쿠라이가 사실들에 충실하다는 인상을 주면서도 객관성의 한계를 넘어서 커다란 비약을 했다는 점이다.

무엇보다도 다신론, 일신론, 그리고 범신론과 같은 종교 유형론은 우리가 “종교”라고 부르는 현상들을 분류하고 목록화하는 하나의 방식 이상도 이하도 아니어서, 마치 백화점에서 쇼윈도 장식가가 전시품을 배열하는 것과 거의 같은 것이다. 또한 다른 학자들은 동일한 현상에 대해서도 그렇게 상이한 유형론을 채택하고 있으며, 그 모두가 다 좋고 타당한 것이다. 사쿠라이가 주장하듯이 불교를 일신론의 형태로 분류하려는 어떤 서양학자가 있는지에 대해서는 그다지 확신이 가지 않는다. 그러나 그러한 점마저도 여기에서 나에게는 문제가 되지 않는다. 나에게 문제가 되는 것은, 그가 종교유형론에 호소하면서 일본 민속종교가 범신론적 성격을 갖고 있으니까 우월하다고 주장한다는 점이다. 그렇다면 이것이 나에게 왜 문제인가? 그러한 주장은 말이 되지 않기 때문이다. 사쿠라이는 객관적인 유형론을 제시하는 것으로 시작해서, 바로 학자적 양심의 경계를 넘어서, 자신의 개인적 견해들을 마치 동일한 객관성을 띠는 것인 양 개진하고 있는 것이다.

여기에서 오해가 없기를 바란다. 나는 개인적 신념이 중요하며 공적으로도 적절하다는 것을 부정하려는 의도가 전혀 없다. 그 정반대로 나는 우리가 우리의 신념의 진위를 평가하고자 한다면 그 신념을 표현하기에 적절한 말을 발견해야 한다고 주장한다. 다만, 종교와 민속에 대한 객관적 학자라는 고지에 자신을 위치시키고 그 전통들 자체의 외부 입장에서 종교에 대한 유형학적 연구에 참여하면서 “사실들이 그 자체로 말하게 한다.”고 자처하면서, 동시에 일본 민속종교의 우월성을 역설하는 것은 나에게 규칙 위반이자 일종의 사기행위로 보인다. 나의 표현이 다소 과격할 수도 있겠지만, 그 캠퍼스 뉴스레터의 첫 페이지와 둘째 페이지에 게재된 것 사이에서 내가 느낀 충돌을 전달할 다른 방법을 모르겠다.

만약 이것이 고마자와 대학 내부의 불일치에 지나지 않는다고 한다면, 이러한 대립을 확대시켜서 볼 필요도 없을 것이다. 그러나 바로 이러한 관점의 충돌이 우리 사회에는 너무나 깊고도 비묘하게 스며들어 있어서, 우리에게는 거의 아무렇지도 않은 듯이 되어버렸다. 이러한 상황에서는, 일견 사소한 경우라고 하더라도 주목할 가치가 있다. 물론 이러한 충돌은 새로운 것이 아니다. 그 충돌은 아마도 언어가 존재하게 된 이래 어디에서나 있어 왔다. 데카르트에게서 그 충돌은 가장 명료하게 부각되었다. 데카르트는 학자들이 아니라 자연 이성(*raison naturelle*) 곧 사람들의 견고한 상식을 신뢰하였고, 자신의 비판철학을 "나의 선생들의 언어인 라틴어보다 내가 선호하는 나의 모국어인 프랑스어로" 제시하였다.[4] 데카르트의 사후에 잠바티스타 비코는 데카르트에 대립하면서[5] 장소철학의 기치를 올렸고, 그리하여 비판론과 장소론 간의 대립을 주창하였다. 장소론(*topica*)이라는 용어는 희랍어 *τόπος*(토포스, 라틴어에서도 그 자체의 음사어를 사용하는데, 다만 라틴어 자체의 대응어는 *locus*이다)로부터 파생되었는데, 장소(topos)의 방법이라는 뜻이다. 그것은 모든 행위나 판단에 선행하는 텅 빈 공간, 허공, 곧 장소(*topos*)에 대한 직관적 파악, 곧 언어를 필요로 하지 않는 인간의 동물적 능력을 가리킨다. 과장한다는 비난을 받지 않기 위하여 나는 비코의 『우리 시대의 연구 방법에 관하여』(*De nostri temporis studiorum ratione*)에 대한 이와사키 미노루(岩崎 稔)의 다소 온건한 코멘트를 인용하겠다.

> 존재와 인식 양자 모두의 맥락에서 장소론은 비판론에 선행하는데, 왜냐하면 비판론은 판단의 기술인 반면에 장소론은 발견의 기술이기 때문이다. 보편적인 전제들에 대한 발견은 그것들의 진리 가치에 대한 판단에 당연히 선행한다.[6]

비코는 이러한 "발견의 기술"의 우월성을 강조하지만, 유럽철학의 발전을 압도해온 것은 판단의 기술인데, 다만 아마도 데카르트가 기대했었을 것 같은 방식으로는 아니었을 것이다. 사사키 지카라(佐々木 力)는 비코의 "근대 과학의 이론"에 대하여 다음과 같이 말한다.

> 로돌푸스 아그리콜라(Rodolphus Agricola) 또는 그의 계승자 페트루스 라무스(Petrus Ramus)에서와 같은 인문적 논리학(다시 말해서, 인간의 사유와 표현에 대한 연구)은 아리스토텔레스의 스콜라적 논리학에 대립하여 르네상스 시기에 등장하였는데 … 두 부문으로 나뉠 수 있다. 첫 부문은 발견 내지 발명을 다룬다. 둘째 부문은 판단을 다룬다. … 일반적으로 말해서, 전자는 장소론에 후자는 비판론에 상응한다.[7]

이러한 구분의 맥락에서 보자면, 유럽철학의 주류는 오직 '판단'의 학문으로서만 살아남았다. 이 두 측면은 인도철학에서 직접경험(*pratyakṣa*)과 추론(*anumāna*)의 구분에 거의 정확히 상응한다. 그러나 유럽에서의 구분과 근본적인 차이점으로, 인도적 사유는 직접경험의 우선성에 압도적으로 기반하고 있다. 여기에 예외가 되는 것이 다르마키르티(Dharmakīrti, 7세기)의 불교논리 전통인데, 이는 나중에 티벳불교의 총카파(Tsong kha pa, 1357-1419)와 겔룩파 교단에 의하여 계승된다.[8] 다만 유럽과 인도의 지성사에 대한 비교가 여기에서 나의 관심사는 아니다. 데카르트 대 비코의 논쟁이 단순히 유럽적인 이슈라면 일본에서 어느 누구도 구태여 비코와 씨름하지 않을 것이다. 그러나 사실상 데카르트에 대한 저항을 다시 일으키려는 음모는 유럽에만 국한되어 있는 것이 *아니다*. 1987년 2월 출간된 『시소』(思想) 저널의 "비코 읽기"에 관한 특집호는 여기 일본에서 장소철학의 부흥을 상징한다. 그 '사상 수입자들'은 자신들이 비코에 대한 유럽의 재발견을 일본에 단순히 보고하는 것뿐이라고 반박할 수도 있겠지만, 공(空)에 대한 직관적 파악에 전통적으로 우선성을 부여해 온 일본의 토착적인 장소철학과 직접경험(*pratyakṣa*)을 강조하는 아시아 전통은 단순하게 아주 적극적으로 비코의 장소철학에 합류하면서, 그렇게 함으로써 포스트모더니즘과 프리쵸프 카프라와 그의 동류들의 뉴에이지 '과학'에 팔을 벌리려는 것으로 여겨진다. 아니, 이것은 그저 해외의 사조에 대하여 보고하는 문제가 결코 아니다. 이것은 자기 자신의 전통을 무비판적으로 긍정하면서 장소철학의 절정이라고 주장하고, 비판론적인 것이 아닌 한 무엇이나 수용하려는 일본적 정서의 재확인이다. 종교들에 대한 진부한 유형론으로 무장한 채 비판적 논증의 부재에도 흔들리지 않고 일본 민속종교의 우월성에 관하여 주장하려는 사람이 이러한 국민적 정서를 활용하는 것은 어렵지 않은 것이다. 오늘날 일본의 너무나 많은 이들이 이러한 방향을 취한다. 처음에는 아무리 미약하다고 하더라도 비판철학의 견고한 전통을 확립하는 것만이 그것에 맞서는 희망을 줄 수 있을 것이다. 여기서 사쿠라이와 나 사이의 차이는 장소철학 대 비판철학의 충돌로 귀결되는 것이다.

* * * * *

내가 이 글을 쓰고 있는 것이 7월이고, 대학의 여름방학이 다가오고 있다. 지난 해 동안 나는 오늘날 우리 사회에서 무언가 잘못되어 있다는 징후를 보이는 것으로 간주되는, 장소철학 대 비판철학의 충돌 사례를 여러 차례 주목해 왔다. 12월 8일에 (방금 언급했던 캠퍼스 뉴스레터가 나온 직후에) 고마자와대학 불교행사운영위원회는 성도회(成道會) 기념강연회를 주최하였고, 그곳에서 고야산(高野山) 대학 총장 마츠나가 유케이(松長有慶)가 "밀교의 우주관"이라는 제목의 발표를 하였다. 그의 발표의 주된 요지는, 밀교가 모든 것을 포용하는 종교로서 태장계(胎藏界) 만다라(*garbha-saṃbhava-maṇḍala*) 내에 민속적 믿음들 그리고 다른 어떤 것이든 거의 모든 것을 수용할 여지가 있다는 것이었다. 이러한 주장은 새롭고 색다른 사유방식에 대한 샤카무니의 고요하고 명료한 통찰을 기념하는 것으로서는 매우 부적절한 방식이라고 여겨졌다.

나는 그 발표 후의 리셉션에서 그 발표자에게 질문할 기회를 얻게 되기를 희망하고 있었는데, 당시 불교학부 학부장이었던 오카베 가즈오(岡部 和雄)가 내가 염두에 두었던 질문들 대부분을 제기해줄 수 있었다. "만약 밀교가 모든 것을 포괄하는 종교라면, 그것이 불교적인 이유는 무엇인가? 기리야마 세유(桐山 靖雄)의 아함종(阿含宗)은 밀교라고 간주될 수 있는지, 그렇게 간주될 수 있다면 그 이유는 무엇인가?" 마츠나가의 답변은 대략 다음과 같았다. "우리는 그것을 밀교라고 간주할 수 있을 것이지만 구체적인 내용을 언급하지는 못하겠다." 나중에 리셉션이 끝날 즈음에 문학부 문화학 프로그램의 와키모토 즈네야(脇本 平也) 교수가 짧은 연설을 하면서 그 발표에 대하여 다음과 같은 코멘트를 하였다.

> 모든 것을 포용하는 태장계 만다라에 대한 귀하의 강연을 들으면서, 나는 그것이 종교학이 행하는 것과 매우 가깝다는 인상을 강하게 받았습니다. 오늘날 몇몇 사람들은 단지 특정한 종류의 불교만이 참된 불교라고 주장하지만, 종교학은 태장계 만다라와 같은 학문 분야입니다. 종교학에서는 모든 종교, 심지어 그렇게 아주 배타적인 주장을 하는 것들도 종교라고 간주합니다.

그 행사는 이러한 포괄주의적 관대함에 대한 언급에서 마쳤는데, 오늘날 일본에서 진행되고 있는 상황에 아주 어울리는 상징적 행사였다고 하겠다. 개인적으로 나는 성도회 기념일에 우리 대학이 밀교에 관한 강연을 유치하고자 했다는 사실 자체가 믿겨지지 않지만, 사정이 너무 복잡해서 내가 할 수 있는 일은 전혀 없었다. 게다가 당시 일본에서 구카이(空海) 붐이 일어서 그 결과로 고야산은 관심의 초점이 되어 있었고, 이러한 상황은 내 의견을 개진하는 것을 더욱더 어렵게 하였다. 나는 일찌감치 비판의 유일한 장은 앉아서 이 글과 같은 논평문을 집필하는 데서 열린다는 것을 알았어야 했던 것이다.

또 한 가지 예를 들어보자. 1986년 11월 8일에 고야산 대학과 마이니치신문의 공동 주최로 고야산에서 심포지엄이 개최되었다. 그 주제는 "고야산 결집: 인간의 가능성을 찾아서"였다. 3주 뒤 11월 29일에 마이니치신문은 그 행사에 대하여 두 지면을 할애하여 보도하였는데, 발표문의 초록들도 포함하였다.[9] 그 심포지엄의 발표자들에는, 영국 출신 작가 콜린 윌슨(Colin Wilson), 미국 물리학자 프리죠프 카프라, 영국 출신의 동물 행동 과학자 라이언 왓슨(Ryan Watson), 그리고 고야산 대학 총장 마츠나가 유케이가 포함되었다. 그 외국인 손님들에 대해서는 불교에 대하여 잘못 인식하고 있는 것을 용인하여 줄 수 있겠지만, 더 잘 알고 있어야 할 마츠나가는 일종의 우파니샤드 신비주의와 같이 들리는 발표를 하였는데 그 발표에 따르면, "밀교에서 자아와 절대계의 동일성을 확인하는 것은 학문적 논증을 통해서가 아니라 삼밀(三密)의 수행을 통해서이니, 삼밀은 곧 육체적 몸과 우주를 표현하고 인간의 본성을 드러내는 것이다." 이것이 불교대학 총장이 불교라고 이해하는 것이라면, 다른 참가자들의 관점에 대해서 도대체 어떻게 질문을 꺼낼 수 있겠는가?

그 신문 보도에는 또한 전체 행사에 대한 평론가 구리타 이사무(栗田 勇)의 아첨 일색의 리뷰가 실렸는데, 참된 불교와 더 멀리 있다고 할 수 없을 정도로 엉뚱한 아이디어들을 불교에 갖다 붙이면서 염치없이

굽실거리고 있었다. 그의 글에 따르면 "인간은 본질적으로 절대자, 곧 붓다이고 … 공(空)은 부정이 아니라, 절대에 대한 긍정이다." 불교를 성실하게 이해하고 있는 이라면 누구든 이러한 주장이 불교의 교리를 왜곡하고 있다는 것을 보게 될 수밖에 없을 것이다. 인간은 본질적으로 절대적 실존을 결여하고 있으며(*anātman*, 無我), 이것을 바르게 알 수 있으면 곧 붓다인 것이다. 공은 어떠한 절대도 긍정하지 않으니, 오직 전혀 긍정하지 않는 곧 절대적 부정(無遮 *prasajya-pratiṣedha*, *med dgag*)이다.[10] 이 모든 것이 구리타의 관점과 정반대라는 사실은 그에게는 전혀 문제가 되지 않으니, 왜냐하면 만다라는 절대 긍정과 절대 부정의 양자 모두에 대하여 진정성을 부여할 여지를 충분히 남기고 있기 때문이다. 사실 그는 그 다음 해에 두 번 생각하지도 않고 구카이에 대한 자신의 열정을 젖혀두고 사이쵸(最澄)에 관하여 온통 흥분해 있었다. 얼마나 시기를 잘 타는가! 올해 8월에는 히에이산에서 세계 종교 지도자들의 회합이 있을 예정이다. 구리타는 "사이쵸와 본각"에 관한 절망적일 정도로 시대에 뒤쳐진 논문과 함께 조금도 주저함이 없이 시류에 편승하였다. 우리 대학의 어느 누구도 본각에 관하여 그렇게 유치한 논문을 감히 출간하고자 했을 시대는 이미 오래 전에 지났지만, 지성인들이란 이상한 족속은 이러한 류의 수준 이하의 글에 대해서도 찬탄하기를 꺼리지 않는 듯하다. 구리타는 자신의 논문 부제를 "시(序)의 시(序)"라고 붙였지만, 문예비평가 아키야마 슌(秋山 駿)은 이것을 수사학적 겸손함이라고 받아들이면서 이 논문에서 "일본적 정신의 원류에 대한 구리타의 사색이 축적"된 것을 느꼈다고 칭찬하였다. 나로서는, 그 아이디어가 잇펜(一遍)에서 도겐과 구카이를 거쳐 사이쵸로 비약하곤 하는 사람이 어떤 주제에 대해서 "사색이 축적"될 수 있었겠는가 우스울 뿐이다. 어느 경우이든, 구리타의 "일본적 정신의 원류"에 대한 아이디어들은 그렇게 격한 칭찬을 받을 만큼 참신하지는 않은데, 그가 사이쵸의 12년 동안의 산림수행을 다루는 다음과 같은 단락에서도 그것을 짐작할 수 있다.

> 거의 인간의 한계를 넘어서 산 속의 자연을 배경으로 이러한 경험을 거치면서, 사이쵸는 일본인들이 자연에 대하여 가지고 있는 논리와 감수성, 곧 고대로부터 육성되어 자신의 피 속에도 흐르는 감수성을 자각하였다. 불교적 용어로 말하자면 그는 자연과 자신의 상즉(相卽)을 실제로 체험했음에 틀림없다. 우리는 사이쵸가 이처럼 특유한 일본적 자연관에 의하여 강력하게 영향을 받았다는 것을 간과하면 안 된다. 일본인들에게 자연은 신이자 조화이고, 다른 무엇보다도, 움직임이다. 그리하여 참된 실존은 자연과 하나가 됨으로써 현상계 내에서 체험된다. 이것은 밀교의 입문의례에서 발설할 수 없는 말들을 통하여 전하여졌고, 나중에 일본 본각사상이라고 하는 거대한 흐름으로 성장하였다.[11)]

이러한 본각 관념이 구리타가 "일본적 정신의 원류"라고 부르는 것인데, 이것은 다이쇼 시대 말기에 시마지 다이토(島地 大等) 이래 줄곧 있어 왔던 아이디어를 거듭해서 앵무새처럼 반복한 것에 불과하다. "일본의 지성사는 본각 관념에서 그 절정을 이루었으니, 일본 지성사는 고대로부터 오늘날 우리 시대에 이르기까지 줄곧 그 사상을 중심으로 이루어져 온 것이다."[12)] 일본적 자연관에 대한 구리타의 묘사가 새롭게 들릴 수도 있겠지만, 그것은 앞에서 언급된 특유한 일본적 '가미 개념'에 대한 사쿠라이의 호소와 실질적으로 같은 것이다. 히에이 산과 히요시 다이샤(日吉 大社)가 우연히 동일한 산에 위치하고 있다고 하는 이유만으로 그 양자가 동일하다고 하는 것이 비논리적인 것만큼이나, 그 아이디어는 오늘날에도 상당한 영향력을 발휘하고 있다. 이렇게 말하는 것이 불편하기는 하지만, 대중적인 에세이스트들이 불교를 바라볼 때에는 창조성이나 논리는 그다지 중요하지 않은 것으로 보인다. 그들이 불교를 공부하는 것은 자기들 자신의 전통을 의미 있게 하기 위해서이고, 모종의 토착적인 독특함을 발견하기만 하면 갑자기 불교는 더 이상 필요로 하지 않게 되는 것이다. 그들은 불교에서 실제 구체적으로 가르치는 것이 자기들 자신의 오만함에 간섭하도록 하는 것을 거부한다.

우메하라 다케시(梅原 猛)는 이러한 자기본위적인 오만함의 또 다른 사례이다. 1987년 6월에 그는 NHK 시민대학에서 강연한 것을 바탕으로 히에이산 세계 종교인 회의 시기에 맞추어 『사이쵸 명상』(最澄瞑想)이라고 하는 책을 펴냈다. 그의 아이디어는 구리타와 오십보백보인데, 특히 히에이산에서 밀교와 현교의 체제가 일본사상사에서 행한 역할에 대하여 비판적 이해를 전혀 하지 못하고 있다는 점에서 그러하다.[13] 우선 구리타의 다음과 같은 단락에서 그러한 사실은 잘 드러난다.

> 의문의 여지없이 천태는 통합과 합일의 사상이다. 진언 밀교와 대조적으로 개방적이고 포괄적이다. 이것이 또한 뜻하는 것은, 그 영향이 확산적이라는 것인데, 이는 선, 정토, 그리고 법화 운동이 모두 히에이산에서 기원한다는 사실에서 쉽게 볼 수 있다. … 여기에서 우리는 [일본적 정신의 원류]와 공명하는 것은 천태종 자체라기보다는 오히려 천태본각사상이라고 상정할 수 있게 된다.[14]

그리고 우메하라는 다음과 같이 말한다.

> 사이쵸의 천태는 진언과 결합하여 천태본각론을 산출하였는데, 이는 "산천초목이 다 성불한다"(山川草木悉皆成佛)는 잘 알려진 어구로 가장 잘 표현된다. 바로 이 지점에서 불교는 인간의 자각의 종교로서 철저

히 자연에 중심을 두게 되었다. 이러한 사상 가운데에서 호넨(法然), 신란(親鸞), 에이사이(榮西), 도겐(道元), 그리고 니치렌(日蓮)이 산출된 것이다. 비록 각자가 상이한 관점을 가지고 있지만, 그들은 모두 천태 본각론에서 영향을 받아 각자 고유한 방식으로 그것을 발전시켰다.[15]

내가 다른 곳에서 주장하였듯이, 불교가 "자각의 종교"로 이해되는 순간 그것은 더 이상 불교가 아니다.[16] 말할 필요도 없겠지만, 나의 이러한 논지는 널리 받아들여지지는 않고 있다. 그러한 면에서 논의상 내가 착각하고 있다고 해보자. 그렇다고 하더라도 여전히 우리는 불교가 "자각의 종교"에서 "자연에 중심을 두는 종교"로 변화되었을 때 바로 그 순간 그것은 더 이상 불교가 아니라는 것을 인정해야 한다. 바로 이러한 이유 때문에 가마쿠라 신불교 운동의 창시자들이 이러한 변화에 대하여 반발하였던 것이다. 선, 정토, 그리고 법화 운동이 모두 히에이산에서 기원한다거나 본각론이 호넨, 신란, 에이사이, 도겐, 그리고 니치렌의 출현을 가능하게 하는 사상적 맥락을 창출하였다고 주장하는 것은 사실을 전적으로 호도하는 것이다. 구리타와 우메하라의 주장에도 불구하고, 사실상 이러한 창시자들은 당대의 거짓 불교의 정치적 권위에 용감하게 도전하면서 엄한 탄압을 받았다. 심지어 조심스럽고 기민했던 도겐조차도 "산, 강, 풀, 그리고 나무가 다 성불한다"고 주장하는 거짓 불교로서 "자연에 중심을 둔 종교"에 대하여 매우 예리한 비판을 전개하였다. 자신의 만년의 『정법안장』(正法眼藏) 「사선비구」(四禪比丘) 권에서 도겐은 그러한 주장에 대하여 다음과 같은 말로 비판한다.

몇몇 사람들의 말에 의하면, 붓다와 여래의 깨달음은 모든 세상을 포괄하기 때문에 심지어 먼지 한 조각조차도 그 깨달음을 드러낸다. 그 깨달음은 주체와 객체 양자 모두를 포괄하는 까닭에 산, 강, 땅,

해, 달, 별, 사도(四倒), 그리고 삼독(三毒)도 그 깨달음을 드러낸다. 산과 강을 보는 것은 여래를 보는 것이며, 사도와 삼독은 붓다의 법이다. 먼지 한 조각을 보는 것은 법계를 보는 것이며, 각각의 순간적 행위가 다 최고의 깨달음의 드러남이다. 그들은 이것을 위대한 이해라고 하며, 조사들이 전한 바라고 한다. 송나라 말엽에 이러한 견해를 따르는 자가 도마죽위(稻麻竹葦)와 같이 많았다. 그들의 [종교적] 계보는 알려져 있지 않지만, 그들이 불교를 이해하지 못하고 있다는 것은 자명하다.[17]

"몇몇 사람들"에 의하여 선포된 "자연에 중심을 둔 종교"에 대한 도겐의 배격은 매우 뚜렷하다.[18] 그러나 『도겐을 읽는 법』이라는 책에서 구리타는 묘에와 도겐을 한 덩어리로 만들어 버린다. 그렇게 우리는 자신이 자연과 하나라고 생각하는 묘에를 만나게 된다. "아무 것도 구하지 않으면서, 다시 장난꾸러기가 되니, 일생이 족하다." 묘에의 유명한 시 "있어야 할 그대로"(阿留辺幾夜宇和, あるべきやうわ)에서 구리타는 "모든 중생이 다 불성을 갖고 있다"(一切衆生悉有佛性)라는 아이디어의 극의(極意)를 발견한다.

사람들은 "있-어-야-할-그-대-로"(あるべきやうわ)라는 일곱 글자를 고수해야 한다. 스님들은 스님들로 있어야 하고, 재가자는 재가자로 있어야 한다. 황제는 황제로 있어야 하고, 신하들은 신하들로 있어야 한다. 이 "있어야 할 그대로"[라는 원칙에] 어긋나게 행위하는 것이 모든 악의 근원이다.[19]

물론 묘에의 입장에서는 가마쿠라 신불교의 창시자들이 기성질서의 타당성에 반발하는 "악한" 자들이었다. 묘에는 실로 불성이 모든 중생에게 내재한다는 본각사상의 취지를 어느 정도 잘 포착하고 있다. 바로 이러한 사유방식이 또한 사회적 차별을 지지하고 자신의 윗사람들에 대한 맹목적 복종의 윤리를 조장한다. 구리타가 어디에서도 이러한 측면에서 도겐의 비판을 언급하고 있지 않다는 것은 놀라운 일이 아니지만, 우리는 이 문제를 당분간 젖혀두기로 한다.[20] 내가 간과할 수 없는 것은, 그가 도겐과 묘에의 차이에 눈을 감고 있으며, 그리하여 "일반적으로 불교의 정수에 다가가는 자는 모두 묘에든, 도겐이든, 신란이든, 혹은 잇펜이든, 그들의 말이 아무리 광범위하게 다양하고 그들의 길이 서로 다르다고 하더라도, 결국에는 같은 곳으로 귀결하게 된다"라는 주장을 하는 난센스를 범하게 된다는 것이다.[21] 도겐의 다음과 같은 말은 이러한 맥락에서 적실하다.

> 부주의한 사람들은 도교, 유교, 그리고 불교가 궁극적으로는 하나이며 단지 들어가는 길만이 다르다고 주장한다. 곧 그들은 그 가르침들이 세발솥과 같다고 이야기한다. 그러한 관점은 송나라의 스님들 사이에서 종종 이야기되던 것이다.
>
> 만약 사람들이 그러한 견해를 견지하게 된다면 그들에게서 불법은 이미 땅 속으로 사라졌다. 그러한 타입의 멍청한 사람들 사이에서는 불법의 티끌 한 조각조차도 발견될 수 없다.[22]

구리타가 이 "부주의한 사람들"과 자신을 구분하기를 원한다면 자신의 입장을 다르게 밝혀야 할 것인데, 아니면 아마도 간단히 자신의 책을 '도겐을 오해하는 법'이라고 제목을 바꾸어 붙이는 것으로 충분할 수도 있겠다. 그러나 구리타는 현재의 지성적 분위기에서는 안전한데, 왜냐하면 오히려 나와 같이 예리한 혀를 가진 사람이야말로 '부주의하다'고 내쳐지기 때문이다. 그리고 또한 와키모토와 같이 그리고 종교학을 종교들의 온갖 형태를 다 포용하는 포괄주의적 태장계 만다라로 바라보는 그의 관념에서와 같이, 자신의 아이디어가 불교와 아무런 관련이 없다고 철저하게 배격하는 나의 입장에도 불구하고, 구리타는 자신의 구도 안 어딘가에서 틀림없이 쉴 구석을 찾아낼 것인데, 아마도 자신의 관대한 '통합과 합일의 사상'이라는 우산 아래 그렇게 할 수도 있겠다. 바로 이러한 태도에서 모든 것을 바로 있는 그대로 수용함으로써 충돌을 회피하는 제도적 이데올로기가 발흥하는 것이니, 바로 동일한 방식으로 히에이산은 (그 산이 대변했던 모든 것에 반기를 든) 가마쿠라 신불교의 창시자들 모두에게 그 팔을 벌리고 그 대강당 내진(內陣)의 좌우에 그들의 상을 배열한 것이다. 이것이 또한 올해 그곳에서 개최되는 세계 종교인 회의의 정신인 듯하다. 우연이랄까, 우메하라는 자신의 『사이쵸 명상』이라는 책 가운데 일본 문화에 할애된 장에서 그 대강당의 이미지를 언급하고서, 다음과 같이 말한다.[23)]

> 쇼토쿠 태자는 일본을 율령국가로 만드는 데 일승불교사상이 그 합일과 평등사상으로 인해서 가장 훌륭하다고 간주했음에 틀림없다. 다시 말해서, 그는 합일과 평등을 강조하는 일승불교가 종래의 씨족으로부터 독립되어 천황 아래 기능적 관료국가를 만드는 데 가장 효과적인 이념이라고 생각했음에 틀림없다.[24)]

쇼토쿠 태자에 귀인되는 「17조 헌법」에서 조화(和)의 이념은 실로 우메하라가 지적하는 그대로이다. 그러나 이것이 실제 의도되었던 그대로였다고 하더라도, 이것을 참된 불교와 혼동하지는 말자. 구리타의 "통합과 합일"이나 우메하라의 "합일과 평등"이나 모두 그 대강당에서 그 창시자들의 상들의 배열을 둘러싸고 있는 동일한 조화의 이데올로기 냄새가 난다. 사이쵸가 그렇게나 높게 평가했던 『법화경』의 기본적인 아이디어들만큼이나, 온갖 본질적인 대립을 이렇게 흐려버리는 입장과 어울리지 않는 것도 없을 것이다. 마츠모토 시로는 자신의 책 『불교의 실천』에서 아마도 최초로 이 문제를 명료하고도 예리하게 지적해 내었다.[25] (마츠모토의 책에서 해당 부분은 고마자와 대학 경세학부 윤리 시험에서 우메하라의 정형화된 『법화경』 해석과 대비되어서 출제되었던 적이 있다.[26])

통합, 합일, 그리고 평등이 진리와 거짓의 구별을 대체한다는 이러한 주장이 얼마나 위험할 수 있는가에 대한 아이디어를 얻기 위해서는 『국체의 본의』(国体の本義)에서 다음과 같은 내용을 생각해볼 필요가 있다.

> 우리나라의 조화(和)는 [냉정한] 이성에서 출발하는, 서로 독립적인 평등한 개인의 기계적 협조가 아니라, 전체 중에 부분으로 존재하고 그 부분에 맞는 행위를 통해서 일체(一體)를 잘 보전하려는 대화(大和)이다. 따라서 여기에는 상호간의 경애수순(敬愛隨順)과 애무국육(愛撫掬育)이 있다. 이것은 단순하게 기계적이거나 동질적인 타협이나 조화가 아니라, 각각 그 특성을 가지고 서로 차이가 나면서도 그 특성 곧 역할을 통하여 그 본질을 잘 드러내고, 그리하여 일여(一如)의 세계로 조화되는 것이다. 곧 우리나라의 조화는 각자 그 특질을 발휘하고 갈등과 절차탁마를 통하여 귀일(歸一)하는 대화(大和)이다. 특성이 있고 갈등이 있어서 이 조화는 더욱 위대하게 되고, 그 내용은 풍부하게 된다. 또한 이에 의해서 개성은 더욱 신장되고, 특질은 아름다움을 이루고, 동시에 전체의 발전융창을 더욱 제고하게 된다. 곧 우리나라의 조화는 무위고식(無爲姑息)의 조화가 아니라, 발랄함으로 [만]물의 발전에 즉하여 나타나는 구체적인 대화(大和)이다.[27]

내가 잠시 멈추어서 바로 이러한 조화의 이데올로기가 여름에 히에이산의 세계 종교인 회의에서 기념될 것이라고 생각하니(그리고 "전체 중에 부분으로 존재하고"[28]라는 어구는 묘에의 "있어야 할 그대로"를 환기시킨다), 그저 구토할 기분만 드는 것이 아니라, 비판의 목소리를 내는 것을 삼갈 수 없다. 오카베 가즈오는 이러한 종류의 사고를 비판하지 않고 방치한 결과 과거에 무엇이 일어났는가에 대하여 다음과 같이 서술한다.

> 가마쿠라 시대의 불교가 그렇게 큰 힘을 발휘하여 역사를 변화시킬 수 있었던 사실은 부분적으로는 무사계급의 흥기에 기인하지만, 또한 헤이안의 권력 구조 내에서 종교적 권력으로 되어버린 불교에 대하여 예리한 비판을 하였던 것에 기인하였다.
>
> 도겐의 말은 세속적 권력에 영합하려는 종류의 불교에 대한 가혹한 배격을 드러낸다. "멸망에의 길은 세속의 길을 맹목적으로 따라가는 데 있다. 세속의 환심을 사려고 하는 데에서는 어떠한 지혜도 얻어지지 않는다. 세속을 변화시키는 이들이 성인들이다. 세속에 영합하는 이들은 지극히 어리석은 이들이다."
>
> 다른 한편으로, 제2차 세계대전 시기의 불교는 그저 시류에 편승할 때 어떠한 일이 일어나는지의 참혹한 사례이다. 군국주의에 굴복하고 심지어 찬미한 것은 불교에서 결코 지울 수 없는 오점이다.[29]

* * * * *

역사상 오늘날만큼 참과 거짓을 구분하는 데 별 관심이 없는 시대는 거의 없었던 것으로 여겨진다. 우리가 왜 이 시경에 이르렀는가? 지신의 믿음을 참된 것으로 고백하는 것은 그저 구식인 것인가? 심지어 종교계에서도 자신들이 믿는 것에 관하여 목소리를 높이는 이들은 다만 구원에의 희망을 증언하는 약자와 고통 받는 이들뿐인 것으로 보인다. 이 모두가 아마도 우리가 사는 시대의 특징인 관용과 이해의 일반적 정서의 한 부분인 것으로 보이기도 한다.

나는 "아마도"라고 하였다. 1987년 7월에 학부의 불교학회 주최로 하나조노 대학 명예교수이자 가마쿠라의 정토종 고묘지(光明寺)의 주지 후지요시 지카이(藤吉 慈海)를 연사로 "선(禪)과 정토"라는 제목 하에 공개강연회를 열었다. 후지요시의 강연 중에 그가 "서방 극락 정토는 방편이다"라고 언급했을 때 나는 나의 귀를 믿을 수가 없었다. 서쪽 아리아케 바다(有明海)로 지는 해를 바라보던 아이 시절로부터 돌아가신 자신의 부친이 그곳 서방 극락으로 가셨으리라고 믿도록 양육되었으나, 대학에 가고 히사마츠 신이치(久松 眞一)에게 사사하게 되면서 그는 자신의 사고방식을 철저히 바꾸어, 서방극락정토의 "비과학적인" 이미지를 단지 방편으로 이해하게 되었다고 하였다.

후지요시의 강연을 들은 뒤에 그가 쓴 글을 읽고, 그가 히사마츠를 "오늘날의 유마힐"로서 "유사한 자각을 경험하였다"고까지 칭할 정도로 뼛속 깊이 히사마츠를 본받고 있음을 느끼게 되었다.[30] 나는 그가 아마도 바로 정토종에서 개종하여 히사마츠에게 귀의해야 한다고 여겨졌는데, 물론 의심할 바 없이 그는 그러한 제안을 남의 고충을 살피지 못하는 무심한 발언이라고 여겼을 것이다. 대부분의 사람들은 아마도 그러한 결단에서 고뇌를 느꼈겠지만, 후지요시는 그러했으리라는 느낌이 들지 않았다.

후지요시를 개인적으로 비난하는 것이 나의 의도는 아닌데, 도겐 문하의 사람이 정토종의 사람에게 손가락질할 자격은 없기 때문만은 아니다. 나는 다만 일본에서 만연해 있는 풍조가 그렇게 정토종과 히사마치류의 임제선 사이에 여하한 실질적 차이도 없다고 부정하는 것이라는 점을 언급하고자 할 뿐이다. 어떤 이들은 이것을 불교적 관용의 표시라고 자부할 수도 있으나, 그렇게 "관용적인 종교적 믿음"이나 "관용적인 종교적 확신"을 말하는 것이 실제로 어떤 의미가 있는가? 내가 정토종 신자였다면, 나는 두 번 생각하지도 않고 그런 난센스를 횡설수

설하는 주지에 대하여 확실히 엄청나게 분개했을 것이다. 강연이 끝나고 우연히 고치 에카쿠(光地 英學)를 만나게 되어, 정토가 단지 방편이라는 아이디어에 대해서 어떻게 생각하느냐고 물어 보았다. 그의 안면은 즉시 불쾌한 표정으로 일그러졌으나, 그는 말을 꺼내기에 앞서 안색을 가다듬고 미소를 지으며 "나는 내 책에서 이 문제를 상세히 논의했습니다."라고 말하였다. 내가 이러한 내용을 언급하는 것은, 후지요시의 강연을 통해서, 불교전통에 대한 진정으로 비판적인 태도는 그 전통 밖의 입장에서는 불가능하다는 것을 자각하게 되었기 때문이다. 이 강연에서 처음으로 나는 내가 다른 종파의 구성원으로서 그 강연을 듣고 있었다면 어떤 생각이 들었을까를 궁금해하면서 강연을 들었다.[31)]

어쨌든 나는 바로 오늘날 종교와 문화의 문제를 논의하는 지성인들이 이 문제에 대하여 정말로 무신경한 것으로 여겨지기에 종교적 믿음과 확신에 대한 나의 관계를 논하는 것이 중요하다는 자각에 이르게 되었다. 나는 서점에 들러서 우메하라의 『사이쵸 명상』을 집다가 신착도서 코너에서 에토 준(江藤 淳)의 『동시대에의 시선』(同時代への視線)이라는 책을 마주치게 되었다. 그 책을 훑어보면서 자신의 기분 내키는 대로 쓴 내용으로 가득하다는 것을 즉각 알아차렸지만 함께 구매하였다.

그 책에서 "생자(生者)의 시선과 사자(死者)의 시선"이라는 제목으로 종교적 확신을 다룬 에세이를 보게 되었는데, 야스쿠니 신사를 공식 방문하는 정부 각료들의 문제에 관하여 자신이 참석한 간담회에서 느낀 개인적 불만을 그답게 토로한 글이었다. 읽기에 무척 난해하였으나, 구술한 것을 기록한 것이어서 이 문제에 관한 그의 진정한 느낌이 꽤 잘 표현되었다고도 할 수 있었다. 에토는 애초부터 그 간담회에 대하여 회의적이었다고 말하는데, 그 간담회는 "야스쿠니 신사에 대한 공식 방문에 관여할 의도가 전혀 없었다"고 하며, 논의가 반복되는 것이 아주 불쾌했다고 한다. 나는 그가 그 초청을 왜 바로 거절하지 않았는지 또는 더 나아가 왜 공개적으로 거절하면서 관련된 사람들의 이름을 밝히며 그 이슈를 공론화하지 않았는지 이해할 수 있다. 그 대신에 그는 1987년 8월 9일 공식적인 간담회 보고서에서 다른 14인의 이름에 자신의 이름을 덧붙였다. 그러한 그가 어떻게 자신은 다른 모든 사람들과 달리, '총리관저의 내식당 대들보에서' 자신을 응시하는 전쟁 영웅들의 눈길이 느껴져서 지엽말절(枝葉末節)의 논의에서 스스로 거리를 둔 척 할 수 있는가?

이러한 종류의 내용 때문에 그의 글들은 지나치게 징징거리는 것으로 여겨지기도 한다. 한편으로 그는 전후 점령군에 의하여 일본에 가해진 검열의 '잔혹함'에 대하여, 예컨대 점령군은 가와지 류코(川路 柳虹)의 시 "돌아오는 영들"에 대하여 단순히 "돌아옴"으로 제목을 수정하도록 요구하여 "시의 잔해"만을 남기도록 했다고 한탄할 수 있는 문인으로 스스로를 치켜세우고 있다. 다른 한편으로 그는 전쟁 시기에 일본이 자체적으로 가했던 검열과 삭제의 편집적 '잔혹함'에 대해서는 조금도 신경 쓰는 것 같지 않다.

또 다른 예를 들자면, 그는 에세이 내내 야나기타 구니오(柳田 國男)를 인용하면서, 일본의 국민적 정체성을 무언가 불변하는 것으로 제시하는 고색창연한 이념으로서 조화(和)를 찬미하는데, 그러면서도 자신의 그런 생각이 앞의 간담회에서 논의된 "지엽말절(枝葉末節)의 논의"와 같은 부류의 것일 수 있다는 최소한의 암시조차 밀쳐버린다. 언제나처럼 에토는 '조화의 이데올로기'같은 숨김없는 용어들을 피하면서, 대신에 영어 단어 "constitution"('특질', '구조')의 어원에 대한 존중에서 "the make-up of the (a) nation"('국가의 형성')에 대하여 이야기하기를 선호한다. 헌법, 정치, 그리고 문화의 관점에서 야스쿠니 신사에 대한 공식적 방문의 문제를 고려한 뒤에, 그는 'the make-up of the (a) nation'에 관한 이러한 생각을 문화의 관점에서 전개한다. 그가 "constitution"이나 "the make-up of the (a) nation"과 같은 영어 용어를 택했다고 해서 무언가 새로운 것을 이야기한다는 것을 뜻하는 것은 아니라는 점을 유념하면서, 우리는 몇 가지 사례를 인용해볼 수 있겠다.

> 나의 기본적인 전제는, 헌법전(憲法典)이 일본의 "constitution"에서 일차적인 결정자라기보다는, 오히려 일본의 "constitution"에 기반하고 있는 것이 그 헌법전이라는 것이다.[32)]

다시 말해서, "constitution"이 일본의 "근원"이며 우리 국체(國體)의 변함없는 본질인 것이다. 그는 계속해서 다음과 같이 말한다.

> 일본인에게 가장 중요한 것, 일본인이 당연히 소중하게 여기는 것은, 일본의 국가적 특질, 다시 말해서 "make-up of Japan"이다. 이것은 『고사기』(古事記), 『일본서기』(日本書紀), 그리고 『만엽집』(万葉集)의 시대로부터 오늘날에 이르도록 보전되어온 국가의 지속성이다. 이 위에서 개인의 기억과 민족의 기억이 축적되는 것이다.[33)]

그런데, 잠깐. "민족적 기억"을 갖고 있는 것이 실제로 일본인뿐인가?

> 독일의 경우에서와 같이 일본이 일단 멸망하고 연합군의 지시대로 새로이 만들어져서 입법 관료가 말하는 대로 따르도록 형성되었다면 문제는 간단할 것이다. 그러나 일본은 멸망했는가? 멸망했다고 하더라도, 일본인의 기억은 그렇지 않았다. 전몰자들이 있는 모든 가정에서는 그들의 얼굴을 기억한다. 우리 자신의 아버지들이 용감한 젊은 무사처럼 오늘날까지 우리 모두의 기억 속에 남아 있다. 어떻게 그

런 기억이 지워질 수 있겠는가?[34)]

그러면 독일인들은 자신들이 사랑하는 이들이 진쟁터에서 죽었다는 기억이 전혀 없다고 믿어야 하는 것인가? 아마도 그런 것 같은데, 다음의 인용문은, 일본에서는 무슨 일이 있더라도 결코 그런 상황이 일어날 수 없다는 점을 보여주는 듯하다.

> 오봉(御盆)은 우리가 조상들에게 경의를 표하는 날이다. 자신의 고향으로 돌아가서 조상의 영들에게 인사하고 자신의 에너지를 새롭게 해서 그 해의 남은 기간 동안 근면하게 일할 수 있게 된다. 전쟁이 일어나든, 천변지이(天變地異)가 일어나든, 절대로 아무 것도 바뀌지 않는다. *이것이* 일본인의 "constitution"이다.[35)]

일본인의 "constitution"의 절대적 안정성에 대한 에토의 흔들리지 않는 신념은 종교적 신앙과는 아무런 관련이 없으며, 문학적 확신과도 더더욱 관련이 없다. (실로, 그의 글의 전체 스타일은 한 때 문학적 감수성을 고백했던 문인의 글이라기에는 상당히 애처로울 지경이다.) 에토의 이른바 합리적 주장이 모든 일본인의 종교성을 대변한다는 주제넘은 가면을 쓰고 있으면서 소수자의 목소리를 철저하게 무시하고 있는 또 하나의 사례를 살펴보자.

> 비행기 사고가 있을 때 일본인은 사체의 뼛조각 하나라도 다 모아야 한다는 의무감을 느낀다. 오늘날에도 일본에서는 전쟁에서 죽은 이들의 유해를 거두려고 지구상의 가장 먼 오지까지도 여전히 사람들을 보낸다. 그와 대조적으로 미국인들은, 최근 우주왕복선의 폭발사고에서 보이듯이, 죽은 이들의 유해를 거두는 데 그다지 신경을 쓰지 않

는 것으로 여겨진다. 그리스도교의 교리에 따르면 사람은 사후에 하느님에게로 간다. 이는 일본의 영혼 사상에 가까운 믿음이 아니다. 살아 있는 자와 죽은 자 사이의 관계가 자연히 다르다.36)

에토는 일본인 그리스도인은 전혀 없다고 전제하는가? 그는 누군가 일본인으로서 그리스도인이라면 그 사람은 그리스도인이라기보다는 일본인에 더 가까울 수밖에 없다고 생각하고 있는 것인가? 일본인 그리스도인들이 자신들의 일본인으로서의 정체성을 가지고 실제로 씨름하고 있다는 것은 의심의 여지가 없다. 그러나 에토의 정형화는 이러한 사실을 철저히 무시한다. 또는 달리 말해서, 일본인 불자로서 앞의 정형화에서 이탈하여 실제로 아미타의 극락에 환생하기를 갈망하는 이가 아무도 없는가? 윤회전생(輪廻轉生)을 아주 깊이 믿어서 자신들이 죽은 뒤에 자신들의 유체(遺體)에 무슨 일이 일어나든 신경 쓰지 않는 이가 아무도 없는가? 다만 누가 알겠는가, 그렇지 않을 수도 있는 것이, 고묘지의 후지요시 주지와 같은 정토종 승려도 에토와 같은 정형화를 지지하면서 정토라는 아이디어는 단지 방편에 불과하다고 주장할 수 있는 것이다.

나는 특별히 명사들을 선별해서 비판할 생각은 없지만, 에토와 같은 부류들이 일본의 절대적이고 불변하는 "constitution"에 대한 자신의 이론으로 소수자들의 신념을 짓밟도록 허용되는 것은 바람직하지 않다고 생각한다. 그러한 헤게모니적 이론은 전쟁시기의 『국체의 본의』에서 발견되는 "*와*(和)의 이데올로기"와 동일한 천에서 나온 조각 천에 불과하다. 에토 자신은 현행법 하에서 그 이데올로기에 기반하여 세워진 신사를 종교법인으로 인정할 필요는 없다고 주장한다. 그러나 바로 그 신사들이 사실상 정치적 이데올로기에 기반하고 있다는 것이 명시적으로 드러나고 있기에, 그 신사들을 종교법인으로 제한하는 것이 더욱더 중요하게 된다. 그래야만 전쟁 시기에 육해군성(陸海軍省)의 관할 히에 있던 야스쿠니 신사나 내무성 신기원(神祇院)의 관할 하에 있던 다른 신사들에 의하여 소수자의 신앙이 유린되었던 것과 같은 사태를 방지할 수 있는 것이다.

나는 에토가 "객관적 사실들"의 중요성을 강조하면서도 동시에 절대불변하는 일본이라는 아이디어를 선양하는 일본교 신자임을 고백하는 것이 흥미롭다고 느껴진다. '구체적 사실'의 위상을 얻는 데에 더 열악한 후보를 발견하기는 정말 어려울 것이다. "대동아전쟁과 태평양전쟁"이라는 제목으로 출간된, 도쿄대학 교수 고보리 게이치로(小堀 桂一郎)와의 대담에서 에토는 다시 "객관적 사실들"을 그렇게 강조한다. 여기에서 그가 함의하는 것은, "태평양 전쟁"은 객관적 사실이 아닌 반면 "대동아전쟁"은 객관적 사실이었다는 점이다.[37] 남경 학살이라든가 전쟁 말기에 러시아에 넘겨진 북방 영토 문제 등은 일본 교직원 조합의 노력에 의하여 고등학교 역사 교과서에서 "왜곡"되어 있기에, "우리는 사실을 알리는 것이 중요하다"라는 고보리의 주장에서 촉발된 다음과 같은 대화에 주목해보라.

에토: 정말 바로 말씀하셨습니다. 우리가 교사의 입장에 스스로 한정되어 교실에서 가르칠 때에는 그렇게밖에 할 수 없습니다. 사상교육을 커리큘럼에 넣는 나라에서는 다르겠지만, 적어도 일본 대학에서만큼은 학생들에게 가능한 한 객관적으로 사실들을 제시해야 합니다. 우리는 각각의 개별적 학생들이 사실들을 판단하고 그 사실들로부터 어떠한 유형의 아이디어들을 도출하는가에 관하여 간섭해서는 안 됩니다. 그렇게 간섭한다면, 우리는 우리의 직무를 제대로 하고 있는 것이 아닙니다.

고보리: 이렇게 말하는 것이 약간 과장된 것이겠지만, 역사를 드러내는 유일한 길은 정확한 연표를 통해서입니다.[38)]

에토는 고보리에 동의하지만, 역사는 "정확한 연표"에 다름 아니라는 뻔뻔스런 생각에 직면할 때 그 문예비평가의 역사 서술에 대한 관심은 어찌 된 것인가? 에토의 스승 고바야시 히데오(小林 秀雄)조차도 한 때 "학교를 졸업해서 암기의 족쇄로부터 일단 해방되면 모든 것을 망각하는 사람들에게 역사를 이해해야 할 사상이라고 가르치는 역사책이 전혀 없다는 것은 심각한 문제이다."라고 한 적이 있다.[39)]

어쨌든, 에토에게 유일한 "객관적 사실"은 일본교 신자에 의해 선별된 "사실"일 뿐이다. 이러하기에 그는 미 점령군에 의하여 부과된 검열을 심하게 비난하면서도 일본 정부에 의한 검열은 온전히 간과할 수 있는 것이다. 마찬가지로 고등학교 역사 교과서에서 정확히 사실을 기록하지 않고 있는 것은 남경대학살과 북방영토 문제만이 아니다. 쇼토쿠 태자에 대해서도 정확한 묘사를 제시하지 않고 있는데, 관련된 "사실"을 이야기하자면 「17조 헌법」과 『삼경의소』(三經義疏)의 저자문제는 여전히 상당한 논란거리로 남아 있다. 모든 것이 객관성의 깃발만 흔들고 다니면 해결될 수 있다는 극히 단순한 '객관주의적' 믿음에도 불구하고 '사실들'에서 난점들이 도처에서 보인다. 이와 유사하게, 문예 비평가 마하일 바흐친(Mikhail Bakhtin)의 크로노토포스(*chronotopos*)라는 용어에 대한 에토의 이해도[40)] 문제가 되는데, 그의 이해에 의하면, 오직 필요한 것은 '일본교'(日本教)라고 하는 독특하게 일본적인 공간(*topos*) 위에서 어슬렁거리면서 사건들의 시간적 질서(chronos)를 줄세우는 것뿐이다. 아마 에토도 현대사가 그 사건 뒤 한 세대는 지나서 모든 '사료'가 다 수집되어야 정확히 기록될 수 있다고 생각하는 듯하다.[41)] 그러하다면,

나는 그가 "일본은 중국에 대하여 전쟁을 선포한 적이 결코 없다"와 같은 주장으로 대륙에 대한 일본의 전쟁 행위를 완화하려는 시도를 포기하고 "정확한 연표" 작성자로 물러서기를 진심으로 바란다.[42]

또한 묘한 것은, "객관적인 사실들"에 대한 자신의 강조에도 불구하고 에토는 일본 특유의 전통이라고 믿게 된 토포스(topos) 이념에 여전히 흠뻑 젖어 있다는 것이다. 에토는 베버의 객관적 사실 중시의 태도를 이끌어 들여서 논리를 다소 틀어 장소철학 사상에 도움이 되도록 만들고 있다. 이 모든 것이 단순한 것처럼 보이기도 하지만, 장소에 대한 경외가 객관적 사실에 호소하는 반면에 비판에 대한 헌신이 언어를 매우 중시한다는 것은 전혀 근거 없는 주장이 아니다. 전자는 단지 사실들을 장소로 재정의하면 되는 반면 후자는 언어로 작업을 해서 비판적 사유를 표현하여야 한다. 베버 자신이 "사실들이 그 자체로 말하게 하라"(*die Tatsachen sprechen läßt*)고 명하면서도 또한 "학자가 개인적인 가치 판단을 끌어들일 때에는 언제나 사실들에 대한 온전한 이해가 멈춘다"고 뚜렷하게 서술하였다.[43] 이러한 맥락에서 다음과 같은 서술은 중요하다.

> 이제 누구라도 대학에서 교편을 잡는다는 것의 의무가 무엇인지 학문적으로 명시할 수 없다. 그러한 교육자에게 요구될 수 있는 것은 지성적 정직성일 뿐이니, 사실들을 서술하고 문화적 가치에서 수학적이거나 논리적인 관계 내지 내적 구조를 확정하는 것과, 문화와 그 개별적 내용들의 *가치*의 문제 및 우리가 그 문화공동체 내에서 그리고 정치적 맥락에서 어떻게 행동해야 하느냐의 문제에 답변하는 것은 전혀 별개라는 것을 의식하는 것이다. 그 양자는 아주 이질적인 문제들이다. 더 나아가, 왜 강의실에서 그 양자의 문제를 모두 다루지 않아야 하느냐를 묻는다면, 답변은 다음과 같다. 예언자와 선동

> 가는 대학 강단에 서서는 안 되는 사람들이기 때문이다.
>
> 예언자와 선동가에게 말할 수 있는 것은, "가두로 나가서 공중에게 설파하라" 곧 비판이 가능한 곳에서 발언하라는 것이다. 강의실에서 우리는 청중에 마주하여 서 있고, 청중은 경청해야 한다. 나는 학생들이 정해진 과정을 이수하기 위하여 강의에 출석해야 하고 그 강의 내용에 맞서는 비판이 허용되지 않는 상황을 악용하는 것은 무책임하다고 간주한다. 교육자의 과제는 학생들에게 자신의 지식과 학문적 경험으로 학생들에게 봉사하는 것이지, 그들에게 자신의 개인적인 정치적 견해를 주입시키는 것이 아니다.[44]

이러한 직업으로서의 학문관이 에토에게서는 도처에서 드러나는데, 이는 아마도 개인적인 정치적 견해를 표명할 경우에 "우리는 우리의 직무를 수행하는 것이 아니다"라고 하는 그의 주장에 대한 해명으로 여겨진다. 나는, '개인적인 가치판단'을 전혀 결여하고, 오직 한편으로 '사실들을 서술하는 것'과 다른 한편으로 가치와 실천의 물음을 제기하는 것을 근본적으로 "아주 이질적인 문제"로 구분하는 교육자가 실질적으로 "학생들에게 자신의 지식과 학문적 경험으로 봉사할" 수 있다고 하는 것을 거의 믿을 수 없다.

최근에 내가 스스로 더욱더 확신하게 되는 것은, 심지어 내가 "예언가"나 "선동가"처럼 행위한다고 비난받더라도, 내가 믿는 바를 발언해야 한다는 것이다. 나는 오히려, 스스로를 불교전통의 외부에 두면서 불교전통에 대하여 말하는 것이, 종교에 대한 모든 구분에 앞서는 위치에 스스로를 놓는 에토나 후지요시 같은 *일본교* 신자들에게 논의의 장을 실질적으로 넘겨주는 것으로서, "지성적 정직성"을 결여한 것이라고 본다. 나는, 강의실의 구조와 분위기가 내가 듣고자 하는 유형의 질문이 제기되는 것을 실제로 방해하는 것으로 여겨지기는 하지만, 학생들의 비판을 경청하지 않고 일방적으로 발언할 생각이 없다. 그러나 교수와 학생 사이나 교수 사이의 상호 비판이 소위 '학문의 자유'에 희생된다면, 대학 교수라는 직업보다 더 편한 직업은 거의 상상할 수 없다.

직업의 독일어 원어 '*Beruf*'는 영어로는 'profession'이나 'vocation'으로 다양하게 번역되는데, 'calling'으로 번역하는 것이 보다 정확할 것이니, 이러한 번역은 또한 신으로부터 영감을 받은 소명이라는 함의를 담고 있다. 나로서는, "직업으로서의 학문"(*Wissenschaft als Beruf*)이라는 베버의 아이디어는, 그 신과 같은 권위를 상실하고 자체의 직업적 존재 이유를 회복하려는 학문(*Wissenschaft*)의 좌절에서 추구된 것에 불과하다고 여겨진다. 신을 잃어버린 이러한 문자 그대로 좌절의 한가운데에서 "신학"은 베버에 편승하여 "직업으로서의 학문"을 종교학, 인류학, 그리고 민속학의 방향으로 전환하고자 한 것이다. 베버 자신은 "신학"에 관하여 다음과 같이 말하였다.

> 이제 여러분은, 그렇다면 '신학'의 사실적 존재와 '학문'으로서의 주장에 대하여 어떠한 입장을 취해야 하는가에 대하여 묻고 싶어질 것이다. 답변을 주저하거나 회피하지 않겠다. 확실히, '신학'과 '교의'(dogma)는 보편적으로 존재하는 것도 아니며, 그리스도교만을 위해서 존재하는 것도 아니다. 오히려 (과거로 거슬러 올라가면) 그들은 고도로 발달된 형태로 또한 이슬람, 마니교, 영지주의, 오르페우스주의, 파르시교, 불교, 힌두 교파들, 도교, 우파니샤드, 그리고 물론 유다교에서도 존재하고 있다. 물론 그들의 체계적 발달은 매우 다양하다. 서양 그리스도교가 - 유다교의 신학적 태도와는 대조적으로 - 신학을 보다 체계적으로 확대시키고 정교화 해왔으며, 또는 지금도 그렇게 하고자 노력하고 있다는 것은 우연이 아니다. 서양에서 신학의 발전은 훨씬 더 커다란 역사적 의의를 지녀왔다. 이것은 헬레니즘적

정신의 산물이며, 서양의 모든 신학은 거기로 거슬러 올라가는데, 이는 동양의 (거의) 모든 신학이 인도 사상으로 거슬러 올라가는 것과 같다.[45]

여기에서 흥미로운 것은, 베버가 모든 아시아 신학이 인도 사상에서 기원하고 모든 서양 신학이 희랍 정신에서 기원한다고 보는 점이다. 말할 필요도 없겠지만, 이것은 상당히 조잡한 도식으로 사실에 어긋나는 것이다. 그러나 그의 조잡함에 따라 거칠게 말해도 좋다면, 인도의 지성적 전통과 희랍 정신은 각각 전통의 토착적 기풍에 속한다. 실제로 잠깐이라도 생각이라는 것을 해본다면, '인도 사상'이 참된 불교를 삼킬 수 없는 것은, 헬레니즘이 그리스도교 신학에 확고한 기반을 제공해 줄 수 없는 것만큼이나 자명하다는 것을 깨닫게 된다. 어떻든 간에, 베버를 따라서 종교학과 인류학은 모든 것을 위치시킬 수 있는 단일한 토포스를 발견하려는 경향을 보여 왔다. 마치 에토가 자신이 무엇을 하고 있는지 일견 망각하고 있는 가운데 그리스도교와 정토종의 신자들을 일본교라는 동일한 토포스에 위치시키는 것으로 귀결되는 것과 거의 흡사하다.

어떻게 해서 전 세계가, 자신의 저술에서 "객관적 사실들"에 그렇게 많은 오류를 범하고 있는 베버와 같은 사람에 의하여 선포된 학문관에 그렇게 쉽사리 굴복해야 했던 것인가?[46]

"직업으로서의 학문"의 일본어 번역자에 따르면, 베버는 "불합리하기에 나는 믿는다"(credo non quod, sed quia absurdum est)라는 금언을 아우구스티누스의 것으로 잘못 인용하면서 "지성의 희생"의 사례로 지적하였다. 그러나 그 금언은 아우구스티누스가 아니라 테르툴리아누스에게서 유래한다. 아우구스티누스의 금언은 "나는 이해하기 위해서 믿는다"(credo ut intelligam)이며,[47] 이것은 전혀 지성의 포기가 아니라, 지성의 *올바른* 발휘이다.

몇몇 독자들은 내가 종교학을 불공정하게 비난하면서 그러한 비난을 지지하는 증서는 거의 제시하지 못하고 있다고 짜증낼지도 모르겠다. 따라서 나는 내가 비판하는, 종교학에의 '장소적' 접근이 어떤 유형인가에 대하여 최소한 다소의 아이디어라도 제시할 필요가 있다고 느껴진다. 여기에 바로 완벽한 사례가 마세 히로마사(間瀨 啓允)의 "종교다원론의 철학"인데, 거기에서 그는 다음과 같이 서술한다.

> 배타주의와 포괄주의는 양자 모두 독선주의적으로 자기 자신들의 종교가 우선적이며 다른 종교들은 주변적이라고 주장한다. 종교신학이나 세계신학은 그러한 입장에서는 건립될 수 없다. 예컨대 그리스도교와 같은 어떤 한 특정 종교가 계시의 핵심을 이루고 그 주변에 어느 정도 거리를 두고 다른 종교들이 배회하고 있다고 하는 아이디어는 인류의 폭넓은 종교경험의 온갖 모습에 비추어 볼 때 전적으로 오류에 불과하다. 다른 종교에서도 성스러움에 대한 진지한 헌신, 심오한 영성, 그리고 풍요로운 종교적 삶이 발견된다. 그러므로 그리스도교도 앞으로는 '그리스도 중심'으로부터 '신 중심'의 입장으로 전환하여, 다른 위대한 세계 종교들과 더불어 '궁극적으로 동일한 신적 실재'의 주위를 돌고 있다는 것을 인식하는 것이 중요하다. 존 힉은 그러한 인식을 "코페르니쿠스적 전환"이라고 일컬으며, 이러한 인식은 그리스도 중심 내지 예수 중심 모델에서 신적 실재, 곧 모든 종교적 신앙들에서 성스럽게 여기는 실재를 중심으로 하는 모델로의 패러다임 전환을 요구한다고 제안한다.[48]

"궁극적인 신적 실재"(ultimate divine Reality)라는 토포스 위에 종교다원론을 정초하려는 "세상의 가장 관용적인 종교"로부터 나오는 이와 같은 교만한 선포를 마주하고 나는 할 말을 잊는다. 나에게 떠오르는 유일한 말은 저주이다. 나는 이미 '관용'이 실제로 어떻게 종교적 소수자들의 목소리를 질식시킬 수 있는가라는 주제에 대하여 언급하였으니, 여기에서는 반복하지 않겠다. 나는 실제로 궁금한 것이 그러한 신학을 날조하려는 의도가 무엇인가 하는 것인데, 다만 아마도 이러한 것이 세계 종교인 회의에 가서 종교적 믿음에서 "코페르니쿠스적 전환"을 부추기는 것에 대하여 이야기하는 부류의 사람들에게서 기대될 수 있는 것이겠거니 하는 생각이 든다. 나에 관한 한, 마세가 주장하는 "관용"은 비판적 양심에 대하여 오직 마취 효과만을 낼 수 있다고 생각한다. 어떤 특정한 종교 전통 외부에 서게 되면, 그는 사실상 종교적 신앙을 깔보는 학계의 교만한 사람으로 되어버리는 것이다.

* * * * *

나는 다행스럽게도 나의 「교토학파에 대한 비판」에 대하여 광범위한 반응을 받아 왔고, 그러한 반응은 나의 사유를 더욱 자극해 왔다. 나는 특히 다케우치 요시로(竹内 芳郎)와의 교류에서 고무 받았는데, 그 계기는 내가 이야나가 노부미(彌永 信美)의 『환상의 동양-오리엔탈리즘의 계보』라는 글의 말미에서 다음과 같은 내용을 마주하게 되면서 시작되었다.

> 실증적-과학적 이성이 동양의 현실을 객관화하여 파악할 때마다, 반근대적 사고가 재빨리 그 발뒤꿈치를 따라와서 그 성과를 새로운 통일의 꿈, 융합의 꿈 (또는 배제의 꿈, 말살의 꿈 …), 그리고 절대지(絶對知)의 꿈을 내세우는 무기로 휘두른다. 서양에 의하여 만들어진 이러한 "환상의 동양"은 서양의 근대성과 함께 그 근원지로 상정되

> 는 동양 그 자체로 역수입된다. 그러한 "환상의 동양"에서 "동서문화의 융합"이야말로 "일본민족의 새로운 사명"이라고 선포하면서, 천황 일신교의 지상낙원으로 보편적 대동아공영권을 건설하려는 시도가 이루어졌다. 오늘날 이러한 "동양 *내부의* 환상의 동양"이 이제 새로운 신비사상이라든가 오컬트적 취향, "최신의 물리학과 유구한 동양적 예지의 융합"으로 가장하면서, 니힐리즘의 언저리에 머무는 우리들의 가슴에 고대적이면서도 항상 새로운 듯한 망령을 불러일으키려는 것이다.[49)]

나는 즉시 이야나가에게 책을 보내준 것에 대하여 감사하는 글과 함께, 교토학파를 '본각' 사상과 독일 관념론이 뒤죽박죽된 것으로 비판하는 내 논문의 별쇄본을 보냈다. 나는 올해 1월 1일에 장문의 답장을 받았는데, 거기에서 그는 나에게 서양 저자들의 몇몇 저서와 함께 "근대의 초극(超克)" 문제에 대한 나카무라 유지로(中村 雄二郎)의 최근 논문 두 편에 관하여 알려주었다.[50)] 겨울 휴가가 끝나갈 즈음 그 글들을 읽었고, 이야나가가 미리 경고한 것보다도 훨씬 더 놀랐다.[51)]

『시소』(思想)에 게재된 나카무라의 논문 말미에는 다케우치 요시로의 "포스트모던적 지성의 함정"에 대하여 짧게 비판하는 후기가 있었다. 나는 다케우치에 대하여 그가 나카무라에게 공격받고 있다는 사실 외에는 알지 못했지만, 나카무라의 논문에 대하여 어이가 없다고 생각하고 있었기에 거기에서 반박되고 있던 그에게 흥미가 생겼다. 다케우치의 그 논문을 찾아서 읽고 그 논문이 나의 "교토학파 비판"과 거의 동일한 상황, 곧 1986년 선거에서 자민당의 압승 직후의 시기에 집필되었다는 사실에 놀랐다. 우리의 집필 동기 또한 비슷했는데, 다만 일본 정치와 문화에 대한 그의 비판은 나보다 더 예리하고 폭넓은 것이었다. "니시다 철학"에 대한 나카무라의 몰염치한 아첨에 대한 다음과 같은 비판은 특히 나의 관심을 끌었다.

> 포스트모던적 사조에서 현실과 대결하려는 자세의 결여는 여러 가지 형태로 진행되고 있다. 그러한 사례의 하나가 최근에 매우 뚜렷해지고 있는 니시다 철학의 복권 움직임이다. 그러한 움직임의 대표적인 인물 가운데 하나인 나카무라 유지로에 의하면, 포스트모던 철학의 모든 특징들-의식적 자아에 대조되는 무의식적 자기(동양적 '무아'), 주체의 철학 대신에 장소(topos)의 철학, 정신성에 대조되는 신체성, 남성 원리에 대조되는 여성 원리, 로고스중심주의(logocentrism)에 대조되는 파토스적 앎, 주어의 논리에 대조되는 술어의 논리, 체계적 사고에 대조되는 앎의 탈중심화-이 이미 니시다 철학에서 발견될 수 있다. 이러한 것이 일본인들만이 아니라 온 인류에 공통되는 위대한 철학적 유산이라고 일컬어진다. …
>
> 물론 나는 이 모든 주장을 다 착각이라고 거부할 생각은 없다. 그러나 사실상 니시다 철학은 전쟁 시기 동안에 일본의 제국주의적 침략전쟁-이것은 명백히 '근대적 원리'의 관철 그 자체였다-에 대하여 비판을 제시하는 데 무력했다. 비판을 하지 못했을 뿐만 아니라, 잘 알려져 있듯이, 니시다 철학은 전쟁에의 노력을 신성화했고, 수많은 진지한 청년들을 그 추한 전쟁에 가담하도록 선동하였다. '근대의 초극'이 적어도 이러한 철학적 형태 안에서는-곧 포스트모던 철학으로서는-효과가 없을 뿐만 아니라 동시에 유해한 것이 자명하다는 사실을 어떻게 눈을 뜨고도 보지 못하는지 나로서는 도저히 불가해하다.[52)]

내가 거의 언급할 필요도 없겠지만, 여기에서 간추려진 포스트모던 철학의 특징들은 내가 반대하는 "장소철학"의 특징들과 동일한 반면, 그 반대의 입장은 내가 개진하려는 "비판철학"에 상응한다. 여기에서 다시 그 차이를 상술하는 것은 무의미할 것이다. 포스트모던적으로 포장된 장소철학의 애매모호함에 대한 다케우치의 비판 초점은 현실과 대결하려는 자세의 결여에 있다는 점을 말하는 것으로 충분할 것이다. 나가무라의 비판에 대한 답변에서[53] 다케우치는 포스트모더니즘에 편승하여 대중화되고 있는 니시다 철학을 "독일 관념론으로 포장된 대승불교"로서 논한다. "대승불교"를 '본각'으로 바꾸고 본각이 불교사상이라는 주장을 배격한다면, 나는 온전히 동의한다. 본각을 대승불교와 동일시하는 착각은 물론 다케우치가 아니라 불교학자들의 잘못이며, 바로 이러한 면에서 나는 더욱더 불교전통 내에서 그 이론을 지속적으로 반박할 의무를 느끼며, 일본의 정치와 문화에 대한 예리하고 광범위한 비판은 다케우치와 같은 사람들에게 맡기고자 한다.

마츠모토 시로는 불교전통 내에서의 "장소철학"에 대한 비판을 "기체설"(基體說, *dhātu-vāda*)에 대한 비판으로 시작하였다. 그의 주장에 따르면, 불교 내에서 기체는 장소(topos, 그는 라틴어 "*locus*"를 사용한다)이며, 위대한 사자에 기생하여 영양분을 빼앗아가는 벌레와 같다. 중국과 일본에서 그 기생충은 본각 철학의 형태를 취하면서 비대해지고 강력해지면서 그 위대한 사자를 거의 빈사상태로 쇠약하게 만들었다. 그러나 그 기생충이 스스로를 사자로 탈바꿈시킬 수는 없었다. 이러한 단순한 사실이 제대로 간파되기는 쉽지 않다. 심지어 어떤 이들은 그렇게 오랫동안 사자 몸속에서 산 기생충은 이미 사자의 일부가 되었다고 둘러댄다. 이것이 사실상 압도적인 견해이며, 사자가 대중의 권위와 기대에 굴복해 왔다는 의미에서 그것이 실질적으로 참되다고 할 수 있을지도 모르겠다. 그러나 불교를 불교답게 하는 것은, 온갖 형태의 토착적인 "장소철학"에 대립하여 "비판철학"을 주창하는 데 있다는 것은 의문의 여지가 있을 수 없다.

이와 관련하여 오카베(岡部)의 다음과 같은 서술이 주목된다.

> 불교는 당대의 권력자에게서 억압을 받게 되더라도 시대의 조류에 저항하여, '이것이야말로 참된 불교다'라고 하는 기치를 높이 들었을 때 가장 그 생명의 기운을 활발하게 한다는 것이 역사의 진실이다.[54)]

불교가 관용의 종교라고 자랑하는 사람들은 단지 불교전통의 바깥에 대놓고 자신들을 위치시키고 무리의 힘에 굴복하고 있을 뿐이다. 어떤 구체적인 종교와도 구분되며 "궁극적인 신적 실재"의 장소에 기반하여 "종교다원론"을 선언하는 마세(間瀨)와 마찬가지로, 그들은 모든 종교의 장소철학을 하나로 찬미하고, 그리하여 불교인 것과 불교가 아닌 것을 구분하는 의무로부터 스스로를 면제시킨다. 참된 불교에 대하여 말할 수 있는 것은 오직 불교전통의 내부로부터인데, 불교학의 경우에는 훌륭한 학자일수록 이렇게 간단한 이치를 분간하지 못하는 듯하다. 불교전통 자체의 내부에서 "참된 불교"라는 아이디어를 택하여 무리의 권위에 굴복하는 불교에 저항하고 비판하는 것이 바로 내가 "비판으로서의 학문"이라고 부르는 것이다. 불자라면 당연히 이러한 이치를 이미 알고 있을 것이다.

올해 1월 도쿄대학 은퇴를 기념하는 마지막 강의에서 다카사키 지키도(高崎 直道) 박사는 "대승불교의 궁극"이라는 제목으로 강연하였는데, 그 말미에 그는 "우리는 대학 강단에 서는 이상 막스 베버를 따라야만 한다"고 언급하였다. 나는 그 언급이 이 글 서두에서 내가 언급했던 짧은 글에 대한 간접적인 공격이라고 느껴졌지만, 마츠모토의 학문적 비판에 대한 그의 반박이 어떻게 전개될 것인가에 너무나 열중하여 거기에 대해서는 더 이상 생각하지 못했다. 사실상 그는 이 논란의 기본적 논점들을 철저히 간과하고, 무엇이 참된 불교를 구성하는가라는 물음을 강조한다는 이유로 마츠모토를 비난할 따름이었다.

이와 무관하지 않은 것으로, 나는 일본 인도학불교학회 1987년 연례 학술대회에서 "『유마경』에 대한 비판"을 주제로 논문을 발표했는데, 나는 거기에서, 교토철학파의 토대가 되는 경전이라고 간주될 수도 있는 이 경전이[55] 불교 삼보의 기저에 있는 어떤 실재를 주장하며 그러한 의미에서 불전(佛典)에 포함될 자격이 없다고 주장하였다. 몇 가지 질문이 제기되었는데, 내가 놀란 것은, 그 학술대회가 교토에서 개최되었음에도 불구하고 아무도 『유마경』이 대승 경전의 정점을 대표한다는 입장을 취하고자 하지 않았다는 점이었다. 어쨌든 그 모든 질문 중에서 다카사키의 질문만이 문제의 핵심을 짚었다. "학회라는 학문의 장에서 불자로서 이것만이 올바르다고 하는 것과 같은 일방적인 주장이 과연 허용될 수 있는 것인가요?"

그 때는 단상에서 내려가 충분히 감사의 뜻을 표하고 나서 질문에 답하고 싶은 듯한 기분이었다. 내가 그러한 질문을 예상 못한 것은 아니지만, 그 질문이 다카사키로부터 직접 오리라고는 예상하지 못했던 것이다. 그의 단도직입적 질문은 나를 허둥대게 만들었고, 진실을 말하자면, 지금도 답을 어떻게 해야 할지 더듬거리는 듯하다. 그 때에는, "불자라는 것을 전제로 한 발표라는 것은 지적한 대로이며, 또한 그것을 은폐하고자 하지도 않았는데, 선생의 최종 강의를 배청(拜聽)한 사람으로서, 그것이 선생의 생각과 모순된다는 것은 충분히 알고는 있지만, 저는 불자가 불자이면서 동시에 연구자일 수 있고, 오히려 그렇게 되지 않으면 안 된다고 생각하고 있으므로, 이것을 피하거나 숨기지 않고 아무래도 명확하게 하고 싶습니다."라고 하였거나 그와 같은 취지로 답하였다는 생각이 든다.

단상을 떠나면서 나는 스스로에게 힘겨운 숙제를 부과한 듯 느껴졌고, 그 이래 줄곧 아직도 그 숙제를 마치지 못했다는 느낌이 있다. 나는 객관적이고 순수하게 학문적인 접근만이 학자가 걸어야 할 유일하게 합법적인 길이라고 간주하는 세상에서 나의 입장이 얼마나 설득력이 있겠는지 그다지 자신은 없다. 내가 확실히 알고 있는 것은, 사태가 어떻게 전개되든 나는 내가 믿는 것에 대하여 계속해서 글을 써야 한다는 것이다.

그러한 상황에서 내가 다카사키 박사에게 역으로 질문을 던지는 형태를 취하는 것은 실례가 될 수도 있겠지만, 나 자신으로서는 의문이 다소 해결되지 않은 채로 남아 있다. 이제 나는 불자가 되는 데 있어서 반드시 승려가 된다거나 삭발을 하는 것이 가장 중요한 것이라고 생각하지는 않으며, '참된 불교란 무엇인가?'라는 물음을 추구하는 것이 무엇보다 중요하다고 생각한다. 나 같은 사람이 여기에서 부언할 필요도 없겠지만, 조동종 세쇼지(靜勝寺)의 주지이기도 한 다카사키 박사는 훌륭한 불자라고 여겨진다. 다만, 그의 순수하게 학문적인 저작을 제외하고, 보다 대중적인 맥락에서 『불교입문』[56]이라든가 『불성이란 무엇인가』와 같은 책들을 집필할 때 그가 연구자인가 아니면 학자인가는 알고 싶다. 아마도 그는 "이것만이 참된 불교다"라고 발언하는 것만 하지 않는다면, 불자든 연구자든 같은 것이라고 느끼는지도 모르겠다. 그러나 만약 그러하다면 "불교학이 흥하면 불교는 멸한다"[57]는 속설을 되풀이하는 것 같은 발언을 공개적으로 하는 것은 삼가주기를 부탁하고 싶다. 만약 양자가 동일한 것이라면 한쪽에 보탬이 되는 것은 다른 쪽에도 보탬이 될 것이고, 반면에 양자가 상이하다면, 불교전통 외부에 자신들을 위치시키는 것을 선택하는 무책임한 불교학자들의 손에 불교가 멸하리라는 것은 실로 자명한 것이다. 마찬가지로, 진실과 거짓이 무관하고 어떤 것이 '불교적'으로 되는 것은 단지 그렇다고 선언되어서라고 한다면, "기체설*이야말로* 불교다!"라고 외치는 것만으로(즈다 신이치(津田 眞一))는 실제로 전화상으로 내게 그렇게 했다) 기체설은 당연히 불교적인 것으로 될 것이다.

나의 문제는 모든 것이 어떤 것이나 불교로 간주될 수 있다면 "대승의 궁극으로서 일본 불교에 자부심을 갖는다"는 다카사키의 주장을 우리가 어떻게 이해해야 하는지이다.[58] 아마도 그는 "궁극"이나 "자부심"과 같은 말들이 "이것만이 참되다"라는 것을 함의하지는 않는다고 변론할 수도 있겠고, 그러한 반론은 전적으로 옳다고 할 수도 있을 것이다. 나는 베버의 다음과 같은 언급이 상기된다.

> 학문은 더 나아가 학문적 작업에 의하여 산출되는 것이 '알려질 가치'가 있다는 의미에서 중요하다는 것을 전제한다. 분명히 여기에 우리의 모든 문제가 담겨 있다. 왜냐하면 이러한 전제는 과학적 방법으로 증명될 수 없기 때문이다. 어떤 연구의 성과가 중요한가 여부는 … 다만 사람들이 각자 그 생활상의 궁극적 입장에서 그 연구 성과가 갖는 궁극적 의미를 거부하는가 아니면 승인하는가에 의해서 *해석될* 따름이다.[59]

6월 29일 이 글에 손을 대려고 하는 참에, 야마구치 즈이호(山口 瑞鳳)의 책 『티벳(상)』(チベット〈上〉, 東京大學出版会)을 받았다. 이틀 뒤에 나는 다케우치로부터, 몇 주 전에 아사히 신문에 게재되었던, 나카무라 하지메(中村 元)의 새로운 저서 『바웃다』(バウッダ, 小学館)에 대한 나카자와 신이치(中沢 新一)의 격찬에 관하여 나의 견해를 구하는 편지를 받았다. 이 두 저서 모두 이 글을 쓰는 데 심대한 영향을 주었기 때문에, 나는 몇몇 대표적인 단락을 인용해 보고자 한다.

나의 우선적인 아이디어는 학문의 목적이 '단순한 지식'이 아니라는 전제를 중심으로 이 글을 집필하는 것이었다. 그러기에 나는 야마구치의 책 서문을 펼치고 다음과 같은 내용을 읽었을 때 충격을 받았다.

> 불교에 관하여, 일본불교가 인도불교 이래의 "불교"의 정통이라고 하는 고정 관념을 가지고 있는 분들도, 부디 이 책을 있는 그대로 어떤 특정한 신앙을 '옹호'하는 선입견 없이 읽어주시기를 부탁합니다. 부디 내가 인도불교에 관한 또 하나의 참된 전통이라고 간주하는 것에 관하여, 이것을 *단순한 지식*으로 이해해주시기 바랍니다.[60]

나는 계속 읽어내려 가면서, 곧 야마구치의 책이 사실상 "단순한 지식"으로 가득한 관광 가이드에 불과한 것이 아니라, 티벳의 문화와 관습에 대한 그 자신의 확신을 뚜렷이 반영하고 있다는 것을 깨닫게 되었다. (예컨대 조장(鳥葬)에 관한 그의 묘사를 생각해볼 수 있다.) 나는 그의 서문에서의 언급이 자신의 학문적 헌신에 대하여 가해질 수 있는 공격을 슬쩍 피하는 데 의도가 있었다는 것을 이해하게 되었다. 야마구치로부터 일방적인 해석을 한다고 질타를 받을 것 같기도 하지만, 다음과 같은 그의 언급을 앞에서 언급되었던 다카사키의 『불성이란 무엇인가?』의 한 부분과 비교하고자 한다.

> 같은 이름으로 신봉되는 종교 내부에 존재하는 차이점들이 우리 일본인의 국민적 성격을 냉정히 성찰하는 데 참고가 된다는 것은 의문의 여지가 없다. 내가 이러한 말을 부언하려는 것은, *일본이 모든 면에서 우월하다*는 망상이 다시 한 번 전면에 나서면서 우리의 과거 잘못들에 대한 기억이 희미해지기 시작하는 것으로 보이기 때문이다.[61]

성공했는지 여부는 내가 판단할 일이 아니겠지만, 이 글에서 나의 목적은 야마구치의 경고를 생생하게 하는 것이었다.

이제 다케우치의 질문에 간략히 답하도록 하자. 나카무라 하지메(中村 元)와 사이구사 미츠요시(三枝 充悳)의 『바웃다』에 대한 나카자와의 리뷰를 읽으면서, 나는 그 책에 대한 나 자신의 평가가 그 책에 대한 그의 웅변적이고 확신에 찬 찬탄과 얼마나 정면으로 상반되는지 깜짝 놀랐다. 그 리뷰는 소동을 벌일 만큼 그렇게 중요한 것은 아니다. 반면에 『바웃다』는 지대한 영향을 미칠 것이 분명하다. 첫눈에 나에게 충격으로 다가온 것은, 삼보의 상징이 도처에 - 표지, 커버, 안쪽 커버, 어디에나 - 나타난다는 것이었다. 그 상징은, 아마도 학자들이 고른 것이겠는데, 아래쪽의 커다란 원이 위쪽의 세 개의 원을 지지하는 형태로 이루어져 있다. 그 이미지는 나에게, 아래쪽의 원이 토대적 가치를 부여받는 반면에 위쪽의 세 개의 원은 경시되는 듯한 인상을 주었다. 이것은 바로 나의 "유마경 비판"에서 배격한 아이디어였다. 그것은 또한 그 책의 접근법 및 내용과 완벽하게 상응하는 것이었다. 아래의 단락은, 어떻게 '법보'(法寶)가 비대해져서 밑으로 내려가면서 '보편적 이법(理法)'이 되어 모든 것을 관대하게 허용하게 되어버리는지를 현저하게 보여주는 사례이다.

> 인간으로서 우리가 고수해야 하는 단 하나의 길은 이성의 길이다. 이것이 '인간을 인간으로 유지해주는' 것이다. 인간이 그 자체의 길로 이성을 고수하지 못하면, 우리는 형태는 인간이더라도 '인간이 아닌 것'으로 되어 버린다. 금수만도 못하게 되어 버린다.
>
> 게다가, 인간은 다양한 역할을 하면서 살아간다. 예컨대 동일한 사람이 가정에서 남편이나 아버지가 될 수 있고, 그러면서도 자신의 부모에 대해서는 여전히 아들이고, 형제에 대해서는 동생이거나 형일 수 있다. 여성은 아내, 어머니, 딸, 언니, 또는 동생이 될 수 있다.

이러한 관계의 각각은 각자가 살아가는 역할 가운데 하나를 나타내며, 그 각각의 관계에 따라서 그 사람이 고수해야 할 길이 정해진다. *남편은 남편으로서 지켜야 할 길이 있고, 아내는 아내로서 지켜야 할 길이 있다. 자녀는 자녀로서, 부모는 부모로서, 각자 맡아야 할 의무가 있다. 각각의 사람에게는, 인생의 다양한 관계나 역할의 각각에 따라서 실현해야 할 길 내지 이법(理法)이 있다.* 이것이 곧 그들의 특수한 의무 곧 다르마(dharma)이다.

우리가 범위를 더 넓히면, 또한 각자 하나의 공동체 일원으로서, 지역사회, 이익사회, 국가, 민족의 일원으로서 지키고 실현해야 할 이법이 있다.

그러한 실현의 모습과 상황은 나라나 시대에 따라서 달라지겠지만, 다르마 자체는 영원한 이법이다. 그것은 보편적으로 실현되어야 하는 것이다.

이법은 보편적이고 영원히 통용되는 것이면서도, 고정되어 있거나 정태적인 것이 아니다. 이러한 보편성은 현실의 장면에서 구현되어야 한다. 근본적인 이법은 동일하다고 하더라도 그 구현 방식은 시대마다 지역마다 달라진다. 인간의 이법은 구체적으로 살아가는 인간에 즉해서 전개되는 것이다. 그것은 사상적으로 무한한 발전의 가능성을 담지하고 있다.[62)]

이것은 나에게 마치 묘에의 "있어야 할 그대로"를 직접적으로 표절한 것처럼 들린다. 이 보편적 이법을 부정하지 않으면 불교는 결코 참된 불교가 될 수 없다.

* * * * *

나의 글은 마무리에 가까워지고, 내가 생각하게 되는 것은, 말할 수 없었던 것이 얼마나 많은지이다. 그렇다고 하더라도, 다른 모든 사람들을 비판하고 나 자신이 면책되는 것은 그다지 올바르지 못한 것으로 여겨진다. 따라서 나는 간략하게 자기비판을 시도하면서 글을 맺으려 한다.

우선, '비판으로서의 학문'에 대한 나의 요청은 "비판철학"을 선호하여 "장소철학"을 배격하려는 시도인데, 후자는 언어를 경시하는 반면, 전자는 언어를 중시한다. 다음으로, 나는 그 두 철학을 더 잘 대조시키기 위하여, 침묵을 존중하는 일본 전통의 맥락에서 이 문제를 고려해볼 필요가 있다고 생각한다. 나는 내가 이 모든 것을 성취할 수는 없었다고 느낀다. 우선적으로 해야 할 것은, 그 명칭 자체의 이점을 드러내는 것이다. 여기에는 말할 것이 많지만, 여전히 어려움은 남는다.

첫째로, '언어' 그 자체가 명료하게 규정되어 있지 않은 이상, 그것이 중시된다거나 경시된다거나 논쟁하는 것은 무의미하다. 예컨대 베르그송이 출간한 저서로 판단해보자면 그다지 언어를 경시한 사람으로 생각되지는 않지만, 이론적으로는 언어를 '기호'(*symbole*)로 간주한 점에서는 실제로 경시하도록 하는 영향을 미친 셈이 된다. 마찬가지로 노리나가(宣長)가 "말의 잎"(言の葉)으로서 말을 존중하기는 했지만, 이것은 논리(*logos*)와 같은 것이 아니며, 사실상 그는 일반적으로 논리보다는 정념(*pathos*)을 중시했다고 간주된다는 데에는 의문의 여지가 없다. 아마도 "말의 잎"(言の葉) 같은 애매한 관념은 아예 개재시키지 않는 것이 나을 것이다.

이러한 상황에서 나는 나 자신이 그 애매함에 기여했다는 것을 부정할 수 없다. 이제 고바야시 히데오(小林 秀雄)의 『모토오리 노리나가』(本居 宣長)[63]에 대한 나의 서평으로 다시 거슬러가서 생각해보면, 거기에서 나는 베르그송을 인용하고 그의 언어관을 노리나가의 언어관과 비교하였는데(비록 고바야시는 자신의 책에서 결코 실제로 베르그송을 언급하지는 않았지만), '언어 경시의 계보'라는 나의 출발점에서 한 걸음 나아가 '언어 중시의 계보'라고 하는 방향을 명확히 내세우고자 했음에 틀림없다. 의심의 여지없이, 표현을 명료하게 하려는 노력은 실제로 사유를 보다 명료하게 하도록 강제하지만, 그러면서도 나는 바로 명료하게 발언하지 *않으려고* 노력해 왔었다. 그러한 명료한 표현 양식에서 이탈한다는 것은, 현재 정의되고 있는 의미의 '학문적' 영역에서 나 스스로를 무자격자로 만들고 그리하여 무리의 '권위' 곧 이 경우에는 학자들의 세계에서 통용되는 관습적 지혜에 굴복한다는 것을 의미하지는 않을 것인가? 아마도 그럴 것이다.

내가 대학에 들어가서 처음으로 쓴 글이 생각나는데, 꽤 자족적이고 직선적인 글이었다(다만 나의 교수들의 특정 아이디어들이 얼마나 이상하게 느껴졌는가에 대하여 언급하는 것은 삼갔었다).[64] 그때로부터 고바야시의 책에 대한 서평에 이르기까지 나는 내가 실제로 일본어로 글을 쓰고 있다는 명확한 의식이 없는 채 글을 썼다. 학회 발표는 그다지 심각하게 받아들이지 않았다. 무게가 있고 중요한 듯 보이는 자료 같은 것을 프린트로 준비하는 데에는 시간도 별로 걸리지 않았고, 그렇게 발표 원고를 작성한다는 어떤 의무감도 없는 발표 태도를 지니고 있었다. 지금 생각해 보면, 내가 자기 존중도 결여하고 있었고 나의 청중을 지나치게 경시하고 있었다는 생각에 부끄러움으로 움츠러든다. 1985년 오사카 부락해방 센터(大阪部落解放センター)에서 발표할 때부터 이러한 태도를 확실히 의식하고 고치게 되었다. 처음으로 나는 내가 언어의 중요성을 전반적으로 그토록 강조하면서도 오히려 나 자신의 언어 사용에서는 극히 무관심했었다는 것을 깨달았다. 그 때 이래 나는 학술대회든 작은 모임이든 어느 경우에나 가지고 갈 수 있는 자료를 다 챙기고 아울러 발표원고를 준비하고자 노력해 왔다.

시난 6월 20일 장마철인데도 비가 오지 않다가 유난히 폭우가 내리는 와중에 나는 처음으로 다케우치 요시로의 자택을 초대받아서 방문하였는데, 그 아내는 친절하게도 역까지 나를 마중 나왔고 돌아갈 때도 역까지 태워다 주었다. 나는 그 날 우리의 대담에서 많은 기억이 떠오르는데, 특히 '거짓말'에 관한 그의 언급은 점점 더 무겁게 의식되곤 한다. 최근에 그는 인간의 본질적인 종교성의 문제에 관하여, 구석기시대로부터 보편종교의 시대에 이르기까지 논하는 글을 집필 중이었다. 이러한 문제들을 논의하는 와중에 그는 "인간은 언어를 사용하게 되면서부터 거짓말을 하게 되었다"고 말하면서, 어느 문명에나 공통되는 것으로 거짓말에 대한 경계(不妄語)가 있음을 언급하였다. 당시에 나는 그 언급에 그다지 주의를 기울이지 않았는데, 나중에 나는 다소 다른 맥락에서 "오직 인간만이 거짓말을 한다"는 사실에 대해 사색하기 시작했다. 나는 이것에 관하여 여러 해 전에 생각하던 것을 상기하게 되었는데, 이제 그 생각을, 내가 계속해서 고민해왔으며 언어의 문제와도 밀접하게 관련되어 있는 또 하나의 사실과 연계하여, 더욱 의식적으로 다시 새롭게 바라보게 되었다. "오직 인간만이 사회적 차별을 할 수 있다." 소통과 구별을 가능하게 하는 동물들의 의사(擬似) 언어적 기능을 감안할 때, 오직 우리 인간만이 거짓말을 하고 사회적 차별의 구조를 만들 수 있다는 사실은, 인간의 언어에 대한 우리의 이해에 적지 않은 중요성을 지닌다. '거짓말'과 '사회적 차별'이 감수성이 있는 사람들에게 그렇게 고통스러운 까닭은, 그러한 것들이 우리 인간의 특성상 그토록 피할 수 없는 부분이기 때문이 아닐까? 또는 역으로 말하자면, 정치적 사실의 갑옷으로 보호를 받는 정치가들이 '거짓말'과 '사회적 차별'에 그렇게 무감각한 것은 그들이 그토록 감수성이 없다는 대조적 사실에 기인하는 것인가?

나 자신도 거짓말과 사회적 차별에 대한 이러한 무감각을 공유하고 있었다. 나는 한편으로는 문헌학에 경멸을 느끼면서, 다른 한편으로는 객관성, 역사적 사실성, 그리고 문헌적 자료를 중시하는 것으로 보이는 전통적인 학문의 길을 따르면서, 내내 나의 언어에서 무엇이 진행되고 있는가에 대하여 눈을 감고 있었다. 기묘한 일이지만, 그렇게 버티면서 나의 사실들을 늘어놓고 학자들의 게임에서 경쟁을 즐기는 동안, 사람들에게는 온전히 겸손한 학자라고 생각되어 왔다. 그러나 일단 내가 생각하고 있는 것을 정직하게 발언하기 시작하자, 갑자기 나는 교만하고 독단적이라는 혹평을 받게 되었다. 나는 나 스스로 막스 베버의 다음과 같은 말로 닦아세움을 당하는 듯하다. "예언자와 선동가는 대학의 강단에 속하지 않는다. 예언자와 선동가에게는 '가두에 나가서 공중(公衆)에게 설파하라'고 할 수밖에 없다." 그러나 나는 그러한 닦아세움에 반발한다. 나는 그러한 '사실들'에 의하여 나 자신이 패배하도록 용납하지 않을 것이고, 언어를 신뢰하면서 살아갈 것이다. 앞으로 나는 나의 개인적이고 자의적인 직관에 따라서 다른 사람들의 저작에서 어떤 '숨겨진 텍스트'를 읽어 들어가려는 추구를 포기하겠는데, 최근의 해석학에서 그러한 풍조가 아무리 유행한다고 하더라도 그러할 것이다.

오늘날 유행하고 있는 해석학의 의심스러운 방법론의 일부로서, 루드비히 비트겐슈타인이 불교학 분야에서도 가볍게 원용된다. 나는 비트겐슈타인에 대해서 거의 알지 못하지만, 그가 "말할 수 없는 것에 대해서는 침묵해야 한다"라고 서술하였을 때 염두에 둔 침묵이 선사들의 침묵과 동일한 것이라고 전제하는 것이 착각이라는 점은 뚜렷이 알고 있다.[65] 사실 나는 비트겐슈타인만큼 선사다움과 거리가 먼 사람은 거의 상상할 수가 없는데, 비유해서 말하자면, 그의 언어관은 단 한 번의 일생 동안 베르그송으로부터 노리나가에 이르기까지의 언어관들을 일거에 거쳐 간 것으로 보인다. 비트겐슈타인은 노리나가와 달리, 어떤 쉬운 '길'에 결코 굴복하지 않았다. 그의 언어에 대한 믿음과 씨름은 지난했고 끝까지 고통스러운 것이었다. 아마도 유별나게 그토록 언어에 헌신적인 사람이었기에, 비트겐슈타인은 그토록 극적으로 자신의 아이디어를 변경할 수 있었을 것이다.

그러는 한편, 우리는 돌에 새겨진 듯이, 누가 언제 보더라도 달라질 것이 없는 사실들만을 늘어놓는 것에 불과한 교과서로 씨름하면서, 다른 누가 그에 관하여 무엇을 생각하든 관심을 두지 않으려고 한다. 나 또한 아직도 사용되는 『종교학 I』이라는 제목의 교과서를 집필하는 데 참여했다는 점에서, 이러한 풍조에 책임이 있다.[66] 그 책은, 서문에 서술되어 있듯이, 『불교일반』(佛教一般)이라는 제목의 그 이전 교과서를 대폭 개편하고자 한 것이지만, 그 책의 많은 부분을 단순히 옮겨온 책에 지나지 않는다. 내가 집필을 맡은 "인도불교"라는 부분의 주제들조차도 미리 정해져 있었고, 내가 할 일은 그저 그 목록에 있는 각각의 항목에 대하여 객관적인 기술을 하는 것이었다. 나는 편집의 재량을 거의 부여받지 못했지만, 오늘날 내가 집필했던 부분을 다시 바라보면, 그 부분 전체를 거의 전부 다 다시 집필해야 한다고 느껴진다. 나는 내가 그 교과서를 계속해서 사용하는 강의에서 이러한 문제들을 논의하기는 하지만, 나 자신의 경박하고 안이한 언어 사용에 언제나 당혹스럽다. 우리가 학생으로서 공부할 때 사용하게 되는 교과서에서 잘못되었다고 느끼는 모든 부분들이, 우리 스스로 교과서를 집필해야 할 나이에 이르면 얼마나 편리하게 잊혀 버리고 마는지, 참으로 놀랍지 않은가?

이 글의 서두에서 나는 "언어를 경시하는 전통"으로서 "장소철학"과 "언어를 중시하는 전통"으로서 "비판철학"을 대조시켰다. 하지만 인간의 뇌가 좌반구와 우반구를 갖고 있어서 그 양자가 뇌의 기능에 다 필수적인 것과 꼭 마찬가지로, 비판론도 장소론이라는 대립물이 없이 그 자체로는 결코 설 수 없을 것이다. 동물의 상태에서 인간의 차원으로 진화해 오면서, 우리는 이제, 그 상태에 아무리 향수를 느끼고 동경한다고 하더라도, 인간 이전의 그러한 야만적이고 소박한 상태로 다시 돌아갈 수는 결코 없다. 우반구의 뇌 손상이 있을 때에도 인간의 언어 능력에 영향이 없는 사례들이 보고되는 경우는 있지만, 일단 좌반구가 손상되면 인간의 언어 능력은 영구적으로 회복 불가능하게 손상된다. 우반구의 뇌 기능이 중요하다는 것은 이루 말할 필요가 없겠지만, 그 어느 한쪽의 기능에 매료되어 휩쓸리어 가서는 안 되듯이, 현재의 체제적 '장소철학'과 결탁한 우뇌적 지향에 휩쓸리어서는 안 된다.

우리 모두 모든 것을 잊고 꽃이 만발한 들판에 드러누울 수 있었으면, 또는 태아의 자세로 움츠리고 자궁의 안전한 성소로 되돌아갈 수 있었으면 하는 바람을 가질 때가 있다는 것은 의심의 여지가 없다. 나 또한 그러한 느낌이 있으며, 아마도 다른 사람들보다 더욱 그러할지도 모르기에, 오히려 그러한 느낌에 온통 휩쓸리지 않도록 경계할 수밖에 없다. 그러나 속 편하게 우반구를 찬미하는 사람들은 언어의 상실을 겪는다는 것이 어떠한 것일지 실제로 상상이라도 하는 적이 있는가? 언어와 함께 오는 고통과 기쁨에 대한 앎은, 언어를 포기하려는 "장소철학"으로의 도피가 아니라, 진실과 거짓을 분별하는 "비판철학"의 관심사에 헌신하는 가운데에서만 이루어진다.

[제이미 허바드 발췌]

6. 비판의 한계

폴 J. 그리피스(Paul J. Griffiths)

비판불교를 둘러싼 논쟁은, 지난 10여 년 간 일본에서 진행되어 왔으며, 지난 4~5년 동안에는 유럽과 미국에서도 널리 알려지고 논의되기 시작하였다. 이 논쟁은 상당히 놀랍도록 수사학적이고 열띤 논쟁을 자극해 왔으며, 불교 그리고 불교 연구에서 다소 어두우면서도 중요한 이슈들에 빛을 밝혀 왔다. 다만 그 논쟁의 많은 부분이 적절하게 서로 연관되기 위해서는 개념적 차원에서 구분되어야 하는 두 가지 이슈를 묘하게 - 비판불교 옹호자들이 비판을 강조한다는 점을 감안할 때 - 무비판적으로 혼효시키는 데에서 어려움을 겪고 있다. 이 짧은 글에서는 이 이슈들을 분리해 내고 그러한 분리로부터 어떠한 지적 이득이 수확될 수 있는지 보여주기 위해서 내가 할 수 있는 작업을 하고자 한다.

그러한 기획을 시작하기에 앞서서, 나는 그 논쟁 속에서 나 자신의 위치와 그 논쟁에 대한 나 자신의 앎의 한계를 밝힐 필요가 있겠다. 이 책의 다른 서양권 기고자들과 달리, 나는 일본학 전공자가 아니며, 동아시아불교 전공자도 아니다. 내가 불교에 관하여 아는 것은 주로 고전 인도 문헌에 대한 독서를 통한 것이며, 나의 일본어 실력도 상당히 안 좋아서, 그 논쟁에 관하여 일본어로만 읽을 수 있는 수많은 자료들 가운데 극히 일부만을 읽을 수 있었다.

지난 10여 년 동안 고마자와 대학에서 하카마야 노리아키와 마츠모토 시로를 중심으로 회오리쳐온 흐름에 대하여 내가 직접적으로 노출된 것은, 1980년대 초반에 전자가 위스콘신-매디슨 대학(Universtiy of Wisconsin-Madison)에 장기 체류하면서 나의 스승으로 있었던 사실에서 주로 기인한다. 나는 거의 두 해 동안 그의 지도 아래 산스크리트어와 티벳어로 된 자료들을 읽으면서 그를 잘 알게 되었고, 그의 지성적 예리함과 불교전통에 대한 그의 앎의 깊이와 범위를 경탄하고 존경하게 되었다. 그는 나에게 불교에 관하여 다른 누구보다도 더 많은 것을 가르쳐주어 왔으며, 나는 지금도 계속해서 그와 그의 작업을 존중한다. 그래서 나는 어떤 의미에서는 하카마야 교수의 제자로서 이 글을 집필한다. 그렇다고 해서 내가 그의 아이디어들을 비판할 자유를 느낄 수 없다는 것은 아니다. 내가 비판할 아이디어들 자체가 실로 비판을 권장하는 성격을 갖고 있다는 것을 감안할 때 그럴 수는 없는 것이다. 다만 내가 제시하는 어떠한 비판도 거의 모든 주제에 관하여 나보다 엄청나게 많이 알고 있으며, 그 자신의 종교인 불교에 관해서만이 아니라 나 자신의 종교인 그리스도교에 관해서도 나의 사유를 형성하도록 해온 학자에 대한 비판이라는 차원에서 이해되어야 한다는 것은 분명하다. 그리스도교 신학과 종교철학에서 나의 작업은 불교 이론에서 그의 작업을 반영하고 있으며, 다소는 나의 작업이 그의 작업에 반영되기도 한다. 내가 1991년에 출간한 책에서[1)] 종교 간에든 종교 내적으로든 변증론으로 씨름하는 것은 중요한 계발적 효과가 있을 가능성이 높다고 주장하였을 때, 내가 염두에 두고 있었던 것은 다른 무엇보다도 그의 작업에서 이미 드러나고 있는 성과였다. 우리 모두는, 심지어—아마도 특히—그가 틀린 생각을 하고 있다고 간주하는 사람들조차도, 그가 그러한 주장들을 발표하는 것을 시사하기 이전에 우리가 알고 있었던 것보다, 불교에 관하여 그리고 특정 논제들에 대하여 제시될 수 있는 논증의 종류들에 관하여, 더 많은 것을 알게 되었는데, 우리가 그렇게 알게 되는 것은 바로 그의 논증과 수사학의 예리함 덕분이다.

그렇다면 이 논쟁에서 부적절하게 혼효되어 온 두 이슈는 무엇인가? 이 책의 다른 곳에 게재된 글들이 보여주듯이, 첫째는 불교란 무엇인가, 곧 어떤 기준을 사용하여 고유하게 불교적인 현상을 "불교적"이라는 라벨을 붙여서는 안 되는 현상으로부터 구분해낼 것인지의 문제이다. 이것은 궁극적으로 불교의 본질(산스크리트어로 표현하자면 *hṛdaya* 또는 *sāra*)에 관한 문제이다. 이 문제에 관한 논쟁은, 내가 알고 있는 한, 개인적이고 사회적인 차원 모두에서 윤리적 함의를 지니는 믿음들—인식론적, 존재론적, 가치론적, 그리고 때로는 명시적으로 형이상학적—그리고 행위와 태도의 패턴에 주로 초점을 맞추어 왔다. 이러한 범주하의 일차적인 질문들로 다음과 같은 것들이 포함된다. 모든 중생이 *확실히 깨달을 수 있는* 공통적인 속성을 공유하고 있다고 믿는 것은 불교적인가? 또는, 침략전쟁에 참여하는 것은 불교적인가? 또는, 인종차별적 태도를 취하고 인종차별적 정책을 옹호하는 것은 불교적인가? 이러한 질문들은 또한 이차적 질문들을 함의하는데, 그 가운데 현재의 맥락에서 가장 포괄적인 질문은 다음과 같다. 어떤 현상이 불교적인지 여부를 정하는 데 어떤 기준이 적용되어야 하는가?

둘째 이슈는 진리와 정의의 문제이다. 여기에서도 역시 논쟁은 윤리적 무게를 지니는 믿음들과 더불어 태도와 행위에 관하여 전개되어 왔다. 다만 그 물음은 "이것은 불교적인가?"가 아니라, (믿음의 경우에) "이것은 참된가?" 또는 (태도나 행위의 경우에) "이것은 정의로운가?"라고 하는 형태로 전개되어 왔다. 그래서 앞 단락에서 언급된 믿음들의 경우에, 우리가 묻게 되는 것은, 모든 중생이 확실히 깨닫게 된다는 믿음이 참된가 여부이다. 그리고 전쟁에의 참여나 인종차별적 태도를 선택하는 경우에, 우리는 "이것이 정의로운가?"를 묻게 된다. 특정한 믿음과 행위의 패턴들에 있어서 참됨이나 정의로움에 관한 질문들은 또한 보다 폭넓은 이차적 질문들을 함의하는데, 예컨대 다음과 같은 질문들이 있을 수 있다. 어떤 영역에서 무엇이 참된 믿음이라는 것을 어떻게 정해야 하는가? 또는, 어떤 영역에서 무엇이 정의로운 행위라는 것을 어떻게 정해야 하는가?

이 논쟁에 참여하는 대부분의 글들은, 내가 알고 있는 한, 첫째 종류의 문제들(곧 불교에 관한 문제들)과 둘째 종류의 문제들(곧 진리와 정의에 관한 문제들) 사이에 바로 어떤 관계가 상정되어야 하는 것인가에 관하여 여전히 불명료하다. 몇 가지 가능성이 있다. 첫째, 둘째 종류의 문제들에 대한 대답이 또한 첫째 종류의 문제들에 대한 대답이기도 하다고 생각될 수 있다. 이러한 관점에서는, 모든 참된 믿음 그리고 모든 정의로운 행위와 태도가 오직 참되고 정의롭다는 이유로 불교적이라고 일길이질 수 있다. 불교전통 내에는 확실히 이러한 관점을 시사하는 것으로 여겨지는 요소들이 있고, 그 중 상당수는 매우 오래된 요소들이다.[7] 그러나 이러한 관점은 비판불교 논쟁 참여자들이 서술하거나 암시하는 어떠한 입장보다도 거의 확실히 지나치게 강한 입장인데, 부분적으로는 수용하기 어려운 부수적 사항들이 수반되기 때문이다. 그러한 사항을 예로 들자면, 모든 참된 믿음이 말 그대로 불교적이라고 할 때, (다른 무엇보다도, 가령 미국 프로 야구팀 가운데 하나인) 시카고 화이트 삭스의 승패 기록에 관한 참된 믿음도 또한 불교적인 것이 되는 것이다.

보다 약한 입장은, 어떤 믿음이 불교적이기 위해서는 참될-또는 어떤 행위나 태도가 불교적이기 위해서는 정의로울-필요가 있기는 하지만, 그것만으로는 충분하지 않다는 것이다. 적어도 이러한 보다 약한 관점이 비판불교 논쟁의 대부분에서 암시되고 있다는 생각이 강하게 든다. 불교가 참된 종교라면, 또는 적어도 참된 종교들 가운데 하나라면, 오직 참된 믿음들만이 그 일부일 수 있으며, 오직 정의로운 행위와 태도만이 불교에서 권장될 수 있다고 전제하는 것은 자연스러운 것으로 여겨질 것이다.[3] 달리 말하자면, 어떤 믿음이 거짓이라거나 어떤 행위나 태도가 그릇되었다고 믿을 충분한 이유가 있다면, 그 이유는 또한 그러한 믿음 내지 행위와 태도가 불교적이지 않다고 믿을 충분한 이유로도 될 것이다. 이러한 관점은 오랫동안 생명력을 유지해온 모든 사상과 실천의 전통에서 영향을 미쳐 왔으며, 아마도 통계적으로도 압도적인 중요성을 지녀 왔다. 그러한 전통들은 무엇보다도 거짓된 믿음이 자신들의 가르침 가운데 있을 수 있다거나 그릇된 행위가 자신들에 의하여 옹호될 수 있다는 점을 인정하리라고 여겨지지 않는다. 이러한 입장이 현재의 논쟁에 참여하는 대부분 내지 전부의 학자들에 의하여 전제된다면, 이는 왜 그 두 종류의 문제들이 어우러져 왔는지를 설명하는데 도움이 될 수 있는데, 왜냐하면 이러한 입장에서는 어떤 믿음이 거짓된 것이라는 점을 드러내는 것이, 곧 그 믿음이 불교적이지 않다는 점을 드러내는 것과 동일한 것이 되며, 어떤 믿음이 불교적이라는 점을 보이는 것은 그 믿음이 거짓되지 않다는, 곧 참되다는 것을 보이는 것과 동일한 것이 되기 때문이다.

불교에 관한 질문 그리고 진리와 정의에 관한 질문 사이에 택할 수 있는 관계에 있어서는 다른 입장들도 있을 수 있다. 예컨대 당신은 그 두 유형의 질문들 사이에 아무런 논리적으로 흥미로운 관계가 없다고 주장할 수도 있다. 예컨대 "이것이 불교적인가?"라는 것과 같은 질문에 대한 대답은 해당 현상에 관하여 우연한 역사적 정보에만 호소함으로써 주어질 수 있는 것이다(예컨대 아마도 어떤 행위는 그 행위에 종사하는 사람들에 의거하여 불교적이라고 이야기되거나, 어떤 문헌에서의 특정한 주장은 그 문헌에 의거해서 불교적 주장이라고 일컬어질 수 있다). 만약 이러한 제안이 이루어진다면, 물론 그에 바로 이어서, 어떤 참된 믿음들은 불교이고 어떤 불교적 믿음들은 참되지만, 그와 동등하게 어떤 거짓된 믿음들은 불교적이고 어떤 불교적 믿음들은 거짓되며, 앞의 두 주장과 마찬가지이겠지만, 어떤 주장의 진리적 가치와 그 주장의 불교적 주장으로서의 간주 여부 사이에는 아무런 흥미로운 관계도 없게 된다. 하지만 비판불교 논쟁의 참여자들 가운데 아무도 이러한 노선을 택하고 있지 않다고 전제하는 것이 합리적인 것으로 여겨진다. 이것은 종교에 대한 현대 서양 이론가들 사이에서 보다 약한 마음의 소유자들에게만 호소할 수 있는 노선이다.[4]

그렇다면 그 논쟁의 참여자들이 - 이에 관하여 명시적이지는 않다고 하더라도 - 전제할 가능성이 높은 관점은, (믿음들의) 참됨과 (태도와 행위들의) 정의로움이 그러한 믿음 그리고 태도와 행위들이 불교적인 것으로 되기 위하여 필수적이지만 충분하지는 않은 조건들이라는 관점이라고 가정해 보자. 여전히 대답되어야 할 몇몇 중요한 질문들이 있는데, 그 질문들은 내가 제시한 방식대로 참됨/정의로움의 문제와 정체성의 문제를 - 다시, 나중에 그 양자 사이의 적절한 관계를 보이기 위하여 - 분리해내는 것에서 도출되는 구분에 의해서만 다루어질 수 있는 질문들이다. 그 가운데 주요한 것들을 들자면 다음과 같다. 어떤 믿음이 거짓인지 여부, 또는 어떤 태도/행위가 그릇된 것인지 여부를 정하는 기준은 어떤 다른 근거에서 불교적이라고 간주되는 자료들에 의해서만 도출되는가? 아니면, 다른 곳으로부터 도출될 수 있는가? 이것은 무엇이 참되거나 정의로운가에 관한 앎이 어떻게 얻어져야 하는지에 관한 질문이다. 이것은 궁극적으로 인식론의 문제이다. 우리는 참되고 정의로운 것에 관한 우리의 견해에 어떻게 도달하게 되며 어떻게 정당화하게 되는가? 바로 여기에서 비판철학과 장소철학 사이의 구분이, 하카마야에 의해서는 더 중시되고 마츠모토에 의해서는 덜 중시되기는 하지만, 그 중요성을 갖게 된다.

그렇다면 이 구분은 어떤 구분인가? 비판철학과 장소철학은 어떻게 이해되어야 하는가?[5] 그 구분의 한 가지 중요한 측면은 인식론적 측면이다. 비판론자들과 장소론자들은 믿음들-앎에 대한 주장들-이 어떻게 획득되거나 확정되어야 하는가에 관하여, 그리고 어떻게 정당화되어야 하는가에 관하여 상이한 관점을 지니고 있다. 비판론과 장소론 사이의 구분에는 이보다 훨씬 더 많은 것이 있지만, 앞으로 내가 초점을 맞추게 되는 것은 바로 이 요소이다. 나는, 하카마야가 비코를 장소론자로 이해하는 것이나 그가 데카르트를 비판론자로 읽는 것이 해석상 올바른 것인가 아닌가라는 흥미로운 질문에 대해서는 아무 말도 하지 않겠다. 나는 비판론과 장소론의 구분을-내가 나중에 다시 언급하겠거니와, 비록 하카마야가 베버를 좋아하지는 않지만, 베버적인 의미에서-이념형(ideal types) 사이의 구분으로 다루겠다.[6]

장소론자에 있어서, 진리는 발굴되고, 발견되거나 계시되는 것이다. 진리는 언제나 이미 현존하며, 아는 주체에 앞서는 것으로 그로부터 독립해 있으며, 우주의 구조 내에 영원히 불변하는 모습으로 각인되어 있다. 그러므로 아는 주체로서 우리의 과제는 있는 그대로의 진리에 우리의 견해들과 믿음들을 부합하게 하는 것이고, 우리의 지적 구조가 그것이 이미지화한다고 상정되는 그 존재론적 구조에 일치하고 상응하도록 주의를 기울이는 것이다. 발견 내지 발굴이라는 은유는 장소론자들이 앎에 도달하는 과정을 기술하는 데 중요하다. 그리고 반영 내지 이미지화라는 은유는 진리의 발굴에서 결과하는 지적 구조를 기술하는 데 중요하다. 우리의 인지 기능은, 이러한 관점에서, 거울과 같고, 그 기능은 사태들의 본성을 완벽하게 반영하는 조건에 있을 때 그 적절한 목적을 성취한다.[7] 장소론의 목표는, 하카마야의 표현대로 말하자면, 핍진(逼眞, verisimilitude)이다. 그리고 그 방법은 이미 필연적으로 그리고 불변하게 현존하는 진리를 가로막는 장애물들을 제거하는 것이다.

다른 두 개의 밀접하게 연계되는 주제가 참된 믿음은 어떻게 도달되어야 하는가라는 질문에 있어서 장소론자들에게 중요하다. 첫째는 권위의 문제이고, 둘째는 오류의 문제이다. 하카마야는 참된 믿음들의 형성과 정당화의 적절한 기반으로서 권위에 호소하는 것을 배격하는 데 있어서 일관되며, 아름답고 열정적으로 그리고 강력하게 그러한데, 심지어 스스로의 내면에서도 그러한 호소를 하려는 경향이 있음을 인정하면서도 그러하다.[8] 그러한 호소는 장소론에서 전형적인 것이다. 개인의 지적 구조가 실재에 부합 내지 상응하는 것은 전형적으로, 있는 그대로의 진리에 대한-반드시 신으로부터의 직접적인 소통이라는 의미에서는 아니지만, 아마 그것도 포함해서-스스로 정당화되는 권위적인 계시의 결과로 일어난다. 장소(*topica* 또는 *loci*)는 실재의 구조에서 핵심적인 요소로서, 아주 선명한 스스로 정당화되는 명백성을 가지는 방식으로, 의식의 심층에서 드러나거나 어떤 권위적인 원천에 의하여 제시된다. 이에 대하여 질문하는 것은 전혀 가능하지 않고 필요하지도 않다. 오류는, 인도의 논리학자들이 주장하듯이, 직접 지각(*pratyakṣa*)의 차원에서는 지적되지 않는다. 지각 행위의 발생 자체가 지각되는 대상이 정확히 드러나고 있다는 것을 논쟁의 여지가 없이 보장한다.[9] 의식이라는 거울은 왜곡하지 않는다.

그럼에도 불구하고 분명히 장소론자들도 인지적 오류를 설명해야 하는데, 왜냐하면 모든 사람 각자의 의식이 실재에 알맞게 부합하지 않는다는 것은 뚜렷하기 때문이다. 예컨대 장소론자의 관점에서 하카마야의 의식은 그다지 부합하지 않는 것으로 상정된다. 그러므로 거울은 너하고 덜한 정도의 차이는 있지만, 실제로 때때로 왜곡하는 것으로 여겨진다. 어떻게 이러할 수 있는가? 전형적인 장소론자의 설명은 오류를 우연적이거나 부차적인 차원에 위치시키며, 아는 주체로서 우리에게 내재적인 것이 아니며 우리의 본질적인 부분이 아닌 것으로, 그 대신에, 마치 우리가 다리나 목을 부러뜨릴 수도 있는 것과 마찬가지로, 모종의, 일련의 사건들로 인하여 우리에게 부가되어 온 오염이나 왜곡이나 장애물의 결과로 간주한다.[10] 이러한 관점에서는 있는 그대로의 진리를 완벽하게 반영하는 믿음들의 집합으로서, 알맞은 질서를 갖춘 지적 구조가, 아는 주체로서의 우리에게 – 우리의 본질적 속성으로서 – 내재적이다. 오류는 제거될 수 있는 우연적 사건이며, 있는 그대로의 사태이기도 한, 실제 있는 그대로의 우리에 관하여 적합하게 스스로 정당화되는 계시를 발견함으로써 이상적으로 제거될 수 있다.

하카마야와 마츠모토는 이러한 방식으로 이해되는 장소론을 일반적으로 여래장사상이나 본각사상(이 두 표현은 모든 측면에서 동일한 아이디어들을 포함하는 것은 아니지만, 그 양자 사이의 상이점은 여기에서는 관심 둘 필요가 없다)이라고 불리는 불교사상의 조류와 동일시한다. 그들이 제대로 보고 있다고 여겨지는 것은 참된 믿음들이 어떻게 획득되며 어떠한 것이 참된 믿음들인지에 대한 이러한 관점에는 또한 정당화, 곧 우리가 가지고 있는 믿음들을 견지하는 것이 어떻게 보증되는가, 우리가 다른 믿음들이 아니라 그 특정한 믿음들을 견지하는 것이 설득력이 있는 것은 무엇 때문인가, 그리고 우리의 믿음들이 정의로운 믿음들이며 다른 대안적인 믿음들보다 바람직하다는 점을 입증하라는 도전을 받을 때 우리는 어떻게 해야 하는가 등에 관한 일련의 관점들이 수반된다는 점이다. 이 모든 문제에 관한 장소론자들의 관점은 지금까지 언급되어 온 것에서 용이하게 도출된다. 장소론자들은 자신들의 믿음들을 단지 드러내 보임으로써 정당화하는데, 그들은 그 믿음들이 의식의 심층에서 드러내어진 아주 선명하고 자명한 사실의 기반에서 도달되었으므로, 적절하게 수식해서 드러내 보이는 것만으로 충분히 정당화가 된다고 전제하기 때문이다. 따라서 장소론자들은 전형적으로 적절한 수식의 도구로서 수사학을 강조하게 된다.[11] 장소론자들은, 하카마야가 거듭해서 강조하듯이, 개념적 구분에 입각한 입증적 논증이 믿음의 정당화에 필수적이거나 충분한 조건이 된다는 관점을 배격하고자 한다. 발견의 기술(*ars inveniendi*)은 그 자체로 정당화의 방식으로 간주되며, 판단의 기술(*ars iudicandi*)은 배격된다. 또는 같은 문제를 인도 전통에 따라 표현하자면, 추론(*anumāna*)은 정당화에 불필요한데, 왜냐하면 직접 지각(*pratyakṣa*)으로 충분하기 때문이다.

믿음의 확정과 정당화에 대한 장소론자들의 입장에 대해서는 여기까지 충분히 다루었다고 여겨진다. 하카마야는 비판론보다 장소론을 더 광범위하게 다루고 있다. 그 자신의 논쟁적 상황의 긴급함은 의심할 바 없이 그로 하여금 자기 자신의 인식론을 해명하는 것보다는 적대자들의 오류를 설명하고 논박하는 데 더 많은 지적 에너지를 소비할 것을 요구한다. 이것은 유감스러운 상황인데, 몇 가지 절실한 문제들이 답변되지 않은 채 남아 있게 되기 때문이다. 최소한을 이야기하자면, 하카마야에게 비판론은 장소론이 아닌 모든 것이다. 비판론자에게 있어서,

믿음들은 경험적이든 외부적이든 스스로 정당화되는 권위의 원천에 호소함에 의하여 확정되거나 정당화되지 않는다. 면밀한 개념적 구분에 기반한 입증적 논증이 그 정당화에 필수적이다. 그리고 비판론자의 목표는 핍진(逼眞, verisimilitude) 곧 지적 구조와 존재론적 구조의 상응이 아니라 참 그 자체, 곧 정확하면서도 올바르게 있는 그대로의 진리를 표현하는 믿음들의 확보이다. 하카마야에게 있어서는 그렇게 이해된 비판이 진정한 철학, 진정한 학문, 그리고 진정한 종교인데, 왜냐하면 그 각각의 이러한 기획이야말로 개념적 구분에 기반하여 언어로 믿음들을 표현하고, 논증을 사용하여 그 믿음들의 참됨이나 거짓됨을 평가하는 데 최선을 다하는 것이 일반적이기 때문이다.[12)]

여기서 매우 중요하게 주시해야 할 것은 하카마야의 목표가 계몽주의적 합리주의에 대한 추가적 변론을 제공하는 것이 아니며, 더군다나 진리에 도달하는 데 있어서 무제한적인 비판적 이성의 능력에 대한 순진한 낙관주의를 변호하는 것은 더더욱 아니라는 점이다. 비판불교의 지지자들에게 비코보다는 데카르트가 선호될 수 있다는 것은 사실이지만, 그 주된 이유는, 데카르트가 스스로 정당화되는 문화적 내지 특정 종교적 진리의 원천을 배격하고, 그에 수반하는 것으로서, 토착주의, 인종주의, 성차별주의의 위험, 그리고 이러한 오류들에 기반하여 다른 문화, 성, 인종, 내지 종교의 위험성에 대하여 무제한적으로 공격하는 성향에서 벗어나기 때문이다.[13)] 하카마야가 데카르트를 긍정하는 데 관심을 갖는 것은 그가 뿌리 뽑힌 실증주의적 지식인들, 곧 막스 베버가 자기 자신의 저작들에서 그렇게 선명하게 드러내고, 뿐만 아니라 오늘날 서양의-그리고 일본도 포함되는 것으로 보인다-학문적 제도 안에 안주하고 있는 그의 수많은 제자들의 저작들 속에서도 드러나는 바이지만, 그가 그 가장 웅변적이면서 친숙한 변론을 통하여 직업의식과 자기

만족적인 탁월성에 관하여 설파한 이래 거의 한 세기 동안 아무 것도 배우거나 망각한 적이 없는 지식인들의 대부로서 그를 바라보기 때문이 아니다.[14] 막스 베버의 그 변론에 대한 하카마야의 비판은 그가 베버와 불일치하는 근거를 아주 명료하게 보여주고 있다. 그는 그 변론이 인식론에서 권위주의적 입장을 대변하는 또 하나의 글에 불과하다고 간주한다. 하카마야에게 있어서, 직업으로서의 학문에 대한 베버적인 관점은 규범적이거나 비판적인 태도를 취하지 않은 채 사실들을 제시하거나 늘어놓을 가능성을 함의하는 것이다. 그러한 관점은, 다시 말해서, 본각사상의 대용품이자 아카데믹한 표현에 지나지 않는 것이라고 할 수 있는 것이며, 그 근본적인 헌신적 관점은 그 참됨이 자명한 주장을 할 수 있는 입장이 있다는 관점이며, 그 관점에서 유일하게 가능한 비판적 논쟁은 그 관점에 대한 자명한 헌신, 이 경우에는, 19세기 독일의 고학문성(高學問性, *Hochwissenschaftlichkeit*)의 절차적이고 실체적인 헌신을 이미 받아들이는 사람들 간에만 있을 수 있다.[15]

따라서 하카마야는 비판론을, 학계 안에서든 밖에서든, 실증주의의 한 형태로서 옹호하고 있는 것이 아니다. 그렇게 하는 것은, 그의 관점에 따르면, 그리고 나의 관점에 따라서도, 특히 재미없는 대용품 형태의 종교를 제시하는 것이 될 것이다. 본각사상은 최소한 베버적 합리주의보다 더 흥미로운 점이 있는데, 다만 그 실천자들은 윤리적이고 인식론적 차원에서 말하자면 대략 마찬가지로 위험한 경향이 있기는 하다. 그렇다면, 하카마야는 (유럽과 미국에서) 현재의 전통으로 되어 있는 실증주의적 의미에서가 아니라면 바로 어떠한 의미에서 비코에 반대하면서 데카르트를 인식론적으로 지지할 수 있게 되는 것인가? 나는 그 답을 하는 데 자신이 없다는 것을 고백하는데, 대체로 그 까닭은 하카마야가 내가 바라는 것보다 스스로 덜 명확한 면이 있기 때문이다. 그렇게 나는 이제, 인식론적으로 말해서, 하카마야의 비판이 무엇을 의미하려는 것인지 그 윤곽을 제시하고자 하는데, 그가 동의해주기를 바랄 뿐이다. 그리고 그가 독일의 불교학자 람버트 슈미트하우젠(Lambcrt Schmithauscn)과 전개한 논쟁을 살펴봄으로써 결론을 내리고자 하는데, 이것은 비판론에 대하여 내가 제시하는 인식론적 독해가 거기에서 어떤 지지점을 발견할 수 있는지 여부를 살피기 위해서이다. 이것은 또한 이 글의 서두에서 내가 분리했던 두 긴밀한 주제, 곧 한편으로 무엇이 진정으로 불교적인 것인지의 문제와 다른 한편으로 무엇이 참되거나 정의로운 것인지의 문제를 다시 연결시키는 것을 가능하게 할 것이다.

영어권의 인식론에서 이제 표준이 된 구분을 사용함으로써 시작해보기로 하자. 여기서 내가 의미하는 것은 앨빈 플랜팅가(Alvin Plantinga)와 윌리엄 앨스턴(William Alston)의 최근 저작에서 명료해지기는 했지만, 서양 인식론 전통에서 훨씬 더 깊은 뿌리를 갖고 있는, 내재적 인식론과 외재적 인식론의 구분이다.[16] 인식론적 이론들은 전형적으로, 타당한 근거를 갖고 있지 못하고 그 결과로 앎이라고 일컬어질 수 있다는 요구를 할 수 없는 믿음의 경우와, 타당한 근거를 지니고 그리하여 다소 그러한 요구를 실제로 할 수 있는 믿음의 경우를 구분하는 데 관심을 갖고 있다. 예컨대 나는 적절하게 제사에 바쳐진 염소의 내장을 참고함으로써 주식 시장의 미래 변화에 관하여 신뢰할 만한 믿음들을 생성할 수 있다고 믿을 수 있다. 대부분의 서양 학자들-확실히 대부분의 영어권 인식론자들-은 미래의 사건들의 경과에 대하여 이러한 방식으로 생성된 믿음들은 그것들이 앎이라고 일컬어질 수 있다는 요구를 가능하게 하는 속성 내지 속성들을 결여하고 있다고 말하는 경향이 있을 것이다. 그와 대조적으로 나는 지난 밤에 보리스 옐친이 빌 클린턴에게 무엇을 말했는지에 관한 신뢰할 만한 믿음을, 비록 그가 영어로 말하지 않고 나도 러시아어를 모른다고 하더라도, 「뉴욕타임스」(*The New York Times*)에 실린 그 대화 보도를 참고함으로써, 생성시킬 수 있다고 믿을 수 있다. 많은, 아마도 대부분의, 영어권 인식론자들은 이러한 방식으로 생성된 믿음들이 앎이라고 간주될 수 있는 유형의 것이라고 생각하는 경향이 있을 것이다. 첫째 종류의 믿음들과 둘째 종류의 믿음들을 구분하는 속성 내지 속성들에 대하여 어떠한 설명을 할 수 있는지가 이 논란의 관건이 된다.

내재적 인식론자들은 전형적으로, 그러한 해당 속성－"보증"(warrant) 또는 "정당화"(justification) 내지 유사한 용어로 불릴 수 있는－이 그 해당 믿음들을 가지고 있는 사람들에게 내재적이며, 그들이 특별히 접근할 수 있는 어떤 것이라고 주장한다. 예컨대 그들은 고유한 경험을 했을 수도 있고, 고유한 논증을 구성하거나 이해했을 수도 있다. 그 양자의 사실 모두에 있어서 그리고 그와 유사한 다른 사실들에 있어서 그 해당 주체는 다른 누구보다도 더 나은 증인이다. 인식론에서 내재론은 의무론과 잘 어울린다. 내가 *p*(여기에서 *p*는 어떤 명제나 주장을 상징한다)를 믿는 것이 정당화(보증)될 수 있는 것은, 내가 인식론적 의무 내지 의무들을 이루었을 때이며, 혹은 아마도 그러한 때뿐이라고 하겠다. 플랜팅가는 이에 관하여 다음과 같이 서술한다.

> … 정당화, 내재론, 그리고 인신론적 의무론은 서로 밀접하게 연관된 삼인조(三人組, triumvirate)와 같다고 보아도 무리가 없다. 내재론은 의무론에서 도출되고 의무론이 없이는 그 동기의 정당성을 얻지 못하며, 정당화는 그 기저에서 그리고 원천적으로 의무론적 관념이다.[17)]

그렇다면 내재론자에게 있어서, 중요한 것은 우리가 우리의 인식론적 의무를 이루었느냐 여부이다. 그리고 우리는 전형적으로, 내면적 성찰의 행위를 통하여 그 여부를 구별할 수 있다. 그 행위는 적절한 주의와 함께 행해진다면, 로크(Locke)가 표현한 대로 말하자면, 우리가 "이성(Reason)이 시사하는 대로 믿거나 안 믿는" 사람과 같은지 아니면 "자기 자신의 빛(Light)에 어긋나면서, 다른 어떤 목적이 아니라 더 명료한 증거(Evidence)를 찾고 따르라고 자신에게 주어진 그 기능들(Faculties)을 오용하는" 사람과 같은지 여부를 구별하도록 해줄 것이다.[18] 그러므로 인식론에서 내재론은 증거주의적이고, 의무론적이며, (대체로) 철저하게 개인주의적이다. 우리들 각자가 자신의 인식론적 의무를 다했는지 여부를 구별할 수 있는 것은, 오로지 총칭적으로 인간적인 지적 능력을 갖추고 활용하는 것에 달려 있다.

외재론적 관점은 전혀 다르다. 외재론자들의 주장에 의하면, 믿음의 한 특정한 사례가 정당화되거나 보증되도록 하는 것은 그 믿는 자에게 외재하는 어떤 것이며, 전형적으로는 그 해당 믿음에 도달하는 어떤 절차 내지 방법이다. 그 절차 내지 방법은 그 믿는 자에게 내재적이지 않으며 그 믿는 자에 의하여 알려지거나 이해되거나 통제되지 않을 수도 있다. 아마도 가장 일반적인 종류의 외재론적 인식론은 신빙주의(reliabilism)이다. 이 입장은, 우리가 *p*를 믿는 것이 보증(정당화)되는 것은 오직 그러한 믿음의 한 구체적인 사례가 신뢰할 만한 믿음 형성 관행 내지 기제에 의하여 산출되었다는 속성을 간직할 경우뿐이라고 하는 입장이다. 외재론적 관점은, 때때로 그 분야에서 '확신 형성 관행'(doxastic practice)이라고 불리는 특정한 신뢰할 만한 믿음 형성 기제에 의하여 어떤 믿음이 산출되었다는 것과, 이러한 사실이 그 믿는 자에게 알려져 있다는 것 사이의 구분을 허용하며, 실로 요구한다. 우리는 그렇게 산출된 믿음을 가지고 있으면서도 자연히 이러한 사실을 모르고 있을 수도 있는 것이다. 또는 그 사실을 실제로 알고 있다고 하더라도, 우리는 그 '확신 형성 관행'의 바로 어떤 점이 그것을 신뢰할 만한 것으로 만드는지에 대해서는 설명을 제시할 수 없을 수도-그리고 그럴 필요가 없을 수도-있다. (사실은 그렇지 않지만) 적절하게 제사에 바쳐진 염소의 내장을 참고하는 것이 미래의 사건들의 경과에 대한 믿음에 도달하는 신뢰할 만한 방식인 경우가 있을 수도 있다. 외재론자는 그러한 관행을 수행하는 이들에게, 그 관행이 자신들에게 (대체로) 참된 믿음들을 산출하도록 하는 데 있어서, 그것이 왜 신뢰할 만한지 (사실과 반대로 그것이 그러하다고 한다면) 알고 있으면서 보여줄 수 있어야 한다는 것은 고사하고, 신뢰할 만하다는 것을 알고 있도록 요구할 필요도 없다. 그러므로 외재론적 인식론자들은 전형적으로 비증거주의자들이며, (의무론적으로 된다는 것이 우리가 우리의 인식적 의무를 다했다는 것만이 아니라, 그 의무를 다한다는 것에, 로크의 경우에서와 같이, 우리가 그렇게 그 의무를 다했다는 것을 알고 보여줄 수 있어야 한다는 것을 그 일부로 포함하여 요구한다면) 반의무론적이며, 그리고 비개인주의적인데, 왜냐하면 이 입장에서 개인들은 특정한 믿음들이 정당화되는지 여부나 그 근거에 대한 질문에 있어서 이른바 최종 항소 법원에 있을 필요도 없고 일반적으로 있지도 않을 것이기 때문이다.

외재론적 인식론은 일반적으로 내재론적 인식론보다 선호되는데, 다만 후자가 17세기 이래 영어권 철학에서는 압도적이어 왔다. 내재론적 인식론을 배격하는 데에는 많은 이유가 있다. 그 모든 것을 다루는 것은 인식론에 관한 매우 긴 논문을 통한 본격적인 논의를 필요로 하며, 여기에서 그렇게 하기는 어렵다. 그러나 나는 그 중심적 이유들은 언급할 수 있다. 첫째, 내재주의자들은 거의 불가피하게 모종의 토대주의에 헌신적인데, 그에 따르면 적절한 질서를 갖춘 지적 구조는 믿는 자들이 내면적 성찰에 의거하여 그 참됨에 대하여 확신을 얻을 수 있는 믿음들에 토대를 두고 있다. 그 믿음들은, 로크가 표현하듯이, 명료하고 분명한 아이디어들일 수 있다. 또는 그 믿음들은 거부될 수 없는 뚜렷한 힘과 함께 제시된다. 또는 그 일반적 양식에 있어서는, 다양한 형태로 데카르트, 스피노자, 그리고 다시 로크에게로 추적될 수 있는데, 그 믿음들은 자명하거나 감각적 명증성을 갖는다. 이러한 토대적으로 명백한 종류의 믿음들은, 일단 도달되면, 적절한 질서를 갖춘 지적 구조 내에서 다른 모든 믿음들을 지지한다. 그 자체로 토대 내에 있지 않은 믿음들은 토대 내에 있는 믿음들로부터, 증거의 적절한 배치, 또는 연역적 논증의 패턴 등에 의하여 도출된다. 그러나 이러한 종류의 인식론적 토대주의에서 주요한 그리고 명백한 난점은, 그 공리가 자체적으로 제시하는 기준을 충족시키지 못하여서, 만약 당신이 스스로 내재론자라고 공언할 경우, 바로 그렇게 스스로 공언한 자신의 내재론으로 인하여, 자신이 내재론자라는 것이 정당화되거나 보증되지 않게 된다는 이상한 상황을 야기하게 된다는 점이다. 당신의 인식론적 이론이 그 자체로는 충족시킬 수 없는 정당화의 기준을 설정하게 된다는 것이다. 이렇게 되는 까닭은, 내재론적 인식론의 공리들은 그 자체로 어떤 사람의 지적 구조에도 토대가 되지 않기 때문이다. (그 공리들은 자명하거나 감각적 명증성을 갖는가? 거의 그렇지 않다. 그 공리들은 그 자체를 드러내는 우주의 구조가 갖고 있는 뚜렷한 힘으로 우리에게 그 자체를 강요하는가? 그렇지 않다.) 그 공리들은 합리적인 사람들에 의하여 논란의 여지가 없는 토대로부터, 어떤 방식으로든, 증명이나 추론을 통하여 도출될 수도 없다. 곧 인식론적 내재론은 그것이 일종의 토대주의인 한, 그 자체로 충족시킬 수 없는 인식적 의무를 설정하는 것이다(내재론의 본질적으로 의무론적 성격에 관하여, 앞에서 인용된, 플랜팅가의 말을 상기해보라).

또 내재론은 이와 밀접하게 연관된 하나의 문제를 가지고 있다. 그 문제란 개인에게 부과되는 인식적 의무의 감당할 수 없는 부담이다. 나의 믿음에 있어서, 그 믿음을 가지는 것에 관하여 내가 정당화되기 위하여서, 내가 무엇에 의하여 정당화되는지를 아는 것이 나에게 달려 있다면, 그리고 더 나아가, 그러한 앎을 가지게 되는 데 있어서 내가 호소해야 할 것이, 내재론자들에 의하여 이해되는 것과 같은, 나 자신의 지적 구조의 토대에 관한 사실이어야 한다면, 바로 이어지는 결론은, 나의 믿음들 가운데 거의 어느 것에 있어서도 나는 정당화되지 못할 것이라는 점이다. 예컨대 나는 뉴턴의 운동 법칙이나 페르마의 마지막 정리(定理)에 관하여 몇 가지 믿음을 가지고 있다. 그러나 이 문제에 관하여 내가 갖고 있는 믿음들은 모두 권위적인 증언들에－나는 그것들을 책으로 읽었거나 강의실에서 교육받았다－기초해 있으므로, 그리고 또한 자명하거나 감각적 명증성을 갖는 것도 아니고, 자명하거나 감각적 명증성을 갖는 믿음들로부터, 정도의 차이는 있을지라도 연역적이거나 증거주의적 추론의 패턴을 통하여, 나에 의하여 도출된 것도 아니므로(뉴턴의 법칙이 참되다는 것은 자명하거나 감각적 명증성을 갖는가? 그렇지 않다. 나는 직접 그것들을 입증했는가? 그렇지 않다), 내재론자의 관점에서는, 내가 그 믿음들에 있어서 정당화되지 못한다는 결론이 나오게 된다. 나의 무수한 다른 믿음들에 있어서도 같은 결론을 내릴 수밖에 없을 것이다. 막대하게 무수한 흥미로운 믿음들에 있어서 그러할 것이라고 말할 수밖에 없다.

인식론에서 외재론은 이러한 난점들을 벗어나며, 그러한 이유로 인식론적 이론으로서－혹은 이론군이라고 표현하는 것이 더 나을 것이다－선호된다. 외재론에서는 내가 p를 믿는 데 있어서 정당화되거나 보증된다는 사실을, 내가 정당화된다는 것을 안다는 것 그리고 내가 정당화된다는 것을 스스로 보여줄 수 있다는 것으로부터 분리하므로, 내가 가지고 있는 많은 믿음들, 곧 인식적 내재론에서는 적절한 질서를 갖춘 지적 구조의 일부라고 판단하지 않을 믿음들에 있어서 나 자신이 정당화되는 것을 가능하게 한다. 또한 외재론적 인식론들은 내재론을 그토록 괴롭히는 토대주의에서의 자기 지시적 난점들과 같은 종류의 난점들로부터는 괴로움을 겪지 않는다. 그래서 우리 모두는 인식적 내재론을 그 온갖 형태에 있어서 배격하고 다소 외재론적인 인식론을 포용해야 하는 것이다. 흄(Hume)과 로크(Locke)는 틀렸고, 아우구스티누스, 리이드(Reid), 그리고 뉴먼(Newman)은 옳았다.[19]

인식론적 이론에 대한 이 긴 (이 문제를 정당하게 다루기에 충분히 길지는 않은) 일탈의 초점은, 비판론과 장소론에 대한 하카마야의 구분이 외재론과 내재론의 구분과 산뜻하게 또는 전적으로 연관되는가 여부를 묻는 기초 작업을 하는 데 있었다. 그 대답은 그다지 뚜렷하지 않다. 경험주의, 자명성, 직관 등에 대한 장소론자의 강조는 장소론이 내재론에 매우 가깝게 한다. 그러나 올바른 판단에 도달하는 데 필수적인 것으로 분석적 논증에 대한 비판론자의 강조 또한 마찬가지이다. 왜냐하면, 나의 믿음들의 참됨에 대한 논증적 주장의 산출이－하카마야가 이해하는 바로는 판단의 기술(*ars iudicandi*)이－그러한 믿음들을 갖는 데 있어서 내가 정당화되는 필수적 조건이라면, 이러한 것도 또한 인식론에서 내재론의 특징이기도 하다. 이것은 예컨대 데카르트의 관점에 가깝고, 하카마야는 아주 자주 비코의 전주장(前主張, *pūrvapakṣa*)에 대하여 후주장(後主張, uttarapakṣa)으로 데카르트를 인용한다. 그러나 다른 방향, 곧 하카마야는 강한 내재론을 원하지는 않는다는 것을 가리키는 시사점도 있다. 예컨대 그는 불교에 대하여 진정으로 비판적인 태도를 확립하기 위해서 자신은 불교 외부에 설 수 없다고 주장한다.[20] 불교가 무엇인가에 관하여 그릇된 아이디어들을 공격하기 위해서는, 그 전통 내부에서 그렇게 해야 한다는 것이다. 이것은 단호한 내재론자가 할 말은 아니다. 왜냐하면 이것이 시사하는 것은, 특정한 믿음들은 - 이 경우에 불교가 무엇인가에 관한 믿음들은 - 우선 불교에 대하여 일정한 인지적 입장, 곧 불교가 좋은 것이라는 신앙(信仰, *śraddhā*), 신뢰 내지 확신의 입장을 택해야만 정당화될 수 있다는 것이기 때문이다.[21] 다시 말해서, 올바르게 이해되었을 때, 그러한 믿음들에 인식적 무게를 두어야 하는 내지는 인식적 무게를 두는 것이 보증되는 차원에서 그러한 입장이 공표되어야 하는 것이다. 만약 하카마야가 이것을 생각하고, 더 나아가 비판론자들이 이것을 생각하는 데 있어서, 이것을 생각하기에 앞서 자신들이 그렇게 보증된다는 것을 비판적으로 보여줄 필요가 없이, 보증될 수 있다고 생각한다면, 비판론은 외재론에 더 가까이 다가가게 된다. 인식론적 입론인 한에 있어서, 비판론은 이 경우에, *모든* 믿는 자들이 자신들의 믿음에 있어서, *단지* 그 믿음들의 참됨에 대한 입증적 논증을 가지고 있거나 산출할 수 있다는 것만으로, 정당화될 수 있다고 주장하지는 않는다 - 그러한 주장은 고전적으로 내재론적인, 적정하게 데카르트주의적인 입장일 것이다. 비판론에서는 믿음의 확정과 믿음의 정당화 양자 모두를 위한 방법으로서 (합리적 논증으로서의) 비판론을 체계적이고 완벽하게 배격하는 것이 - 하카마야가 제시하는 바에 의하면, 장소론에서 그러한 배격을 하고자 하는 것이 전형적이다 - 부당하며 지지될 수 없다는 보다 제한된 논지를 주장한다. 하지만 나는 이미 언급했듯이 이것이 하카마야가 의미하는 것인지 자신이 없는데, 다만 이것이 그가 의미해야 하는 것이라고 생각하며, 이것이 그가 의미하는 것이기를 바란다. 나는 이제 하나의 특정한 주제에 대한 그의 추론의 사례를 살펴봄으로써 이 질문을 다소 더 심층적으로 논의하고자 하며, 그리하여 이것이 비판론을 바로 어떻게 이해해야 하는지를 보다 정확하게 해명하는 데 도움을 줄 수 있는지 알아보고자 한다.

1985년에 람버트 슈미트하우젠(Lambert Schmithausen)은 「불교와 자연」(Buddhismus und Natur)이라는 논문을 발표하였다.[22] 이 논문에서의 주장은 나중에 1990년에 아시아의 다양한 장소에서 강연 형태로 발전되어 재시되었다. 1990년 말에 하카마야는 이 문제에 관한 슈미트하우젠의 생각에 대하여, 부분적으로는 1985년의 논문에, 그리고 부분적으로는 1990년의 강연에, 그리고 부분적으로는 1990년 말에 도쿄에서 슈미트하우젠과 나눈 개인적 대담에 기초하여, 답론을 발표하였다.[23] 그 뒤 슈미트하우젠은 (1991년에) 자신의 1990년 강연을 더 수정하고 확장한 발표를 하였는데, 그 일부에는 하카마야의 1990년 논문에 대한 대응도 포함되어 있다.[24] 이것은 극히 흥미롭고 시사하는 바가 큰 논쟁인데, 다만 부분적으로 사용된 언어가 독일어, 일어, 영어 등으로 다양하고 그 주창자들의 전제와 접근법이 상이한 것으로 인하여, 다소 개념적 모호함 속에 진행되었다. 우선 슈미트하우젠과 하카마야는 "자연"(自然, *Natur*)이라는 용어가 무엇을 의미하는가에 관하여 아주 상이한 아이디어에서 출발한다. 슈미트하우젠에게 있어서, 자연은 인간으로부터 독립되어 있는 것으로 이해되는 생태계('야생의 자연') 그리고, 보다 일반적으로, 인간이 아닌－의식이 있거나 그렇지 않거나－살아 있는 존재 전반 양자를 모두 의미한다. 하카마야에게 있어서 자연이 의미하는 것은 사물들의 있는 그대로, 사물들의 본성(*natura*) 내지 원리(*physis*)로서, 사물들의 생성의 원천, 사물들의 원질(原質, *prakṛti*), 곧 존재론적 기반이다.

출발점에서의 이러한 차이점은 자연히 논쟁에 영향을 미친다. 슈미트하우젠은 야생의 자연과 인간 이외의 살아 있는 존재들 양자 모두를 온당하게 대하는 기반을 정초하는 데 사용될 수 있는 개념적 자원들이 불교에 있다는 점을 보여주고자 한 것이었다. 반면에 하카마야는, 불자들이 진정으로 배격하고 있거나 배격해야 하는 사상이란 바로 자연에 존재론적 기반 내지 실재의 원천이 있다는 사상이라는 점을 보여주고자 하는데, 이는 불자들이 인간에게 정체성의 항구적인 원천으로서 아트만(atman, 自我)이 있다는 아이디어를 진정으로 배격하고 있거나 배격해야 하는 것과 꼭 마찬가지라는 것이다. 그는 이러한 부정적 입장을 확대하여, 슈미트하우젠의 두 의미 모두에 있어서, 자연적 질서의 본질적 가치에 관한 모든 주장을 부정해간다. 슈미트하우젠은 하카마야적 관점의 잠재적 함의, 곧 살아 있는 존재들이 마치 아무런 본질적 가치도 없는 것처럼–다시 말해서, 단순히 도구적으로–대해질 수 있다는 점에 대하여 분개한다.

이 논쟁의 기저에는, '불교'라는 말의 함의와 지칭에 관한 슈미트하우젠과 하카마야 사이의 깊은 불일치가 있다. 슈미트하우젠은 포괄적인 의미를 원한다.

> 나는 불교전통 전반, 곧 불교라고 자처하는 모든 운동과 그룹, 그리고 그들 사이에서 발생하고 있거나 발생하여 왔다고 기록되어 있는 모든 이이디어들과 접근들을 "불교"라고 간주하는 것이 아주 합리적이라고 생각한다.[25)]

그러나 이렇게 포괄적인 의미를 진제하는 것으로 인하여, 그는 다소 불편한 순간들을 맞이하기도 한다. 그는 이러한 개방적 정의가 비판적 판단을 위한 여지를 주지 못하며, '불교'라는 말의 의미를 그 용례의 총체와 동일한 것으로 간주하게 되면 내적으로 너무나 상이하고 모순적인 개념이 되어버려서 어떤 비판적이거나 건설적인 목적들에도–심지어 슈미트하우젠 자신이 매우 관심을 갖고 있는 목적들에도–쓸모가 없게 될 수 있다는 것을 의식한다.[26)]

그와 대조적으로, 하카마야의 '불교란 무엇인가'에 대한 관점은, 슈미트하우젠이 명료하게 보고 있듯이, 한정적인 동시에 규범적이다. 불교는 연기(緣起, *pratītyasamutpāda*)와 무아설(無我說, *anātma-vāda*)이라는 사상에 기반한 비판인 것이다.[27] 불교는 흐름을 거슬러서 가는 것(*pratiśrotra*)이며, 인도에서 자이나교나 브라흐만교, 중국에서 도교, 또는 일본에서 신도(神道) 등 다른 사상의 흐름에서는 발견되지 않는 것이다. 슈미트하우젠은 불교에 대한 하카마야의 한정적/규범적 독해를, 적어도 부분적으로는, 예컨대 가우타마 샤카무니(Gautama Śākyamuni)가 무엇을 가르쳤는가에 관한 주장을 포함하여, 일련의 역사학적 주장들의 집합이라고 이해한다. 그는 그러한 주장들이 그 자체로 설득력이 없으며, 심지어 '전적으로 자의적'이라고 생각한다.[28] 그러나 나는 하카마야가 실제로 이러한 역사학적 이해에 얼마나 동의할 것인지 회의적이다. 때때로 그는 스스로 그러한 의도를 갖고 있는 듯 여겨지기도 한다는 것은 사실인데,[29] 만약 실제로 그러하다면 그는 기반이 흔들리고 있는 것이겠다.[30] 그러나 호의적이고 보다 그럴듯한 독해는, '불교'라는 말의 의미에 대한 하카마야의 한정적 이해를, 원론적으로 역사학적인 논지가 아니라, 오히려 비판적으로 규범적인 철학적 논지라고 간주하는 것이다. 하카마야의 사유는 불교 원전들과의 비판적 씨름으로부터, 무엇이 참되고 정의로운가에 대한 일련의 판단들로, 그리고 다시 불교전통으로 돌아가서 그 안에서 무엇이 참되고 정의로운가에 관한 그러한 판단들과 가장 잘 상응하는 것이 어떤 것인지 결정하는 방향으로 움직인다. 하카마야는 일차적으로 - 그가 그리스도인이라면 나는 그를 신학자라고 부르겠다 - 불교철학자이며, 이차적으로 문헌학자로서 문헌에 대한 해석자이고, 오직 그 아래로 매우 멀리 떨어져서 삼차적으로 베버적인 실증주의 역사학자이다. 이것은 슈미트하우젠이 비판하는 대로 자연에 관한 그의 논문에서 온전히 뚜렷하게 드러난다. 하카마야는 불교 문헌과의 비판적 씨름에 기반하여, 자기 자신의 몇몇 철학적 결단과 아울러, 자연적 질서를 실체화하고 거기에 본질적 중요성과 의의를 부여하는 아이디어들은 무엇이든 배격하는 것이 온당하다고 판단해 온 것이다. 그는 이러한 판단의 시각에서 불교전통을 독해한다. 그에 상응하는 요소들은 모두 불교적이라고 불리는 것이 타당하고, 그렇지 않은 요소들은 그렇게 불릴 수 없다.

그와 대조적으로 슈미트하우젠은 하카마야가, 그리고 내가, 베버적 오류라고 간주하려는 접근을 시도한다. 그는 광의적으로 내재론적 인식론에 기반하여 광의적으로 실증주의적인 역사학적 기술을 함으로써, 자연에 관한 불교사상이 실제로 어떠했는지(*wie es eigentlich gewesen ist*)를 자신의 독자들에게 보여주고자 한다. 그러나 이러한 작업은 이루어질 수가 없으니, 그것은 불가능하기 때문이다. 그리고 내가 언급했듯이, 슈미트하우젠 자신도 그 불가능성을 불안하게 의식하고 있다. 역사학적 기술은 이념에 의하여, 그 기술이 무엇을 지향하며 어떻게 이루어져야 하는지에 관한 일련의 비판적인-또는 안 좋은 경우에는 무비판적인-그리고 규범적인 판단에 의하여, 곧 그 자체로는 역사학적으로 주어지거나 정당화되지 않는 판단들에 의하여 언제나 주도된다. 하카마야의 입장과 방법의 장점과 미덕은 그 광의적 차원에서의 이념적 헌신을 명시화한다는 점인 반면에, 슈미트하우젠의 단점은 대체로 그러한 헌신이 은폐되어 표명되지 않거나, 심지어 부인된다는 것이다.[31)]

이 모든 사실이 그렇다고 해서, 하카마야가 인간의 세계와 의식이 있든 없든 비인간적인 세계 사이의 관계에 관하여 올바르다는 것은 결코 아니며, 슈미트하우젠이 그르다는 것도 결코 아니다. 그것은 다만, 이 문제에 관하여 하카마야가 자신의 견해를-그리고 불자들이 이 문제에 관하여 어떻게 생각하는지에 대한 자신의 견해를-구축하는 방식이 슈미트하우젠이 자신의 견해를 구축하는 방식에 비해서 훨씬 더 바람직할 수 있다는 것을 말할 뿐이다. 슈미트하우젠은 하카마야의 관점이 "불교의 옷을 입은 데카르트주의"라고 공격하지만,[22] 이것은 정확한 독해가 아니다. 하카마야는, 내가 보여 온 바와 같이, 그리고 슈미트하우젠 스스로도 인정하듯이, 불자로서 사유하고 집필하며, 이러한 입장은 엄격한 데카르트주의자의 강한 내재론이라기보다는, 불교적 신앙(내가 *śraddhā*를 그리스도교적으로 이해하는 것이 허용된다면)이 있는 사람의 온건한 외재론을 시사하는데, 이는 물론 비판적으로 이해되는 외재론이라고 할 것이다. 역사학 기술에 있어서 인식론상의 데카르트적 내재론과 베버적 실증주의 사이에는 긴밀한 고리가 있으며, 이러한 연결 고리는 궁극적으로 슈미트하우젠이 하카마야보다 더 데카르트주의적이라는 점을 시사한다.

이 모든 것에도 불구하고 비판불교의 옹호자들이 어떻게 데카르트적 내재론자들로 보일 수 있는지를 살펴보는 것은 비교적 용이하다. 하카마야의 종종 무절제한 수사는, 그가 인간 지성의 독립적인 힘에 독자적이고 단독적인 의의를 부여한다는 인상을 받게 할 수 있다. 그러나 나는 이것이, 궁극적으로는, 그를 독해하는 최선의 방식이 아니라고 생각한다. 비판론은 그에게 있어서 불교에 보조적인 도구로서, 불교적 실천을 명료하게 하고, 명확하게 하며, 옹호하고자 불자들이 사용하게 되는 도구이지, 독자적으로 그러한 실천을 제시할 수 있는 도구가 아니며, 단독적으로 그리고 독자적으로 어떤 사람을 불자로 되게 하거나 어떤 사람이 불자가 되는 것을 정당화할 수 있는 도구도 아니다. 그러나 이 도구는, 지지될 수 없는 인식론, 일관되지 않은 존재론, 그리고 의심스러운 윤리를 견지하는 이들-마츠모토와 하카마야의 지칭에 의하면 기체론자(基體論者, *dhātu-vādinaḥ*)이고, 그에 세속적으로 상응하는 것이 학계의 내재론자들과 실증주의자들이다-의 오류와 비일관성을 드러내는 데 필수불가결한 도구이다. 종교적 신앙주의(fideism)가 있는 것과 꼭 마찬가지로 학계에도 신앙주의가 있으며, 이것을 그토록 날카롭게 지적한 것이 하카마야의 주요 강점들 가운데 하나이다. 내가 하카마야를 바르게 독해하고 있다면, 그는 불자이고, 비판적 이성을 적절하게 외재론적으로 사용함으로써 갖추게 된 명료성을 필수불가결한 도구로 활용하여, 불교를 정당하게 이해하고 그렇게 이해된 불교를 지지하면서, 그에 대한 내재론적이고 실증주의적인 적대자들에 대항하여 분투하는 사람이다. 나는 불자가 아니고, 불교에 대한 정당한 이해에 관해서 건설적으로 이야기할 수 있는 입장이 아니다. 다만, 한 사람의 그리스도인으로서 하카마야의 논증과 그의 학문 태도에 동의하고 갈채를 보낼 수 있을 따름이다.

7. 비판불교에 대한 코멘트

마츠모토 시로(松本 史朗)

나는 "비판불교"에 대하여 다소 간략하게 코멘트를 하고자 한다.[1] 첫째, 비판불교는 항상 비판불교 자체에 대해서도 비판적인 태도를 견지해야 한다. 그렇지 않으면 그것은 단지 또 한 종류의 전통적인 불교로 되어버릴 것이다. 따라서 우리는 도겐의 가르침, 인도와 티벳의 중관철학자들,[2] 그리고 심지어 붓다 자신의 가르침에 대해서도[3] 비판적으로 되는 것이 필수적이다. 그들의 사유는 몇몇 지점에서는 기체설(基體說, *dhātu-vāda*)의 영향을 받았을 가능성이 아주 높다. 우리는 그들에 대하여 의문의 여지가 없는 경외심의 태도로 접근해서는 안 되며, 그들의 가르침을 정확하고 비판적으로 이해하고자 노력해야 한다.

예컨대 나는 도겐이 자신의 「변도화」(辨道話)에서 본각사상이나 여래장사상을 비판했다고 말하는 것은 부정확하다고 생각한다. 도겐 자신이 심신일여(心身一如, 몸과 마음의 일치)라는 용어를 사용하고 있는데, 이는 여래장사상의 한 가지 유형 – 사실상 그 극단적 유형 – 이다. 더 나아가,

도겐은 12권본 『정법안장』(正法眼藏)을 집필할 때조차도 여래장사상 유형의 사유방식으로부터 온전히 자유롭지 못했다.[4)]

둘째, 중관 철학에 관련하여, 『근본중론송』(根本中論頌, *Mūlamadhyamakakārikā*) 제18장 제9절에서 발견되는 "실상"(實相, *tattva*)이라는 단어는, 바바비베카(Bhāvaviveka) 이래 모든 중관 철학자들에게 비개념적인 인식(*nirvikalpa-jñāna*)에 의하여 인지되는 지고의 실재를 지칭하는 것으로 간주되어 왔다. 비개념적 인식이라는 관념에 기초하여 실상을 이렇게 이해하는 것은, 내 생각에, 분명히 기체설 전통 특히 유가행파 전통의 영향을 받고 있는 것이다.[5)]

셋째, 심지어 붓다 자신의 가르침 가운데에서도 아트만의 존재를 인정하는 명확한 서술들이 다수 있다. 예컨대 『숫타니파타』(*Suttanipāta*)와 같이 팔리어로 보전된 이른바 가장 이른 시기의 불교 문헌들에서도,[6)] 아트만의 존재를 인정하는 단락들이 다수 있다.[7)] 더 나아가, 붓다가 깨달음을 성취한 뒤에도 선정을 실천했다는 것은 부인될 수 없다. 그러나 선정 이론은 비개념적 인식이라는 비불교적 관념을 산출하는 주된 요인으로 존재해 왔던 것으로 여겨진다.[8)] 우리는 붓다의 가르침의 진정한 취지를 명료하게 하고자 노력할 때 매우 주의해야만 한다.

마지막으로, 나는 여래장사상의 두 유형을 구분해야 한다고 생각한다.[9)] 첫째 유형은 원래의 유형으로 간주될 수 있는 것으로, 곧 불성이 '내재한다'라고 하는, 곧 '우리 몸 안의 불성'을 이야기하는 불성내재론(佛性內在論)이다. 둘째 유형은 보다 극단적인 유형으로, '불성이 드러난다고 하는 이론' 곧 불성현재론(佛性顯在論)인데, '초목과 같은 현상적 실존으로 현현되는 불성'과 같은 말로 표현된다.

제2부

참된 불교를 찾아서

8. 여래장사상은 불교가 아니다

마츠모토 시로(松本 史朗)

내가 이 글에 부여한 제목이 시사하듯이,[1] 나는 여래장사상을 불교적이지 않다고 생각한다. 이 논지를 입증하는 데 있어서, 나는 불교가 무엇인가에 대한 논의로 시작하며, 그리고 나서 여래장사상을 다루어서 왜 그 양자가 양립 불가능한가를 입증하고자 한다. 그렇게 함에 있어서, 나는 불교와 여래장사상에 대한 나의 제시가 그 문제에 관한 나 자신의 관점을 표현하는 것임을 온전히 의식하고 있다.

불교란 무엇인가?

우선 나는 내가 이해하는 바대로 불교란 무엇인가에 대한 개요를 제시하고자 한다. 결론부터 말하자면, 나는 불교가 무아(無我)와 연기(緣起)의 사상이라고 생각한다. 그러나 내가 여기에서 염두에 두고 있는 연기는, 예컨대 화엄사상에서 발견되는, "법계연기"(法界緣起)나 "상의상대(相依相待)의 동시적이고 공간적인(곧 무시간적인) 연기"와 같이 후대에 구성된 것들은 포함하지 않는다. 내가 말하는 연기는 우선적으로 십이지연기(十二支緣起), 곧 『율장』(律藏) 「대품」(大品, *Mahāvagga*)에 설해지는 연기이며, 나는 샤캬무니가 이러한 십이지연기를 순서대로 그리고 역순으로 관하여 그 참됨을 깨달았다고 믿는다.

이러한 주장은 학계로부터 즉각적인 반발을 야기할 것이 틀림없다. 그들은 "샤캬무니의 깨달음은 연기와는 무관하다"라거나, "십이지연기는 후대의 전개이다"라거나, 또는 아마도 더 과격하게 "샤캬무니의 깨달음과 우파니샤드나 초기 자이나교 철학에서 가르치는 것 사이에는 아무런 본질적 차이가 없다"라고 말하기도 한다.

지금 여기에서 이러한 주장들을 반박하는 데 필요한, 초기불교의 해석에 관한 문제들을 깊이 있게 다룰 여유는 없다.[2] 나는 다만 샤캬무니가 십이지연기를 깨달았다고 주장하는 데 있어서 나의 주요한 동기 두 가지를 밝히겠다.

첫째, 나는 객관주의적 학문관 또는 그 귀결로서 최종적인 판단이 보류되고 결과적으로는 중지되어야 한다는 생각에 반대한다. 내가 다른 곳에서도 주장했듯이, 진정한 불법(佛法) 여부를 판단하는 것이 실제 불자들의 과제이며, 이러한 판단이 최초기의 불교 문헌에서의 서술들을 비판적으로 검토하는 것을 포함한다고 하더라도, 그러하다.

둘째, 나는 샤캬무니의 깨달음이 (그리고 따라서 불교 자체가) 무아와 공(空)의 맥락이 아니라 오히려 자아와 유(有)의 맥락에서 이해될 수 있다는 아이디어를 뚜렷이 배격하고자 한다. 나에게 있어서, 무아의 가르침은 샤캬무니가 깨달은 연기에 대한 관념으로부터 자연스럽게 도출된다.

즈다 신이치(津田 眞一)는 자아 내지 유의 관점으로부터 불교에 접근하는 이들의 전형이다. 잘 알려져 있듯이, 『율장』(律藏) 「대품」(大品, *Mahāvugga*)에서 붓다의 깨달음에 관한 이야기에 따르면, 십이지연기를 순서대로 그리고 역순으로 관한 직후에 선정(禪定)에 든 샤카무니는 "제법(諸法)이 현현(顯現)하는"(*pātubhavanti dhamma*) 것에 기뻐하면서 감흥게(感興偈, *udāna*)를 읊었다.[3] 이 "제법"(諸法, dhammā)을 다마키 고시로(玉城 康四郞)가 "법의 근원태" 내지 "근원적인 법"이라고 해석한 것에 기반하여,[4] 즈다는 그것을 "존재론적 근거", "기층(基層)으로서의 존재", "세계의 유일한 근원", "제법의 존재론적 근거로서의 있음(*Sein*)", 또는 "여성 단수 담마(*dhamma*)"라고 거듭 풀이한다.[5] 예컨대 그는 다음과 같이 서술한다.

> <u>세계의 *유일한* 근원</u>으로부터의 인간의 생기 그리고 바로 그 근원으로의 귀멸(歸滅)이라고 하는 형이상학적 구도는 앞에서 인용한 『상적유대경』(象跡喩大經, *Mahāhatthipadopama-sutta*)의 간단한 구절에조차도 이미 함의되어 있다[밑줄-필자].

이 논문에서 즈다가 제시하는 아이디어들은 일견 보이는 것만큼 복잡하거나 참신하지 않다. 그것들은 순전히 여래장전통 곧 기체설(基體說)의 전형적 표현들인 것이다. 즈다는 자신이 사용하는 그 다양한 표현들이 기체(基體, *dhātu*)라는 단일한 용어로 다 포괄될 수 있다는 생각을 하지 못했던 것으로 보인다. 궁극적으로 그의 주장은, 복수의 제법(諸法, *dharmāḥ*)이 단일한 기체(基體, *dhātu*) 곧 제법의 근원으로서의 법계(法界, *dharmadhātu*)에서 생기한다는 아이디어에 지나지 않는다. 나는 그러한 '유일하게 참되게 실재하는 근원'의 맥락에서 샤카무니의 깨달음을 이해할 가능성은 더 이상 인정할 수 없다는 견지에 도달하였다.[6]

우리가 기체설에 대한 나의 생각을 이렇게 간략히 설명한 것으로 당분간 용납이 된다면, 이제 다음으로 여래장 관념을 다루어 보도록 하자. 여래장사상은 일종의 기체설이라는 나의 결론을 제시하기에 앞서, 나는 독자들에게 여래장사상에 관한 다양한 통념이나 속설을 배제할 것을 요구하고 싶다. 예컨대 법계(法界, *dharmadhātu*)는 진리의 세계라는 아이디어, 곧 "법"(法)은 "진리"(眞理) 내지 "이법"(理法)을 의미한다는 잘못된 관념, 또는 "마음은 그 본질적 속성에 있어서 청정하다"(自性淸淨心, *prakṛtiś cittasya prabhāsvarā*)라는 아이디어는 반야바라밀다 경전군에 나타난다고 일컬어지는 기초적인 대승 개념들이다. 그러나 내가 보기에 이 아이디어들 가운데 그 어느 것도 참된 것으로 입증되었거나 심지어는 문헌적으로 증명되었던 적이 없다. 예컨대 히라카와 아키라(平川 彰)가 보여주었듯이, 가장 오래된 반야경인 『팔천송반야』(八千頌般若, *Aṣṭasāhasrikā-prajñā-pāramitā*)에 대한 현존 최고(最古)의 한역 경전인 『도행반야경』(道行般若經, T No. 224, 8.425-78)에는 사실상 "마음은 그 본질적 속성에 있어서 청정하다"(自性淸淨心)라는 어구가 실려 있지 않다.[7]

동일한 맥락에서, 여래장사상은, 평등의 가르침이기는커녕, 나에게는 사회적 차별을 주장하고 있는 것으로 여겨진다. 나는 뒤에 기체설의 구조를 설명하면서 이 점을 명확하게 할 터인데, 다만 여래장사상이 평등을 가르친다는 널리 수용되는 생각을 고수하고 있는 이들에게는 『대승장엄경론』(大乘莊嚴經論, *Mahāyānasūtrālaṃkāra*)과 대승의 『열반경』(涅槃經, *Mahāparinirvāṇa Sutra*)을 살펴보기를 바란다. 『대승장엄경론』의 삼승진실설(三乘眞實說)은 물론 유식(唯識) 사상의 입장을 제시하는 것으로 잘 알려져 있지만,[8] "일체중생여래장"(一切衆生如來藏, '모든 중생은 여래장이다' 또는 '모든 중생은 여래장을 갖고 있다')이라는 그 논서의 주장은 어떻게 이해해야 하는가? 현존하는 본문에서는 실로 "*tadgarbhāḥ sarvadehinaḥ*"(*Mahāyānasūtrālaṃkāra*, IX.37)라고 선언하는데, 이 표현에 대하여 주석에서는 "*sarve sattvās tathāgatagarbhā ity ucyate*"(*Mahāyānasūtrālaṃkāra-bhāṣya* ad IX.37)를 의미하는 것으로 해석하고 있다. 동시에 또한 명료하게 "인(因)을 결여한 이들"(*hetuhīna*, *Mahāyānasūtrālaṃkāra* III.11)의 존재를 선언하는데, 이에 대하여 주석에서는 "열반의 종성을 전혀 지니고 있지 않은 이들" (*atyantāparinirvāṇadharman*, *Mahāyānasūtrālaṃkāra-bhāṣya*, ad III.11)이라고 풀이하고 있다. 곧, 여기에서 주의해야 할 것은, 『대승장엄경론』의 "일체중생여래장"이라는 선언은, 『법화경』에서의 "모든 중생이 성불한다"(一切皆成)는 선언과 동일한 것이 아니라는 점이다.

동일한 아이디어가 『열반경』에서도 발견되는데, 여기에서는 "일체중생실유불성"(一切衆生悉有佛性)의 주장과 일천제(一闡提, *icchantika*) 곧 영원히 성불이 불가능한 이들의 존재 사이에 아무런 모순이 보이지 않는다.[9] 나는 이것을 설명하는 데 있어서, 『열반경』의 티벳어 번역본(북경판 No. 788)으로부터 두 단락을 인용하고자 한다.[10]

1. 모든 중생에게 불성(Skt. *budddha-dhātu*, Tib. *saṅs rgyas kyi khams*)이 있고, 그 성(性, *dhātu*)은 각자의 몸 가운데에 구비되어(*tshaṅ*) 있다. *중생은 번뇌의 상(相)을 제거한 뒤에 성불한다.* <u>다만 일천제는 제외된다.</u>[11] (Tu 99a6-7. 曇無讖 역: 一切衆生皆有佛性, 以是性故, 斷無量億諸煩惱結, 卽得成於阿耨多羅三藐三菩提, 除一闡提. 大正十二, 404c)
2. 일천제들에게도 여래장은 있지만, 극히 두텁게 덮여 있는 가운데 있다. 예를 들면, 누에가 스스로 고치를 만들어서, 출구를 열지 못하면 밖으로 나올 수 없는 것과 같이, 여래장도 그 업의 과실에 의해서 일천제 가운데에서 나올 수 없는 것이다. 그러한 까닭에 [일천제는] 윤회가 다하도록 보리의 인(因, *bodhi-hetu*)을 얻지 못

한다. (Tu 134b2-3)[12]

다카사키 지키도(高崎 直道)는 『열반경』에서 일천제의 제외에 대한 언급을, "모든 중생이 다 불성을 갖고 있다"(一切衆生悉有佛性)는 일반적 주장에서 제외되는 사례라고 해석한다.[13] 나는 이에 동의할 수 없다. 위의 둘째 단락이 보여주듯이, 『열반경』은 일천제 또한 불성(티벳어 번역본에서는 "如來藏")을 간직하고 있다고 뚜렷이 서술하고 있다. 따라서 "일천제는 제외된다"는 불성을 간직하는 것에서 제외되는 것이 아니라, 성불에서 제외된다는 것을 의미한다. 이것은 첫째 인용문에서 "번뇌의 상(*rnam pa*)을 제거한 뒤에 성불한다"라는 표현에서도 시사된다. 곧 반복해서 말하자면, "모든 중생이 다 불성을 갖고 있다"는 『열반경』의 선언은 "모든 중생이 성불한다"고 하는 『법화경』의 입장과 동일한 것이 아니다.

더 나아가 세친(世親)의 『법화경론』(法華經論)도 "일체중생실유불성"을 말하고 있지만, 동시에 삼승각별설(三乘各別說)에 입각하여 "모든 중생이 성불한다"(一切皆成)는 것을 부정한다는 점은, 이미 다카사키 자신의 연구에서 밝히고 있다.[14] 따라서 "여래장" 내지 "불성"이 성불의 가능성을 수반했다는 애초의 낙관주의적 이해는 근거가 없는 것으로 판명된다.[15] 이와 같은 결론을, 뒤에 서술할 『현관장엄론』(現觀莊嚴論, *Abhisamayālaṃkāra*)의 법계무차별(法界無差別) 설과 더불어 도식화하면 다음과 같다.

《대승장엄경론》
일체중생여래장(一切衆生如來藏)

《열반경》 그리고 세친의 《법화경론》
일체중생실유불성(一切衆生悉有佛性)

《현관장엄론》
법계무차별(法界無差別)

⇨ **《법화경》**
일체개성(一切皆成)

『열반경』의 “일체중생실유불성”에서 “불성”(佛性)의 원어가 “*buddha-dhātu*”라는 것이 이미 오래 전부터 알려져 있음에도 불구하고, “불성”에 관하여 여전히 “성불의 가능성”이라든가 나아가 “붓다의 본성”이나 “붓다의 본질”이라고 하는 뜻풀이가 반복되고 있다는 것을 나로서는 납득할 수가 없다. “*dhātu*”는, 그 어원적 의미가 ‘(어떤 것을) 두는 장소’로서, ‘기체’(基體)라는가 영어에서 ‘*locus*’라는 의미이기에, 여기에 ‘본성’이라든가 ‘본질’이라는 의미는 전혀 없다. 여기에 여래장사상 내에서 “*dhātu*”의 의미를 보다 명확하게 밝히기 위하여, 여래장사상의 본질적 구조라고 여겨지는 기체설(基體說, *dhātu-vāda*)에 관하여 간략히 설명하고자 한다. “기체설”은 물론 내가 그저 가설적으로 사용하는 용어인데, 그 전반적 구조는 다음과 같이 도식화해서 제시할 수 있다.

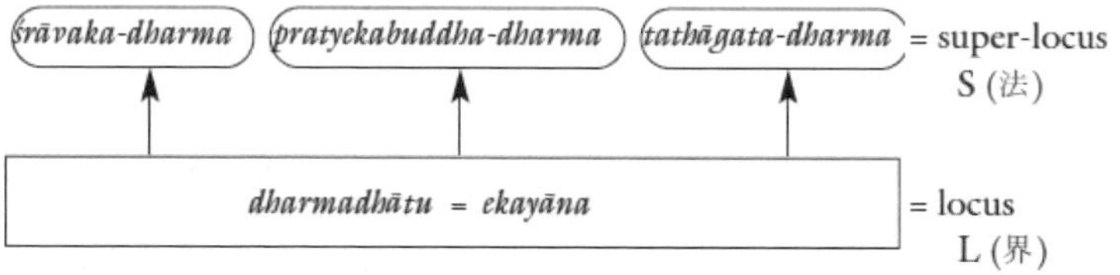

[śrāvaka-dharma 聲聞法, pratyekabuddha-dharma 緣覺法, tathāgata-dharma 如來法, dharmadhātu = ekayāna 法界 = 一乘, super-locus 超基體, locus 基體]

이 도식에서 보이는 바와 같이, 일체의 것은 아래에 있는 “locus”[이하 “L”이라고 약칭]와 위에 있는 “super-locus”[“S”라고 약칭]로 양분되는데, 기체설의 구조적 특징을 들자면, 다음과 같다.

① L은 S의 기체(基體, locus)이다.
② 따라서 L은 S를 낳는다[그 원인이 된다].

③ L은 단일하고, S는 다수이다.

④ L은 실재이고, S는 비실재이다.

⑤ L은 S의 본질(ātman)이다.

⑥ S는 궁극적으로는 비실재이기는 하지만, L로부터 일어난 것이고 또한 L을 본질로 하고 있으므로, 어느 정도의 실재성 내지 실재성의 근거를 지닌다.

이 가운데 ①이 물론 가장 중요한 점으로서, 기체설의 구조 자체를 결정한다. ②에서 우리는 L로부터 S의 산출이 L의 기체로서의 본질 그 자체에서 어떻게 도출되는가를 본다. ③과 ④에 있어서는, 일단 L이 단일한 실재로 간주되는 이상, S는 필연적이고 본질적으로 다른 것으로서, 곧 다수로서 다만 잠재적인 것으로 여겨질 수밖에 없다. 그렇지 않다면 S가 L에서 일어난다고 말하는 것은 무의미할 것이다. ⑤에서의 본질(ātman)은 곧 인도논리학체계에서 불상리성(不相離性, *avinābhāva*)이라고 알려진 관계, 곧 "A가 없다면 B는 일어나지 않는" 관계에서 "A"로 생각될 수 있다. 그리고 또한 여기에서 L이 없다면 S는 일어나지 않는다. 실로, 여래장전통의 가장 중요한 두 텍스트 곧 『승만경』과 『열반경』에서 L은 실제로 아트만이라고 선포된다.

마지막으로 ⑥은 사회적 차별과 분리의 고착화와 절대화에 대한 기초적인 이데올로기를 제공해준다. 무성(無姓, 곧 성불로부터 영원히 차단되어 있는 一闡提 *icchantika*)을 포함하는 오성각별설(五姓各別說)이나, 왕에서 노예에 이르는 사회적 계급 체계인 카스트제도 등도 다 이 구조에 기반하고 있다. 이러한 의미에서, 기체설의 구조는 "모든 중생이 다 불성을 갖고 있다"는 관념과 "일천제는 결코 성불하지 못한다"는 관념이 상호 모순되어 보이는 것을 조화시킬 수 있게 된다. 나아가, S의 다수성은 기체설에 본질적인 것으로서 제거될 수 없는 것이다. 다시 말하자면, L의 단일성(평등성)은 S의 다수성(차이성)을 제거하는 데 기여하는 것이 아니라, 오히려 그 다수성의 유지를 기본적으로 지지하는 역할을 하게 된다. 분명히 기체설은 사회적 차별의 이데올로기를 품고 있는 것이다.

요약하자면, 기체설의 기본 구조는 "단일한 실재인 기체(基體, *dhātu*)가 다원적인 법(法, dharma)을 일으킨다"고 주장하는 데 있다. 우리는 이를 간단히 '발생론적 일원론'이라거나 '근원실재론'이라고 불러도 좋을 것이다. 다른 곳에서 나는 이 기체설의 원형적 구조를 논의하면서, 『법화경』「약초유품」(藥草喩品)에서 그 발단을 추적하고, 『화엄경』「성기품」(性起品)을 거쳐서 『승만경』에서 그 정점을 이루며, 『부증불감경』(不增不減經)으로 이어진다고 논하였던 적이 있다.[16] 그러나 기체설의 기본적 구조에 대한 간결한 표현은 『대승아비달마경』(大乘阿毘達磨經 *Mahāyāna-abhidharma Sutra*)과 『현관장엄론』(現觀莊嚴論 *Abhisamayālaṃkāra*)(I, 39)의 다음과 같은 게송에서 볼 수 있다.

> *anādikāliko dhātuḥ sarvadharmasamāśrayaḥ* |
> *tasmin sati gatiḥ sarvā nirvāṇādhigamo 'pi ca* ||(MAS)
> 시작이 없는 계(界, *dhātuḥ*, locus)는 일체법의 평등한 소의(所依 *āśraya*, 基體)이다.
> 그로 인하여 온갖 형태의 생명이 존재할 뿐만 아니라 열반의 획득도 존재한다.

> *dharmadhātor asaṃbhedād gotrabhedo na yujyate* |
> *ādheyadharmabhedāt tu tadbhedaḥ parigīyate* ||(AA, I, 39)
> 법계(法界 *dharmadhātu*, 諸法의 基體)는 무차별이므로, 종성(種姓)의 차별은 불합리하다.

그러나 [그 기체에] 위치되는 능의(能依)인 제법은 차이가 있으므로, 그러한 [종성의] 차별이 설해진다.

『대승아비달마경』의 단락에서 "그로 인하여"(*tasmin sati*)라는 절대 처격(locative absolute)은 "*dhātu*"가 '기체'(基體, locus)의 의미뿐만 아니라, '원인'(原因, *hetu*)의 의미도 포함하고 있다는 것을 시사한다. 『현관장엄론』의 게송은, '법계'(locus)의 무차별을 이야기하면서 최종적으로는 현실의 종성과 제법의 차별을 긍정하는 것으로 마친다고 하는, 여래장사상 공통의 사회적 차별사상을 드러내고 있다.

결 론

원리적인 동일과 무차별을 긍정하면서도 아이러니하게 현실적인 차별을 긍정하고 절대화하는 기체설의 구조는, 그 자체로 여래장사상에 기반하고 있는 일본의 "본각" 사상에서도 보인다. 하카마야 노리아키는 「사회적 차별의 이념적 배경에 대한 고찰」이라는 자신의 논문에서 이 점을 논의하였다. 그는 도겐 사상의 근본을, 본각사상 비판과 여래장사상 비판에서 발견하고, 도겐의 이러한 근본 사상이 그 뒤 조동종의 역사에서는 도겐의 비판 대상이었던 본각사상에 의하여 어떻게 왜곡되고 변질되어 왔는가를 생생하게 보여주고 있다.

동일한 현상이 인도에서도 일어났다. 앞의 지면들에서 논의된 기체설의 구조는 그 자체로 샤카무니의 비판 대상(우파니샤드의 브라흐만-아트만 철학)이었다. (우파니샤드 철학과 여래장사상의 유사점들은 다카사키 지키도에 의해서도 종종 지적되어 왔다.[17])

기체설이 샤카무니의 비판 대상이었다는 주장을 지지할 모든 문헌적 증거를 제시하는 것은 본 논문의 범위를 벗어난다. 여기에서 중요한 점은, 샤카무니의 연기사상이 만물의 근원으로서 유일한 실재를 주장하는 이론, 곧 기체설의 안티테제로서 바라볼 때에만 제대로 이해될 수 있다는 것이다. 그래서 나는 불교 곧 불교적 연기론이 기체설을 비판하고 있다는 차원에서 여래장사상은 마땅히 비판되어야 한다고 주장한다. 이것이 또한 여래장사상은 불교가 아니라는 나의 논지에 대한 근거이다.

이러한 입장은 다음과 같이 세 가지 논점으로 요약된다.

① 여래장사상은 일종의 기체설이다.

② 기체설은 샤카무니의 비판 대상이었다. 불교(곧, 연기설)는 필연적으로 기체설을 배격해야 한다.

③ 오늘날의 일본 불교는 여래장사상을 부단히 부정하는 한에서만 참으로 불교적일 수 있다.

불자가 아닌 이들에게는, 이러한 것들이 전혀 이슈가 되지 않는다(그리고 실로 힌두인들에게, 불교전통 내에서 기체설의 재등장은 다행스러운 사건의 전개로 보일 수도 있을 것이다). 그러나 나로서는, 한 사람의 불자로서, 이 문제가 매우 중요할 수밖에 없다. 나의 독자들 가운데 누구라도 여래장사상이 불교의 정수에 속한다는 관념을 품고 있다거나, 혹은 심지어 그저 광의에서 불교전통의 주요 흐름들 가운데 하나를 대변한다는 관념을 품고 있더라도, 나는 다만 그들에게 호소하건대, 바로 그것이 샤카무니가 비판하는 것의 대표적 사례라는 것을 인식하고 참된 불교의 가르침으로 돌아와 달라고 할 수 있을 따름이다.

[Jamie Hubbard 발췌]

9. 불성사상은 온전히 불교적이다

샐리 킹(Sallie B. King)

비판불교의 주창자들이 제시한 가장 중요한 주장들 가운데 하나는, 마츠모토 시로가 자신의 논문들 가운데 한 편의 제목 자체에서 역설하듯이, "여래장사상은 불교가 아니다"라는 것이다. 간략히 말하자면, 마츠모토와 하카마야 노리아키가 제기한 주장은, 여래장 내지 불성사상이 기체설(基體說, *dhātu-vāda*)로서, 우파니샤드의 일원론과 매우 흡사한 실체론적 철학이라는 것이다. 마츠모토와 하카마야의 관점에 따르면, 샤캬무니가 가르친 연기(緣起)의 반실체(反實體)적 원리를 엄격하게 고수하는 사상만이 불교적인 것으로 인정되어야 한다. 불성사상은 기체설 곧 실체론적 철학이기에 이러한 요건을 근본적으로 위배하고 있으며, 따라서 불교적인 것으로 간주되어서는 안 된다. 불성사상에 대한 이러한 독해에 기반하여 마츠모토와 하카마야는 더 나아가, 본 책에 기록되어 있는, 여러 가지 후속적인 주장들을 제기한다. 불성사상이 기체설이라는 주장이 그처럼 근본적인 주장이기에, 나는 그들의 전체 저술에서 이 한 지점에 논의의 초점을 맞추겠는데, 다만 본 논문의 말미에서는, 일본불교의 사회윤리적 약점이 불성사상에 기인한다는 그들의 비판에 관하여 몇 마디 더 하겠다.

나는 이 논문에서 불성사상에 대한 마츠모토와 하카마야의 독해에 도전하고자 한다. 내가 이해하기에 불성사상에서 실체론적이고 일원론적인 철학의 용어 일부를 사용하기는 하지만, 그리하여 그 사상이 실체론적이거나 일원론적이라는 인상을 독자들에게 줄 수도 있지만, 그 용어들이 어떻게 사용되는가 - 텍스트에서 그 용어들이 실제로 어떻게 기능하는가 - 를 면밀히 연구해보면, 독자들은 아주 다른 결론에 이르게 된다. 나는 불성사상이 결코 그렇게 비난받는 기체설이 아니며, 오히려 온전히 불교적 유형의 사상으로서, 연기적 원리의 발전된 사상인 공(空) 사상에 확고하게 기반하고 있다는 점을 입증하고자 한다.

나의 이러한 입장을 개진하는 데 있어서, 나는 전통적으로 세친(世親, Vasubandhu)의 저술로 알려져 왔으며 진제(眞諦, Paramārtha)에 의하여 한문으로 번역된 『불성론』(佛性論)에서 설해지고 있는 불성사상에 근거를 두고자 한다.[1] 『불성론』이 이러한 문제와 관련하여 참고하기에 특히 유용한 텍스트로 여겨지는 것은, 극히 철학적으로 정교한 저자가 불성 개념 자체를 규명하고 그 철학적 의미와 구원론적 기능 양자 모두를 설명하고자 한 체계적인 시도의 소산이기 때문이다. 실로 세친은 6세기에, 오늘날 마츠모토와 하카마야가 가하는 구체적인 비판들을 포함하여, 이 개념이 직면하게 될 비판들을 충분히 예견하고 효과적으로 반박하는 치밀함을 보이고 있다. 본 장에서 나는 이러한 비판들의 몇 가지를 차례로 고찰하면서, 『불성론』의 저자가 불성 개념 그리고 그 개념을 표현하는 언어가 불교적이라는 점을 어떻게 옹호하는지 살펴보고자 한다.[2]

그러나 그 구체적인 비판들을 파고들기에 앞서 우리는 『불성론』의 저자 의도를 고려해야만 한다. 왜 그는 이 텍스트를 저술하였는가? 그의 동기는 무엇인가? 그가 이렇게 발언하도록 하는 기저의 관심사는 무엇인가? 이 텍스트로 그는 무엇을 성취하기를 희망하는가? 이러한 질문들에 대한 대답을 『불성론』 지체에서 발견하기가 어렵지 않은 것은, 그 저자가 이 텍스트 내에서 자신의 관심사와 목표를 빈번하게 언급하고 있기 때문이다.

아마도 『불성론』의 저자(그리고 내가 추정하건대 불성론 진영의 다른 학자들)에 있어서 유일하게 가장 중요한 동기는, 공사상 주창자들 사이에 만연해 있는 부정적 언어관에 대한 염려이다. 저자는 수차에 걸쳐서, 자신의 청중들 가운데 중요한 일부가, 공의 언어를 허무적으로 오해하고 있는, 막 새로이 보살이 된 사람들이라고 이야기한다. 여기에서 우리가 유념해야 할 것은, 세친 자신은 이러한 실수를 하지 않으며, 실로 근본적인 차원에서 공사상을 자기 자신의 저술 안으로 편입시키고 있다는 점이다. 하지만 그는 자신의 동시대인들 가운데 일부가 공사상의 영향을 받아서 붓다가 허무주의적 관점을 천명했다고 간주하고 스스로 그러한 해석을 퍼뜨리는 데 몰두하고 있다는 것을 의식한다. 다른 사람들은 공의 언어에 두렵다는 반응을 보이고 아마도 아예 불교 교단을 떠나버린 것으로 보인다. 더 나아가, 또 다른 사람들은 공의 변증법이 갖는 가차 없는 부정성이 불교적 실천을 견지하기에 필요한 적극적 동기를 오로지 점차로 약화시킬 뿐이라는 점을 발견하는 것으로 보인다.

이 모든 사람들에 대하여 『불성론』의 저자는 불교가 허무주의적이 아니며 오히려 그 반대로 불교적 실천을 통하여 확실히 어떤 커다란 가치를 발견할 수 있다는 점을 입증하는 데 지대한 관심이 있다. 공의 언어가 그러한 부정적 영향력이 있는 이상, 그리고 무엇보다도 공사상이 그 자체로 진리가 아니라 그저 하나의 방편(*upāya*)에 지나지 않는 이상, 법(法, Dharma)을 설파할 다른 길을 시도해야 하지 않겠는가? 그리고 공사상이 부정의 길(*via negativa*)을 충분히 천착하였다고 한다면, 게다가 언어가 양면적이어서 기본적으로 부정적인 관점과 긍정적인 관점에서 바라볼 수 있다면, 법을 긍정적 언어로 정교화 하고자 시도할 필요가 있지 않겠는가?

우리의 저자는 사람들을 붓다의 법으로 이끌어 들이기를 원한다. 구체적으로 그는 사람들에게 불교적 실천을 격려하고, 그렇게 함으로써 사람들이 자기 자신들의 삶 속에서 경전의 말씀들이 가리키는 바를 자각하게 되기를 무척이나 바란다. 그가 볼 때 부정적 언어는 시효가 다했다. 이제 긍정적 언어에 기회를 주어야 할 때이다. 물론 그의 딜레마는 불자들에게 전형적인 것이다. 붓다 자신이 명료하게 말할 수 없다고 이야기한 것을 어떻게 긍정적인 언어로 이야기할 것인가? 길의 끝에서 발견될 것에 대하여, 철학적 내지 구원론적인 차원에서 근본적으로 불교적 원리들에 어긋나지 않으면서, 어떻게 말할 것인가? 내가 확신하건대, 우리의 저자는 한편으로는 공사상의 수용하기 어려운 부정성과 다른 한편으로는 불교적 원리들에서 어긋나는 (구체적으로, 본질주의적이거나 실체론적인) 긍정적 언어 사이에서 의식적인 줄타기를 하고 있다. 그 자체로 실체론적으로 되지 않으면서도 공의 언어가 갖는 부정성을 극복하는 것으로서, 어떠한 종류의 언어가 구성될 수 있을 것인가? 바로 이러한 난해한 시도에서 우리의 저자가 성공하고 있는지 여부에 대해서는 독자들 각자가 스스로 판단할 수도 있겠지만, 나는 여러분들에게 그의 노력을 이러한 동기와 이러한 목표의 맥락에서 이해해 줄 것을 촉구한다. 이제 그 비판들을 다루어 보기로 하자.

연기(緣起)

마츠모토와 하카마야는 연기(緣起) 사상만이 "불교적" 사상으로서 받아들여질 수 있다고 주장해오고 있다. 그들의 주장에 따르면, 불성사상은 연기 사상과 양립 불가능하며, 따라서 불교적인 것이 아니다. 그러나 우리의 저자는 연기의 가르침을 온전히 수용한다. 그는 그 타당성을 전제하고 그에 입각하여 불성사상을 구축하고 있다. 그 저자가 연기 사상을 활용하여 "자성"(自性) 개념을 검토하면서, 그 개념을 불성 개념과 구분하고 있는 한 단락을 살펴보도록 하자.

> 예컨대 이전에 종자이었던 것이 추후에 알곡을 품은 식물을 산출한다. 이 종자의 '이전' 단계와 '이후' 단계는 하나[동일함]도 아니고 둘[다름]도 아니며, 존재하는 것도 아니고 존재하지 않는 것도 아니다. 만약 그 양자가 하나[동일함]라면, '이전'과 '이후'가 없을 것이다. 만약 그 양자가 다르다면, 원래 알곡이었던 것이 이후에 콩으로 될 수도 있을 것이다. 따라서 그 양자는 동일한 것도 아니고 다른 것도 아니다. …
>
> 그러므로 우리는, 자성(自性)이 없다는 것이 이전과 이후의 식물[의 단계들]과 같다고 말할 수 있을 것이다. 그 식물은 하나[곧, 영원히 동일한]도 아니고 다름[곧, 이전과 이후의 단계가 불연속적인] 다름도 아니며, [따라서] 넓고 다양하게 기능할 수 있다.[3)]

여기에서 주목해야 할 것은, 이 단락에서 전달되는 논증이 연기 사상의 개념들로 구성되어 있다는 점이다. 이것은, 경우가 이러하므로 그러함이 이어진다는, 인과에 강조점이 두어지는 역동적 유형의 논증이다. 여기에서 주목해야 할 것은, 바로 세상이 실체들로 구성된다기보다는 오히려 일련의 과정들로서 역동적이라고 상정해야만 우리가 알고 있는 대로의 생명 현상이 가능할 수 있다는 점이다. 식물들은 과정들이지, 실체들이 아니기에, 종자에서 과일로 질서정연한 방식으로 성장하는 것이다. 이것은 고전적인 연기사상이다. 바로 이러한 맥락에서 저자는 불성에 대한 자신의 개념을 명료화할 수 있게 된다. 여기에서 뚜렷이 주목해야 할 것은, 그에게 불성이 정태적 실체가 아니라는 점이다. 불성은 식물과 마찬가지로 실체가 아니라 과정이기에, 식물과 꼭 마찬가지로, 시간의 경과에서 불성은 동일한 것도 아니고 다른 것도 아니다. 여기에서 주목해야 할 것은, 그 기능이 가능해지는 것이 바로, 그것이 실체가 아니라 인과의 세계 내에서 질서정연한 방식으로 기능하는 과정이라는 사실에 의한다는 것이다. 마지막으로 주목해야 할 것은, 불성이 오직 그 기능의 맥락에서만 묘사되고 있다는 점이다. 이러한 차원에서, 연기와 불성사상 사이에는 아무런 모순이 없다.

아트만과 여타의 공덕바라밀(功德波羅蜜, GUṆAPĀRAMITĀ)

「『법화경』과 일본문화」라는 사신의 논문에서, 마츠모토는 여래장 곧 기체(基體)가 아트만에 필적하며 만물을 산출하는 본질 내지 토대로서 기능한다고 주장한다. 그는 모든 개별적인 다르마들이 그 기저의 기체(아트만)에 의하여 산출됨을 보여주는 도식을 구성한다. 그는 『승만경』과 『열반경』에서 실제로 여래장 곧 불성을 아트만이라고 부른다는 점을 지적한다. 그리하여 불성사상은 실체 내지 본질의 존재를 부정하는, 불교적 비판에 위배되는 기체설이라고 주장된다.

『불성론』 역시 앞에서 언급된 경전들과 마찬가지로 불성을 직접적으로 "아트만"이라고 부른다. 그러나 그렇게 하면서도 이 논서는 결코 기체설이나 은닉된 힌두 철학을 고수하지 않는다. 반대로 『불성론』의 저자는 자신이 주류 대승사상의 맥락에서 "아트만"이라는 용어를 사용하고 있음을 설명하는 데 상당한 내용을 할애한다. 우리가 아래에서 보게 되겠지만 우리의 저자는 마츠모토가 기체설이라고 부르는 유형의 일원론적 형이상학을 수용하지 않는데, 다만 우선 "아트만"이라는 용어 자체를 그가 어떻게 사용하는지 검토해보도록 하자.

『불성론』에서 아트만에 대한 논의는, 법신(法身, *dharma-kāya*)의 완벽한 내지 초월적인 자질로서 4종의 공덕바라밀(功德波羅蜜, *guṇapāramitā*)에 대한 그 텍스트의 논의 맥락에서 검토하는 것이 가장 유익할 수 있다.

> 모든 외도(外道)들은 자아를 결여하고 있는 것들에서, 예컨대 색(色) 등의 오온(五蘊)에서, 다양한 방식으로 자아를 헤아리고 집착한다. 그럼에도 불구하고, 색과 같은 이러한 것들은 자아의 상(相)으로 집착되는 것과 다르며, 따라서 영원히 자아를 결여하고 있다. [그러나] 진여(眞如)의 지혜를 갖춘 모든 붓다와 보살들은 모든 법에서 무아바라밀(無我波羅蜜 *anātmapāramitā*, 곧 무아의 완성)을 깨닫는다. 이러한 무아바라밀이 무아의 상(相)으로 보이는 것과 다르지 않기에, 여래는 무아의 영원히 이러한 상이 모든 법의 진실하고 실체적인 본성(眞體性)이라고 말한다. 무아바라밀이 "자아"라고 불리는 것은 바로 이러한 연유이다. …
>
> 모든 외도들은 오온 내에서 자아를 보고 집착한다. 자아에 대한 그러한 집착을 헛된 것으로 엎고 반야바라밀(般若波羅蜜)을 닦아서 가장 뛰어난 무아(無我)를 깨달을 수 있으니, 이것이 곧 아바라밀(我波羅蜜 *ātmapāramitā*)이다. 이것이 [반야바라밀 수행의] 그 과보이다. 이것이 [그들에게] 마땅한 앎이다.[4)]

다시 말하자면, 이 본문에서는, 아바라밀(我波羅蜜) = 무아바라밀(無我波羅蜜) = 모든 법의 진실하고 실체적인 본성(眞體性)이다. 여기에서 우리는 아트만에 대한 언어를 갖게 될 뿐만 아니라, 이 아트만이 "모든 법의 진실하고 실체적인 본성"이라는 직접적인 선언까지 갖게 된다. 표면상으로, 이것은 마츠모토가 비판하는 현상의 완벽한 예시라고 보일 것이다. 그러나 보다 면밀하게 검토하면, 이 아트만이, 모든 법의 실체적인 본성을 포함하여, 곧 무아와 동일하고 반야바라밀의 수행을 통하여 깨달아질 수 있다는 사실은 그러한 독해를 절대적으로 배제한다.

이 저자는 오온이 자아를 결여한다는 초기불교의 입장에 동의한다. 그는 반야바라밀의 수행이 모든 법에서 자아의 결여(空)에 대한 깨달음을 산출한다는 공사상의 주창자들에게 동의한다. 그러나 그는 또한 이러한 입장이 머무르기에 좋은 곳이 아니라고 느끼는 유가행파의 사람들에게도 동의한다! 곧 존재론적으로는 보편적인 무아가 궁극적인 말이지만, 언어적이고 전략적으로 또 하나의 말-긍정적인 말-이 더해질 필요가 있다. 그리하여 그는 더 나아가 무아바라밀이 실제로 이 경우에 해당한다고 지적한다. 이것은 긍정적인 서술이다. 더 나아가, 보편적 무아가 사실이라는 것은 슬프거나 불쾌하거나 통탄스럽거나 또는 그 밖의 방식으로 부정적인 요인이 아니다. 사실상-그리고 여기에서 그는 단순히 언어적인 포장을 넘어서 진실한 것에 대한 헌신으로 눈에 띄게 뚜렷하게 한 걸음 전진하는데-무아가 사실이라고 하는 것은 극히 경이로운 것이다. 여기에서 우리는 공 이론가들이 기꺼이 하려는 주장의 수준을 한 단계 넘어선다. 그가 바라는 것은 수행자의 마음에 의문의 여지가 없어야 한다는 것이다. 수행의 길 끝에서 발견되는 것은 경이로운 것이다. 그는 이것을 표현할 새로운 언어를 창출할 필요가 있다!

다른 세 공덕바라밀에 대한 검토는, 우리의 저자가 불교적 수행의 길 마지막에서 발견될 수 있는 것에 대하여 긍정적으로 말할 수 있도록 하는 언어를 창출하는 동시에 여전히 정통 불자로 남고자 한다는 것을 확인시켜 준다. 실로 여전히 정통이고자 하는 그의 노력은 너무나 명백해서, 내 생각에는, 그가 자신이 무엇을 하고 있는지 매우 의식하고 있다는 데에 의문의 여지가 거의 없다. 다음은 공덕바라밀을 논의하는 여러 단락 가운데 하나인데, (앞에 번역된) 아바라밀(我波羅蜜)에 관한 단락은 생략하였다.

다음으로, [우리가 논의할 것은] 여래의 4종 공덕바라밀인데 … 정(淨), 아(我), 락(樂), 그리고 상(常)이다.

일천제는 격렬하게 대승을 배격한다. 생사(生死)의 부정(不淨)함에 즐겨 머무는 것을 전복시키기 위하여 그들은 보살이 즐겨 믿는 대승의 법을 수행할 수 있고, [이러한 수행의] 그 과보로 정바라밀(淨波羅蜜)을 획득할 수 있다. 이것은 [그들에게] 마땅한 앎이다.

[아바라밀(我波羅蜜)]

성문(聲聞)은 생사의 고통을 깊이 두려워하기 때문에, 생사의 고를 멸하고 고요하게 머무르는 것을 즐긴다. 이러한 즐거움의 [잘못된] 관념을 전복시키기 위하여 그들은 모든 세간과 출세간의 법에 대하여 잘못된 공을 극복하는 삼매를 닦을 수 있고, [이러한 수행의] 그 과보로 락바라밀(樂波羅蜜)을 [획득]할 수 있다. 이것은 [그들에게] 마땅한 앎이다.

독각(獨覺, pratyekabuddha)은 중생들을 이롭게 하는 실천에 관심을 기울이지 않고 고요하게 외로이 머무를 뿐이다. 이러한 의도를 전복시키기 위하여 그들은 생사가 다할 때까지 중생들을 이롭게 하는 실천을 하도록 보살의 대비(大悲, *mahākaruṇā*)를 수행할 수 있다. 언제나 지지와 보호를 필요로 하는 사람들이 있기에, [이러한 수행의] 그 과보로 상바라밀(常波羅蜜)을 [획득]한다. 이것은 [그들에게] 마땅한 앎이다.

이러한 방식으로, 대승에 대한 신락(信樂), 반야바라밀, 잘못된 공을 극복하는 삼매, 그리고 보살의 대비는 여래의 법신의 4종 공덕바

라밀을 성취하는 네 가지 원인이다.[5)]

바로 여기에 그 악명 높은 공덕바라밀이 있다. 정(淨), 아(我), 락(樂), 그리고 상(常)이 불성(佛性) 문헌에서 법신의 공덕-특질 내지 묘사-으로 제시되는 것이다. 그러나 공덕바라밀은 무엇인가? 주의 깊게 독해하면, 공덕바라밀은 존재의 기능, 과정, 내지 연속적으로 전개되는 상태인 것으로 드러난다. 공덕바라밀은 그 원인으로 제시되는 네 가지 수행 내지 실천이 완성되거나 완벽하게 된 형태인 것이다. 정(淨)을 생각해보면, 이것은 궁극적으로 대승에 대한 신락(信樂)으로 귀결된다. 누구에게 또는 어떠한 존재에게 이러한 정이 '존재'하는가? 그것은 어떤 개인(아마도 이전의 "일천제")이거나, 보살이거나, 또는 붓다일 수 있다. 누구에게 또는 어떠한 존재에게 이러한 정이 그 궁극적 형태 곧 바라밀의 형태로 '존재'하는가? 그것은 붓다이거나 여래(또는 달리 말하자면, 여래의 법신)일 수 있다. 그렇다면 대승에 대한 이러한 신락은 어떠한가? 다소라도 성찰해본다면, 어떤 것에 대한 신뢰나 즐김은 순간순간 변화하는 어떤 것임이 드러난다. 그것은 확실히 정태적인 사물이 아니라, 어떤 개인, 보살, 또는 붓다의 존재가 연속적으로 전개되는 상태-기능 혹은 과정-이다.

락(樂)을 생각해보면, 이것은 궁극적으로 잘못된 공을 극복하는 삼매로 귀결되며, 고(苦)에 대한 두려움으로부터 자유로움, 부정성과 허무주의로부터 자유로움을 대변한다. 다시 여기에서, 누구에게 또는 어떠한 존재에게 이러한 기쁨이 '존재'하는가? 그것은 어떤 개인, 보살, 또는 붓다일 수 있는데, 붓다에게는 그 궁극적 형태로 '존재'할 것이다. 여기에서 다시, 우리가 논의하고 있는 유형의 것-두려움으로부터의 자유라는 지극히 행복한 상태-에 대하여 짧게라도 성찰해본다면, 우리가 순간순간 변화하는 어떤 것 곧 어떤 개인, 보살, 또는 붓다의 과정이나 기능인 어떤 것에 대하여 이야기하고 있음이 드러난다.

마지막으로 상(常)에 대해서 생각해보자. 여기에서 우리는 영원하게 지속되는 어떤 "실체"를 발견할 것을 기대할 수도 있을 것이다. 그러나 그와 반대로 우리가 발견하게 되는 것은, 모든 중생이 생사로부터 자유로워질 때까지 거듭거듭, 다시 또 다시 중생들을 이롭게 하고자 실천에 헌신하는 붓다의 대비(大悲, *mahākaruṇā*)이다. 이것은 역동적인 과정으로서, 붓다가 중생들을 위하여 끊임없이 다양한 실천에 지속적으로 매진함에 따라, 항상 매순간 새로워지는 헌신이다. 이것이 기체설이라면, 대승불교 전체가 기체설임에 틀림없다. 그러나 우리가, 영원한 '실체'로서의 법신이 아니라 오히려 중생들을 위한 자비로운 실천 가운데 끊임없이 일하는 붓다에 관하여, 순수하고 독립적(자기충족적)이거나 더없이 행복한 '실체'로서의 법신이 아니라, 대승에의 신락이 완벽한, 모든 법의 무자성(無自性)을 온전히 깨닫고, 모든 두려움과 부정성에서 더없이 행복하게 자유로운 붓다에 관하여 이야기하고 있는 이상, 우리가 어떠한 기체설적 본체론은커녕 어떠한 종류의 본체론적 이론도 표현하고 있지 않다는 것이 명백하다. 우리는 오직 붓다가 어떠한 존재인가에 대하여 이야기하고 그러한 존재의 덕을 찬탄하고 있을 따름이다.

곧, 불성 텍스트들에서 아트만(그리고 여타의 공덕바라밀)에 관련된 용어의 사용이라는 문제는 단순한 말의 문제로 귀결된다. 그 한 텍스트인 『불성론』의 저자는 중생들을 깨달음으로 이끄는 데 어떠한 종류의 언어가 가장 효과적일 것인가에 관한 스스로의 판단에 기초하여, 언어 사용을 하나의 방편(*upāya*)으로 취하는 구체적 전략을 따르고 있다.

그러나 불성사상이 기체설 혹은 일원론을 대변하는가 여부에 관하여 마츠모토와 하카마야가 제기한 이슈는 아직 다 해소된 것이 결코 아니다. 이 이슈는 보다 근본적 차원, 곧 본체론적 관점의 차원에서 다루어질 필요가 있으니, 이제 그렇게 다루어보자.

본체론

앞에서 언급했듯이, 마츠모토와 하카마야는 불성사상이 기체설의 일종이며, 현상적 실재가 산출되는 유일한 근원적 실재로 불성을 상정하는 실체론적 일원론이라고 믿는다. 본 절에서 나의 과제는, (비록 내 생각에는 나의 주장이 보다 폭넓게 적용될 수 있다고 생각하지만) 적어도 『불성론』에서는 이것이 그렇지 않다는 점을 보여주는 것이다.

불성의 긍정

이 텍스트 저자의 첫 선결 과제는 불성을 긍정하는 것이다. 그는 시작부터 불성에 대한 자신의 긍정을 여전히 불교 정통의 범주 내에서의 언어로 틀 지우려는 데에 상당히 공을 들인다. 이 텍스트는 "왜 붓다는 불성에 대하여 이야기하였는가?"라는 면밀하게 구성된 질문으로 시작된다.[6] 여기에서 유의해야 할 것은 그 질문이 "불성이란 무엇인가"가 아니라는 점이다. 이 후자의 질문은, 불성이 어떤 실체로 '존재'한다는 함의를 지님으로써 즉각적으로 본체론적 물음을 이끌어 들이게 된다. 그러나 우리의 저자는 그러한 실수를 하기에는 너무나 정교하다. 그렇게 제기된 질문에 대한 그의 즉각적인 대답은 다음과 같다.

> 여래가 모든 중생이 보편적으로 불성을 간직하고 있다고 이야기한 것은 다섯 가지 과실을 극복하고 다섯 가지 공덕을 낳도록 [사람들을 돕고자] 함에서이다. 곧 중생들이 하열한 마음, 교만, 망집, 진

실한 법에 대한 비방, 그리고 자아에 대한 집착을 극복하도록 하고자 함에서이다.

중생들이 하열한 마음을 극복하도록 하는 것에 관하여 말하자면, 불성이 있다는 붓다의 말을 아직 듣지 못한 중생들은 자신들도 스스로 확실히 불성이 있어서 성불할 수 있다는 것을 알지 못한다. 그러므로 현재 삶에서 하열한 마음 상태를 일으키고, 보리심을 능히 발하지 못한다. 그들이 하열한 마음 상태를 물리치고 보리심을 일으키기를 바라면서, [붓다는] 모든 중생이 보편적으로 불성을 간직하고 있다고 말한다.

교만에 관하여 말하자면, 중생이 불성을 간직하고 있다는 붓다의 말을 듣고서 [교만한] 마음을 내게 되는 사람들이 있다. [교만한 채로] 곧 그들은 말하기를, "나는 불성을 간직하고 있으며, 그래서 나는 [붓다의] 마음을 낼 수 있는 것이다."라고 한다. 그들은 거만해져서 말하기를, "다른 이들은 그렇게 할 수 없다"고 한다. 이러한 태도를 파하기 위해서 붓다는 모든 중생들이 각각 다 불성을 간직하고 있다고 하였다.

망집을 극복하는 것에 관하여 말하자면, 만약 어떤 사람이 이러한 교만한 마음을 지니게 되면 곧 여여(如如)한 이치와 여여(如如)한 경계에 관한 참된 지혜가 현현하지 않고 망집이 일어나며 ….

진실한 법에 대한 비방을 극복하는 것은 모두 [사람과 사물의] 두 가지 공함에 관한 중생들의 오류에 초점이 맞추어진다. 공함을 깨달음에 의하여 청정한 지혜와 덕이 일어난다. 이것이 진실(眞實)이라고 불리는 것이다. '비방'에 관하여 이야기하자면, 만약 불성에 관하여 말하지 않는다면, 공함을 온전히 이해[了]하지 못한 것이다. 진리를 파악했다고 하더라도 진여(眞如)에 대하여 어긋나게 이야기하면서 비방한다. [그들 안에서는] 지혜나 덕이나 완벽하지 않다.

자아에 대한 집착을 극복하는 것에 관하여 이야기하자면, 중생들 안에서 허망함과 오류뿐만 아니라 진실과 공덕을 [아울러] 보지 못하면 대비(大悲)를 일으키지 못한다. 붓다가 불성에 관하여 이야기하는 것을 듣기에, 중생들 안에 허망함과 오류뿐만 아니라 진실과 공덕이 [모두 있음]을 알고 대비를 일으키게 된다. '이것'과 '저것'이 [나와 남이] 없고 따라서 자아에 대한 집착을 극복한다.

이 다섯 가지 의미를 원인과 조건으로 하여 붓다는 다섯 가지 공덕 곧 바르고 근면한 마음[正勤心], 공경하는 태도[恭敬事], 반야(般若), 지혜(闍那, jñāna), 그리고 대비(大悲)를 낳는 불성에 관하여 말하였다. 이 다섯 가지 공덕은 [그에 상응하는] 다섯 가지 과실을 극복할 수 있다. …

다섯 가지 과실을 파하고 다섯 가지 공덕을 낳는 것, 이것이 붓다가 모든 중생이 불성을 간직하고 있다고 이야기한 까닭이다.[7)]

왜 붓다는 불성에 관하여 이야기하였는가? 그 이유는 심리적/교육적 범주와 실재론적 범주의 두 범주로 나뉜다. 첫째 이유가 보여주듯이, 붓다는 사람들이 수행하기를 격려하고자 한다. 구체적으로 그는 사람들이 성불을 열망하고 보리심을 일깨우기를 바란다. 둘째와 다섯째의 이유는 붓다의 관심이 사람들로 하여금 성취와 자아를 분리시키도록 하는 데 있음을 보여준다. 그러나 셋째와 넷째 이유는 여기에 실재론의 이슈가 있음을 보여준다. 진리의 문제가 관건이 되는 것이다. 우리는 이것을 뒤에 검토하겠다. 다만 우선적으로 앞의 언급들이 불성의 '존재'라는 이슈와 어떻게 연관되는지 보도록 하자. 『불성론』의 말미에서 저자는 다음과 같은 질문과 답변을 제시하고 있다.

질문: "이전에 붓다가 설한 대승 경전들은 모두 모든 법이 구름이나 꿈이나 환상처럼 공하다고 선언하였다. 그것들은 번뇌가 감출 수 있으므로 구름과 같다. 온갖 업은 진실하지 않으므로 꿈과 같다. 모든 것은 오온, 업의 과보, 번뇌, 그리고 업에 의하여 일어나므로 환상에 비유된다. 이러한 것이 경전들에서 선언되

어 온 의미이다. 그런데 왜 그대는 모든 중생들에게 불성이 있다(有)고 말하는가?"

답변: "내가 [이 논서의] 서두에서 말하였듯이, 다섯 과실을 극복하는 다섯 공덕이 불성의 있음(有)을 드러낸다. 이것이 내가 그것의 '있음'(有)에 대하여 말하는 까닭이다."[8)]

여기에서 우리는 불성에 대하여 "있음"을 나타내는 동사("有"라는 동사는 '가지다/간직하다' 또는 '존재하다/있다'로 번역될 수 있다.)를 접하게 된다. 그러나 유의해야 할 것은, 그 저자가 이 동사를 사용하면서 중생들이 불성을 "간직"하고 있다거나 불성에 대하여 "있음"이 이야기될 수 있다고 긍정하는 것은, 오직 불성에 대하여 이야기하는 것이 실천을 격려하고, 실천 중의 여러 과실을 바로잡고, 공의 언어보다 있는 그대로의 사실을 더 온전히 표현하도록 한다는 의미에서라는 점이다.

하지만 이 텍스트에서 일반적으로 저자는 불성에 대하여 단순히 있다고 이야기하지 않고, 대신에 불성이 "본유"(本有)한다고 확언한다. 다시, 이러한 표현은 마츠모토와 하카마야가 염려하는 종류의 언어처럼 들린다. 그러나 그 텍스트 내에서의 용례를 검토해보도록 하자.

질문: 그대에 따르면, 왜 붓다는 [어떤] 중생들은 [불]성에 머무르지 못하고 영원히 반열반(般涅槃)에 도달하지 못한다고 말하였는가?

답변: '일천제'인 이유는 대승을 격렬하게 배격하기 때문이다. 어떤 사람이 이러한 방식으로 [행동하고] 있을 때, 생사는 매우 오랫동안 다하지 않을 것이다. 경전들이 말하는 것은 이러한 의미에서, 곧 중생들이 이러한 행동을 버리도록 하기 위해서이다. [그러나] 도리(道理)에 의거한다면, 모든 중생들은 청정한 불성을 본유(本有)한다. 영원히 반열반에 도달하지 못하는 이가 있어야 한다는 것은 타당하지 않다. 이러하기에 불성은 확실히

본유한다. 이것은 [불성]의 '있음'(有)이나 '없음'(無)과 무관하다.[9]

다시 한 번, 불성이 확언되고 있다. 그러나 이것은 불성의 있음이나 없음과는 무관하다고 명시적으로 서술되고 있다. 불성이 "본유"한다고 말하는 것은, 일천제가 실제로 그 자체로서는 존재하지 않는다고, 만약 어떤 사람이 반열반에 도달하지 못한다면 그것은 그가 해탈의 길을 배격하기 때문이라고 확언하기 위한 것이다. 여기에서 기본적인 논지는, 저자가 사람들이 실천하고 성불을 열망하고 도를 깨닫게 되기를 원한다는 것이다. "불성이 본유한다"고 말하는 것은 이러한 목표를 성취하기 위한 수단이다. 아트만을 긍정하는 언어와 마찬가지로, 불성의 "본유"를 긍정하는 언어는, 저자가 실천을 격려하고 그리하여 모든 중생들을 해탈하도록 하는 위대한 목표에 기여하기를 바라는 하나의 방편(*upāya*)이다.

실재에 대한 다른 관점

이제 우리는 실재론의 이슈로 나아갈 수 있을 것이다. 우리의 저자는 실재에 대하여 공사상에서 표현되는 것과는 실제로 다소 다른 관점을 가지고 있는 것이 사실인 것으로 여겨진다. 여기에서 문제는, 이러한 다른 관점이 여전히 불교적 정통의 범위 내에 있는 것인가 여부이다. 텍스트를 검토해보도록 하자.

우리의 저자는 자신의 중심 논지를 다음과 같이 표현한다. "불성은 사람과 법의 두 공함에 의하여 드러나는 진여이다."[10] 더 나아가 그는 우리가 앞에서 보았듯이 다음과 같이 주장한다. "어떤 사람이 불성에 관하여 이야기하지 않으면 그는 공을 온전히 이해하지 못한 것이다."[11]

내가 강조했듯이, 우리의 저자는 자신이 "사람과 법의 두 공함"이라고 부르는 원리를 온전히 받아들이고 있다. 그에게 이것은 진리이다. 그러나 그는, 자신이 빈번하게 교류한 것으로 보이는 유가행파와 여래장사상의 다른 이들과 더불어, 공의 가르침이 온전히 참되기는 하지만 진리를 온전히 드러내는 것은 아니라고 느꼈다. 공의 길을 통하여 과실을 부정하고 스스로를 망상에서 자유롭게 하는 것은, 그의 관점에서는, 종교적인 길, 특히 대승적인 실천과 깨달음의 길의 전부는 아니었다. 사람들은 스스로를 망상에서 자유롭게 하고, 그에 바로 이어서 또는 그와 동시에 무엇이 참된가를 본다. 사람들은 그러한 경험에 기초해서 긍정적인 서술을 할 수 있는데, 문제는, 언제나 그러하듯이, 그렇게 서술하기에 적절한 언어를 발견하는 것이다. 우리의 저자는 이러한 상황에서 유가행파의 언어를 사용하여 "여"(如), "여여"(如如), "진여"(眞如), 그리고 "여실(如實)"과 같은 말들을 다소 서로 바꾸어 가면서 이야기한다.

내가 이해하는 대로 말하자면, 유가행파 운동의 전개 배후에 있는 충동의 일부는 요가 체험 내지 불교적 명상 실천에서 자각된 것을 표현하려는 욕구였다. 여여(如如)의 언어는 오직 이러한 시각에서만 제대로 이해될 수 있다. "여여"(如如)가 존재론적 관점을 나타낸다고 하더라도, 그것은 아주 최소한도의 것이라고 이야기해야 할 것이다. 그 범위에 있어서, 이것은 기체설에 관하여 제기되는 유형의 장대한 주장들에는 거의 미치지 못한다. 무엇보다도 존재론적으로, "여여"(如如)라는 단어는 '실제로 있는 그대로' 곧 '그와 같이'라는 의미에서 사실상 동어반복(tautology)이다. 이것은 실재를 가리키는 지표이며, 실재에 관하여 본체론적인 서술을 하는 것을 피하는 것이다. 적극적인 주장을 하는 경우에 있어서는, 원천적으로 명상 경험에 대한 해석에 기초하여, 실재가 그 자체로 참으로 있는 그대로 보일 수 있다고 주장한다. 지금 이러한 주장은 실로 실재론적 주장인데, 다만 우선적으로 인간에 관한 주장이며 이차적으로만 실재 그 자체에 관한 주장이다. 이것은, 인간이 집약적이고 포괄적인 변화의 과정(불교적 실천의 과정)을 거침으로써 실재 그 자체를 있는 그대로 보게 될 수 있는 잠재력을 지니고 있다는 주장이다. 이것은, 이차적으로는, 이러한 변화를 겪은 사람의 입장에서 경험되는 것이, 그 자체로 있는 그대로의 실재라는 주장이다.

여기에서 우리는 마츠모토와 하카마야가 제기한 주장에 딱 들어맞는 영역으로 들어서고 있다. 그들의 주장에 의하면, 불성은 근본적인 본체론적 실재이며, 다수의 법(法)들은 근본적으로 "비실재"이지만 그 근본적인 본체론적 실재"로부터 산출되며" 그 실재를 자체의 "본질"로 가지고 있기에 "어느 정도의 실재성"을 가지고 있다.[12] 곧, 우리는 여기에서 다수의 법들과 불성이라는 근본적 실재 사이의 관계에 대한 매우 특수한 이론을 접하게 된다.

여기에서 『불성론』에 따르면, 불성과 법들, 곧 그 다수적 차원에서의 실재 사이의 존재론적 관계는 무엇인가? 유가행파의 가르침을 따르고 있는 이 텍스트는 사실상 이 양자 사이의 "관계"에 대해서는 말하지 않는데, 왜냐하면, 실로 그 양자가 일종의 일원론적 전체 안에서 '모두 하나'이기 때문이 아니라, 유가행파의 여여(如如)와 삼자성(三自性, *trisvabhāva*)의 언어로 표현되듯이, 실재는 불이(不二)적이기 때문이다.

유가행파의 삼자성의 언어는 실재를 경험적 실재로, 곧 주체와 객체의 불이(不二)적 표현으로 기술한다. 이러한 시각에서 실재는 한편으로는 마음들에 의하여 구성되고 다른 한편으로는 객관적으로 존재하는 '저 바깥의' 사물들로 구성되는 것인 듯이 상정되지 않는다. 그 대신에 실재는 세 가지 방식으로 구성된다. 분별성(分別性 *parikalpita-svabhāva*, 변계소집성)에서는 상호 구성적 상호의존을 통하여, 기만된 마음이 주체와 객체, 이름과 개념의 맥락에서 인식되고 경험되는 왜곡된 실재와 더불어 일어난다. 의타성(依他性 *paratantra-svabhāva*)에서는 실재가 연기(緣起)로서 스스로를 드러내며 체험된다. 여기에서 실재는 참으로 있는 그대로 스스로를 드러내며 우리는 실재 그 자체를 파악한다.

> 분별성(分別性)은 가설(假說)의 언어에 의거하여 세워진다. 이러한 언어가 없다면 분별성은 성립되지 않는다. 그러므로 알아야 한다. 이 성(性)은 단지 언어적 표현이 드러나는 것이어서 실재에 있어서는 아무런 실체(體)나 상(相)이 없다. 이것이 분별성이라고 불리는 것이다.
>
> 의타성(依他性)은 십이인연(十二因緣)에서 드러나는 도리(道理)이다. 이것은 분별성의 기반이 된다. 그러므로 이 도리는 의타성(依他性)으로 성립된다.
>
> 진실성(眞實性)은 제법(諸法)의 진여(眞如)이다. 이것은 성인(聖人)의 무분별(無分別)의 지경(智境)이다. 앞의 두 성을 청정하게 하고 셋째의 해탈이기에, 혹은 제덕(諸德)을 이끌어내기에 진실성으로 성립된다.[13)]

따라서 이러한 시각에서, 상식에 의하여 인식되는 '사물들'이 참된 실재인 기저의 본체론적 기체(基體)와 연관되는 식의 물음은 관건이 아니다. 상식에 의하여 인식되는 '사물들'은 실재에 대하여 그 자체의 틀을 부여하는 기만된 마음에 의하여 구성되는 것이고, 이는 참되게 있는 그대로의 실재를, 저 바깥에 '사물들'로서 독립적으로 존재하는 분리되고 개별적인 실체들로 구성된 어떤 것으로 변모시킨다. 이러한 관념화가 사실상 연기 사상에 위배된다는 사실은 의타성에 의하여 입증되는데, 그 의타성에서는 실재를 상호의존적 생기의 과정으로, 곧 연기의 맥락에서, 바라보며 이것이 실재의 참 모습이라고 주장한다.

진실성은 제법(諸法)의 진여(眞如)이지, 제법의 본체론적 근원이 아니다. 이것은 그 자체만으로도 마츠모토와 하카마야의 논지를 무효화시키는 데 충분하다. "제법(諸法)의 진여(眞如)"를 이야기하는 것은 어떠한 의미를 지니는가? 여기에서 상기해야 할 것은, "불성은 사람과 법의 두 공함에 의하여 드러나는 진여이다. … 어떤 사람이 불성에 관하여 이야기하지 않으면 그는 공을 온전히 이해하지 못한 것이다."라는 서술이다. 진여는 공에 의하여 드러나고 공은 궁극적으로 진여로 이끈다. 공은 마음으로부터 온갖 과실, 견해, 그리고 집착을 제거한다. 그러나 『불성론』에 따르면, 우리는 여기에서 멈추지 말아야 한다. 우리가 공을 공의 궁극까지 통찰한다면, 진여가 드러난다.

나는 진여를, 있는 그대로의 실재에 대한 일종의 무아경적 체험에 의한 파악이라고 본다. 그러한 경지에서는 아무런 사유나 견해나 개념이 체험 속으로 들어오지 않으며, 그것들은 공에 의하여 소멸된 채로 있게 된다. 하지만 여기에서 실재에 대한, "제법"(諸法)에 대한 무아경적 체험이 열린다. 이것은 이러한 법들을 보다 일차적이고 보다 실재적인 어떤 것으로 환원시키는 것과는 무관하다. 그 법들은, 그 무아경적 순간에서 바로 있는 그대로, 강렬하게 실재하며, 강렬하게 생생하며, 독특하게 그들 자체로 있으며, 다만 이름 붙일 수 없을 따름이다. 이것은 본체론이 아니라, 체험이다. 그리고 이러한 체험 안에 존재론이 함의되어 있다고 하더라도, 그것은 확실히 일원론은 아니다.

여기에서 유의해야 할 것은, 진실성이 성인의 지경(智境)으로 제시된다는 점이다. 지(智)는 주체에 대한 표준적인 용어이고, 경(境)은 객체에 대한 표준적인 용어이다. 진여는 이 텍스트에서 종종 "여여"(如如)로 제시되는데, 이 용어는 단일한 압축적 표현 속에 여여지(如如智)와 여여경(如如境)을, 곧 단일한 경험적 실재의 '주체'와 '객체'의 요소 양자를 모두 포괄하는 용어이다. 이것이 어떻게 이루어지는가는 다음과 같이 서술된다.

"여래"(如來)의 "여"(如)라는 단어는 두 가지 의미가 있으니, 여여지(如如智)와 여여경(如如境)이다. 이 양자가 함께 있으므로, 우리는 "여여"(如如)라는 이름을 사용한다.[14)]

곧, 여여는 있는 그대로의 실재이면서 동시에 있는 그대로의 실재에 대한 경험이며, 즉각적으로 '주어지는', 그리고 주체와 객체의 요소로 양분되는 것에 앞서서 있는 경험적 실재이다.

이러한 점을 더 확실히 하기 위해서, 유념해야 할 것은, 저자가, 존재론적으로 말해서, 실재가 의타성 곧 연기에 의하여 정확히 드러난다고 하는 관점을 실제로 수용하고 있다는 점이다. 그는 다음과 같이 서술한다.

의타[성]는 염탁의타(染濁依他)와 청정의타(清淨依他)의 두 가지가 있다. 분별(分別)을 조건으로 하여 염탁의타가 성립한다. 여여(如如)를 조건으로 하여 청정의타가 성립한다.[15)]

다시 말하자면, 의타(곧 연기)는 있는 그대로 존재론적으로 '주어진' 것이다. 우리는 그렇게 존재론적으로 주어진 것을 두 가지 방식 가운데 하나의 방식으로, 곧 기만된 마음의 차별적 패턴을 따르거나, 왜곡 없이 있는 그대로의 실재를 보는 마음을 따라 파악할 수 있다. 차별이 있을 때 의타는 분별성이 된다. 여여가 있을 때 의타는 진실성이 된다. 그러므로 이러한 의미에서, 의타는 존재론적 관점인 반면에, 분별성과 진실성 양자는 모두 구원론적 상태이다.

마츠모토와 하카마야가 불성사상에는 기서의 일원론적 기체/아트만/존재 그 자체로부터 그 실재성이 파생되는 개별적 법들이 있다고 주장할 때, 그들은 도대체 우리의 저자가 보는 것과 같은 방식으로 실재를 보고 있는 것이 아니다. 『불성론』의 저자에 따르면, 개별적 실체들은 거짓된 것인데 왜냐하면 개별적 실체들이라는 관념 자체가 기만된 의식에 기초하는 거짓된 관념이기 때문이다. 실제로 존재하는 것은 상호의존적 생기의 과정 곧 연기이고, 이것을 더 깊이 바라보면 공이며, 더욱더 심층적으로 바라보면 여여(如如) 곧 있는 그대로의 실재인 것이다.

내가 지적해야만 하는 것은, 모든 불성 관련 문헌이 지금 이 텍스트와 마찬가지로 유가행파와의 합성물은 아니라는 점이다(그러나, 유가행파와 불성의 종합을 이루는 텍스트들은 많이 있다). 물론 유가행파의 교의에 근거하지 않는 불성 관련 문헌들도 있고, 여래장을 전혀 언급하지 않거나 여래장사상에 적대적인 유가행파 문헌들도 있다. 그러므로 내가 시사하려는 것은, 불성사상이 (일원론이든 기타의 것이든) 존재론이 아니라는 것이다. 불성사상은 구원론적 장치이다. 그것은 또한 일종의 신앙적 서술인 것으로 여겨진다. 곧 "나는 모든 중생들이 생사로부터의 해탈에 도달할 수 있고, 궁극적으로 도달할 것이라고 믿습니다."라고 말하는 것이다. 저자가 구원론적 목적으로 불성사상을 활용하는 텍스트를 저술하고자 할 때, 그가 존재론적 서술도 하고자 한다면, 그는 다른 사상군(예컨대 유가행파)에서도 자유로이 근거를 끌어올 수 있다.

나는 본 장에서 내내 『불성론』에 관하여 이야기해왔다. 내가 이 텍스트에 대하여 제기해온 주장이 어느 정도로 다른 주요 불성사상 문헌들에 적용되는가? 나는 앞에서 불성이 존재론적 이론이라기보다는 오히려 구원론적 장치이자 신앙적 서술이라고 말하였다. 사실상 나로서는, 불성 문헌을 각각 개별적으로 고려하면서, 그 각각의 문헌이 실제로 불성에 관하여 어떠한 논지를 펼치는지 그리고 존재론적 입장이 있다면 어떠한 입장을 취하고 있는지 판단할 필요가 있다고 여겨진다.

『여래장경』(如來藏經, *Tathagatagarbha Sutra*)의 한 가지 사례만 더 고려해 보도록 하자. 이 경전은 여래장 문헌들 가운데 가장 오래된 것이라고 해도 좋을 것이다. 나는 이 경전이 여래장 개념을 궁색하게 철학적으로 세련되지 못하게 소개하고 있지만 구체적 사례들을 활용하여 제시해 주고 있다고 생각한다. 이 경전에서 칭찬한 여래장은 평범한 중생의 번뇌에 묶인 몸과 경험 내에서도 오염되지 않은 채 존재한다고 이야기된다. 여기에서 붓다는 다음과 같이 말한다. "나의 불안(佛眼)으로 모든 중생들을 바라보건대, 그들의 욕망, 분노, 그리고 망상의 번뇌 가운데에서도 여래의 지혜, 여래의 눈, 그리고 여래의 몸 … 이 있다는 것을 본다. 모든 곳의 모든 중생들이 번뇌의 몸 가운데에서도 오염으로부터 영원히 자유로운 여래장을 간직하고 있다."[16]

그리고서 이러한 점을 예시하기 위한 일련의 비유가 제시된다. 번뇌의 한 가운데 있는 청정한 여래장은, 아직 껍질 속에 있는 쌀알, 오염된 장소에 떨어진 황금, 가난한 집에 있는 보배의 창고, 넝마로 싸여 있는 불상 등과 같은 비유를 통하여 예시된다.

이러한 예시들에서는, 어떤 문자적 의미에서 중생들 내면에 존재하는 모종의 실체로서 여래장이 있다고 하는 존재론이 도입되고 있는 것인가? 확실히 아니다! 이 단락들에서 실제로 뜻하는 것이, 우리가 어떠한 상태에 있든 상관없이 우리는 우리 내면에 어떤 청정하고 고귀하고 아름다운 어떤 것을 간직하고 있다는 것이기는 하다. 그러나 이 "어떤 것"을 하나의 실체로 받아들이지는 말라! 그 "어떤 것"은 자기 변화, 궁극적으로는 깨달음의 가능성이다. 그 예시들이 오직 의미하는 것은, 어떠한 상태에 있든 상관없이 우리가 우리 자신의 내면에 붓다됨을 계발함으로써 스스로의 상태를 전환시킬 수 있는 가능성을 언제나 간직하고 있다는 것이다. 내가 보건대, 그 모든 예시에서 저자의 관심은 그렇지 않은 것으로 보이는 온갖 현상에도 불구하고 깨달음이 보편적으로 가능하다는 것을 역설하는 데 있다! 저자는 이 텍스트에서 철학적

야심이 전혀 없으며, 존재론적 주장을 제기한다는 것은 전혀 시도조차 하고 있지 않다. 곧 여기에서 여래장은 모든 중생의 성불 가능성에 대한 은유이며, 그 이상도 그 이하도 아니다. 곧 여기에서 다시, 여래장의 가르침은 구원론적 목적을 위한 은유로서 도입되고 있으며, 그러한 맥락에서 이 가르침은 어떠한 존재론적 이론과도 전혀 연관되어 있지 않다.

여기의 논점을 간단히 말하자면, 존재론적 이론은 불성사상에 직접적으로 연계시킬 수 없다는 것이며, 이는 불성 구원론을 받아들이는 텍스트들을 면밀히 검토할 때 다양한 존재론이 드러나거나 이따금 존재론이 부재하다는 것이 드러난다는 점에서 뚜렷하다는 것이다. 실로 그 구원론마저도 획일적이지 않다. 예컨대 『승만경』과 『무상의경』(無上依經)은 양자 모두 불성의 '불가해함'에 대한 응답으로 신앙을 강력하게 옹호한다는 점에서 『불성론』과 대조되는 반면에, 『불성론』에서는 신앙을 언급하면서도 변화를 야기하는 체험을 강조한다.

여기에서 나의 첫 결론은, 불성사상에 관하여 기체설의 한 형태라고 역설하는 것은 오류이며, 불성은 구원론적 장치로서 존재론적으로는 특정한 입장을 고수하고 있지 않다는 것이다.

비판불교에서의 사회 분석

이제 아주 간략하게나마 비판불교의 중요한 일부를 구성하는 사회분석을 고려해보도록 하자. 만약 불성이 존재론적 실체나 원리가 아니라 구원론적 장치로 간주된다면, 불성을 (동일하지는 않지만) 유사한 구원론적 원리와 비교해보는 것도 유용할 수 있는데, 예컨대 퀘이커(Quakers, the Religious Society of Friends) 사람들이 포용하는 "내면의 빛"(Light Within)이나 "내면의 신성(神性)"(That of God Within)과 비교해볼 수 있을 것이다.

양자 모두 구원론적 원리로서, 모든 인간(불성의 경우에는 모든 중생)의 내면에 지고의 가치와 완벽함이 내재한다고 역설한다. 양자 모두 종교적 실천을 통하여 개별적 인간이 이러한 지고의 가치를 실질적으로 구현하도록 하고자 하며, 그러한 가치의 구현을 통하여 해탈 내지 구원의 인식이 이루어지고 그 인간은 무아적인 사랑의 존재로 변화된다고 한다.

이 둘 사이의 현저한 차이는, 그 종교 전통들의 역사에서 드러나듯이, 퀘이커교에서 내면의 빛은-마츠모토와 하카마야가 추구하는 바로 그러한 유형이라고 여겨지는-윤리적 가르침과 실천에 직접적으로 연계되는 반면, 불교에서는 불성의 윤리적 함의가 근대 이전까지는 다소 미미한 차원에 머물러 있었다는 점이다. 우리가 보건대, 퀘이커교에서는 내면의 빛에 대한 믿음이 인간 평등 그리고 각 인간의 본래적 존엄함과 가치에 대한 믿음에 직접적이고 명시적으로 연계되어 있다. 이러한 믿음은, 다시 권위에 도전하고, 사회적 불평등과 위계질서를 지탱하는 사회적 관습에 저항하며, 엄격한 비폭력을 실천하는 것이 종교적으로 그리고 윤리적으로 올바르다는 믿음을 낳는다.

구원론적으로는 그토록 유사한 관점과 실천이 왜 윤리적으로는 그토록 상이한 관점과 실천으로 연결되는가? 나는 이 물음에 대하여 완벽한 답을 갖고 있다고 자처하지는 않지만, 윤리적 태도에서의 그러한 차이가 구원론적 관점의 어떤 측면(불성과 내면의 빛)이 아니라 다른 어떤 우연적 요인에 기인한다는 것은 뚜렷하다는 것을 시사하고자 한다. 예컨대 퀘이커교의 윤리적 태도는 그 창시자 조지 폭스(George Fox)의 사회 경제적 위치(그는 사회적으로 가난한 하층 계급 출신이었다) 그리고 초기 퀘이커교 신자들이 감내해야만 했던 정권으로부터의 가혹한 박해에서 큰 영향을 받았을 가능성이 높다. 무엇보다도 하층 계급 출신이기에 계급구조에 비판적일 가능성이 높으며, 권위에 의하여 박해받는 입장이기에 권위에 대하여 비판적인 경향을 지니게 될 수 있는 것이다.

불교의 일부 사례를 고려해 보자. 우리는 불성사상의 저자들의 사회적 조건에 대하여 거의 아무 것도 모르지만, 그들이 자신들의 종교적 관점으로 인하여 상당수의 퀘이커교도들처럼 구타당하고 감옥에 갇히고 교수형에 처해졌을 가능성은 거의 없다. 그러한 상황에서, 우리의 불성 관련 저자들이 권위에 비판적인 것이 중요하다는 것을 자신들의 저술 속에서 강조할 필요를 어떻게 느낄 수 있겠는가? 다른 한편으로, 적어도 하층 계급 출신이었던 니치렌과 같은 인물들, 그리고 공식적인 박해를 겪었던 니치렌이나 창가학회(創價學會)의 창시자들과 같은 인물들 몇몇은 반권위주의적인 사상을 실제로 발전시켰고, 사회비판에 참여할 수 있었다.[17] 이러한 언급이 입증적이라기보다는 시사적인 데 그친다는 것은 명백하지만, 내 입장에서는, 이와 같은 요인들과 기타의 여러 요인들(유교, 국가의 성격, 사회적 통제의 형태, 일본의 토착적 자민족중심주의 등의 영향)에 대한 고찰이, 동아시아불교 문명의 다소 소극적인 윤리적 태도를 이해하는 - 그리고 그러한 태도에 도전하는 - 노력에서 확실히 매우 큰 성과를 낼 것이리라고 생각한다.

나는 개념들이 사회적 실천에 아무런 영향을 미치지 않는다고 제안하려는 것은 결코 아니다. 예컨대 연기(緣起)는 오늘날 불교 사회 운동가들이 자신들의 활동을 설명하고 동시에 정당화하기 위하여 아마도 가장 빈번하게 인용되는 불교철학 개념이다. 불성 개념 또한 이러한 맥락에서 등장한다. 오늘날 '참여불교'의 몇몇 흐름에서, 불교 사회 운동가들은 구체적으로 불성을 인용하면서 자신들의 정당화를 시도한다. 입정교성회(立正佼成会)나 창가학회(創價學會)와 같은 운동들 그리고 틱낫한과 같은 사상가들은 모두 구체적인 자비의 행위와 사회적 실천의 형태로 보살행을 함으로써 자신의 불성을 드러내는 것이 수행의 중요한 일부라는 점을 역설한다. 예컨대 틱낫한은 다음과 같이 서술하고 있다. "깨닫고 이해하고 사랑하는 능력이 불성이라고 불리는 것이다. … 우리는 이해하면 사랑하게 된다. 그리고 사랑하게 되면 자연스럽게 그 사람들의 고통을 덜어줄 수 있는 방식으로 행동하게 된다."[18] 여기에서 "사람들의 고통을 덜어줄 수 있는" 행동은 소박한 친절에서 열정적인 반전운동 그리고 정치범들을 자유롭게 하고 경제적 부정의를 해소하려는 노력에 이르기까지 온갖 것을 포괄하는 것으로 이해된다.

이러한 현대적 발전이 입증하는 것은, 불자들이 사회를 변화시키는 사회적 참여와 실천을 정당화하는 데에 그 기반으로 삼을 수 있는 원천으로서 불성사상이 실제로 역할을 하고 있다는 점이다. 현대의 불자들이 불성이라는 용어를 이러한 방식으로 활용할 수 있고 실제로 그렇게 활용하고 있는 반면에, 근대 이전의 불자들은 대체로 그렇게 하지 못했다는 사실은 다만 해석학의 중요성을 입증해준다. 텍스트는 특정 종류의 질문에 대하여서는 특정 종류의 답변을 내게 되고, 또 다른 종류의 질문에 대하여서는 또 다른 종류의 답변을 내는데, 이는 그 독자가 그 텍스트에 어떠한 전제와 필요와 열망을 가지고 임하느냐에 달려 있다. 사회적 참여를 하고자 하면서 그러한 관심사를 가지고 불성 전통의 문헌들에 임하는 그룹이나 개인은 그 문헌들에서 자신들의 기획을 위한 유용한 원천들을 발견할 것이다.

여기에서 나의 둘째이자 마지막 결론은, 불성사상이 명백하게 불교적 사회 운동을 고무하고 정당화하며 이끌어가는 데 활용될 수 있고 실제로도 활용되고 있기에, 일본불교의 사회 윤리적 취약성을 불성사상 탓으로 돌리는 것이 전혀 타당하지 않다는 것이다. 그 문제의 요인은 다른 곳에서 찾아야 한다.

10. 유가행파와 여래장 문헌에서 기체설 사상

야마베 노부요시(山部 能宣)

하카마야 노리아키와 마츠모토 시로는 여래장 이론과 유가행파에 대하여 자신들이 기체설이라고 부르는 공통의 틀을 공유하고 있다고 확신한다. "기체설"이라는 말 그 자체는 마츠모토가 도입하고[1] 하카마야가 채택한[2] 신조어이다. 그들의 주장에 따르면, 기체설이라는 아이디어는 참된 불교 이론인 연기(緣起)에 정면으로 위배되고, 따라서 여래장과 유가행파의 이론들은 비불교적이라고 간주된다. 그들의 견해에 의하면, 이러한 인도의 이론들뿐만 아니라, 동아시아의 "본각"(本覺) 사상 전체마저도 기체설이라는 아이디어의 그림자 아래에 놓여 있게 되어,[3] 그 결과로 동아시아불교의 대부분이 도대체 불교적이지 않은 것으로 파기된다.[4]

곧 기체설이라는 아이디어는 비판불교의 비판에서 필수적인 부분이며, 그 전반적인 입장을 어떻게든 평가하고자 할 때 그 자체로 면밀한 검토를 필요로 한다. 마츠모토는 우선 인도의 여래장과 유가행파의 문헌에서 기체설의 구조를 발견했기에, 우리는 먼저 그 해당 문헌들을 살펴볼 필요가 있다. 여기에서 나의 접근은 순전히 철학적일 것이며, 이론적인 논서(sastra)들에 한정될 것이다.

기체설 이론의 기본 구조

하카마야와 마츠모토에 의하면 불교의 핵심적 가르침은 연기(緣起)인데, 그들은 이 연기가 어떤 견고한 실체적 기반을 결여한 '현상'들로서 인과적으로 연결되어 있는 법(法)들의 시간적 연쇄로 이루어져 있다고 이해한다. 마츠모토는 이 점을 다음과 같은 도식으로 보여준다.[5)]

도표1

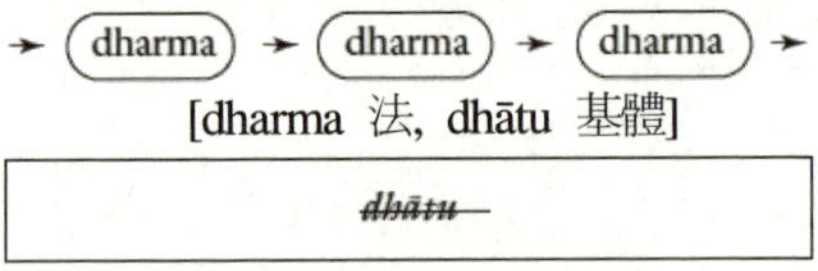

도표2는 이와 대조적으로 기체설의 기본적 구조를 보여준다.[6)]

도표2

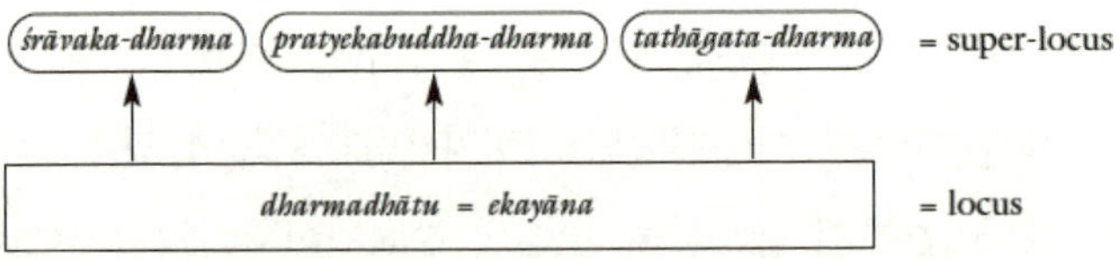

[śrāvaka-dharma 聲聞法, pratyekabuddha-dharma 緣覺法, tathāgata-dharma 如來法, dharmadhātu 法界 = ekayāna 一乘, super-locus 超基體, locus 基體]

이 둘째 모델은 연기 모델과 대조적으로 법계(法界, *dharmadhātu*)나 불계(佛界, *buddhadhātu*)와 같은 명칭 하에 보편적이고 견고한 기반을 도입한다. 마츠모토의 용어에서, 이 보편적 기반(*dhātu*)은 "초기체"(超基體, super-loci, "S"라고 약칭)로서의 현상적 법(法)들을 지지하는 "기체"(基體, locus, "L"이라고 약칭)이다. 그는 이 기체설 모델의 특색들을 다음과 같이 열거한다.[7)]

① L은 S의 기체(基體, locus)이다.
② 따라서 L은 S를 낳는다[그 원인이 된다].
③ L은 단일하고, S는 다수이다.
④ L은 실재이고, S는 비실재이다.
⑤ L은 S의 본질(ātman)이다.
⑥ S는 궁극적으로는 비실재이기는 하지만, L로부터 일어난 것이고 또한 L을 본질로 하고 있으므로, 어느 정도의 실재성 내지 실재성의 근거를 지닌다.[8)]

곧, 기체설 모델은 본질적으로 일원론이다(또는 마츠모토 자신의 용어에 의거한다면, "발생론적 일원론"(發生論的 一元論)이다.[9)] 하카마야와 마츠모토는 이것이 우파니샤드적 모델이며 따라서 진정으로 불교적 모델이 아니라고 간주한다. 특히 그들이 문제로 삼는 것은 이 기체설의 틀이 겉보기와 달리 평등적이지 않다는 사실이다. 그들의 관점에 의거하면, 우리는-삼승(三乘)에서 사회 계급에 이르기까지-아무리 많은 수의 상이한 요소들도 보편적 "기체" 위에 놓여 있는 "초기체"로 분류할 수 있다. "초기체"의 다양성은 기체설 구조의 본질적 요소이기에, "초기체" 사이의 구분은 여전히 영향을 받지 않는다. 반면에, 절대적 차원에서 획득되는 표면적 평등은 현상적 차원에서 나타나는 차별을 동시에 정당화하고 은폐하면서 뒷받침해주는 역할을 한다.[10] 마츠모토의 견해에 따르면, 기체설 구조의 이처럼 본질적으로 차별적인 속성은 『현관장엄론』(現觀莊嚴論, *Abhisamayālaṃkāra*)의 I. 39절에서 뚜렷하게 표현된다.[11]

> 법계(法界 *dharmadhātu*, 諸法의 基體)는 무차별이므로, 종성(種姓)의 차별은 불합리하다.
>
> 그러나 [그 기체에] 위치되는 능의(能依)인 제법은 차이가 있으므로, 그러한 [종성의] 차별이 설해진다.[12]

동일한 방식으로, 대승 『열반경』에서 보편적 '불성'과 일천제라는 아이디어는 상호 모순되는 것이 아니라, 함께 결합하여 조화로운 하나의 전체를 이룬다. 『대승장엄경론』(大乘莊嚴經論, *Mahāyānasūtrālaṃkāra*)은 한편에서 모든 중생이 여래장을 간직하고 있다고 역설하고(IX. 37절),[13] 다른 한편에서 일부의 사람들은 결코 열반에 도달할 수 없을 것이라고 인정한다(III.11). 따라서 기체설 구조는 또한 유가행파의 차별적 종성 이론을 지지하는 원리를 대변한다.[14]

일원론인가 아니면 다원론인가?

마츠모토의 주장은 잘 준비되어 있는 주장이며, 보편적 '불성'과[15] 동등하지 않은 성취의 공존은 실로 문제가 된다. 하지만 여전히 이러한 공존을 다소 다른 맥락에서 설명하는 것도 충분히 가능하다.

우선적으로 살펴보아야 할 것은 『유가사지론』(瑜伽師地論, *Yogācārabhūmi*)의 「보살지」(菩薩地, *Bodhisattvabhūmi*) 부분에서 종성(種姓, *gotra*)에 대한 그 유명한

정의이다.

종성이란 무엇인가? 간단히 말하면, 종성은 두 가지이다. 하나는 본성주종성(本性住種姓, *prakṛtistha-gotra*)이고, 다른 하나는 습소성종성(習所成種姓, *samudānīta-gotra*)이다.

본성주종성은 보살이 가진 육처(六處)의 특별한 양태(*ṣaḍāyatana-viśeṣa*)이다. 그 [특별한 양태]는 시작이 없는 과거로부터 본래 획득된 것이고, [현재까지] 그렇게 전해져 온 것이다.

습소성종성은 과거에 선근(善根)을 닦음으로써 획득된 것이다.

여기에서는 두 의미를 다 취한다. 또한 이 종성은 종자(種子, *bīja*), 계(界, *dhātu*), 그리고 본성(本性, *prakṛti*)이라고도 불린다.[16]

하카마야 자신이 이 마지막 문장을 일원론적 기체 모델의 한 사례로 인용하고 있기에,[17] 그가 「보살지」의 종성 이론을 일원론의 한 형태로 간주하고 있다는 것은 명백하다. 그의 주장은 여기에서 제시되는 모든 용어들(*gotra, bīja, dhātu, prakṛti*)이 단수 형태로 나타난다는 사실에 근거한다.[18] 그러나 이러한 주장이 약점이 없는 것은 아니다.

첫째, 본성주종성(本性住種姓, *prakṛtistha-gotra*)과 습소성종성(習所成種姓, *samudānīta-gotra*)이라는 한 쌍의 표현은 아래에 보이듯이, 『유가사지론』의 「섭사분」(攝事分, *Vastusaṃgrahaṇī*)에 밀접하게 유사한 표현이 있다.

간단히 말하면, 계(界, *dhātu*)는 두 가지이다. 하나는 주자성계(住自性界 *rang-bzhin gyis gnas pa*, **prakṛtistha*[19]))이고, 다른 하나는 습증장계(習增長界 *goms-pas yongs-su-brtas-pa*, *abhyāsa-paripuṣṭa*)이다.

주자성계는 예컨대 18계(界 *dhātu*, *khams*), 곧 각각의 상속(相續)에 머무르는 종자(種子 *sa-bon*, **bīja*)들이다.

습증장계는 다른 이전의 생들에서 습관적으로 닦은 선하거나 악한 법들이 [용이하게] 일어나도록 … 신체에 머무르는(*rten*, **āśraya*) 증장된 종자들이다.[20]

이 두 단락에서, 「보살지」의 본성주종성이 「섭사분」의 주자성계에 상응한다는 것은 분명하다. 「보살지」의 습소성종성과 「섭사분」의 습증장계 사이의 상응은 직접적으로 뚜렷하지는 않을 수 있으나, 『대승장엄경론석』(大乘莊嚴經論釋, *Mahāyānasūtrālaṃkāra-bhāṣya*)에서 "성취된 종자"(*samudānītam [gotram]*)와 "증장된 종자"(*paripuṣṭaṃ [gotraṃ]*)를 등치시키는 것에 의하여 확인된다.[21] 따라서 「섭사분」의 이 부분과 앞에서 언급한 「보살지」의 부분 사이의 상응은 논란의 여지가 없는 것으로 여겨진다.

「섭사분」 단락의 기본적인 메시지는, 중생들 안에는 선하고 악한 심적 기능들에 상응하는 선하고 악한 요소들(*dhātu*)이 무수하며, 따라서 사람들은 선한 요소들을 계발하여 선한 심적 상태를 실현해야 한다는 것이다.[22] 다시 말해서, 여기에서 기체설은 분명히 다원론적 유형의 것이다. 더 나아가 주목해야 할 것은, 이 단락의 다원론적 구조를 하카마야 자신도 이전의 논문에서 인정하였다는 것이다.[23] 동시에 우리는 「보살지」의 종성 이론이 「섭사분」의 기체 이론과 밀접하게 연관되어 있다는 것을 확실히 하였다. 이러하다면, 「보살지」의 종성 이론이 그 자체로 구조상 다원론적일 가능성이 있다.[24]

다원론적인 기체 모델과 종성 이론은 본래적으로 서로 연관되어 있다. 욕망의 기체(*dhātu*)가 혐오감을 생성하지 못하는 것과 동일하게, 성문(聲聞)의 종성은 붓다의 지고한 지혜를 생성할 수 없다. 곧 이렇게 서로 구분되는 종성들이 아니라면, 삼승(三乘) 사이에 구분을 확실히 한다는 것은 불가능할 것이다.[25] 따라서 적어도 이 단락들에 관한 한, 우리가 만들 수 있는 유일한 도식은 다음(도표3)과 같은 것이다. 분명히 여기에서 제시되는 다원론은 마츠모토가 제시하는 "발생론적 일원론"과 동일하지 않다.

도표3

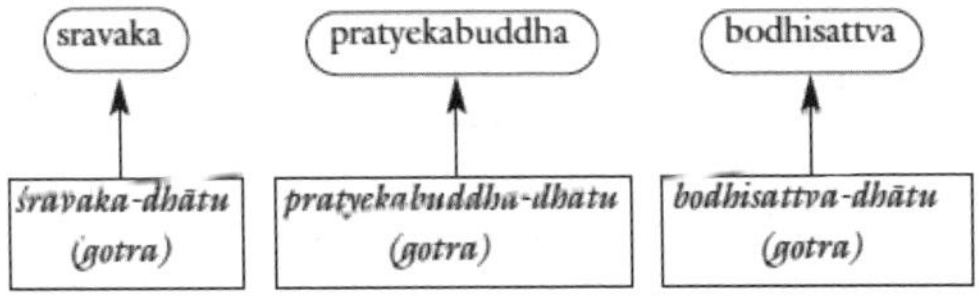

[śrāvaka 聲聞, pratyekabuddha 緣覺, bodhisattva 菩薩]

유위법인가 아니면 무위법인가?

앞에서 논의되어 온 것에는 단순히 기체가 단일한가 다수인가 여부를 넘어서는 함의가 있다. 출세간적 성취의 근거가 연관되는 것이다. 도대체 우리가 출세간적 지혜를 성취할 어떤 가능성이 있다면, 그러한 가능성은 어디에 근거하는가? 「보살지」에서는 본래적 종성을 언급하면서 그 근거를 "육처(六處)의 특별한 양태"(*ṣaḍāyatana-viśeṣa*)라고 정의한다. 그러나 이 "육처(六處)의 특별한 양태"(*ṣaḍāyatana-viśeṣa*)는 바로 무엇을 의미하는가? 나는 우리가 『아비달마구사론』(阿毘達磨俱舍論, *Abhidharmakośa-bhāṣya*)의 다음과 같은 단락에서 단서를 얻을 수 있다고 믿는다.

> [성자들과 범부들 사이의 차이]는 신체의 특별한 양태(*āśraya*-viśeṣa)의 맥락에서 이루어진다. [이러한 차이가 가능한 것은] 성자들의 신체(*āśraya*)는 견도(見道, *darśana-mārga*)와 수도(修道, *bhāvanā-mārga*)의 힘에 의하여 전변되어, 그 신체는 더 이상 번뇌를 야기할 수 없게 되니 그 번뇌는 [견도와 수도]에 의하여 포기되기 때문이다. 따라서, 마치 불에 의하여 삼켜진 쌀알과 같이, 자신의 신체가 번뇌의 종자

이기를 그칠(*abījī-bhūte āśraye kleśānām*) 때, 번뇌를 포기한 성자라고 불린다.[26)]

이 텍스트가 속한 문헌군에서 "신체"(*āśraya*)는 대체로, 추가적인 문맥적 구체성이 부재한 경우, '몸' 또는 아마도 보다 정확하게는 몸을 중심으로 하는 우리의 개인적 실존을 의미한다. 이러한 의미에서 이 용어는 육처(六處, *ṣaḍāyatana*)와 거의 동의어이고, 곧 "육처(六處)의 특별한 양태"(*ṣaḍāyatana-viśeṣa*)는 '몸의 특별한 양태'(*āśraya-viśeṣa*)와 같은 것이 된다.[27)]

인용된 단락에서, 성자의 신체가 범부의 신체와 구분되는 것은, 전자가 더 이상 번뇌를 내지 않는다는 점에서이다. 달리 말하자면, 범부들의 신체는 번뇌를 내는 상태로 머무르고, 그러한 신체는 번뇌의 종자(*bīja*)라고 상정된다.[28)]

「보살지」로부터의 단락에서, 보살의 육처(六處)가 성문과 연각의 육처와 구분되는 것은, 보살의 육처가 궁극적으로 붓다의 지고한 지혜를 낼 수 있다는 점에서이다. 붓다의 지고한 지혜를 낼 수 있는 잠재력을 지닌 보살의 육처는 보살종성(菩薩種姓, *bodhisattva-gotra*)이라고 간주된다.

여기에서 중요한 점은, 종성(種姓, *gotra*)이 구체적인 심신적 실존의 특수한 상태를 나타내는 것으로 취해지고 있다는 것이다. 달리 말하자면, 구원의 기반은 무위법(無爲法, *asaṃskṛta*)의 절대적 차원이 아니라, 현상적 차원 곧 유위법(有爲法, *saṃskṛta*)의 차원에 놓여 있는 것이다.[29)]

우리는 여기에서 아비달마 불교의 중요한 이론적 주장 하나를 상기하게 되는데, 즉 무위법(無爲法) 곧 '조건지어지지 않은' 법은 어떤 것에 대해서도 발생적 원인일 수 없으며,[30)] 따라서 출세간적 지혜를 직접적으로 발생시킬 수 없다는 것이다.[31)] 이와 동일한 패턴을 『유가사

지론』에서도 따르고 있다.[32)]

진여(眞如, *tathatā*)는 법계(法界, *dharmadhātu*)와 동의어이고, 하카마야와 마츠모토에 따르면 이것이 모든 세간적이고 출세간적인 요소들을 낳는다. 하지만 유가행파 세계의 구원론적 맥락에서 (특히 『유가사지론』에서) 진여의 역할은 다소 제한되어 있다는 것을 유념해야 한다. 이것이 때때로 성스러운 법들의 원인(곧 출세간적 지혜)이라고 불린다면, 그것은 진여가 인식대상 곧 소연연(所緣緣 *ālambana-pratyaya*)이 됨으로써 출세간적 지혜가 일어나는 것을 돕기 때문이다. 달리 말하자면, 예비적 단계에서 진여에 대한 명상이 궁극적으로 출세간적 지혜를 유도하는 것이다.[33)] 그러나 진여는 원칙적으로 발생론적 원인이 되지 않으며,[34)] 이러한 의미에서 다시 한 번, "발생론적 일원론"으로서 기체설 모델이 유가행파 문헌에 적용될 수 있는가는 의심스럽다.[35)]

종성에 관한 고전적 유가행파 이론의 주장에 의하면, 삼승의 상이한 성취는 각각 그 각자의 기체 곧 종성에 기반한다. 말할 필요도 없이 이것은 매우 논란이 되는 입장이고, 왜 이러한 입장이 취해지게 되었는지 주의 깊게 살펴볼 필요가 있다. 하지만 여기에 내포된 형식 논리의 맥락에서만 이야기하자면, 이 주장은 오히려 간단명료하다. 상이한 결과는 상이한 원인을 가져야 하는 것이다. 이것은, 기체설 모델에서 시사되는, 상이한 결과가 단일한 원인에 기반한다는 아이디어보다 훨씬 더 이해하기 쉽다.[36)] 나는 보편적 법계가 유가행파의 종성 이론을 지지하는 주도적 원리였다고는 믿지 않는다.[37)]

종성과 법계

하지만 이 이론이 보편적으로 적용되지는 않는다. 전형적인 여래장 문헌인 『보성론』(寶性論, *Ratnagotravibhāga*)을 살펴볼 때, 우리는 무위법과 유위법 사이에 그렇게 명쾌한 구분이 엄격하게 준수되지는 않는다는 것을 발견한다.[38] 이 문헌에서는 주저 없이 붓다의 행위가 무위법에서 일어난다고 역설한다.[39] 「보살지」의 본성주종성(本性住種姓, *prakṛtistha-gotra*)마저도 여래장에 연계되며, 여기에서 여래장은 진여와 같다.[40] 그러나 본성주종성이 편재(遍在)하는 진여와 같다고 한다면, 삼승 사이에 절대적 구분을 지지할 이론적 근거는 전혀 남지 않는다. 곧 『보성론』에서는 다음과 같이 서술한다.

> 궁극적으로 여래의 태양으로부터의 빛은 사견취(邪見聚, *mithyātva-niyata-saṃtāna*)의 중생들의 몸에도 비추인다. … 일천제는 결코 열반에 도달하지 못한다는 서술이 있었던 것은 대승의 가르침에 대한 증오를 제거하기 위한 것인데, 왜냐하면 대승의 가르침에 대한 증오는 일천제가 되는 원인이기 때문이다. [달리 말하자면, 이 서술의] 숨겨진 의도는 [대승에 대한 증오를 포기한다면] 다른 [나중의] 때에 [일천제]조차도 열반에 도달하리라는 것에] 있다. 실로, <u>본래 청정한 종성이 존재하기에(*prakṛti-viśuddha-gotra-saṃbhavād*)</u>, <u>누구라도 본심상 청정하지 않을 수 없다</u>.[41]

기체설 모델에서, 보편적 불성(佛性, *buddhadhātu*)에 기초한 궁극적 차별은 이러한 측면에서도 그다지 잘 작용하는 것으로 보이지 않는다. 논리적 요건에서, 상이한 현상은 상이한 기초를 가지고 있어야 한다. 그 기초가 보편적이라면, "초기체"(super-loci) 사이에 궁극적 차별을 유지할 아무런 논리적 근거가 없다. 이러한 구조는 도표4에 예시된다. 주의해야 할 것은 여기에서 "초기체"는 더 이상 차별적이지 않다는 점이다.

도표4

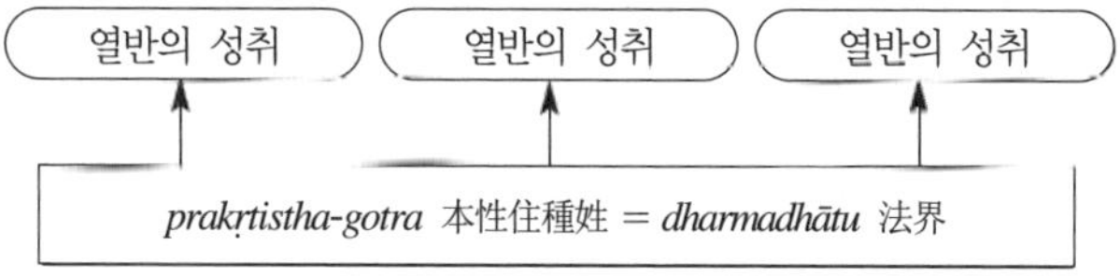

기체설

앞의 주장에 기초해서 나는 유가행파의 고전적 종성 이론이 다수의 기체들 내지 종성들에 기초해 있었다고 믿는다. 일단 종성이 보편적 법계 내지 진여로 재해석되면, 그 이론은 삼승 사이에 절대적 구분을 지지하는 이론적 기초를 상실한다.[42)]

여기에는 아직 고려해야 할 또 하나의 요인이 있다. 인도는 전통이 커다란 권위를 갖는 나라이다. 새로운 이론이 나올 때, 옛 이론은 즉각 폐기되는 것이 아니라 종종 그대로 유지되면서, 그 새로운 이론과 옛 이론을 화해시키려는 시도들이 이루어진다. 모종의 이러한 과정이 유가행파의 종성 이론의 경우에도 진행되어 온 것으로 여겨진다.

실제로 『유가사지론』 내부에서조차도 진여(眞如, *tathatā*)라는 아이디어는 그 구원론적 맥락에서 더욱더 큰 역할을 행사하게 되어가고 있었다. 예컨대 『유가사지론』의 「섭결택분」(攝決擇分, *Viniścayasaṃgrahaṇī*)의 일부에서는, 출세간적 법들의 원인이 일반적인 종자들에 있는 것이 아니라, 인식 대상으로서의 진여에 있다고 말한다.[43)] 진여가 인식 대상의 영역에 이론적으로 한정되고, 따라서 진여가 발생론적 원인들의 영역에서 배제되는 것은 여전히 유효한 것으로 여겨진다. 그럼에도 불구하고 동시에 「보살지」의 종성 이론에서 혹자는 불만을 느끼게 되니, 그 이론에서는 출세간적 성취의 기초가 현상적인 육처(六處)의 특별한 양태(*saḍāyatana-viśeṣa*)에 두어지고 있다. 이것은 진여의 역할이 구원론의 영역으로 확장됨을 시사하는 것으로 여겨진다.

출세간적인 성취의 원천이 개별적인 종자들이 아니라 보편적인 진여라면, 이제 개별적인 존재들이 특정한 성취 수준으로 미리 정해져 있다고 하는 아이디어를 유지할 이유는 없는 것으로 보인다.[44] 그럼에도 불구하고 종자의 구분이라는 아이디어는 포기되지 않아, 어떤 사람들은 진여로의 길을 막는 궁극적 장애에 직면하는 반면 다른 사람들은 그렇지 않다고 주장하면서, 서로 구분되는 목표가 미리 정해져 있다는 것을 옹호하려는 시도가 이루어진다.

나로서는, 이 지점에서 그 논증이 합리적이기를 멈추고 그저 전통을 보존하는 데 관심을 두고 있는 것으로 보인다. 『유가사지론』은 일관된 텍스트가 아니라, 이질적 요소들의 집성이어서, 일부는 보다 전통적이고 다른 일부는 보다 진보적이다. 일반적으로, 「섭결택분」의 내용은 『유가사지론』의 「본지분」(本地分)의 근본십칠지(根本十七地)를 다루는 부분보나 더 진진된 내용을 담고 있는 것으로 여겨진다. 하지만 여전히 「섭결택분」은 『유가사지론』의 일부이고 그 「본지분」에서 함의되고 있는 것을 전제하고 있다. 그리고 「본지분」에서는 뚜렷하게 전통적 종성이론을 제시하고 있기에, 「섭결택분」의 저자들은 그러한 이론을 직접적으로 배격하거나 무시할 자유는 있지 않았다. 일원론적 진여와 다원론적 삼승 사이의 불일치의 이면에는 이렇게 역사적으로 역동적인 과정이 작용하고 있는 것으로 보인다.

몇몇 단락들이 기체설 유형의 구조를 실제로 시사하는 것은 사실이다. 그 좋은 예는 우리가 애초에 언급했던 『현관장엄론』(現觀莊嚴論, *Abhisamayālaṃkāra*)의 다음과 같은 절이다.

> 법계는 구분이 없기 때문에 종성 간의 어떠한 구분도 불합리하다. 그럼에도 불구하고, [법계의 "기체" 위에] 놓이게 되는 법들은 구분이 있으므로, [종성 간의] 구분이 신포된다.

이 논서에 대한 현존하는 가장 오래된 주석서인, 성해탈군(聖解脫軍, Ārya-Vimuktisena)의 『현관장엄론석』(現觀莊嚴論釋, *Abhisamayālaṃkāra-vṛtti*)에서는 이 절의 후반부의 의미를 다음과 같이 설명한다.

> [종성들이 구별되는 것은 용기들이 구별되는 것과 마찬가지이니, 그 용기들은] 동일한 진흙으로 만들어져서 동일한 불에 구워졌으면서도 [구별되어] '꿀 단지' '사탕 단지' 등 [그 용기들에 무엇이 담기는가에 따라] 구분되는 이름들로 불리는 것이다.[45)]

마츠모토의 어법대로라면, 이 주석서는 분명히 다양한 "초기체"들이 단일한 "기체" 위에 놓이며, 이 균질적인 "기체"는 이질적인 "초기체"들이 서로 구별된다는 의미에서만 구별된다고 주장하는 것이 된다. 그가 기체설이라고 부르고자 선택한 것은 정확히 이러한 것이다. 그러나 종성 간의 구별이 "꿀 단지"와 "사탕 단지" 사이의 표면적이고 임시적인 구별과 같은 것에 지나지 않는다면, 그 구별에서 어떤 본질적인 것을 특성화하는 기능은 그친 것이다. 이것은 유가행파의 엄격한 종성 이론과 분명히 다르다.[46)] 이 주석서에서 성문(聲聞)이 변화될 수 있다는 것을 상당히 인정하고 있다는 점은 나의 이러한 의심을 정당화하는 것으로 보인다.[47)] 이 주석서에서 삼승 사이의 구분이 유가행파에서의 절대적인 예정은 확실히 아닌 것으로 여겨진다.[48)]

추가적으로 우리는 다음과 같은 논증에 주목해볼 수 있을 것이다.

그러므로, [『현관장엄론』의 1.5cd 게송에서는][49] 법계 자체가, [곧] 본성주종성(本性住種姓, *prakṛtistham gotram*)이, 수행의 기초인데, 왜냐하면 [법계가] 성스러운 법들의 원인이기 때문이라고 가르친다. …

다른 이들의 주장에 의하면, 종성은 육처(六處)의 특별한 양태(*ṣaḍāyatana-viśeṣa*)인데, 이는 두 가지이니, 연(緣)에 의하여 성취된 것(*pratyaya-samudānīta*)과 본성상 존재하는 것(*prakṛty-avasthita*)이다. … [이러한 견해는 배격된다][50]

[반론:] 법계가 종성이라면, [법계는] 편재하므로 [중생들] 모두가 [동등하게] 종성(*gotra*)이 확립(*gotra-stha*)되어 있다고 되지 않는가?[51]

[답변: 법계가] 종성이라고 불리는 것은 [다만] 그것이 인식되고(ālambyamāna) 성스러운 법들의 원인이 되는 한에서이다. …[52]

여기에서의 맥락은 「섭사분」의 맥락과 몇 가지 점에서 매우 유사하다. 첫째, 유가행파의 고전적 종성 이론을 배격하고 진여 내지 법계를 출세간적 성취의 기반으로 채택하는 데에서 그 전체 논증이 필연적으로 이루어지고 있다. 둘째, 이렇게 채택된 진여 내지 법계는 인식 대상으로서 작용함으로써 출세간적 지혜가 일어나는 것을 돕는다. 셋째, 그러한 보편적 기반의 채택에도 불구하고, 저자는 삼승 사이의 전통적 구분을 단적으로 버리지 않고, 어떻게든 유지하고자 애쓴다.

다시 한 번, 여기에서 결정적 요인은 앞선 전통의 권위였을 가능성이 아주 농후하다. 『현관장엄론』은 몇몇 유가행파 문헌들과 긴밀한 관계가 있고,[53] 그러기에 『현관장엄론』과 그 주석서에서 유가행파의 전통적인 종성 구분을 철저하게 소홀히 할 수 없었으리라는 점은 이해하기 어렵지 않다. 동시에, 유가행파 전통은 그 주석서에 대해서는 「섭사분」에서와 같은 긴밀한 구속력을 가지고 있지 못했던 것으로 보인다. 종성의 구분을 지지하는 주석서의 논리는 매우 약하다. 따라서 우리가 앞에서 보았듯이, 이 텍스트에서의 종성 구분은 궁극적인 것이라고 간주될 수 없다.

결 론

내가 본 논문의 범위 안에서 다룰 수 있었던 것은, 하카마야와 마츠모토가 분석한 다수의 문헌 가운데 작은 부분에 불과하고, 경(經)들에 대해서는 언급을 배제하여야만 했다. 이렇게 명백하게 제한된 검토에서 여래장사상의 모든 측면들을 고려했다고 주장할 수는 없다. 그러나 우리는 최소한, 우리가 논의한 논서들에 관한 한, 일원론에 기초한 차별이라는 기체설 모델의 적용은 아무리해도 의문스럽다는 점을 말할 수 있다. 유가행파의 종성 이론은 실로 차별적이지만, 일원론에 기초하고 있지는 않다. 여래장사상은 뚜렷이 일원론적이지만, 여기에서 종성 구분은 어떤 본질적 함의를 지니고 있는 것으로 여겨지지 않는다. 『현관장엄론석』과 같은 몇몇 문헌들은 일견 기체설의 구조를 보여주지만, 그러한 구조는 종성 이론에 대한 재해석에 의하여 야기된, 일관적이지 않은 경우로 여겨진다. 곧, 다원론적 종성들을 일원론적 법계로 대체하는 것이 삼승 사이의 전통적 구분을 온전히 폐기시키지는 못했던 것이다.

나는 이 점을 도표5로 예시하고자 하였는데, 이는 기체설의 구조에 대한 나의 이해를 제시하는 것이기도 하다. 이것은 마츠모토의 도식과 매우 유사한 것으로 보일 수도 있지만, 실제로는, 도표3의 상부 구조와 도표4의 하부 구조를 거칠게 이어 붙여서 그 하부 구조와 상부 구조가 얼마나 서로 모순되는가를 보여주고자 하는 것이 도표5이다.

도표5

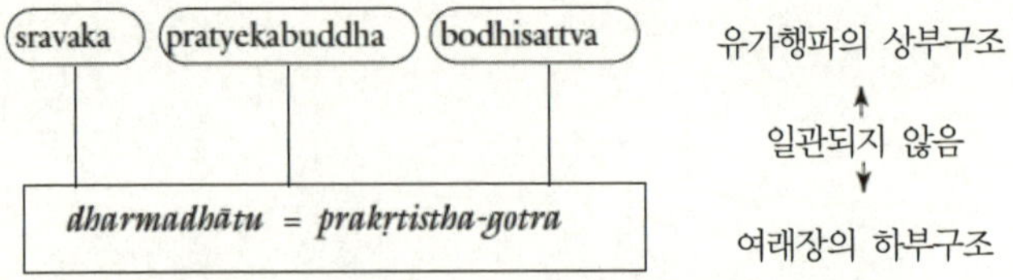

[sravaka 聲聞, pratyekabuddha 緣覺, bodhisattva 菩薩, dharmadhātu 法界 = prakṛtistha-gotra 本性住種姓]

나는 여전히, 하카마야와 마츠모토가 부여하는 것과 같은 견고한 구조가 기체설에 있다고 하는 입장에 대해서 상당히 회의적이다. 나는 지금까지 간과되어 온 여래장사상의 문제점을 지적하는 데 있어서 그들이 불교학에 공헌한 점은 존중하며 인정하고 싶다. 동시에 나는 이전에 제시된 철학적 논증에 기초하여 대안적 해석의 가능성을 시사하고자 노력하였다.

11. 기체설 사상에 관한 비판적 대론(對論) 논의에 대한 답론

마츠모토 시로(松本 史朗)

나는 기체설이라는 아이디어에 관한 야마베의 논문이 중요한 동시에 가치 있는 정보와 해석으로 가득하다고 생각하며, 나의 가설에 관한 그의 면밀한 비판에 감사한다. 그의 관점과 결론을 기꺼이 받아들이는 것은 아니지만, 진지한 대응을 환영하며 여기에 간략히 그에 대한 답론을 제시하고자 한다.

야마베는 자신의 논문 말미 가까이에서 자신의 입장을 다음과 같이 간략하게 요약하고 있다.

> 유가행파의 종성 이론은 실로 차별적이지만, 일원론에 기초하고 있지는 않다. 여래장사상은 뚜렷이 일원론적이지만, 여기에서 종성 구분은 어떤 본질적 함의를 지니고 있는 것으로 여겨지지 않는다. 『현관장엄론석』과 같은 몇몇 문헌들은 일견 기체설의 구조를 보여주지

만, 그러한 구조는 종성 이론에 대한 재해석에 의하여 야기된, 일관적이지 않은 경우로 여겨진다.

내가 그의 결론을 받아들일 수 없는 것은, 내가 보기에 유가행파의 종성 이론은 일원론에 기초하고 있고, 여래장사상에서 종성의 구분은 본질적 중요성을 지니고 있기 때문이다. 더 나아가, 야마베와 달리, 나는 『현관장엄론석』의 기체설 구조가 온전히 일관성이 있다고 본다. 나의 입장을 명료하게 하기 위하여, 야마베가 자신의 논문에서 인용한, 「보살지」에서의 종성에 대한 정의를 살펴보기로 하겠다.

그 정의를 논하기에 앞서, 나는 나의 가설을 비판하는 그의 방식에 대하여 놀랍다고 표현하고 싶다. 나는 기체설에 대한 나의 가설의 틀이 주로 기초하고 있는 나의 두 논문 「유가행파의 일승 이론에 관하여」와 「『승만경』과 일승 이론」에 그가 주의를 기울였어야 했다고 생각한다. 전자의 논문은 특히 야마베의 비판에 관련되는데, 왜냐하면 그 논문에서의 논증이 『대승장엄경론』(大乘莊嚴經論, *Mahāyānasūtrālaṃkāra-bhāṣya*) 가운데 게송 XI. 53에 대하여 풀이하는 중요한 단락, 곧 유가행파 사상가들에 있어서 법계라는 용어의 의미를 명확하게 하는 것으로 보이는 단락에 초점을 맞추고 있기 때문이다. 해당 단락은 "성문(聲聞) 등의 법계는 무차별이기 때문에"(*śrāvakādīnāṃ dharmadhātor abhinnatvāt*)라고 읽힌다. 여기에서 우리는 유가행파 사상가들에 있어서 기체(*dhātu*)의 독특함에 대한 명료한 서술을 접한다. 나는 야마베가 이 단락을 어떻게 해석할까 알고 싶다.

이제 종성에 대한 「보살지」에서의 정의를 다루어 보기로 하자.[1] 야마베의 결론은, 그 정의에 나타나는 *gotra*(종성), *bīja*(종자), *dhātu*(계), 그리고 *prakṛti*(본성) 등의 용어들을 모두 동의어로 간주하는 다른 학자들(그 가운데 하카마야도 있다[2])의 저작에 근거하고 있다. 야마베는 "tat punar gotraṃ bījam ity apy ucyate dhātuḥ prakṛtir ity api"라는 어구를 인용하는데, 그는 이 어구를 "더 나아가, 이 *gotra*는 또한 종자(種子, *bīja*), *dhātu*, 그리고 본성(*prakṛti*)이라고 불린다."라고 번역한다.[3] 나는 이 번역이 정확하지 않다고는 생각하지 않지만,[4] "그러나 그 *gotra*는 또한 *bīja*라고 불리고, *dhātu*는 또한 *prakṛti*라고 불린다."라고 번역하는 것도 가능하다고 믿는다. 상기해야 하는 것은, 이 단락의 티벳어 번역이 "rigs de ni sa bon shes kyaṅ bya' khams de ni raṅ bshin shes kyan byaḥo"(Derge 판본, Wi, 2b5)라는 점이다. 이것은 나 나신의 독해와 뚜렷이 일치한다.

야마베가 지적하듯이,[5] 스티라마티(Sthiramati, 安慧)가 *gotra*, *bīja*, 그리고 *dhātu*가 동의어라고 서술하는 단락들이 있고, 심지어 그가 *gotra*와 *prakṛti*를 동의어로 간주하는 단락들도 있다는 것은 인정한다. 그러나 그것은 스티라마티의 해석이다.[6] 나에게, 앞에 인용된 문장에 대한 티벳어 번역은 이 두 그룹의 어휘들 사이에 다소의 차이가 있을 가능성을 시사한다. 다시 말해서, *dhātu*와 *prakṛti*가 *gotra*와 다른 것으로 간주되는 가능성을 인정해야 하는 것이다.

나의 이러한 해석은 앞에서 인용된 *gotra*의 정의에서 *prakṛti- sthaṃ gotram*(본성주종성)이라는 용어가 나타난다는 것에 의하여 지지된다. 야마베는 다른 학자들을 따라서 그 용어를 "본성상 존재하는" [종성]이라고 번역하는데, 이는 "raṅ bshin gyis gnas pa"라는 티벳어 번역에 기초한 것이다(Derge 판본, Wi, 2b4). 그러나 나는 그 번역에 오류가 있다고 보고, 그 대신에 "*prakṛti*(본성)에 놓이는 종성" 또는 "*prakṛti*(본성)에 존재하는 종성"이라고 읽는 것을 선호한다. 나는 더 나아가 이 *prakṛti*가 다양한 종성의 유일한 기체(*dhātu*)라고 간주하며, 여기에서 이 종성 이론에 기체설의 구조가 부여되는 것이다.

나는 이러한 해석이 전혀 새로운 것임을 인정하지만, 그렇다고 그 해석이

틀리다고는 할 수 없다. 「보살지」의 저자는 *prakṛti*를 *dharmatāpratilabdha*[7] ("*dharmatā*에 의하여 획득된")라는 어구에서의 *dharmatā*(법성)와 같은 것으로 간주하는 것으로 보인다. 그리고 이러한 동일시는 야마베가 언급하는 『현관장엄론석』의 단락에 의하여 더욱 강화된다.[8]

곧, 나는 성문 등의 종성이 단일한 기체 위에 놓여 있으며, 이 기체가 그 정의에서 *prakṛti*라고 불리는 것이라고 믿는다. 따라서 나의 결론은 유가행파 체계는 기체설적 구조를 갖고 있다는 것이다. 이러한 맥락에서 나는 야마베가 언급하는, 유가행파 문헌들에서 *ālambana-pratyaya*라는 단어에 대한 새로운 해석에 대하여서도 이야기하고 싶다. 그는 이 단어가 "인식 대상"을 의미하는 것으로 번역하고, 기체설을 "발생론적 일원론"이라고 하는 나의 해석을 비판한다. 그러나 *ālambana-pratyaya*는 이 맥락에서 "인식 대상"이 아니라 "기체로서의 원인"을 가리킨다.[9] 다시 말해서, 나는 여기에서 *ālambana*가 '기반' 곧 '기체'를 의미하는 것으로 간주한다. 이러한 독해는 『변중변론』(辨中邊論, *Madhyāntavibhāga-bhāṣya*)의 한 절에서 나타나는 *tadālambanaprabhava*라는 용어에 의하여 더욱 지지되는데, 여기에서 세친(世親, Vasubandhu)은 성인(聖人, arya)들의 법들이 "그 기체"(*tadālambana*), 곧 법계(法界, *dharmadhātu*)로부터 산출된다고 말한다.[10] 그러므로 나에게는, 유가행파 체계가 기체설적 구조를 가지고 있다는 것이 명백하다고 여겨진다.

나는 유가행파의 종종계(種種界, *nānādhātu*) 곧 "상이한 기체들" 이론을 해명하는 데 있어서 야마베의 기여를 인정하고 싶기는 하지만, 이러한 이론이 내가 제안하는 기본적 기체설 구조와 어떻게 전혀 일관되지 않은지 알지 못하겠다. 오히려 종종계 이론을 설명하는 단락들에서 언급되는 계(界, *dhātu*)의 다양성은 내가 기체라고 부르는 단일한 장소에 놓여 있는 종성들의 다수성으로 받아들여져야 한다.

여래장사상에 관해서, 야마베의 해석에 대한 나의 관점은 다른 기회에 다루고자 한다. 다만 나는 그에게 자신이 인용하고 있는 『보성론』의 단락을 다시 살펴보라고 요청할 따름이다. 그의 번역에 의하면, 거기에는 다음과 같이 서술되어 있다. "궁극적으로 여래의 태양으로부터의 빛은 사견취(邪見聚, *mithyātva-niyata-saṃtāna*)의 중생들의 몸에도 비추인다."[11] 이것은 실제로 사견취의 중생들이 존재를 부정하는가? 나는 그렇게 생각하지 않는다. 우리 모두가 우리의 계급적 차이에도 불구하고 동일한 공기로 호흡한다는 생각이, 차별이 아니라 평등을 위한 기반을 실제로 제공하는가? 더욱이 『보성론』에서도 무성(無姓, *agotra*)의 존재를 인정하고 있다는 점에 주목해야 할 것이다(*etad agotrāṇām na vidyate*)[I.41].

이상으로 나의 답론을 마친다.

재반론

야마베 노부요시(山部 能宣)

우선 나의 비판에 주의 깊은 답론을 해주신 것에 대하여 마츠모토에게 감사한다. 나는 나의 논문에서 그가 두 중요한 논문에서 제기한 몇 가지 점에 적절한 주의를 기울이지 못했다는 점은 인정하지만,[1] 구두 발표였고 시간상의 한계도 있었기에, 필요한 전문적 세부사항들을 다루는 것이 어려웠다. 나의 발표는 가능한 한 간단하게 기체(*dhātu*)와 종성(*gotra*)에 대한 나 자신의 이해를 개관하는 시도에 그치는 것이었다. 『현관장엄론』 I.39 게송은, 단일한 게송에 (명시적인) 기체설 구조를 담고 있어서, 나의 논증을 제시하는 데 이상적인 중심축이 될 것으로 여겨졌다. 마츠모토 자신이 그 동일한 게송을 "기체설의 기본적 구조"를 간명하게 드러낸다고 말하였으므로,[2] 나는 이 게송이 논의를 위한 어느 정도 공통의 장이 될 것으로 전제하였다.

어쨌든 나는 이제, 다시 한 번 시간과 지면상 마츠모토의 엄격한 기준을 충족시키는 것이 어렵다고 하더라도, 그의 답론의 논점들을 다루는 데 있어서, 이 두 논문, 특히 '유가행파 이론'을 다루는 논문에 대하여 언급해야 할 책무가 나에게 있다는 것을 받아들이겠다. 우리의 견해가 유가행파에 관한 문제들에서 보다 근본적으로 상이하다고 여겨지므로, 나는 아래의 지면에서 기체와 종성에 관한 유가행파의 이론에 대하여 초점을 맞추고자 한다. 마츠모토의 기체설 모델은 본질적으로 정태적이다. 그는 동일한 기체설 구조(일원론에 기초한 차별)가 유가행파와 여래장 계통의 문헌 전반에서 발견될 수 있다고 믿는 것으로 보인다. 그렇게 하는 데 있어서 그의 기체에 대한 아이디어가 주로 근거하는 것은, 일원론적 기체와 관계되는 단락들, 곧 『아비달마경』(阿毘達磨經, *Abhidharma Sutra*)으로부터 인용되어 단수 형태로 등장하는 "법계"(法界, *dharmadhātu*)와 (다소 모호한) "기체"(*dhātu*)의 용례이다. 그는 이 단수 형태의 기체가 모든 현상의 보편적 기반, 곧 모든 현상이 일어나는 기반으로 기능한다고 본다. 그의 주장에 따르면, 기체가 자주 "원인"이라고 정의되기는 하지만, 이것은 (보편적) 기체의 이미지에 기초하여 파생된 단지 부차적인 의미일 뿐이다. 그는 "*dhātu*"가 유가행파 문헌들에서 복수 형태로 빈번하게 나타난다는 것을 부정하지는 않지만, 그 모든 다양한 "*dhātu*"들이 단수 형태의 "(*dharma*)*dhātu*"에 근거하고 있다고 주장한다. 따라서 그는 "*dhātu*"가 복수 형태로 존재한다는 것이 기체설 모델에 모순되지 않는다고 결론 내린다.

나 자신으로서는, "*dhātu*" 개념의 발전을 (대부분의 경우 "*gotra*"라고 하는 또 하나의 개념과 호환 가능한) 보다 역동적인 맥락에서 기술하고자 노력해 왔다. 나는 초기 유가행파 문헌-『유가사지론』이 주로 여기에 해당된다-에서 "*dhātu*" 이론의 구조가 본질적으로 다원론적이었다고 확신한다.[3] "*dhātu*"는 우선적으로 다양한 요소들로서 각각 그에 상응하는 요소들을 산출할 수 있었다. 다시 말하자면, 이 전통에서 그 단어의 일차적 의미는 "(다원론적이고 개별적인) 원인"이었으며 그 공간적 이미지는 단지 이러한 의미에 종속적인 것이었다. 이러한 다양한 "*dhātu*"가 언제나 단일한 "기체"(분자 그대로, 마츠모토의 전형적인 "*dhātu*")에 기초하였다고 하는 것은 설득력이 없다고 생각한다.

특히 나는 「보살지」의 종성 이론이 어떤 형태로든 일원론에 기초하였다고 믿지 않는다. 나중에 기체와 종성에 관한 이러한 이론들은 일원론적 모델 위에서 재구성되었고, 이러한 재해석의 과정에서, 일원론적 요소들과 다원론적 요소들을 모두 지닌 『대승장엄경론』이나 『현관장엄론』과 같은 몇몇 '혼성' 문헌들이 창출되었다. 이러한 문헌들은 일원론에 기초한 차별이라는 마츠모토의 모델을 지지하는 것으로 보인다. 그러나 이 문헌들을 그 역사적 맥락에서 바라본다면, 그 차별적 요소들은 이전의 다원론적 전통의 잔존물로 드러난다. 그와 대조적으로, 『보성론』이나 『승만경』과 같은 순수한 여래장 계통의 문헌들은 이러한 차별적 요소들을 보이지 않는다.

나는 이 재반론을 통해서 기체설적 유형의 구조가 존재했다는 것을 전적으로 부정하려는 것은 아니다. 나는 그러한 혼성 구조가 교리 발전 단계의 어떤 지점에서는 실제로 존재했다고 믿는다. 그러한 맥락에서, 여래장 이론에 관한 우리의 관점도 그렇게 근본적으로 상이한 것은 아니다. 나 또한 여래장 이론이 핵심적으로 일원론적 구조를 가지고 있었다고 생각하지만, 그 이론이 본질적으로 차별적이라고 보지는 않는다. 우리의 견해가 가장 크게 갈라지는 것은, 초기 유가행파 전통에서 기체와 종성 이론의 구조에 관한 것이다. 따라서 나는 이 문제를 보다 직접적으로 다루고자 한다.

"*dhātu*"의 의미

마츠모토는 "*dhātu*"라는 단어의 원래 의미가 "[어떤 것을] 두는 장소", 일종의 "기체", 또는 "locus"라고 주장한다.[4] 거의 모든 기체설 관련 주장은 이 결정적 논지를 중심으로 전개된다. 그러나 이 아이디어는 그 중요성에 비하여 그다지 자명하지 않다.[5]

"*dhātu*"라는 단어의 원래 의미가 "[어떤 것을] 두는 장소"라는 그 주장이 어원학적인 주장이라면 문제는 복잡해지는데, 왜냐하면 "*dhātu*"를 구성하는 두 요소인 동사 어근 "*dhā-*"와 어미 "*-tu*"가 모두 다양한 의미를 지니며, 따라서 이론적으로 그 복합어가 지닐 수 있는 의미의 범위는 광범위하기 때문이다.[6] 그 용어의 용례에 대한 검토는 이러한 사실을 잘 드러낸다.[7]

그 어미 "*-tu*"에 대한 루이 르누(Louis Renou)의 광범위한 연구에 따르면, "*dhātu*"라는 단어는 『리그베다』에서 "기초, 토대"와 "요소, 층"이라는 두 가지 폭넓은 의미의 집합 내에서 사용되었다.[8] 그의 주장에 따르면, 『리그베다』에서 "*dhātu*"라는 용어는 거의 언제나 수사(數詞)와의 복합어(예컨대 *saptadhātu*, *tridhātu*)이며,[9] "구분의 원리로 나타난다."[10] 따라서 후자의 의미("요소, 층")는 압도적으로 잘 입증된다. 그러나 전자의 의미("기초, 토대")는, "*dhātu*"가 『리그베다』에서 독립적인 (중성) 명사로서 단 한 차례 등장하는 것에 기반한다(v.44.3).

> *atyaṃ haviḥ sacate sac ca dhātu ca*
> 봉헌물이 군마[軍馬 = Agni]를 따르니,
> 이것이 [제사의] 본질이자 기초이다.[11]

이것은 극히 '모호한' 게송인데, 이에 관하여 르누가 주목하는 것은,

사야나(Sāyana)라는 주석자가 여기에서 "*dhātu*"를 "*dhārakaṃ sarvasya*"("모든 것의 토대")라고 풀이하고 있다는 점이다.[12] 이러한 주해는 마츠모토의 해석과 가까운 것으로 보이지만, 사야나가 매우 후대(14세기)의 인물이라는 점을 유념해야 한다.

불교 문헌들도 실제로 이따금 "*dhātu*"를 "*dhāraṇa*"("토대")라고 해석하는데,[13] 이러한 맥락에서 나는 "토대"가 (또는 마츠모토에 있어서는 "기체"가) 사실상 "*dhātu*"의 의미들 가운데 하나였으리라고 가정하게 된다.[14] 그러나 이러한 가정이 "토대" 또는 "기체"가 그 자체로 그 단어의 어원학적 기원이라고 결론 내리는 것과 동일한 것은 아니다. 하나의 모호한 게송을 제외하고, 『리그베다』에서 훨씬 더 압도적인 의미는 "요소"인 것으로 여겨진다. 마츠모토가, "기체"가 "*dhātu*"라는 단어의 원래 의미였으며 그 의미에서 다른 모든 의미가 파생되었다고 주장하고자 한다면, 그는 보다 확실한 증거를 제시할 필요가 있다. 어원학적 의미에 관한 그의 주장은 아무리 보아도 자명하지 않다.

유가행파 문헌에서 "*dhātu*"의 용례

유가행파 문헌에서 "dhātu"라는 용어에 대한 마츠모토의 해석은, 『아비달마경』의 한 게송과 『중변분별론』(中邊分別論, Madhyāntavibhāga)으로부터의 한 단락에 대한 자신의 독해에 기초하고 있다.[15] 나는 『중변분별론』에 대한 논의는 뒤로 미루겠다. 『아비달마경』의 게송은 다음과 같다.

> 시작이 없는 과거로부터의 *dhātu*는 모든 법의 공통적인 기반이다. 그것이 존재할 때 [생사의] 모든 취(趣)와 열반에의 도달이 존재한다.[16]

마츠모토는 "'공통적인 기반'(*samāśraya*)이라는 표현이, '*dhātu*'라는 단어가 '기체'의 의미를 지니고 있다는 것을 명확하게 보여준다"고 역설한다.[17] 그는 계속해서 다음과 같이 말한다.

> "*gatiḥ*(취)"와 "*nirvāṇādhi-gamo*(열반의 성취)"라는 [두] 주격 명사와의 관계에서 "*dhātu*"가 "기체"인 것은, ["*dhātu*"를 대변하는 대명사의] 처격 "*tasmin*"에 의하여 드러난다. 절대 처격 어구 "*tasmin sati*(그것이 존재할 때)"로 표현될 때, 그 기본적인 의미 "그 존재하는 것에서"에 "그것이 존재한다면"이라는 의미가 부가되며, 여기에서 "원인"이라는 의미가 발생한다. 곧 "*dhātu*"라는 단어가 "원인"이라는 의미를 가진다면, 그것은 "기체"라는 일차적 의미로부터 파생된 이차적 의미라고 간주되어야 한다.[18]

이러한 주장에는 몇 가지 의문스러운 점이 있다. 첫째, "*dhātu*"가 "기체"를 의미한다는 주장이 제시되는 까닭이, 그것을 지칭하는 대명사(*tasmin*)가 처격이라는 데 있다. 이 게송에서, 마츠모토 자신이 서술하듯이, "*tasmin*"은 그 다음의 "*sati*"와 더불어 절대 처격 어구를 이룬다. 그러나 절대 처격은 산스크리트어에서 매우 일반적이기에, 절대 처격으로 표현될 수 있는 단어라면 무엇이든 "기체"의 의미를 지닌다면, 거의 모든 산스크리트어 명사가 그러한 의미를 지닌다는 결론이 된다. 그러므로 나는 절대 처격 어구의 등장이 그 단어의 의미에 관하여 어떤 것이든 어떻게 입증하는지 알지 못한다.

"공통적인 기반"(*samāśraya*)이라는 첫째 논점에 관하여 우리가 주목해야 하는 것은, 유가행파에서 "*āśraya*"라는 단어가 거의 "조건"(*pratyaya*)에 등치되는 매우 일반적인 의미로 사용된다는 것이다.[19] "*āśraya*"라는 단어가 그 자체로 공간적 함의를 지닐 것이지만, 이러한 종류의 전문적인 문맥에서 그러한 함의의 얼마나 많은 부분이 유지되는지는 확실하지 않다고 생각한다.

더 나아가, "기체"가 "*dhātu*"라는 단어의 일차적 의미이며, "원인"이라는 의미는 그로부터 파생된다는 마츠모토의 주장에 나는 동의할 수 없다.[20] 내가 아는 한, 초기 유가행파 문헌에서, "원인"이라는 의미는 "기체"보다 훨씬 더 압도적이며, 그 일차적 의미가 적용될 수 없을 경우에만 "토대"(또는 "기체")라는 대안적인 의미가 전면에 등장한다. 동사 어근 "*dhā-*"는 '발생시킨다' 또는 '야기한다'라는 의미를 지니므로, 그리고 "*-tu*"는 행위자를 의미할 수 있으므로, 별도의 의미를 통하여 간접적으로 추출해낼 필요 없이, 그 단어의 구성 요소들로부터 직접적으로 "원인"이라는 의미를 추출하는 것이 이론적으로 가능하다.

아주 초기 유가행파 문헌(『유가사지론』에서 아뢰야식 이론을 전제하지 않는 부분)에서 "*dhātu*"의 기본적 이미지는, 한 순간에서 다음 순간으로 스스로를 재산출할 수 있는 복합적인 (전형적으로는 열여덟) 요소들의 이미지였다는 것이 드러날 수 있다고 믿는다. 그 예시를 위하여 나는 「성문지」(聲聞地, *Śrāvakabhūmi*)로부터의 한 단락에서 시작해서 몇 개의 단락을 인용하고자 한다.

> "*dhātu*"들이란 무엇인가? "*dhātu*"들에서의 숙련이란 무엇인가?
>
> 답변: "*dhātu*"들이란 열여덟, 곧 눈의 *dhātu*, 색의 *dhātu*, 그리고 눈의 의식의 *dhātu*, … [열여덟 *dhātu*들이 열거된다]. <u>이 열여덟 법들이 그 각각의 *dhātu*들, 그 각각의 종자</u>(*bīja*)<u>들, 그리고 그 각각의 기원</u>(*gotra*)<u>들로부터 일어나고, 발하고, 그리고 뚜렷해지는 것</u>을 알고, 증명하고, 검토하는 능력이 "*dhātu*"들에서의 숙련이라고 불린다. <u>그 열여덟 법들이 그 각각의 *dhātu*들로부터 일어나는 것</u>을 아는 것이 곧, 원인과 조건을 파악하는 것이고, 동시에 *dhātu*들을 파악하는 것이다.[21]

이 단락의 의미는 『아비달마구사론』(阿毘達磨俱舍論, *Abhidharmakośa- bhāṣya*)의 다음과 같은 단락과 연계시켜서 읽을 때 보다 명료해진다.

> "*dhātu*"의 의미는 "기원"(*gotra*)이다. 철, 구리, 은, 그리고 금의 산에서의 다양한 기원들이 *dhātu*(광물)들이라고 불리는 것과 꼭 마찬가지로, 한 몸 곧 한 [개인적] 연속체 내에서의 열여덟 기원들도 "열여덟 *dhātu*들"이라고 불린다. 이 경우에, "기원들"은 광맥들(*ākara*)을 가리킨다. 그렇다면 눈 등은 무엇의 기원들인가? [열여덟 *dhātu*들의 각각이 기원이 되는 것은] 그 자체의 유형(*jāti*)에 [후속적인 *dhātu*에] 대해서인데, 왜냐하면 [전자는] [후자의] 동질적인 원인이기 때문이다.[22)]
>
> [반론:] 그 경우에 무위(無爲, *asaṃskṛta*)의 [요소]는 *dhātu*가 아닐 것이다. [답변:] 이 경우에, [그것이 원인이 되는 것은] 마음과 마음의 기능들에 대해서이다.[23)]

나에게 이 두 단락은 본질적으로 같은 것을 이야기하고 있는 것으로 보인다. 열여덟 *dhātu*의 각각은 그 선행하는 순간에 그것의 발생적 원인(*dhātu*)이 되는 동일한 요소로부터 일어난다. 다시 말해서, *dhātu*의 본질적 속성은 연속적인 순간들에서 그 자체를 재산출하는 능력인 것으로 여겨진다.[24)]

이 짐은 「섭결택분」(攝決擇分, *Viniścayasaṃgrahaṇī*)의 「오식신상응지의지」(五識身相應地意地, *Pañcavijñānakāya-saṃprayuktā-manobhūmi*)로부터의 다음과 같은 단락에 의하여 확인된다.

> <u>눈이면서 눈-*dhātu*가 아닌 것이 아라한의 마지막 [순간의] 눈이다.</u> 이것이 [사구(四句)의] 첫 항목이다.[25)]

아라한이 열반에 들어갈 때 그 다음 순간으로 옮겨질 것은 아무 것도 남아 있지 않으며, 그렇기 때문에 이 마지막 순간에 눈은 더 이상 그 다음 순간에 동일한 요소를 재산출하지 않는다. 그리고 여기에서 눈은 발생적 원인으로서 기능하지 않기에, 더 이상 "*dhātu*"라고 불리어서는 안 된다. 여기에서의 모델은 분명히 연속적 인과의 모델이다.[26]

여기에서 나는, 초기 유가행파 문헌에서 *dhātu*들이 일차적으로는 한 순간에서 다음 순간으로 스스로를 재산출하는 다수의 요소들이었다고 믿게 된다.[27] 그러므로 그 일차적 의미는 (다원론적 맥락에서) "발생론적 원인"이었고, 어떤 보편적인 "기체"의 이미지로부터 파생된 것이 아니었다. 나는 이 다수의 *dhātu*들이 별도의 보편적인 *dhātu*를 토대로 하고 있었다고 주장할 근거가 없다고 본다.[28]

곧 "*dhātu*"와 "*āśraya*"라는 단어의 실제 용례에 기초할 때, 『아비달마경』의 게송에서 "*dhātu*"가 보편적 기체를 의미했다는 것은 전혀 확실하지 않다. 실로 대부분의 주석서들이 이야기하는 바와 같이, 그 단어는 오히려 "원인"을 의미하는 것으로 간주되어야 한다.[29] 나는 이 게송이 마츠모토의 "기체" 모델을 지지하지 않는다고 결론 내린다.

여기에서 나 자신이 마츠모토의 추론에 동의하지 않는다고 하더라도, 그 게송이 실제로 일원론적 인상을 주고 있다는 것은 인정되어야 한다.[30] 그 점에 전혀 논란의 여지가 없는 것은 아니다.[31] 다만 이 게송이 실로 일원론적이라는 것을 인정한다고 하더라도, 이 게송은 여전히, *dhātu* 이론이 다원론적 모델에서 일원론적 모델로 변화해가는 맥락에서 이해될 필요가 있다. *dhātu*에 대한 유가행파의 이론 전체가 일원론에 기반하고 있었다고 전제하는 것은 올바르지 않다. 이 게송은 의심할 바 없이 중요하기는 하지만, 유가행파 철학 전체를 대변하는 게송인 것은 아니다. 우리가 보아 왔듯이, 초기 유가행파의 *dhātu* 이론은 다원론적이었으며, 특히 그러한 다원론적 *dhātu* 모델이 이 학파의 고전적 종성 이론에 직접적으로 연계되어 있었다고 믿을 충분한 근거가 있다.[32)]

『대승장엄경론』 (大乘莊嚴經論, *Mahāyānasūtrālaṃkāra-bhāṣya*)

마츠모토가 지적하듯이, 『대승장엄경』 게송 XI.53에 대하여 『대승장엄경론』은 다음과 같이 서술하고 있다.

> 법이 유사하기에 일승 이론[이 제시되었다]. 법계(法界, *dharmadhātu*)는 성문(聲聞) 등에게는 구분되지 않는다. [이러한 설명이 기초하고 있는 것은] "*yāna*"[라는 단어]가 목표를 의미한다는 해석이다.[33)]

마츠모토는 이 단락이 "유가행파 사상가들에게 있어서 '*dhātu*'의 독특함을 뚜렷이 보여준다"고 서술하면서 나에게 이 단락을 읽어볼 것을 요청한다.[34)]

분명히 이 단락에서 "법계"는 어떤 보편적인 것을 가리킨다. 나는 이 점은 인정한다. 그러나 내게는 다음과 같은 점이 의문스럽다. 첫째, 그 단락이 마츠모토가 주장하듯이 "발생적 일원론"의 모델을 지지하는 것인가? 둘째, 종성 구분이 실로 그러한 보편적 법계에 기초하고 있는 것인가?

발생적 일원론 모델

이 단락이 기체설 모델에 부합하기 위해서는, 다음의 두 조건을 충족시켜야 한다. 곧 법계가 삼승의 기체여야 하고, 삼승의 발생적 원인이어야 한다.

첫째 조건에 관해서 말하자면, 스티라마티의 "알려지는 대상" (*shes par bya ba'i yul*)이라는 풀이에서 뚜렷이 시사되듯이,[35] "소취"(所趣, *yātavya*)로서 법계는 "기체"가 아니라 인식 대상이다. 마츠모토는 앞에 인용된 『대승장엄경론석』(大乘莊嚴經論釋, *Mahāyānasūtrālaṃkāra -bhāṣya*)으로부터의 단락을 『변중변론』(辨中邊論, *Madhyāntavibhāga-bhāṣya*)의 다음과 같은 행과 연계시키고 있는데, 아마도 옳다고 여겨진다.[36]

> *dharmadhātu*가 그렇게 불리는 것은 그것이 고귀한 법들의 원인이기 때문이다. 여기에서 *dhātu*라는 단어는 '원인'이라는 의미로 사용된다.[37]

마츠모토의 주장에 의하면 "소연연"(所緣緣, *ālambana-pratyaya*)은 "기체로서의 원인"을 의미한다.[38] 그러나 이 단락을 앞에서 언급된 스티라마티의 주해와 함께 읽는 데 있어서, "소연"(所緣, *ālambana*)을 "인식 대상"(*shes par bya ba'i yul*) 외의 다른 어떤 의미로 취하는 것은 매우 어렵다. "소연"을 "기체"로 읽는 것은 그 단어에 대한 일반적인 해석이 아니기에, 나는 마츠모토가 자신의 주장을 지지하는 데 있어서 추가적으로 지지하는 증거를 제공해주기를 바란다.

법계가 삼승의 발생적 원인이어야 한다는 둘째 조건에 관해서 말하자면, 나는 이것이 그렇지 않다고 믿는 나의 근거들을 나의 논문에서 이미 상술하였다. 마츠모토 자신은 『지광명장엄경』(智光明莊嚴經 *Jñānālaṃkārāloka Sutra, de-bzhin-ñid ni gzhi'o*, "진여는 그 기반[*pada]이다")을 인용하면서 나의 주장을 비판한다.[39] 나는 그 비판에 반론을 제기하고자 한다.

우선 『지광명장엄경』은, 비록 『대승장엄경론』의 여러 전거들 가운데 하나이기는 하지만, 유가행파의 표준적인 전거가 아니다.[40] 마츠모토가 유가행파 이론에 대한 나의 이해를 비판하고자 한다면, 그는 자신의 비판에서 참고문헌을 주류 유가행파 문헌에서 찾아야 한다.

「섭결택분」에 이와 유사한 서술이 있다는 것은 사실인데, 그곳에서는 "발생적 원인"(*janma-hetu*)에 대조되는 "토대적 원인" (*pratiṣṭhā-hetu*)으로서 (이 문맥에서는 진여에 상응하는) "[개인적] 기반의 전환"으로서 전의(轉依 *āśraya-parivṛtti*)를 기술하고 있다.[41] 여기에서 "**pratiṣṭhā*"는 『지광명장엄경』의 "**pada*"에 다소 상응할 것이겠지만, "*pratiṣṭhā*"는 유가행파 문헌에서 반드시 "기체"를 의미하는 것은 아니다. 게다가 "토대적 원인"은 "발생적 원인"과 뚜렷이 다르다.[42] 간단히 말해서, 이 해당 단락은 어떻게 보더라도 마츠모토의 "발생적 일원론" 모델을 지지하는 것이 아니다.

내가 이전에 논의했듯이, 이러한 종류의 구원론적 맥락에서 진여는 풍부한 사상적 배경을 지니고 있다.[43] 이러한 맥락에서 『대승장엄경론』을 읽기에, 나는 나의 논문에서 제시했던 해석을 수정할 필요가 전혀 없다고 생각한다. 나는 오히려, 인식대상으로서 진여는 다른 세계의 법들은커녕, 출세간적 지혜도 직접적으로는 산출하지 않는다고 하는 논지를 거듭 주장한다.

보편적 법계에 기초한 종성 구분

내가 다소 길게 논의하기는 했지만,[44] 『대승장엄경론』에서 해당 단락은 삼승 이론에 대하여 적극적으로 입증하고 있지 않다. 그 단락은 오히려 이미 확립된 삼승 이론을 전제하면서, 그 사상에 모순되는 경전 단락들을 설명해서 풀어내고자 시도하는 논증을 하고 있다. 어떤 의미에서 이것은 일승 경전들에 대한 양보이다. 그 텍스트에서는 종성 구분을 적극적으로 확립하기 위하여 보편적 법계를 언급하고 있지 않다. 단순하게 일승 이론에 양보하면서, 삼승이 모두 동일한 법계를 공유한다는 의미에서 하나로 간주될 수 있다고 인정할 따름이다. 삼승 사이의 다양성은 이미 여기에서 전제되고 있다.

우리는 다양성의 원리를 다른 곳에서 찾을 필요가 있다. 마츠모토가 올바르게 서술하고 있듯이,[45] 그러한 원리는 『대승장엄경론』 III.11에서 발견되는데, 거기에서는 "인(因)을 결여한 이들" (*hetu-hīna*)의 존재가 확언된다. 『대승장엄경론석』의 III.11은 열반에 도달할 수 없는 자들(*aparinirvāṇa-dharmaka*)을 두 부류로, 곧 일시적으로 희망이 없는 사람들(*tat-kālâparinirvāṇa-dharma*)과 영원히 희망이 없는 사람들(*atyanta*)로 나누는 유명한 부분이다. 그러나 게송과 주석에서 주어지는 설명은 아주 간단하고 명료하게 이미 잘 확립된 종성 이론을 전제하고 있다.

그 상세한 논증은 「보살지」에서 발견된다. 『대승장엄경론석』과 「보살지」 사이의 폭넓은 친연성으로부터, 그리고 관련 부분들 사이의 용어적 유사성으로부터 판단하건대, 『대승장엄경론』의 「종성품」(種姓品, *Gotrādhikāra*)이 「보살지」의 「종성품」(種姓品, *Gotrapaṭala*)과 매우 긴밀하게 연관되어 있었다는 것은 뚜렷하다. 따라서 유가행파의 종성 이론의 구조를 이해하기 위하여, 우리는 「보살지」를 올바르게 이해할 필요가 있는데, 바로 이 지점에서 마츠모토와 나는 가장 철저하게 차이가 난다.

「보살지」

마츠모토는 자신의 답변에서 본성주종성(本性住種姓, *prakṛtistha-gotra*)을 "본성[*prakṛti*, 곧 일원론적 *dhātu*] 위에 주(住)하는 종성"이라고 독해하고자 한다.[46] 이것은 다수의 종성이, 깨달음의 원인으로서, 보편적 기체 내지 장(藏, *garbha*)과 상이하다는 자신의 입장과 뚜렷하게 부합한다.[47] 실로 그의 독해는 우리가 종성과 기체를 구분할 수 있을 때에만 의미가 있다. 문제는 그러한 구분이 매우 어렵다는 점이다. 마츠모토 자신이 나중에 인정하듯이, 종성과 기체는 빈번하게 동의어적으로 취급된다.[48]

복합어 *prakṛti-stha*-에 관하여 말하자면, *stha*-가 어떤 복합어의 두 번째 요소로 사용될 때에는 일반적으로 "[어떤 장소]에 존재하는"을 뜻한다는 것은 사실이다. 그럼에도 불구하고, 그러한 일반적인 어법에서, 유가행파 저술가들이 그 용어를 그와 동일한 의미로 사용했다고 하는 것이 자동적으로 보장되는 것은 아니다. 유가행파의 전문적인 용어의 의미는 우선적으로 유가행파 문헌 자체의 용례에 의하여 확정되어야 한다. 이러한 맥락에서, 우리가 우선적으로 주목할 수 있는 것은, (그리고 다시, 마츠모토 자신도 인정하듯이)[49] 티베트어 판본에서는 그 복합어를, 그 복합어의 첫 번째 구성 요소에서 도구격의 의미(*prakṛtyā*, "본성에 의하여")를 읽어내면서, *raṅ bzhin gyis gnas pa*로 번역하고 있다는 점이다. 이러한 해석은 「보살지」의 다음과 같은 단락에 의하여 추가적으로 지지된다.

> *dhātu*의 증장이란 무엇인가? <u>선법의 종자들의 본성상 존재(*prakṛtyā kuśala-dharma-bīja-sampada*)</u>에 입각한 선법들에 대한 이전의 수행으로 인하여, 각각의 이어지는 순간에서 선법의 종자들은 더 증장되고, [그리하여] 가장 증장된다. 그것들은 일어나서 머문다. 이것이 <u>*dhātu*의 증장</u>(*dhātu-puṣṭi*)이라고 불린다.[50]

그 구도는 다음과 같은 패턴에 따라 앞에서 언급된 종성 이론과 산뜻하게 부합되는 것으로 보인다.

prakṛtyā kuśala-dharma-bīja-saṃpada —— *prakṛtistha-gotra*

dhātu-puṣṭi —— *samudāniīta-gotra*

실로 "선법의 종자들의 본성상 소재(*prakṛtyā kuśala- dharma-bīja-sampada*)"는 본성주종성(本性住種姓, *prakṛtistha-gotra*) 관념의 구체적인 의미를 제공해주는 것으로 여겨진다. 「보살지」의 종성품(*Gotrapaṭala*)에서 도구격 형태 *prakṛtyā*의 반복되는 사용을 고려할 때 이 해석은 더욱더 설득력이 있는 것으로 보인다.[51] *dharmatā- pratilabdha*의 경우에 아마도 도구격 *tatpuruṣa* 이외의 방식으로 독해하는 것은 전혀 가능성조차 없다(마츠모토 자신의 번역은 "*dharmatā*에 의하여 획득된"이다[52]). 곧 나는 여기에서 *prakṛti*와 *dharmatā* 양자 모두가 도구격적 (부사적) 의미("본성에 의하여")로 사용되며 어떤 초월적인 것도 가리키지 않는다고 믿는다.[53]

『현관장엄론석』(現觀莊嚴論釋, *Abhisamayālaṃkāra-vṛtti*)에서 *prakṛtistha-gotra* (본성주종성)라는 용어를 *dharmadhātu*(법계)로 해석하는 견해를 기록하고 있다는 점은 물론 사실이다.[54] 그러나 이러한 맥락에서 두 가지 점을 주목해야 한다.

첫째, 마츠모토의 주장은 *prakṛti*가 보편적인 기체이며 종성들은 다수의 초기체라는 것인데, 『현관장엄론석』에서 말하는 것은 *prakṛtistha-gotra*가 하나의 전체로서 그저 *prakṛti*가 아니라 (단수의) *dharmadhātu*와 일치된다는 점이다. 그러한 아이디어는 마츠모토의 기체설 모델에 부합되지 않는다.

둘째, 『현관장엄론석』에서의 이러한 해석은 「보살지」에서 주어진 *ṣaḍāyatana-viśeṣa*(육처수승)에 대한 원래의 정의를 배격하는 것에 의존하고 있다. 분명한 것은, 『현관장엄론석』에서 *prakṛtistha-gotra*라는 아이디어를 채택하고 있는 것이 그 자체의 의제를 위한 것이라는 점이다. 여기에서는

「보살지」의 원래적 의미를 전혀 전하고 있지 않다. *ṣaḍāyatana-viśeṣa* 그 자체에 관하여 말하자면, 나는 다만 독자들에게 나의 논문에서 개진한 논증을 직접 보라고 말할 수 있을 따름이다.[55] 이러한 표현은 보살에게 여섯 가지 예리한 감각 능력이 있다고 하는 전승과 상당한 관계가 있어 왔을 수 있다.[56] 여하튼 *ṣaḍāyatana*(육처)는 분명히 구체적인 심리적-신체적 요소들을 가리킨다. 곧 그것이 *dharmadhātu*를 가리킬 수는 없다.

이미 언급했듯이, 「보살지」는 유가행파 종성 이론의 표준적인 전거이지만, 그 「보살지」에서 종성 체계가 일원론에 기반하고 있다는 점을 시사하는 내용은 전혀 없다. 이것은 유가행파의 종성 체계가 이론적으로 일원론적 기반을 요구하지 않는다는 뚜렷한 증거이다. 그 정반대로 그 체계는 실질적으로 「보살지」가 작성된 시대의 다원론에 입각한 것이었다. 『대승장엄경론』(大乘莊嚴經論, *Mahāyānasūtrālaṃkāra*)의 종성품(種姓品, gotrādhikāra) 역시 다원론에 입각했을 가능성이 매우 높다.[57] 나는 다만, 다원론이 유가행파 내의 사람들 사이에서 견해의 다양성을 설명하는 원리였다고 결론내릴 수 있을 따름이다. 일원론은 적극적인 설명을 제공할 수 없다.

『보성론』

나의 재반론은 이미 너무 길게 진행되고 있고, 따라서 나는 여래장 문헌들의 세부적인 내용을 파고드는 것은 삼가야겠다. 나는 다만 마츠모토의 답론에서 제기된 점들에 간략하게 나의 입장을 개진하고 싶다. 그렇게 하는 데 있어서, 내가 『보성론』(寶性論, *Ratnagotravibhāga*)에서 인용한 단락에 대한 그의 언급을 그다지 수용할 수 없었다는 점을 아주 정직하게 고백할 수밖에 없다.[58] 그 단락은 영원히 희망이 없는 일천제

라는 아이디어를 뚜렷하게 부정한다.[59]

그 상황은 기본적으로 『승만경』에서와 동일하다. 마츠모토에게 있어서 이 경의 이론적 구조가 일원론적이라고 말하는 것은 공정한 것으로 보인다.[60] 그럼에도 불구하고 이 경에서는 다음과 같이 확실히 말하고 있다.

> 오, 복 받으신 세존이시여, 성문승과 독각승이 모두 … 대승에 모여 있습니다. 곧 삼승은 하나라고 헤아려집니다. 오, 복 받으신 세존이시여, 일승을 자각함으로써, 위없는 깨달음을 자각합니다.[61]

마츠모토는 이러한 유형의 포괄적인 접근에 반대하겠지만,[62] 위의 인용문을 차별적이라고 독해하기는 어렵다. 마츠모토 자신이 『승만경』은 일승 이론에 입각하고 있다고 서술한다.[63] 이것이 사실이라면 "가장 전형적인 기체설 문헌"인 『승만경』이[64] 차별적이었다고 주장할 문헌적 근거는 없다.

나의 논문에서 이야기하고 있듯이,[65] 나는 여래장사상이 일원론적 구조를 지니고 있다는 점을 의심하지 않는다. 다만 나는 기체설 유형의 일원론이 차별적으로 되는 것은 오직 "초기체들" 사이의 차이가 고착되고 불변하는 것으로 되는 경우뿐이라고 확실히 믿는다. 『보성론』과 『승만경』은 모두 그러한 고착화를 뚜렷하게 배척한다. 여래장전통의 이 두 대표적인 문헌들의 가르침을 감안할 때, 어떻게 일원론적 여래장 이론이 본질적으로 차별적 요소를 간직하고 있을 수 있는지 이해하기 어렵다. 그 정반대로 나에게는, 오직 차별적이고 다원적인 종성 이론을 그 전통의 일부로 갖고 있는 유가행파 사상 안으로 여래장의 그러한 아이디어들이 섞여 들어갔을 경우에만 "일원론적 차별"(곧, 기체설)의 문제가 발생하는 것으로 보인다. 이러한 까닭에 나는 기체설이 핵심적으로 이 두 상이한 전통의 "합작품"이라고 주장해 온 것이다.

결 어

말할 필요도 없겠지만, 유가행파와 여래장전통 사이의 상호작용은 복잡한 이슈이다. 유가행파와 여래장전통의 일정한 부분들이 긴밀하게 서로 엮여 있으며, 그 양자가 닮아 보이는 측면들이 많다는 점은 의심할 바가 없다. 이러한 의미에서 나는 이 전통들 사이의 차이를 과장했을 수도 있다.

그럼에도 불구하고 나에게는, 이 두 전통 전체에서 마츠모토가 기체설이라고 부르는 명확한 구조의 한 유형이 공유되어 왔다고 말할 수 있을 것으로 보이지 않는다. 그들의 공통성에 어떤 일관된 구조가 실제로 있다면, 중국과 일본에서 여래장사상과 유가행파 사상의 추종자들 사이에 왜 그렇게 격렬한 논쟁이 교환되었는지 의아해질 수밖에 없다. 오히려 나에게는, 많은 용어들의 공유에도 불구하고 『유가사지론』의 더 오래된 부분들에서 발견되는 것과 같은 고전적 유가행파의 *dhātu*/ *gotra* 체계는 『보성론』과 같은 완숙한 여래장 문헌들에서의 체계와는 철저하게 상이한 구조를 지니고 있었던 것으로 보인다.

글을 맺으면서, 나는 나의 비판을 진지하게 받아들인 데 대하여 마츠모토에게 거듭 감사를 표하고 싶다. 나는 하나의 단일한 문헌 안에 보편적인 요소들과 차별적인 요소들이 종종 공존한다는 점을 알고 있으며, 여래장 이론의 한 측면은 차별을 호도하는 기능을 상당히 할 수 있다는 점에 대해서도 반드시 의문을 제기하지는 않는다. 비록 차별이 여래장사상의 불가피한 결론이라고 생각되지는 않지만, 이 이론의 잠재적으로 위험한 측면들을 지적하는 데 그가 기여했다는 점은 확실히 인정한다. 일부 지점에서 내가 그를 정당하게 이해하지 못했다고 한다면, 장래에 어떤 기회가 닿아서 그가 그 오해를 친절하게 논해 주기를 요청하고 싶다.

12. 티벳으로 도입된 인도불교의 핵심 요소들

일본불교와의 대조를 통하여

야마구치 즈이호(山口 瑞鳳)

티벳 사람들이 불교를 처음으로 접한 것은 7세기 초였다. 기록된 자료에 의하면, 646년 라싸(Lhasa)에 건립된 라모체(Ra mo che)가 티벳에서 불상을 모시는 최초의 사찰이었다. 거대한 삼예(bSam yas) 사원의 건립은 775년에 시작되었으며, 티벳 승려에 대한 언급이 기록에서 최초로 나타나는 것은 779년부터이다. 같은 해에 우체(dBu rtse)의 커다란 홀이 완공되었다는 것은 787년에 그 전체 복합건물이 완성되기를 기다리지 않고 여섯 명의 티벳 사람들이 계(戒)를 받을 수 있게 되었다는 것을 의미하였다. 그 수계(受戒)의 주례자는 인도로부터의 저명한 스승 샨타락시타(Śāntarakṣita)였다. 그는 『진리강요』(眞理綱要, *Tattvasaṃgraha*)』(인도 철학의 여러 학파에 대한 개론서)와 『중관장엄론(中觀莊嚴論, *Madhyamakālaṃkāra*)』(불교사상의 정수에 관한 논문)이라고 하는 두 고전적 저술의 저자이다. 그는 삼예 사원의 완공 이전에 서거했다고 기록되어 있다.

또한 이 시기에 - 786년 무렵에 - 티벳 군대는 7세기 중엽부터 진행되고 있던 중국 당나라와의 싸움에서 (둔황을 포함하여) 샤저우(沙州)를 점령하였고, 그리하여 실크로드 지역에 대한 티벳의 통제를 공고화하였다. 중앙아시아의 데 캄(bDe khams)이라는 나라는 티벳의 식민지로 설정되었다. 불교의 다양한 측면들을 자신의 나라로 도입하는 데 열중하였던 티벳의 지도자 티송데첸(Khri srong lde btsan, 742-797)은 둔황 지역에서 불교를 포교하고 있었던 마하연(摩訶衍) 선사에게 삼예 사원으로 와서 불법을 설해 달라고 초대하였다. 781년 무렵부터 소수의 중국 승려들이 이미 삼예 사원에 있었으며, 샨타락시타는 불교에 관한 그들의 가르침과 자신이 인도에서 배운 것 사이의 차이에 의하여 충격을 받았다. 그리하여 그는 그 이슈에 관한 토론을 요청하였고, 자신이 죽기 전에 작성한 마지막 유언에서 인도불교를 대표하여 카말라실라(Kamalaśīla)가 인도로부터 초대될 것을 예상하였다고 한다.

마하연은 "불사불관"(不思不觀)의 경지를 성취하기까지 단지 좌선만을 함으로써 해탈에 도달할 수 있으며 다른 어떤 수행도 그러한 결과를 성취할 수 없다고 가르쳤다. 791년에 왕비 도사('Bro bza' 沒盧氏)는 자신의 아들을 잃고 슬픔으로 제 정신이 아니다가 마하연 밑에서 다른 비빈들과 함께 삭발하였다. 인간의 자기중심주의의 제거와 이타적 행위의 실천을 가르치는, 보다 엄격한 형태의 인도불교로부터 사람들이 등을 돌리기 시작했을 때 이러한 행위는 마하연의 추종자들의 수가 급속하게 늘어나는 데 촉매제가 되었다.

이러한 일들에 관하여 인도불교의 대표자들과 마하연 선사 사이에 교환된 편지들이 불교를 티벳의 국교로 확립하였던 티송데첸 왕의 주목을 받게 되었을 때, 그는 마하연의 선(禪)이 반사회적이라고 결론 내리고 793년에 그에게 가르침을 중지하라고 명하였다. 그러나 선은 티벳 사회에 이미 매우 깊이 뿌리를 내리고 있었기 때문에 그렇게 쉽사리 축출해낼 수는 없었다. 한동안 왕의 그러한 조처에 대한 강력한 저항이 있었는데, 자살로 항의하는 일도 있었다. 그 다음해에 왕은 자신의 명을 취소할 수밖에 없었고, 카말라실라를 초대하여 삼예 사원에서 마하연과 논쟁을 하도록 하였다. 간단히 말하자면, 마하연은 그 논쟁에서 패배하였고, 사전에 합의된 조건에 따라서 그 나라를 떠나야 했다. 그리하여 티벳에서는 "인도불교"를 올바른 형태의 불교로 선포하게 되었다.[1)]

간략하게나마 이 이야기를 제시한 것은, 일본과 기타 지역에서 불교는 다소 마하연이 가르친 것과 같은 어떤 것이라는 전제가 널리 퍼져 있는 상황에 대하여 의문을 제기하고자 해서이다. 사실상 심지어 중국의 선 전통 자체 내에서도 마하연의 가르침보다 인도불교에 더 가까운 사유가 하나의 강력한 흐름으로 존재한다는 것을 발견하게 된다. 예컨대 중국에서 도겐이 배운 선도 이러한 식으로 볼 수 있다. 카말라실라가 스스로 상세하게 비판을 전개하는 세 권으로 된 『수습차제』(修習次第, *Bhāvanākrama*)에서 우리에게 환기시키듯이, 마하연의 선이라는 붓으로 중국불교 전체를 색칠하는 것은 경계해야 한다. 이 저작과 샨타락시타의 『중관장엄론(中觀莊嚴論, *Madhyamakālaṃ-kāra*)』을 나의 참고 지점으로 하면서, 티벳불교에서 '정당한' 내지 '올바른' 불교라고 간주되는 것의 주요 특징들을 살펴보고자 하는데, 특히 "보리(菩提)의 지혜"와 "해탈" 사이의 구분에 주의를 기울이겠다.

이 문헌들에서 천명되는 것으로 여겨지는 인도불교의 결정적 특징들은 세 가지 점으로 요약될 수 있다.

첫째, 불교의 목표는 "해탈"(*mukta, vimokṣa*)이 아니라 "위대한 연민"(大悲, *mahākaruṇā*)의 실천을 위한 "지혜"(*bodhi*)의 성취이다.

둘째, 깨달음과 달리 보리(菩提)의 지혜는 감각적 지각의 경험이 아니라, 도달될 수 있는 실존적 영역이자 잠재적 의식의 상태로 간주된다.

셋째, 보리의 지혜를 성취하기 위해서는, 언어로 표현될 수 있는 현상적 세계의 선험적 실제에 대한 인식을 계발함으로 시작해서, 언어를 넘어서 인과 관계의 선험적 흐름 그리고 붙잡을 수 있는 실체의 부재라는 맥락에서 세계를 변화시키는 습관으로 나가야 한다.

구체적으로, 이러한 과정은 반야의 지혜(*prajñāpāramitā*)를 부지런히 완성하고, 그 자체를 추구하는 어떤 것으로서의 자아라고 하는 아이디어와 결별하는 잠재적 의식을 계발함에 의해서, 자아에 대한 집착을 근절하는 것을 수반한다. 여기에서 기대되는 결과는, 그 수행자가 자발적으로 자비심에서 다른 사람들에게 봉사하는 실천을 시작하게 되고, 이러한 실천은 다시 새로운 삶의 방식을 위한 굳건하고 지속적인 토대를 제공하게 된다는 것이다.

마하연이 옹호한 "좌선"의 불교는 이러한 세 가지 요소들을 포함하지 않을 뿐만 아니라, 그 정반대 방향을 가리키고 있다. 우리는 그의 이러한 입장이 『돈오대승정리결』(頓悟大乘正理決)이라는 둔황 텍스트에서 제시되고 있음을 발견한다.[2]

보리는 해탈이 아니다

우선 "육바라밀(六波羅蜜)과 그 밖의 불교적 수행이 필수적인지 여부"에 관한 인도식 불교 추종자의 질문에 대한 마하연의 대답을 살펴보자.

> 세속제(世俗諦, *saṃvṛti-satya*)의 맥락에서 [육바라밀의 수행이] 필수적이지 않은 것은 아니다. 육바라밀과 그 밖의 수행을 실천하는 것은

승의제(勝義諦, *paramārtha-satya*)를 명료하게 하는 것을 지향하는 방편이다. 승의제의 맥락에서는, 육바라밀과 그 밖의 수행의 실천과 관련하여 '필수적'이거나 '필수적이지 않은'은 발설조차 될 수 없는데, 왜냐하면 [승의제는] 언어적 표현을 초월하기 때문이다. 이점은 경들에서 널리 가르쳐지고 있다.[80a-b]

이 맥락에서 사용된 "방편"(*upāya*)이라는 표현은 그 용어의 원래의 긍정적 취지를 담고 있지 않다. 그에 상응하는 일본어 표현 *호벤*(方便)이 현대적 어법에서 지니게 된 의미에서와 같이, 그 용어는 이상적인 것이 아니라 오히려 그 상황상 불가피한 '편의적' 해결책이라는 부정적 취지를 지닌다.[3] 더 나아가, 마하연에게 "속제"는 인간 경험의 전체 영역 일반이 아니라, 좌선을 실천하지 않는 이들의 삶과 시각만을 가리킨다. 역으로, "승의제"는 좌선을 통하여 획득된 "불사불관"(不思不觀)의 통찰을 가리킨다. 그 승의제는 이러한 의미에서, 곧 감각적 지각의 경험이 아니라는 점에서, 앞에서 열거된 인도불교의 세 가지 결정적 특징들의 두 번째에 상응한다. 이 승의제가 감각적 지각을 초월한다는 점에서 선험적이라고 이야기된다고 하더라도, 그것은 언어적 부정을 통하여 추론될 수 있으며, 따라서 간단히 "언어적 표현을 초월한다"고 치부할 수는 없다. 대신에 보리의 지혜에 나아가는 길에 보조적인 것으로서 승의제에 대한 통찰을 받아들여야 할 것이다.

마하연은 이어서, 좌선이 육바라밀의 반야(般若) 그리고 선정(禪定)과 구별될 뿐만 아니라, 육바라밀의 실천은 열등한 근기의 사람들을 위한 방편에 불과하다고 주장한다. 그와 대조적으로 수승한 근기를 지닌 이들은 "불사불관"(不思不觀)의 좌선을 수행해야 하며, 육바라밀의 수행에 의지할 까닭이 없다. 이러한 맥락에서 그는 네 가지 유형의 "육바라밀"을 구별하며, 그 중 가장 높은 것을 내육바라밀(內六波羅蜜)이라고 부른다.

> 불사불관(不思不觀)을 성취한 자들에게 육바라밀은 [내적으로] 자연히 완성된다. 그렇지 못한 자들은 [열등한 형태의] 육바라밀을 수행해야 하는데, 다만 그들은 이러한 방식으로 [최고의 성불과 같은] 결실 있는 과보를 달성하기를 기대할 수는 없다.[80b]

마하연은 육바라밀을, 성불을 향하여 나아가는 수단이나 보리를 성취하기 위하여 대체 불가능한 수행으로서가 아니라, 각자가 가지고 있거나 가지고 있지 못한 근기에 따르는 것으로 본다.

동시에 마하연은 각자가 비록 그 태생적 능력에 있어서 개별적 차이가 있지만, 모든 인간이 일체지자(一切知者)의 지(智)를 본래적으로 갖고 있어서 '불사불관'(不思不觀)의 좌선을 열심히 수행해서 망상을 제거하면 그 지혜를 즉발적으로 드러내게 된다는 것을 주장하고자 한다. 이렇게 드러난 "지혜"는 궁극적 진리를 파악하는 능력으로서 이해되고, 육바라밀은 그 속성으로 간주된다. 그는 다음과 같이 이야기한다.

> 육바라밀은 반야바라밀을 성취하기 위하여 수행된다. 그 지혜의 바라밀이 ['불사불관'(不思不觀)의 좌선의 성취 가운데] 성취되면 [반야바라밀뿐만 아니라] 다른 다섯 바라밀은 별도로 그 자체로 수행하지 않더라도 성취된다.[81b]

이처럼 마하연은 육바라밀의 수행을 비롯하여 성불의 길로 나아가는 다양한 방법의 수행을 무시한다. 그 대신에 그는 "불사불관"(不思不觀)의 좌선 수행을 통하여 자신의 해탈을 추구하는 것으로 충분하다고 가르치는데, 그는 그렇게 하는 것이 일종의 자기 집착이라는 것을 깨닫지 못한다.

좌선 수행을 통해서 해탈을 얼마나 빨리 성취할 수 있는가에 대한 마하연의 다음과 같은 답변은 단순해 보인다.

『능가경』과 『금강경』에 따르면 모든 개념적 사고에서 해탈한 이들이 붓다라고 불린다. 서로 다른 사람들은 서로 다른 근기를 갖고 있어서, 어떤 이들은 예리하고, 어떤 이들은 우둔하지만, 이 ['불사불관'(不思不觀)의 좌선] 수행을 한다면 망상과 그러한 경향들이 사라지고 해탈이 증득될 것이다. [80b-81a]

실제로 『금강경』은 "해탈"을 전혀 언급하지 않으며 보리만을 언급하고 있는데, 이러한 언급조차도 언어적 표현상의 지칭을 실체화하는 경향이 무지한 범부의 마음에서 자아에 대한 집착을 일으키는 것에 대하여 경계하는 맥락에서 바라보아야 한다.[4] 『금강경』에서는 그러한 태도를 붓다의 경지에 속하지 않는 것으로 내친다. 물론 그렇다고 해서 붓다가 살아 있는 유기체로서 작동하는 의식을 지니고 있지 않았다고 이야기하는 것은 아니다. 실로 카말라실라가 "진리의 확증"(*pratyavekṣa*)에 대한 자신의 설명에서 이야기하듯이,[5] 어떤 살아 있는 유기체가 심지어 좌선 중이라고 하더라도 "불사불관"(不思不觀)의 마음을 성취한다는 것은 불가능하다.

『수습차제』(修習次第, *Bhāvanākrama*)의 제3부에서 카말라실라는 육바라밀의 수행을 무시하는 이러한 선적인 태도를 다음과 같이 비판한다.

어떤 이들은 비록 생사의 순환 속에 더 이상 갇혀 있지 않더라도 여전히 대자비로부터 떨어져 있으며 다른 중생들에게 보시하는 것과 같은 바라밀을 실천하지 않는다. 그들의 유일한 관심은 자기 자신을 통제하고 정복하는 데 있다. [이타적인] 방편(*upāya*)을 결여한 그들은 성문이나 벽지불의 지혜로 물러난다. [sDe dge 3917, f. 60b; Peking 5312, f 66a]

"생사의 순환"이란 어구는 여기에서 세속적 인간 경험의 일반적 현상세계를 가리킨다. 대승불교에서 각자는 성불로 나아가는 요건을 이루기 위하여 이 세속적 세계 내에서 지혜바라밀뿐만 아니라 다른 다섯 바라밀도 모두 성취하도록 요구된다. 이타적 덕성을 갖추지 못한다면, 무상정등정각(*anuttara-samyaksaṃbodhi*)은 성취될 수 없다. 우리는 "모든 현상의 비실체성"을 인식하는 것만으로는 이기적이지 않은 자비의 삶을 살아가는 태도에 도달하지 못한다.

일본 불교에서 너무나 자주 간과되는 것이 바로 이러한 이상이다. 삼륜청정(三輪淸淨)의 보시 곧 보시의 수행에 있어서 시자(施者), 수자(受者), 그리고 시물(施物)에 대한 실체적 집착의 완전한 소멸이라는 이상은 일본 불교에서 발견되는 "수행의 이상"에서는 주요한 요소가 아니다.[6]

자기 자신에 대한 정복을 성문이나 벽지불의 보리로 내치는 것은, 보리가 아니라 오히려 "해탈"을 추구하는 인도의 토착 종교들의 종교적 이상으로 '소승' 불교가 회귀하는 것에 대하여 대승불교에서 비판하는 것의 한 사례이다. "해탈"이라는 용어에 대한 마하연의 선호는 그가 자신의 가르침의 문제점을 의식하고 있지 못하였다는 것을 보여준다.

소승불교는 사람들이 개인적 존재를 무언가 불변하고 영원한 것으로 생각하게 되면 그 존재에 대하여 오도된 집착을 일으키게 된다고 가르쳤다. 살아 있는 개인들의 실상은 오히려 '자아의 부재'이며, 그러한 불변하는 개인적 실체에의 집착은 전문용어로 번뇌장(煩惱障, *kleśāvaraṇa*)이라고 언급된다. 따라서 목표는 번뇌장을 극복하여 자기 자신에 대한 집착으로부터 스스로를 해방시키는 것이었다. 불행하게도 이러한 경향은 인간의 육체적 몸을 구성하는 물질적 요소들이 실제로 실체적 존재성을 지닌다는 아이디어를 촉진하게 되었다. 대승의 관점에서 이는 물론 오류이고, 이것이 나중에 소지장(所知障, *jñeyāvaraṇa*)이라고 불리게 된다.

우리는 『숫타니파타』(*Suttanipāta*)의 756절과 757절에서 이미 이러한 오도적 사고방식의 사례를 발견하는데, 거기에서 이는 (정신적 존재와 물질적 존재를 대변하는) 명색(名色)의 배후의 영원한 실체에 대한 전도된 개념하도서 자아에 대한 감정적이고 의지적인 집착을 야기한다고 언급된다. 이러한 집착은 붓다의 가르침에 대한 통찰이 철저히 결여되어 있다는 것을 보여준다. 번뇌장의 원인으로서 단지 "개별적[독자적] 존재"에로 명색의 의미를 환원시키는 것은 불교의 역사에서 주요한 분리를 대변한다.[7] 그 결과로 인도에서 초기불교 교파들은 일체 현상의 덧없음을 내세우면서도 현상적 다르마(dharma)들의 존재라는 아이디어에 집착하게 되었다. 궁극적으로 이러한 경향은 경량부의 찰라멸(刹那滅 *kṣaṇa-bhaṅga*) 이론으로 이어졌다.[8] 그와 대조적으로 반야바라밀다 경전들에서는 (예컨대 『팔천송반야경』에서는) 현상적 개체들을 실체화하는 모든 시도들을 배격하며, 심지어 항상 변화하는 표면적 특성들(相, *lakṣaṇa*)이라는 아이디어조차도 배격한다. "성문이나 벽지불의 지혜로 물러난다"는 언급은 자기 자신만을 위한 "해탈"을 추구하는 경향에 대한 비판으로 의도된 것이다.

사회적 존재로서 사람들은 언어, 지각, 그리고 추론에 의지한다. 현상들은 추상적 개념들로 구성되니, 곧 기억되고 지적인 분류와 조작을 허용하도록 명칭 또는 간단한 형상을 부여 받는다. 이러한 '이해'의 과정을 통하여 본래적인 현상의 무상하고 항상 변화하는 특성은 상실된다. 시간적 측면은 어휘와 형상에 의하여 흐릿해지고, 그 결과로 그 배후의 실재가 불변하고 실체적인 것으로서 상정되게 된다. 일단 이러한 사고방식에 도달하게 되면, 마음은 그렇게 상정된 실체적 지칭 대상에 쉽사리 집착하게 되고, 그 대상들과 그 자체의 것으로 상정되는 실체적 실재 사이에 감정적이고 의지적인 관계를 발전시키게 된다. 붓다의 가르침대로, 이것이 세상의 모든 고통의 뿌리에 놓여 있는 잘못된 인식이다. "명색"의 추상물들을 분류하고 그것들을 실체적 개체들이라고 상상하면서, 의식은 잘못된 행위의 경로로 나아갈 수밖에 없게 되니, 곧 후대의 불자들이 "소지장"이라고 부르는 방향으로 나아가게 된다.

우리가 뒤에 인도불교의 세 번째 특성을 다루면서 설명하게 되겠지만, 세계 그리고 그 현상들에 대한 올바른 지각은 불교에서 가장 큰 중요성을 지니는 문제이다. 불교의 가르침에서 타자들로부터의 분리 또는 그 타자들의 삶에 대한 무관심을 시사하는 것은 결코 없다. 그와 반대로, 우리는 독자적으로 살면서도 동시에 불교를 이해한다고 주장할 수는 없다. 소지장은 다른 이들에게 봉사하기 위하여 자신의 개념적 이해를 정화함으로써만 제거된다. 우리가 보리의 지혜라는 아이디어를 깨닫고 자비 가운데 그 지혜를 구체적으로 실현할 수 있는 것은 오직 인간 사회의 현실 가운데에서이다. 열반은 자기 자신에 대한 집착으로부터의 해방을 의미하며, 이는 자기 자신을 바쳐서 다른 사람들에게 봉사하면서 그 사람들도 같은 길을 가도록 이끄는 것을 의미한다. 이러한 '바침'이 다름 아닌 육바라밀의 실천이다.

이것이 또한 세상을 이롭게 한다고 하는 "현세이익"(現世利益)의 진정한 의미이며,[9] 도겐은 그 핵심적 의미를 포착하여 "너 스스로를 구하고자 하기 이전에 다른 사람들을 먼저 구하라"고 명한다.[10] 모처의 외떨어신 산 속이나 깊은 숲 속의 후미진 곳에서 마음의 평화를 추구하기 위하여 인간 사회를 포기하는 것은 확실히 말도 안 되는 것이다. 물론 우리는 다른 사람들에 의하여 조종되거나 주변 분위기에 휩쓸리지 않도록 노력해야 하지만, 자기 통제를 위하여 노력하는 목적은 무엇인가? 설령 일종의 "해탈" 내지 "집착의 속박으로부터의 해방"을 성취한다고 하더라도 자기 자신만을 위하여 사는 삶을 지속하는 한, 나는 여전히 "소지장"을 극복하지 못한 것이다.

대승불교 중관파의 거장 중 한 명인 바비야(Bhavya, 淸弁)는 자신의 『중관심론주 사택염(中觀心論註思擇焰, *Tarkajvālā*)』에서, "이 [소승의] 방식은 번뇌장을 제거하는 데에만 도움이 될 뿐, 소지장에는 아무런 도움이 되지 않는다"고 서술한다. 붓다는 이렇게 두 가지로 구분되는 장애를 제거하는 데 두 가지 서로 구분되는 길을 가르치지 않았다. 양자는 의식 그 자체의 태생적 경향성에 뿌리박고 있는 공통의 오해에서 파생된다. 공(空)의 진리에 대한 붓다의 확신은 무엇이 번뇌와 잘못된 인식의 경향을 그 뿌리에서 단절할 수 있도록 하는가에 대한 확신이었다.[11] 다시 말해서, 인과 관계의 선험적인 "공"(空)적 흐름에 대한 흔들릴 수 없는 통찰, 곧 현상의 비실체성에 대한 통찰은 그 자체로 우리를 번뇌장으로부터 분리시킨다. 이러한 맥락에서 샨타락시타는 다음과 같이 서술한다.

> 일단 현상의 비실체성을 꿰뚫어 알면, 자성(自性, *svabhāva*)의 결여라는 맥락에서 사유하는 데 익숙해지고, 의식하지 않으면서도 번뇌로부터 일어나는 망상을 버리게 된다. [v. 83; sDe dge 3885, f. 76b; Peking 5285, f. 75b]

일본에서 나오는 대부분의 불교사전들은 "해탈"과 "보리"를 동의어로 취급하는 무책임한 관행에 빠져 있다. 그러나 보리를 증득하는 것이, "해탈"이라는 명칭으로 통용되는, 정교화된 고립적 이기주의와 혼동되어서는 안 된다. 보리를 증득하는 것은 소지장의 극복, 자기 자신에 대한 집착으로부터의 해방, 다른 사람들에게 봉사하는 데 자기 자신을 바치는 실천적 삶을 포함한다.

보리는 깨달음이 아니다

인도불교의 두 번째 특징적 징표는, 보리-지혜가 깨달음과 같은 감각적 지각의 경험이 아니라, 독특한 실존적 경지의 성취 그리고 그에 수반하는 잠재의식의 상태를 가리킨다고 가르치는 데 있다.

마하연은 『금강경』에 대한 자기식의 이해에 기초하여, 우리 모두의 내면에 잠재해 있는 "일체지자(一切知者)의 지(智)"가 "불사불관"(不思不觀)의 명상을 수행하는 가운데 빛나게 된다고 가르쳤다. 그는 법신(法身)이 이러한 방식으로 드러나게 된다고 주장한다. 간단히 말해서, 좌선을 통하여 드러나는 지혜가 지고의 진리의 본성에 대한 통찰에 다름 아니라는 것이다. 우리가 앞에서 보았듯이, 이는 불사불관(不思不觀)의 좌선이 궁극적으로 지고의 진리를 목표로 하고 있다는 주장이므로, 수행을 할 수 있는 근기를 지니고 있는 이들에게 육바라밀과 그 밖의 덕목들이 필수적인가 아닌가 여부를 따지는 것은 논점을 벗어나는 것이다. 이러한 주장에 대하여 우리가 어떻게 생각하든 상관없이, 적어도 마하연에게서 좌선이 승의(勝義), 곧 지고의 진리에 대한 실존적 파악 내지 통찰을 포함하고 있다는 점은 뚜렷하다.

마하연의 가르침과 다른 중국의 선사들의 가르침 사이의 명확한 차이에도 불구하고, "깨달음"의 체험에 대한 이러한 주장은 공유되고 있다. 선사들의 어록들은 겉보기에 무의미한 행위가 일종의 통찰로 이어지거나 갑자기 열리는 "큰 깨달음"(大悟)의 체험에 촉매로 작용하는 수많은 사례들을 이야기하고 있다. 티벳에서도 10세기 무렵에는 이러한 체험들이 유행하고 있었다. "최상승 요가 탄트라"에 속하는 재속 밀교 계통의 불교는－처음에는 악마의 종교로 내쳐졌으나－성적인 엑스타시의 경험으로부터 "무념무상"(無念無想)의 경지에 도달하는 방법을 발전시키기도 하였다. 이러한 과정의 완성은 공(空)의 궁극적 의미에 접근하도록 해준다고 일컬어지며, "구경차제"(究竟次第, *nispannākrama*)라고 불리었다. 이러한 아이디어는 불교로 가장하여 이제(二諦, 俗諦와 眞諦) 사이의 주의 깊은 구분을 거칠게 짓밟아버린 인도의 토착적 종교 관행에 기초한 것이었다. 곧, 세간적 진리(俗諦)를 지고의 진리와 어울릴 수 없는 것으로 즉석에서 내쳐 버리면서 세간적 진리에서 침범해서는 안 될 측면들을 간과하고, 세간적 진리를 단순히 없는 것으로 오인하였던 것이다.

"지고의 진리에 대한 실존적 파악"에 관한 이러한 아이디어는 인도의 전통적 육파철학의 하나인 요가학파에서도 일반적이며, "요가수행자의 신비적 직관"[또는 "직접적 통찰"]으로서 다양하게 언급되었다. 다르마키르티(Dharmakīrti)와 같이 유명한 인도불교 논리학자마저도 그러한 경험을 인정하기는 했지만,[12] 샨타락시타는 그러한 경험을 단적으로 배격하였다. 자신의 『중관장엄론』(中觀莊嚴論, *Madhyamakālaṃ-kāra*) 서두의 게송에서 그는 어떠한 세간적 현상에 대해서도 독립적 실체를 인정하지 않는다. 무엇이든 인과 관계의 저류에서 지각되는 결과로 드러나기에, 영원히 상주하는 것은 아무 것도 없다. 여기에서 그는 더 나아가 세 번째 게송에서 "요가수행자의 신비적 직관"을 정면으로 공격한다.

> 어떤 불자들은 다음과 같이 말하곤 한다. "[요가의] 수행을 통하여 일어나는 지각의 대상은 [조합된 다르마들의] 현상세계의 활동에 상응하지 않는다. 그것은 오히려 추상적이고 초현상적인 것들[조합되지 않은 다르마들]에 대한 지각이며, 이는 자아를 대상화하는 것을 목표로 하는 의식의 활동과는 무관하다. 이러한 대상이 진리에 관한 앎을 구성하는 한, 그것은 [궁극적인 진리로서] 선험적으로 존재한다."
>
> 만약 실로 그러하다면 [이러한 지각 대상은] 심지어 단 하나의 독립적인 실체에 의해서도 반박되지 않을 것이다. 그러나 그것은 사실상 반박되는데, 그 까닭은 다음과 같다. "[요가의] 수행을 통하여 일

어나는 지각에서 알려지는 것이 무엇이든 그것은 무위법(無爲法)으로 인정될 수 없는데, 왜냐하면 앎은 오직 점차적으로 경험되는 [지각들]과 밀접하게 엮여 있기 때문이다." [3절; sDe dge 3885, f. 57b; Peking 5285, f. 53a-b]

이러한 입장을 강력하게 반론하는 데 있어서, 샨타락시타는 기본적인 물음이 궁극적인 진리를 아는 것에 관한 것이 아니라, 아이디어들이 그 자체로 어떻게 느낌과 의도를 통하여 일어나는가에 관한 것임을 자각한다. 그의 추론과 결론은 간단명료하다. 요가수행자라고 하더라도 진리의 선험적 상태를 직접적으로 경험할 수는 없다. 왜냐하면 그 선험적 상태가 "조합되지 않은 다르마"의 존재의 단일하고 영원한 상태인 한, 그것은 그 자체로 영원하지 않고 영원할 수도 없는 인간 의식이 접근할 수 있는 지각 대상일 수 없기 때문이다.

또 한 단락에서 샨타락시타는 "궁극적인 진리"에 대한 실존적 파악을 반박하는 유사한 주장을 다음과 같이 펼친다.

[궁극적인 진리는] 알려질 수 없다. 무시이래로 [우리의 잠재의식은] "존재들"을 [살아 있는 유기체들의] 연속성 안에 놓여 있는 것으로 잘못 지각하는 경향에 의하여 철저히 압도되어 왔다. 그러므로 살아 있는 존재들이 [궁극적인 진리를 그 자체로] 실질적으로 아는 것은 불가능하다. [74절; sEd dge 3885, f. 74b; Peking 5285, f. 73a]

선험적인 "궁극적인 진리"의 실재를 논리적 기반에서 경험적으로 파악하는 것이 불가능할 뿐만 아니라, 그것은 우리가 살아 있는 유기체라는 점에서도 불가능하다. 『팔천송반야경』의 서두에서는 지혜의 바라밀을 완성한 보살이라고 하더라도 깨달음에 대한 의식적 경험에는 접근할 수 없다고 명확하게 서술한다.

> 세존: 보살은 지혜의 바라밀을 수행한다. 그러나 자신이 지혜의 바라밀의 수행으로부터 무엇을 얻는다고 하더라도, 보리심을 증득한 것에 대하여 자만심을 가져서는 안 된다. 왜 이러한 방식으로 수행해야 하는가? 왜냐하면 이 [보리의] 마음은 [실체적인 것으로 간주되는] 그러한 종류의 마음이 아니기 때문이다. 그것은 본성적으로 빛과 같이 청정하다. [sDe dge 12, f 3a; Peking 734, f. 3a; P. L. Vaidya, *Aṣṭasāhasrikā Prajñāpāramitā* (Darbhanga, 1960), p. 3]

이 단락은 느낌과 의도의 형태로 일어나는 의식의 본성에 초점을 맞추고 있다. 여기에서 "수행"은 사실과 일치하는 확신의 형성을 완성하기 위하여 잠재의식의 습관을 변화시키는 것을 가리킨다. 어떤 사람이 지혜의 바라밀을 달성했다는 것은 그가 이미 다른 다섯 바라밀을 완성했다는 것을 전제한다. 그 지점에서 그는 선험적인 실재와 조화를 이루며, 그 자체로 자아 내지 지각의 대상에 집착하지 않는다. 물론 '보리심'도 의식적인 집착의 대상이 아니다. 진정한 불자란 이러한 종류의 확신에 '익숙해진' 자이다. 어떤 이가 자신이 보리-지혜의 마음에 도달하였다고 의식한다면, 이것은 오히려 그가 지혜의 바라밀의 잠재의식을 완성하지 못했다는 곧 지고의 지혜에 도달하지 못했다는 징표이다. 보리심을 "본성적으로 빛과 같이 청정하다"고 언급하는 것은 그 경 자체에서 설명하듯이, 그 마음이 선험적으로 파악될 수 있는 특징들과 변화들을 가지고 있는 대상이 아니며, 그 자체 안에 어떤 실체적인 대상들을 간직하고 있어서 그 위에서 심적 분별을 수행하고 있는 것이 아니라는 것을 뜻한다.

간단히 말해서, 우리는 한편으로는 지혜의 바라밀의 수행을 통하여,

다른 한편으로는 덕성의 수련과 이타적인 수행을 통하여 지고의 지혜를 달성한다. 자신의 마음이 인과 관계의 저류에 항구하게 조화되어 있는 한, 심지어 현상세계의 외양을 지각하는 데에서도 그러한 외양에 관한 외부적인 구별에 끄달리거나, 느낌과 의도로부터 일어나는 아이디어들에 대하여 자신의 두뇌를 혹사시키지 않을 것이다.

이러한 입장으로부터 요가수행자가 "신비적 직관"에서 지각했다고 주장하는 것들은 단지 요가수행자의 의식 내에서 지각된 '것들'에 불과하고, 보리심의 지고의 지혜와는 전혀 관계가 없다.

보시와 자비의 중요성

인도불교의 세 번째 결정적 특성은 앞의 두 특성의 실천이다. 이 실천은 이제(二諦) 곧 속제(俗諦, 지각된 현상으로서의 세계)와 승의제(勝義諦, 우리의 지각의 인과적 기저로서 우리의 경험에 앞서는 것으로서의 세계)의 관계에 기초하고 있다.

우리의 지각적 인상에 대하여 언어적 표현을 부여하는 데 있어서 인간은 시간적 요소를 무시하는 추상화를 창출하는 경향이 있다. 『숫타니파타』에서 경험의 세계는 정지시키거나 붙잡을 수 없는 환각적인 것들의 연속적인 흐름으로서, 그 흐름에 언어적 개념을 적용하기 위하여 우리의 상상력은 그것을 "멈추어진" 공간적 존재들의 흐름으로 인식하는 것으로 제시된다.[13] 불교 인식론에서는 마음이 어떻게 작동*해야* 하는가를 판단하려는 노력에서, 실제 사물들을 시간적 맥락에서 분리된 공간적 존재들로 바라보는 언어적 개념화들을 배격한다. 모든 그러한 개념화는 언어적 표현에 봉사하기 위하여 세워진 '잠정적 구성물'로 간주된다. 실로 "공간"과 "시간"은 선험적 존재 그 자체의 형태가 아니라,

그 자체로 언어적 표현을 위한 임시적 "가설물"에 불과한 것으로 간주된다.

이러한 아이디어를 현대 과학의 용어로 환언해보자. 한 사람이 이야기를 하고 있고 다른 한 사람이 그 이야기를 듣고 있다고 해보자. 그 청자에게 전달되는 것은 사실상 그 화자의 목소리 그 자체가 아니라 그 양자 사이의 공간을 채우는 공기 중으로 나아가는 음파일 뿐이다. 그 음파의 흐름은 그 청자가 실제로 듣는 '목소리'의 선험적 형태를 대변한다. 이 음파는 시간의 일정한 경과에 따라, 귀라는 물리적 기관에서 재조합되고, 화자의 목소리로 지각되고 해석되며, 일련의 어휘들을 구성하는 것으로 인식된다. 일련의 유사한 경험들이 '기억'되며 결정(結晶)화되어서 허위적인 축을 구성하고, 그 축을 중심으로 그러한 경험들의 주체로서 그리고 상상적인 축으로서 내가 객관적이고 불변하는 실재라는 환상이 전개되기 시작한다. 그러나 사실상 이러한 경험들의 주체는 우리 자신의 경험의 이미지들을 잠정적으로 구성하기 위한 기준점에 불과하다. 더 나아가, (과거가 "현재"에 직접적으로 선행한다는) 시간의 경과라는 아이디어는 우리가 '현재의 시간'에 대하여 이야기하는 것을 가능하게 한다. 그러나 사실상 현상적 세계는 실제로는 우리가 이러한 '현재의 시간'이라고 판단하는 순간에 전혀 '멈추거나' 정지되지 않는다.[14)]

『팔천송반야경』 그리고 용수의 『중론』의 제2장에서,[15)] 현상세계를 지배하는 실제의 "현재"는 멈춤이나 중단이 없이 과거에서 미래로의 지속적인 흐름으로 설명된다. 그러한 "현재"에서는 구체적인 음파가 형성될 여지가 없다. 오히려, 화자는 일련의 "현재들"을 형성하고, 그 현재들이 인과 관계들의 흐름을 이루며, 이러한 인과 관계들이 현재의 시간에 그리고 청자의 마음에 "목소리"를 형성할 수 있도록 한다.

불교의 전문 용어로, 이러한 "현재들"의 흐름의 선험적 상태가 "지고의 실재"라고 불린다. 그 인과 관계의 저류의 움직임이 "[잠재적] 조건들의 흐름"(*pratītya-samutpāda*)이라고 불린다. 그리고 이러한 과정에서 포착될 수 있는 실체적인 것은 아무 것도 없다는 사실을 "공"(空)이라고 부르는 것이다. 『팔천송반야경』에서 공은 실재의 "여시성(如是性)"이라고 언급되는데, 제14장과 제15장에서는 "이러한 양상"(*ayaṃ dharmo*)에 대하여 이야기한다.[16] 이러한 용어들은 다시 『숫타니파타』의 757절에서 사용된 것으로 "그러한"(*tatos taṃ, taṃ tasya*)이라는 용어의 어법을 상기시킨다.

여기에서 요점은 각자가 경험하는 것이 무엇이든 - 곧, 지각의 원인으로 기능하는 그 어떠한 것이든 - 그것은 활기가 정지된 "현재" 안에서 파악될 수 없는 인과관계의 결코 끝나지 않는 흐름에 속한다는 것이다. 지각된 경험은 『숫타니파타』에서 항상 변화하고 있는 "환상"(*mosadhammam*)이라고 기술된다. 중관파에서 그것은 이따금 "신기루" 또는 "환영"(幻影)이라고 묘사된다.

『팔천송반야경』과 용수의 저작들에서 이러한 표현들은 기본적으로 경량부의 "찰라멸"(刹那滅 *kṣaṇa-bhaṅga*)의 교리를 배격하려는 의도에서 사용되고 있다. 그 경에서는 다음과 같이 설명한다.

> 모든 붓다들과 세존들은 형태(언어적 표현들)를 사용하는 자신들의 능력(**pariṇāma*)을 직접적으로 (지고의 반야로 나아가는) 매개체로 여기지는 않았는데, 왜냐하면 과거의 사물들은 현실적으로 이미 소모되고, 소멸되어, [현재로부터] 단절되었고, 변화된 것이며, [미래에] 올 사물들은 아직 나타나지 않았기 때문이다. [멈춤이 없이 그리고 시간의 중단이 없이] '현재' 나타나기 위해서 사물들이 [지각에서] 공간적으로 멈추어 있는 것으로 객관화될 수는 없으며, 객관화될 수

없는 사물들은 외부적 대상들로서 어떤 형태도 취할 수 없는 것이다. [sDe dge 12, f. 84b; Peking 734, f 90b; Vaidya, *Aṣṭasāhasrikā Prajñāpāramitā*, p. 76; T No. 228, 8.610a-b]

『중론』의 "사구부정"(四句否定)은 중국불교에서 "생하지도 않고 멸하지도 않으며, 항상되지도 않고 단멸되지도 않으며, 동일하지도 않고 다르지도 않으며, 오지도 않고 가지도 않는다"(不生亦不滅, 不常亦不斷, 不一亦不異, 不來亦不去.)라는 "팔불"(八不)로 이해되고 있다.[17] 나는 이러한 해석이 오인된 것이라고 생각하는데, 왜냐하면 이러한 해석은 『이권본역어석(二卷本譯語釋, *sGra sbyor bam po gnyis pa*)』에서의 '연기'(緣起, *pratītya-samutpāda*)에 대한 권위 있는 설명과 모순되기 때문이다.[18]

"생하지도 않고 멸하지도 않으며"라는 부정구의 첫 쌍은 두 "찰라적 소멸"의 끝과 시작에 의하여 표상되는 것으로서 대상들의 주관적 무상함을 가리킨다. 이러한 맥락에서-즉, 새로운 "찰라적 소멸"이 다른 "찰라적 소멸"이 지나간 뒤에 일어나는 것으로서-사물들의 변화하는 흐름을 이해하는 것은, 매개적 "현재"의 어떠한 흐름도 허용하지 않으니, 어떤 사물을 변화의 한 국면에서 다른 국면으로 이끌어가는 인과관계의 저류의 움직임이 상실된다. 이 한 쌍의 부정구는, 오히려 소멸을 수반하지 않는 무상함의 변화하는 흐름을 가리킴으로써, 실체적 변화를 부정하는 데 목표를 두고 있다. 다시 말해서, "하나의 실체적 형태의 소멸을 수반하지 않는 변화"와 "하나의 실체적 형태의 생기를 수반하지 않는 변화" 사이에 연관이 이루어진다. 마찬가지로 ("항상되지도 않고 단멸되지도 않는") 사물들의 무상한 흐름에 관한 그 다음 쌍의 부정구 또한 서로 구별되는 두 단계로서의 이전과 이후를 부정하는 것을 목표로 하며, 그렇게 함으로써 ("동일하지도 않고 다르지도 않은") 두 국면을 지닌 하나의 단일한 실체의 실재가 포착된다는 것을 부정하려는 것이다.

"오지도 않고 가지도 않는다"는 마지막 쌍의 부정구는 "현재"의 흐름에 속하는 것으로 지각되는 대상들의 상태를 지적한다. 과거로부터의 어떤 실체적 형태가 우리의 지각 안에서 실제로 드러났고, 그러고 나서 지나간 것이라면, 여기에는 우리의 지각 대상이 되기 위하여 과거로부터 현재를 통과하여 미래로 전이되는 과정에서 존속하는 실체들의 존재가 수반되는 것이다. 내가 앞에서 요가수행자의 신비적 직관에 대한 샨타락시타의 배격을 소개하면서 언급했듯이, 불교의 가르침에서는 지각의 대상이 될 수 있는 영원한 실체적 사물을 허용하지 않는다. 그러나 이러한 해석 또한 배격되는 것이라면, 우리가 "현재"라고 부르는 것의 흐름에서는 실제로 무엇이 일어나는가?

과거에 존재하지 않는 어떤 것이 과거로부터 드러나는 어떤 "형태" 또는 "특징"을 지닌다거나 "현재"에 지각된다는 것은 가능하지 않다. 또한 "현재"에 어떤 "형태" 또는 "특징"이 아직 존재하지 않는 미래로 지나가버리는 것도 가능하지 않다. 남아 있는 유일한 선택은 과거로부터 오는 형태나 미래로 가버리는 형태를 수반하지 않는, 흘러가는 지각의 "현재"를 상정하는 것이다. 다시 말해서, 설령 어떤 대상에 대하여 그것이 나타날 잠재적 가능성을 인정한다고 하더라도, 그 나타남은 "현재" 그 자체 안에서 나타나지 않는다. 흐름에 단절이 있을 수 없다면, "이전"과 "이후"와 같은 어휘들이 시사하는 존재의 두 상태 사이의 구분에 대한 어떠한 지각도 있을 수 없다. 또한 그 두 상태를 하나의 조화로운 단일체로 융합하는 어떤 실체적 실재도 있을 수 없다. 이러한 방식으로 대상에 대하여 부정되는 지각의 무상함은 주체에도 적용된다.

사구부정에 대한 이러한 독해는 마음이 어떻게 작동하는가에 대한

『팔천송반야경』에서의 설명과 일치한다. 그곳에서는 지금의 "현재"는 멈춤이나 시간적 공백을 포함하지 않으며, 실체의 "찰라멸"을 허용하지도 않는다고 이야기된다. 이러한 입장은 "상"(相)의 실재에 대한 부정과 일치하는데, 이에 따르면 "[객관적 실재로서 상의 소멸을 통한] '변화'는 없으며, [주관적 작용으로서 상의 구분을 통한] "지각"도 없다."[19] 물론 이것은, 지각의 주체로 작용하는 모종이 단일한 불변의 실체적 실재가 존재한다고 이야기하는 것이 아니다. 이 모든 것이 『중관장엄론(中觀莊嚴論, *Madhyamakālaṃ-kāra*)』에 명확하게 서술되어 있다.

후대의 중관파 학자들 가운데 거의 어느 누구도 어떤 선험적 존재라는 아이디어에 기초한 설명을 받아들이지 않았다. 경량부의 사람들과 같이 바비야(Bhavya)는 지각의 원인들은 있는 그대로 그것들이 지각되는 형태들 안에 반영된다고 가르쳤다. 그는 "현재"에 경험될 수 없는 선험적인 "지고의 진리"라는 아이디어를 전혀 납득할 수 없었고, 그 대신에 "지고의 진리"는 고귀한 성자에 의하여 경험되는 것이라고 하는 자기 자신의 고유한 설명을 발전시켰다. 무상함의 표현으로서 두 "찰라멸" 사이의 흐름이라는 아이디어를 이해하지 못한 찬드라키르티(Candrakīrti)는 그것이 시간의 흐름의 불가역성이라는 교설에 대한 배격을 가리키는 것으로 여겼다. 시간에 관한 언어적 표현들을 상호 배타적인 것으로 (apoha 이론을 시사하는 것으로) 배격하는 데에 자신의 관심을 집중시키면서, 그는 상호 관계에 대한 관념적이고 종종 기만적인 해석에 함몰되었다.[20]

오직 샨타락시타만이 올바른 이해에 근접하는 것으로 여겨지는데, 다만 그의 해석들에도 문제는 있다. 샨타락시타는 우리의 지각 경험에서 나타나는 운동이나 정지의 "환상"은 아주 가까운 과거의 진행을 "현재"로 인식하는 우리의 경험의 맥락에서 설명될 수 있다고 가르쳤다. 그는 지각의 원인과 효과가 같지 않다고 주장한다. 그는 "불의 고리"라는 비유를 사용하여 움직이고 있는 것을 정지하여 있는 어떤 것으로 착각하는 환상을 설명하며, "장미 줄기를 꿰뚫은 바늘"의 비유를 사용하여 지각상의 모호함을 운동으로 착각하는 환상을 설명한다. 더 나아가 그는 공간이 선험적인 무위법(無爲法)이라는 것을 부정한다. 그에게 공간은 개념적 "무(無)"가 아니라, "현재"를 통과하여 일어나는 경험적 상태이다. 어떤 현상의 선험적 원인들이 단순히 공간적 객관성을 부정당한다는 이유로 인하여 개념적 "무(無)"로 거슬러 올라갈 수 있는 것은 아니다. "존재"라는 아이디어도 현상들에 대하여 선험적 인과성을 부여해주는 데 마찬가지로 부적절하기에, 그는 『유식이십론』(唯識二十論)에서 발견되는 "극미"(極微) 관념에 관심을 집중하여, "[극미의 실재의] 단일성과 복수성에 의지함이 없는 증명"(*ekāneka-svabhāvavyatireka*, 離一多性証明)이라고 하는 자신의 유명한 이론을 발전시켰다.[21)]

불행하게도 "극미"라는 아이디어는 개념적 "무"와 매한가지였고, 이는 샨타락시타의 증명에서 개념적 "존재"의 부정이 그가 스스로 배격했었던 "무"라는 아이디어 그 자체로의 회귀를 수반한다는 것을 의미하였다. "공"을 설명하고자 시례를 제시하는 가운데 샨타락시타는 그 개념을 "무"와 구분하는 데 전통적으로 사용되는 "허공의 꽃"이나 "토끼의 뿔"과 같은 비유들을 의도적으로 회피하였다. 대신에 그는 "거울 속의 이미지"나 "바나나 나무의 (속이 빈) 줄기"와 같은 비유에 의지하였는데, 다만 그 비유들은 "단일성과 복수성에 의지함이 없는 증명"이라는 그의 방법에 적절하지는 않았다.

"극미"는 공간의 특징을 가리키지는 않는다. 그것은 과거와 미래의 경계에 있는 "무의 시간"(zero time)을 가리키는 개념화된 극한 상태로서, 시간적 "현재"를 구성하는 인과관계의 추세의 흐름에서의 추상적 정지이다. 잠정적 구성물로서 시간과 공간을 분석함으로써, 극미는 시간과 공간 양자 모두를 부지중에 부정하기에 이르고, 그 결과로 – 샨타락시타 본인이 유일하게 관심을 둘 가치가 있다고 보았던 것인 – "유위법"(有爲法)이라는 이이디어는 견지할 수 없는 것이 되어버린다.[77] 끝내 그의 실명은 지각을 가능하게 하는 인과관계들은, 비록 이러한 상황을 지각적으로 포착할 길이 없다고 하더라도, "정지"하지 않는 시간과 공간을 어떻게든 블림없이 포함한다는 사실을 설명하는 데 실패한다.

우리가 보았듯이, 현상 세계의 선험적 상태는 추론될 수 있고, 이러한 추론에 기초하여, 어휘는 잠정적 의미를 지닌다고 이해하는 언어 표현의 부정적 기능을 활용하여, 논리적으로 알려지는 것으로 취급될 수 있다. 따라서 선불교에서 궁극적 의미를 "언어에 기반하지 않고(不立文字) 경전 밖에서 전해지는(敎外別傳)" 어떤 것이라고 특징짓는 것은 전적으로 오류이다.

앞에서 인용된 『팔천송반야경』은 궁극적 진리가 지식으로 추론될 수 있다는 점을 인정하면서도 이러한 지식만으로는 인간의 행동을 지배하는 자기중심적 감정과 의지로부터 인간의 마음을 벗어나게 하여 보리-지혜로 이끌어갈 수 없다는 점을 경고한다. 이러한 방식에서 지식을 전달하는 지성적 수단으로서 언어적 표현의 가능성은 부정되지 않지만, 동시에 우리는 그 한계를 의식해야 한다고 경고가 주어지는 것이다. 앞에서 인용된 단락은 다음과 같이 이어진다.

설령 그대가 그것[선험적 실재]을 형태들[또는 부정적 언어 표현]을 통하여서 안다고 하더라도 그대가 자신의 가슴 안에서 그것을 숙고하기 전에는, 그것이 그대를 변화시켜서 지고의 반야를 증득하도록 할 수 없다. 동시에 그대가 알지 못하는 무엇인가를 숙고할 수는 없다. 그대가 그것을 기억하지 못한다면, 또는 그것이 그대의 잠재의식의 일부를 형성하지 않는다면, 그대가 지고의 반야를 증득할 수 있도록 변화되는 것은 마찬가지로 불가능하다. 그러나 그대가 형태들[또는 언어적 표현들]에 대한 단순한 [지성적] 앎을 넘어서 그대의 가슴 안에서 그것을 숙고한다면 그대와 다른 보살들 모두 [이타적 행동의] 선근으로부터 이로움을 얻고 지고의 반야에 도달할 것이다. [sDe dge 12, f. 84b; Peking 734, f90b; Vaidya, Aṣṭasāhasrikā Prajñāpāramitā, p. 76; T No. 228, 8.610a-b]

이 단락은 인도불교의 세 번째 특성에 담겨 있는 거의 모든 것을 포괄하고 있다. 첫 번째 기본적인 단계는 지고의 반야에 대한 지식을 얻는 것이다. 그러나 지식을 얻는 것만으로는 충분하지 않다. 각자는 그것을 내면적으로 숙고해야 한다. 그렇게 하면서 실체적 사고를 지속적으로 피한다면, 자기 자신의 이타적 행동과 아울러 불도를 구하는 모든 이들의 그러한 행동을 통하여 축적되는 "선근"은 보리-지혜의 경지를 증득하는 원인을 성숙시킬 것이다.

지고의 진리에 관한 지성적으로 확고한 확신을 함양하고 그리하여 일반적 인간의 실체적 사고를 극복하는 것이 카말라실라가 "진리의 확증"(bhūta-pratyavekṣa)이라고 부르는 것이나.[23] 그것이 반야 바라밀이다.

[선험적] 진리의 올바른 확증 없이, 선정을 수행하는 이들이 무시 이래로 자신들이 시녀온 구체적 존재에 대한 집착의 심적 습관을 무차별[의 심적 태도]로 어떻게 대체할 수 있을 것인가? 그들은 모든 현상에 대하여 비개념적(*dran pa med pa*)이고 무의식적(*yid la mi byed pa*)인 태도를 취하는 것이 가능하다고 주장하지만, 이것은 사리에 맞지 않는다. 진리를 올바로 확증함이 없이는, 자신이 자신의 마음 안에서 [실체적인 어떤 것으로] 이미 경험한 제법(諸法)에 대하여 비개념적이거나 무의식적인 태도를 취할 수 없다. 이러한 법들에 대하여 개념화하거나 의식적으로 되지 않겠다고 결정한다고 하더라도, 개념

화나 의식에 저항하는 선택을 하는 바로 그 행위 속에서 그는 [이러한 법들에 대하여 심적으로 집착하게 되고] 실제로는 그 법들을 마음과 의식에 떠올리게 되며 ….

그러므로 진리를 확증하는 것 외에 [실제적] 개념화와 [실체적] 의식을 자신에게서 제거하는 다른 길은 없다. 설령 모든 개념화와 의식으로부터 자유로운 상태에 도달한다고 하더라도, 진리에 대한 확증이 있지 않은 한, 어떻게 법에서 자체적 존재의 결여[에 관한 확신]에 따라 행위할 수 있겠는가? 설령 공 곧 법에서 자체적 존재의 결여를 [지성적으로] 헤아린다고 하더라도, 진리에 대한 확증이 없는 한, 마음은 이러한 공에 대하여 온전히 확신하지 못할 것이다. 공에 관한 견고한 확신이 없이는 도중에 번뇌에 의하여 놓여 있는 장애물들을 모두 제거할 수는 없을 것이며 ….

법을 개념화하는 자신의 능력이 손상되어 있지 않거나, 자신이 명백하게 지능적으로 저열하지 않다는 전제를 한다면, 어떻게 진리에 대한 올바른 확증 없이 비개념화와 무의식의 상태에 도달하기를 희망할 수 있을까? 그리고 [설령 그러한 상태가 가능하다고 인정하더라도, 그러한 상태에 도달했다고 하는 자가 생리학적으로, 의식을 지니고, 개념화하는, 몸을 지닌 개인이라면 [영적으로] 비개념화와 무의식을 성취하였다고는 말할 수 없으며 ….

사람들이 환각적인 지각의 구성물에 의하여 산출된 실체적 존재에의 온갖 집착을 끊고 무차별적인 지혜에 도달할 수 있는 것은 이것[진리의 확증]을 통해서이다. 이러한 도달은 다시 공에 대한 잠재적 확신을 수반하여, 잘못된 오해의 속박을 끊어낸다. 방편(*upāya*)과 지혜의 바라밀을 통하여, 각자는 세속제와 승의제에 따라 올바르게 행동할 수 있다. 이것이 소지장(所知障, *jñeyāvaraṇa*)을 극복하여 지혜를 증득하였다는 것을 함의하는 한, 그것은 그가 붓다의 모든 법에 합치되게 행동할 수 있다는 것도 의미한다. 역으로, 진리에 대한 이러한 확증이 없다면, 그는 올바르고 근본적인 보리-지혜를 기대할 수 없으며, [심지어] 번뇌장(煩惱障, *kleśāvaraṇa*)도 극복할 수 없다. [sDe dge 3917, ff. 62a-63a; Peking 5312, ff. 67a-68b]

『중관장엄론(中觀莊嚴論, *Madhyamakālaṃkāra*)』 75절에서 샨타락시타는 이러한 아이디어를 설명하고 있는데, 다만 "진리의 확증"이라는 용어는 실제로 사용하고 있지 않다.

[인과관계의 선험적 흐름에 관하여 무엇이 올바르게 배워질 수 있는가에 관한 자신의 확신을 심화함으로써,] 이러한 확신에 의하여 일깨워지는 의식이 공감적으로 유지된다면, 그 잠재의식은 실체적 언어표현[의 오류]을 피할 수 있다. 요가의 달인들은 모든 현상의 실질적 평등성[곧 선험적 상태]에 대한 공감적 확신을 자신들 안에 일깨우는 삼매(三昧, *samādhi*)의 상태에 들어가며, 이는 다시 차별적 사유에 의하여 오염되지 않은 지혜의 상태를 촉진시킨다. 이러한 상태를 성취하는 그러한 시점 이전에는, 삶의 기초를 이루는 내면적이고 외면적인 실존이 바나나의 줄기와 같이 [실체적인] 속이 비어 있다는 잠재적 자각을 유지하는 것이 불가능하다. 그러나 일단 이러한 지혜가 그들 안에서 완성되면, 잠재의식 안에서 자라면서 실체적 본질(*thams cad-thugs su chud de*)과 같은 현상에 관한 아이디어를 산출하는 [의식의] 종자는 있지 않게 된다. [sDe dge 3885, f. 74b; Peking 5285, f. 73a6-8][24)]

이 단락은 "사량할 수 없음(不思量底)의 본성에 대하여 사량하기 위해서는 사량이 아님(非思量)을 활용해야 한다"는 야쿠산 구도(藥山 弘道)의 말을 인용하면서 도겐이 한 말을 상기시킨다.[25)] 여기에서 "사량"(思量)이 지식에 기초한 고구(考究)와 구분되어야 하는 의식적 느낌과 의지를 가리킨다면, "사량할 수 없음"은 명백하게 인과관계의 선험적 흐름(*pratītya-samutpāda*)과 독립적 존재(自性, *svabhāva*)의 결여를 가리킨다. 곧 사량은 인과관계의 저류에 관한 확신을 형성하고 이러한 확신이 습관적인 것으로 되도록 하는 것을 가리키게 된다. "사량이 아님(非思量)을 활용해야 한다"는 구도의 표현은, "차별적인 생각에 의하여 오염되지 않는" 여전히 모든 사물들의 실질적 평등성을 확신하는 지혜의 상태, 곧 현상은 실체적 본질이라는 아이디어가 잠재의식에 뿌리내리지 못하도록 하는 상태에 관하여 방금 인용한 샨타락시타의 교설에 상응한다. 이것은 확실히 좌선의 '무위'(無爲)나 '대오'(待悟)와는 전혀 다르다.

내가 지고의 진리의 본성을 올바르게 이해할 수 있고, 이러한 확신에 대한 습관적인 잠재적 자각을 계발할 수 있다면, 나는 자아와 외부적 대상들을 실체적 개체로 보았던 나의 이전 잠재의식의 망상적 집착으로부터 자유로워지는 입장에 있게 된다. 동시에 선한 행위와 실천의 결과를 축적하는 것은 그 과보로서 보리-지혜의 증득을, 그리고 그와 함께 더 이상 어떠한 실체적 개체에도 집착하지 않는 잠재의식을 가능하게 한다. 단적으로, 내가 카말라실라가 말하는 보리-지혜를 증득할 수 있는 것은 바라밀(지혜바라밀을 포함하여 다양한 선한 행위의 방편들)의 실천을 통해서이다.

현상 세계는 인과 관계의 저류에서 일어난다. 어떤 선험적 원인과 조건에 기반하지 않고서는 아무것도 일어나지 않는다는 사실을 부정할 수는 없다. 그러나 거기에서 비약하여 이러한 덧없는 현상들이 실체적 개체들이라는 결론으로 나아가고 그 개체들에 대한 집착을 발전시키는 것은 살아 있으면서 지각하는 몸에 의하여 산출되는 일종의 자기기만이다. 설령 궁극적 경지의 관점에서 보더라도, 세간적인 세계는 여전히 우리의 삶의 자리이며 우리가 고요한 경지에 도달하고자 매번 시도하는 그 자리이다. 세간적 세계에서 불도를 수행할 필요는 여전히 동일하다. 샨타락시타는 다음과 같이 서술한다.

[지각될 수 있는] 원인과 결과의 과정을 통하여 일어나는 현상들이 세간적 [실재]로 배격되어서는 안 된다. [진실된 측면과 세간적 측면 사이의 구분에 대한] 혼동된 이해로 인하여 번뇌의 [오염된] 뿌리를 정화하는 과정을 부정해서는 안 된다.

다른 곳에서 그는 다음과 같이 자세하게 이야기한다.

이러한 까닭으로 [나가르주나는] 고요함의 참된 의미를 이해하지 못하고 [법을] 듣자마자 멈추고 덕스러운 자질들을 계속해서 수행하지 않는 저열한 사람들은 멸할 것이라고 가르쳤다.[sDe dge 3917, f. 77a; Peking 5285, f. 76a]

이러한 언급은 실제로 『팔천송반야경』에서 발견되는 가르침의 연장이다. 샨타락시타의 비판은 언어적 앎의 수준에서 붓다의 가르침을 이해하는 것으로 충분하며 믿음의 습관을 형성하는 이러한 가르침들에 관한 확신을 이루거나 잠재의식의 지각을 교정하기 위하여 자비를 수행할 필요도 없다고 생각하는 이들을 겨냥하고 있다. 덕의 실천 가운데, 반야-지혜의 완성에 도달하는 것은 시고의 보리-지혜, 곧 "일체지자(一切知者, 인과관계의 흐름을 완벽하게 아는 자)"의 지혜로 이끌어간다. 이러한 수행이 "[성불을 향하는] 향상방편(向上方便)"이라고 불린다.

자기 자신 안의 진리를 확증함으로써 지혜의 완성을 향하여 나아갈 때 "성불을 향하여 나아가는" 외면적인 불교적 수행들(예컨대 선한 행위들)은 올바른 잠재의식의 발전을 촉진하고, 보리-지혜의 경지로 가까이 접근하도록 한다. 여기에서 주된 관건은, 샨타락시타에 의하면, 자신의 불교적 행위를 통제하는 유형의 의식이다.

> 그러므로 (지각을 바로 있는 그대로 외부적 대상이라고 간주하는 집착의) 움직임을 통하여 획득된 바라밀은, 사아와 자아에 속하는 것들에 관한 도착된 아이디어들에 대한 기만적 집착의 결과로 형성된 [오도된 확신]과 전혀 다르지 않다. [이러한 바라밀의] 힘은 약하다. (89절)
> 사물들이 실체적 개체들이 아니라는 자각의 힘으로 [육바라밀의] 획득에서 축적되는 [힘은 그와 대조적으로] 상당하며, 그 원천으로부터 흘러나오는 힘은 종자에서 커다란 활력과 함께 성장해가는 식물과 같이 더욱더 커진다. (90절) [sDe dge 3917, f. 77b-78a; Peking 5312, f. 77a-b]

이러한 점은 『금강경』에서 "시자, 수자, 그리고 시물에 집착함이 전혀 없이 보시하라"는 지침과 관련하여 이루어지는 언급과 동일하다.[26] 어떠한 오해도 없도록 하기 위하여 카말라실라는 보시라는 아이디어를 다음과 같이 설명한다.

> '보시'(布施, *dāna*)를 설명하자면, [재물, 무외(無畏), 법]의 세 가지 형태로 이루어지며, 육바라밀 모두와 관련된다. 그것은 [좁은 의미에서] 단순히 주는 것 이상이다. [sDe dge 3817, f. 216a; Peking 5216, f. 224a]

『금강경』에 대하여 아상가(Asaṅga)가 썼다고 하는 주석에는 이 "세 가지 형태"에 대하여 또한 다음과 같은 언급이 있다.

> 보시는 육바라밀 모두를 대변한다. 그것은 재물, 무외(無畏), 법[의 보시]를 포함한다. 이 셋은 각각 다음과 같이 상응한다. 첫째는 [보

시바라밀에], 둘째는 [지계와 인욕바라밀에], 그리고 셋째는 [정진, 선정, 그리고 반야바라밀에] 상응한다. 이들은 집착이 없는 수행이라고 불린다. [Peking 5864, f. 1b; T. No. 1514, 25.885a10-11]

우리 모두는 이 세간적 세계 안에서 살기 위하여 음식, 의복, 그리고 거처를 마련하기 위하여 언어적 표현에 의지한다. 살아 있는 유기체로서 안정적 질서 내에서 우리의 생존을 완벽하게 함으로써만 우리는 현상 세계를 있는 그대로 볼 수 있다. 불교의 가르침을 제대로 따르는 기쁨에 찬 기회를 포착할 수 있는 데에 다른 어떠한 맥락은 없다. 육바라밀이 불교 수행의 이상이 된다는 것은 잘 알려져 있다. 불교 경전들에서는 자기중심적 집착들을 분쇄하는 무아적 보시의 세 유형이라는 맥락에서 이 육바라밀을 설명한다. 첫째, 각자는 기초적인 음식, 의복, 그리고 거처를 결여하고 있는 이들에게 물질적인 것들을 보시할 필요가 있고, 가난과 전쟁의 두려움 등으로 고통을 겪고 있는 이들을 도울 필요가 있다. 둘째, 각자는 인내심을 가지고 도덕적 삶을 살 ["계율을 지킬"] 필요가 있다. 마지막으로, 다른 사람들을 불도로 인도하려는 이들을 위하여, 각자는 정진, 선정, 그리고 반야의 확신을 필요로 한다.

이러한 후자의 덕목들은 보리를 추구할 용기를 지닌 이들에게 필수적이다. 샤타락시타는 이것을 다음과 같이 궁극적인 "법의 선물"을 위한 추구라고 언급한다.

붓다의 가르침의 핵심을 추구하는 이들은 여전히 전도된 가르침에 집착하는 모든 중생들에 대한 자비심을 자신들 안에 일깨울 필요가 있다. (96절) [sDe dge 3885, f. 82a; Peking 5285, f. 82b]

현상세계의 한가운데에서 온갖 자기중심적 집착으로부터 이렇게 벗어나는 것을 추구하기 위하여, 은수자의 삶은 전혀 고려의 가치가 없다. 이 점에 관하여 카말라실라는 다음과 같이 말한다.

> 설령 지고의 진리에 대한 확신을 갖고 있다고 하더라도, 세간적인 세계를 떠나서는 안 된다. 그리고 바로 그러하기에, 각자는 온갖 거짓된 집착으로부터 자유로운 대자비를 추구하며 다른 중생들을 이롭게 하는 데 열중한다. [sDe dge 3915, f. 38a; Peking 5310, f. 41a]

이러한 도를 완수한 붓다가 대자비를 발휘하는 것은 "[다른 존재들을 돕기 위하여] 아래로 적용하는 방편"(向下方便)이라고 불린다. 불교에서 가르치는 이상적 삶의 방식은 '완벽한 보시의 수행'이고 이는 육바라밀의 수행에 있다는 데에는 어떠한 의심도 있을 수 없다.

13. '선'(禪)의 의미

마츠모토 시로(松本 史朗)

이 논문에서 나는 '선'(禪, Zen)의 의미에 관한 나의 견해를 간략히 설명하고자 한다. '선사상'(禪思想, Zen thought)이라는 표현은 일본에서 불교학자들 사이에 그다지 광범위하게 사용되지는 않지만, 여기에서 나의 목적상 나는 '선수행(*zen* practice)의 중요성 내지 중심성을 강조하는 사고방식'이라는 폭넓은 의미로 그 단어를 사용하고자 한다.[1] 중국에서 선종(禪宗)의 발달은 이러한 사고방식이 불교사의 일부로 어떻게 존재해왔는가를 보여주는 가장 분명한 사례이다.

그토록 장구한 사상의 전통이 전개되어 온 중심에 있는 이 "선"(禪)이란 도대체 무엇인가? 어원적으로, 한자 '선'(禪)은 산스크리트어 *dhyāna*의 구어적 형태인 *jhāna* 또는 *jhān*의 음사로 여겨진다.[2] 이 용어를 번역하는 데에는 "정"(定, 고정된 집중)과 "정려"(靜慮, 고요한 숙고)라는 한자 단어도 사용되었다. 일본의 불교학자들은 음사어와 번역어의 합성어인 "선정"(禪定)이라는 복합어를 가장 빈번하게 사용하였다. 여기에서 나는 보다 간단하고 보다 직접적인 음사어인 '선'(禪)과 그 원래의 산스크리트어인 *dhyāna* 자체를 줄곧 사용하겠다.

*dhyāna*와 그 동의어 *samādhi*(집중)는 인도에서 고대로부터 사용되어 온 용어들이다. *dhyāna*와 *samāhita*(*samādhi*에 들어감)라는 용어가 불교의 기원보다 앞서는 우파니샤드 본문에 이미 등장하고 있다는 것은 잘 알려져 있다.[3] 명사 *dhyāna*는 동사 어근 *dhyai*로부터 파생되고, 원래는 숙고, 성숙한 사색, 깊은 사고, 또는 명상을 의미했다. 불교의 흥기에 바로 앞서는 시기에 금욕주의 경향이 만연했었을 때, *dhyāna*의 의미는 성숙한 사색 또는 깊은 사고로부터 전환되어 단순히 집중 또는 마음의 안정에 가까운 의미를 띠게 되었던 것으로 보인다.

초기불교 문헌들에 따르면, 샤캬무니는 자신의 깨달음으로 이어지는 시기 동안 주로 *dhyana*와 금욕적 수행을 실천하였다. 깨달음을 이룬 뒤에 그는 금욕적 수행은 배격하였지만, *dhyana*는 효과적인 수행으로 견지하였다. 따라서 계율, 선정 수행, 그리고 지혜의 증득은 불교적 배움과 실천의 세 기둥으로 간주되기에 이르렀다. 그러나 유의해야 할 것은, 이러한 구도에서 *dhyana*의 위치는 다만 지혜를 증득하기 위한 수단에 불과하였다는 점이다. 그 자체로는 불교의 목표 내지 목적으로 의도된 적이 전혀 없었다. *dhyana*는 마음을 안정시키고 집중시켜서 붓다의 가르침을 올바르게 이해하도록 하는 작용을 하였다. 지혜의 증득은 여전히 불교의 목표와 목적으로 남아 있었다.[4]

우리는 불교의 역사를 그다지 깊이 천착하지 않더라도 *dhyana*가 언제나 단순한 방편의 역할에 제한되어 오지 않았다는 것을 알 수 있다. 그 정반대로, 지혜보다는 오히려 *dhyana* 그 자체가 최종적 목표의 위치로 격상된 사실이 더 자주 있었던 것으로 여겨진다. 중국에서 선종의 발달은 이러한 사고방식의 고전적 사례이다. 만약 정말로 그러하다면,

여기에서 우리는 불교의 원래 입장으로부터의 명백한 일탈을 다루고 있는 것이다.

나는 *dhyana* 또는 선이 지혜를 증득하기 위한 단순한 방편이라고 말하였는데, 즉시 서둘러서 첨언해야 할 것은, 그것이 지혜에 도달하는 데 있어서 극히 어려운 길이기도 하다는 점이다. '선' 또는 '*dhyana*'라는 단어 자체는 근본적으로 지혜의 부정 내지 부인을 지향하는 함의를 갖는다. 간단히 말해서, 나는 선이 개념적 사고의 중지와 동의어이며, 그 목표는 사고의 중단을 유발하는 것이라고 생각한다. 이것이 진실이고, 지혜는 개념적 사고의 결실이라는 것을 명백하게 인정한다면, 우리에게 남겨진 유일한 결론은, 선사상이 지혜의 부정 내지 배격이라는 것이다.

의심의 여지없이 몇몇 사람들은 불교가 목표로 하는 지혜는 개념적 지식 내지 개념적 사고를 통하여 도달되는 의식의 상태가 아니라, 오히려 주체와 객체의 구분마저도 초월하는 '무차별적 인식'(*nirvikalpa-jñāna*)이라고 반박할 것이다. 적어도 초기불교의 맥락에서, 그러한 해석은 기껏해야 불교 교설에 대한 대중적인 와전이라고 일컬어질 수 있을 뿐이다.

초기불교에서 지혜(*jñāna, prajñā*)는 언제나 사성제(四聖諦)나 연기(緣起, *pratītya-samutpāda*)의 교설과 같이 어떤 명료한 주장 내지 명제에 대한 개념적 인식 내지 자각을 의미하였다. 개념 내지 사고의 주체로부터 "자유로운" 무차별적 인식에 관하여서는, 거듭 말하건대, 적어도 초기불교에서는 전혀 가르친 적이 없었다. '무차별적 인식'이라는 용어와 그 용어가 표방하는 사고방식은 불교의 발달에서 후대의 단계에서야, 특히 대승불교에 와서야 명시적으로 표현되었고, 더욱이 그것은 불교를 배격하는 인도적 일원론의 영향하에서 전개된 발달이었다.[5]

"무차별적 인식"이란 표현은 대승불교의 역사에 속하기는 하지만,

그러한 표현으로 이어지는 사고방식 – 내가 "선사상"이라고 부르는 – 은 불교의 장구한 역사에서 내내 빈번하게 등장해 왔다. 샤카무니 그 자신도 개념적 사고의 중지를 목표로 하는 *dhyana*의 수행을 포함시킴으로써, 불교의 목표 그 자체인 지혜를 근본적으로 부정하는 한 요소를 불교 안으로 도입하였다고까지도 말할 수 있을지 모르겠다.

단적으로 말해서, '선사상'의 문제는 다음과 같이 귀결된다. 곧, 선(*dhyana*)이 개념적 사고의 중지를 의미한다면, 선은 불교 자체의 부정인 것이다. 선이 개념적 사고의 중지를 수반하지 않는다면, 그것은 불교에서 중요성을 지닌다. 앞으로의 지면에서 나는 특히 개념적 사고를 전형적으로 배격하는 선 전통의 두드러진 대변자들인 마하연과 신회의 사례에 주의를 기울이면서 보다 상세하게 이 문제를 논의하겠다.[6]

* * * * *

선사상의 핵심은 개념적 사고의 부정, 또는 보다 정확하게 말하자면, 개념적 사고의 중지에 있다. 지면의 제한으로 인하여, 나는 초기불교 텍스트에서 이러한 입장에 대한 증거를 제시하기는 어렵다.[7] 나는 선사상에 관한 나의 기본적 입장을 서술하는 것으로 만족해야 하겠다.

내가 보기에 문제의 핵심은 '사고'를 의미하는 두 단어 곧 *saṃjñā*와 *manasikāra*를 중심으로 전개된다. 마하연이 *saṃjñā*의 타당성을 부정하고 *a-saṃjñā*를 목표 내지 이상으로 가르쳤다는 데에는 의심의 여지가 없다. 다음의 단락은 그의 이러한 입장을 전형적으로 보여준다.

> 질문: 개념화[*saṃjñā*]에 어떤 문제가 있습니까?
>
> 답변: 개념화는 모든 중생에 내재되어 있는 전지(全知)의 지혜(*sarvajñajñāna*)를 방해하여 그 중생들이 삼악취(三惡趣)에서 무한한 세월 동

안 계속하여 윤회하도록 하기 때문에 결함이 있다. 이것이 개념화의 잘못이다. 『금강경』에서는 말하기를, "모든 개념에서 자유로운 이가 '붓다'라고 불린다"라고 하였다.

『금강경』의 인용은 제쳐두고, 나는 "개념화"(*saṃjñā*)가 결함이라고 간주된다는 것에 대하여 초점을 맞추고자 한다.[8] 한 마디로 말해서, 마하연은 모든 악의 근원이 "개념들" 내지 "개념화"에 놓여 있다고 간주한다. 위의 인용문이 의미하는 것은, 생사의 세계에서 윤회하는 것이 개념화의 결과이며, 붓다가 되기 위해서는 이러한 개념화로부터 해방되어야 한다는 것이다. 이러한 관점을 주장하는 것은 마하연만이 아니다. 그것은 선사상의 핵심 그 자체이다.

초기불교 텍스트의 몇몇은 비상비비상처(非想非非想處, *naivasaṃjñānāsaṃjñāyatana*), 상수멸(想受滅, *saṃjñā-vedita-nirodha*), 무상심삼매(無相心三昧, *animitto cetosamādhi*) 등 다양한 유형의 *dhyana*에 대한 언급을 담고 있다. *dhyāna*의 이러한 유형들 각각은 모두 개념화에 대한 부정(*a-saṃjñā*)를 포함하고 있다.[9] *dhyāna*의 수행은 초기불교에서 마침내는 색계사선(色界四禪), 사무색정(四無色定), 그리고 궁극적인 상수멸정(想受滅定)의 구차제정(九次第定)으로 조직화되었다. 그러나 여기에서 우리의 목적상 중요한 것은, *dhyana*의 수행과 선사상이 개념화 내지 사고(*saṃjñā*)에 대하여 근본적으로 적대적이며, 그러한 것의 완벽한 중지를 목표로 하고 있다는 점을 인식하는 것이다.

선사상의 중요성을 평가하는 데 있어서 우리는, 앞에서 언급했듯이, 샤카무니가 깨달음에 이르기 전에 *dhyana* 명상을 수행했다는 것을 상기할 필요가 있는데, 다시 말해서 그러한 수행은 불교에 앞서는 것이다. 전설에 따르면, 샤카무니는 깨달음에 앞서서 *dhyana* 수행의 거장들인 알라라 칼라마(Āḷāra Kālāma)와 웃다카 라마풋타(Uddaka Rāmaputta) 아래에서 수행을 했었다. 이러한 수행에서 목표로 하는 *dhyana*의 상태는 "무소유처정"(無所有處定)과 "비상비비상처정"(非想非非想處定)이라고 불리었다.[10] 다만 이 두 유형의 *dhyana*가 불교 밖에서 유래했느냐 여부에 대해서는 다소의 견해차가 있다. 후지타 고타츠(藤田 宏達)는 이 문제에 관하여 다음과 같이 언급하고 있다.

> 그것을 어떻게 바라보더라도, 명확한 것은 이른바 "사선"(四禪)의 체계가 적어도 불교 밖으로부터의 요소들을 다소 포함하고 있다는 점이다. 보다 구체적으로, 사무색정(四無色定)에 대해서도 같은 이야기를 할 수 있다. '무소유처정'(無所有處定)과 '비상비비상처정'(非想非非想處定)에 대한 언급은 초기불교 텍스트들에 담겨 있는 고대의 운문에서 발견할 수 있으며, 네 가지 '무색정'의 각각은 원래는 개별적으로 가르쳐졌으며, … 후대에 하나의 단일한 체계로 통합되었다는 것을 가정할 수 있다.
>
> 이러한 가르침들이 불교 밖으로부터의 요소들을 담고 있다는 사실에는 논란의 여시가 없다. 자이나교에서는 '무소유'의 관념을 강조한다. … 알라라 칼라마는 무소유처정을 가르쳤고, 웃다카 라마풋타는 비상비비상처정을 가르쳤다고 한다. 그러한 전설들을 액면가 그대로 수용하느냐 여부와 무관하게, 그 전설들은 이미 고대로부터 사무색정이 불교 밖으로부터의 요소들을 담고 있다는 점이 인정되었다는 것을 시사한다.[11]

"사무색정"의 수행이 그 기원에서 비불교적이라는 견해를 지지하는 것과 별도로, 후지타는 "무소유처정"과 자이나교의 "무소유" 관념 사이에 중요한 연관이 있다고 본다. 자이나교에서는 인간의 순수한 영혼이 순수하지 않은 육체적 몸에 의하여 덮여 있다고 하는 극히 단순한 심신이원론을 가르친다. 따라서 자이나교도들에게 단식 등의 금욕적 수행은 육체의 기능을 감소시키고 궁극적으로는 절멸시킴으로써 영혼(atman)을 육체로부터 해방시키는 역할을 한다. 여기에서 우리는 육체로부터 영혼을 해방시키는 복표를 지니는 수행을 유발하는 이원론적 사고의 명확한 사례를 접하게 된다.

자이나교의 무소유 관념 또한 이러한 이원론에 기반하고 있다. 자이나교에서는 아트만(영혼)과 아트만이 아닌 것을 구분하고, 후자에 대한 집착을 버려야 한다고 가르친다. 가정, 경작지, 보화, 가족, 그리고 심지어 자기 자신의 육체조차도 아트만이 아니고 따라서 고통의 원인이므로 포기되어야 할 필요가 있다. 각자는 그러한 것들을 포기하고 "무소유"와 "독립적 존재"의 상태를 수행해야 하는 것이다.

불교 전설에서 이야기하듯이 알라라 칼라마가 실제로 "무소유처정"을 가르쳤는가 여부는 확실히 알 길이 없다. 우리가 실제로 아는 것은 자이나교의 무소유 관념과 같은 수행이 샤카무니의 깨달음의 시기에 앞서서 존재했었다는 점이다. 자이나교의 창시자 마하비라는 샤카무니의 동시대인이었으며, 이는 자이나교가 불교보다 더 오래된 종교가 아니라는 점을 시사하는 것으로 보인다. 그러나 사실상, 자이나교는 그 이전의 니간타(Nigaṇṭha) 파의 개혁으로서 발전하였기에, "무소유"와 같은 금욕적 수행과 관념이 불교 이전에 존재했다는 것은 명백하다. 샤카무니가 자신의 깨달음 이전에 금욕수행을 했다는 사실은 이 점을 더욱더 입증해준다. '금욕수행'과 *dhyana*가 언제나 분리되어 있는 것이 아니라 흔히 하나의 단일한 수행으로 결합되어 있다는 것 또한 지적될 필요가 있다. 자이나교는 그 수행에 있어서 금욕적인 특징을 지니고 있었지만, *dhyana*의 수행도 가르치고 있었다. 샤카무니가 자신의 깨달음 이전에 6년간의 금욕수행 기간 동안에 *dhyana*를 수행하지 않았으리라고는 도저히 생각할 수 없다. 우리는 더 나아가 샤카무니가 자신의 깨달음 이전에 여러 해 동안 자이나교도와 같은 수행에 몰두하였다고까지 말할 수 있다.

이러한 보다 폭넓은 조망에서, 초기불교 텍스트에서 *dhyana*의 가르침이 비불교적인 기원을 갖고 있다는 것이 나로서는 명확한 것으로 여겨진다. 그러나 나카무라 하지메(中村 元)는 이에 동의하지 않는다.

> "무소유" 관념은 알라라 칼라마에게서 비롯되고, "비상비비상"(非想非非想) 관념은 라마의 아들 웃다카에게서 비롯된다고 일컬어졌다. 다만 불교는 후대에 대승이 소승에 대립하여 일어나는 것과 다르지 않은 방식으로 새로운 사고방식을 발전시켰다.
>
> 그러하기에 『마지마니카야』(*Majjhimanikāya*)에서 제시되는 설명에서는 "무소유"와 "비상비비상"의 가르침을 불교 밖에서 파생된 가르침으로 보고 있는 것인데, 실제로는 그것들은 원래부터 불교의 가르침이었다. 궁극적으로 그것들은 "사무색정"의 구조 아래 세 번째와 네 번째 단계로 조직화되었다.[12)]

간단히 말해서, 나카무라의 주장은 이러한 가르침들이 원래는 불교의 것이었는데, 전승에서 이러한 가르침들을 샤카무니의 스승들인 알라라와 웃다카에서 비롯되는 것으로 여겼기에, 비불교적인 것으로 간주되게 되었다는 것이다. 나카무라가 이러한 자신의 주장의 근거로 삼는 것은, "무소유"와 "비상비비상"의 가르침이 『숫타니파타(*Suttanipāta*)』에서 발견된다는 사실이다.[13)] 그는 "비상비비상"의 가르침에 대하여 다음과 같이 상술한다.

> "비상비비상"이라는 아이디어는 라마의 아들 웃다카에 의하여 가

르쳐졌다고 이야기되었지만, 불교의 아주 이른 시기에서부터 또한 가르쳐지고 있었다. 우리는 이 아이디어를 가장 오래된 경전 가운데 하나인 『숫타니피다(*Suttanipata*)』에서 발견할 수 있는데, 거기에서 이 아이디어는 샤카무니의 가르침으로 제시되고 있다.

여기에서 다음과 같은 질문이 제기된다.

> 어떠한 수행이 상(相)을 제거하도록 이끄는가? 그리고 고통과 쾌락은 어떻게 소멸될 수 있는가? 이것이 바로 내가 알고 싶은 것이다.

샤카무니는 다음과 같이 답한다.

> 일상적인 개념이 없이, 전도된 개념이 없이, 개념이 없는 것이 아니면서, 그리고 개념의 소멸이 아니게-이러한 방식으로 수행하는 이는 상을 소멸시키게 될 것이다. 세계에 대한 [전도된] 의식은 개념으로부터 일어난다.[14)]

"비상비비상"이라는 아이디어는 이 단락에서 분명히 가르쳐지고 있다. 웃다카가 자신의 *dhyāna* 수행으로 인하여 "비상비비상"의 특수한 상태를 자각했을지도 모르지만, 이 단락에서도, 우리가 *dhyāna*의 수행을 통하여 개념(*sañña*)을 제거함으로써 "세계에 대한 의식(consciousness of the world, *papañcasaṃkhā*)"을 제거한 마음 상태를 실현할 수 있다고 가르친다. 곧 최초기의 불교의 가르침이, 후대의 텍스트에서는 웃다카에게서 비롯되었다고 일컬어진 것이다.

물론 정반대의 추론, 곧 알라라와 웃다카에 의하여 원래 가르쳐졌던 이러한 아이디어들이 초기불교에 의하여 취해지고 『숫타니파타』의 일부에도 반영되었다고 하는 것도 가능하다. 그러나 나는 샤카무니가 배격했었던 두 스승들의 사상이 그의 깨달음 이후에 있는 그대로 그의 가르침 속으로 편입된다는 것은 상상할 수 없는 일이라고 생각

한다.[15)]

곧 나카무라는 "무소유"와 "비상비비상"이라는 아이디어들이 『숫타니파타』에서 나타나기에 이 아이디어들은 원래부터 불교적인 아이디어라고 주장한다. 나는 그의 '정반대의 추론' 곧 이 아이디어들이 원래부터 비불교적이라는 추론을 선호한다.

거듭해서 말하건대, 샤카무니는 불교가 확립되기 이전에 *dhyana*를 수행한 것이 확실하다. 초기불교 텍스트에서 *dhyana* 명상에 대한 설명은 *dhyana*가 요가와 동일한 것으로 간주되었음을 보여준다. 『요가수트라(*Yoga Sutra*)』에서 "요가"(yoga)는 "마음의 작용의 정지"(*citta-vṛtti-nirodha*)라고 정의된다. 따라서 샤카무니에 의하여 수행된 *dhyana*가 "사고의 정지"를 수반했다는 결론을 피할 길은 없는 것으로 보인다. 더 나아가 이러한 "사고의 정지"는 구체적으로 개념화(*saṃjñā*)의 부정으로 가르쳐졌을 가능성이 있다.

나카무라는 샤카무니의 이전의 두 스승들의 아이디어들이 그 자체로 샤카무니의 가르침 속으로 다시 들어간다는 것을 "상상할 수 없는" 일이라고 생각한다. 그러나 불교 밖에서 기원하는 아이디어들이 불교 텍스트 안으로 재흡수되어 반영되는 것은 확실히 전혀 이상한 일이 아니나. 더군다나 나카무라가 자신의 입장을 지지하기 위하여 활용하는 『숫타니파타』는 4『아함(阿含, *Āgama*)』이라고 하는 보다 정통적인 문헌들 안에서는 발견되지 않는 아이디어들을 담고 있는 다소 특수한 불교 텍스트이다. 다시 말해서, 나카무라가 '초기불교'를 연구하기 위하여 사용하는 방법은 『숫타니파타』에서 발견되는 것과 같은 '운문 텍스트'를 불교 텍스트의 가장 오래된 층을 대표한다고 간주하는 데 기반하고 있다. 나는 이러한 접근법을 선호하지 않는다.

설령 『숫타니파타』가 불교 공동체 내에서 전승되었다는 것을 인정한다고 하더라도 나는 이 텍스트에서 표현되고 있는 아이디어들이 비불교적이라고 생각한다. 더 나아가 나는 이 텍스트 자체가 당시 인도에서 유행하던 '금욕주의 문학'의 장르에 속하는 것으로 간주한다. 내가 이러한 결론에 도달한 이유는, 이 텍스트에 금욕주의, *dhyana* 명상, 그리고 실체적 자아설(*ātmavāda*)과 같이 자이나교와 유사한 가르침들이 담겨 있다는 데 있다. 이러한 이유로 그러한 텍스트가 "비상비비상" 관념을 샤캬무니 자신에게서 비롯하는 것으로 여기는 것에 의아해 할 까닭이 없다.

이어서, 후지타는 상수멸(想受滅, *saṃjñā-vedita-nirodha* = 滅盡定 *nirodha-samāpatti*)에 대하여 다음과 같이 이야기한다.

> 사무색정은 무색계(無色界)의 다양한 차원에 상응하도록 하기 위하여 고안된 *dhyana* 명상에 관한 이론의 배열이다. '멸진정'(滅盡定)은 모든 감각이 '순수'하고 오직 생명(*āyu*)과 온기(*usmā*)만이 남아서 죽음과 구별되는 상태이다. 초기불교의 관점에서 이러한 상태의 획득이 중요한 것으로 간주되었으리라고는 할 수 없다.[16)]

"멸진정"에 관한 후지타의 결론은 마하연에 대한 카말라실라의 비판과 전적으로 일치한다. 카말라실라는 "단지 '생각하지 않음'(*amanasikāra*)에 의하여 붓다가 될 수 있다면 무의식 상태나 혼수상태에 있는 사람들 또한 붓다이다"라고 지적한다. 생각의 중지-개념의 완전한 중지-가 목표라면, 이러한 상태는 죽기 직전의 몸에서 사고과정이 이미 멈춘 것과 어떻게 다른가?

"생각의 중지"라는 아이디어는 또한 4단계의 *dhyana* 이론에도 기본적인데, 이 이론은 "지적 활동"(*vitarka, vicāra*)의 중지를 지지한다.[17)] 여기에서 이 이론에 관하여 상세한 내용을 독자들에게 전달하지는 못하겠지만, 나는 개념적 사고의 중지를 근본적 목표로 하고 있지 않은 *dhyana* 명상의 가르침은 없다는 점을 지적하고 싶다. 나의 개인적인 관점은 "불교는 연기(緣起, *pratītya-samutpāda*)의 가르침"이며, 따라서 불교가 제시하는 깨달음은 연기의 가르침에 관하여 올바르게 사고하는 것에 지나지 않는다는 것이다. 『율장』(律藏) 「대품」(大品, *Mahāvagga*)의 서두 부분을 인용하면 다음과 같다.

> 그 때에 붓다 세존은 네란자라 강가 우루벨라에서 보리수 아래에 머무셨고, 처음으로 지고의 깨달음(*abhisambuddha*)을 이루셨다. 그리고서 세존께서는 보리수 아래에 7일간 머무시며, 연화좌로 앉으셔서, 해탈의 지복(*vimuttisukha*)을 맛보셨다. 그 때에, 밤의 첫 시기에 세존께서는 연기(*paṭiccasamuppāda*)를 순서대로 그리고 거꾸로(*anulomapaṭilomam*) 숙고하셨으니(*manasākāsi*), 곧 "무지(無明)의 원인(*paccayā*)으로부터 의지적 활동(行)이 일어난다. 의지적 활동의 원인으로부터 의식(識)이 일어난다. 의식의 원인으로부터 이름과 형상(名色)이 일어난다. 이름과 형상의 원인으로부터 여섯 감각(六入)이 일어난다. 여섯 감각의 원인으로부터 접촉(觸)이 일어난다. 접촉의 원인으로부터 감수(受)가 일어난다. 감수(受)의 원인으로부터 애착(愛)이 일어난다. 애착(愛)의 원인으로부터 집착(取)이 일어난다. 집착(取)의 원인으로부터 존재(有)가 일어난다. 존재(有)의 원인으로부터 다시 태어남(生)이 일어난다. 다시 태어남(生)의 원인으로부터 노사(老死), 고난, 슬픔, 괴로움, 고통, 그리고 고뇌가 함께 일어난다(*sambhavanti*). 이와 같이 이 순수한 괴로움의 무더기의 일어남(*samudaya*)이 있다. 그러나 이 무지가 집착으로부터 자유로워져서 소멸한다면(*asesavirāganirodha*), 의지적 활동의 소멸이 있다. 의지적 활동의 소멸로부터 의식의 소멸이 있다. … 존재의 소멸로부터, 다시 태어남의 소멸이 있다. 다시 태어남의 소멸로부터, 노사, 고난, 슬픔,

괴로움, 고통, 그리고 고뇌의 소멸(*nirujjhanti*)이 있다. 그리하여 이 순수한 괴로움의 무더기의 소멸(*nirodha*)이 있다."[18]

우리가 이 불교 텍스트에 기록되어 있는 것을 받아들인다면, "깨달음"(覺) 곧 "정각"(正覺, *abhisaṃbodhi*)은 "연기를 숙고하는 것"(*pratītyasamutpāda-manaikāra*)을 뜻한다고 말해야만 한다.

불교 정통 경전의 지면에서 직접적으로 샤캬무니의 가르침을 도출해내는 것은 불가능하다. 이것은 순수하게 문헌학적인 연구의 한계이다. 그러나 '지성사'의 조망에서, 나는 이른바 불교를 샤캬무니가 창시하기 이전의 인도에서는, "연기"라는 비상하게 심오하고 거의 믿기 어려운 아이디어를 발견할 수 없다고 결론짓는다. 아트만이라는 아이디어는 샤캬무니의 시기 이전에 만연해 있었지만, 연기라는 아이디어는 정반대의, 직접적으로 서로 대립되는 아이디어이다. "연기"라는 이 전적으로 새로운 아이디어가 어떻게 등장하였는가에 관하여 유일하게 가능한 설명은, 불자들이 전통적으로 믿어온 대로, 샤캬무니라는 한 단일한 개인이 그것을 "깨달았다"는 것이다. "연기"는 샤캬무니가 생각해낸 사고방식인 것이다.

나는 앞에서 『율장』(律藏) 「대품」(大品, *Mahāvagga*)으로부터 인용한 단락에 기록되어 있는 것, 곧 불교는 연기의 가르침이며, 연기를 성찰하거나 숙고하는 것 외에 다른 "깨달음"이나 "정각"은 없다는 것을 믿기로 선택한다. 이것이 진실이라면, "사고의 중지"(*amanasikāra*, *a-saṃjñā*)를 가르치는 어떠한 "선사상"이든 반(反) 불교적이라는 것이 뚜렷하다.

14. 비판불교와 도겐의 『정법안장(正法眼藏)』

75권본과 12권본 텍스트를 둘러싼 논란

스티븐 하이네(Steven Heine)

비판불교라고 알려진 최근의 운동에서 주요 이슈의 하나는 『정법안장(正法眼藏)』의 어떤 판본이 도겐의 진정한 철학적 메시지를 대변하고 있는가의 문제이다. 비판불교는 75권본의 우선적 중요성에 대한 전통적인 강조를 배격해왔는데, 이 75권본은 '불성(佛性)'과 '존재-시간'(有時)에 대한 유명한 철학적 논문을 담고 있다. 비판불교에서는 그 대신에 도겐의 생애 말기에 저술되었고 주로 수행승들을 위한 실천적 지침들을 담고 있는 12권본 『정법안장(正法眼藏)』이, 본각사상에 대한 비판과 업의 인과에 대한 일관된 초점을 지니고 있다는 점에서 참된, 곧 진정한 본문이라는 점을 강조한다. 본 논문에서는 전통적인 도겐학자들의 반응에 비추어서 비판불교의 관점을 검토하고자 한다. 이 논쟁은 불교 교학과 해석학이라는 보다 폭넓은 맥락에서 구성되고 평가되는데, 그러한 맥락 내에서 학자들이 고전적 내지 근본적 입장으로부터 그리고 독특하게 현대적 관심사의 범위에서 중세 원전들을 재해석하고자 시도하고 있기 때문이다.

12권본 『정법안장』의 필사본은 1927년 이시카와(石川) 현의 노토(能登) 반도에 있는 요코지(永光寺)에서 발견되었는데, 이 사찰은 제4대 선사 게이잔 조킨(瑩山 紹瑾)에 의하여 창건된 사찰로서 중세 시대에 조동종의 중요한 중심지 가운데 하나였다. 그러나 도겐의 주저로 가장 널리 인정받는 판본인 75권본에 더하여 독립적인 판본으로서 12권본의 존재는 오랫동안 알려져 왔거나 내지 적어도 강하게 추측되어 왔다. 왜냐하면 비의적이기는 하지만 「팔대인각」(八大人覺) 권에 대한 중요한 간기(「懷奘奧書」)에 이에 대한 명시적인 언급이 있기 때문이다. 1253년에 죽음에 이르는 병석에서 저술된 『정법안장』의 마지막 권인 「팔대인각」(八大人覺)은 1255년 그의 가장 뛰어난 제자 에조(懷奘)에 의하여 필사되고 편집되었다. 그 간기와 함께 이 마지막 권은 13세기에 기엔(義演)에 의하여 편집된 별도의 또 다른 판본인 28권본 『정법안장』에 포함되어 있었으며, 또한 도겐에 대하여 가장 우선 꼽히는 전통적인 전기로서 1472년에 저술된 『건시기』(永平開山道元禪師行狀建撕記)에 약간 변형된 형태로 등장한다.[1)]

에조의 「팔대인각」 간기가 중요한 것은, 도겐이 100권본 『정법안장』을 이루겠다는 그의 잘 알려진 목표에 관하여 유일하게 실제로 직접 서술한 내용이 담겨 있기 때문이다. 이 간기에서 도겐은 "내가 이전에 일본어로 저술한 『정법안장』은 개정될 것이고, [개정되는] 구 판본에 새로운 권들을 더해서 100권본 텍스트를 이루고자 한다"라는 내용이 담겨 있기 때문이다. 그러고서 에조는 새로운 12권본의 구성을 다음과 같이 묘사한다.

「팔대인각」은 그 새로운 판본의 12번째 권이다. 이 권을 저술한 뒤에 우리 스승의 상태는 점진적으로 악화되었고, 새로운 권의 저술은 중지되기에 이르렀다. 그러므로 이 권과 가까운 시기의 다른 몇몇 권들이 우리 스승의 마지막 가르침을 대표한다. 불행하게도 [계획되었던] 100권본 텍스트를 위하여 개정되었던 원고들의 다수를 구할 수 없으니, 이것은 깊이 통탄할 일이다. 우리의 스승을 기리려는 이들은 이 12번째 권[또는 새로운 12권본]을 지지해야 한다. 이 권[또는 권들]은 샤카무니의 궁극적 교설을 표현하며, 우리 스승의 마지막 가르침을 담고 있다.[2)]

이 간기에서는 12권본의 중요성에 관하여 몇 가지 중요한 시사점을 제시하고 있는데, 그 의미와 목적이 애매하다. 한편으로 이 단락은 『정법안장』에서 이전의 권들과 새로운 권들을 명확하게 구분하는데, 이는 이전의 권들을 개정할 필요성에 대한 도겐의 뜻을 시사하면서, 후자의 12권본이 보다 최근의 것이고 시의적절할 뿐만 아니라 샤카무니의 원래의 교설에도 가장 부합한다는 점을 암시한다. 이 간기는 100권본 텍스트를 이루려는 도겐의 의도를 명확하게 서술하며, 12권본 텍스트를 이 목표와 연결시키면서, 이전의 개정되지 않은 권들의 역할을 부인하는 것으로 보인다. 여기에서 언급된 "새로운" 12권 중에서, 10권은 1250년대에 저술되었는데, 그 대부분은 도겐의 사후 2년 뒤 1255년 하안거 기간에 에조에 의하여 편집되었다. 나머지 2권은 75권본 텍스트에 포함된 권들의 대체본으로서 1240년대에 저술된 것으로, 나중에 도겐이 선별하여 12권본에 포함시킨 것으로 보인다. 「팔대인각」의 이 간기는 최근에 발견된 것으로서 28권본에 포함된 「출가」(出家)에 대한 별도의 간기에 의하여 더욱 지지되는데, 이 별도의 간기에서는 그 권이 개정되어서 마침내 새로운 판본에 의하여 대체되게 되었다고 서술하고 있으니,

그 결과가 12권본 텍스트의 「출가공덕」(出家功德)인 것으로 보인다. 추가적으로 말하자면, 확인되지 않은 것이지만, 12권본이 게이잔(瑩山) 파에서 연원하는 조동종의 몇몇 하위 계파에서 여러 세기 동안 생생하게 유지되면서 전승되었고 그 계파들에서는 『정법안장』의 이 판본을 다른 판본들보다 우선시하였다는 보고가 있다.

그러나 「팔대인각」의 간기는 또한 몇 가지 주요 이슈들을 애매하거나 미해결된 상태로 남겨두고 있다. 예컨대 그 간기에서는 이전 권들의 가치를 온전히 배제하지는 않는다. 이 간기에서는 상당수의 개정본들을 구할 수 없다고 밝히고 있는데, 도겐의 서거시기에 그 개정 과정의 마무리 상황이 어떻게 되었는가, 또는 에조가 의식적으로 했든 어쨌든 그 개정본들에 얼마나 많은 내용을 삽입했을 것인가가 명확하지 않다. 또한 끝에서 두 번째 문장에서 지지를 언급하는 것이 오직 "12번째" 권뿐인지 아니면 12권본 전체인지도 불확실하다. 이시이 슈도(石井 修道)에 의하면, 이 이슈의 미해결 상태는 도겐이 중국에서 여정(如浄)과 대화한 것의 기록으로 그의 사후에 발견된 『보경기』(宝慶記)의 간기와 비교할 때 더 악화되는데, 그 간기에서 에조는 심지어 아직 발견되지 않고 있거나 완성되지 않은 채로 남아 있는 도겐의 원고가 더 많이 있을 수 있다는 점을 시사한다.[3] 추가적으로, 12권본의 상당수의 권들에 대한 각각의 간기가 여러 사찰의 필사본들에서 추후에 발견되었는데, 그 간기들에서는 그 권들이 아직도 개정되고 편집되는 과정 중에 있다는 점을 서술하고 있다.

간기에 관한 의문으로 인하여, 대부분의 학자들은 1920년대에 12권본이 발견된 뒤에도 75권본에 계속해서 초점을 맞추어왔다. 그들은 도겐이 『정법안장』의 권들을 지속적으로 개정하는 과정에 있었으며 그 가운데 몇 권이, 대개 경쟁 관계에 있던 밀교 종파들로부터 개종해온 신참자들과 재가자들로 구성된 에이헤이지(永平寺)의 청중들에게 적합한 저작을 구성하기 위하여 도겐 또는 에조에 의하여 12권본으로 편집된 것으로 가정해왔다. 전통적인 관점에 따르면, 도겐은 말년에 가마쿠라에서 호조(北條) 씨 엘리트들 앞에서 다수 성공적이지 못한 설법을 하고 돌아온 뒤에 『정법안장』의 축소된 판본을 이루고자 하였는데, 그 판본은 대승 경전들로부터 추가적인 인용과 참조를 포함하여, 보다 상세한 동시에 정확하면서, 자신이 설법의 대상으로 여기는 일본의 시골 사람들에게 비교적 익숙하지 않았을 업, 인과, 그리고 무상함 등 불교의 기초적인 교설들과 더불어 승가의 계율과 의례를 설명하는 등, 보다 입문서적인 것이었다. 따라서 그 구성은 연대적으로는 나중이었지만, 개념적 입장에서 더 높은 수준의 승려들에 의하여 학습되는 75권본의 철학적으로 더 고급 수준의 저술들을 위한 준비로서 12권본은 실천적 지침들을 담고 있으며, 본질적으로 그 저술들과 상충되지 않고 일관되는, 예비적 성격의 저작으로서 간주되어 왔다.

비판불교의 초석 중의 하나로서 도겐 연구에서 적어도 작은 규모의 혁명적 변화를 창출한 것이, 도겐의 『정법안장』에서 각각 구초(舊草)와 신초(新草)라고 알려진 75권본과 12권본 사이의 관계에 대한 파격적 재고찰과 재배열이다.[4] 비판불교에 의하면, 전통적으로 높은 수준의 승려들보다는 오히려 신참자들을 독자로 삼고, 더 잘 알려진 75권본의 부록 내지 2차적 텍스트로 파악되어 왔던, 12권본 『정법안장』이 다양한 유형의 기체설적 입장을 극복하려는 그 전체 기획에 결정적 중요성을 지니게 된다. 비판불교, 특히 하카마야 노리아키의 연구에서는 12권본 텍스트가 도겐의 전망에서 심오한 변화를 반영하고 있으며, 본각사상에 대하여 자연적 실존을 오도적으로 절대화하고 긍정한다고 보는, 극히 비판적인 관점을 지니고 있다고 주장한다. 비판불교에 의하면, 도겐은 자신의 만년의 저술에서 – 75권본에서는 본각 이데올로기에 얽매여서 여전히 다소 모호하고 혼란스러운-무상함의 의미에 대한 자신의 사유를 정교하게 가다듬고 있는데, 이러한 정교화는 업의 인과에 관한 초기불교의 교설이 무실체성을 이해하는 열쇠로서 인식되는 것에 상응하여 이루어지고 있다. 그렇게 함으로써 비판불교는 전통적인 텍스트상의 위계를 역전시켜서, 75권본은 예비적이고 불완전하며 따라서 이차적인 (심지어 의심스러운) 저술의 모음이고, 마츠모토 시로의 주장에 따르면, 붓다에 의하여 "기체설에 상반되는" 것으로 발전된 연기(緣起)에 기초한, 도겐의 핵심적 가르침을 모범적으로 보여주는 것이 12권본이라고 주장한다.[5)]

본 논문의 목표는 인과와 업보에 관한 도겐의 태도라는 맥락에서, 본각사상에 대한 도겐의 비판적 조망을 그 두 종의 『정법안장』 판본이 어떻게 드러내고 있는가에 관한 비판불교의 관점을 검토하고 평가하는 데 있다. 이 이슈는 또한 비판불교 주창자들에 대하여 전통적인 도겐 연구자들이 대응해온 방식에 견주어서 탐구된다. 본 논문에서는 12권본이 비판불교에서 왜 그리고 어떻게 그렇게 중요하게 되었는가를 우선 설명하고, 그러고 나서 75권본의 우위를 계속해서 주장하는 전통주의적 학자들과의 최근 논쟁을 검토하고자 한다. 본 논문에서 나는 도겐 연구에 대한 비판불교적 접근의 몇몇 주요 측면들을 반박해온 학자들의 견해를 총칭하는 데 "전통적 불교"라는 용어를 사용하겠다. 이러한 칭호는 아쉽게도 제약이 없지 않으며, 다양한 입장을 가리키기에 특히 그러한데, 나는 전통주의적 조망을 두 개의 서로 구분되는 조망으로 구분하겠다. 그 하나의 조망에서는 도겐의 접근에 초기부터 후기의 저술까지 중요한 변화가 전혀 없다고 주장한다. 다른 조망에서는, 비판불교에서 주장하는 것과는 다른 더 복잡한 근거에서이기는 하지만, 어느 정도의 변화를 인정하면서 절충점을 모색한다.[6)] 결론 부분에서 나는 비판불교의 기여를 평가하면서 서로 연관되는 세 가지 점을 언급하겠다. 첫째,

나는 『정법안장』에 관한 비판불교와 전통주의적 입장 양자가 모두, 가마쿠라 불교의 종교적이고 역사적인 맥락을 온전히 고려하는 데 종종 실패하면서 (예컨대) 업에 관하여 유행하던 설화문학적 개념들과 도겐의 12권본 텍스트 사이에 친연성이 있다는 것을 간과하는 등 일정한 한계가 있다는 점을 보이고자 한다. 그러고 나서 나는 비판불교에 대하여 가장 일반적으로 거론되는 비판 가운데 하나로서, 불교의 올바른 형태와 그른 형태를 심판하고자 나서면서 모든 형태의 혼합주의를 부정하기에 "호전적 근본주의"의 위장된 재부상을 대변한다는 비판을 살펴보겠다. 그러한 맥락에서 나는 중세불교교학의 평가적 해석학과 현대불교학의 객관성 사이의 관계를 명료하게 함으로써 『정법안장』 논쟁의 틀을 획정하고자 한다. 마지막으로 나는 해방신학 그리고 해체신학을 포함하여 서양 종교사상에서의 유사한 전개와 견주어서 비판불교의 보다 폭넓은 사회적 관심을 논의하겠다. 여기에서 나는 12권본과 사회적 차별의 문제 사이의 관계를 다루는 보다 포괄적인 방법론을 어떻게 발전시킬 필요가 있는가에 관하여 몇 가지 제안을 제시하겠다.

비판불교적 방법론 대 전통적 접근법들

비판불교적 방법론에서 『정법안장』의 중요성은 1989년과 1990년에 일련의 저작들과 함께 시작된 그 운동의 초기부터 뚜렷하다. 이 저작들은 다시 대체로 도쿄의 고마자와 대학 불교학부 교수들, 특히 하카마야 노리아키와 마츠모토 시로에 의하여 1980년대 중반에 발표되고 출간된 논문들에 기초하고 있다. 이 학자들은 자기 자신들의 대학, 그 대학과 조동종의 관계, 그리고 일본 사회 전반에 영향을 미치는 다양한 사회적 차별 문제들과 불교사상의 관련성을 평가하는 열쇠로서, 업에 대한 도겐의 관점에 관심이 있었다. 이 문제들에는 죽은 사람에게 그 사회적 계급에 따라 불교식 이름(戒名)을 부여하는 것이 포함되는데, 이러한 관습은 일본의 불가촉천민으로서 부라쿠민(部落民) 그리고 기타 소수 그룹 내지 박탈당한 그룹들에 대한 부당한 처우를 야기하는 관습으로 되었다.[7] 일본에서 불교는 그 역사의 진행과정에서 우선적으로 장례 의례와 관련된 종교기관으로 발달해왔었다. 조동종에서는 최근에 자기 종파가 낮은 계급의 사람들에게 이러한 사회적 기능을 수행해오는 방식에서 상당히 비난받을 만하였다는 점을 자각하기 시작했다. 하카마야와 마츠모토는, 진정으로 동시대적이고 진보적이고 정의와 개혁의 유연한 옹호자인 대신에, 시대착오적이고 권위주의적이고 교조적이고 사회적으로 경직된 제도인 것으로 드러난 불교에 관한 좌절감과 실망감에 대한 광범위한 반응의 일부를 대표한다. 불교가 왜 그렇게 잘못된 길을 갔는가 그리고 어떻게 바로잡을 수 있는가를 찾기 위한 시도에서 비판불교학자들, 특히 하카마야는 당시 중국-일본 불교에 대한 가마쿠라 시대 도겐의 비판을 지침으로 삼게 되었던 것이다.

하카마야는 도겐의 후기 사상이라는 렌즈를 통하여 동아시아불교를 재검토해왔으며, 그 후기 사상이 그 이후 조동종의 제도적 전개에 의하여 왜곡되었다고 느낀다. 비판불교에서는 본각사상이 토착의 애니미즘적이고 사언주의적인 숭배의식을 흡수하려는 실질적인 목적을 가지고 있는 불이(不二)적 교설에 기초하여 인과를 부정하고, 그리하여 사회적 책임의 필요성을 이완시키는 거짓된 평등의식을 조장하는 경향을 지니고 있다고 주장한다. 본각 그리고 여래장이나 불성과 같이 이와 연관된 교설들은 무비판적 관용과 혼합주의를 옹호함으로써, 보편적이고 무차별적인 자비라는 명목하에 개성을 억누르는 사회적 조화(和)에 대한 요구 그리고 군국주의에 대한 암묵적 순응과 같이 문제가 많은 관점들을 조장한다. 이러한 태도는 다시 전제적이고 국가주의적인 이데올로기에 의하여 정치적으로 지지되고, 민족차별을 악화시키는 것으로 귀결되는 "일본인론"(日本人論, 일본인의 독특성을 주장하는 이론) 등의 수사학에 의하여 지성적으로 고무된다.[8] 비판불교학자들에 의하면, 본각사상의 기본적인 약점은, 그 사상에서 단일하고 무차별적인 시원적 기체(基體)로부터 모든 것이 일어나는 것으로 간주하기에 존재론적으로 타자의 존재를 용납하지 않는다는 점, 그리고 그러하기에 인식론적으로 그리고 윤리적으로 구체적인 윤리적 선택을 필요로 하는 타자성의 복합적인 드러남을 대처하는 데 무기력해지게 된다는 점에 있다. 샐리 킹(Sallie King)은 불성론에 관한 논의에서 다음과 같이 지적한다.

> 동아시아불교전통에서 중시된 텍스트들은 [사회적이기보다는 인식론적 의미에서] 무차별 그리고 개념을 초월한 지혜와 같은 것들을 강조하는 경향이 있어 왔는데, 이러한 경향은 예컨대 상충하는 주장들을 해결하거나 필수자원을 균형 있게 배분하는 것의 복잡함과 조화되기 어려운데, 왜냐하면 그 복잡함에서는 구체적인 사항들을 구분하는 데 매우 정밀해야 하고, 정확한 정보에 입각한 판단을 해야 하고, 이러한 활동들을 중요하고 가치 있는 것으로 간주해야 하기 때문이다.[9]

곧 본각과 불성론은 상황에 맞게 구체적이고 윤리적인 평가와 판단을 발달시키기 위한 기초를 결여하고 있으며, 그 결과는 기존 상황에 대한 무반성적 지지인 것이다. 하카마야는 다음과 같이 이야기한다.

> 몇몇 사람들은 본각론을 모든 사람들의 근본적이고 보편적인 깨달음을 인정하는 주장을 한다고 하여 평등의 이론으로 해석하지만, 이것은 실제로는 엄청난 오해이다. 사실상 안이한 방식으로 깨달음

의 근본적으로 통일된 기반을 모색할 것을 요구하는 본각론은 [사회적] 차별의 일차적 원천으로 간주되어야 한다.[10)]

일본에서 이것이 뜻하는 것은 "일본인의 독특성이라는 신화" 그리고 그와 연관되어 도쿠가와 시대 이후, 특히 제2차 세계대전 이전 지식인들의 삶에서 만연했던 국수주의/토착주의/일본인주의 수사학을 받아들이거나 더 나아가 옹호한다는 것이다.[11)] 특히 선불교는 모든 것이 불성을 반영한다(全一佛法)는 관념에 기초한 문자 그대로 엘리트적 미학주의의 배후에서 기성 질서에 대한 지지를 종종 은폐해왔다.

비록 자신의 저술 어느 곳에서도 본각사상을 비판하기는커녕 결코 명시적으로 언급하지도 않지만, 도겐은 애초에 만약 모든 존재가 본래적으로 깨달아 있다면 왜 모든 붓다가 수행을 해야 했는가에 관한 자신의 유명한 "의혹"에서 그 기저에 있는 한계를 드러내었다.[12)] 도겐은 자신의 생애 초기에 품은 이 의혹에 대하여 전통적으로 『정법안장』에서, 몸의 생사를 초월하는 영원한 영혼의 존재를 주장하는 "세니카 외도"(先尼外道)로 대변되는 실체주의적 경향에 대한 비판을 통하여 답변했다고 간주된다. 덧붙여서 말하자면, 도겐의 "수증일등(修證一等)"과 "무상불성(無常佛性)"이라는 교설은, 특히 『정법안장』에 대한 센네(詮慧)와 교고(經豪)의 초기 주석에 따르면, 본각사상의 역동적인 지금 여기[現成]의 차원을 강조한다. 더욱이 75권본에서 그는 이따금 "본증묘수"(本證妙修, 본래의 깨달음과 오묘한 수행)와 같이 "본(本)-" 이 들어간 다른 합성어를 우호적으로 사용한다. 그럼에도 불구하고 그는 자신의 생애 내내 창조적인 절충을 발휘하여, 본각의 문제적 측면들을 간접적으로 배격하면서 그 기본적 함의의 방향성을 깨달음의 지속적 과정이라는 맥락에서 새롭게 정립한다. 전통적 관점에 따르면, 이러한 교설들은 75권본의 핵심을 이루는 "현성공안"(現成公案, 즉발적인 깨달음)이나 "불성"(佛性)과 같은 권(이 두 권은 표준 판본에서 첫 세 권 가운데 속한다)에 표현되어 있다. 이 교설들은 도겐의 생애 중반기에, 특히 1230년대 중반과 1240년대 초엽에, 그가 교토 외곽에 그리고 나중에는 에치젠(越前) 산의 에이헤이지(永平寺)에 머무를 때 발전되었다. 『정법안장』 12권본은 그의 사후인 1255년 에조에 의하여 편집되었는데, 많은 부분이 1250년대에 저술된 텍스트로부터 편집되었고, 일차적으로 입문단계의 수행승들을 목표로 하고 있으며, 전통적으로는 75권본의 연장으로서 그 메시지를 변경하거나 중요한 내용을 추가하거나 하지는 않은 것으로 간주된다.

비판불교학자들은 12권본이 75권본의 부차적인 저작이라는 관점을 뒤엎고자 한다. 하카마야는 전체적이고 자연주의적인 조망을 포용하는 75권본의 저술에서는 도겐이 여전히 본각사상과 씨름하고 있었으며 그 영향을 온전히 극복할 수 없었다고 주장한다. 하카마야는 12권본이 도겐에 있어서 업의 인과에 대하여 제고된, 또는 '인과에 대한 깊은 믿음'(深信因果)에 의하여 야기된, 극적이고 결정적인 마음의 변화의 산물이며, 본각사상에 대한 예리하고 보다 철저한 비판으로 구성되어 있다고 주장한다. 비판불교에서 참된(곧, 장소적이 아니고 비판적인) 불교를 주창하는 것으로 크게 존중하는 인도와 티벳의 중관 불교와 마찬가지로, 도겐은 이제 자신이 부정하는 것에 관하여 철저히 명료하고 투철하게 비판적이었다. 도겐의 태도에서 이러한 근본적이고 결정적인 변화는, 비판불교학자들에 따르면, 도겐이 호조 도키요리(北条 時頼)의 초대를 받고 설법차 방문하였던 가마쿠라(鎌倉)의 임제오산(臨濟五山) 중심지에서 환멸을 느끼고 돌아온 1248년 무렵에 일어났다.[13] 이러한 변화 내지 급격한 전환은 1243년 도겐이 처음으로 교토를 떠날 때 있었던 이전의 변화와 역사적으로 그리고 정신적으로 결코 무관한 것은 아니었지만 상이한 것이었다.[14] 교토에서 에치젠에 이르는 시기의 변화는, 칼 빌레펠트(Carl Bielefeldt)가 인용하는 상당수의 현대 자료에 따르면, 도겐의 저술에서 산만함과 쇠퇴의 느낌이 명시적으로 나타나는 데에서 두드러지는데, 이에는 깨달음을 추구하는 데 여성들과 재가자들에 대한 지지 등과 같이 도겐 자신이 이전에 (아마도 귀족들의 후원을 추구하면서) 옹호했었던 개방적인 사회적 관점을 너무나 적극적으로 포기하는, 공격적으로 종파적이고 독단적이며 논쟁적인 시각이 수반되고 있었다. 몇몇 (우선적으로 야나기타 세이잔(柳田 聖山)과 후루타 쇼킨(古田 紹欽)과 같은 임제종 계통의) 전통적 학자들에 따르면 12권본의 사찰 중심적이고 청교도적인 시각은 도겐의 쇠락이 연장된 산물로 볼 수 있는 반면, 다른 (우선적으로 가가미시마 겐류(鏡島 元隆)와 가와무라 고도(河村 孝道)와 같은 조동종 계통의) 전통주의자들에 따르면 이 12권본은 선수행에서 규율을 강화하려는 쇄신 노력의 일환으로 볼 수 있다.

그러나 비판불교학자들의 관점에 따르면, 심지어 그 후자의 입장마저도 12권본을 산출시킨 변화의 중요성을 조명할 만큼 충분히 멀리 가지 못하고 있다. 이러한 변화에 수반되는 도겐의 마음 상태는 20년 전에 그가 (『永平廣錄』 1권의 한 핵심 단락에 따르면) 깨달음을 증득한 뒤 "빈손으로" 중국에서 돌아왔을 때의 결심에 견줄 수 있다. 하카마야는 그 변화가, 청교도적 입장이 아니라, 인과에 관한 심오하게 도덕적 관점에 기초하고 본각사상에 관한 자신의 애초의 의혹에서 영감을 받은, 도겐의 영적 추구가 풍요롭고 온전하게 되었음을 대표하는 것이라고 주장한다. 도겐의 변화는 종종 "자업자득(自業自得, '받을 것을 받는다')"이라고 일컬어지는 과정으로서 업보의 불가침성에 대하여 제자들에게 가르칠 필요성을 스스로 이해한 것에 기초하고 있다. 이러한 접근은 업의 속박을 초월하여 원초적으로 품부되어 있는 것으로 불성을 바라보는 본각사상의 관점을 무너뜨린다. 하카마야는 12권본의 몇몇 단락들에서 도겐이 부정적 업을 역전시켜서 변화에 도달하는 데 참회(懺悔)의 역할을 강조하고 있음을 지적한다. 그러나 하카마야는 또한, 악업이 정화의례를 통하여 용이하게 사면될 수 있다[懺悔滅罪]는 오해를 조장하는 본각사상에 기초하여 동아시아의 다양한 관습들에서 참회가 의례화되어 있는 것에 도겐이 매우 비판적이었다고 주장한다.[15] 이러한 본각사상의 문제점은 모든 오염과 악행을 본질적으로 오염될 수 없는 불성의 근본적 청정성과 무관한 것으로 간주한다는 것이다.[16] 따라서 도겐의 마지막 주요 변화는, 불교의 기본적인 인과 개념을 회복하고 본각사상을 그 교설의 심각한 타락으로 논파하려는 비판불교의 시도에 모범적 모델이 된다.

비판불교 프로젝트에 그렇게나 결정적인 12권본의 검토는, 아마도 불교의 다른 교파의 전공자들 특히 인도와 티벳의 중관파와 유가행파의 전공자들이 도겐의 사상을 분석하게 된 첫 사례이다. 이것은 또한 전통적인 도겐 연구자들로부터 엄청나게 풍부하고 깊은 사고를 바탕으로 한 반응을 이끌어내 왔다. 그 새로운 방법론을 밝힌 하카마야의 저서의 제목이기도 한 "본각사상비판"(本覺思想批判)은 다만 본각사상에 대한 비판을 지칭하지만, 그 책의 후반부는 교외별전(教外別傳, 경전 밖의 특별한 전수) 그리고 삼교일치(三教一致, 불교, 도교, 유교의 세 가르침의 일치)와 같은 선불교의 관념들에 대한 도겐의 배격을 거의 독점적으로 다루고 있으며, 12권본의 중요성을 다시 생각하려는 시도를 이끌어내고 있다. 그의 두 번째 저서(1990)는 도겐을 다루고 있지 않지만, 그의 세 번째 저서(1992)는 12권본의 구성과 편집에 관한 이슈를 전문적으로 다루고 있다. 여래장사상을 비판하는 마츠모토의 저서(1989)와 중국불교를 비판하는 이토 다카토시(伊藤 隆寿)의 저서(1992) 또한 적어도 하카마야의 관점을 인용하면서 간접적으로나마 12권본에 대한 언급을 해오고 있다.

비판불교에 대한 반응으로 두 권의 주요한 논문 모음집이 출간되었고, 여기에는 고마자와 대학에서 다수의 지도적 불교학자들뿐만 아니라 다른 조동종 권위자들이 참여하여, 하카마야와 마츠모토가 발표한 입장과 창조적인 대화를 이루어 왔다. 이 논문 모음집들은 그 아이디어들에 대한 양면적 교류를 담고 있다.[17] 나라 야스아키(奈良 康明)가 편집한 논문 모음집은 변호적 대응의 형식으로, 도겐 그리고 선불교 전반을 불교의 전체적 발전의 맥락에서 재위치시킨다는 광범위한 내지 '메타'적 이슈에 초점을 맞추면서, 12권본에 대하여 한 부분을 할애하여 하카마야, 가와무라 고도(河村 孝道), 그리고 이토 슈켄(伊藤 秀憲)의 기고를 싣고 있다. 가가미시마 겐류와 스즈키 가쿠젠(鈴木 格禅)이 편집한 다른 모음집은 12권본 각 권의 다양하고 고도로 전문적인 측면들을 75권본과 비교하면서 매우 상세하게 천착하는 집약적인 문헌학적 연구서이다.[18] 비판불교에서 포괄적 이슈는 『정법안장』에 관한 집약적 이슈와 분리될 수 없는데, 다만 전자가 아마도 더 널리 알려져 있을 뿐이다.

『정법안장』 텍스트에 관한 논쟁

앞에서 시사했듯이, 비판불교는 어느 판본의 『정법안장』이 하나의 일관된 텍스트를 이루고자 했던 도겐의 의도를 반영하며 그의 진정한 철학적 메시지를 제시하고 있는가에 관하여 문제를 제기해 왔다. 하카마야의 접근에 앞서서 『정법안장』에 대한 연구는[19] 두 영역에 초점을 맞추는 경향이 있었다. 첫째는 에조가 편집하고 센네(詮慧)와 교고(経豪)가 (각각 『正法眼藏御聞書』와 『正法眼藏抄』라는) 주석을 붙인 75권본 그리고 도겐 이후의 기타 여러 초기 판본들 사이의 관계, 예컨대 1329년 5대 조사 기운(義雲)이 편집한 60권본과 1419년 본세이(太容 梵清)가 편집한 84권본, 그리고 몇몇 조동종 사찰에서 선호되고 『비밀 정법안장』(秘密 正法眼藏)이라고 알려진 28권본(연대

미상)을 포함하는 판본들 사이의 관계에 대한 연구이다. 둘째는 300개의 공안(公案)을 모아 1235년에 편집한 한문(眞字)으로 된 『정법안장』, 그리고 도겐의 설법과 철학적 논문들의 일본어(仮字)로 된 모음집에 대한 연구인데, 후자의 글들 중 상당수는 한문본에 포함된 공안들을 다루고 있다.[20]

가와무라 고도(河村 孝道)는 "하카마야의 설" 이전에 12권본의 기능에 관하여 유행하였던 여러 관점들을 조망하고 있다.[21] 앞에서 언급하였듯이, 한 관점은 그 텍스트들 사이에 연속성이 있어서 75권본이 기초가 되고 12권본은 그 연장이라고 간주하는 것이다. 또 하나의 관점에 의하면 75권본은 깨달음의 입장을 표현하고 12권본은 믿음의 입장을 표현한다(이러한 아이디어의 다른 형태로는, 그 각각의 입장을 깨달음과 발심수행, 전법과 구제, 이치와 수행, 또는 철학과 도덕 등으로 구분하는 것이 있다). 이러한 관점에 의하면 두 텍스트는 모두 도겐이 상정했던 100권본의 목표에 기여하는데, 1253년에 때 이른 죽음으로 인하여 그 목표가 이루어지지 못했던 것이다. 그러나 가와무라의 논문에 대한 답론에서 하카마야가 지적하듯이, 12권본에 대해서는 이제 두 개의 주요한 접근이 있다. 하나는 (가와무라가 기술한 모든 관점을 포괄하여) 75권본이 깨달음에 다가갔거나 이미 깨달음에 이른 이들이 공부하는 것으로 보다 높은 영적 차원의 텍스트이고 12권본은 초심자나 입문자를 위한 안내서의 기능을 하는 보다 실천적 용도의 텍스트여서, 스타일과 목표에서는 상이하지만, 75권본과 12권본이 본질적으로는 동등한 타당성을 지니며, 도겐이 함께 상정했던 100권 중에 87권을 이루고, 그 자체로 87권본을 이룬다는 것이다. 비판불교의 관점은 앞에서 기술했듯이 12권본이 결정적인 마음의 변화를 반영하고 있어서 진정한 『정법안장』을 구성하고, 75권본은 예비적이고 미완성적 판본으로서 다소 의심스러운 가치를 지니는 것으로 간주된다는 것이다.[22]

『정법안장』의 각 권과 이본들

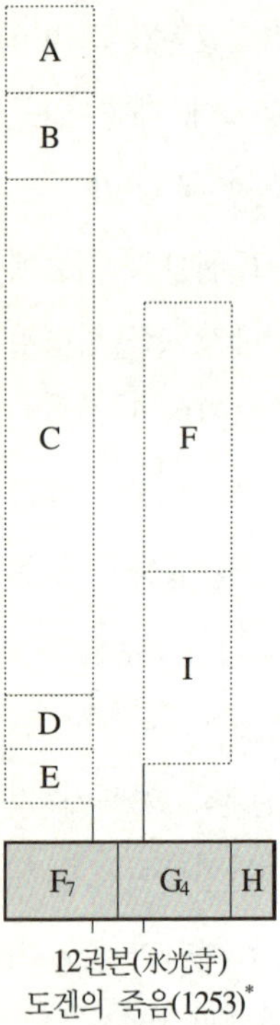

권:

A_6 = 坐禪箴, 春秋, 梅華, 洗淨, 佗心通, 王索仙陀婆

B_{19} = 心不可得, 禮拜得髓, 山水經, 傳衣, 佛教, 嗣書, 説心説性, 諸法實相, 佛道, 密語, 佛經, 面授, 佛祖, 三十七品菩提分法, 三昧王三昧, 轉法輪, 大修行, 自證三昧, 出家

$C_{50/51}$ = 94권의 나머지 권들(6권본에서와 같이, 行持 II를 포함할 때에는 51권): 現成公案, 摩訶般若波羅蜜, 佛性, 身心學道, 即心是佛, 行佛威儀, 一顆明珠, 古佛心, 大悟, 坐禪儀, 海印三昧, 空華, 光明, 行持 I, 恁麽, 觀音, 古鏡, 有時, 授記, 全機, 都機, 畫餅, 谿聲山色, 佛向上事, 夢中説夢, 看經, 諸悪莫作, 道得, 神通, 阿羅漢, 葛藤, 柏樹子, 三界唯心, 無情説法, 法性, 陀羅尼, 洗面, 十方, 見佛, 徧參, 眼睛, 家常, 龍吟, 祖師西来意, 發無上心, 優曇華, 如來全身, 虚空, 鉢盂, 安居

D = 法華轉法華

E = 菩提薩埵四摂法

F_7 = 三時業, 四馬, 發菩提心, 袈裟功徳, 出家功徳, 供養諸佛, 歸依佛法僧寶

G_4 = 受戒, 深信因果, 四禪比丘, 八大人覺

H = 一百八法明門

I_5 = (別本) 心不可得, (別本) 佛向上事, (別本) 佛道, 生死, 唯佛與佛

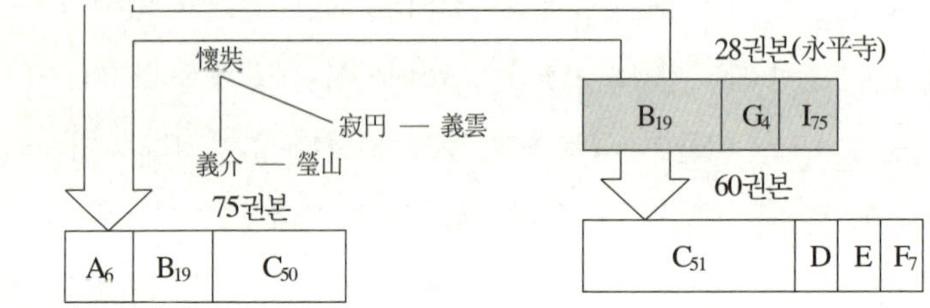

도겐 자신이 편집한 것으로 간주되는 텍스트

도겐의 사후에 편집된 판본들 (75권본은 A_6-B_{19}-C_{50}을 포함하고, 60권본은 C_{51}-D-E-F_7을 포함한다)

도겐의 텍스트 편집 이전의 다양한 권들(A-B-C-D-E-F-I)

[하카마야가] "숨겨져" 있었던 것으로 간주하는 권들

*75권본과 12권본은 함께 묶이어 87권본을 구성하며, 60권본과 28권본은 함께 묶이어 88권본을 구성한다.

12, 28, 60, 75, 84, 그리고 87권본 (그뿐만 아니라, 83과 89권본에 더하여, 60권본과 28 권본을 결합하는 88권본을 비롯하여 기타의 초기 판본까지 합하여) 사이의 관계와 관련된 이슈들을 둘러싼 논쟁은 『정법안장』의 구성과 관련하여 오랫동안 유지되어 오면서 서로 증폭시키는 작용을 해 온 두 가지 오해를 해결하고 극복하려는 노력을 반영한다. 첫째 오해는 『정법안장』이 95권으로 구성되어 있다는 것인데, 현대의 다수 판본이 그렇게 구성되어 있으며, 이와나미 분코(岩波 文庫)에서 출간된 페이퍼백 판본이 그 중 가장 유명하다.[23] 둘째 오해는 이 95권이 100권본 텍스트를 기획하는 데에서 의도되었다는 것이다. 현대의 95권본은 실제로는 도쿠가와 시대에 만들어진 판본에 기초하고 있으며, 이른바 메이지 시대의 확정본에 의하여 지지되었다. 1690년 한도 고젠(版橈 晃全)에 의하여 출간된 최초의 95권본의 목적은 그 창시자의 저술의 정확한 성격에 관한 오랜 세월 동안의 혼란 뒤에 『정법안장』에 관하여 구할 수 있는 모든 내용을 집대성한다는 것이었는데,[24] 이는 우선적으로, 『영평광록(永平廣錄)』에 모아져 있는 보다 공식적인 (上堂 스타일의) 강좌와 대조되는, 도겐의 비공식적인 (示衆 스타일의) 강좌로 구성되었다. 이 텍스트는 겐토 소쿠츄(玄透 即中)의 노력으로 1811년 재간되었고, 다시 1906년 공식적인 조동종 판본으로 재간되었으며, 다이혼잔 에이헤이지(大本山 永平寺) 판본으로 알려지게 되었다. 그러나 95권본은 도겐의 원래의 필사본의 구조나 의도를 재창출하려는 시도를 전혀 하지 않았던 판본이었고, 따라서 100권본으로 도겐이 기획했었던 것을 재구성하는 데에는 전혀 도움이 되지 않는다.

미즈노 야오코(水野 弥穂子)의 문헌학적 연구에 영향을 받은 하카마야는 『정법안장』의 판본들을 숨겨졌던 필사본 곧 28권본, 우선적으로 60권본과 75권본을 포함하며 사후에 편집된 필사본, 그리고 그 자신의 주장에 따르면 도겐 자신에 의하여 편집된 모음집이자 그의 마지막 가르침으로서 그의 가장 핵심적인 사상을 반영하고 있는 12권본의 세 범주로 체계화한다.[25] 하카마야는 또한 12권본 텍스트가 "숨겨졌던" 텍스트였다고 간주한다. 곧, 비판불교에서는 75권본의 우위성에 대한 전통적인 강조를 배격하는데, 이 75권본은 앞에서 언급된 것들에 더하여 '유시'(有時, 존재-시간)와 '전기'(全機, 전체적 역동)를 포함하는 등 도겐의 유명한 철학적 논문들 대부분이 담겨 있다. 12권본은 현대철학자들에 의하여 종종 찬탄되어온 도겐 특유의 창조적 수사와 환유적 재치가 있는 말놀이가 없으면서, 겉으로 드러나는 상징과 의례를 강조하며 승려에 대한 실질적 지침을 중심으로 하는 그 내용으로 인하여 청교도적이고 사회적으로 보수적인 것으로 간주되어 왔다. 그러나 비판불교학자들에게 중요한 점은, 12권본이 「심신인과」(深信因果, 인과에 대한 깊은 믿음)와 「삼시업」(三時業, 과거, 현재, 그리고 미래를 통한 업보)과 같은 권에서, 다른 『정법안장』 판본들과 다르게, 초기불교사상에 일관되는 방식으로 업과 인과의 회피불가능성을 강조한다는 것이다. 12권본은 업보의 법칙을 거듭해서 주장하는데, 이에 의하면 선한 행위는 긍정적 영향을 야기하는 선한 업을 반드시 창출하니, 실로 선한 행위는 언제든 악을 역전시켜서 궁극적으로 구원에 귀결된다. 역으로, 악한 행위는 필연적으로 부정적 업을 산출하여 삼악취(지옥, 아귀, 축생)의 한 곳으로 다시 태어나게 한다. 「삼시업」 권에 따르면 업보의 영향은 현재와 미래의 삶에 미치며, 하카마야에게 업에 대한 이러한 직설적 관점은 사회적 책임에 대한 청사진을 제시한다.

비판불교에 따르면 12권본은, 무비판적 관용 그리고 혼합주의와 함께 인과를 부정하는 경향이 있고 따라서 평가적이고 윤리적인 결단을 위한 기반으로서는 무기력하게 되는 본각사상에 대한 비판에서도 일관된 입장을 지니고 있다. 예컨대 「사선비구」(四禪比丘) 권은 원초적이고 기체(基體)적인 "본성"에 대한 실체화를 시사하는 견성(見性, 자기 자신의 본성을 보는 것)에 관한 혜능의 교설 등, 선사상에 스며들어온 본각적 경향을 구체적으로 부정한다. 「삼시업」(三時業)은 업의 결과를 초월할 가능성을 시사하는 당나라의 선승 장사 경잠(長沙 景岑: ?-868)의 업에 대한 관점을 명시적으로 반박한다. 또한 12권본에서 도겐은 인과와 본각에 관한 자신의 이전 생각을 비판적으로 수정하려는 의지를 드러낸다. 예컨대 75권본의 「불교」(佛教) 권에서 도겐은 십이연기(十二緣起)를 보살의 마지막 깨달음의 단계보다는 오히려 예비적 단계로서 벽지불(辟支佛)의 단계와 연관시켜, 인과를 넘어서는 통찰의 수준이 있다는 점을 암시한다. 비슷한 맥락에서, 75권본의 「행지」(行持) 권에서 도겐은 '행지'(行持) 곧 모든 인간적이고 자연적인 현상의 지속된 노력이라는 우주론적 원리가 연기보다 더 근본적이라고 주장한다. 그러나 12권본에서는 내내 "심신인과"(深信因果)－20여 회 이상이나 반복되어 표현되는 어구－만이 올바르며 인과에 대하여 미묘하게라도 부인하는 것은 오류라고 하는 것이 뚜렷하다. 실로 「사선비구」 권에서 도겐은 본각에 기초하여 산과 강을 궁극적 실재와 일치시키는 것－이러한 관점을 75권본에서는 빈번하게 표현한다－을 실체주의적인 세니카 외도의 사례라고 구체적으로 비판한다.

더 나아가, 12권본은 선의 교설에 크게 영향을 주어온 불교 밖의 다양한 입장들을 논박한다. 예컨대 도겐은 불교와 뒤섞여서 혼합주의적인 삼교일치 이데올로기를 구성하게 된 공자와 노자의 철학에서는 인과를 이해하지 못한다고 주장한다. 또한 그는 선을 포함하여 동아시아의 불교 종파들에 의하여 너무나 자주 흡수된 온갖 토착적 민속종교와 초자연적 믿음들도 논파한다. 도겐의 비판은 『디가 니카야』(*Dīgha Nikāya*)의 「테비자 숫타」(*Tevijja Sutta*, 『三明經』)에 표현되어 있는 바와 같은, 인과론의 입장에서 베다적 의례주의와 주술에 대한 논박을 떠올리게 한다. 하카마야는 「귀의불법승보」(帰依仏法僧宝) 권에서 다음과 같은 단락을 인용하고 있는데, 이는 도겐이 배격한 구태의연하고 목적 중심적이며 물활론적인 경향이 계속해서 현대 일본을 감염시키고 있음을 시사한다.

> 우리는 두려움에 차서 헛되이 산신이나 귀신에게 귀의하거나 외도의 사당에서 경배하는 자들처럼 행동해서는 안 되니, 이러한 방식으로는 괴로움으로부터 벗어나는 것이 불가능하기 때문이다. … 지혜로운 사람은 이러한 관습에 몰두하지 않으니, 그것들은 다만 괴로움을 늘리고 좋은 과보를 방해하기 때문이다. 각자는 잘못된 길에 대해서는 귀의하지 말아야 하며 다만 뚜렷하게 논파하여야 한다.[26]

12권본에서 이러한 접근은 75권본의 「예배득수」(礼拝得髄) 권에서 "우리는 둥근 기둥, 정원의 등불, 붓다, 여우, 악마 내지 신령, 남자나 여자 등 무엇으로 나타나든 법을 공경해야 한다"라고 하여 물활론을 긍정하는 것과 현저히 대조되는 것으로 보인다.[27] 업의 응보에 기초한 수행을 중심으로 전개되는 주제와 스타일의 일관성에 더하여, 비판불교학자들과 전통적 학자들 모두가 주목하는 12권본의 중요한 특색은 순서적 통합성인데, 이는 특히 75권본과 대조되니, 75권본은 에조가 우선적으로 그 각 권이 저술된 연대기적 순서를 반영하도록 배열하였던 것이다. 12권본의 각 권은 깨달음의 과정에서 각 단계를, 출가와 수계에서 시작하여 발보리심, 공양제불(供養諸佛), 심신인과(深信因果)에서 업의 인과에 대한 참회와 정화, 승려의 선정의 네 번째 단계(四禪比丘), 그리고 마지막으로 보살의 증득으로부터 평정과 자비로운 베품 등 팔대인각(八大人覺, 깨달은 사람의 여덟 가지 특색)에 이르기까지 체계적으로 다루고 있다. 그 전체 텍스트는 최초의 충동과 결심으로부터 수행을 거쳐 절정에 달하고 깨달음의 결과에 이르기까지 불도를 온전하고 설득력 있게 설명하는 종교 문헌을 구성하고 있어서, 수행자가 그 추구에서 적절한 단계마다 알맞게 배울 수 있게 되어 있다.

개작된 권들

12권본의 우위를 지지하기 위하여 비판불교학자들이 사용한 증거의 요점 가운데 하나는, 도겐이 12권본을 위한 새롭고 더 진정한 입장을 표현하기 위하여 75권본 내지 60권본의 여러 권들을 개작한 것으로 여겨진다는 것이다. 이러한 문헌학적 이슈는 도겐의 새로운 지향성의 핵심을 포착하는 것으로 상정되며, 비판불교의 메타텍스트적 관심에 결정적으로 중요하다. 5권이 개작되었는데, 12권본의 순서에 따르면 아래와 같이 열거된다.

a. 「출가」(出家): 1246년에 처음 집필되었고, 75권본에서 제75권이며, 「출가공덕」(出家功德)으로 개작되어 1255년에 에조에 의하여 편집되었으며, 12권본에서는 제1권이다(또한 60권본에서는 제58권이다).
b. 「전의」(傳衣): 1240년, 제32권, 1240년에 「가사공덕」(袈裟功德)으로 개작, 제3권(제41권).
c. 「발무상심」(發無上心): 1244년, 제63권, 1244년에 「발보리심」(發菩提心)으로 개작, 제4권(제34권) – 몇몇 판본에서는 두 종이 모두 "발보리심"으로 불린다.
d. 「대수행」(大修行): 1244년, 제68권, 「심신인과」(深信因果)로 개작되어 1255년에 에조에 의하여 편집, 제7권(60권본에는 없고, 28권본에서는 제26권, "大修行"이라는 제목은 제17권에 있다).

e. 「삼시업」(三時業): 1253년, 75권본에는 없고, 60권본에는 있으며, 1253년에 개작되어 12권본 제8권에 「삼시업」(三時業)으로 포함(60권본에서는 제8권).[28)]

이 권들 중에서 (b)와 (c)의 두 경우가 두드러지는데 왜냐하면 그 둘은 1240년대에 원 저술의 시기에 가까운 때 개작되었기 때문이다. (b)의 경우는 그 두 판본 사이에 중첩되는 부분이 가장 많고 심지어 일치되는 부분도 드러나고 있다. 전통적 학자들은 「전의」가 아마도 12권본에 포함될 원고로 저술되었으며, 따라서 비판불교학자들의 주장에 신뢰를 부여한다고 인정한다. 그러나 (c)의 경우, 두 종이 모두 1244년(가마쿠라 방문 이전) 요시미네데라(善峯寺)에서 동일한 겨울 날 밤에 처음으로 강연된 것인데, 전통적인 관점에서는 「발무상심」이 높은 경지의 스님들을 대상으로 한 것이고, 반면에 「발보리심」은 초심자를 대상으로 한 것이라고 간주해 왔다. 비판불교에서는 이러한 관점을 거꾸로 하여, 후자가 본각사상에 대한 더 명료하고 심오한 논박을 드러내고 있다는 입장을 제시한다. 「발무상심」에서는 본가 스타일의 수사학을 사용하여 일심(一心) 곧 모든 것을 포괄하는 마음을 인간계와 자연계를 포함하여 구체적인 현상세계의 모든 측면과 일치시키는 반면, 「발보리심」에서는 본각사상에서 벗어나서 각 순간 생사의 과정이 언제나 업의 결과를 드러낸다는 점을 강조한다. (a)와 (d)의 경우 새로운 판본은 1250년대의 가마쿠라 이후 시기에 저술되었다. (a)는 75권본에서는 마지막 권이고, 12권본에서는 첫 번째 권이며, (d)의 두 권은 "백장야호"(百丈野狐)라는 유명한 공안에 대하여 서로 상이한 해석을 제시하고 있다. 마지막으로 (e)의 경우 도겐의 생애 마지막 해에 저술되었으며, 그의 모든 저술 중 가장 늦게 저술된 것이고 개작된 권 중 유일하게 그 최초의 판본이 현존하는 75권본의 어떤 판본에도 포함되어 있지 않은 권이다.

(d)의 경우 개작된 권의 해석은, 업에 대한 도겐의 관념 그리고 동아시아불교에서 기체설적 관점을 전반적으로 극복하기 위한 그 관념의 적절성에 대한 비판불교학사들의 관점에서 핵심을 단일한 주장으로서 최대한으로 표현하고 있다. 두 판본 모두, 백장의 어록에 담겨 있고 또한 『무문관』(無門關, 제2칙)이나 『종용록』(從容錄, 제8칙)과 같은 다양한 공안 모음집, 그리고 『천성광등록』(天聖廣燈錄)이나 『종문연등회요』(宗門聯燈會要)와 같은 전등록(傳燈錄), 공안 해설서, 그리고 송대의 수십 종의 어록들에도 인용되어 있을 정도로 유명한 "야호"(野狐)에 대한 인용으로 시작된다. 도겐에게 이 공안의 중요성은 그가 자신의 공안 모음집, 한문본과 일본어본 『정법안장』, 그리고 『정법안장수문기』(正法眼藏隨聞記)에서 이에 대한 그의 주해, 그리고 『영평광록』(永平廣錄) 제9권의 운문 주해를 포함하는 여러 단락에서 이 공안을 활용하고 있다는 점에 의하여 입증된다. 그 공안의 원전에서의 내용에 의하면, 한 승려가 인과에 대한 오해를 말한 벌로 500번의 생애를 여우로 환생하였다고 한다. 한 제자의 질문에 대한 답변에서 그 승려는 크게 수행한(大修行) 사람이라면 "인과에 떨어지지 않는다"(不落因果)고 주장하여 그렇게 되었다고 한다. 그 승려는 백장(百丈)의 일전어(一轉語) 곧 "인과에 미매하지 않다"(不昧因果)를 통하여 그러한 운명에서 벗어나고, 그 여우 시체는 불교식 의례와 함께 매장된다. 이 공안의 근본적 역설은 한 승려가 말로 인과를 부정함으로써 업보를 받고, 업의 영향을 긍정하는 백장에 의하여 그 업보에서 벗어난다는 점이다. 그럼에도 불구하고, 도겐과 그밖의 선사들의 주해가 시사하듯이, 이 공안을 해석하는 데에는, 그 승려(그는 계속하여 윤회하는가 아니면 완전한 열반을 증득하는가?)와 그 여우의 영혼의 마지막 운명을 포함하여 몇 가지 문제점들이 있다. 도겐은 또한 그 여우가 백장으로 하여

금 자기가 실제로 승려였다고 믿도록 속였을 가능성을 숙고하며, 그러한 경우에 그 시체는 불교식 의례를 받지 못했어야 한다고 한다.

다른 한편으로, 업의 인과의 불가침성에 관한 그 공안의 기본적 메시지는, 불매인과(不昧因果)라는 어구에서 시사되듯이 아주 명료한 것으로 보인다. 그렇지만, 앞의 두 공안 모음집을 포함하여, 이 공안에 대한 대다수의 주석서들은 불락인과(不落因果)와 불매인과라는 두 답변이 모두 잠정적이며 궁극적으로 구분이 불가능하다는 점을 부각시킨다.[29] 도겐은 앞선 시기의 "대수행" 권에서 이러한 입장에 공감하는 것으로 여겨진다.

> 인과는 반드시 완전한 원인과 완전한 결과를 의미하기에 [인과]에 "떨어진다"거나 "떨어지지 않는다"거나 "미매하다"거나 "미매하지 않다"거나에 관한 논의의 여지가 없다. "인과에 떨어지지 않는다"가 올바르지 않다면, "인과에 미매하지 않다"도 또한 올바르지 않다. 그럼에도 불구하고 어떤 근본적 오해로 인하여 [그 노인은] 여우의 몸으로 환생한 것이고 다시 그 여우의 몸에서 벗어난다. 그리고 가섭불의 시대에는 "인과에 떨어지지 않는다"가 올바르지 않았지만, 샤카무니불 시대에는 올바르지 않은 것이 아닐 수 있다. 비록 현재의 샤카무니불 시대에 "인과에 미매하지 않다"로 여우의 몸에서 벗어났지만, 가섭불의 시대에는 그 말이 그러한 효과가 없었을 수 있다.[30]

두 권 모두, 본래의 성품 내지 원천으로 '회귀'하는 것을 옹호하는, 그리고 여우의 몸으로부터 벗어나는 것에서 그 승려가 자신의 참된 본성을 회복하는 상징을 보는 세니카 외도의 입장에 대하여 비판적이다. 그럼에도 불구하고 「대수행」 권은 그 노인의 "불락인과"라는 관점에 대하여 비판하기를 거부하는 반면, 「심신인과」 권은 인과와 인과의 초월을 같은 것으로 보았던 10년 전의 도겐의 입장을 논박하고 있다. 후기의 저술에서 도겐은 불매인과만이 정확하며 인과에 대한 부정(撥無因果)에 상응하는 불락인과는 잘못된 것이라는 점을 아주 강력히게 주장한다.

> 오늘날 송나라 승려들의 유일하게 가장 큰 한계는 "불락인과"가 서삿된 가르침이라는 것을 깨닫지 못한다는 것이다. 조사에서 조사로 올바르게 전수된 여래의 참된 법을 대면하면서도 그들이 인과를 부정하려는 이들의 견해를 받아들이는 것은 유감스럽다. 그들은 인과의 원리를 곧바로 깨달아야 한다. 현재 백장산(百丈山) 고승의 "불매인과"라는 표현은 그가 인과를 결코 부정하지 않았다는 것을 입증한다. 수행 곧 원인이 깨달음 곧 결과로 이어진다는 것은 명백하다.[31]

비판불교학자들의 입장에 대한 요약

다음으로 나는 전통적 학자들의 대응을 살펴보기에 앞서 비판불교의 주요 주장들을 요약하겠다. 비판불교의 중심적 주장, 특히 하카마야의 논지는 12권본에서 도겐이 스스로 전에 본각적 수사학에 연루되었던 것을 포기하면서 그 수사학을 논박하고 인과의 역할을 강조한다는 것이다. 곧 그의 선철학은, 부지불식간에 물활론 내지 자연주의에 영향받으면서 인과를 초월하는 실재의 단일한 원천(基體, *dhātu*)을 추구하는 형이상학적 견해에서, 무상한 매순간에 업보가 작용하고 있다는 근본적 조건에 기초하여 도덕적 의무를 강조하는, 직설적이고 엄격한 업 결정론으로 변화를 겪는다. 그 형이상학적 견해는 우선적으로 초월적인 명상적 자각에 기초하는 반면, 그 직설적 견해는 연구와 지식에서 생성되는 지혜를 필요로 한다. 도겐의 후기 저술들의 주요 특색 가운데 하나는, 개작된 권들을 그 이전의 판본들과 비교할 때 특히 눈에 띄는데,

도겐이 불교 문헌들을 광범위하게 활용하고 있다는 점이다. 곧 비판불교학자들은 12권본의 종교철학이 예컨대 「변도화」(辨道話)에서 표현되고 있는 직관주의와 담론의 억제보다는 오히려 문헌학적 연구를 통한 지성적 삶과 학문적 배움의 특징을 지니고 있다고 주장한다. 다시 말해서, 그의 후기 텍스트는 "지관타좌"(只管打坐)와 "본증묘수"(本證妙修)에서 "반야존중"(般若尊重)과 "심신인과"(深信因果)로의 전환을 드러낸다.[32]

비판불교의 전반적 목표는 『정법안장』의 단순한 재해석 이상의 것을 포함하고 있다. 그 목표는 도겐의 마음 변화를 출발점으로 활용하면서, 인식론적 무차별과 존재론적 역동이라는 주장에 기초하여 사회적 차별을 영속화하고 기성 질서를 암묵적으로 지지해온, 정통 본각사상에 도전하는 것이다. 이러한 도전은 또한 생사(곧 인과)와 열반(인과를 넘어서는 것)의 불이(不二)가 지니는 의미를 다시 생각하는 것을 포함한다. 이 두 차원 사이의 관계에 대한 논구의 기원을 거슬러서 살펴보면, 현상적 존재의 요소로서 다르마(dharma)들에 대한 아비달마의 분석에서는 인과 과정에 묶여 있는 조건적 다르마(*saṃskṛta dharma*, 有爲法)와 인과에 묶여 있지 않은 비조건적 다르미(*asaṃskṛta dharma*, 無爲法)를 엄격히 구분한다. 초기 대승의 공(空) 철학(중관파와 반야바라밀다 경전군)에서 목표는, 대부분의 동아시아적 해석에 따르면, 조건적인 것 곧 인과적인 것과 비조건적인 것 곧 비인과적인 것이 분리될 수 없음 곧 구분될 수 없음을 입증하는 것인데, 이는 이후의 사상학파들에서 추구하게 되는 미묘하면서도 결정적인 이슈를 제기하게 된다. 인과와 비인과가 등치될 때, 그 불이적 등치화의 어느 쪽 - 인과의 쪽 아니면 비인과의 쪽 - 이 영성적 자유에 대한 이해에서 강조되는가? 다시 말해서, 그 등치는 인과를 근본적 실재의 입장에서 비인과의 일부로 생각하여, 누구나 본래적으로 인과의 결과에서 자유로우며 따라서 차별을 극복함으로써 청정함을 이룰 필요가 없다는 것을 함의할 수 있는 입장인, 자연외도(自然外道)의 입장을 시사하는가? 아니면 그 등치는, 비인과가 인과의 측에서 등치되어 아무리 많은 노력을 기울이더라도 인과에서의 자유를 획득할 수는 결코 없으며 따라서 사회적 차별화로의 경향을 역전시킬 동기는 없다는, 마찬가지로 문제점이 큰 허무주의적 입장을 시사하는가? 어느 경우든, 업보의 불가피성이라는 도덕적 함의와 진정한 의미에서 참회의 필요성이 상실되어 버린다.

비판불교에 따르면, 선사상에 반영되고 75권본『정법안장』에 표현되어 있는 본각적 관점은 자연주의적 입장에 함의되어 있는 개념적이고 도덕적인 딜레마를 실제로 더욱 악화시킨다. 본각적 관점은, 궁극적 실재를 구체적 현상과 일치시킴으로써, 비인과성을 삼켜버리고 동시에 (영성적 청정함을 반드시 필요로 하지 않게 되기에) 그 비인과성에 의하여 삼켜져 버리는 인과의 입장에서 불이(不二)를 주장하는 것이다. 곧 보편적 자유와 평등의 깃발 아래에서 주장되는 것과 같은 진정한 자유나 무차별은 없다. 그 대신에 실제로 일어나는 일은 도덕적 추구나 평가적 판단 없이 상황을 있는 그대로 받아들이는 것이다. 곧 진짜 문제는 단순하게 양극을 일치시키거나 한쪽에서 다른 쪽으로 결론을 전환하는 것의 문제가 아니라, 업의 인과라는 도덕적 요소가 은폐되기보다는 부각되는 방식으로 그 양자를 등치시키는 것의 문제이다. 비인과에 대한 강조에 지나치게 영향을 받아서 인과의 도덕성이 흐려진다면, 진정한 비인과는 증득될 수 없다. 비판불교학자들이 볼 때, 도겐은 인과의 법칙이 보편적이고 위배될 수 없으며, 그럼에도 불구하고 인과의 세계 내에서 도덕적 청정함을 완성해가는 계속되는 과정을 통하여 그리고 오직 그 과정 안에서 비인과의 자유가 증득될 수 있다는 점에서, 그 법칙은 현저하게 주체적 특성("深信")을 지닌다는 의미에서, "인과의 법칙은 뚜렷하고 사사롭지 않다(곧 無我이다)"라는 "심신인과"(深信因果)를 주장함으로써[33] 이 딜레마를 해소한다.[34] 이것은 열반이 인과의 맥락 내에서 발견된다는-열반은 생사에서의 도피로서가 아니라 생사의 한가운데에서 일어나며, 그러면서도 인과관계의 단순한 인정이 아니라 오히려 그 조망의 근본적 변화를 통하여서만 증득된다는-중관사상에서 『중론』(25:9-10)의 관점을 상기시킨다. 그러나 도겐의 접근은 업에서의 비관계적 자유에 기초한 것이 아니라, 종종 동시적이고 중첩되기도 하지만 수행과 깨달음의 단계가 불가역적 순서로 전개되는, 현저하게 유연하고 다채로운 과정에 기초한다.[35]

전통적 학자들의 대응

거의 모든 전통적 학자들이 비판불교 측에서 제기한 이슈들의 기본적 가치와 심지어 '선동적' 충격까지는 인정하는 한편, 이러한 새로운 방법론의 장기적 중요성에 관하여서는 반응이 뒤섞여 있다. 도겐 연구에서 가장 나이가 많고 저명한 학자들 가운데 한 명이며 『12권본 정법안장에 관한 여러 문제들』(十二巻本『正法眼蔵』の諸問題)에 서론을 집필한 가가미시마 겐류(鏡島 元隆)는 일정한 범위 내에서는 비판불교의 해방적 영향력으로부터 그 이전으로 회귀할 수 없다는 점을 인정한다. 예컨대 그는-『정법안장』에 대한 초기의 다소 특유한 주석서를 저술한 것으로 알려져 있는-도쿠가와 시대의 학자 덴케이 덴손(天桂 伝尊)이 다소 독단적으로 「대수행」 권은 참된 판본인 반면 「심신인과」 권은 거짓된 판본임에 틀림없다고 주장한 이래 연구가 얼마나 많이 진척되어 왔는가를 지적한다. 하지만 가가미시마는 또한 경계의 목소리를 내어, 비판불교가 지나치게 강경하며 다소 편향된 접근을 하고 있다고 평가하면서, 자기 생각에 보다 합리적 주류, 예컨대 이시이 슈도(石井 修道), 스기오 겐유(杉尾 玄有), 그리고 시미즈 히데오(清水 英男) 등의 절충적 입장과 그 접근이 대조된다고 이야기한다. 그 절충적 입장(가가미시마는 정노는 넘하지만 이 입장에 대해서도 도전한다)에서는 12권본이, 도겐의 방향성에서 혁신적 변화라기보다는 강조점에서 전환을 드러내면서, 다면적 가치를 지니는 "정신적 변화"를 표현하고 있다고 간주한다. 예컨대 이 절충적 입장에서는 12권본을 오직 도겐 후기의 다른 저술 및 활동과 연관해서 보아야만 한다고 제안한다.

곧 가가미시마의 접근에서는 전통적 입장을 둘로 구분하는 것이 필요하며, 전체적으로는 세 가지 입장이 있다는 점을 시사하고 있는데, 아래에서는 그 두 전통적 입장을 (a)와 (b)로 언급하겠다. 그 스펙트럼의 한쪽 끝에 있는 비판불교에서는 도겐이 철저하고 결정적 변화를 겪었다고 주장하며, 그 반대쪽 끝에 있는 보다 보수적 전통주의 입장 (a)에서는 실질적 변화가 전혀 없었으며 도겐이 중국에서 돌아온 이후 삶 전체의 기간 동안 본질적으로 동일한 입장에 머물렀다고 주장한다. 이 두 입장은 단일하고 순수한 입장을 강조하는 반면, 절충적 전통주의 입장 (b)에서는 비판불교학자들이 주장하듯이 명쾌하고 단절적인 방식으로는 아니지만 변화를 수용한다. 첫 번째 입장에서는 비교적 제한된 한 차례의 기간 동안에 집필된 12권본이 그 이전의 텍스트를 대체하고 그것만으로 도겐을 이해하는 데 충분하다고 주장하는 반면, 두 번째 입장에서는 75권본과 12권본의 근본적인 동등성을 주장하면서도 보다 세련된 청중을 대상으로 한다는 차원에서 전자의 궁극적 우위를 주장하고, 세 번째 입장에서는 75권본과 12권본 사이의 관계에 대한 이해에 영향을 주는 도겐의 후기 저술과 생애에서의 발전이라고 하는 복합적 영역을 탐구한다.

이 두 전통주의 입장을 연결시키는 것은 12권본의 우위에 관한 도겐의 의도를 입증하려는 어떠한 시도에 대해서도 기본적으로 회의적이라는 점이다. 그러한 입장에서 양자 모두 비판불교의 기반에 대하여, 개작된 권들 및 인과에 대한 도겐 철학에 관한 해석을 포함하여, 일련의 게릴라식 공격을 가한다. 전통주의 학자들은 그 "개작"이 도겐의 것이며 그 제자들의 편집이 아니라는 것을 확증하는 것의 어려움, 그리고 12권본의 입장을 드러내거나 표현하고 있지 않은 다른 개작된 권들의 명시적 존재 등과 같은 여러 근거에서 비판불교를 반박하고 75권본을 지지하는 주장을 펼쳐 왔다. 더 나아가 인과라는 주제에 대한 도겐의 접근은 복합적이며, 일종의 시각 전환을 근본적 변화라고 착각하기 쉽다.

전통주의 (a) 입장의 선도적 인물들에는 가가미시마와 가와무라 고도가 포함된다. 후자는 『정법안장』의 텍스트 형성과 그 초기 중세 주석서들에 대한 전문가로서 비판불교의 주요 목표들 일부에 대해서, 특히 그 자신이 결함이 있다고 여기는 불교 형태에 대한 도겐의 비판적 입장을 극화하는 데 대해서는 공감한다. 예컨대 가와무라는 선에 대한 도겐의 접근을 교외별전과 삼교일치 등 문제가 있는 관점에서 구분해내는 것이 중요하며, 또한 실체적 형이상학이 다양한 혼합주의적 불교 교설과 실천에 어떻게 은밀하게 스며들어 왔는가 하는 문제를 현대의 조동종 학자들이 다시 생각하도록 촉구할 필요가 있다는 점에는 동의한다. 그러나 가와무라는 도겐이 자신의 생애 내내 이단적 견해들에 대하여 동일한 정도의 비판적 거리를 유지해 왔으므로, 도겐의 비판을 잘못 읽거나 과장하지 않는 것이 중요하다고 믿는다. 그 대신에 도겐이 본각사상에 관하여 중도적 입장을 견지하는 것으로 바라보는 것이 더 낫다고 하면서, 그는 이 사상에서, 맥락적 관계의 통일된 비실체적 기반을 깨닫는다는 구원론적 목표를 표현하는 것은 긍정적 특색으로 수용하는 반면, 지속적 수행의 필요성을 무효화하는 경향은 논박한다.

가가미시마와 가와무라는 양자 모두 도겐이 생애 말년에 자신의 메시지를 12권본에 한정시켰다거나 75권본을 배격하게 되었다는 확고한 증거는 없다고 주장한다. 가와무라는 도겐의 편집자이자 해석자로서 에조의 역할을 강조한다. 도겐의 사후 2년 뒤에 에조의 12권본 편집이 그 새로운 텍스트의 우위에 대하여 유일하게 뚜렷한 증거이다. 하지만 가와무라가 지적하듯이, 다른 모든 증거들에서는 에조가 75권본의 우위를 역설했다는 점을 시사하고 있다. 에조는 도겐의 임종 전 해에 그 스승으로부터 75권본 편집에 대한 승인을 얻은 것으로 보인다. 만약 도겐이 자신의 죽음에 가까울 무렵에 12권본의 중요성을 강조했었다면, 에조는 왜 이러한 중요성을,「팔대인각」권에 단 하나의 비의적 (그리고 오랫동안 간과되어 온) 간기를 남기는 것보다 적극적 방법으로 드러내지 않았겠는가? 비판불교학자들이 올바르다면, 왜 에조는 도겐 자신이 거의 그 생애 마지막까지 계속해서 개작했던 이전의 권들에 대한 편집을 아예 멈추지 않았는가? 또한, 도겐의 사고방식을 내밀히 알고 있었던 센네와 교고 등 다른 주요 제자들은 왜 단지 75권본에만 주석을 달았는가? 가가미시마는 도겐의 마지막 지침 내지 의도에 대한 우리의 이해를 더 뚜렷하게 할-아니면 아마도 더 복잡하게 할-에조의 또 다른 간기가 가까운 미래에 발견될 수 있을지 궁금해한다.[36]

더 나아가 가가미시마와 가와무라는 개작된 다섯 권이 하나의 단일한 이유만으로 개작되었다고 주장하는 것이 지나치게 단순하다고 강조한다. 개작의 구체적 방법과 목적은 경우마다 상당히 다른데, 그 개작된 권들의 전반적 인상은 그 각각의 판본이 하나의 특정한 주제에 대한 상충하는 관점보다는 서로 구별되면서도 보완적 관점을 표현하고 있음을 시사한다. 그들의 주장에 따르면, 교토로부터 에치젠으로 이동하는 동안 도겐은 여러 상이한 유형의 제자들의 관심사를 다룰 필요성을 느끼게 되었다. 여전히 설득력 있는 출가의 당위성을 필요로 하는 제자들도 있었고, 이미 승가 생활을 하고 있으면서 수행을 정교하게 발전시킬 필요가 있는 제자들도 있었고, 깨달음의 마지막 단계에 다가가는 제자들도 있었다. 예컨대 출가에 관한 권의 두 판본에서 첫 판본(「출가」)은 계를 받는 단계인 수계(受戒)의 입장에서 출가를 다루는 반면, 두 번째 판본(「출가공덕」)은 "공덕" 곧 그 이후의 단계로서 공덕을 얻는 단계의 입장에서 출가를 검토한다. 그와 유사하게, 불락인과(不落因果, 인과에 떨어지지 않음)에 관하여 현저하게 상이한 결론에 도달하는 「대수행」 권과 「심신인과」 권은 서로 상이한 입장에서 그 의미에 접근하고 있을 수 있다.[37] 「대수행」 권은 인과와 비인과의 구분을 초월하는 궁극적 실재의 입장에서 그 표현을 인정하는 반면, 「심신인과」 권은 보다 제한된 담론의 영역 곧 인과를 회피하거나 벗어나려는 경향이 논박되어야 하는 세간적 진리의 입장에서 그 표현을 비판하는 것이다. 그러나 궁극적 분석에서 이야기하자면, 그 궁극적인 것과 세간적인 것의 두 차원의 담론은 서로를 고양시키고 풍요롭게 하면서, 역설적이기는 하지만 비판불교에서도 지지할 가능성이 있는 결론을 드러내게 된다. 곧, 인과의 초월은 인과 내에 있지만, 75권본의 「갈등」(葛藤) 권에서 뒤얽힌 덩굴을 이용해서 덩굴[葛藤]을 풀어내는 과정과 같이, 단순히 인과 내에 있는 것이 아니다. 따라서 전통주의자 (a)의 입장은, 『정법안장』이 다중적 조망을 표현하고 있으며, 12권본이 그 자체로 완결되고 독자적인 것이 아니라 75권본과 상호 보완적 관계를 갖고 있어서, 그 두 판본이 서로 대립적 의미가 전혀 없이, 그 준거 틀에서 전반적인 것과 전문적인 것, 서론적인 것과 높은 수준의 것이 서로 밀접하게 관련되어 있다는 것이다.

가가미시마가 절충적 입장이라는 정체성을 부여한 학자들의 선도적 대표자 가운데 한 명인 이시이 슈도(石井 修道)는 자신의 친우이자 동료인 하카마야의 목표와 방법에 매우 공감하며, 비판불교에 공식적으로 대응한 최초의 학자들 가운데 한 명이었다.[38] 이시이는, 조동종이 지관타좌(只管打坐) 곧 좌선에만 기반을 둔 종교로 종종 특징지어지는 것이 사실이지만 이는 제4조 게이잔에게로 거슬러 올라가고 도겐에까지 투사되어 온 종파적 오해이며, 불교에 대한 도겐의 접근은 명상보다는 오히려 지혜(*prajñā*)와 배움에 일차적으로 기초하고 있다는 데 동의한다. 도쿠가와 시대 이래로 일본 조종동의 공동 창시자처럼 존중되어 온 게이잔에게 지나치게 가혹한 평가는 하지 않으면서도, 이시이는 게이잔과 그의 제자들에 의하여 영감을 받은 비불교적 혼합주의와 오도적 단순화로 도겐 사상의 순수성이 전복되었다고 느낀다. 비판불교학자들과 마찬가지로 이시이는 도겐이 모든 일방적 고착과 망상을 극복하려는 인도와 티벳의 중관파에서 실천되는 비판철학적 접근에 부합하는 입장을 지닌 것으로 이해되어야 한다고 주장한다. 그러한 맥락에서 이시이는 1980년대 초반에 최초로 도겐과 남부-중앙아시아 불교 사이의 중대한 친근성을 지적한 야마구치 즈이호(山口 瑞鳳)의 연구를 인용한다. 그는 또한 도겐 선이 노자와 공자에 의하여 지나치게 영향을 받아온 중국 선과 다르다고 주장한다(다만 도겐이 중국에서 발견한 혼합주의적 요소들을 정화한 것이 그의 일본화라고 보는 이시이의 관점은 다소 단순하다고 간주할 수 있다). 이시이는 다른 전통주의자들처럼 직접 사회적 이슈에 대하여 언급하지는 않지만, 연기의 고전적 이론들을 현대의 사회적 책임의 필요성과 연결시키는 방식으로 조동종의 근본적 쇄신을 야기하는 수단으로서 『정법안장』을 해석하는 문제에서, 12권본에 초점을 맞추는 비판불교의 접근을 지지한다.

다른 한편으로 이시이는 전통주의자 (a)의 입장과 함께, 비판불교의 주요 결론들 중 몇 항목에 관해서는 회의주의를 공유한다. 첫째로 그는 도겐이 중국에서 돌아온 후에 본각사상에 대한 태도가 비교적 일관된 채로 있었으며, 도겐이 가마쿠라 방문 이후에도 뚜렷하게 식별할 수 있는 사고의 혁신은 없었다고 느낀다. 그는 도겐이 본각사상을 엄격하게 찬동한다거나 거부하지는 않는 입장에서 건설적 모호함의 태도를 일관되게 취하고 있었다고 보면서도, 또한 전통주의 (a)보다는 도겐이 생애 내내 적절한 소통의 스타일과 내용을 모색해 왔음을 더 강조하는 듯하다. 이시이는, 일본 천태종과 도겐의 관계에 대한 전문가인 야마우치 슌유(山内 舜雄)와 같은 입장을 취하면서, 현대의 연구 단계에서는, 결국 젊은 시절의 관심사와 미숙함에서 비롯된 도겐의 '의혹'에서 주의를 돌리는 것이 필요하다고 본다(그의 다소 세련되지 못한 의문은 본각사상에 대한 도겐의 이해를 해석하는 데 관계되는 복합적인 역사적 내지 문헌학적 이슈들에 전적으로 적합한 것은 아니다). 전통주의 (a)와 같이, 이시이는 도겐의 다른 저술들을 희생시키면서까지 12권본을 지나치게 가치 있게 여기지는 않으려고 주의한다. 그는 도겐이 죽기 전까지 75권본을 편집하고 보완했기에 (개작된 판본에 제자들이 얼마나 많이 기여하였는가의 문제뿐만 아니라) 집필과 개작 시기가, 특히 『정법안장』의 다양한 판본들을 고려할 때, 확정될 수 없다는 점을 지적한다. 구체적으로, 이시이는 에조의 간기에서 언급된 이른바 100권본 기획과 관련하여 12권본의 역할에 대해 회의적인데, 왜냐하면 이 기획이 왜 중요한 것인지 전혀 명료하지 않기 때문이다. 아마도 도겐은 『송고백칙(頌古百則)』의 스타일(100개의 공안에 운문 주해를 붙인 것)과 다른 송대의 어록 모음집을 모방하고자 시도하였을 가능성이 있는데, 만약 사실이 그러하다면 비판불교의 주장은 이 점에서는 지지를 받지 못하게 된다.

가가미시마가 이시이의 절충적 입장이 합리적 입장이라고 생각하는 주된 이유는, 이시이가 비판불교학자들과 다소 비슷하게 도겐의 마지막 5년 동안이 정신적 성숙의 시기로서 그 시기의 변화가 에이헤이지(永平寺)의 완성에 대한 새로운 태도를 드러낸다는 것을 인정한다는 데 있다. 그러나 이시이는, 전통주의자 (a)의 입장에 공감하여, 12권본의 역할을 과장하거나 도겐의 그 이전의 그리고 다른 후기의 저술들을 과소평가하려고는 하지 않는다. 도겐의 생애에서 다면적인 변화를 해석하는 것은 이 시기에 도겐이 말하거나 저술하고 있었던 것의 모든 측면에 대한 검토를 필요로 한다. 스스로 12권본에 한정되는 것은 불충분하며, 12권본 그 자체도 사실상 하나의 단일하고 한결같으며 일관된 관점을 표현하고 있는 것이 아니라 다층적인 목소리를 내어 서로 상이한 영향을 반영하고 다양한 메시지를 전하고 있다. 이시이는 가마쿠라 이후 시기에 대한 이해가, 12권본과 다른 후기 저술들 양자 모두에 표현되어 있는 도겐의 사고를 일일이 비교분석하는 데 기초해야 한다는 것을 강조한다.

『정법안장』 문제에 대한 이시이의 접근은, 같은 시기 도겐의 다른 두 텍스트와 12권본 사이의 상호 연관성을 중심으로 하면서, 후기의 『정법안장』 저술들, 상당(上堂) 곧 공식적 스타일의 설법(그 대부분은 1247-1253년 사이에 저술되었다) 모음집인 『영평광록(永平廣錄)』, 그리고 도겐이 중국에서 여정(如淨)과 나눈 대화의 모음집인 『보경기(寶慶記)』 사이에 "상호텍스트성"을 보여준다.[39] 그는 또한 도겐이 자신의 후기 저술에서 굉지 정각(宏智 正覺, 1091-1157)과 천동 여정(天童 如淨)의 텍스트 그리고 다양한 초기불교 텍스트를 빈번하게 언급하는 데 함의되어 있는 상호텍스트성을 보여준다.[40] 내적 텍스트성과 상호 텍스트성의 차원은 도겐의 사상이 지니는 스타일과 내용에서 변화를 드러내기는 하지만, 반드시 비판불교를 지지하는 방식으로 그러한 것은 아니다. 예컨대 『영평광록』(永平廣錄)은 도겐이 75권본의 비공식적인 곧 시중(示衆) 스타일에서 보다 공식적인 상당(上堂) 스타일로 어떻게 전환하였는가에 관한 사례를 제공해준다.[41] 『영평광록』에서 굉지 정각과 천동 여정에 관한 인용과 언급 또한 가마쿠라 이후 시기에 상당히 증가하며, 12권본의 개작된 권들에서는 선어록을 포함한 초기 선불교의 저술들, 대승 경전들(특히 『법화경』), 그리고 『본생담』에서 더욱 많은 인용을 하면서 활용하고 있다는 것이 뚜렷하다.[42] 그러나 이러한 스타일 변화는 연기의 근본 교설에로의 회귀만큼이나, 송대 선불교 패턴의 모방 또는 일본 천태종의 지속적인 영향을 시사할 수도 있다. 구체적인 주제에 관하여 12권본과 기타의 텍스트들을 비교함으로써 도겐 사상의 내용상 변화를 검토하는 것 또한 뒤섞인 메시지를 준다. 『영평광록』(제412)이 「사선비구」와 같이 삼교일치를 비판하며, 『보경기』(제20)가 「삼시업」과 같이 장사 경잠(長沙 景岑: ?-868)의 업관념에 대한 여정의 반박을 기록하고 있다는 데에는 상당한 합의가 있다. 그러나 이시이는 후기의 모든 텍스트에 대한 검토에서, 도겐의 후기 정신적 변화의 열쇠가 "목적이 없는 좌선"의 우선적 중요성에 대하여 거듭 새롭게 강조한다는 데 있다는 점이 드러난다고 믿는다. 12권본에서 이 이슈에 대하여 주의하고 있지 않은 것은 비판불교의 입장을 약화시키는 부조화이며, 당시의 청중 지향적 텍스트에 관한 전통주의 (a)의 입장을 부각시킨다.

이시이의 절충적 접근은 12권본에 대한 최근의 다른 두 연구에서 지지된다. 하나는 이시이 세이준(石井 清純)의 연구로서, 『영평광록』에 있는 "야호"(野狐) 공안에 관한 도겐의 주해에 대한 간결하면서 집약적인 분석이고, 다른 하나는 마츠오카 유카코(松岡 由香子)의 연구로서, 가마쿠라 이후 시기 도겐의 만년에서 문헌학적이고 전기적인 이슈들 사이의 관계에 대한 포괄적인 개관이다.[43] 우선 이시이 세이준은, 두 『정법안장』의 권들에서 그 공안에 대한 해석이 다르다는 점을 상당수의 학자들이 분석해왔지만, 도겐의 『영평광록』 주석서들을 검토하는 것 또한 중요함을 지적하면서, 그 주석서들에서는 도겐이 업과 인과에 대한 자신의 관점을 현저하게 변화시키지 않았음을 시사한다고 이야기한다. 예컨대 1241년 행해진 설법(『영평광록』 1.61)에서 도겐은 "보라! 보라! 인과는 뚜렷하다"라고 말하는데, 이는 10년도 더 뒤에 저술된 「심신인과」의 단락을 예상하게 하는 것으로 보인다. 더 나아가 1252년 설법(『영평광록』 7.40)에서 도겐은 불락인과적 접근이 외도적 견해로서 인과의 부정을 나타냄을 여러 다양한 방식으로 말하면서 시작한다. 그럼에도 불구하고 결론에서 그는 "우리가 인과에 떨어지지 않음에 관해서만 이야기한다면 그것은 언제나 인과의 부정으로 귀결되지만, 인과에 미매하지 않음에 관해서만 이야기한다면 그것은 남의 귀중한 소유물을 탐내는 것과 같다"라고 주장함으로써, 불매인과에 대한 배타적 초점 또한 하나의 극단적 입장으로 간주될 수 있음을 시사한다.

마츠오카는 「도겐의 재탄생」(新生の道元, 1993)과 「12권본 『정법안장』의 현대적 의의」(『正法眼蔵』十二巻本の現代的意義, 1996)라는 논문에서 12권본의 각 권을, 해당 시기의 다른 저술들과의 관계를 평가하는 상호텍스트적 입장에서, 체계적으로 살펴본다. 그녀의 주장에 의하면, 도겐의 정신적 재탄생은 가마쿠라 방문 중에 선불교의 호전적 경향에 대하여 환멸을 느끼고, 그 이후 자신의 앞서의 불이(不二)적 철학에 잠재되어 있는 도덕률폐기론적 함의를 철저히 제거하기 위하여 스스로 태도를 재정비하고 에치젠 지방에서 제자들의 수행과 도덕을 쇄신할 필요성을 의식한 결과였다. 그 논문의 끝에서 두 번째 장 "붓다에서 보살로"(仏から菩薩へ)에서, 마츠오카는 도겐이 감정에 초연한 깨달음의 철학자에서 자비

로운 스승이자 승가공동체의 지도자로 변화하였으며, 이러한 발전은 「발무상심」 권에서 개작된 「발보리심」 권으로의 전환에 이미 드러난다고 주장한다. 이시이 슈도와 같이, 마츠오카는 도겐이 자신의 관점을 변화시키고 수정하였다는 차원에서는 비판불교의 입장을 지지한다. 하지만 그녀는 이러한 변화가 단순히 본각사상을 반박하는 철학의 채택에 기인하는 것이 아니라, 또한 자신의 새로운 에이헤이지 환경뿐만 아니라 가마쿠라 시대 선불교에 영향을 미치는 광범위한 사회적 이슈들에 대한 반응이기도 하였음을 시사한다.

	비판불교	전통주의 (a)	전통주의 (b)
도겐의 의도	오직 12권본	75권본과 12권본이 상호보완적임	뚜렷하고 단일하게 식별할 수 있는 구도가 없음
개작	오직 개작된 권들만이 적절함	도겐은 끝까지 계속해서 75권본을 편집함	내적 텍스트성과 상호 텍스트성의 요소들을 명확히 해야 함
주요 강조점	업의 인과에 대한 강조	입문적 조망과 높은 수준의 조망을 포괄	가마쿠라 이후의 "정신적 변화"
본각에 대하여	도겐은 12권본에서 비판을 예리하게 함	생애 내내 동일하고 일관된 관점을 유지함	계속해서 양면적 입장을 지님

위의 도표는 4가지 해석적 이슈들, 곧 1) 정법안장의 개작에서 도겐의 의도, 2) 개작된 권들의 위상, 3) 그의 후기 저술들의 주요 강조점, 그리고 4) 본각사상에 대한 도겐의 관점에서 비판불교와 전통주의 불교의 2가지 형태 사이의 주요한 차이를 요약한 것이다.

비판불교의 기여에 대한 평가

조동종 학자들은 비판불교운동이 지나치게 선정적이라고 생각하는 한편, 다른 관찰자들은 그 운동을 "작은 물결이 이는 것"(또는 아마도 "찻잔 속의 폭풍")으로 바라볼 수도 있다. 자주 그 혹독한 비판을 겪어본 불자들 내지 불교학자들은 기분이 상할 수도 있을 것인데, 몇몇 학자들과 사상가들은 비판불교가 실제로는, 연기의 교설에 대한 단순하면서 아마도 자의적인 헌신과 더불어, 도겐 저술의 특정한 부분에 대한 종파주의적 선호에 기초하면서도, 자기들만이 참된 형태의 종교를 판단할 수 있는 자격이 있다고 간주하는, 은폐된 형태의 근본주의라고 대응해왔다.[44] 근본주의라는 비난은 비판불교학자들에게는 어처구니없고 충격적인 것으로 여겨질 수밖에 없다. 아마도 그들은 자신들이 여러 가지 이유에서 아주 탈근본주의적이라고 보고 있다. 그들은 경전의 무오류성에 기초한 단순히 신학적 확언과 믿음이 아니라 오히려 비판적 지성에 호소한다. 그들은 다수의 서양 근본주의 운동에서 발견되는 보수적이거나 반동적인 정치적 아젠다가 아니라 오히려 진보적 개혁을 목표로 한다. 그리고 그들은 정교하게 조직화된 복음 전도적 의례나 치유 의례에 참여하지 않고 있다. 그러한 명칭은 아주 조심스럽게 사용되어야겠지만, 소카가카이(創價學會)와 같은 일본의 신종교들 몇몇이 훨씬 더 용이하게 "근본주의"로 불릴 수 있는 특성이 있는 것으로 보인다.

또 하나 일반적으로 거론되는 비판은 비판불교가 불교학에 대한 "19세기적 접근"으로의 회귀라는 것이다. 19세기 빅토리아 시대의 초기 학자들은 상당히 단순하게 참되고 절충적이지 않으며 지성적으로 만족스러운 형태의 불교를 모색하면서, 역사를 경과하면서 문화적 상호작용에 의하여 영향받아온 불교전통의 복합성과 다양성에 주의를 기울이지 않았다. 하카마야는 이미, 비판불교가 참된 불교이고자 한다면, 진정한 자기비판의 지속적 과정을 수반해야 한다는 것을 강조함으로써 자신의 일부 비판자들에게 답변해왔다. 지금까지의 방법론이 기여해온 장점뿐만 아니라 그 단점에 대한 비판을 명료화하기 위하여서는, 『정법안장』에 대한 비판불교적 접근과 전통적 접근을, 불교학 그리고 비교종교사상 전반에 대한 그들의 보다 폭넓은 영향에 비추어 평가하는 것이 필요하다. 나의 제안은 비판불교를 "근본주의"의 한 사례로, 곧 고전적 내지 근본적 입장에서, 그리고 독특하게 현대적인, 사회적이고 철학적인 관심사의 맥락에서, 그 중세 원전을 재해석하고자 시도하는 종교 영역으로 보는 것이 보다 적절하다는 것이다.

『정법안장』 텍스트의 의미와 적절성에 대한 분석에서 비판불교는 적어도, 최초로 중관파의 변증법적 부정이라는 시각에서 본각사상과 선사상의 이해에 접근함으로써, 남아시아 연구와 동아시아 연구 사이의 장벽 일부를 무너뜨리는 데 기여해왔다. 비록 전통적 학자들은 문헌학적이고 역사적인 근거에서 비판불교를 논박하지만, 이 새로운 방법론 운동은 도겐의 철학적이고 실천적인 저술들의 지향성과 장점에 대한 해석을 둘러싸고 있는 여러 차원의 퇴적층을 드러내왔다. 비판불교와 전통적 불교학자들에 의한 텍스트와 상호텍스트성에 대한 논의의 깊이와 상세함은 도겐에 대한 우리의 이해에 전면적 혁신을 일으키는 데 기여해왔으며, 이는 오늘날 일련의 곤란하고 심지어 당혹스러운 사회적 이슈들을 직면하고 있는 일본 조동종이 활기를 되찾는 데 도움을 주어왔다. 이는 다시 불교가 그 차별적 수면상태로부터 깨어나게 해왔고, 인과의 교설에 관한 이념적 연속성에 기초하여, 참된 불교가 무엇인가에 관한 자기 성찰을 촉진해왔다. 여러 해 동안 불교사상은, 불교학과 대조되게, 교토, 특히 니시다(西田)-다나베(田邊)-니시타니(西谷)의 교토학파를 중심으로 하고 있었다. 이제 도쿄의 비판불교는 그 위용의 일부를 훔쳐왔고, 니시다의 장소(場所, 희랍어 *topos*에 기초한 개념) 철학을 세계대전 시기의 국수주의와 연결된 기체설(基體說, *dhātu-vāda*)로서 장소철학으로 비판해왔다.

비판불교의 주된 목표는 결함이 있는 일련의 대안 가운데에서, 12권본 『정법안장』이 그 원래의 맥락에서 추출되어 현대 상황에 적절하게 활용되는 모범직 역할을 하면서, 현대적 개혁을 위한 합법적인 역사적 선례를 제공하게 된다는 점을 입증하는 것이다. 비판불교가, 사회개혁을 위한 이론적 기반을 제공하고자 시도하는 최초의 방법론은 아니다. 예컨대 임제종 승려이자 학자인 아키즈키 료민(秋月 龍珉)은, 도겐을 포함하여 수많은 주제에 대하여 저술활동을 하면서, "내부와 외부 모두에서 오늘날 불교가 직면하고 있는 요구에 대하여 고통에 찬 자각"을 지닌 포스트모던적 시각에서, "새로운 대승"에 대한 요청을 하고 있다. 고 히사마츠 신이치(久松 真一)는 세계평화를 촉진하고자 개혁 F.A.S 협회를 창립하였고, 이치카와 하쿠겐(市川 白弦)은 아시아-태평양 전쟁 동안 일본인들이 저지른 잔학행위에 대하여, 그러한 행위들이 전제국가에 대한 순응을 야기하는 거짓된 조화의식에 기초하고 있었기에, 불교지성인들이 책임을 공유해야 한다고 외쳐왔다.[45] 그러나 비판불교 기획은 때때로 지나친 과장과 함께 도겐 사상의 순수성과 진정성에 대하여 부풀려진 의식을 창출하고 동시에 도겐 이후 일본 조동종의 역사 대부분을 폄하할 위험성이 있다. 그 운동은 또한 이미 서로 대립적이며 파편화되어 있는 중국과 일본의 불교 종파들 대다수에 대하여 배타적이고 심지어 전투적인 태도를 드러낸다. 상당수의 사람들이 느끼기에 (비록 하카마야는 호넨(法然)을 더 존중한다고 주장하지만) 비판불교는 단지 일련의 수많은 도전에서 도겐을 '구해내려고' 애쓰고 있을 뿐이며, 마치 샤캬무니와 도겐을 포함해서 어떠한 사상가든 혼합주의라는 혐의에서 벗어나야 하는 듯이, 너무나 기꺼이 조동종과 기타 동아시아불교의 혼합주의적 형태들을 포기하고자 한다. 비판불교는 배타주의를 조장하려는 의도가 없다고 하더라도, 그 참여와 심지어 분노의 어조가 그러한 인상을 창출한다는 것은 아마도 불가피한 듯하다.

비판불교에 관한 잘못된 인상에는 두 가지 이유가 있으니, 하나는 비판불교학자들이 성취해온 것의 결함에 기초하고 있고, 다른 하나는 그 독특한 방법론적 지향성을 판단하고 평가하는 데 관계되는 복잡성에 기초하고 있다.

전자에 포함되는 것으로서, 비판불교와 전통불교 양자 모두의 주장들이 갖는 일련의 내재적 한계를 들 수 있으니, 그 주장들은 도겐 옹호에 여전히 묶여 있으며 도겐 연구의 범위를 그다지 벗어나는 적이 거의 없다. 이로 인하여 비판불교학자들은 도겐의 저술들에서 몇 가지 문제 영역들을 자신들의 담론 범위 밖에 방치해 두어왔다. 그 가장 심각한 영역에, 12권본 『정법안장』뿐만 아니라 『영평광록』과 그의 여타 설법 기록을 포함하는 가마쿠라 이후 시기의 다른 저술들에 직접적으로 반영되어 있는, 주술-종교적 의례주의의 역할이 포함된다. 12권본에서 상당수의 단락들은 초자연주의를 배제하는 업 결정론에 관한 비판불교적 관점을 지지한다. 예컨대 개작된 권들 중에서, 그 이전 판본으로서 「발무상심」과 「대수행」은 각각 탑을 짓고 승려의 장례를 지내는 것의 의례적 효과에 일차적 관심이 있는 반면, 새로운 판본으로서 「발보리심」과 「심신인과」는 오직 무상함과 인과의 이슈에만 초점을 둔다. 그러나 12권본에서 다른 단락들은 불교적 종교성의 모든 측면들을 무비판적으로 긍정하는 통속적 설법가로서, 전혀 다른 모습의 도겐을 제시하는 경향이 있다. 예컨대 업의 의미를 설명하기 위하여 도겐은 성적인 상태가 역전되는 환관, 잠시 승려의 옷을 입음으로써 삶이 극적으로 바뀌게 되는 창녀, 그리고 여우와 사슴을 비롯한 동물들의 변신의 힘 등과 같이, 기적적이고 주술적인 일들을 언급하고 있다. 이러한 사례들의 대부분은, 전통주의 (b)의 학자들이 주목히듯이, 『본생담』에서 끌어온 것이기나, 보다 직접적으로 『아비달마대비바사론』(阿毘達磨大毘婆沙論)에서 끌어온 것으로 추정된다.[46)]

비판불교에서 탐구할 필요가 있는 한 가지 영역으로 이야기할 수 있는 것은, 도겐의 업에 대한 관점이 무상(無常), 인연(因緣), 왕생(往生), 그리고 말법(末法) 관념 등 가마쿠라 불교의 다른 형태들에 존재하는 관련 교설들에 의하여 어떠한 영향을 받아 왔을 것인가이다. 도겐은 또한 『본생담』 유포에 일차적 텍스트 역할을 하면서 과거, 현재, 그리고 미래의 삶에서 업 결정론에 관한 문자적 관점을 전달하며 당시 점점 더 대중화되고 있던 『금석물어집』(今昔物語集)과 같은 설화문학에서 영향을 받았을 수도 있다. 이 후자의 측면은 원래의 팔리어 원전에서 후속적으로 자연스럽게 발전되었을 것이다.[47)] 더 나아가, 비판불교학자들은, 업에 대한 도겐의 문자적 관점을 해석하는 데 수반되는 일련의 역사적, 문헌학적, 그리고 철학적 이슈들을 다룰 필요가 있다. 예컨대 연기가 초기불교에서 주목되는 단 하나의 교설로 간주될 수 있는가(예컨대 니카야에서는 샤카무니의 깨달음에 관한 여러 상이한 기술을 담고 있다)라는 보다 큰 질문과는 별도로, 『정법안장』 연구에 중심적인 또 하나의 질문이 있으니, 업에서 공덕의 축적 그리고 업에 여전히 연계되는 초월적 깨달음의 증득 사이에 어떠한 관계가 있는가?[48)] 도겐의 후기 입장은, 중관파에서 논박하는 견해로서, 공덕을 초월로부터 분리시키는 아비달마의 문제성 있는 견해를 다시 내세우는 것인가? 12권본 그 자체를 비판적으로 평가할 필요는 없는 것인가?[49)]

추가적으로, 비판불교는 도겐의 후기 저술에 대한 다른 영향의 가능성, 예컨대 천태종의 실천에서 참회명상과 같은 것의 영향을 보다 온전히 설명해야 한다. 비판불교는 또한 도겐의 사상에 대한 자체의 해석을, 조동선과 일본불교 내에서 그 이후 일련의 전반적 전개부터 현대의 사회적 위기로 이어지는 과정과 연결시킬 필요가 있다. 여기에는, 특히 본각사상과 관련하여 도겐에 대한 후대의 해석에 토대가 되는 것으로서, 센네와 교고에 의한 초기 중세 『정법안장』 주석서의 역할과 같은 문헌학적 이슈들이 포함된다. 또한 중요한 것이 역사적 연구인데, 이에는 도쿠가와 시대 불교의 단가(檀家) 제도와 메이지 시대 신토(神道)와 불교의 분리(神佛分離)가 현대사회에서 선불교의 역할에 미친 영향 같은 것이 포함된다.

비판불교가 사회적 차별의 이슈를 대면하여 해결하는 데 진지한 관심이 있다면, 그 이슈에 관한 다양한 조망들을 또한 살펴보아야 할 것이니, 그 이슈는 다른 선불교 종파들에서도 다루어져 왔을 뿐만 아니라 다른 불교 종파와 불교 외의 비판가들 그리고 사회비평가들에 의해서도 다루어져 왔기 때문이다. 이러한 조망들에는 우선 계명(戒名)을 수여하는 관습의 기원, 사회학적 맥락, 그리고 이와 관련된 의례가 차별적 풍조로 귀결되는 과정에 대한 역사적 연구가 포함된다.[50] 또 찬달라(*caṇḍāla*)라는 범주, 특히 『법화경』 제14장에 나타나는 것과 같은 이 범주가, 어떻게 일본불교사상에서 깨날음을 증득하기에는 너무 깨끗하지 못한 것으로 정의되는 이들을 차별하는 데 활용되어 왔는가의 문제에 대한 연구가 포함되는데,[51] 특히 이 이슈는 본각사상의 도덕적 함의라는 이슈와 상호 보완적이면서도 다소 다르다. 그리고 정토진종(淨土眞宗)에서 불가촉천민들의 역할도 중요하니, 도쿠가와 시대에는 부라쿠민(部落民)의 거의 대다수가 정토진종에 속하였고, 정토진종에서는 차별을 극복하는 데 상당한 진전을 이루어왔는데, 다만 몇몇 지역에서는 예다사

(穢多寺)나 예다좌(穢多座)가 변함없이 남아 있었다. 노마 히로시(野間 宏)와 가라타니 고진(柄谷 行人)과 같은 최근 비판가들의 차별 구조 분석에서는, 엄밀하게 불교적 요인들에 더하여, 일본의 불가촉천민에 대한 잘못된 처우가, 동아시아사회에 스며들어온 힌두 카스트 관습뿐만 아니라, 불교의 악업관념에 보조적 역할을 해온 신토의 의례적 오염 및 더러움(穢れ) 관념에서도 연원한다는 것을 인정한다.

비판불교에 관한 잘못된 인상의 두 번째 이유는, 비판불교의 방법론을 현대적 맥락에서 확인하고 범주화하는 것이 어렵다는 데 있다. 비판불교는 엄밀히 역사적 연구도 아니고 사변적 철학도 아니며(비록 그 양자 모두를 닮아가는 경향이 있기는 하지만), 이들 분야의 관행적 기준으로서, 객관성과 합리성에 견주어볼 때, 독단적이고 논쟁적 면이 있는 것으로 여겨질 수 있다. 대부분의 종교 전통에 대한 현대적 연구에서와 같이 불교학에서도, 한편으로 사회과학 모델을 따라 의례 실천과 상징들에 대한 직접적 대면에 초점을 두는 현장 중심 연구와, 다른 한편으로 문헌학 내지 해석학 모델을 따라 경전과 다양한 장르의 경전 주석서들에 대한 분석에 초점을 두는, 텍스트 연구 사이에 방법론적 간극이 존재하는 경향이 있다. 그러나 텍스트 연구 영역 내에, 종종 또 하나의 보다 미묘하면서 아마도 훨씬 더 심각한 간극이 역사적 연구와 비교철학적 연구 사이에 존재한다. 역사가는 사변적 탐구에 굴복하지 않고 그 텍스트를 언제 어디에서 누가 집필하였는가를 묻는 반면, 철학자는 구체적인 통시적 맥락에 자신의 탐구를 한정시키지 않고, 그 텍스트가 어떻게 그리고 왜 집필되었으며 그 의미가 무엇이었는가를 묻는다. 문헌사학자는 철학자가 원래의 사료에 대하여 지나칠 정도로 엄격하지 못하다고 느낄 수 있는 반면, 철학자는 역사가가 설정하고 강요하는 담론의, 인위적이라고 간주되는 한계에 갇히는 것에 대하여 불편해할 수 있다. 철학자들은 불교의 표면적 모순과 문제점들에 대하여 사학자들이 지나치게 회의적이라고 볼 수 있는 반면, 사학자들은 철학자들이 문화적 조건화에 기초한 불일치를 제거해버린 채, 그 전통에 대한 이념적 관점을 제시한다고 믿을 수 있다.

그러나 '근본주의'의 한 사례로서, 비판불교는 실제로 현대적 의미에서 객관적 연구 내지 합리적 철학의 방법론을 그대로 따르고자 시도하지 않는다. 그 대신에 그 주요 모델은 고전적인 불교 교학이니, 그 교학은 다양한 이념들을 해석하는 자체적 접근에서 중립적이거나 기술적이기보다는 오히려 적극적으로 평가적 태도를 지닌다. 불교 교학, 특히 "교판(教判)"(가르침에 대한 위계적 평가)이라고 알려진 접근은, 편파적이거나 오도적이거나 결함이 있다고 판단되는 대안적 접근들과 그 자체의 접근을 대조시키면서 구체적 형태의 정통적 실천을 위한 (객관적으로 불교학적이라기보다는 오히려) 정통 신학적 기반을 제공하고자 모색한다. 따라서 평가적이고 논쟁적 의도를 지니는, 교학적이고 위계적인 범주의 해석학과 객관성 내지 중립성을 유지하려는, 순수 학문적 해석학을 구분할 필요가 있다. 지금의 경우, 비판불교의 근본주의적 교학은 일본의 조동종 내에서만이 아니라 미국의 "사회적 참여 불교"를 포함하여 다른 여러 불교운동들에서도 전반적으로 진행되고 있는 폭넓은 기반에서의 개혁운동을 지지하는 데 12권본 『정법안장』에시 업보의 철학을 활용하고 있다. 이러한 활용은 승가에서의 수행과 규율에 대한 전통적 관심을 사회적 참여와 책임에 대한 현대적 관심으로 전환시킨다. 이따금 수사학적으로 지나친 점이 있으며, 결함이나 빈틈이 없는 것은 아니지만, 이러한 접근은 전반적으로 일관되고 건설적인 비판적 방법이다.

그러므로 비판불교의 근본주의는 종교학 내지 근본주의보다는 서양 신학의 최근 형태들과 보다 밀접하게 닮아 있다. 그 한 사례를 들자면 해체신학이 있는데, 이 신학은 모든 로고스중심주의(logocentrism)적 입장을 파헤치고 탈중심화 하려는 시도에서, 전통적 신학의 기저에 있는 실체적이고 이념적인 전제들을 드러나게 하고 해체하려는 데에서, 종종 중관 불교에 비견된다.[52] 해체주의는 대체로 사회적 아젠다를 지지하지는 않지만, 신학적 수사학의 기저에 있는 사회정치적 맥락을 드러낸다.

해방신학과 또 하나의 비교가 이루어질 수 있으니, 해방신학에서는 현대의 정의와 사회 개혁의 기초로서 근본적 원전(곧 그리스도교 성서의 복음서)을 다시 생각할 것을 주창하고 있다. 비판불교와 같이, 해방신학은 전통적 그리스도교의 틀에서 지나치게 자유롭게 벗어나고 있다는 비판과, 지나치게 보수적으로 그 안에 머물러 있다는 비판을 동시에 받아오고 있다.[53] 그러나 이러한 비교는 두 가지 이유로 인해 무너진다. 첫째, 라틴아메리카의 사회정치적 상황은 하나의 종교(로마 가톨릭)와 상호작용하는 반면, 일본불교는 종교다원주의의 오랜 역사를 가지고 있으면서 점진적으로 세속화되는 나라 안에서 움직일 수밖에 없다. 또한, 해방신학은 억압자와 피억압자 사이의 구분과 갈등에 기초하고 있으며 맑스주의로부터 영향 받고 있다. 비판불교가 조동종 사찰에서 장례의식을 치르는 소수자 그룹과 같은 피억압자의 입장과 보다 온전히 일치하는 자체의 방법론을 확립하고자 한다면, 아마도 도겐의 엘리트주의적 승가주의보다 더 나은 기초를 발견할 수 있을 것이다. 그 가운데에는 다양한 방식으로 피억압자들과 난민들에게 영성적 의식의 제고와 희망을 제공한 중세시대 조동종의 대중화 내지 정토종의 말법(末法) 운동 등이 있을 수 있다.

텍스트 연구에서 역사적 연구와 철학적 연구 사이의 토론에 대한 비판불교의 주요한 기여는, 불교사상의 근본 교설에 대한 철학적 일관성과 연속성의 입장에서, 전환점 내지 변이점이나 혼합주의가 전개되는 영역을 재검토하고 재평가함으로써, 방법론적 간극에 가교를 놓으려는 노력에 있다. 이 비판불교운동에 따르면 불교는 변할 수 있고 변해야 하며, 그 모델은 전통 내부에서 나와야 한다. 그러나 비판불교가 12권본을 개혁의 기초로 삼고 현대 사회에 구체적 영향력을 갖기 위해서는 방법론적으로 하나의 지배적인 문제를 해결해야 한다. 곧 업에 대한 도겐의 관점 또는 도겐의 그 관점에 대한 비판불교의 관점이 정확히 어떻게 사회변화를 촉진하는가? 다시 말해서, 중세 승가의 맥락에서 업의 인과에 대한 도겐의 이해가 제도불교의 현대사회적 개혁의 아젠다로 번역될 수 있을 것인가?

15. 비판불교는 실제로 비판적인가?

피터 N. 그레고리(Peter N. Gregory)

지난 10여 년 동안 마츠모토 시로와 하카마야 노리아키는 연속적인 일련의 책들과 논문들을 통하여 "비판불교"의 기치를 높이 들어 왔다. 마츠모토는 여래장(*tathāgata-garbha*)에 관한 인도불교 교설에 비판의 초점을 맞추며, 그 교설이 무아(無我, *anatman*)와 12연기(緣起, *pratītyasamutpāda*)의 교설에 담겨 있는, 붓다의 깨달음에 원래적인 비실체적 통찰과 충돌한다고 비판하면서, 따라서 여래장은 "불교가 아니다"라고 주장한다. 하카마야는 마츠모토의 비판을 여래장 교설의 동아시아적 전개라고 할 수 있는 본각사상(本覺思想)에까지 확장시켰다. 하카마야는 계속해서 본각사상이 현대 일본을 괴롭히는 수많은 문제에 책임이 있다고 비판한다.

나는 마츠모토와 하카마야의 저술에 관하여 순수 학문적 관점에서는 판단을 유보하지만, 그들이 촉진한 논쟁은 일본과 서양에서 학문이 전개되는 방식 사이의 차이점의 일부를 부각시키는 데 중요한 의미를 갖는다고 믿는다. 예컨대 미국의 학계 내에서 이러한 토론이 도대체 일어날 수 있을 것인가는, 간단히 말해서, 상상조차 할 수 없다. 미국과 일본에서 불교학이 전개되는 제도적이고 사회적인 맥락의 차이는, 태평양의 맞은편에 있는 쌍방 모두에게 잠시 멈추어 서서, 오늘날 지식사회학이라고 불리는 것에 대하여 생각해보도록 한다. 곧, 우리가 학자로서 경력을 쌓고 있는 제도적 구조와 학계의 문화는, 우리가 탐구 분야의 범위를 정하는 방식, 우리가 묻는 물음들의 유형, 우리가 연구를 하는 방식, 그리고 우리가 거기에서 도출해내는 결론들의 유형 등을 어떻게 형성하는가, 다시 말해서, 우리가 작업하는 환경은 어떻게 우리가 연구하는 "불교" 그 자체를 구성하는가? 이러한 차이에 대한 인식은 쌍방 모두에게, 자신들의 한계, 상대방에게서 무엇을 얻게 될 것인가, 그리고 각자의 상이한 조망이 기초하고 있는 전제들의 성격을 더 잘 인식하는 데 도움을 준다. 따라서 마츠모토와 하카마야가 요청하는 대화와 개방적 토론의 정신에서, 그리고 일본과 서양의 불교학자들 사이에 대화를 심화시키고 싶은 희망에서, 나는 그들의 비판에 대한 나 자신의 비판을 제시하고자 한다.

우선 밝혀두어야 할 것으로, 본각사상의 전개가 불교사상의 역사에서 심대한 전환을 이루었다는 점에 대하여, 나는 마츠모토 그리고 하카마야의 입장에 확실히 동의한다. 본각사상이 여전히 불교적인 것으로 간주되어야 하느냐 여부의 문제에 관하여 우리가 어떤 입장을 취하든, 나는 본각사상이 문제의 소지가 있다는 것, 그리고 마츠모토와 하카마야가 본각사상을 다시 쟁점화 함으로써 불교 연구에 확실히 중요한 기여를 해왔다는 것에 대해서는, 우리가 동의해야 한다고 생각한다. 내가 마츠모토 그리고 하카마야와 동의하지 않게 되는 지점은 본각사상에서 쟁점이 되는 특성을 어떻게 대할 것인가에 있다.

여래장과 본각사상에 대한 마츠모토와 하카마야의 비판에 의하여 제기된 이슈와 문제들은, 중세 중국 화엄과 선의 주요 인물인 규봉 종밀(圭峰 宗密, 780-841)에 초점을 맞추어 온 나 자신의 연구에 직접적으로 관련된다. 실로 종밀의 사상은, 마츠모토의 기체설(基體說)에 대한 묘사와 부합하는 것으로 보이기 때문에, 마츠모토와 하카마야의 비판을 평가하는 데 훌륭한 시범 사례이다. 종밀은 그의 언어조차도 마츠모토가 기체설의 특성을 묘사하는 데 사용하는 용어들과 놀라울 정도로 부합한다. 사실상 너무나 잘 부합해서, 동아시아불교사에 대하여 마츠모토와 하카마야가 제시하는 수정주의적 관점에서, 종밀을 전형적인 악당으로 묘사하기도 쉬울 지경이다.

종밀의 사상은 모든 현상적 드러남(相)이 기초하는 기저의 존재론적 기반을 강조하며, 그 기반을 성(性), 『대승기신론(大乘起信論)』의 일심(一心), 『원각경(圓覺經)』의 원각묘심(圓覺妙心), 『화엄경(華嚴經)』의 일법계(一法界, *eka-dharmadhātu*), 심지(心地), 신회(神會)의 지지일자(知之一字) 등으로 다양하게 언급하는데, 이 모든 용어는 여래장의 동의어이다. 모든 현상은 이 기반의 현현이다. 따라서 그 자체의 실재성이 없다('공(空)하다'고 말하는 것이 바로 이러한 의미에서이다). 더욱이, 기저의 이 존재론적 기반은 단일하고 전체적인 반면, 현상은 분절적이고 다양하다. 따라서 종밀의 사상은 일종의 생성론적인 존재론적 일원론으로서의 특성을 지니고 있는 것으로 가장 잘 묘사할 수 있는 것으로 보인다. 실로 그의 전체 체계는 어떻게 현상적 드러남이 본성에서 일어나는가[性起]를 설명하는 우주생성론에 기초하고 있는 것으로 보일 수 있다.

더 나아가, 종밀 사상의 구조는 인도불교의 이론보다 훨씬 더 토착적 중국 사상 곧 체용(體用)론에 빚지고 있는 모델에 기초하고 있다. 그 기저의 존재론적 기반은 실체로서의 '체'(體)인 반면, 무수한 현상적 드러남은 그저 그 체의 작용으로서의 '용'(用)일 뿐이다. 이 모델은 리(理)

와 사(事), 성(性)과 상(相), 그리고 본(本)과 말(末) 등 일련의 호환 가능한 양극적 용어로 표현된다. 체는 일차적, 절대적, 불변적, 무조건적, 항구적, 그리고 심층적인 것을 가리키는 반면, 용은 파생적, 상대적, 가변적, 조건적, 일시적, 그리고 피상적인 것을 가리킨다. 종밀의 불교 이해는 이처럼, 하카마야가 본각사상에 관하여 강력하게 비판한 특성들 가운데 하나로 지적하는 것과 같이, 벗어날 가망이 없을 정도로, 토착사상에 의하여 오염되어 있는 것으로 보인다. 그러나 우리가 여기에서 멈추고 종밀을, 불교가 동아시아의 서자 급으로 전락하는 데 기여한 인물로 치부해버리는 데 만족한다면, 우리는 종밀에 관하여 참으로 흥미로운 것을 놓치는 것이고, 그러한 과정에서 우리는, 불교와 같은 종교가 그 역사적 전개와 문화적 확산의 과정에서 어떻게 그리고 왜 변천하는가를 이해할 기회를 상실하게 될 것이다.

중국불교지성사의 연구자로서 나는 본각사상의 전개가 붓다의 '원래의' 가르침에서 근본적 교의와 그렇게나 현격하게 차이가 나서 그 산출물이 더 이상 '불교'로 간주되어서는 안 되는가 여부의 문제에는 관심이 없다. 오히려 나는 어떠한 문화적이고 역사적인 요인들이 관여되어 있는가를 결정하고자 하는 가운데, 그러한 변화가 어떻게 그리고 왜 발생하였는가를 이해하고자 시도하는 데 매료되어 있다. 다시 말해서, 나는 그러한 가르침이 비불교적이라고 간주될 수 있다는 사실이 매우 흥미롭다고 느껴지지만, 그것이 어떤 규범적 의미에서 '실제로' 불교적인가 여부에 대한 물음은 다소 잘못 상정된 것이라고 생각된다. 궁극적으로, (마츠모토와 하카마야의 과제에서 매우 중요한) "참된 불교"의 문제는 신학적인 것이며 역사학적 연구에 의해서는 해결될 수 없다. 현재의 토론에서 나에게 가장 흥미로우면서도, 외부자로서 내가 가장 적게 이해하고 있다고 느껴지는 측면은, 전반적으로 일본 불교 그리고 구체적으로 조동종의 현재 상황에 관하여 그 토론이 무엇을 시사하는가이다.

교리적 발전을 지지하는 근거

중세 중국불교와 종밀에 대한 나 자신의 연구의 맥락에서, 마츠모토와 하카마야의 본각사상 비판에 대한 나의 기본적인 반박은, 그 비판이 교리적이고 역사적인 복합적 발전을 지나치게 단순화하고 있으며, 중국불교에서 본각은 그 개념이 일본에서 지니고 있다고 마츠모토와 하카마야가 주장하는 것과 다른 의미를 지니고 있었으며, 이러한 사실에 따라서 마츠모토와 하카마야는 일단 멈추어서 자신들의 비판의 초점을 다시 생각해야 한다는 것이다. 이러한 주장을 지지하기 위하여 나는 비록 매우 집약적인 방식으로이기는 하지만, 세 가지 주요 근거를 제시하고자 한다.

첫 번째로, 종밀과 그가 근거로 삼고 있는 문헌적이고 교리적인 전통에서, 본각은 언어에 대한 긍정적 평가와 맞물려 있었고 따라서 하카마야가 비판하듯이 단순하게 언어나 개념의 타당성에 대한 권위주의적 부정을 수반하는 것으로 이해될 수 없다. 간단히 말해서, 나는 여래장 교설이 반야바라밀다 경전군과 중관 논서에서 발견되는 언어에 대한 과격한 비판에 직면하여 언어의 적극적 역할을 긍정할 필요에서 흥기한 것으로 이해하는 것이 최선일 수 있다는 점을 주장하고자 한다.[1] 곧 여래장 교설의 발달은 단순히 토착사상의 침입으로 이해될 수는 없으니, 또한 그것은 불교 교설 내에서 파악된 부적절한 측면에 대한 대응이었다. 불교의 가르침에 대한 자신의 분류에서 종밀은 정확히 여래장의 가르침이 궁극적 실재의 참된 성격을 드러내주기 때문에 공(空)의 가르침을 넘어선다는 점을 강조한다.[2]

나의 두 번째 주요 근거는, 종밀에게 언어에 대한 이러한 긍정적 평가가, 당 말기 몇몇 과격한 선불교 운동, 특히 8세기 후반과 9세기 전반에 쓰촨성(四川省) 지역에서 유행하던, 홍주종(洪州宗)과 보당종(保唐宗)의 선 계통에서 제기된 도덕률폐기론적 도전에 직면하여, 윤리적이고 종교적인 노력의 존재론적 토대를 놓기 위한 본각의 중요성과 관련되어 있었다는 점이다. 종밀이 자신의 교판에서 여래장 교설에 가장 눈에 띄는 지위를 부여한 것은, 그가 법장(法藏, 643-712)의 오교판(五教判)을 놀라울 정도로 크게 수정하였음을 드러낸다. 종밀의 교판은 『대승기신론(大乘起信論)』에서 그가 읽어내는 우주생성론에 기초한다. 곧, 원래의 청정한 마음이 번뇌에 덮이고 업에 얽히어 가는 다양한 단계를 역전시키는 순서로 교설들이 배열된다. 이러한 우주생성론은 불교적 수행을 위한 구도를 제공하고, 그리하여 깨달음에 대한 최초의 체험 뒤에 지속적 수행의 필요성을 다시 긍정하며, 그렇게 함으로써 선에 대한 홍주종과 보당종의 도덕률폐기론적 경향을 반박한다.[3)]

나의 세 번째 근거는, 본각에 대한 종밀의 주체적 수용이 그 자체 내에 존재론적 일원론과 윤리적 이원론 사이의 긴징을 담지하고 있으며, 이러한 긴장으로 인하여 종밀의 사상은 하카마야가 일본에서 그러하였다고 주장하는 것과 달리 윤리적 함의가 제거되지 않았다는 데 있다. 종밀은, 홍주종이 (선하든 악하든) 모든 행위를 불성의 작용(用)으로 환원시키면서 그러한 작용을 떠나서 별도의 체(體)가 있는 것이 아니라고 주장하는 것에 대하여 비판한다. 홍주종은 그렇게 함으로써 선과 악, 깨달은 자와 깨닫지 못한 자를 구분할 수 있는 어떠한 기준도 무의미하게 만든다. 자신의 비판에서 종밀은 동일한 실재의 서로 다른 측면들에 불과한 것으로서 마음(心)의 체(體)와 용(用)의 불가분리성을 인정하면서도 또한 그 상이점을 강조한다. 그 불가분리성으로 인하여 종교적 수행이 가능하게 되며, 그 상이점으로 인하여 종교적 수행이 필수적이게 된다. 곧 종밀은 체/용 패러다임을 활용하여 보다 포괄적인 존재론적 단일성 내에서 윤리석으로 비판적 이원성을 보전한다. 히가미야는 본각사상이 독자적인 윤리적 입장을 취할 가능성을 침해한다고 정죄하는 반면, 종밀은 정확히 그 사상이 불교의 윤리적이고 종교적인 수행에 굳건한 존재론적 토대를 제공한다고 보았기 때문에 본각사상을 주창하였다.[4)]

이 세 가지 근거에서 곧 다음과 같은 반박이 이어질 수 있다. 본각사상에 갖추어져 있는 전제들이 정반대로 상이한 윤리적 입장들의 토대로 기능할 수 있다면, 마츠모토와 하카마야는 단순하게 본각사상을, 자신들이 관심을 두고 있는 다양한 사회적 문제에 대한 희생양으로 삼을 수 없게 된다. 단순히, 기성 질서를 그 온갖 내재적 불평등과 함께 합리화하는 데 본각이 사용될 수 있다고 해서, 사회적 차별이라는 부정의가 본각의 필연적 결과였다고 할 수는 없는 것이다. 이러한 점은, 상이한 역사적이고 문화적인 맥락에서 본각이, 마츠모토와 하카마야가 일본에서 그것이 침해했다고 주장하는 바로 그러한 것들 가운데 상당수의 것들을 긍정하는 토대로 활용되었다는 사실에 의하여 부각된다. 문제가 되는 것은 본각 그 자체가 아니다. 오히려 문제는 그것이 어떻게 해석되었는가 내지 해석되고 있는가이다.

그 점을 보다 일반적으로 말하자면, 교리는 결코 단순하고 직설적으로 단일한 의미를 지니는 것이 아니라 항상 다양한 가치를 지니는, 복합적인 뉘앙스를 지닌 명제들로서 광범위한 해석적 가능성에 열려 있다는 것이 나의 주장이다. 물론 어떤 특정한 교리가 설득력 있게 해석될 수 있는 범위는 제한되어 있는데, 다만 그러한 제한에 있어서도 그 한계선을 명확하게 정할 수는 없다. 설득력 있는 해석의 범위는 그 교리 자체가 표현되는 방식뿐만 아니라 그 교리가 담겨져 있는 전체 교리 체계에 의하여 정해진다. 그 교리 체계의 구성이 변화함에 따라 그 체계 내의 어떤 교리가 해석될 수 있는 범위도 변하게 된다. 아이디어가 그 아이디어를 생각하는 마음에서 독립적 실재성을 가지고 있지 못한 것과 꼭 마찬가지로, 교리들은 그 교리들이 담겨져 있는 해석적 맥락을 벗어나서는 의미를 지니지 못한다. 그러하기에 나에게는 그 맥락을 벗어나서 교리들을 이해하고자 시도하는 것이 무의미하게 여겨지는데, 왜냐하면 그 맥락을 벗어나서는 아무런 의미도 없기 때문이다.

현대의 사회적 문제들의 책임을 단순히 본각사상의 발아래 둘 수는 없다. 교리들이 사회적 이데올로기로서 수용되는 방식은 복합적이어서, 그러한 수용이 일어나는 전체 과정을 검토하고, 그 과정이 현실에서와 같이 전개되도록 하는 다양한 역사적, 사회적, 심리학적, 인식론적, 문화적, 그리고 그 밖의 요인들을 살필 필요가 있다. 본각사상을 논박하는 것은 현대 일본이 직면하고 있는 문제들을 해결하는 데 아무런 역할도 하지 못할 것이다. 본각사상을 비난하는 것은 사회적 혼란에 대하여 '외부의 선동자들'을 비난하는 것과 같다. 그러한 전략은 그 문제들의 뿌리에는 다가가지 못하니, 그 뿌리는 훨씬 더 복합적이고 은밀하다.

내가 보기에 결과적으로, 다루어야 할 필요가 있는 문제는, 일본의 경우 본각사상이 그 현대의 비판가들이 주장하는 방식으로 해석되도록 하는 데 어떠한 요인들이 관여되었는가의 문제이다. 이러한 질문은 다시 한 번 본각사상이 이해되었던 내지 이해되고 있는 역사적이고 문화적인 맥락, 그리고 불교의 현대적 해석자들로서 우리가 그 맥락을 이해하는 맥락의 중요성을 전면에 부각시킨다. 그리고 우리 자신의 역사적 맥락에 대한 이러한 자각은 내가 생각하기에 비판적 인식의 출발점이다. 더 나아가, 비판적이 된다는 것은 우리 자신의 조망에서 한 걸음 물러서서 그 조망의 좌표를 인식하려는 지속적 노력을 수반하기는 하지만, 우리는 결코 우리가 어떤 대상을 특정한 관점에서만 볼 수 있다는 사실을 벗어날 수는 없다. 선 텍스트에서 빈번히 우리에게 상기시키듯이, 눈은 그 자체를 볼 수 없다. 그러나 이러한 인식론적 곤궁함의 자각은 우리가 '진리'를 특권적으로 점유하고 있다고 하는 믿음에서 나오는 자기 정당화에서 우리를 자유롭게 하는 건전한 효과를 지닐 수 있다. 실로, 옳음과 그름을 식별해내는 절대적 기준으로서 '진리'라는 유령은 (그리고 결과적으로 '참된 불교'라는 문제는) 그 자체 내에 권위주의적 이념의 잠재성을 담지하고 있어서, 그 앞에서는 서양종교의 역사에 친숙한 이라면 누구나 등골이 서늘하게 되기 마련이다.

문화적 변용을 지지하는 근거

중국에서 불교의 문화적 변용 과정을 이해하고자 시도하는 데 관심이 있는 지성사학자로서, 나는 또한, 동아시아불교에 대한 하카마야의 수정주의적 해석에서, 토착 사상을 지나치게 단순하게 처리하는 것에 반대할 수밖에 없다. 하카마야는 본각사상과 토착사상 사이에 밀접한 관련이 있다고 보면서, 여러 곳에서 본각사상을 토착사상의 맥락에서 정의하기조차 한다. 우선, 그는 실체적이고 항구적인 아트만을 주장하는 토착적 우파니샤드 사상이 불교에 침투하여 여래장 교설이 나타나게 되었다고 보면서, 이러한 전개는 모든 형태의 실체론적이고 본체론적인 사고를 비판하는 불교의 원래의 비판정신을 거스르는 것이었다고 주장한다. 하카마야는, 불교의 원래적 유형의 비판적 사고가 기성 태도에 도전하는 것이었고 따라서 위협적인 것으로 인식될 수 있었기에, 보다 구미에 맞도록 하기 위하여 토착적인 실체론적 관념들로 덧씌워지게 되었다는 점을 시사한다. 더 나아가, 불교가 동아시아 전역에 확산되면서, 불교의 원래의 반실체주의적 강조점은, 불교가 조우하게 된 구체적 지역 문화의 토착적 사상, 특히 중국에서는 노자와 장자의 '자연주의'에 의하여 더욱더 흐릿해지게 되었다. 동아시아에서 불교의 역사는 곧 대체로 어떻게 붓다의 원래의 비판적이고 반실체론적인 통찰이 연속적인 여러 층위의 토착사상에 의하여 덧씌워졌는가의 이야기이고, 그 최종 산물이 곧 일본불교에서 온전히 발전된 본각사상으로서 발견되는 것이다. 하카마야는 이 유감스러운 이야기에 주요한 예외로서 두 가지 사례를 꼽으니, 중국에서 지의(智顗, 538-597)와 일본에서 도겐(道元, 1200-1253)이다. 이 두 인물은 모두 본각사상에 대하여 비판적이었으며, 불교를 토착사상의 마수에서 구해내고자 애썼으나, 그들의 노력은 궁극적으로 그들의 제자들과 그 이후의 여러 세대의 추종자들에 의하여 좌절되었다.

불교에 대한 이러한 묘사는, "참된 불교"라는 규범적 관념을 휘두르면서 동아시아에서 불교의 발전에 비판적 판단을 내리는 데 관심을 둔다는 의미에서 "신학적"이다. 그 묘사는 불교가 중국과 일본에서 문화적 변용을 겪는 과정에서 무엇이 잘못되었는가를 발굴하고자 모색한다. 동아시아불교사에 대한 하카마야의 '비판적' 접근에서 내가 가장 놀랍다고 여기는 것은, 그의 접근에서 빈번히 사용되는 언어와 비유가 여래장 교설의 핵심에 자리하고 있는 이미지에 기반하고 있다는 점이다. 『여래장경』(如來藏經, *Tathāgata-garbha Sutra*)의 아홉 비유에 예시되어 있듯이,[5] 여래장의 핵심적 이미지에서는, 우연한 오염에 의하여 덮이고 흐려져서 보이지 않지만 원래적으로 순수하고 불변하는 본체가 있다고 주장한다. 붓다의 깨달음, 지의, 그리고 도겐에 대한 하카마야의 논의는, 법신이 오염에 의하여 덮여 있는 것과 꼭 마찬가지로, 토착사상에 의하여 덮여 있는 순수하고 불변하는 본체(곧 참된 불교)가 있다는 아이디어를 전제하고 있는 것으로 보인다. 하카마야가 불교를 상징하는 맥락은, 이처럼 자신이 비불교적이라고 하여 가장 배척하고자 하는 그 교설 자체의 이미지로 물들여져 있는 것으로 보인다. "참된 불교"라는 아이디어 그 자체가 본체론적인 것이 아닌가? 마츠모토와 하카마야는 따라서 "참된 불교"라는 특정한 관념을 실체화함으로써 자신들이 논박하고자 의도하는 대상, 곧 실체론적 오류 그 자체로 스스로 빠져들고 있는 것으로 보인다.

지성사학자의 입장에서 볼 때, 마츠모토와 하카마야의 접근은, 상세하게 연구되고 그 미묘한 뉘앙스의 차이라는 맥락에서 이해될 필요가 있는, 가장 흥미롭고 중요한 이슈들을 지나치게 거칠게 다루고 있다. 그러나 참된 불교의 성격에 관하여 비판적 판단에 도달하려는 진지한 관심이 있는 신학자의 입장에서, 그러한 염려는 대체로 초점을 벗어난 것이다. 토착사상이라는 이슈에 관한 우리의 차이는 곧 대개 우리의 상이한 입장과 아젠다의 결과이다. 그러나 그 차이는 또한 종교의 본질과 '불교'에 대한 상이한 독해를 둘러싼 근본적 불일치를 반영한다.

종교의 본질

불교 연구에 대한 우리의 접근에서 차이는 종교에 대한 상이한 이해를 반영하며, 일본의 학계와 서양의 학계 사이의 간극이 가장 크게 느껴지는 것도 이러한 문제 맥락에서인데, 내가 감히 말하자면, 그 간극은 더욱더 벌어지고 있는 것으로 보인다. 본각사상에 관한 토론이 일본 불교학계 내에서 어느 정도 전반적 흐름인 이상, 나는 심지어 일본 학계와 서양 학계가 정반대의 방향으로 나아가고 있는 것으로 보인다고까지 말하겠다. 곧 "참된 불교"에 대한 자신들의 추구에서 마츠모토와 하카마야는 서양 학자들이 최근에 떠나고자 애써온 바로 그러한 유형의 종교 모델을 포용하고 있는 것으로 보인다. 이러한 상황에서 아이러니한 것은, 마츠모토와 하카마야가 전제하고 있는 모델이, 불교의 또는 전통적 일본의 관념보다는, 메이지 시대에 수입된 서양(그리고 궁극적으로는 개신교)의 종교 관념에 더 많이 빚지고 있는 것으로 보인다는 것이다. 그리하여 "참된 불교"의 참된 척도가, 예컨대 공동체, 제도, 생활방식, 구체적 의례 행위 준수, 도덕적이고 종교적인 수행, 또는 심리학적 변화 대신에 특정 교리에 대한 충실성의 맥락에서 정의된다.

그러나 지난 십여 년 동안 서양의 불교학자들은 불교에 대한 그러한 문헌학적이고 교리적인 지향성을 지니는 접근에서 멀어져 왔다. 최소한 미국의 불교학자들은 전형적으로 종교학과에서 자신들의 거점을 발견하며, 교육과 연구 양자 모두에서 종교학 분야 전반에 영향을 미쳐온, 보다 폭넓은 지성적 경향의 일부를 다루지 않을 수 없게 되어 왔다. 그 가운데 가장 현저한 것은, 종교이해에 사회과학 특히 인류학이 이루어낸 중요한 기여들에 대한 인식이 점점 더 제고되고 있다는 점이다. 문학비평과 해체주의가 인문학에 미쳐 온 광범위한 충격 또한, 불교학이 점하고 있는, 학계의 외딴 구석에서마저 점진적으로 느껴지기에 이르고 있다. 다양한 방식으로 이러한 경향은 텍스트 연구를 문제점이 있는 것으로 만들어 왔으며, 내가 생각하건대, 오늘날 대다수의 서양학자들은, 하나의 종교로서 불교가 오로지 또는 우선적으로라도 교리의 집합으로 이해될 수 없다는 점에 동의할 것이다. 교의 내지 교리는 우리가 '불교'라고 칭하는 복합적이고 다면적인 현상의 단지 한 측면(그리고 반드시 우위를 점하고 있지도 않은 한 측면)에 불과하다. 곧 교리 체계는 하나의 종교로서 불교라는 보다 폭넓은 맥락 내에서 이해되어야만 한다.

서양의 학자들은 또한, 마츠모토와 하카마야가 "참된 불교"에 대한 자신들의 이해의 토대로 삼고 있는 중심적 믿음, 곧 『율장』(律藏) 「대품」(大品, *Mahāvagga*)에서 붓다의 깨달음을 십이연기에 대한 발견의 맥락에서 서술하고 있는 부분을 역사적 사실에 대한 보고로서 액면 그대로 받아들일 수 있다는 믿음을 인정하는 데 극히 주저하곤 한다. 예컨대 람버트 슈미트하우젠(Lambert Schmithausen)은 팔리어 경전에서 붓다의 깨달음에 대한 최초기의 서술이 연기(緣起)의 맥락이 아니라 사성제(四聖諦)의 맥락에서의 묘사라는 점을 설득력 있게 주장해왔다.[6] 물론 팔리어 경전을 사용하여 '초기의', '원시적인', 또는 '원래의' 불교를 재구성하는 데에는, 그러한 기획 자체를 구상한다는 것이 문제의 소지가 있다는 것은 언급하지 않더라도, 엄청나게 복잡한 문헌학적이고 역사학적인 난점들이 있다. 팔리어 경전은 전반적으로 다른 어떤 현존 텍스트군보다 붓다의 '말씀'에 더 가까울 수 있지만, 그 경전 또한 문자로 기록되기 이전에, 수백 년 동안 그것을 구두로 편집하고, 분류하고, 수정하고 전승해 온 공동체의 집체적 기억에 의하여 매개되어 왔으며, 심지어 궁극적으로 문자화되었을 때에도 고정된 채로 남게 되지 않고, 그 이후 오랜 세월을 거치면서 전통에 의하여 계속해서 수정되어 왔다.

오늘날 우리가 대하고 있는 팔리어 경전은 이처럼 붓다로부터 멀리 떨어져 있으며, 어떤 특정한 서술이 붓다의 말씀에 얼마나 가깝거나 얼마나 멀리 떨어져 있는가를 측정할 수단이 우리에게는 없다. 곧 붓다의 깨달음의 내용이나 붓다가 '원래' 무엇을 가르쳤는가를 어느 정도의 확실성이라도 있도록 재구성한다는 것이 우리로서는 불가능하다. 또한 팔리어 경전은 '초기' 불교에 대한 전체적 모습을 제시하고 있지도 않다. 초기 승가 공동체의 집체적 기억에서 시작될 때부터, 팔리어 경전은 붓다의 가르침에 대한 전체적 서술을 결코 제시하지 않았다. 오히려 그것은 승가의 일부에서 보전된, 붓다의 가르침의 선별된 형태였고, 지금도 그러하니, 우리는 오직, 다른 그룹들에게 행하여진 붓다의 가르침의 상당수는 결코 거기에 포함되지 않았다는 것을 전제할 수 있을 뿐이다. 이러한 사항들은 비판적이고자 하는 학자라면 누구든 다루어야 하는 수많은 이슈들 가운데 일부에 불과하다.

따라서 '원래의' 불교에 대한 재구성은, 어떠한 시도이든, 문헌학적이고 역사학적인 관점에서만 보더라도 문제점이 있다. 뚜렷한 사실은, 붓다의 깨달음이 우리에게는 접근 불가능하다는 점이며, 우리가 대하고 있는 것은, 오직 이에 관하여 서로 경쟁하고 있는 전통들뿐이다. 또한 "참된 불교"라는 이슈를 표현하는 방식 자체에도 보다 큰 개념적 문제가 있다. 참된 불교에 관한 마츠모토와 하카마야의 논의의 이면에서 나는 기원과 순수에 대한 집착을 느끼는데, 이러한 집착은 선불교에 대한 일본에서의 연구 전반에 편만해 있는 것으로 보인다.[7] 그러나 왜 '기원적'인 것이 더 나은가 또는 왜 어떻게든 더 '순수한가'? '기원적인 것이 최고'라는 전제는, 원래 순수했던 것의 퇴락이자 부패로서의 역사라고 하는, 전적으로 신화적 입장을 은폐하고 있지 않은가? 우리는 여기에서 다시 여래장적 사고에서 또 하나의 보다 미묘한 사례이자, 다른 외관을 하고 있는 또 다른 형태의 실체주의를 대하고 있는 것이 아닌가? 나로서 이야기하자면, 불교가 도대체 원래는 단순했다거나 순수했다는 전제를 배격한다. 어쨌든, 그러한 전제가 비판적으로 검토되고 합리적으로 논증되어야만, 불교학이 신화의 영역을 넘어서 전진하여 "비판적"이라는 이름에 걸맞게 될 것이다.

나는 또한 "참된 불교"라는 이슈가, 그리고 그것이 기초하고 있는 교리의 특권화가, 불교의 관점에서도 문제점이 있다고 주장한다. 초기 텍스트들은 당연히 일관적이지 않고 다양한 독해에 열려 있다. 그러나 초기 전통에는, 불교를 그렇게 독단적으로 구성하는 것에 의문을 제기하도록 하는 내용이 많이 있다. 예컨대 뗏목의 비유나 약으로서의 법에 대한 비유는 교리가 단지 잠정적 위상만을 지닌다는, 진리에 대한 실용적 접근을 암시한다. 확실히 (연기와 같은) 특정한 교리를 참되다고 지목하고 그것을 다른 모든 것에 대한 심판의 기준으로 사용하는 것은, 방법론적으로 의심스러울 뿐만 아니라 초기 텍스트 자체의 관점에서도 문제점이 있다. 예컨대 루이스 고메즈(Luis Gómez)는, 그 자체로 가장 오래된 팔리 텍스트 가운데 하나인 『숫타니파타』의 가장 이른 층에 속하는 「앗타카박가」(*Aṭṭhakavagga*)에서, 모든 견해가 집착의 기반으로 비판되면서 도대체 올바른 견해가 있다는 관념 자체가 배격된다는 것을 보여주었다.[8] 모든 견해에 대한 「앗타카박가」의 비판에서는 또한, '진리'가 도대체 명제적 형태로 정식화될 수 있다는 것을 부정한다. 초기불교가 언어를 긍정한다는 하카마야의 주장은, 서술한 바와 같이, 간단히 말해서 진실이 아니다. 초기 텍스트 전통은, 이미 다양한 담론들을 담고 있고, 여러 목소리를 내고 있으므로, 우리는 그 목소리들 가운데 어느 한 목소리가 모든 목소리를 대변한다고 간주하는 것에 대해서 경계해야 한다. 곧 나는 모든 교설을 (궁극적 진리라는 아이디어 그 자체를 포함하여) 방편(方便, *upāya*)으로 간주하는, 불교에 대한 보다 자유롭고 개방적인 독해를 호소하고자 한다. 종교로서 불교는 단순히, 실재에 관하여 진리 주장을 하는 교리의 집합 곧 일련의 명제들에 불과한 것으로 환원될 수 없다. 오히려 불교는 교리가 그 일부로서의 역할을 하는, 하나의 수행(bhāvana), 하나의 도(道, *mārga*), 또는 삶의 길로서 그 자체의 맥락에서 이해되어야 한다. 곧 교리는 불교의 보다 폭넓은 구원론적 전망 내에서 이해되어야 한다.

그렇지만 이러한 반박을 별도로 한다면, 나는 마츠모토와 하카마야가 불교에서 비판정신의 중요성을 강조하는 것에 대하여서는 크게 공감한다. 이러한 정신이 불교전통의 유일한 목소리는 아닐 수 있지만, 그 정신은 확실히 중요한 정신이고 내 생각에 오늘날 불자들에게 특히 적합한 정신이다. 여기에서 "비판불교"에 대한 나의 주된 비판은, 비판불교가 아직 온전히 비판적이지 못하다는 것이다. 마츠모토와 하카마야가 지적하듯이, 이러한 비판정신은, 불변하는 본체 내지 실체에 대한 믿음을 무너뜨리는 무아, 연기, 그리고 공과 같은 가르침에 구현되어 있다. 그러나 이러한 비판은 '자아'만을 대상으로 하는 것이 아니라, 또한 '자아'가 자아로서 정의되는 맥락으로서, 정체성 형성의 기제를 대상으로 하고 있다. 우리가 "불교"라고 불리는 어떤 것과 일치감을 가질 때, "불교"(또는 "참된 불교")는 또한 자아라는 이념의 구성물이며, 그러한 의미에서 그것 또한 '비워져야' 한다. 따라서 적어도 일정한 의미에서, 우리는 불자가 된다는 것의 역설을 벗어날 수 없다. 그러하다면, 우리는 반야바라밀다의 정신에서, 불교라고 파악될 수 있는 것이 아무 것도 없다는 것을 자각해야만 불자라고 불릴 수 있다고 결론지을 수 있을까?

내가 불교에서 비판적 요소라고 받아들이는 대표적인 것은, 아이디어들에 대하여 실체성을 부여하려는 인간의 내재적인 심리적 경향에 대한 비판이다. 이러한 경향이 집착의 기반이 되는 것이며, 그 자체로 갈등과 괴로움의 뿌리인 것이다. 이러한 비판정신은, 무엇보다도, 우리에게 내면에서 우리의 집착의 원천을 바로 보라고 하는 명령이다. 그것은 또한, 모든 집착 가운데 가장 위험한 것 가운데 하나가 진리라는 아이디어에 대한 집착이라는 경고이니, 이는 우리 자신이 파악하는 것에 대하여 맹목적이 되게 하고, 자기 정당화와 불관용을 야기한다. 곧 내가 이해하는 대로 말하자면, 비판불교로의 요청은, 우리가 학자이자 불자로서 자기 비판적으로 될 것을 요구한다. 다른 무엇보다도, 비판적으로 된다는 것은, 비판불교에 대한 우리의 논의가 기초하고 있는 전제들을 자각하게 된다는 것을 의미한다. 따라서 비판불교는 역사를 다루어야 하며, 특히 그 자체의 역사, 그 자체의 역사적 맥락, 그리고 불교의 역사 내에서 그 자체의 역사적 위치를 고려해야 한다. 이러한 자각은, 비판적으로 된다는 것이 무엇을 의미하는가에서 중요한 부분이 된다.

불교에는 어떤 확정적이고 불변적인 실체(말하자면, 아트만과 같은 것)가 부재하며, 불교 자체가 상호의존적이고 항상 변화하는 조건들[緣起]의 복합적인 집합의 산물이라는 점을 인정할 때에만, 우리는 그 역사적이고 문화적인 변화 과정을 이해하고, 우리가 '전통'이라고 부를 수 있는 흐름 내에서 우리 자신의 위치를 인식하기 위한 적절한 틀을 가지게 될 것이다. 나에게는, 그 밖에 다른 아무 것도 없다고 말하는 것이 바로 연기(緣起)의 의미이다.

16. 형이상학, 고통, 그리고 해방

두 불교 사이의 논쟁

린찐구어(林鎭國)

불교 수행의 핵심은, 고통의 원인에 관하여 명상함으로써 그 고통을 극복하는 데 있다. 그러한 수행에 대한 필요성은, 불교가 현대성을 직면하고자 할 때 더욱 강화된다. 왜냐하면 일견 서로 무관한 것으로 보일 수도 있지만, 고통과 현대성은 철학적 명상에 대하여 회피할 수 없는 도전을 제시하기 때문이다. 현대성은 그저 인간 고통의 새로운 형태에 불과한 것인가? 또는 어떠한 의미에서 현대성이 실질적으로 계몽이라는 '미완의 기획'을 이루고 있다고 할 수 있는가? 이러한 질문들이 오늘날 불교사상가들이 서양지성사와 공유하는 질문들이다.

본 논문에서 나는 우선, 고통의 문제를 현대 담론의 맥락에 위치시키고, 니체, 하이데거, 아도르노, 그리고 데리다와 같은 인물들과 연관된 포스트모던적 입장을 검토하고자 한다. 한 마디로 이 "포스트모더니스트들"은 고통과 현대성이라는 환상이, 현대성이 자리하고 있는 정체성 내지 주체성의 형이상학이 내재적으로 억압적이라는 사실에 기인한다고 본다. 이러한 관점을 검토한 뒤에 나는 내가 계몽이라는 유산을 오늘날 보전할 가치가 있다고 간주하는 이유들을 제시하고자 한다.

두 번째로, 나는 비판불교와 장소불교 사이의 대립에 초점을 맞추면서, 현대의 불교사상가들과 불교철학 연구자들이 현대성의 요청에 어떻게 응답하는가를 살펴보고자 한다. 비판불교학자들, 구체적으로 중국에서 지나내학원(支那內學院)의 구양경무(歐陽竟無, 1871-1943)와 여징(呂澂, 1896-1989), 그리고 일본에서 고마자와 대학의 하카마야 노리아키와 마츠모토 시로는, 불교의 중국화된 형태들이 부패되어 있으며 현대성의 기획과는 양립 불가능하다고 주장한다. 그와 대조적으로, 교토학파의 니시타니 게이지 그리고 맬컴 데이빗 에켈(Malcolm David Eckel)과 같은 장소불교사상가들은, 비판불교학자들이 로고스중심주의의 한계를 보지 못하고 있으며, '차이'의 정당성을 인식하지 못하고 있다고 주장한다. 양측 모두 정체성의 형이상학에 관하여, 그 사회적 양심의 부재를 비판하는 데에는 동의하지만, 장소불교학자들은, 종교적 내지 사회 정치적 해방이 자기중심적 합리성에 대한 비판을 통하여 성취되어야 한다고 주장한다.

세 번째의 결론적 부분에서 나는 현대성이라는 미완의 기획이 불교적 의미에서 부정적 변증법을 통하여 수행될 수 있다고 주장하고자 한다. "생사가 없으면 열반이 없다"(生死卽涅槃)는 대승불교의 전형적 표현대로, 고통 없이는 현대성이 성취될 수 없다는 점을 볼 필요가 있다. 아도르노가 자신의 공저 『계몽의 변증법』(*Dialektik der Aufklärung, Dialectics of Enlightenment*)에서 지적하듯이, 생사와 고통이 존재론적으로 현대성의 일부라면, 형이상학은 완전히 제거되거나 극복되지 않을 것이다. 오히려 문제는 보다 유쾌하고 해체적인 형태의 형이상학에 어떻게 참여할 것인가이다.

현대성의 업

우리는 이제 "세계사의 도래"에 대한 헤겔의 선포를 유럽중심적 신화로 인식하지만, 사실상 유럽의 현대성과 다른 전통들 사이의 조우는 모든 측면에서 계속해서 일어나고 있다. 역사적으로 현대성과 불교의 조우는 18세기 이전에 유럽의 아시아로의 식민주의적 팽창과 함께 시작되었다. 서양에서 불교의 발견은 소위 오리엔탈 르네상스(Oriental Renaissance)를 불러왔을 뿐만 아니라, 불교전통의 자기 이해에도 변화를 가져왔다.[1] 식민주의의 그늘 아래 불자들은 다른 문화의 렌즈로 자신들을 바라보고 심지어 외부의 범주에 따라서 자기 자신들의 전통을 다시 서술하게 되면서, 그 내부에서 일종의 역 오리엔탈리즘을 야기하게 되었다. 그 상황의 아이러니와 양면성은, 불자들이 이제 되돌아와서 현대성의 복잡함을 오늘날의 형태에서 직면하고자 하면서, 더욱더 뒤얽히고만 있다. 바로 그 맨 처음부터 우리는 (잘못된) 이해의 해석학적 순환이라는 덫에 갇힌 것으로 보인다.

따라서 잠시 본 주제를 벗어나, 1980년대 이래 현대성에 관한 최근의 철학적 성찰들에 관하여 살펴보는 것으로 시작하는 것도 적절할 것으로 보인다. 하버마스와 '젊은 보수주의자들', 예컨대 료타르(Lyotard), 데리다(Derrida), 그리고 로티(Rorty)와 같은 사람들 사이의 논쟁은 그 문제에 대한 하나의 창구가 될 수 있다. 우리는 또한 1940년대 초반의 하이데거 그리고 니체에 대한 그의 독해로 거슬러 올라가 살펴볼 수도 있으며, 또는 하버마스와 데이빗 콜브(David Kolb) 양자가 모두 제안하듯이, 헤겔로 더 거슬러 올라가 살펴볼 수도 있다.[2] 간결하게 이야기할 겸, 나는 여기에서 나의 언급을 형이상학에 대한 태도의 맥락에서 '현대성의 이동하고 있는 지평'을 추적하려는 시도를 하고 있는 하버마스에 한정하기로 하겠다. 왜냐하면 그 모든 근본적 비평가들이 목격하고 있는 현대성의 병리적 증상이 가장 두드러지는 것은 바로 여기, 형이상학 비판에서이기 때문이다.[3)]

혹자는 현대성과 형이상학 사이의 관계에 대한 이러한 전제가 정당한가에 대하여 의문을 제기할 수 있다. 사회과학자에게, 서양의 현대성은 산업 사회, 자본주의, 기술, 그리고 자유민주주의라는 구조에서 드러난다.[4)] 잘 알려져 있듯이, 베버는 이러한 구조들 이면의 역동성을 합리화에 기인하는 것으로 여겼지만, 현대 문명들에서 바로 이것이 구체적으로 어떻게 작용하는가는 결코 자명하지 않다. 철학적으로 그리고 역사적으로, 우리는 데카르트나 칸트와 같은 인물들의 사상에서 존재 - 곧 세계와 인간 - 에 대한 보다 심층적 이해를 살펴볼 필요가 있다. 현대성의 형태로 사회가 '합리화'되기 위해서는, 그 기저에 특정한 유형의 형이상학적 정신 자세가 있어야 한다.

"현대성"의 시대에 합리화의 과정은 주체-객체의 이원성이라는 인식론적 틀 내에서 진행된다. 이러한 틀은 외부 세계에 대한 우리의 앎을 평가하고 확인할 수 있도록 한다. 따라서 인식적 확실성의 토대는 주체 측에 자리하고 있다. 데카르트에서는 코기토(*cogito*, '나는 생각한다')의 에고(ego, '나')에 자리하고 있으며, 칸트에서는 입법자이자 세계관찰자로서 자율적 자아에 자리하고 있다. 주체, 구체적으로 말하자면, 생각하는 주체가 존재의 중심이 되는 반면, 객체는 주체에 대하여 외부적이고 주체에 의하여 표상되는 어떤 것으로 환원된다. 이러한 정신 자세는 인식적 영역에서만 작용하는 것이 아니라, 윤리-정치적 영역에로 확장되니, 그러한 영역에서 사물들과 사람들은 생각하는 주체에 의하여 객체화되어 표상된다. 그것들은 이성의 품목으로서 합리화의 대상으로 된다. 계몽의 위대한 성과 이면에는 이러한 사고방식이 놓여 있다. 하이데거는 다음과 같이 서술한다.

> 서양의 역사는 이제 우리가 현대라고 부르는 시대의 완성으로 들어서기 시작했는데, 그 시대는 인간이 존재자들의 척도이자 중심이 된다는 사실에 의하여 정의된다. 인간은 모든 존재자들의 기저에 놓여 있는 무엇, 곧 현대적 맥락에서 이야기하자면, 모든 객체화와 표상성의 기저에 놓여 있는 무엇이다.[5)]

따라서 현대성은 모든 것이 '표상'의 위치로 환원되는 인간 중심적 내지 주체 중심적 세계관의 승리이다.[6)]

현대성과 서양 형이상학에 대한 하이데거의 비판은 "보편적으로 자기-관계의 구조 곧 그 자체를 대상화하는 주체의 관계에 기반하고 있는" 이성의 억압적 특성에 대한 하이데거의 규명을 상기시킨다.[7)] 이러한 측면에서, 헤겔은 계몽에서 이러한 부정적 변증법을 식별하는 최초의 사상가로 간주될 수 있을 것이다. 이러한 현대성의 곤경에 대하여 그가 제안한 해결책은, 이성의 전일적이고 융화적인 힘을 다시 활성화함으로써 자연과 역사의 시원적 순수성과 조화를 회복하는 것이었다. 현대성의 일차원적 정신 자세에 직면하여서도, 헤겔은 역사 속 이성의 중재적이고 통일적인 힘에 대한 자신의 낙관적 신뢰를 결코 잃지 않았다.

그러나 우리가 보기에, 그의 『정신현상학』(*Phänomenologie des Geistes*)의 지면들을 통하여 전개되고 있는, 보편사의 실현에 대한 변증법적 희망은 현실 세계의 사건들에 의하여서 지지되지 않았다. 오히려 현실은 정반대였다. 20세기에 우리는, 하이데거나 아도르노와 같은 사상가들이 사건들의 격랑 속에서 이성의 고통과 무기력함에 대한 강렬한 의식을 전형적으로 드러내고 있음을 발견한다. 로고스중심주의적 철학의 가능성에 대한 절망을 표현하는 가운데, 하이데거는 "오직 신만이 우리를 구원할 수 있다"고 역설하였다.[8] 그리고 아도르노에게, 아우슈비츠의 기억으로 물들은 시대에 형이상학의 관행은 조롱거리로 되어버린다.[9] 하이데거의 말에 의하면, 인간들이 철학하기 대신에 해야 할 필요가 있는 것은, "존재자들의 한가운데 떨어지는 것"에서 해방시켜 줄 것을 약속하는 신의 현존(또는 부재)에 스스로를 개방시키는 것이다. 현대인의 퇴락은 기술의 시대에 "몰아세움"(Gestell, enframing)으로 드러난다. "인간의 본질은, 기술의 본질 안에서 스스로를 드러내는 힘, 곧 인간이 스스로 통제하지 못하는 힘에 의하여 틀 지워지고, 요구되며, 도전된다."[10] 하이데거에게, 이것은 현대성 그 자체를 드러낸다.[11] 개별자들의 존재는 그 자신들이 살고 있는 세계를 틀 지우려는 시도 그 자체에 의하여 몰아세워지고, 이러한 "존재의 망각"이 그들의 가장 서글픈 운명이다.

아도르노에게, 현대성의 우울과 고통은 그저 존재론적 병리학의 문제가 아니다. 그것은 정신의 잿더미 속에서 침묵으로 환원되는 애도이다. "아우슈비츠 이후의 모든 문화는, 그 긴박한 비판을 포함하여, 쓰레기이다."[12] 반세기가 지난 후에도 그 고뇌와 절망은 여전히 현저하다. 고통은 결코 침묵 속에 유지될 수 없다. "고통이 말하게 할 필요는 모든 진실의 약속이다."[13] 오히려 고통의 객관성은 정체성의 형이상학이 체계적으로 요구되는 데에 속하며, 거기에서 "정체성의 부재는 부정성으로 경험된다." 관념론적 사고에서, 고통의 힘은 초월적 주체에로 밀쳐져 왔고, 그 결과로 정체성의 부재는 변증법의 마지막 단계에서 전적으로 흡수되고 지워져 버린다. 아도르노는 이러한 관념론적 사고방식의 통제로부터 정체성의 부재라는 요소를 구해내는 것이 자신의 소명이라고 보았다.[14]

하이데거, 아도르노, 그리고 데리다와 같은 "부정적 형이상학자들"을 직면하면서, 하버마스는 우리 시대에 "이성의 단일성"이 여전히 "그것의 목소리의 복수성 안에서 선명해질" 필요성을 옹호한다.[15] 이성이 초월적 주체의 맥락에서 더 이상 지각될 수 없다는 것을 인정하고, 아도르노와 하이데거가 경고하는 이성의 강압적 성격 또한 인정하면서도, 하버마스는 여전히 우리의 지속적 기획으로서 현대성에서 소통적 이성이 아직도 요구되고 있다고 믿는다. 그는 객관적 과학, 보편적 도덕과 법, 그리고 비의적인 것에서 예술의 해방 등을 이루어낸 계몽주의 기획의 중요성을 인정해야 함을 고수한다. 그 기획이 우리와 같은 현대의 인간들로 하여금 합리적 일상생활을 영위할 수 있게 해 왔다.[16] 하버마스는 "부정적 형이상학자들"이 사실상 자신들이 극복하고자 모색하는 형이상학적 관념론의 은밀한 공모자들이라고 경고한다.

> 파르메니데스가 비존재를 존재와 대조시켰듯이, 다(多)를 일(一)에 대조시킨 부정은, 죽음과 나약함, 고립과 분리, 대립과 모순, 놀람과 새로움에 관한 깊이 뿌리내린 공포에 대한 방어의식에서의 부정이기도 하다. 바로 이러한 방어주의가 여전히 다(多)를 단순한 가현(假現)으로 평가 절하하는 관념론에서 그 스스로를 드러낸다.[17]

하버마스는 부정적 형이상학자들과 극단적인 형이상학적 관념론을 극단적이라는 점에서 배격한다. 그 후자에서 실증적 개별자들은 그저 관념의 복제물들로 상정될 뿐이고, 전자에서 이성은 그 억압적 역할로 평가 절하되고 그 피난처가 *절대 타자(totaliter aliter)*에서 발견된다.[18]

계몽이라는 미완의 기획

현대성에 대하여 긍정적 태도를 취하든 부정적 태도를 취하든, 서양 사상가들은 현대 세계와 형이상학 사이에 이론적이고 실제적인 내적 관련성을 뚜렷하게 의식하고 있다. 하이데거가 "형이상학의 파멸"을 통해서만 존재가 드러날 수 있다고 하는 종말론적 주장을 하는 한편, 아도르노는 정체성의 형이상학이 역사적 파국의 원인이라고 진단한다. 하버마스 또한, 현대성의 옹호자로서 비록 그런 "불합리한 철학자들"과 궁극적으로 갈라서야 하기는 하지만, "형이상학 이후의 사유"를 향한 필연적 전환을 인정한다. 그 입장이 정반대이기는 하지만, 양측 모두 차이와 다양성이 동일성의 폭압으로부터 해방되어야 한다는 점에는 동의한다.

동양을 바라볼 때, 우리는 불교사상의 전통에서 현대성의 도전에 대한, 유사한 철학적 성찰과 논쟁을 발견한다. 현대의 불교사상가들에게 그 문제는 양가적 의미를 갖는다. 한편으로 그들은 과학, 기술, 민주주의, 그리고 인권에서 발견되는 계몽의 유산에 매료된다. 다른 한편으로 그들 중 일부는 현대화와 그 허무주의적 영향을 전적으로 수용하는 것에 대하여 회의적이다. 양측 모두에게 다음과 같은 질문들이 제기된다. '진정한' 불교는 현대성이라는 기획과 양립 가능한가? 아니면, 기본적으로 비판적 입장을 취해야 하는가? 적어도 '진정함'이라는 개념이 명료하게 되기 전까지는 그 모호함에서 벗어날 길이 없는 것으로 보인다. 이 문제는 비판불교와 장소불교 사이의 대립에서 가장 잘 드러난다.

"비판불교"와 "장소불교"라는 용어 자체는 불교의 두 입장을 명명하기 위하여 하카마야 노리아키로부터 빌린 신조어이다. 하카마야에 따르면, 비판불교는 방법론적이고 합리적인 비판이 불교 자체의 토대에 속한다고 보는 반면, "장소불교"는 논리적 사유보다 수사학이 더 우선적이며 인식론보다 존재론이 더 우선적임을 강조한다.

서양에서 비판철학은 데카르트와 함께 시작하는 전통에서 대변되며, 장소철학은 데카르트주의를 수정하려는 비코(Vico)의 시도에서 가장 전형적으로 드러난다. 불교전통에서 전자는 비판적이라고 이해되는 붓다의 가르침을 지칭하는 반면, 후자는 (배타적으로는 아니지만) 구체적으로 여래장사상, 본각사상, 그리고 교토학파 철학과 같이, 중국적이고 일본적인 형태의 불교를 지칭한다.[19] 하카마야 등은, 사상적으로나 실천적으로나 부패되어 있다는, 다시 말해서, "거짓" 불교라는 근거에서, 장소불교를 공격한다. 나는, 어떤 종파주의적 선호를 함의하려는 의도는 없이, 그의 명칭들을 채택한다. 곧, 하카마야와 달리, 나는 "장소불교"라는 용어를 중립적이고 기술적인 용어로서만 사용한다.

비판불교를 단지 모종의 보다 순수한 형태의 불교로 회귀하려는 목적을 갖고 있는 불교의 현대판 근본주의 내지 본질주의에 불과한 것으로 치부하는 것은 지나치게 단순하다.[20] 실로 비판불교학자들의 핵심적 관심사는, 기원으로의 회귀라기보다는, 이론과 사회정치적 실천의 문제가 정당하게 검증될 수 있는 유일한 곳인 현대세계로 불교를 다시 데려오자는 데 있다. 중국적이고 일본적인 불교의 입장에서 군사적 제국주의, 일본의 토착민이나 외국인에 대한 인종차별, 그리고 일본의 민족주의 등과 같은 사회정치적 부정의에 관하여 무심한, 또는 심지어 공모자로서 참여하는 근저에는 일원론적 형이상학의 이론적 뿌리에 대한 둔감함이 자리한다. 다시 말해서, 그들은 일원론적 형이상학 곧 기체설(基體說, *dhātu-vāda*는 마츠모토가 합성해낸 산스크리트 신조어)이 이러한 유형의 개별적이고 사회적인 고통에 책임이 있다고 주장한다.

본각사상에서 전형적으로 예시되는, 중국적이고 일본적인 불교의 일원론적 형이상학은『대승기신론』에서 최초로 나타난다. 하카마야에 따르면 이 사상은 세 가지 특징이 있다.

1. 모든 존재자들은 궁극적 실재 내지 실체로서 하나의 단일하고 불변하는 토포스(topos) - 다시 말해서 본각 - 에 기반하고 있다. 이 형이상학의 구조는 브라흐만교의 아트만 사상이나 도교의 자연주의와 동일하다. 토포스적 형이상학과 대조적으로, 참된 불교는, 모든 존재자들이 어떠한 기반이 없이 시간적 변화의 흐름 가운데 있다는 연기의 사상을 가르친다.
2. 본각사상은 초월적 주체성을 전제하기에, 이 사상은 불교의 무아관과 모순되고 사람들을 자기중심적 권위주의에 종속시킨다.
3. 일종의 경험주의로서, 본각사상은 또한 불자들로 하여금 언표 불가능한 진여 내지 자연에 대한 믿음에 탐닉하도록 이끄는데, 이처럼 지성, 논리, 그리고 언어의 우선성을 인정하지 않는 사상은 참된 불교 정신에 모순된다.[21)]

형이상학에 대한 이와 같은 비판은 기체설에 대한 마츠모토의 비판에서도 보이는데, 그 비판에서는 (성불의 기반이라고 하는) 여래장(如來藏)이 주된 타깃으로 선택된다. 기원 곧 "기체"(基體, *dhātu*)의 형이상학으로서, 기체설에서는 모든 존재자들(다르마들)의 기저에 그 공통 기반으로서 하나의 일자(一者), 실재, 또는 자아(atman)를 전제한다. 그 일자의 항구성 그리고 실체성과는 대조적으로 모든 존재자들은 가현(假現)으로 환원된다. 이러한 형이상학에서 동일성이라는 전제는 다시, 모든 차이가 불변하는 동일성을 나타내는 것으로 환원된다는 의미에서, 사회적 차별과 부정의를 은폐한다.[22)]

로고스중심주의 또는 자기중심적 합리성에 대한 하이데거의 비판과 대조적으로, 비판불교학자들은 관념론적 존재론의 권위주의적 특성에 더 관심이 있다. 그들의 입장의 철학적이고 실천적인 영향은, 그들이 생각하기에, 중국화된 형태의 불교에서 상실되었다고 여겨지는, 합리성의 정당성을 다시 주장하려는 그들의 시도에서 명확히 드러난다. 그들은 데카르트적 전통과 참된 불교 양자 모두 이성의 해방적 힘을 통하여 다원주의와 개인주의를 촉진한다고 주장한다. 현대성과의 조우에서, 그들은 포스트모더니즘이나 해체주의를 배격하는 확고한 입장을 취하며, 그러한 것들을 장소적 사유의 직접적 소산이라고 본다.[23] 하버마스와 같이, 비판불교학자들은 현대성의 기획을 수행하고자 결단하는데, 왜냐하면, 그들이 보기에, 서양과 불교는 양자 모두 계몽에 대한 동일한 아이디어, 곧 무지와 압제에서 해방을 추구한다는 아이디어를 공유하기 때문이다. 이러한 의미에서, 본각과 여래장의 형이상학에 대한 그들의 비판을 너무 곧장 종파주의적 광기나 근본주의적 확신에 대한 열망에 불과한 것으로 치부해서는 안 된다.

현대 중국에서 비판불교

일본에서 비판불교의 목소리들이 태평양의 양안에 열띤 논란을 자극해 왔지만, 현대 중국에서 또 다른 비판불교 운동에도 주의를 기울일 필요가 있다. 보다 폭넓은 조망에서, 비판불교는, 불교권 내에서 현대성의 도전에 대한 다양한 응답 가운데 동아시아의 한 지역적 사례에 불과한 것이 아니다. 이러한 차원에서, 우리는 중국 그리고 대만과 같은 지역에서의 전개를 간과하면서, 나무 몇 그루를 전체 숲으로 혼동하는 우를 범할 수는 없다.

현대 중국에서 비판불교를 가장 잘 대표하는 인물들은, 지나내학원의 창립자 구양경무와 그의 계승자 여징이다. 1920년대부터 1940년대까지 지나내학원은 '거짓' 불교를 개혁하고 '진정한' 불교를 강화한다는 희망에서 아비달마, 반야바라밀다 사상, 중관, 유가행파, 율학(律學), 그리고 불교논리학 연구를 촉진하면서, 인도불교로의 회귀에 헌신해 왔었다. 이 새로운 불교 운동은 다음의 세 가지 교의에 기반하고 있다.

1. 마음은 본래 청정하되, 외부로부터의 번뇌에 오염되어 있다.
2. 불교 수행의 적합한 전형은 오염된 마음에서 청정한 마음으로의 인식적 전환(轉依)이다.
3. 전환의 성취는, 청정하고 원만한 마음을 함께 나누는, 중생들의 마음과 붓다의 마음이 서로 관통하는 것으로 이루어지는, 청정한 생명의 세계(一法界)로 귀결된다.

명백하게 이 모델은 유가행파 체계에 기반하고 있다.[24)]

이 교의들을 규범으로 하면서, 구양경무와 여징은 중국불교(천태, 화엄, 선, 그리고 정토)의 이데올로기적 핵심으로서 본각과 반본환원(返本還源)의 이념을 맹렬히 비판하였다.[25)] 그들은 중국의 위경(僞經)-구체적으로는, 『대승기신론』, 『능엄경』, 그리고 『원각경』-에서 만들어진 이러한 관념들을 전적으로 이단적인 것으로 배격해야 한다고 주장한다.

여징은 본각과 마음의 청정이 개념상 양립 불가능하다는 점을 강조한다. 그 토대가 되는 문헌들의 역사적 신뢰성의 결여에 더하여, 마음이 이미 본성상 깨달아 있다는 교리는 마음이 마땅히 청정해야 한다는 교리와 일치하지 않는다. 여징의 관점에 따르면, 본각의 교리는 관념론적 존재론을 전제하는 반면, 청정한 마음의 관념은 다만 인식론적 전환의 맥락에서 이해될 수 있다. 여징은 더 나아가 본각의 교리가 현실 세계를 변화시키려는 지향성을 함의하고 있지 않기 때문에 필연적으로 보수적 이념과 상응한다는 점을 지적한다. 어떤 사람이 이러한 교리를 받아들이게 되면, 역동적 주관성으로서 본각을 재발견하는 데 모든 노력이 경주되어야 하니, 그 사람의 종교적 여정이 완수되었다고 할 수 있는 것은 오직 이러한 의미에서이기 때문이다. 그와 대조적으로, 청정한 마음에 초점을 두게 되면, 인식론적 의미("이성의 빛")에서 인식의 전환과 진전("轉依", *parāvṛtti-āsraya*)을 마음의 거울과 같은 본성의 기능으로 바라보게 된다. 여징은 본각의 존재론적 입장을 논박하면서 후자의 이러한 인식론적 입장을 취한다.

또한 여기에서 여징이 인식의 진전이 갖는 중요성을, 사회정치적 개혁과 진보의 토대로서 강조한다는 것에 주목할 필요가 있다. 여징은, 1954년에 맑스주의 지식사회학 이론의 영향을 다분히 받아 집필한 것으로 여겨지는 한 논문에서, 전의(轉依)를, 사회적 현실에 대한 더 나은 앎으로 인도하고 그리하여 진정한 사회개혁의 방향으로 사회적 실천을 촉진하는 철저한 인식의 전환으로 재해석한다.[26] 놀랄 일도 아니지만, 여징은 본각의 존재론과 "반본환원"의 수행에, 기존 상황을 지지하고 사회적 변화 요청을 거부하는 성향이 있는 것으로 보았다.[27]

여징의 이러한 접근은 더 나아가, 보수적 불교와 진보적 불교 사이의 이념적 차이가 존재론과 인식론 사이의 대조라는 맥락에서 획정된다는 점을 함의하고 있다. 이러한 측면에서, 여징은 신화보다는 논리를, 수사학보다는 논리학을 선호한다고 할 수밖에 없겠다. 그는 본각 교리의 그늘 아래에서 - 천태, 화엄, 그리고 선을 포함하여 - 중국화된 모든 형태의 불교가 반지성주의, 범신론, 신비주의, 그리고 보수주의의 형태로 부패되어 왔다고 결론짓는다.[28] 여징은 근대성과 탈근대성 사이의 논쟁이 있을 것을 예견한 듯도 하지만, 결코 합리성의 적절성을 의심하지는 않았다.

부재가 현존이 되는 장소

장소불교학자들에 따르면, 이 이야기는 전적으로 다르게 구성될 필요가 있다. 근대성은 서양에서 동양으로 단순하게 있는 그대로 수입될 수 없다. 그 기저에 있는 이성 중심 내지 주체 중심의 세계관은 의심되어야 한다. 이성에 대한 비판불교학자들의 무비판적 수용과 대조적으로, 장소불교학자들은 이성에 대하여 보다 회의적이다. 그들은 서양의 근대성이 여전히 정체성의 형이상학이라는 덫에 걸려 있다고 본다. 이러한 점에서 그들은 자신들이 근대성의 문제에 대하여 비판불교학자들보다 더 비판적이고 자기 성찰적이라고 간주한다.

가장 저명한 장소불교철학자들 가운데 한 명인 니시타니 게이지는 근대성에 대한 자신의 비판에서 근대성의 뿌리를 데카르트주의로까지 추적해 들어간다. 니시타니의 분석에 따르면 데카르트는 몸과 마음을 두 개의 개별적 실체로서 상이한 두 세계에 속한다고 상정하였다. 인간의 몸을 포함하여 전체 자연계는 "차갑고 생명이 없는 죽음의 세계"로서 기계적 세계로 되고, 그 안에서 각각의 개별적 자아는 "죽은 물질의 바다에 떠 있는, 외따로 떨어져 있으면서 폐쇄적인 섬과 같이" 된다.[29] 현대의 남녀 인간 모두가 봉착하고 있는 것으로 보이는 이러한 운명이 니시타니의 관심사이다.

이러한 관점을 지지하기 위하여 니시타니는 데카르트의 코기토(*cogito*)에서의 에고(ego)에 깊이 감추어져 있는 자기기만을 폭로하고자 나선다. 데카르트와 현대인들에게 코기토의 에고는 우리의 앎과 존재의 확실성에서 궁극적 토대로 간주된다. 그것은 순수하고 자명한 이성이다. 니시타니는 그 에고의 뿌리를 더 깊이 파고들어가서, 에고의 자아의식이란 사실상 에고가 자아의식의 장(場)에 반영된 결과라고 결론짓는다. 곧, "이 에고는 매순간 자아의식을 반영하는 자아의식으로서 바라보아지고 *코기토*는 그 *코기토*의 입장에서 바라보아지므로, 에고는 그 자체 내에 갇힌 자아의 존재 양태로 된다."[30] 니시타니에게는, 근대성이 자기 폐쇄적이고 자기 집착적인 에고–불교에서 윤회 세계의 원인이 되는 것으로 확인하고 있는 것과 동일한 에고–에 기반하고 있다는 것이 뚜렷하다. 니체가 나중에 인정하게 되듯이, 불교에서는 이성이 그저 자기기만에 불과한 것임을 깨닫고 그 미망에서 벗어나야 된다고 인식한다. 곧 니시타니에게 근대성의 한복판에서 니힐리즘의 흥기는 변증법적 필연성의 문제이다.

니시타니의 구도에서 근대성은 의식의 장, 허무의 장, 그리고 절대적 비어있음(空)의 장이라는 세 단계로 전개된다. 데카르트주의에 의하여 대표되는 의식의 장에서 세계는 주체-객체의 이원성 내에서 구성된다. 객체는 "그 자체의 욕망을 추구하는" 주체의 표상을 통하여 알려지고 전유(專有)된다.[31] 하이데거가 서양의 형이상학 전통 전체의 근간으로 보는 표상적 사유는 근대성의 본질적 특징이다.[32]

표상적 의식에 대한 필연적 환멸에 의하여 이루어지는 단계인 허무의 장에서 "사물들은 '객체'이기를 멈추고, 그 결과로 표상에서 단절된 실재로서 드러난다." 다시 말해서, 허무는 그 자체로 실재이며, 그 역도 마찬가지이다. 니시타니는 더 나아가 하이데거적 맥락에서 다음과 같이 설명한다. "존재자들의 존재는 무의 무화(*das Nicht nichtet*)에서 그 자체를 드러낸다."[33]

그러나 니시타니는 허무에 대하여 이와 같이 니체-하이데거적 관점에서 멈추지 않는다. 오히려 그는 존재자들의 기저가 없는 "근원"(the groundless homeground)으로서 무(無)에 대하여 적극적이고 긍정적인 이해를 드러내고자 나선다. 그는 다음과 같이 말한다.

사물들이 외부적 실재로서 객체화되는 의식의 장에서 사물들이 취하는 드러남에 앞서, 그리고 사물들이 무화되는 허무의 장에서 사물들이 취하는 보다 본래적 드러남에 앞서, 모든 사물들은 그 진정하게 본래적이고 근원적인 드러남에서 비어있음의 장에 존재한다. 비어있음에서 사물들은 그 자체의 근원에서 편안히 머무르게 된다.[34)]

이러한 맥락에서 그는 "산하대지와 초목와석이 모두 자기의 본래 성품"이라거나 "만물이 자기를 증득하게 된다."와 같이, 무에 대한 선불교적 깨달음 체험의 표현에 호소한다.[35)]

비판불교학자들이 니시타니와 교토학파를 본각사상의 현대적 계승자들이라고 보는 것은 절대적 비어있음에 대한 바로 이러한 관념 때문이다.[36)] 여기에서 우리는 다음과 같은 질문을 던지게 된다. 니시타니는 신비적이고 사변적인 형이상학으로 퇴락하고 있는가? 그는 언어와 이성을 초월하는 어떤 것, 불교에서 인정될 수 없는 어떤 것에 몰입하고 있는가? 다시 니시타니 그 자신의 말에 귀 기울여 보자.

진정한 비어있음은, 우리 자신의 절대적 자성(自性)으로서 우리들 모두 안에 있는 자각에 도달하는 것에 다름 아니다. 덧붙여서, 이러한 비어 있음은 존재한다고 일컬어지는 모든 것의 실체가 … 그 자체로 그 진여(眞如)의 형태로 드러나는 지점이다.

차안(此岸)과 절대의 일치는, 어떤 과정의 결과가 아니라, 오히려 절대적 열려 있음과 절대적 비어 있음의 … 본래적 일치이다. 그것은 이원론도 아니고 일원론도 아니다. 그것은 절대적 하나이고, 절대적

둘의 절대적 자기 동일성이며, 우리가 우리의 자성에서 우리 자신이 되는 근원이며, 사물들이 그 스스로 사물 자체가 되는 근원이다.[37)]

표면적인 문자적 차원에서 읽으면, 우리는 니시타니가, 실로 본각 내지 기체설의 존재론에서 주장하는 것과 평행하는 용어로, "절대의 일치", "본래적 일치", 그리고 "절대적 하나"라고 일컬어지는 어떤 것을 주장하고 있다는 하카마야의 입장에 동의할 수밖에 없다. 더욱이, "성기(性起)", "회호적 상입(回互的 相入)", "현성(現成)"과 같이 중국-일본적 용어들의 빈번한 사용은 본각사상의 가장 악명 높은 사례들인 화엄과 선의 전통에 대한 의존을 시사한다. 만약 이것이 실로 니시타니에 대한 정확한 독해라면, 하카마야에 의하여 제기된 비판을 벗어날 길이 없는 것으로 보인다.

그러나 확실히 이것이 니시타니를 독해하는 유일한 길도 아니고, 유일하게 정확한 길은 더군다나 아니다. 예컨대 "절대"에 대한 그의 아이디어를 "놀이"에 관한 선불교와 니체의 관념에 비추어서 생각해볼 수 있다. 놀이라는 관념을 형이상학에 도입하면, 절대적 비어있음의 장 내지 장소는 더 이상 단순하게 존재자들의 "기체" 내지 "기반"이라는 의미로 간주될 필요가 없다. "장소"는 오히려 (니시타니 자신이 언급하듯이) 모든 사물들이 "자기들 밖의 목적이나 이유 없이, 진정으로 자기 목적적으로 되고, 원인이나 이유 없이 진정하게 이유 없는 삶(*Leben ohne Warum*)"으로 존재하는 우리의 일상적 삶의 세계를 가리키게 된다.[38)] 이러한 유희적이고 자기를 비우는 삶의 세계는, 생명이 있는 사물들을 자기중심적 이성 내지 주관성의 렌즈를 통해서만 바라보는 한, 영원히 목도될 수 없다. 그 세계는 오직 "유희적 삼매"에서 바라볼 때에만 목도될 수 있다. 니시타니가 추가적으로 언급하듯이, 유희적 삼매에서 보이는 것은 이성으로서의 주체에 의하여 부과되는 목적 내지 "실체"가 비어 있을 수밖에 없다. 따라서 니시타니의 "절대적 비어 있음의 장" 안으로 '실체'의 의미를 어떻게든 읽어들이는 것은 필연적이지도 않고 정당하지도 않다. 니시타니와 그의 동료 교토학파 사상가들이 사용하는 관념론적 어휘들 안에서 해체주의적 함의를 간과해서는 안 된다.

'장소' 내지 '장'과 같이 문제가 되는 관념에 대해서 비판불교학자들은 언제나 비논리적이고 불합리하거나 신비적인 어떤 것이라고 간주한다. 그러나 나카무라 유지로(中村 雄二郎)에 의하면, "개인"과의 관계에서 "장소"(topos)의 의미는, 희랍 비극에서 "주인공"의 역할과의 관계에서 "합창단"(chorus)의 역할에 관한 유비로까지 거슬러 올라갈 수 있다.[39] 희랍어 '토포스'(*τόπος*)는 '공통의 땅'을 의미하며, 수사학적 주제, 공동체, 그리고 상식 등의 풍부한 함의를 지닌다. 이러한 의미에서 '토포스'는 서양철학에서 로고스중심주의적 경향에 의하여 오랫동안 비가시적이고 중요하지 않은 어떤 것에 한정되어 왔다. 특히 근대의 기풍에서 더 뚜렷한 선택은, 수사학을 논리학 아래에 두고, 공동체를 개인 아래에 두는 것이다. 이러한 맥락에서 장소론자들은, 현대인들이 로고스중심주의적 기풍의 부조리함을 자각하지 않는다면 궁극적으로 자신들의 '근원'으로부터 유리될 수밖에 없다는 점을 주목하도록 하는 데 온갖 노력을 쏟아 왔다. 오직 삶의 세계로의 회귀를 통해서만 현대의 개인들은 현대의 이성 중심적 기풍과 그 허무주의적 결과들에서 벗어날 수 있다.

교토학파 사상가들이 헤겔적 담론과 하이데거적 담론에 집착하고 있고 그러한 만큼 관념적 사변에서 아직 자유롭지 못하다고 여겨진다면, 맬컴 데이빗 에켈(Malcolm David Eckel)은 자신의 1992년 저서 『관불(觀佛)』(*To See the Buddha*)에서 방법론적 대안을 제시한다. 불교적 담론의 맥락을 다시 활성화하려는 시도에서 에켈은 바바비베카(Bhāvaviveka)를 단지 논리학자이자 인식론자로만 대하는 다른 학자들을 따르지 않고, 오히려 현장(玄奘)의 순례기의 빛에서 재구성된 서사적이고 비유적인 맥락 내에 바바비베카의 철학적 텍스트들을 배치함으로써, 그 텍스트들의 종교적 의미를 되살리고자 한다.[40] 에켈은 특히 이론과 실천, 엘리트와 대중, 종교와 철학, 그리고 신화와 이성 사이의 분리에 대한 전통적 전제에 도전하면서 자신의 목표가 "불교철학의 복합적이고 추상적인 개념들을 지상으로 끌어내리는" 것이라는 점을 뚜렷하게 한다. 그렇게 하면서 그는 "바바비베카의 합리적 논구에서의 로고스(이성)는 그 자체의 뮈토스(신화) 속에 뿌리박고 있다"고 결론짓는다.[41]

자신의 해석학적 실천의 과정에서 에켈은 현대성에 대한 비판을 명료하게 하면서, 신화의 비어 있음뿐만 아니라 이성의 비어 있음은 "비어 있는 장소"를 통하여서만 함께 파악될 수 있다고 주장한다. 그 자신의 말로 표현하자면, 붓다를 보는 것은 "부재가 현존이 되는 장소로서 붓다를" 보는 것에 다름 아니다. "장소"로서의 "절대무"라는 니시타니 게이지의 관념에 호소하면서, 에켈은 어떻게 불자가 "사물들을 그것들의 세속유(世俗有) 차원에서" 파악하는가를 밝히는데, 여기에는 정체성의 형이상학이 개입할 여지가 추호도 없다.

> 장소의 논리는, 철학자들이 늘 그렇듯이, 단지 붓다의 소재(所在)에 대해서가 아니라 공(空)의 소재(所在)에 대하여 묻게 될 때 매우 독특한 특성을 지니게 된다. … 그러나 불교논리학자들은 인도의 다른 학파들의 논리학자들과 달리 그러한 부재를 직접적으로 지각하는 것이 가능하다고 생각하지 않았다. 지상의 어떤 특정한 지점 위에 있는 항아리와 같이, 어떤 것의 부재에 대한 지각은 지상의 비어 있는 지점에 근거해야만 했다. 공성(空性)에 대한 지각 또한 비어 있는 그 사물에 대

한 지각에 근거해야만 했다. *그러나 모든 사물들이 자성*(自性)*이 없이 비어 있다면, 비어있음은 어디에 있는가?* 즈냐나가르바(Jñānagarbha)는 그것을 다만 그것의 세속유에서의 '사물 그 자체'(*vastu-matra*)라고 설명한다. 다만 세속유의 개체를 있는 그대로, 거기에 대하여 어떤 궁극적인 실재성을 덮어씌우지 않고, 보는 것이 바로 그것을 공성으로서 보는 것이다.[42](이탤릭체-필자)

에켈과 기타의 장소불교학자들이 주장하듯이, "세속유로의 회귀"는 "생활세계로의 회귀"를 말하는 것에 상응하고, "생활세계로의 회귀"는 "공성으로의 회귀"와 동일하다. 불교에서, 우리의 일상 세계 내의 '장소'가 없이 지각될 수 있는 공성은 없다. "세 해가 지나면 윤년을 맞고, 닭은 오경이 되면 우네."(三年逢一閏, 鷄向五更啼)라는 도겐의 시구에서 시사되듯이,[43] 깨달음의 체험은 그 자체로는 비어 있는-계절, 소리, 냄새, 촉감 등-우리의 일상세계의 기호들 안에서만 파악될 수 있다.[44]

고통을 품는, 기쁨에 찬 불교

비판불교와 장소불교 사이의 논쟁은 앞에서 논의된 현대의 에피소드들에 국한되지 않는다. 그 논쟁은 불교전통 전체를 통하여 내내 커다란 이념적 다양성을 야기해왔다. 우리들의 시대에 그 다툼이 특히 중요한 것은, 불교가 현대성과 조우하는 맥락에서 그것이 전개되어 왔다는 데 있다. 두 불교에 대한 이러한 현대의 이야기가 의미하는 것은 무엇인가?

비판불교와 장소불교 양자 모두, 불교적 사유에는 정체성 내지 실체의 형이상학이 존재할 여지가 없다는 데에 동의한다. 그 이유는 뚜렷하다. 형이상학과 욕망 사이의 관계는 불교의 가장 이른 초기부터 이미 인식되어 왔다. 십이연기의 고리에서 우리는 "갈애[愛]로 인하여 집착[取]이 있다."라고 본다. "집착"은 감각적 쾌락, 의례, 형이상학적 이론, 그리고 영혼 내지 실체에 관한 이론에 대한 집착이라는 네 가지 측면으로 더욱 세분된다. 자야틸레케(K. N. Jayatilleke)가 언급하듯이, "우리는 믿으려는 우리의 욕망에 의하여 추동되기에, 특정한 형이상학적 이론들과 영혼 내지 실체에 관한 이론들을 믿는다."[45] 그리고 니체가 지적하듯이, 우리는 언제나 안정감과 편안함을 필요로 하기에, 형이상학을 믿도록 추동된다.

그러나 십이연기의 마지막 네 개의 고리, 곧 취(取, 형이상학에 대한 집착), 유(有), 생(生), 그리고 노사(老死)에서 시사되듯이, 우리는 형이상학과 생사유전의 세계의 형성 사이에 보다 복합적인 관계를 간과해서는 안 된다. 이 관계를 온전히 명료하게 하지 않으면, 형이상학에 대한 비판이 서양철학에서만큼이나 불교에서도 실로 중요한 까닭을 참되게 이해할 수 없다. 이 문제에 관해서도 우리는 그 논쟁의 쌍방이 이견을 갖고 있지 않음을 발견한다.

그 차이는 오히려 형이상학이 어떻게 '극복되어야' 하는가에 관한 견해의 차이에서 발생한다. 한편으로 비판불교학자들에게, 그 극복은 (일원론적) 형이상학을 비타협적으로 해체 내지 절멸시키는 것을 수반한다. 형이상학의 완전한 '해체' 이후에야, 다원적이고 해방적인 세계가 순수한 이성에 기초하여 확립될 수 있다. 다른 한편으로, 장소불교학자들에게, 근대성의 특징인 근대 자유주의와 개인주의는 여전히 주관주의와 로고스중심주의의 그늘 아래 놓여 있다.[46] 그들은 '근대성의 기획'에 대하여 항구적 의심을 품고 있으며, 로고스중심주의적 근대성에 대한 자신들의 비판이, 비판불교학자들의 반박처럼 낭만적 반동이나 일종의 유사비판이 아니라, 이성 자체에 대한 (다나베 하지메의 표현을 빌리자면) 타협 없는 "절대적 비판"이라고 줄곧 주장해오고 있다. "절대적 비판" 내지 "큰 죽음" 없이는 "큰 삶"에 대한 긍정도 없을 것이고, 기저 없는 "근원"으로서 생활세계로의 회귀도 없을 것이다.

이 지점에서 나는 그 논쟁을 중재하려고 하는 것이 아니다. 그 문제의 종파주의적 측면에 관심이 있지도 않다. 나는 그저 서로에 대한 오해가 각자의 입장에 대한 이해를 압도하는 것으로 보인다는 점에 주목하고자 할 뿐이다. (예컨대 장소불교에서 "절대 무"나 "본각"이 "일원론적 실체"를 의미하는 것으로 받아들여진 적은 결코 없다.) 더 긴박한 문제는 불교사상가들이 근대성 그리고 탈근대성과의 대결에서 어떠한 '입장'을 취할 것인가에 관한 것이다. 근본주의적 불교, 실증주의적 불교, 아니면 하이데거적 특성을 지닌 불교가 될 것인가? 아니면, 방랑하는 디오니시우스처럼 용감하게 형이상학을 하나의 놀이로서의 기획으로 삼을 것인가? 아마도 이 후자의 대안을 택해야, 우리는 "부정적 형이상학" 내지 "부정적 신학"을 넘어서, "기쁨에 찬 학문"의 방향으로 불교를 한 걸음 더 나아가게 촉진할 수 있을 것이다.

불교를 기쁨에 찬 학문으로 바라볼 때, 형이상학과 근대성에서의 고통을, 유토피아적 자유에 대한 집착 없이, 인식할 수 있게 될 것이다. 기쁨에 찬 불교학자에게, 근대성의 기획에 속하는 정체성 내지 주체성의 형이상학은 세속제(世俗諦)로서, 궁극적 앎인 승의제(勝義諦)에 불가결하다. 또한 그 논쟁의 쌍방에서 종종 사용되는 흑백논리는, 형이상학, 고통, 그리고 해방을 서로 관계 짓는 데 수반되는 변증법적 역설을 인식하는 데 실패하고 있다는 것이 뚜렷하다. 오직 이러한 내재적 역설을 온전히 인식하고 긍정해야만, 우리는 놀이와 웃음 속에 있으면서, 동시에 고통에 대한 비판적 의식을 놓치지 않을 수 있다.

17. 기체설과 불교학의 최근 동향에 대한 고찰

다카사키 지키도(高崎 直道)

불교학에서 지난 10년 동안의 주요 동향을 생각할 때 우선 떠오르는 것은, (마침 내 전공 영역인) 여래장사상이 거짓된 불교적 사유방식이라는, 곧 전혀 불교적이지 않다는 하카마야 노리아키와 마츠모토 시로의 주장이다.[1] 솔직히, 그 주장은 나에게 상당한 충격으로 다가왔으며, 지금까지도 여전히 계속해서 내 마음을 무겁게 짓누른다. 나는 하카마야와 마츠모토가 내 강의를 들을 때부터 알아 왔고 그 이래로 줄곧 친교를 유지해왔기에, 그들이 이러한 결론에 도달한 사유 방식과 과정을 전혀 의식하지 못하고 있던 것은 아니었다.

여래장사상이 우파니샤드와 베단타철학으로 대표되는 인도사상의 주류의 가르침과 많은 것을 공유하고 있다는 아이디어는 나 자신도 종종 제기해왔고, 그다지 놀랄 일이 아니었다. 그러나 그러한 사유방식이 단지 인도사상의 주류와 유사하다는 이유 때문에 "불교적이지 않다"고 결론짓는 것은 전혀 다른 문제이다. 이 지점에서 나는 그들과 견해를 달리 한다.

인도사상의 한 형태로서 불교가, 예컨대 그리스도교나 이슬람과는 공유하지 않는 것들을 인도사상의 주류와 일정하게 공유하고 있다는 것은 그저 자연스러울 뿐이다. 내가 보기에 문제는 '불교'를 어떻게 정의하느냐이다. 어떤 정의에서는 심지어 '불교'의 '비불교적' 형태들에 대해서 이야기할 수도 있다. 그러나 이러한 이야기는 불교 내부의 이론적 논쟁의 세계에서 적절한 것이며, 절대적인 것으로 간주되어서는 안 된다. "여래장사상은 불교가 아니다."라는 주장을 처음 들었을 때, 나는-염불하면 지옥에 간다거나 선불교 추종자들은 악마들이라거나 진언은 나라를 황폐하게 한다거나 율종 사람들은 반역자라거나 등등-다른 불교 교파들에 대한 니치렌의 공격이 상기되었으며, 정상적인 학계의 논의와는 무관한 것으로 치부하였었다.

여래장사상이 불교적인가 여부의 문제는 한쪽으로 제쳐두고(이러한 태도에 대하여 그 아이디어의 주창자들은 분명히 반대하겠지만), 나는 여래장사상의 구체적 구조를 지칭하여 기체설이라는 신조어를 제안한 마츠모토의 입장을 간략하게 살펴보고자 한다.

여래장사상과 불교의 유식사상은 여러 면에서 서로 대조된다. 예컨대 여래장사상은 일승(一乘, *ekayāna*)의 실천과 도달을 가르치는 반면, 유식사상은 삼승(三乘, *triyāna*)을 가르친다. 그렇다고 하더라도 나는 기체설(基體說, *dhātu-vāda*)이 오히려 그 양자 모두에서 발견되는 공통구조에 대한 정확한 표현이라고 본다. 이러한 의미에서 그 용어는 여기에서의 문제를 논의하는 데 유용한 도구이다.

기체설이라는 아이디어는 『대승아비달마경』에서 설하는 것과 같은 "무시시래지계"(無始時來之界, *anādhikāliko-dhātuḥ*, '시작이 없는 기체 또는 기반')[2] 또는 더 이른 시기의 『부증불감경』(不增不減經, *Anūnatvāpurṇatvanirdeśaparivarta*)에서 발견되는 것과 같은 "일계"(一界, *eko dhātuḥ*, '하나의 영역')[3]와 같은 용어들에서 그 모델을 취한 것이다. 이 용어들은 생사와 열반이 함께 존재한다거나 하나의 단일한 '장소' 내지 '계'(界)를 공유한다는 아이디어를 지칭한다. 이 '장소'는 우리가 수행을 통하여 생사에서 열반으로 나아가는 맥락이다. 이 장소를 생사로 경험하는 이들이 평범한 중생들이고, 열반으로 경험하는 이들이 붓다들이다. 평범한 중생들에게 여래장은, 그 잠재성의 시각에서, 희망하는 결과로서의 불성(佛性)을 가리킨다. 아뢰야식(阿賴耶識, *ālaya-vijñāna*, '藏識')은 윤회를 일으키는 원인들을 그 기반으로 갖고 있고, 열반을 성취하려면 그 원인들이 '전복되거나', '전환되어야' 한다. 여래장전통에서, 평범한 중생들에게는 드러나지 않은 채로 있는, 보리-지혜를 드러내는 법신이 "기반의 전환(轉依, 깨달음)의 특징을 담지하고 있는 법신"이라고 일컬어진다. 확실히 혹자는 이러한 사유방식을 공론(空論, *śūnya-vāda*)이라기보다는 오히려 "유계론"(有界論, *dhātvasti-vāda*)이라고 말할 것이다. 그렇지만 여기에서 언급되는 '존재의 방식'(*asti*)은 본질론적이거나 실체론적 유형의 것이 아니라 실존론적인 것이다. 그것은 말하자면 자아를 결여한(*anātman*) 존재이다. 적어도 내가 제시한 두 사례에 수반되는 가르침들에서는 확실히 그러하다. 나는 수행을 통한 생사와 열반의 연속성이라는 이러한 아이디어를 일계론(一界論, *ekadhātu-vāda*)이라고 일컫는다.[4]

그렇다면 이러한 일계론의 기초는 무엇인가? 곧, 생사와 윤회의 일치 또는 연속성이란 무엇인가? 바로 여기에서 '법계'(法界, *dharmadhātu*)라는 아이디어가 주목된다. 유가행파 전통에서 제시된 해석은, 법계가 연기(緣起)에 상응한다는 것이다. 이러한 의미에서, 그것은 붓다의 가르침으로서 고귀한 불법의 기초이다.[5] 그 질문을 더욱 추구하면, 이 아이디어가 『화엄경』에서 법계에 대한 가르침에 기초하고 있으며, 거기에서 이 용어는 붓다의 깨달음 성취의 의미를 설명하려는 시도에서 사용되었음이 발견된다. 더욱더 거슬러 올라가면 팔리어 『상윳타 니카야』(*Saṃyuttanikāya*)에서 "제법(諸法)의 법성(法性)"(*dharmatā*)이라는 의미의 "*sā dhātu*"라는 용어를 발견하게 된다.[6] 또한 아비달마 전통에서 법계(*dharmadhātu*)에 부여한 또 하나의 독특한 의미로, ("사물들"의 18범주의 하나로서) 우리의 의식의 직간접적 대상으로서 "사물들" 내지 "현상들"이라는 의미가 있다.

그렇다면 *dhātu*라는 용어는 적어도 두 가지 의미를 갖는다. 곧 '계(界)' 또는 '장소'(또는 그 장소에 있는 '사물들'의 모임)의 의미, 그리고 '원인'(또는 그 모든 '사물들'을 하나의 단일한 그룹으로 분류할 수 있게 하는 공통 특색들)이라는 의미이다. 이러한 이중적 의미가 기체설이라는 관념에 기반이 되고 있다. 이러한 이중적 (또는 다중적) 의미는 불교 용어들에서 드물지 않다. 멀리 갈 것도 없이, '법'(法, *dharma*)이라는 단어를 살펴보면, 이 단어는 어떤 사물을 다른 사물들과 구별시켜주는 본성뿐만 아니라 어떤 현상 자체를 가리킬 수도 있다. 원래의 인도적 의미는 어떤 현상의 '본성'이라는 전자의 의미에 더 가까웠다. 문법적으로 말하자면, 현상 자체를 가리키는 데에는 '*dharmin*'(有法)이라는 용어를 사용하는 것이 더 정확하다.

또는 다시 '연기'(緣起, *pratītyasamutpāda*)라는 용어를 생각해 보자. 원래 이 단어는 조건적 발생이라는 과정의 '원인적' 측면을 시칭해서, 그 과정의 결과적 측면을 지칭하는 '*pratītyasamutpanna*'와 대조되었다. 다치카와 무사시(立川 武藏)는 최근에 나가르주나의 『중론송』에서 "연기"라는 용어가 원인적 측면과 결과적 측면 양자 모두의 의미를 포함하는 것으로 이해되어야 한다는 점을 지적하였다.[7] 다치카와는 더 나아가, 나가르주나가 그 용어를 사용하면서 그 두 의미를 모두 보전하기 위하여 그 구분을 의도적으로 회피하고 있다고 언급한다. 나가르주나는 연기가 제법의 법성(法性, *dharmatā*)을 표현하며, 이것이 공(空, *śūnyata*)의 의미라고 인식하였다. 그러나 그는 현상 자체와 별도로 독립적인 '법성(法性)'을 인정하고자 하지 않았기에, 법계(法界, *dharmadhātu*)라는 단어를 그 원인적 의미에서 사용하지 않았다. 이러한 의미에서 나가르주나의 입장은 비계론(非界論, *adhātu-vāda*)이라고 불릴 수 있을 것인데, 다만 그는 연기 곧 공이라는 의미에서는 법성을 부정하지 않았으며, 불교적 수행의 목표로서 열반을 부정하지도 않았다.

유식전통에서 현상(*dharma*)들과 법계(*dharmadhātu*) 사이의 관계는, 윤회와 열반의 일치, 곧 유위법(有爲法)과 무위법(無爲法)의 기반이 되는 '계'(界, *dhātu*)의 맥락에서 이야기된다. 이 '계'는 열반이라는 무위법에 다름 아니다. 여래장전통은 법신과 붓다의 맥락에서 이야기한다는 점을 제외하고는 동일한 구조를 따르고 있다. 곧, 붓다는 법(곧 법계)을 올바르게 파악한 존재이고 그러한 존재는 '법을 자신의 몸으로 지니고' 있기에 법신(法身)이라고 불린다.

『아함경』에서도 그 사례를 발견할 수 있는데, 거기에서는 이 유재석(有財釋, *Bahuvrīhi*) 복합어가 형용사적으로 사용되고 있는 반면, 여래장전통에서는 "법신"을 최초로 독립적인 전문적 용어로 사용하고 있다. 이 용어가 또한 '법의 축적'이라는 의미에서 제법(諸法 *sarvadharma*) 곧 붓다의 가르침 전체를 뜻하는 데 사용된다는 것에 주목해보는 것은 흥미로운 일이다. 예컨대 붓다의 특성을 구성하는 오분법신(五分法身)의 교설이 그러하다.[8] 붓다를 그가 깨달은 법과 하나라고 파악하는 경향은 우파니샤드와 동일한 개념적 구조를 공유하고 있는데, 거기에서는 어떤 것을 알게 됨에 의해서 그것으로 "된다"고 가르친다.

문제는 다음과 같은 것으로 된다. 곧 기체설 또는 기체설과 연관된 사유방식이 불교의 핵심적 요소인가? 그것이 핵심적이라면 불교사상의 역사에서 그것은 어디까지 거슬러 올라갈 수 있는가? 그 기원이 붓다 샤캬무니 자신의 사유에서 발견될 수 있는가? 앞에서 언급된 『상윳타 니카야』의 "*sā dhātu*"의 용례는, 이처럼 법칙 내지 진리로서의 *dhātu*(곧, *dharma*의 본성으로서의 연기)가 확립되는 것에 대하여, 그것을 발견하고 올바르게 파악하기 위하여 '여래가 세상에 출현하든 안하든', 그것이 애초부터 확립되어 있었다는 입장에서 말하고 있다. 이 구체적 단락은, 붓다의 교설의 기초로서, 연기가 확립된 이후 어떤 시기에서 기원하는 것으로 여겨진다. ("여래가 세상에 출현하든 안하든"이라는) 동일한 표현이 『앙굿타라 니카야』(*Aṇguttaranikāya*)에서 "제행무상(諸行無常)"으로 시작하는 "삼법인(三法印)"을 확립된 법칙 내지 진리로 이야기하는 데 사용되는데, 이 또한 후대의 발전인 것으로 여겨진다.[9] 따라서 연기로서의 *dhātu*라고 하는 아이디어가 붓다 자신과 직접적으로 연관된다는 것을 입증하기는 어렵다.

그러나 『상윳타 니카야』의 「성읍경」(城邑經, *Nagara Sutta*)의 한 단락은, 연기의 교설과 연결되어 있지 않으면서도, 붓다를 다만 법(法, dharma)을 "발견"한 존재로 지칭하고 있다.[10] 이러한 맥락에서 "팔정도"(八正道)는 헤아릴 수 없는 옛날부터의 모든 붓다들이 걸어온 동일한 길로 제시된다. 연기의 진리에 대한 발견에 관해서도 같은 이야기를 할 수 있을 것이다.

「인연상응」(因緣相應, Nidāna-Saṃyutta; 『상윳타 니카야』의 제7부)의 첫 품인 "불타품(佛陀品)"에서는 과거의 일곱 붓다가 모두 연기의 가르침을 깨달았으며, "그 발견되지 않았던 법에 대하여 눈, 지혜, 통찰력, 그리고 광명이 일깨워졌다"고 주장한다.[11] 이러한 것들이 붓다의 직접적 말씀은 아닐 수 있지만, 붓다가 실제로, 스스로 도를 지어낸 자라고 이야기하지 않고, 다만 이미 거기에 있는 것을 발견한 자로서, 법을 '보았고' 그리하여 붓다로서 깨어나, 스스로 그 같은 법을 가르치는 자가 되었다고 이야기했다는 것은 확실히 참되다. 법은 붓다가 보았고 가르쳤다. 그 법이 불교의 토대이다. 이러한 의미에서 불교는 범아일여(梵我一如) 사상을 그 근본 교설로 삼는 인도의 주류와 다르며, 불교 기체설의 기원은 그 범아일여사상에 있다.[12)]

붓다는 입멸한 뒤에 이상화되고 신격화되었으며, 이러한 종교적 신격화의 과정은 기체설의 개념을 확장시켰다. 대승불교는 다시 법보다 붓다를 더 강조하였는데, 이는 법에 중심적 초점을 유지한 아비달마 전통과 대조되는 것이었다.[13)] 대승불교는 또한 힌두 사회에서의 일상생활과 더 밀접하게 접촉하고 있었다. 이러한 요인들은 대승불교가 힌두적 사유방식에 의한 영향에 더 민감하게 되도록 하는 데 기여했을 수 있다.

마츠모토는, 불교가 다른 인도적 사유방식에서의 영향을 허용해서는 안 된다는 전제에 기초하여 자신의 논의를 전개한다. 아마도 이러한 이유로 그는, 비불교적 인도 사상과 조금이라도 유사한, 곧 기체설적 경향을 띠는 것으로 보이는 가르침이라면, 무엇이든 배제하려는 것이겠다. 그리하여 그는 선정뿐만 아니라 해탈과 열반이라는 아이디어조차도 비불교적인 것으로 배격하게 되며, 불교를 연기에 대한 통찰에 국한시키게 된다. 하지만 붓다는 실제로 선정과 열반 양자를 모두 체험하였고, 그가 자신의 제자들에게 이러한 사항들에 관하여 가르쳤다는 것이 부인될 수는 없다. 또한 그가 도대체 이러한 교설들을 논박하는 어떤 내용을 가르쳤다는 증거가 전혀 없다.

우리는, 마츠모토가 여래장사상이 불교가 아니라고 주장하는 이유들 가운데 하나로, 그 사상이 "대아(大我)" 또는 열반의 네 가지 '긍정적' 특성으로서 "상락아정(常樂我淨)"과 같은, 일견 실체론적 아이디어들을 품고 있다는 것에 주목해볼 수도 있다. 이러한 아이디어들은 아트만과 부정할 수 없을 정도로 유사하며, 이것에 대하여 의문을 제기한다는 것은 그다지 놀랄 일이 아니다. 마츠모토의 주장에 더 강력한 근거가 되는 것은, 여래장전통이 일본불교에서 본각사상 발전의 원천으로 작용했다는 것이다. 여래장사상에 대한 그의 비판은, 현대일본불교에 대하여 쐐기를 박고, 그 불교학자들의 마음을 비집어 열게 하는 데 결정적이다. 마츠모토의 저작에서 이러한 측면은 하카마야의 노력과 일맥상통하며, 그 동료학자에게 그 자신의 주장을 지지하는 근거를 제공해주어 왔다. 최근에 마츠모토의 비판은 일본불교의 원천, 곧 중국불교 그리고 특히 선불교전통에 초점을 맞추어 왔다.[14] 그의 주장은 예리하지만, 때때로 예측이 증거를 압도하고, 이론이 사실을 넘어서고 있다.

한편 하카마야는 본각사상에 대한 비판의 초점을 도겐에 맞추면서, 도겐 만년에 집필된 12권본 『정법안장』이 그의 진정한 입장을 담고 있으며, 이에 비해 그 이전의 저작들은 배격되어야 한다고 주장한다.[15] 도겐 전공자들은 이러한 입장을 수긍하지 않고 있다.[16] 마츠모토조차도 하카마야가 도겐을 지나치게 이상화하고 있다고 비판하면서, 「변도화」(辨道話)와 같은 도겐의 초기 저작들에서 빌견되는 기체설적 사유방식은 도겐의 만년에도 배격되지 않았다고 주장한다. 나도 그의 입장에 동의한다고 말할 수밖에 없다.

* * * * *

불교학의 현 상황에 대한 하카마야와 마츠모토의 비판에는 더 깊은 저류가 있다. 거기에서는, 주류 일본 불교학계에서 객관적 문헌연구를 강력하게 강조하는 데 대한 불만이 느껴진다. 같은 맥락에서, 가치 판단을 배제하는 것을 이상으로 하여, 종교라고 주장하는 것이라면 거의 무엇이든 동등하게 학문적 관심을 받을 자격이 있다고까지 이야기하는, 전반적 종교연구 경향에 대하여 혹자는 환멸을 느끼지 않을 수 없다. 하카마야와 마츠모토는 불교학이 "무엇이 불교인가"라는 질문에 관심을 가져야 하고 주체적 시각에서 불교의 진리를 추구하며, 비불교적이거나 반불교적인 것을 배격해야 한다는 입장을 취해 왔다. 그들은 이것을 "비판불교"라고 부른다. 나는 그러한 판단이 불교 내의 특정 교파나 종파의 입장을 발전시키는 데 도움을 줄 수는 있지만, 불교학의 관건은 아니라고 본다. 그러나 지금 나는 이러한 견해 자체가 비판의 대상이 되고 있다는 것을 이해한다.

18. 비판불교에 대한 재검토

스에키 후미히코(末木 文美士)

“비판불교”라는 용어는 하카마야 노리아키에 의하여 그의 1990년 저서의 제목으로 사용되었는데, 그곳에서 그는 “불교는 비판이다” 곧 “비판적인 것만이 불교이다”라는 입장을 그 용어에 대한 정의로 제시하고 있다. 하카마야는 더 나아가 “비판철학”이라는 용어를 “장소철학”이라는 용어와 구별하여 사용한다. 본 논문의 목적상 나는 “비판불교”라는 용어를, 하카마야 그리고 고마자와 대학에서 그의 동료 가운데 한 명인 마츠모토 시로에 의하여 대표되며, 일본불교연구에서 전통적 태도에 대한 비판을 특성으로 하는 불교연구 운동을 지칭하는 데 사용하겠다. 엄격히 말해서 그 둘의 입장이 동일하지는 않지만, 그 둘이 매우 긴밀하게 협력해왔고 서로에게 상당한 영향을 미쳐 왔기에, 그 둘을 동일한 틀 안에서 다루는 것이 생뚱맞다고는 생각되지 않는다. 나는 또한 “비판불교”라는 명칭이 미국에서는 불교학자들 사이에 광범위하게 사용되어 온 반면에 일본에서는 그렇지 않다는 점에도 주목하고자 한다.

하카마야와 마츠모토는 1980년대 초반에 일련의 비판적 연구를 준비하였지만, 그들의 주요 저작이 발표되기 시작한 것은 1985년부터이다. 그 해에 하카마야는, 나중에 널리 알려지게 되는 그의 저서 『본각사상 비판』에 포함되는, 여러 편의 중요한 논문들을 발표하였다. 1986년에 마츠모토가 일본 인도학불교학회 연례 모임에서 「여래장사상은 불교가 아니다」라는 자신의 논문을 발표하면서, 비판불교는 비로소 일본불교학계에 동요를 일으킨다.[1] 그 여파로 하카마야와 마츠모토는 연이어 논문들을 발표하게 되고, 그 가운데 다수가 추후에, 하카마야의 『비판』(1989), 『비판불교』(1990), 『도겐과 불교』(1992), 그리고 마츠모토의 『연기와 공』(1989)과 『선사상에 대한 비판적 연구』(1994) 등 별도의 저서로 모아져서 출간된다.

일본학계에서 그들의 비판에 대한 반응은 복합적이었다. 몇몇 학자들은 긍정적으로 반응하였지만, 대다수의 학자들은 유보적이었다. 하카마야와 마츠모토는, (특히 하카마야는) 객관성이나 겸손함은 의식하지 않은 채, 자신들의 아이디어를 발표하면서, 일본학계의 관행을 거칠게 무시하며, 자신들의 주관적 견해를 대담하고 직설적인 방식으로 개진하였고, 다른 학자들을 정면에서 공격하며, 드물지 않게 멸시하는 언어를 사용하였다. 이것은 자기들이 제기한 이슈들이 미세한 학문적 문제들의 일반적 소류 속에서 무시되거나 휩쓸려가지 않도록 보장하기 위하여 의도적으로 택한 전략의 일부였다. 시작부터 그들은 공공의 관심과 논쟁을 원하였다.

그들의 전략은 성공하였고 자신들의 이름을 전면에 단시간에 널리 알려지게 하였다. 하지만 동시에 그들의 과격하고 공격적인 태도는 다수의 일본학자들에게서 분노를 초래했으며, 그들의 기본적 의도가 상당히 오랜 기간 동안 이해되거나 논의되지 못하도록 하는 불운한 결과로 이어졌다. 그들을 지지해준 소수의 학자들에는 이시이 슈도(石井 修道)와 이토 다카토시(伊藤 隆壽)와 같은 고마자와 대학의 동료들 몇몇이 포함되었는데, 그들은 하카마야와 마츠모토의 과장된 표현의 행간을 읽을 수 있었던 것이다. 아마 초기 단계에서 그들의 비판에 진지하게 반응한 유일한 사람은, 밀교를 전공하는 다소 독특한 학자인 즈다 신이치(津田 眞一)였을 것이다. 대다수의 학자들은 그저 그들을 무시하면서, 위험을 무릅쓰기보다는 오히려 휘말려들지 않는 편을 선호하였다. 비판불교는 일본불교학계에서 누구나 다 알았지만 공개적으로 논의하는 사람이 거의 없는 이슈로 되었다. 미국 학자들은 일본학계의 터부에 영향 받지 않고 보다 열린 마음에서 접근해갔다. 1993년 미국종교학회 회의에서는 비판불교에 대한 패널을 포함하였다.

여하튼, 하카마야와 마츠모토가 자기들의 저작의 첫 단계를 마친 이후에, 일본학자들은 마침내 그들이 제기하고 있던 문제들을 다루기 시작하였다. 1994년에 불교철학협회(the Association of Buddhist Philosophy)는 협회 창립 10주년을 기념하여 『불교연구잡지』(佛教研究雜誌)의 특별호를 간행하였다. 협회 회장이었던 다카사키 지키도(高崎 直道)는 기조 논문에서 지난 10년간의 일본 불교학을 조망하면서, 절반 이상을 비판불교에 할애하였다.[2] 이것은 의심할 바 없이 그가 이 주제를 지난 10년간 일본불교학의 주된 이슈였다고 간주하였음을 보여준다. 다카사키의 언급에 더하여, 그 저널에서 마에다 에가쿠(前田 惠學), 요시즈 요시히데(吉津 宜英), 그리고 즈다 신이치의 논문들도 그 문제를 다루었다. 터부가 깨지기 시작하였던 것이다.

본 논문에서 나는 우선 비판불교에서 제기한 이슈들과 그에 대한 일본학자들의 대응을 조망하고, 그런 연후에 이 논쟁에 대한 나 자신의 참여, 그리고 그 이슈에 대한 나의 현재 견해를 간략히 제시하고자 한다.

비판불교의 주장들과 학계의 반응

하카마야의 사상

일반적으로 학문적 입장에서 문제에 접근하는 마츠모토 시로와 대조적으로 하카마야는 종종 저널리스트 기풍에 호소한다. 그의 사상은, 동시에 여러 이슈들을 가로지르며 폭넓게 걸쳐 있으면서, 항상 따라가기는 쉽지 않은, 복합적으로 연결되어 있는 그물을 직조해낸다. 폴 스완슨(Paul Swanson)은 하카마야와 마츠모토의 비판에서 불교학적인, 종파적인, 그리고 사회-비판적인 세 가지 차원을 구분하고 있다(본서의 pp. *39-40*참조). 나는 철학적인 네 번째 차원을 더하고 싶다.

종파적 차원

하카마야와 마츠모토가 비판불교를 추구하도록 중요한 자극을 받은 것은, 조동종 내에서 차별의 문제를 연구하기 위하여 결성된 위원회에 참여하면서부터였다. 일본 불교는 – 심지어 도쿠가와 시대 이전부터 – 사회적 차별을 오랫동안 지지해 왔으며, 현대 불교는 이러한 면에서 자기 성찰의 필요를 인식하게 되었다. 차별에 대한 저항에 비교적 오랜 역사를 갖고 있는 정토진종과는 대조적으로 조동종은 상당히 뒤쳐져 있었다. 조동종이 이 문제를 진지하게 다루기 시작한 것은 겨우, 조동종의 지도자들이 발표한 차별적 선언이 광범위한 공적 관심을 모으게 된 이후였다.[3] 이 문제에 관한 하카마야와 그 밖의 사람들의 저술은 이러한 맥락에서 읽을 필요가 있다.

하카마야는 조동종에서 차별을 지지하는 전통적 교설들이 본각사상의 일원론적 관점에서 파생되었다고 결론지었다. 이는 부분적으로 본각사상에 대한 그의 맹렬한 공격을 설명해준다. 그 사상 대신에 하카마야는 비판불교의 '프로테스탄트적 특성'이라고 일컬어질 수 있는 것을 추구하면서, 그 자체의 과거와 현재의 전통 속에 차별적 요소를 직면하고 있다는 점에서, 시대에 매우 뒤쳐져 있는 조동종의 교설을 현대화할 필요를 주장한다.

자연스럽게, 전통적 교설에 대한 비판은 조동종의 창시자 도겐의 철학과의 씨름을 의미한다. 하카마야가 제안하는 "새로운" 아이디어는, 도겐의 주저 『정법안장』의 주된 주제가 본각사상 비판이라는 것이다. 그는 더 나아가, 지금까지 소홀히 되었던 12권본 『정법안장』이 도겐의 완벽한 작품으로 복권되어야 한다고 주장한다.[4] 『정법안장』의 서문 「변도화」가 천태본각사상에 대한 비판을 담고 있다는 아이디어는 물론 새로운 것이 아니다. 하자마 지코(硲 慈弘)와 다무라 요시로(田村 芳朗)와 같은, 조동종 전통 밖의 학자들은 과거에 이러한 점을 종종 지적해 왔다. 그러나 1985년에 야마우치 슌유(山內 舜雄)의 저작이 출판되기 이전에는, 조동종 내에서 그 사실을 공개적으로 인정한 적이 없었다. 하카마야는 야마우치의 아이디어를 발전시켜서, 도겐이 비판한 본각사상이 일본천태종의 경향에 한정되는 것이 아니라, 일본에서 폭넓게 수용되는 사유방식이라고 주장하였다. 그는 덧붙여서 본각사상에 대한 이러한 비판이 「변도화」의 한 단락의 주제에 그치는 것이 아니라, 『정법안장』 전체의 주된 주제를 이루고 있다고 주장하였다. 그의 입장에 따르면, 도겐 철학의 핵심으로 받아들여져 온 75권본 『정법안장』은 본각사상의 영향의 흔적을 담고 있으며, 따라서 그가 본각사상에 대하여 보다 단호한 반대입장을 발견하는 도겐 만년의 12권본 『정법안장』보다 열등하다.

불교학적 차원

하카마야의 본각사상 비판은, 종파적 차원에 국한되지 않고, 불교사상사 연구의 광범위한 영역을 아우르고 있다. 보다 좁은 의미에서 본각사상은, 중세 일본 천태종 내에서 현상 세계에 대한 절대적 긍정을 특성으로 하며, "천태본각사상"이라고 이따금 언급되는 경향을 가리킨다. 보다 넓은 의미에서 본각사상은, 『대승기신론』의 영향의 결과로 "본래적 깨달음"이라는 아이디어에 중요성을 부여하는 불교철학의 경향을 가리킨다.

본각사상에 대한 하카마야의 정의는 더욱 넓다. 그의 정의는 세 요소를 포함한다.

1. 일반적으로 비불교적인, 토착적이거나 고유한 사상과 혼합되어 있는, 실체적 "장소"(topos)의 전제
2. 권위주의와 자아 긍정에 연계되어 있는 이데올로기
3. 지성을 경시하고 깨달음의 "체험"에 강조점을 두는 태도

그의 제안에 의하면 참된 불교는 이와 대조적인 세 가지 결정적 특성을 지니고 있다.

1. 실체적 장소라는 아이디어에 비판적인 인과 사상
2. 자아 부정과 무아 사상에 기초한 이타주의 사상
3. 신앙과 지성에 기초한 연기이론[5]

이러한 방식으로 하카마야는 본각사상이라는 용어의 의미를 확장하여, 불교사에서 반불교적이고 토착적인 요소들뿐만 아니라, 불교 내의 그러한 반불교적 요소들에 영향을 주어 온, 비불교적인 토착적 사상들까지도 포함시킨다. 이러한 요소들은 일본에 국한되는 것이 아니라, 인도와 중국에서도 발견된다. 하카마야에 따르면, 불교는 이처럼 아주 폭

넓은 의미에서 본각사상을 비판할 때 참된 불교가 된다.

본각사상에 대한 하카마야의 재정의는, 여래장사상에 대한 마츠모토의 접근과 긴밀한 유사점을 지니고 있으며, 사실상 그러한 접근에 의하여 뚜렷이 영향 받고 있다. 그러나 불교의 근본적 사상을 명료하게 하려는 마츠모토와 달리, 하카마야의 주된 관심은 일본에서의 흐름들을 비판하는 데 있다. 이러한 이유에서 그는 여래장사상보다는 오히려 본각사상에 초점을 맞춘다.

하카마야와 마츠모토는 양자 모두 일본의 걸출한 티벳학자 야마구치 즈이호(山口 瑞鳳) 아래에서 공부한 티벳불교 전공자들이다. 야마구치가 티벳불교의 입장에서 동아시아불교를 비판한다는 의미에서, 하카마야와 마츠모토의 비판불교는 야마구치의 입장의 추가적 발전이라고 간주될 수 있을 것이다.[6)]

철학적 차원

비판불교에서 "비판"이라는 용어는 이탈리아의 철학자 잠바티스타 비코(Giambattista Vico, 1668-1744)에서 비롯하는데, 그는 자기 자신의 "장소철학"과 대조시키기 위하여 데카르트의 철학을 "비판철학"이라고 칭하였다. 하카마야는 이와 대조적으로 비판적 입장에서 장소철학을 비판하고자 나선다. 그에게 '비판'은 참된 불교를 대표하고, '장소적' 입장은 본각사상에 부합한다. 데카르트의 비판적 태도에 대한 그의 지지는, 그의 접근이 근대 이전의 불합리한 접근 내지 탈근대적 비판보다는, 근대적 합리주의에 더 가깝다는 것을 보여준다. 현대 일본철학에 익숙한 이들이라면, '장소'(topos)에 관한 담론에서 니시다 기타로와 교토학파의 사상을 즉시 상기하게 될 것이다. 그러나 교토학파에 대한 하카마야 자신의 비판은 니시다와 같은 주류 인물들이 아니라, 우메하라 다케시(梅

元 猛)와 같은 인물들의 국수주의적 태도에 초점을 맞추고 있다.

사회비판의 차원

앞에서 언급했듯이, 비판불교의 주장을 촉발시킨 불꽃 중의 하나는 사회적 차별에 대한 비판이었다. 사회 문제에 대한 하카마야의 강한 관심은 뚜렷하다. 일찍이 주목했듯이, 그는 최근 일본의 국수주의 경향에 공공연히 반대하는 입장을 외쳐 왔다. 그는 현대 일본 사회에서 천황제 및 (조화에 대한 의존과 같은) 관련 요소들을 배격한다. 이렇게 철저한 사회비판으로 인하여, 그의 활동은 학계에 국한되지 않고 있으며, 보다 광범위한 일본 불교계에서 상당한 센세이션을 일으켜 오고 있다.

마츠모토의 사상

하카마야의 활동의 범위가 매우 광범위하기는 하지만, 그 활동의 근본적 시각은 마츠모토 시로에게 많은 것을 빚지고 있다. 하카마야와 대조적으로 마츠모토는, 불교의 보다 근본적 문제들에 대한 연구에 훨씬 더 헌신해왔다. 이로 인하여, 그리고 그 연구 범위가 하카마야보다 더 한정되어 있다는 사실에서, 그의 연구는 일본 불교학계에 더 강력한 충격을 가해 왔다. 그의 주요 사상은 1989년 저서 『연기와 공』에 나타나는 한편, 중국 선불교전통에 대한 비판적 논문들은 그의 1994년 저작 『선사상에 대한 비판적 연구』에서 더 두드러진다. 그의 접근의 핵심은 전자의 저서에서, 첫 논문 「여래장사상은 불교가 아니다」에 뚜렷하고 간결하게 제시된다.

마츠모토에 따르면, 불교는 무아와 연기의 원리에 기초하고 있으며, 여기에서 현상세계의 기저에 있는 실체는 부정된다. 반면에 여래장사상은 현상세계의 기반으로서 하나의 실체(곧 여래장)를 전제한다. 그러한 실체를 허용하는 이론들을 그는 기체설(基體說, *dhātu-vāda*: 기체 그리고 견해 내지 이론에 해당하는 산스크리트 어휘의 합성어)이라고 일컫는다. 그는 기체설이 붓다가 불교를 창시할 때에 비판한 대상이며, 불교는 어떠한 형태의 기체설에 대해서도 반대하는 부단한 비판적 활동에 다름 아니라고 주장한다.

마츠모토의 사상은 뚜렷하게 인도의 중관파와 티벳의 겔룩파 선통 내에 속하며, 이러한 맥락에서 불교철학에 대한 매우 정통적 해석을 대표하고 있다. 그 사상이 불교학자들 사이에 그렇게 센세이션을 야기한 이유는 오히려, 여래장사상 내지 불성이론의 정통성을 묵시적으로 전제하는－물론 일본불교학계를 포함하여－동아시아불교전통 전반에 대한 그의 근본적 비판에 기인한다. 이러한 의미에서 그의 비판은, 티벳불교전통과 동아시아불교전통 사이에 이해의 간극을 메우려는 근본적 도전을 대표한다.

비판불교에 대한 반응

앞에서 주목했듯이, 하카마야와 마츠모토의 노력에 대한 지지자들에는 고마자와 대학의 몇몇 동료들이 포함된다.[7] 특히 이토 다카토시와 이시이 슈도는 그들의 영향을 받으면서 주요 저작들을 저술해 왔다.[8] 이토는 중국불교 전공자로서 중국불교가 도가철학의 영향으로 기체설의 특성들에 압도되고 있다는 데 동의한다. 이시이는 중국 선불교사 전공자로서 중국 선과 도겐의 관계를 연구해오고 있기도 하다. 그는 어떤 측면에서는 하카마야의 사상에 비판적이지만, 중국 선사상에 대한 그의 비판과 12권본 『정법안장』에 그가 부여하는 중요성에서, 하카마야와 마츠모토의 영향은 뚜렷하다.

비판불교에 대한 가장 과격한 적대자 중의 한 명인 즈다 신이치는 밀교 전공자로서 불교에서 실제로 현상세계의 기반이 되는 실체와 비슷한 어떤 것을 허용한다고 주장한다.[9] 마츠모토와 논쟁하면서 즈다는 기체설의 입장을 취하고 있음을 인정하면서, "나는 기체론자(基體論者 *dhātu-vādin*)이다"라는 취지의 주장을 한다.[10] 우리는 여기에서 또한 우에다 시즈테루(上田 閑照)를 언급할 수 있는데, 그는 교토학파의 주요 계승자 가운데 한 사람으로서 『정법안장』에 대한 하카마야의 해석을 비판하면서, 「현성공안」(現成公案) 권이 『정법안장』의 최종적 입장을 제시한다고 주장한다.[11]

비판불교 문제에 대한 나의 참여

나는 직접 쓴 저작에 비판불교에서 제기된 이슈들에 관하여 여러 차례 언급해 왔는데, 다만 어떤 체계적 방식으로 다룬 적은 없다. 최초의 언급은 일본불교 연구사를 비판적으로 조망하고자 한 1988년의 논문에서이다.[12] 나의 주된 논지는, 제2차 세계대전 이전과 그 기간 동안의 불교 연구가 일본의 국수주의와 강하게 연결되어 있었으며, 이러한 사실이 학자들에게서 일본불교의 사상적 문제들을 객관적으로 연구하는 것을 방해하였다는 것이다. 한편으로 나는 하카마야의 비판에 대하여, 일본불교에서 발견되는 안이한 국수주의적 찬미에 대한 배격으로서는 긍정적 태도를 취하였다. 다른 한편으로 나는 그의 사상이 일본불교 전반을 부정하는 인상을 준다는 점에서 의문을 제기하였다. 예컨대 나는, 우메하라 다케시와 그 밖의 국수주의자들에 의하여 찬미되며, 하카마야에 의하여 그 자체로 비판받는 아이디어로서, '산천초목이 다 성불한다'(山川草木悉皆成佛)는 아이디어에 대하여 언급하였다. 거기에서 하카마야에 대한 나의 불만은, 그가 자신의 저작에서 그 아이디어의 역사적 전개를 충분히 명료하게 하지 못하였다는 것이었다.

하카마야는 자신의 1989년 저서 서문에서 나의 비판에 대하여 상세하게 대응하였다. 그의 주된 반박은, 학계 밖의 사회적 문제들에 대한 비판에 참여할 수 있도록 하기에는 나의 태도가 너무 온건하다는 것이었다. 다시 한 번 그는 '산천초목실개성불'(山川草木悉皆成佛)의 문제를 제기하였다. 나는 나의 다음 저서에서 이 문제를 직접적으로 거론하였으나,[13] 나의 온건한 태도에 대한 그의 비판에 대응하지는 않았고, 지금도 대응하지 않고 있는데, 왜냐하면 온건한 태도가 급진적 태도보다 반드시 도덕적으로 열등해야 하는 이유를 알지 못하기 때문이다.

중세 천태와 본각사상에 관한 1991년 논문에서,[14] 나는 그 문제에 대한 새로운 관점을 열어준다는 점에서, 본각사상에 대한 그의 비판을 긍정적으로 평가하였다. 동시에 나는, 본각사상에 대한 그의 정의가, 그 사상의 전개에 대한 연구를 하는 데 쓸모가 있기에는, 지나치게 폭이 넓다고 비판하였다. 추가적으로 나는, 본각사상에 대한 그의 정의에서 세 가지 점의 적절성에 관하여 다소의 의문을 제기하였다.

하카마야는 자신의 1992년 저서에서 호넨(法然)과 묘에(明惠)를 다루면서, 호넨은 본각사상을 반대하는 쪽에 위치시키고, 묘에는 본각사상 쪽에 위치시켰다. 나는 그 아이디어가 지나치게 단순하다고 공격하면서,[15] 호넨을 비판하는 묘에의 저작 『최사륜』(摧邪輪)에서, 당시 화엄종에서 수행의 무용성을 가르치는 것이 본각사상과 유사하다는 묘에의 비판을 따르고 있음에 주목하였다. 요컨대, 호넨에 대한 묘에의 비판은 (호넨과 본각사상의) 유사성을 지적하고 있었다. 이러한 사실은 본각사상의 문제와 관련하여 묘에와 호넨을 대립시키는 것의 문제를 드러낸다.

나는 또한 불교학의 방법론 문제에 대한 논문에서 마츠모토의 아이디어를 논하였다.[16] 나는 불교학의 이른바 객관성에 대한 마츠모토의 비판에 동의하였다. 여래장사상에 대한 그의 비판에 관하여, 그의 의도의 진실성에 나 스스로 공감하기는 하지만, 몇 가지 점에서는 견해를 달리할 수밖에 없다. 나의 견해에서, 기체(基體)를 부정하는 무아의 입장은 기체를 일종의 부정의 형태로 바라보는 입장이다. 그 아이디어에 대한 부정 자체가, 불교 내에서 그 아이디어가 거의 고질적으로 완강하게 계속해서 거듭하여 나타나고 있다는 점을 재확인시켜준다. 기체의 견고한 토대를 배격하기에, 무아와 공의 입장은 불안정한 효과를 지니는 경향이 있으며, 그 결과로 그 부정에 저항하고 기체를 복권시키는 모종의 길을 찾으려는 노력이 이루어지게 된다. 내가 보기에, 불교적 입장의 이러한 불안정한 특성은 불교발달사에서 역동적 힘으로 작용해 왔다. 이러한 맥락에서 또한 나는, 불교를 하나의 '방법'으로 접근하자는 아이디어를 제안해 왔으며, 이 글의 결론에서 이 문제를 다시 언급하겠다.

비판불교에 대한 나의 관점

나는 비판불교 진영에 기꺼이 가담한다거나 즉석에서 배격할 입장은 아니지만, 그들이 제기하는 문제들을 검토하는 것이 실제로 유익하며, 불교에 대한 우리의 이해를 심화하는 데 도움을 줄 것이라고 생각한다. 구체적으로 나는 도겐 철학과 본각사상에 대한 해석, 중국 선에 대한 평가, 고유한 내지 토착적 사유방식에 대한 평가, 그리고 비판불교에 대한 대안으로서 내가 "방법으로서 불교"라고 일컫는 것 등의 네 가지 점에 초점을 맞추겠다.

도겐과 본각사상

하카마야와 몇몇 학자들은 「변도화」의 열 번째 "문답"을 출발점으로 하여, 거기에서 도겐의 주된 취지는 본각사상 비판이었다고 결론짓는다. 이러한 독해는 다시 12권본 『정법안장』의 가치에 대한 "발견"으로 이어졌다. 그렇다면 검토되어야 할 우선적 문제는, 이 특정한 문답이 하카마야와 그 몇몇 학자들이 주장하듯이 본각사상에 대한 비판인가 여부이다.

허옌셩(何燕生)은 최근에 발표한 논문에서 그 열 번째 문답의 비판 대상이 일본에서 본각사상이 아니라 중국 선 전통에서 홍주종과 하택종이라고 주장하였다.[17] 자신의 해석을 지지하기 위하여, 그는 도겐이 자신의 적대자들에 의하여 사용되는 "영지(靈知 영묘한 지성)"나 "영성(靈性 영묘한 본성)"과 같은 용어들을 인용하고 있음을 지적한다. 영지 이론 비판은 「즉심시불」(卽心是佛) 권에서도 발견할 수 있다. 이러한 용어들이 도겐 이전 일본 천태종의 본각사상 문헌에서는 드물게 발견되는 반면, 중국 하택종의 종밀(宗密 780-841)이 영지(靈知)라는 용어를 종종 사용하였다는 것은 잘 알려져 있다. 이것은 도겐의 비판 대상이 일본 천태의 본각사상이라는 관점에 관하여 심각한 의문을 제기한다.

나는 또한 엔니(圓爾 1202-1280)의 『십종요도기(十宗要道記)』에 관심을 기울이고자 하는데,[18] 이 저작은 일본 불교에서 나라(奈良)의 6개 종파에 천태종, 진언종, 정토종, 그리고 선종의 4개 종파를 더하여 10개 종파의 사상을 조망하면서 선종의 우월성을 주장한다. 이 저작에서 엔니는 영지 이론을 선종의 특성으로 언급하면서, 선종의 입장에서 중생은 악한 욕망이 없으며 이미 깨달아 있어서 수행이 불필요하다고 주장한다. 이러한 주장은 도겐의 비판 대상인 것으로 보인다. 도겐이 「변도화」를 집필하기 전에 『십종요도기(十宗要道記)』를 읽었다는 것은 불가능한데, 왜냐하면 「변도화」는 1231년에 집필된 반면 엔니는 1225년에 중국으로 항해하여 1241년에야 일본에 돌아오기 때문이다. 그러나 선종의 옹호자들 가운데 몇몇이 유사한 사상을 주장하고 그러한 경향에 대하여 도겐이 반박하고자 하였을 가능성은 있다.

여하튼, 일견 그럴듯하더라도, 도겐의 비판이 천태본각사상을 구체적으로 초점에 두고 있었는지는 결코 확실하지 않으며, 더군다나 하카마야가 주장하듯이, 본각사상 전반을 초점에 두고 있었을 가능성은 더욱 불확실하다. 도겐의 의도에 관하여 어떠한 주장이라도 하려면, 그의 비판 대상을 가능한 한 명료하고 정확하게 확인하는 것이 중요하다.

"본각사상"이라는 용어 자체에 관하여 말하자면, 피터 그레고리(Peter N. Gregory)는 종밀 사상의 특성을 묘사하는 데 그 용어를 사용하고 있다.[19] 종밀이 자신의 철학체계에서 하나의 핵심적 용어로 본각이라는 용어를 사용하였다는 것은 사실이며, 그 개념을 그의 철학에 적용하는 것이 부적절한 것은 아니다. 그러나 그의 주된 사상은 일본 천태에서 발견되는 본각사상과 동일하지 않다. 후자는 현상세계를 긍정하는 반면, 종밀은 본각 내지 영지가 자아를 일깨우는 것에 강조점을 둔다. 비록 이러한 사상이 그 이전에 없지는 않았지만, 이러한 발전이 일본 천태에서 전폭적으로 전개되는 것은 오직 중국 선사상의 영향 아래에서이다. 그들의 사유방식과 그 용어에 대한 활용에서 이러한 차이가 있기에, 나는 이처럼 상이한 경향에 대하여 본각사상이라는 동일한 용어를 사용하는 것은 피하기를 바란다.

『정법안장』의 12권본과 75권본에 관한 문제에서, 12권본의 가치에 대한 재발견은 비판불교의 대표적으로 중요한 기여이다. 그렇다고 하더라도, 나는 이것이 도겐을 독해하는 유일한 길이라고는 생각하지 않으며, 더군다나 유일하게 올바른 길이라고는 믿지 않는다. 75권본에 강조점을 두는 해석들은 계속해서 그 정당성을 견지하고 있다. 75권본은 중국 선 전통의 공안들을 받아들이고 해석하려는 도겐의 노력을 반영하고 있다. 이러한 측면에서 도겐은 중국 선 전통의 계승자이며, 단순히 그가 그 전통에 대하여 비판적이라고 말할 수는 없다. 75권본 『정법안장』이 저평가된다면, 도겐이 그의 생애의 한창 때에 이루어낸 저작을 정당하게 평가할 길이 없다.

중국 선(禪)에 대한 평가

비판불교의 입장에서 중국 선은, 깨달음에 대한 직접적 체험을 강조하고 언어의 타당성을 부정한다는 점에서, 일종의 본각사상이라고 비판받고 있다. 이시이 슈도조차도 중국 선의 중심 사상은 견성(見性)과 돈오(頓悟)라고 이야기한다. 그는 견성이 본래적 기반으로의 복귀를, 돈오가 그 복귀의 성취를 가리킨다고 이야기한다.[20] 나는 그러한 해석이 중국 선의 여러 국면들을 포괄하기에는 지나치게 안이하다고 본다.

첫 번째 질문은, 실제로 중국 선에서 언어의 타당성을 부인하느냐 여부이다. 확실히 불립문자(不立文字, 말을 사용하지 않는 것)는 선종의 가장 유명한 슬로건 가운데 하나이다. 그러나 그렇다고 해서 이 슬로건을 문자 그대로 취할 수 있는 것은 아니다. 중국 선 전통은 일상적이지는 않더라도 적절한 표현을 필요로 한다. 이것이 바로 도겐이 '도득'(道得, 표현의 획득)에 의하여 의미하는 것이다.

일상생활에서 말은 사물과 아이디어를 가리킨다. 우리는 이러한 일상적 의미가 없이는 소통할 수 없지만, 동시에 우리는 세상이 참으로 어떻게 존재하는가에 관하여 이야기하게 될 때에는 우리의 말이 그 한계에 봉착한다는 것을 인정한다. 나가르주나는 그의 『중론송』에서 단어들의 의미가 세상의 사실들에 얼마나 필연적으로 상응하지 않는가를 입증하였다. 그것을 그는 "공"(空)이라고 일컫는다.

공안의 언어는 일상적 의미 체계를 해체하여, 우리의 말이 우리에게서 은폐하고 있는 세계의 다른 면을 가리키고자 한다. 이러한 이유로,

공안은 언어를 부정하지도 않고, 언어를 초월하는 진리를 획득하는 방법이라고 자처하지도 않는다. 공안은 오히려, 세상을 바라보는 새로운 길을 열어주고자 하는, 언어의 한 형식인 것이다.

하나의 사례가 이점을 명료하게 하는 데 도움을 줄 수 있을 것이다. 『벽암록(碧巖錄)』 70, 71, 그리고 72칙은 "목구멍과 입술을 닫고" 어떻게 말하는가라는 백장(百丈) 스님의 질문에 대한 위산(潙山), 오봉(五奉), 운암(雲巖)의 세 스님의 답을 다루고 있다. 목구멍과 입술을 닫는다는 것은 일상적 언어에 대한 부정을 상징하는 것이지, 언어 그 자체에 대한 배격을 가리키지는 않는다. 백장 스님은 그 세 스님 각자에게 무언가 말해보라고 촉구한다. 세 스님은 각각 그 수수께끼 같은 질문에 아주 상이한 답변을 한다. 예를 들자면 다음과 같다.

백장: 목구멍과 입술을 닫고 그대는 어떻게 말하겠는가?
위산: 스님께서 말씀해보시지요.
백장: 내가 그대에게 말하는 것은 사양하지 않으나, (그렇게 한다면) 뒤에 법손(法孫)을 잃을까 두렵구나.[21]

비록 위산의 "스님께서 말씀해보시지요."라는 말이 백장의 질문을 회피하는 듯하지만, 그 말은 사실 답으로서 자신의 목구멍과 입술을 닫은 채 말하고자 한 것이었다. 백장의 질문과 위산의 답은 양자 모두 일상생활의 언어를 해체하는 것과 관련이 있는 것이지, 언어 자체를 절멸하자는 것이 아니다. 정반대로, 중국 선은 언어에 크게 역점을 두었으며, 다만 항상 말을 사용하는 우리의 평범하고 일상적인 방식에서의 혼란을 피하는 방식을 활용했을 뿐이다.

그 다음의 질문은, 중국 선이 여래장 내지 불성론에 기초한 일종의 본각사상인가 여부이다. 의심할 바 없이 중국 선 전통은 불성 관념을 전제하지만, 그것을 단순히 긍정한다고 할 수는 없다. 예컨대 『정법안장』의 「불성」 권을 살펴보면, 도겐은 불성을 다루는 중국의 다수의 공안들을 언급하고 있다. 우리는 대다수의 공안들이 불성에 대한 긍정에 이어서 그에 대한 부정을 이야기하는 형식을 취하고 있음을 발견한다. 전형적인 사례는 개의 불성에 관한 조주(趙州)의 공안이다. 한 스님이 조주에게 개가 불성이 있는지 여부를 묻는데, 조주는 경우에 따라서 "있다"와 "없다"로 답한다. "있다"는 불성론에 기초한 평범한 답변인 듯하지만, 깊이 생각해보면, 이러한 답은 너무 "쉬운" 것으로 보인다. 조주가 "없다"고 답할 때, 그는 깨달음을 향한 전진을 방해하는 업식(業識, *karma-vijñāna*: 욕망을 일으키는 무의식의 근본적 영향)의 불가피한 사실성을 그 이유로 제시하고 있다. 업식으로 인하여 깨달음을 성취할 수 없는 것은 무엇이든 불성을 가지고 있다고 해서는 안 되는 것이다. 이러한 방식으로 중국 선은 불성에 대한 긍정이 깊은 자기 성찰을 필요로 하는 어떤 것이라는 점을 제시하고 있다.

비판불교와 그 적대자들 사이에, 여래장 내지 불성에 관한 논쟁은, 여래장 내지 불성이 '존재'하는가 여부의 문제에 집중되고 있는 것으로 보인다. 나에게는, 그 말이 무엇을 의미하는지를 명료하게 하는 것이 더 중요한 문제인 것으로 보인다.

고유한 내지 토착적 사유방식에 대한 평가

앞에서 언급했듯이, 비판불교는 토착적 사유방식 및 그 영향 아래 있어 온 본각사상과 같은 불교 형태를 비판해 왔는데, 그 근거는 불교의 목표가 그러한 사유방식의 비판이라는 데 있다. 그러나 하카마야는 토착적 사유 양태가 왜 배격될 필요가 있는지 명확하게 입증하는 데에는 실패하고 있다. 「장소(topos)로서의 진여」라는 자신의 논문에서[22] 하카마야는 두뇌 생리학의 맥락에서 그 대조점을 제시한다.

- 두뇌의 우반구로 사유
  - 장소철학
  - 본각사상
- 두뇌의 좌반구로 사유
  - 비판철학
  - 불교

이러한 모델에 기초하여 불교는 옳고 본각사상은 그르다는 결론에 도달하는 것은 불가능하다. 반대로 두뇌의 오른쪽이 그 왼쪽에 대하여 중요성을 가지듯이, 본각사상은 불교에 마찬가지의 중요성을 갖는 것으로 보인다.

여하튼 나는 일본의 불교 종파들 내에서 작용하고 있는 토착적 요소들을 보다 면밀하게 검토하는 것이 필요하다고 느낀다. 불교는 일본에서 그저 개인적 신앙과 철학 체계로서가 아니라, 위계적으로 조직화되어 있으며, 상당한 경제적 힘을 행사하는 종파들의 복합체로서도 존재한다. 대부분의 재가 신자들은 전통적 단가(檀家) 제도에 따라서 이러한 구도에 소속되어 있으며, 장례와 제례를 통하여 불교와 접하게 되고, 이는 다시 사찰들에 대하여 재정적 지원의 주된 원천이 되고 있다. 장례와 제례는 매우 많은 토착적 요소들을 포함하고 있으며, 그러한 요소들을 배격한다면 일본불교 제도의 경제적 기반을 침해하기에 이를 것이다. 일본 조동종의 사상과 의례에 토착적 요소들을 최초로 도입한 사람은 게이잔 조킨(瑩山 紹瑾, 1268-1325)이었는데, 그리하여 조동종은 사회 경제적 힘을 발전시키게 되었다. 이러한 방식으로 토착적 요소들은 다른 불교 종파들뿐만 아니라 조동종 선에도 매우 중요하게 되었다. 비판불교학자들은 이러한 상황을 어떻게 받아들일 것인가? 모든 토착적 요소들이 사라지게 된다면, 조동종도 그와 함께 사라질 것이다. 비판불교가 조동종과 관련하여 명확한 입장을 취하려 한다면, 이 문제를 직접적으로 다루어야 한다.

방법으로서 불교

비판불교의 위대한 업적 가운데 하나는, 비판불교가 객관적이고 가치중립적이며 실증주의적인 불교학 전통에 도전해왔다는 것이다. 종교의 주된 관심은 외부 세계의 객관적 사실이 아니라 삶의 길에 있다. 비판불교는 이 점을 주장해온 점에서 옳은데, 다만 그 길을 우회하여, 자신들이 비판하고자 나섰던 그 객관주의 자체에 함몰됨이 없이, 자신들의 역사적이고 사상적인 주장의 객관성을 주장하려는 것은 일관성이 없다고 할 수밖에 없다.

이러한 함정을 피하고 비판불교 정신에 더 큰 유연성을 주기 위해서, 나는 불교학에 대하여 "방법으로서 불교"라고 내가 일컫는 새로운 접근을 제안하고자 한다.[23] 그것은 불교를 하나의 고정된 체계가 아니라, 삶과 문화를 성찰하는 하나의 시각으로 이해하는 것을 목표로 삼는다. "방법으로서 불교"라는 표현은 다케우치 요시미(竹內 好)가 제안한 "방법으로서 아시아"와 미조구치 유조(溝口 雄三)가 제안한 "방법으로서 중국"를 연구한다는 아이디어에서 비롯되었다.[24] 일본의 아시아 침략에 대해서 반성하면서 다케우치는 그러한 잘못이 오도된 형태의 근대화에서 초래되었다고 결론지었다. 서양 열강들과 일본의 제국주의와 식민주의에 저항하여 싸우고자 한 아시아 국가들을 연구하면서, 그는 자신에게 서양과는 다른 새로운 유형의 근대화라고 여겨지는 것에 충격 받았다. 이러한 충격에서 그는 일본이 서양에 대한 동경을 버리고 아시아의 이웃국가들에 대하여 새롭게 접근해야 한다고 주장하게 되었다. 이러한 재성찰을, 곧 세계와 역사의 방향에 대한 성찰을 위한 방법으로서 그는 "방법으로서 아시아"라고 불렀다.

다케우치의 접근은, 중국에서 마오쩌둥과 저우언라이가 권력의 정점에 있었을 때, 그리고 간디와 네루가 인도에서 자신들의 이상을 추구하며 활동하고 있었을 때 더욱 의미 있는 것이었다. 하지만 이들 국가들이 1970년대와 1980년대에 그 발전의 한계에 도달했을 때 그 아이디어도 설득력을 잃었다. 이 지점에서 미조구치가 등장하여 이른바 "방법으로서 중국"을 주장하면서 그 아이디어를 진전시켰다.[25] 일본에서 중국연구가 '중국 그 자체'라기보다는 오히려 일본의 은폐된 이익에 지배되고 있음을 목도하면서, 그는 중국을 하나의 독립된 문화 체계로 연구할 것을, 그리고 세계를 그러한 독립된 문화들의 집합으로 상정할 것을 제안하였다. 이러한 방식으로 중국 연구는 세계를 새롭게 상상하는 방법이 되었다.

미조구치가 다케우치보다는 훨씬 더 침착하게 문화들을 바라보았지만, 자기 자신의 것과 다른 문화를 연구하는 데 편견의 완벽한 부재는 불가능하다는 인식을 결여하고 있다는 점에서, 그의 입장이 온전히 만족스럽지는 않다. 다케우치와 미조구치의 시도에 대하여 성찰하면서, 나는, 우리가 불교에 대한 우리의 시각을 넓혀서, 이와 유사한 맥락을 따라서, 하나의 '방법'으로, 곧 일본문화를 연구하는 하나의 방법으로 불교를 간주할 수 있다는 생각이 떠올랐다. 외국에서 기원한 종교로서 불교는, 우리에게 일본문화를 말 그대로 밖에서 볼 수 있는, 그리하여 문화에 관한 민족주의적 내지 국수주의적 관점에 대항할 수 있는 시각을 제공해 준다. 덧붙여서, 아시아에서 불교가 발견되는 광범위함을 고려하면, 불교에 대한 연구는, 문화적 우월성이라는 자만심에 영향 받지 않는 연구로서, 다른 아시아 국가들에 대하여 보다 폭넓은 조망을 할 수 있는 효과적 수단으로서 작용할 수 있다. 마지막으로, 불교를 '방법'으로 상정하는 것은, 종파적이고 사상적인 편견에 의하여 왜곡됨이 없이 불교를 바라보고자 할 때에도 학자들에게 도움을 줄 수 있다. 내가 보기에, 이러한 접근은 비판불교에서 취하는 방향보다 더 큰 전망을 제시한다.

제3부

사회비판

19. 사회적 차별의 이념적 배경에 대한 고찰

하카마야 노리아키(袴谷 憲昭)

본 논문은 내가 금년에 "본각"이라는 아이디어를 비판하는 내용으로 발표해온 일련의 논문들 가운데 하나이다.[1] 본각 비판이 그토록 어렵게 되는 한 가지 이유는, 영향력 있는 상당수의 지식인들이, 일상적으로 매우 확고한 자신감과 함께, 이 사상이 불교전통의 주류이자 정수를 대표한다는 생각을 반복하여 제시하고 있다는 데 있다. 거기에서 그들은 더 나아가 그 아이디어가 일본문화 전반에 스며들어 있기에 평화와 조화의 이상이 일본에서 견지될 수 있다고 주장한다. 그리하여 본각사상 배격은 일본문화의 - 전체까지는 아니라고 하더라도 - 정수를 배격하는 것에 상당하게 된다. 나는 여기에서 과장을 하고 있는 것이 아니다. 우리는 그러한 사유의 사례를 어디에서나 찾을 수 있는데, 예컨대 우메하라 다케시(梅元 猛)의 다음과 같은 신문 칼럼을 들 수 있다.

[나의 이전 사상과 대조적으로, 이제 내가 생각하건대] 일본불교는

불교의 외양을 갖추고 있는 한편으로, 불교 이전의 토착 종교에 의하여 크게 영향 받았으며, 그리하여 아주 독특한 어떤 것으로 되었다. 또는 아마도 일본불교는 대승불교전통의 참으로 진정한 발달이라고 하는 것, 곧 일본은 이미 잠재적 형태에서 대승 국가여서, 불교의 도입과 함께 그 잠재태가 뚜렷하게 드러나면서, 일본이 세계에서도 독특하게 … *유일대승*(唯一大乘, *Eka-Mahayana*) 불교 국가로 발전하게 되었다고 하는 것이 더 나을 것이다.

[일본에서 불교를 확립하는 데 가장 큰 공로를 인정받을 자격이 있는 쇼토쿠(聖德) 태자는, 정부에 재능 있는 사람들을 채용하고 씨족 체계의 족쇄를 끊어내고자 노력하였다.] 이를 성취하기 위하여 그는 평등과 일치의 철학이 필요하였다. 쇼토쿠 태자는 이러한 철학을, 일승불교를 가르치는 독특한 경전들이라고 간주되는 『승만경』과 『법화경』에서 발견하였다. 쇼토쿠 태자는 나중에 이를 유일대승(唯一大乘, *Eka-Mahayana*)이라고 칭하였다. … 그는 여래장사상이 일승사상이라는 동전의 다른 면이라는 것을 표명하였다. … 그 이후에 일본불교는 쇼토쿠 태자에 의하여 옹호된 여래장과 일승(一乘 *Ekayana*) 불교의 노선을 따라 … 발전하였다.

나는 특히 이 일승불교의 독특하게 일본적인 발전을 강조하고자 하는데, 일본 불교에서는 인도나 중국의 불교와는 다르게, 산천초목이 다 불성이 있다는 사상이 발전하였다. 다시 말해서, 평등에 대한 불교-특히 대승불교-의 사상이, 인류를 넘어서 동물과 식물을 비롯하여, 자연계 전체를 포괄하게 되었다. … 이러한 의미에서, 비록 우리가 오늘날 일본의 국체에서 인류평등에 대한 불교적 주장이 살아 있는 것에 종종 초점을 두지만, 진정으로 중요한 것은 이러한 평등이-일본불교에서 독특하게-산천초목으로 확대된다는 것이니, 이러한 사상이야말로 유럽 사상에서 그렇게나 강한 인간중심적 사상에서 초래되는 자연 파괴를 막아낼 수 있기 때문이다. 우리의 사상이 인류의 미래에 핵심적 사상인 것이다.[2)]

나는 우메하라의 이른바 "일승불교" 내지 "여래장불교"가 내가 본각사상에 의하여 가리키는 것이라고 굳이 언급할 필요가 없을 것이다. 그의 주장 노선을 따라가면, 우리는 일본만이, 본각사상 덕분에 전쟁과 학살로부터 자유로운, 평화와 평등의 역사를 향유해 왔다는 기만적 관념으로 귀착되고 말 것이다. 실제 사실에 전혀 무관심한, 그리고 토착적 종교성을 일승불교와 섞은 허술한 논리(여기에서 문제는 일본불교가 불교 이전의 토착적 종교성에 의하여 강하게 영향 받았다는 주장이 아니라, 불교의 도입에 앞서서 일본은 이미 잠재적으로 대승 국가였다고 하는 주장에 있다)와 결합되어 있는, 이러한 종류의 태평스러운 권위주의적 태도가, 본각사상의 맥락에서 모든 것을 바라보는 일군의 영향력 있는 지성인들이 저지르는 모독에서 아주 전형적이다.

우메하라의 사상을 추적하는 것이 본 논문의 목적은 아니다. 그것은 다른 기회로 미루어 두자. 나의 목표는 본각사상이 오늘날까지 끈질기게 우리 안에 스며들어 온 지배층의 이데올로기를 어떻게 대변하는가를 보여주는 것이니, 우메하라와 같은 사상가들은 오늘날 그것의 한 전형인 것이다. 그러므로 내 비판의 우선적 초점은 본각사상의 제도화된 권위주의적 특성에 있다. 그렇게 하는 가운데, 이 비판은 그 자체로 정치적 이슈가 되고 학계의 관행에서 동떨어진 것이 될 위험을 무릅쓰게 된다. 이미 몇몇 사람들은 나의 비판이 너무 섣부르고 학문적 엄격성을 결여하고 있다고 주장한다. 그들은 내가 나 자신의 전공 분야에서 이탈하여 다른 사람들의 영역 안으로 침범해 들어가, 큰 혼란을 야기하고자 시도하고 있다고 말하며, 내가 사소한 세부사항을 지나치게 분석하면서, 아기를 목욕통과 함께 던져 버려서, 전체 그림을 놓치고 있다는 등의 비판을 가하고 있다. 본 논문의 발표가 주변적 이슈에 뒤얽히지 않은 채, 나의 사상에 대한 직접적 비판을 촉발한다면, 그보다 더 기쁜

일이 없을 것이다. 내가 이렇게 말하는 것은, 일반적으로 불교적 정조라고 찬미되는 "조화를 가치 있게 여기라"라는 쇼토쿠 태자의 헌법적 칙령이 사실상 정치적인 것이라고 확신하고 있기 때문이다.

실제로 나는 본각사상 비판을 둘러싸고 크게 소동을 벌여야 할 어떠한 이유도 찾지 못하겠다. 그 정반대로, 나는 그저 편견 없이 바라보면, 그 사상의 권위주의적이고 제도적인 본질이 드러날 것이라고 믿는다. 나는 왜 자신이 불교보다 유교에 더 비판적인가에 대한 질문을 받은 데 대한 모토오리 노리나가(本居 宣長)의 다음과 같은 답변을 거듭 떠올리지 않을 수 없다.

> 불법(佛法)은 무분별하게 구성된 전통이고, 당연히 도(道)와 다르다. 그 해로움은 명백하고 쉽게 보이며, 이미 중국에서 유학자들에 의하여 논증되었고, 근대에는 우리 일본의 신토 학자들에 의하여 논증되었다. 따라서 이러한 논증을 전부 다시 거듭해서 수고롭게 반복할 필요가 없다. 그와 대조적으로 유도(儒道)는 그렇게 뚜렷하게 해롭거나 그렇게 뚜렷하게 혐오스럽지 않다. 그러한 유형의 평판이 부재하기에, 그리고 표면적으로는 전적으로 도리에 합치하는 것으로 보이는 설명과 교설을 갖추고 있기에, 이 가르침은 오랫동안 일반적으로 신봉되어왔다. 심지어 지식인들 가운데에서조차 이 사상에 스스로 정초하지 않는 사람이 아무도 없었다. 근대에는 이러한 사고방식을 비판하는 신토 학자들을 이따금 발견하게 되지만, 그들도 자신들이 비판하는 대상의 근저는 간파하지 못하기에, 결국은 똑같은 유교적 믿음으로 다시 미끄러져 들어가고 만다. 고래로 이러한 잘못을 참되게 이해한 사람들이 드물었고, 따라서 그 도가 일견 해로움이 없는 것으로 보이는 까닭에, 그 해로움의 깊이와 크기는 불도를 넘어선다.[3)]

따라서 내가 본 논문에서 지적하고자 애쓰는 것은 본각사상의 "명백한 해로움"이다. 유도(儒道)의 해로움의 "깊이와 크기"의 문제에 관해서는 후일을 기약하기로 하겠다.

* * * * *

조동신(曹洞禪)에서 기리가미(切紙)에 대한 자신의 논의를 통하여,[4] 이시카와 리키잔(石川 力山)은, 비밀스러운 전수에 큰 가치를 부여하는 일본의 문화적 기풍에서 기리가미가 어떻게 중세시대부터 조동종 공동체의 발전에 중요한 역할을 담당하였는가에 대한 구체적이고 충분한 검토를 제공하고 있다. 이 기리가미는 사회적 차별의 한 가지 사례에 불과하다. 나는 종교적 관점에서 그러한 사회적 차별을 발생시키고 유지하는 사상적 맥락을 밝혀보고 싶다. 그 종교적 관점이란 개인적 견해를 수반하고, 여기에서 제시된 아이디어들이 아직 (내가 그 구성원으로서 이러한 발언을 하는 대상이기도 한) 조동종 교의 자문 위원회 특별 연합 회의에서 채택되지 않았기 때문에, 나는 '이데올로기적 배경' 문제에 국한시킴으로써, 나 자신의 개인적이고 특수한 사변들을 너무 많이 개입시키는 것은 삼가고자 하였다. 물론 그 생각들은 나 자신의 것이지만, 나는 그 표현에서 그 연합 회의의 결론을 염두에 두고자 노력하였다.

올해(1985년) 1월의 첫 회의 이래 그 연합 회의는 10차례에 걸쳐서 업의 문제에 초점을 맞추는 회의를 진행해 왔다. 우리의 주제에 초점을 두기 위하여, 우리는 『수증의』(修證義) 첫 장에 제시되는 "삼시업"(三時業) 문제를 연구해 왔다.[5] 『수증의』는 조동종 구성원들에게 근본적 교의를 담은 저작으로서, 그 자체로는 사회적으로 차별적인 언어를 사용하지 않는다. 이 저작은 조동종 시작 시기부터 유래하는 것이 아니라, 메이지 시대에 오우치 세이란(大內 青巒, 1845-1918)이 도겐의 『정법안장』에서 그 내용을 모아 편집한 것으로, 나중에 조동종에서 공식적으로 인정되었다.[6] 이러한 연유로 위원회에서는 우리의 검토 폭을 넓혀서, 『수증의』에서만이 아니라 그 원천인 『정법안장』에서도 차별적 언어를 검색하기로 결정하였다. 거기에서 우리는 전타라(旃陀羅, *caṇḍāla*), 황문(黃門, *ṣaṇḍha*), 그리고 불남(不男, *paṇḍaka*) 등과 같은 소수의 사례만을 발견하였는데, 이러한 용어들조차도 도겐 자신의 언어가 아니라 다른 저작들로부터의 인용 내에서만 등장한다는 것이 드러났다.[7] 그렇다고 하더라도 이러한 용어들이 반복되어 사용되었다는 사실에서, 그 저작의 전반적인 문맥을 통하여 그 용어들의 위상을 검토할 가치가 충분히 있었다. 우리는 그 용어들이 강한 차별의 사례들이 아니라는 것, 그리고－같은 시대의 것이든 그 이전이나 이후의 것이든－다른 중국과 일본의 불교 문헌들과 비교해서, 도겐의 저작에서 차별적 언어가 현저히 결여되어 있음을 발견하였다. 그럼에도, 우리는 이러한 차원에서 우리의 창시자가 전혀 문제가 없다고 주장할 만큼 자신이 있지는 않았으며, 『수증의』와 『정법안장』에 대한 우리의 연구 결과가 다행스럽다고 안도할 수도 없었다. 왜냐하면 일단 『수증의』가 완성되고 조동종 내에서 교재로 채택된 이래, 그 저작을 사용하는 조동종의 전법사들이 차별적 언어를 현저하게 사용하고 있었다는 것을 실제 사실로서 발견하고 있으며, 실로 오늘날까지도 여전히 그러한 언어가 사용되고 있기 때문이다. 현재로서, 이러한 사실들에 대한 간단한 인정만으로 개선이 이루어질 수 있는 상황은 훨씬 넘어서 있다. 나는 우리가 우리의 종교의 의미 자체를 질문하고, 그렇게 함으로써, 아마도 최초로 여기에 내포된 종교적 이슈들의 성격을 명료하게 해야 할 시점에 이르렀다고 믿는다.

나는 그 이슈에 이러한 방식으로 초점을 맞춤으로써, 『수증의』, 『정법안장』, 그리고 조동종 전법사들이 사용하는 차별적 언어 사이의 관계에 대한 판단을, 조동종 공동체와 그 교리의 범위를 초월하여 서술하는 방식으로, 표현할 수 있다고 믿으며, 이것이 절대적으로 중요하다고 생각한다. 『수증의』 편집을 둘러싼 문제들과 별도로, 우리는 이렇게 공식적으로 인정된 텍스트를 여러 세대 동안 사용해온 조동종 전법사들의 가르침이 도겐의 『정법안장』과 도대체 어떠한 유사성이라도 실제로 지니고 있는지 여부를 판단할 필요가 있다. 우리가 그들의 설법에서 발견하는 것은 종종 고통과 지혜에 대한 안이한 유형의 답변들인데, 그러한 답변들은 도겐이 평생토록 저항해온 것이었다. 그 점을 하나의 인용문과 함께 명료하게 해보자.

잘 알려져 있듯이, 중국에서 일본에 돌아온 직후에 도겐은, 당시에 일본 불자들 사이에 널리 퍼져 있던 몇 가지 문제에 대하여 예리한 비판에 착수하였다. 이 비판이 『정법안장』의 「변도화」 권을 구성하게 된다. "심상상멸(心常相滅)"이라는 일반적 관념에 대하여[8] 그는 다음과 같이 서술한다.

> 문: 어떤 이들은 다음과 같이 가르쳐 왔다. "생사가 항상 유전하는 것에 대하여 번민하지 말아야 한다. 생사윤회에서 해탈하는 극히 간단한 길이 있다. 항구적이고 불변하는 마음을 아는 것이다. 이것이 뜻하는 것은, 몸은 죽지만 마음의 참된 실체는 결코 소멸하지 않는다는 것이다. 그대가 마음의 실체는 생사윤회에 종속되지 않으며 다만 임시적으로 몸 안에 존재할 뿐임을 깨달을 때, 그대는 그 실체가 계속해서 여러 곳에서 생존하면서 그침이 없다는 것을 파악하게 된다. 그것은 과거, 현재, 또는 미래를 통하여 언제나 항상적이며 결코 변하지 않는다. 이것을 아는 것이 생사윤회에서 벗어나는 것이다. 생사윤회가 그치고 몸이 죽을 때 그대는 참된 존재의 바다에 들어간다. 그대가 이 존재의 바

다와 하나가 될 때 그대는 붓다나 여래와 동일한 위대한 덕을 간직한다. 하지만, 그대가 자신의 현재의 삶에서 이것을 이해한다고 하더라도, 그대는 전생에 쌓은 망념들로 인하여 성인과는 다르다. 그대가 이것[곧, 마음의 불변하고 항구적 본성]을 이해하지 못하면, 그대는 생사윤회 안에서 영원히 유전할 것이다. 더 이상의 지체 없이 우리는 그 마음의 불변성을 파악해야 한다. 그대의 삶 전체를, 고요하게 앉아서, 아무 것도 하지 않은 채 보내는 것이 무슨 쓸모가 있는가?" 이러한 견해가 붓다나 조사의 도에 대한 그대의 해석과 일치하는가?

답: 그대가 방금 말한 것은 확실히 불교의 진리가 아니라 오히려 선니(先尼) 외도의 견해이다.[9)]

「변도화」에서 다양한 대화 가운데 "상심상멸"에 관련된 이 부분이 가장 긴 부분이어서, 도겐이 그 비판에 참으로 얼마나 많은 노력을 기울였는지가 시사된다. 도겐은 계속해서 "어떤 이들이 가르쳐 왔다"고 하는, 그 항구적 마음이라는 아이디어를 상당한 지면을 할애하여 비판하는데, 여기에서 중요하게 주목해야 할 것은, 이러한 비판이-히에이산의 그 중심지에서 일본 불교계 전체에 퍼지며 전염되고 있는-본각사상을 직접 겨누고 있다는 점이다.

이점을 최초로 명료하게 한 사람이 위대한 천태학자 하자마 지코(硲慈弘)였고,[10)] 보다 최근에 야마우치 슌유(山内 舜雄) 또한 조동종의 관점에서 이 문제에 관심을 기울여 왔다.[11)] 야마우치의 작업이 조동종 내에서는 개척적인 것이기에, 우리는 그 논쟁이 이제 막 전개되기 시작하였다고 전제할 수 있다. 여기에서 나는 업의 문제에 대한 이 단락의 의의를, 조동종 전법사들의 설법에 관련하여 설명하겠다.

나는, 도겐이 "선니 외도의 견해"라고 정죄한 아이디어들이 "심상상멸" 사상을 구성하고 있으며,[12] 이러한 사상이 실제로 본각사상에 다름 아니라는 사실을 아무리해도 충분히 강조할 수 없다. 도겐이 비판한 이 아이디어가, 그의 시대부터 현재에 이르기까지, 도겐을 그 창시자로 존중하는 조동종 신자들 사이에서조차, 일본불교의 주류로 받아들여져 왔다는 것은 아이러니하지 않은가?

"본각"이라는 아이디어는 현상세계를 초월하는 근본적 깨달음을 가리킨다.[13] 이에 의하면, 모든 사람이 영원히 존재하는 이 깨달음을 본성적으로 원래 갖추고 있다. 그 사상은, 의식 이전의 차원에서 윤회의 현상적 변화가 머무른다는 것을 함의하기에, "심상상멸"이라는 아이디어와 매한가지이다.

사태의 표면에서 이러한 사상은, 모든 사람들이 공유하는, 기저의 보편적 깨달음에 대한 인식에 기초하는, 평등의 직접적 표현인 것으로 보이곤 한다. 그러나 이것은 그저 완벽한 기만에 불과하다. 본각에 대한 이토록 단순하고 일차원적 관념에서 진리가 일원적 기저의 깨달음 안에 놓여 있다고 주장되는데, 그 깨달음의 실상은 사회적 차별의 영속화 배후에 있는 지배적 힘인 것으로 드러난다. 더욱더 경악스러운 것은, 일본불교의 주류에서 장기적으로 압도해왔기 때문에, 본각사상이 종종 불교의 중심철학 *자체*인 것으로 간주된다는 사실이다. 나는 다른 불교 교파에 대하여 발언할 자신은 없지만, 적어도 조동종에 관한 한 그 사실을 명확하게 하고 싶다. 어떤 의미에서는 그렇게 명확하게 하는 것이 불필요한데, 왜냐하면 『수증의』에 대한 설법들을 대충 훑어보더라도 도겐이 비판하고 있었던 바로 그 사상을 거듭 거듭 직면하게 되기 때문이다. 여하튼 나는 몇 가지 사례를 인용하면서 그 점을 설명하고자 한다.

다이쇼(大正) 연대가 시작될 때에 조동종에서 발간한 『종보(宗報)』

390호에서 우리는 『수증의』 첫 장 제4절에 관한 설법을 발견한다. 그 장에 있는 내용은 다음과 같다.

일반적으로 인과의 법칙은 명확하다. 전혀 의심의 여지없이, 악을 저지르는 이들은 밑으로 떨어지고 덕을 닦는 이들은 위로 올라간다. 만약 인과가 존재하지 않는다거나 무효라고 한다면, 제불(諸佛)이 세상에 나타나지도 않았을 것이고 조사가 서쪽에서 왔을 리도 없다.

이 단락에 대한 설법은 다음과 같다.

원래 우주의 본원(本源)은 평등일여(平等一如)하여, 거기에서는 가장 미세한 입자들 사이에서조차 분리가 없다. 그런데 그 평등일여의 본체 내에, 단일한 위대한 영적 힘이 자체적으로 존재한다. 그 영적 힘은 과거에서 현재까지 변하지 않는 우주의 법칙에 기초하여 경이로운 작용을 드러내니, 그 법칙은 인과의 법칙이라고 일컬어진다. 위로 위대한 우주에서 아래로 초목의 잎 하나까지 모든 것이 이 인과의 법칙에 따라 태어나고 자라난다. 마찬가지로 우리의 육체와 마음에서 우리의 고통과 기쁨 그 어느 것도 이 법칙에 따르지 않는 것이 존재하지 않는다. 과거의 행위는 현재의 과보를 초래하는 근본 원인이 된다. 다양한 원인과 다양한 결과가 시작이나 끝이 없이 계속해서 멈춤 없이 흘러간다. 그러나 그 근본 원인에 무수한 차별이 있기 때문에 그 과보에도 다양한 차이가 있다. 따라서 악을 저지르는 이들은 밑으로 떨어지고 덕을 닦는 이들은 위로 올라간다. 악한 마음을 일으켜 악을 행하는 이들의 환경은 점진적으로 나빠지고 그 위치는 내려가며 그 나라는 더럽혀진다. 그와 대조적으로 덕스러운 마음을 일으켜 덕을 닦는 이들의 위치는 올라가고 그가 사는 세상은 청정해진다. 그리하여 우리가 이 세상에 태어나 다양하고 무수한 벌과

과보를 경험하는 까닭이 과거 생의 원인과 조건에 전적으로 기인한다는 사실을 우리는 받아들여야 한다.[14]

이것은, "평등일여(平等一如)"한 우주의 본원(本源)에서 출발하여, 갑자기 전생의 업의 결과로 현재의 '차별'을 받아들이라는 결론으로 비약하는, 기만적 논리의 전형적 사례이다. 이 재미없는 단락은 도겐이 선니외도의 가르침이라고 비판했었던 것의 전형적 사례이기도 하다. 언급의 대상이 되고 있는 『수증의』 부분이 그 자체로 『정법안장』의 「심신인과」 권에서 직접 따온 것이라는 사실에도 불구하고,[15] 이 전법사는 거기에서 도겐이 제시한 가르침을 반박하는 것으로 결말을 짓는다. 사실상 「심신인과」는 인과를 부인하는 것에 대하여 엄하게 경계하며, 인과의 법칙에 대한 깊은 믿음이 필요하다고 가르친다. 그러면서도 거기에서는 축적된 업의 과보로서 현재의 차별을 수용하라고는 *결코* 가르치지 않는다. 정반대로 도겐은 다양한 차별이 일어나고 다시 되돌아가는 곳으로서, 우주의 기저에 놓여 있는 "참된 존재의 바다"라는 아이디어가, 그 자체로 인과를 부정하고 있다고 주장한다. 예를 들면 다음과 같다.

이 세계를 부정하는 [이들은] 말하기를, 형태(色)는 이 세계 안에 있지만 궁극적으로 [참된] 본성(性)은 깨달음의 본성과 동일하다고 한다. 그 까닭은 우리의 [참된] 본성은 마음이고 그 마음은 몸과 동일한 것이 아니기 때문이라고 한다. 이러한 해석은 외도의 해석이다. 그들은 또한 사람이 죽으면 확실히 참된 존재의 바다(性海)와 재합일이 있고, 붓다의 진리를 닦았는가 여부와 무관하게 이 깨달음의 바다로 자연히 되돌아가기에, 더 이상의 생사윤회는 없으며, 따라서 내세는 없다고 한다. 이것이 외도의 이해이다. [이것을 주장하는 이들이] 승려의 외양을 지니고 있더라도, 이러한 그릇된 견해를 간직하고 있다면 붓다의 제자가 아닌 것이니, 그들은 참으로 외도들인 것이다. 인과를 배격하는 것에서 이 세상과 내세를 부정하는 오류가 있게 된다. 인과에 대한 배격은 진정으로 선한 친구들을 만나 함께 공부하지 못한 데서 이루어진다. 진정으로 선한 친구와 함께 시간을 보낸다면 인과의 배격과 같은 그릇된 견해는 일어날 수 없다. 우리는 우리의 조사 나가르주나의 이처럼 자비로운 가르침을 받아들이고 그에 대하여 깊은 신뢰를 간직해야 한다.[16]

물론 여기에서 도겐이 바로 어떠한 종류의 원인과 결과를 옹호하고 있는가를 확정하는 데에는 복합적인 사상적 문제가 내포되어 있지만,[17] 만년의 그가 이 단락에서 (그 이전의 「변도화」에서 그러하듯이) 그가 "심상상멸"의 가르침을 힘주어 배격하고 있음은 뚜렷하다. 그가 본각에 대한 이러한 가르침을 원인과 결과에 대한 부정이라고 간주한다는 것도 마찬가지로 뚜렷하다. 「대수행」 권에서도 동일한 논점을 제시하고 있는데, 다만 다소 중점이 다를 뿐이다.[18] 평생 동안 도겐은 "심상상멸" 곧 본각에 대한 이러한 비판을 견지하였으며, 원인과 결과의 문제와 명시적으로 연관되는 맥락에서 그렇게 하였다. 다만 다시 한 번 더 『수증의』에 관한 설법을 살펴보자.

하라다 소가쿠(原田 祖岳, 1871-1961)는 앞에서 인용한 『수증의』의 부분과 거의 동일한 부분에 관한 설법에서 다음과 같이 말하고 있다.

"진공묘유(眞空妙有)"와 『인과무성(因果無性)』의 원리를 명료하게 이해하기 위해서는, 무엇보다도 일원절대(一元絶對)의 진리를 알아야 한다. 이 일원절대의 진리를 아는 즉시, 무상, 무아, 그리고 열반에서 진정한 본성의 원리가 뚜렷하게 해결될 것이고, 바로 거기에서 궁극적으로 하나의 실상인(實相印)을 증득하게 될 것이다. 따라서 우선

[무상, 무아, 그리고 열반의] 삼법인(三法印)의 가르침을 알아야 하니, 삼법인을 모르면 불교 조사들의 길, 곧 하나의 실상인을 이해하고자 시도하는 것이 전적으로 부질없기 때문이다. 우리 조동종에서는 이 실상인을 "전법의 진정한 본성" 또는 "일대사인연(一大事因緣)"이라고 일컫는다.[19] 이것을 파악하고 받아들이고 믿는 데 도움을 주기 위하여 우리 대승선에서는 정(正)과 편(偏)을 구분하여 표현한다.

"정"은 무차별적 평등을 의미하니, 이는 무성(無性)의 측면이다. "편"은 무수한 차이와 다양한 구분을 의미하니, 이는 시간적이고 공간적인 인과의 필연성 측면이다. 곧 "정"은 실체적 내용을 가리키는 반면, "편"은 외양의 다양성을 가리킨다. 다시 말해서 전자는 원리를, 후자는 사물을 가리킨다. 그러나 원리와 사물은 결코 둘이 아니라 함께 유일절대의 진사실(眞事實)을 이룬다. 오늘날의 언어에서 우리는 "참된 존재" 안의 "현상"과, "현상" 안의 "참된 존재"에 대하여 말하곤 한다. 이것이 우리 대승선의 취지이다. 깨달음에의 길은 이러한 사실에 대한 큰 깨달음을 이루는 것이다. 『수증의』에서 이것은 "불계(佛戒)"라고 불린다.[20]

반복을 무릅쓴다면, 그대가 "일원절대의 진리를 아는" 데 이르면 그대는 즉각 "무상, 무아, 그리고 열반에서 참된 본성의 원리"를 해결하고 "궁극적으로 하나의 실상인을 증득하게" 된다고 하는 아이디어는 도겐이 「변도화」에서 생각하기에-혹은 생각할 필요가 없을 정도라고 하는 것이 더 낫겠다-전적으로 안이하고 가치 없는 길이라고 비판한 "생사윤회에서 해탈하는 극히 빠른 길"에 다름 아니다. 조금이라도 불편하다는 기색 없이 그는 그저 앉아서 정이 편이고 편이 정이라고, 차별이 다름 아닌 평등이고 평등이 다름 아닌 차별이라고 단순하게 선포한다. 이것이 도겐이 그토록 완벽하게 구역질난다고 여긴 "극히 빠른 길" 바로 그 자체이다. 그러나 조동종 계통에서 외도로 배척되기는커녕, 하라다 소가쿠는 그 대표자로 받들어졌다.

의심할 바 없이 도겐이 비판한 아이디어들 자체가 그럭저럭 조동종에서 중심적으로 된 이유는, 일본불교의 주류 자체가 오랫동안 본각사상에 의하여 지배되어 왔다는 사실에 있다. 의식적으로든 무의식적으로든 일본 조동종은 도겐을 따라 그러한 흐름을 거슬러 헤엄쳐가기보다는, 그러한 흐름을 따라 그저 휩쓸려가도록 스스로를 방치하였다. 이러한 현실은 도겐 자신이 멸시했었던 "오위설(五位說)"과 같은 아이디어에 기초한 사상의 형성을 야기하였다.[21] 나는, 또한 이러한 현실이 요인이 되어 『참동계』(參同契, 8세기, T. 48.327a-b)나 『보경삼매』(寶鏡三昧, 9세기, T. 47.515a-b)와 같은 저작들이 일본 조동종 내에서 경전으로 중요한 위상을 점하게 되었다고 믿는다. (실로 하라다의 사상은 『참동계』나 『보경삼매』에서 발견되는 것과 완벽하게 일치한다.)

기시자와 이안(岸澤 惟安, 1865-1955)은 메이지 시대에 『정법안장』에 관한 위대한 강연자이자 조동종의 대표적 인물로서 그 두 문헌에 제창(提唱)을 제시하면서 그 사상이 조동종의 은밀한 가르침이라고 설명하였다. 예컨대 『참동계』에는 다음과 같은 내용이 있다.

> 영성의 샘은 밝고 맑다. 그러면서도, 그 흐름은 그윽하고 어둡다. 현상에 집착하는 것은 근본적으로 망상이지만, 깨달음은 또한 이치에 따르는 것이 아니다.

그리고 이제 기시자와의 제창은 이 단락에 대하여 다음과 같이 서술한다.

> 이 네 마디는 『참동계』의 심오한 의미를 드러낸다. 만약 이만큼만이라도 흡수하였다면 그는 『참동계』의 독해를 끝낸 것이다. 우주의

진리로서 불법이 깨달아진다면, 철학과 수행도 그로써 다 이루어진다.

이러한 『참동계』는 우리 교의 체계에서 극히 중요하고, 이 몇 마니 말에서 조동종의 구전(口傳)이 다 이루어진다.[33]

본각사상에 기초한 조동종 사상의 구전이 이루어지는 양상이 이러하다는 것은 진실일 수 있겠으니, 그지 이러한 기르침을 흡수하고 참된 존재의 바다에 되돌아가 우주의 진리를 빠르고 간단하게 성취하고 이렇게 하여 철학과 수행의 전체를 이룬다고 하는 것은 다시 한 번 이야기하건대 도겐이 정죄하였던 것 바로 그 자체이다. 그저 이러한 진리를 흡수함에 의해서 수행이 완성된다면 도겐이 강조하였던 좌선 명상 또한 불필요하게 될 것이다. 그러나 도겐의 의도와는 정반대로 조동종 내에서 우선적으로 된 것이 이러한 종류의 가르침이었다. 기시자와는 계속해서 다음과 같이 이야기한다.

'영성의 샘은 밝고 맑다.' 그 '영성의 샘'은 물론 물의 원천을 가리킨다. 그 흐름은 지류를 통하여 흩어지는데, 우리는 그 지류에서 영적인 원천으로 거슬러 되돌아갈 수 있다. 그 원천과 지류는 하나이다. 제불(諸佛)의 인(因)은 여러 인연에서 일어나는데, 여러 인연에서 일어나는 줄기는 꼬여서 장륙(丈六)의 도금된 [불상의] 몸으로 되며, 그 두 장의 도금된 몸은 꼬여서 그 줄기가 된다. 이러한 이유로 불교에서는 한편으로 평등을 다른 한편으로 차별을 가르친다. 인도의 성인[샤캬무니 붓다]의 마음의 한 측면은 평등이라고 불리는 반면 다른 측면은 차별이라고 불리며, 이것은 사회적 계급에도 적용된다. 다시 말해서, [현상적 차이로서의 사회적] 계급 + [영적 원천의] 무차별 = 인도의 성인의 마음. 그 두 측면이 하나가 되는 것이 인도의 성인의 마음이라고 일컬어지는 것이다. 나는 진에 이것을 말한 적이 있는데, 아마도 거듭해서 말하면 그대가 이해할 수 있으리라

생각하여 다시 말한 것이다.[23)]

기시자와가 말하는 내용은 반복을 필요로 할 정도로 그렇게 어려운 것이 아니다. 그가 묘사한 "영적인 원천"은 도겐이 선니 외도의 견해라고 적시한 "참된 존재의 바다"와 정확히 같은 구조를 가지고 있다. "그대가 이 존재의 바다와 하나가 될 때 그대는 붓다나 여래와 동일한 위대한 덕을 간직한다." 이해하기 어렵기는커녕, 그 목표와 실체는 도겐이 비난했던 "극히 빠른 길"에 속한다.

물론, 기시자와가 그 단순성을 위장하기 위하여 어려움을 과장하기를 원한다면, 그것은 그에게 달려 있다. 그러나 바로 이러한 단순성으로 인하여 "차별은 평등이고 평등은 차별이다"와 같은 슬로건이 약간의 성찰도 없이 인구에 회자된다. 사람들이 세상에 대한 염려가 전혀 없이, 자신들이 기존의 차별 패턴을 절대화하는 데 도움을 주고 있다는 사실을 의식하지 못한 채, 이렇게 부조리한 이야기를 계속해서 재잘댈 수 있는 것은, 바로 그 안에 아무런 생각도 내포되어 있지 않기 때문이다. 방금 인용된 언급 직후에 기시자와는 "사회적 계급 + 무차별 = 인도의 성인의 마음"이라는 자신의 몽상적이고 우스꽝스러운 등식의 한 가지 사례를 제시하려는 우둔한 시도를 한다.

> [이 제창(提唱)을 제시하는] 이 집의 주인은 단순히 다섯 척 몸이 아니다. 그 주인의 몸은, 내가 그대에게 상기시킬 필요는 거의 없지만, 가족 구성원들로 이루어져 있으며, 그 전체 가족이 거기에 참여한다. 그 주인의 행운과 불운은 가족의 행운과 불운이다. 도쿠가와 막부가 무너졌을 때 에도가 무너졌다. 그리고 에도가 무너졌을 때 그 때까지 그 막부가 다스리던 일본 또한 무너졌다. 막부 시대 일본은 도쿠가와 막부의 몸이었다. 도쿠가와 막부가 무너졌기에 그 막부

> 의 몸이었던 일본 또한 무너졌던 것이다. 메이지 중흥과 함께, 메이지 천황의 몸으로 일본이 등장하였다. 단순히 에도가 도쿄로 된 것이 아니다. 도쿄는 새로운 메이지 천황과 함께 태어났다. 메이지 천황과 함께 동시에 일어선 것이 일본이다. 일본은 메이지 천황의 몸이다. 같은 방식으로 샤캬무니 붓다의 몸은 샤캬무니 붓다의 세계이다. 샤캬무니의 몸은 정정하다. 여래의 위대한 지혜와 여래의 위대한 덕이 붓다의 몸이라고 일컬어진다. 붓다의 몸은 여래의 위대한 지혜와 여래의 위대한 덕의 세계이다. 그 세계가 극락정토라고 일컬어진다.[24)]

나는 이토록 조잡한 주장을 세세히 따지고 싶은 의도는 없지만, 도대체 어떻게 "일본은 메이지 천황의 몸이다"에서 "샤캬무니 붓다의 몸은 샤캬무니의 세계이다"로 연결되는가? 그 비유는 비판적 성찰에 대한 필요를 전혀 느끼지 못한 채로 어느 시대나 장소에서의 어떤 사회적 상황에 대해서도 인정하고 변명할 수 있게 한다. 우리는 그러한 사유 패턴이 어떻게 우리를 '업보의 필연성에 대한 경복(敬服)'에서 사회적 차별을 받아들이는 입장으로 이끌어갈 수 있는가를 잠시 멈추어서 숙고해볼 필요가 있다.

그러한 사회적 차별이 조동종 전법사들의 언어에 편만해 있다는 것은 명백하다. 나는 이러한 사유방식의 사상적 배경이, 가마쿠라 시대이래 줄곧 히에이 산에서 이루어져 온, 본각사상의 확립과 보급에 있다고 주장하고자 한다. 이 점에 대한 논의로 나아가기에 앞서, 또 한 명의 존중받는 전법사의 사례를 인용하는 것이 우리의 목적상 도움이 될 수 있을지 모르겠다. 아래의 인용문은 『수증의』에 직접적으로 기초하고 있지는 않으며, 아라이 세키젠(新井 石禪, 1864-1924)에 의한 일반적 설법의 한 부분이다. 그 설법은 다음과 같이 시작된다.

우주는 영동체(靈動體)이다. 그 근원은 참으로 비어 있고 영원히 고요하지만, 그것은 계속해서 움직이며 쉼이 없는 정신이기에, 그 가장 깊은 작용은 또한 계속해서 부단히 변화하고 있다. 그럼에도 불구하고 그러한 변화 내에는 과거와 현재를 합일시키는 근본적 법칙이 있다. 그것이 곧 인과율이다. 결과는 필연적으로 원인을 따르고, 그 결과는 다시 새로운 결과에 연결되는 원인이 된다. 이러한 방식으로 원인은 결과가 되고 결과는 원인이 되어 무궁무진하게 이어진다. 이 세계의 시작, 해와 달의 움직임, 네 계절의 변화, 꽃이 피고 가을에 잎이 지는 것, 구름이 흩어지고 비가 쏟아져 내리는 것, 미풍이 불고 시냇물이 흐르는 것, 이 모든 활동이 완벽하게 인과율에 따라서 이루어진다. 우리가 이 세상에 태어나 죽는 것 또한 그러하다. 이 인과율에 의하여 통제되지 않는 것은 도대체 아무 것도 없다.[25)]

이것은 불교의 설법이라기보다는 상키야(Saṃkhyā) 철학에 더 가까운 것으로 보인다. 그러나 다시 일본에서는 본각사상 덕분에 이러한 종류의 것이 정당하게 불교적인 것으로 간주되어 왔다.[26)]

아라이는 그저 철학적 관념이 아니라, 항상적 흐름 속에서 심층적으로 "작용"하고 있는 우주의 토대라고 일컬어지는, 참으로 비어 있고 영원히 고요한 "근원"에 대한 주장으로 시작한다. 그것의 구체적 변화와 운동은 자의적인 것이 아니라, 어떠한 예외도 허용하지 않는 - 실제로는 차별을 절대화하는 - 법칙에 의하여 통제된다. 이는 동아시아불교에서 "체"(體)와 "용"(用)이라는 아이디어의 주된 원천인 『대승기신론』에서의 본각사상과 동일하다.[27)] 이는 또한 도겐이 자신의 전 생애를 통하여 비판한 바로 그 사상이기도 하다.

내가 아라이 세키젠의 이 설법을 선택한 것은, 그것이 독특하거나 비상하여서가 아니라 어디에서나 발견되는 것의 아주 전형적 사례이기 때문이다. 그가 조동종 내에서 가지고 있는 혁혁한 위상이 그의 언급을 더욱더 믿음직스럽게 할 따름이니, 그리하여 이는 다시 한 번 더 조동종에서 지배적 견해는 도겐보다는 『대승기신론』 시이 본각사상과 더 부합한다는 것을 잘 예시해준다. 전법사가 이러한 종류의 사상적 무기로 무장하고 있다면, 경계심이 없는 신자들에게 사회적 차별을 절대화시키는 것은 간단한 문제이다.

본각사상이 일본불교의 주류 내에서 어떻게 그렇게 굳건하게 확립될 수 있었는가에 관하여 우리 연구 그룹에서는 일정한 합의가 이루어졌다. 무엇보다도 우선 무상(無常)과 공(空)이라는 근본적인 불교적 아이디어들에 관하여, 그리고 불교의 탄생과 발전의 본고장 인도에서 근본적으로 다른 관념인 여래장이 그러한 아이디어들에 어떻게 대적하였는가에 관하여 질문들이 제기되었다. 그 다음에 우리는 중국에서 4세기에서 5세기에 바로 이러한-불교와 유사하지만 불교가 아닌-여래장사상이 어떻게 불교 공동체 내에서 본각 전통으로 확립되었는가를 숙고하였다. 중국 선종사 내에서의 유사한 발전 또한 논의되었다.[28]

몇 차례의 변화를 거치면서 본각사상은 중국에서의 발전과 동일한 경로를 따라 일본에서 뿌리를 내렸다. 기리가미에 관련된 구두적 가르침과 같이 몇 차례의 독특한 뒤틀림에도 불구하고, 그 일본적 본각사상은 뚜렷하게 중국불교 그리고 『대승기신론』의 압도적인 영향으로 거슬러 올라가면서 추적될 수 있다. 예컨대 전통적으로 구카이(空海)가 지은 것으로 되어 있었으나 오늘날 일반적으로 가마쿠라 시대의 위작으로 간주되는 『양부신도이도(兩部神道二圖)』는,[29] 히에이 산을 중심으로 본각사상이 대유행을 누리던 분위기에서 저작되었다. 이 저서는 기리가미가 그러하듯이 형식에서는 철저하게 일본적이지만 『대승기신론』의 영향이 뚜렷하다. 일본불교의 주류에 들어와 그 정체성을 형성하기 위하여 본각사상이 어떠한 형태를 취하든, 도겐의 비판은 여전히 유효하니, 그러한 입장은 불교에 대한 올바른 이해가 아니다.[30]

『수증의』로부터 작업한 전법사들이 그 텍스트를 활용하여 본각사상에 기반을 두고 도겐의 사상에 어긋나게 사회적 차별을 부추겼다는 것을 이해하게 되었을 때, 조동종 내에서 그 저작은 어떠한 위상을 지녀야 하는가? 그 저작이 메이지 시대 이래 조동종의 재가자들에게 주요 텍스트로서 역할을 해온 만큼, 이것은 여전히 중요하면서도 골치 아픈 문제로 남는다. 나는 이 문제에 관한 논란이 상당한 기간 동안 계속되리라고 예견한다. 나 자신의 관점에서, 『수증의』가 『정법안장』에 아무리 긴밀하게 의존하고 있다고 하더라도 그 저작은 하나의 편집물로서 일관된 철학적 형태를 결여하고 있고, 어느 면에서나 결코 『정법안장』의 진솔한 풍격에 비견될 수 없다. 그러나 그것이 발췌문들의 모음이라고 해서 거기에 (정치적이든 종교적이든) 아무런 패턴이 없다고 할 수는 없으며, 그러한 연유에서 위원회에서는 메이지 시대 일본불교에서 그 편집을 둘러싼 상황을 연구할 필요를 의식해 왔다.[31]

오카베 가즈오(岡部 和雄)의 보고서에서 주목한 사실은, 조동종 대학이 1882년에 아자부(麻布)에 설립되었고 조동종 종규가 1885년에 정해졌으며, 종교적 의례 매뉴얼인 『행지규범』(行持規範) 초판본이 1889년에 출간되었고, 조동종 보조회(輔助會)가 1887년에 (『수증의』의 편집자인) 오우치 세이란을 중심으로 결성되었으며, 1890년에 『수증의』가 조동종에서 공인되었다는 점이었다. 나는 개인적으로, 제도적 공고화의 이 시기에, 반(反)불교 운동 이후 메이지 불교를 지지하였던 이들의 사상적 배경이 어떻게 본각사상만이 아니라 유교적 교육에 의한 특성도 드러내고 있었는가에 충격을 받았다. 본각과 주희(朱熹) 풍의 유교는 "리(理)"라는 아이디어에 근본적 중요성을 둔다는 점에서 유사한 구조를 보여주어, 메이지 시대에 국가의 지원을 받는 대학들과 국가 주요 기관들의 지성계 내에서, 그 양자가 어떻게 서로 손을 잡을 수 있었는가 상상하기 어렵지 않다.

하야시 라잔(林 羅山)에 의하여 시작되고 막부에서 관립 교육의 근간으로 채택된 주자학(朱子學)은 우주의 자연적 질서로서 리(理)라는 개념에 기초하여 당시 사회질서를 지지하였다. 한편 조동종은 - 일본불교의 전반적 흐름에 따라서 본각사상의 우산 아래 몰려가면서, 불교라는 정체성은 환상 속에 유지하면서 - 기저의 "리"에 기초한 "현상세계", 심층적 "체"(體)의 "용"(用), "정"(正)의 표현으로서 "편"(偏), 그리고 보편적 인류 "평등"에 의하여 초극되는 특정한 사회적 "차별"이라는 관점에서 막부의 그러한 공식 관립 교육에 대한 지지를 정당화하였다. 사회적 차별의 언어가 도처에 존재하는 것이 그다지 놀랄 일은 아니다. 그러나 조동종이 종교적 사상에 대한 의존을 통하여 사회적 차별을 이렇게 정당화하는 데 아무리 깊이 참여하였다고 하더라도, 도겐 자신은 이처럼 무감각하고 사려 없는 방식의 추론을 야기한 본각사상에 절대적으로 적대적이었으며, 평생 동안 일관되게 그 사상을 비판하였다.

이러한 모순이 빠르게 해소될 전망이 있는 것도 아니고, 내가 여기에서 그 논의를 진전시키기 위하여 많은 것을 할 수 있는 것도 아니다. 그러나 나는 이러한 모순과 관계되는 하나의 문제에 대하여 이 글의 나머지 부분을 할애하고자 하는데, 내가 서두에서 언급하였듯이 종교적 관점에서 그 문제에 접근하고자 한다.

종교의 가장 막중한 관심사의 하나는 죽음의 문제이다. 초점을 벗어난 것으로 보일 수도 있겠지만, 나는 모토오리 노리나가(本居 宣長)에 의한 언급을 인용하면서 시작하고자 한다. 노리나가의 제자들 가운데 한 명이 한번은 그에게 죽음에 관하여 물었다. "불교와 유교는 인과사상 또는 천지의 이치를 가르치면서 사람들에게 마음의 평화를 주는데, 신토는 그러한 마음의 평화를 [주는 어떤 가르침을] 가지고 있습니까?"
노리나가의 답 끝 부분을 인용하면 다음과 같다.

> 혹자는 신토가 마음의 평화를 [주는 가르침을] 가지고 있지 못하다고 이야기하겠지만, 우리가 죽은 뒤에 어떻게 되는지에 관한 문제는, 그러한 문제에 관하여 상당한 이해를 하고 있는 천 명 중에 한두 명조차도 대답하기 어려운 문제로 남아 있네. 하지만 이 문제야말로 누구나가 염려하는 첫 번째 문제이고, 그것은 아주 자연스러운 것이야.
>
> 불교는 이러한 사실 인식에 기초하고 있네. 그래서 죽음이 다가오는 것을 의식하면, 평시에는 붓다를 믿지 않는 이들조차도 불안감에 몰려서 불도를 따르게 되지. 이것은 자연스럽게 이해될 수 있는 인간적 정서야.
>
> 사람들이 신토를 이해하지 못하는 것도 불합리한 것이 아니지. 신토는 사람이 죽은 뒤에 무슨 일이 일어나는지에 관하여 어떠한 확신도 주지 못하고 있네. 신토에서 마음의 평화는, 악한 사람들뿐만 아니라 선한 사람들까지 누구나 다 유명계(幽冥界)로 간다는 것을 의미한다네. 그것은, 옛 문헌들에서 명료하게 하고 있듯이, 선한 사람들이 좋은 곳에서 환생하리라는 것을 뜻하지 않는다네.
>
> 그러나 이것이 우리가 이야기할 수 있는 전부라면, 유교와 불교에서 황당하다고만 할 것이야. 그리고 어리석은 이들조차도 배격할 것이니, 그들도 붓다의 가르침을 듣는 데 익숙해져 있기 때문이지. 불자들은 사후 마음의 평화에 대한 자신들의 가르침에서 아주 매력적 방식으로 사람들의 감정을 수용할 수 있고, 유자들은 천지의 이치를 진리로 가르치고 있어. 사람들은 불교와 유교의 그러한 가르침에 익숙해져 있고, 그 결과로 그것을 믿고 있다네.
>
> 그러나 신토에서 마음의 평화는, 악한 사람들과 선한 사람들이 다 함께 유명계(幽冥界)로 간다는 것이되, 이러한 진실에는 아무런 원리

도 없고 그래서 누구도 그것을 받아들이지 않는다네. 실로 이러한 원리는 사람들의 이해를 넘어서지. 유교나 불교의 가르침은 매력적이기는 하지만 사실상 사람들을 꾀어내려고 설계되어 있는 것이야. 고대에 우리나라 사람들은, 공자나 붓다의 가르침을 듣기 전에는, 그렇게 계산적이지 않았고 자신들이 사후에 유명계로 간다는 것을 소박하게 믿었어. 그들은 이에 관하여 슬픔 외에는 아무런 느낌이 없었고, 그러면서도 아무런 의심이 없었지. 또한 누구도 어떠한 합리적 설명을 요구하지 않았어. 왜냐하면 유명계는 더럽고 나쁜 곳이기는 하지만 우리 모두가 사후에 가게 되는 곳이기 때문이지. 그렇기 때문에 이 세상에서 죽음보다 더 슬픈 것은 없어. 그러나 유교와 불교에서는 그렇게 격심한 슬픔에도 왜 애통해 할 필요가 없는가에 관하여 온갖 이유를 제시하지. 이것은 명백히 진실한 길이 아니야.[32]

노리나가의 비판은 당시 불교의 특성에 대하여 정확한 시각을 제시하고 있으니, 그 불교는 본각사상에 의하여 전적으로 물들어 있었다.[33] 사람들의 고통을 공유한 익명의 몇 안 되는 승려들을 별도로 한다면, 당시 일본불교는 - 그리고 오늘날까지도 줄곧 - 본각사상을 그 토대로 삼아 왔고, 그러한 입장에서 사람들에게 자신들의 업을 받아들이라고 설득하면서, "그렇게 격심한 슬픔에도 왜 애통해 할 필요가 없는가에 관하여 온갖 이유를" 제시해 왔다. 『수증의』에 관한 조동종 전법사들의 설법은, 인과율에 관한 자신들의 '지식'을 설명하면서, '타인들'에 대한 전적인 무관심을 초래하였고, 그러한 방식으로 그 타인들에 대한 억압적 통제를 지지해 왔다. 그 설법들은 또한 인과율이 어떻게 "사람들을 꾀어내려고 설계되어" 있었는가를 예시해준다.

나는 샤캬무니가 가르친 참된 불교는, 이러한 종류의 영악하게 조작된 설명과 아무런 관계가 없고, 오히려 무상(無常)에 대한 깊은 이해를 통하여 타인들의 고통에 대한 자신의 인식을 심화하는 길을 열어주었다고 확신한다. 또한 나는 불교의 경우에서만이 아니라 종교 전반에서, 어떤 종교의 깊이는 그 종교가 밝히는 고통의 깊이에 의하여 평가될 수 있다고 믿는다.

또한 도겐은 죽음의 때에 다가오는 무상함에 대한 인식에 관하여 이야기하였으며, 이 세상의 진정한 고통에 대한 깨달음에서 다음과 같이 서술하였다.

> 어떤 사람이 [죽음의 때에] 갑자기 무상함을 체험할 때, 왕, 대신, 친척, 아랫사람, 아내와 아이들, 또는 재산 등, 그 어느 것도 그 사람을 구해낼 수 없다. 유명계로 건너가는 데에는 단 하나의 것만이 있으니, 그 사람을 따르는 것은 오직 그의 선악에 수반되는 업이다.[34]

이것은 타인의 삶의 처지를 설명해 버리려고 인과를 활용하는 것과는 전적으로 다르며, 자기 자신의 업에 대한 심층적 수용을 나타낸다.

나는 내가 조동종을 폄훼하고 있다는 인상을 주고 있지 않았을까 두렵다. 어떤 종교의 깊이는 그 종교가 밝히는 고통의 깊이에 의하여 평가될 수 있다는 나의 믿음에 따라서, 나는 부라쿠해방연구소 종교부문에서 정치적 이슈가 아니라 종교적 문제로 고려해야 할 한 가지 제안을 하고자 한다. 내가 제기하려는 질문은 어려운 것이기는 하지만 그렇다고 하더라도 종교적 논의에서 거론하지 않아서는 안 된다고 생각한다.

고모리 다츠쿠니(小森 龍邦)는 자신의 저서 『업-숙업관과 인간해방(業-宿業観と人間解放)』 서론에서 스스로의 불운과 무지를 "심중한 업 때문에"라고 받아들이던 자신의 어머니의 습관에 대한 통렬한 설명을 제시한다.[35] 나는 불교의 업 사상에 대한 그녀 자신의 잘못된 이해에 그 모든 탓을 돌려야 할지 묻고 싶다. 나는 아주 확실하게 그러지 말아야 한다고 확신한다. 훨씬 더 무지하고 훨씬 더 탓해야 할 것은, 다른 사람들에게 "당신의 업을 받아들여라"고 간단히게 말하면서 자기들 자신의 업에 대해서는 심각하게 이해하려는 시도조차 하지 않는 전법사들이다. 이러한 의미에서 그의 어머니가 자신의 고통의 심각함이 "심중한 업 때문에"라고 이해하였다는 내용을 읽었을 때, 나는 그녀가 사실상 극히 심층적이고 고귀한 종교적 진리에 닿고 있었다고 믿을 수밖에 없다.[36)]

어떤 사람이 기만에 내맡겨질 때, 종교와 정치의 결합 지점이야말로 그 기만이 날뛸 수 있는 가장 좋은 곳이다. 장래에 이러한 결합 지점을 정직하게 아무런 기만 없이 함께 더 잘 직면할 수 있게 되기를 간절히 희망한다.

20. 불교와 가미

일본주의에 반대하며

마츠모토 시로(松本 史朗)

이 짧은 논문의 목표는 일본주의 비판이다. 우선 내가 취하는 접근법은 객관적이고 가치중립적인 학문을 고집하는 이들과는 정반대의 입장이라는 것을 명확하게 밝힌다. 나의 입장은 주관적이고 처음부터 끝까지 가치 지향적이다. 『직업으로서의 학문』에서[1] 막스 베버는 "가치로부터의 자유"(*Wertfreiheit*)를 주장하면서 주관적 가치 판단을 제거한 객관적 접근을 이상으로 받들었는데, 그 이상에서 전문적 학문은 그 자체의 전공분야에 한정되며 다른 분야로 넘어가는 것을 삼간다. 이것은 근본적으로 주관적이고 따라서 언제나 가치에 의하여 형성된다고 하는 나 자신의 학문적 이상과 정면으로 배치된다.

그러나 베버는 문제의 핵심을 건드렸다는 점에서 그 공로를 인정받아야 한다. 그의 제목이 명료하게 하고 있듯이, 그는 학문을 다른 직업과 구분하고 하나의 독자적 영역으로 확립하기 위하여 가치중립적 객관성을 고수하는 것이 필수적이라고 느꼈다. 문제는 그의 정의가 학자는 인간이기를 그만두어야 한다는 주장에 다름없다는 것이다. 우리 학자들로서는, 우리 자신의 온전한 인간성에서 유리되어, 그 모습에서 가치나 이상의 느낌이 나는 것은 무엇이든 지워내는 것이 그 무엇보다도 용이하다. 물론 이러한 시각이 사회 기득권층에서 환영받는다. 의문 없이 기성 질서를 받아들이는 기질의 사람들을 별도로 한다면, "객관성"과 "자유"라는 명목하에 기성 질서에 관여하는 것을 스스로 포기해버린 그룹으로서, 학자들의 공동체보다 더 무해한 그룹은 있을 수 없을 것이다. 처음부터 가치로부터의 후퇴는 권력층의 가치를 지지하게 하고, 그것은 너무나 자주 기성 권력층의 호의 안에 머무르기 위해 객관성에 대한 타협을 초래하게 된다. 오늘날 일본에서 기득권층의 최우선적 가치가 무엇이냐고 묻는다면, 그 답은 아주 간단히 일본주의라고 할 수 있다. 따라서 나는 이 주제에 관하여 집중적으로 언급하고자 한다.

간접적 일본주의

일본주의는 개략적으로 '일본'에 궁극적 내지 절대적 가치를 두는 것으로 정의될 수 있다. 나는 더 나아가 '간접적'인 것과 '순수한' 것의 두 가지 형태로 일본주의를 구분한다. 간접적 일본주의에 의하여 내가 뜻하는 것은, 이에 해당하는 사람들이 일본을 찬미하고 있다는 사실을 의식하는지 여부와 독립적인, 일본에 대한 간접적 찬미이다. 일본적 "민속불교론(民俗佛教論)"은 이러한 간접적 일본주의의 좋은 사례이다.[2)]

나는 이 이론의 전제를 충분히 연구했다고 자처할 수는 없으며, 어떻게 적절하게 정의해야 할 것인가에 대해서도 다소 자신이 없다. 임시적으로 우리는 불교가 일본의 토착적 기풍에 흡수되어 왔으며 그 과정에서 그 기풍을 절대화하는 결과를 초래해 왔다는 것이 민속불교론의 기본적 아이디어라고 말할 수 있을 것이다. 이러한 접근의 전형은 어떠한 외부의 종교전통이 일본으로 도입된다고 하더라도, 일본인의 종교적 의식 이면에 있는 기초(곧 "본래적 심성")는 여전히 불변한다는 주장이다. 예컨대 조상에 대한 공경(사자에 대한 의례)이 그러하다고 한다. 이러한 일반적 주장의 구체적 사례는 우메하라 다케시(梅原 猛)와 야마모토 시치헤이(山本 七平) 사이의 다음과 같은 논의에서 볼 수 있다.

우메하라: 그래서 최근에 나는 일본불교가 참된 불교로 간주될 수 있는가 여부에 의문이 생기기 시작했어요.

야마모토: 네, 저도 궁금해지기 시작합니다.

우메하라: 교리적 문제는 별도로 하고, 불교의 이름으로 무엇이 실제로 행해지고 있는가를 보면, 주로 장례의식, 조상들의 영을 위한 오봉(お盆)과 오히간(お彼岸) 축제, 그리고 그 밖의 연례적인 제례의식 등이에요. 이것이 도대체 불교라고 간주될 수 있나요? 일본의 북부와 남부에는 가장 오래된 형태의 신토가 살아남아 있는데, 여기에서 저는 일본의 고대 종교 의례가 아이누 사람들 사이에서나 오키나와 주변에서 여전히 보전되어 있다고 생각하게 됩니다. 그리고 그들의 종교 이해를 살펴보면, 우리가 실제로 발견하는 것은, 그 이해가 전적으로 죽은 이에 대한 의례로 이루어져 있다는 것입니다. 우리가 죽을 때, 우리의 조상들이 하늘에서 우리를 기다립니다. 죽은 이의 영은 하늘로 가는데, 오봉이나 오히간에서는 돌아왔다가 다시 갑니다. 대체로 이것이 일본의 북부와 남부에 보전되어 있는 종교 형태에요. 그런데 실제 관습에서, 일본불교도 바로 이런 것을 하고 있습니다. 일본인들에게 교리는 중요하지 않기 때문에, 불교

> 승려는 장례, 오봉의례, 제례, 오히간 의례 등을 거행하는 것 외에는 할 필요가 있는 것이 없다고 생각되고 있어요. 상황이 그러하다면, 나는 이러한 의례들이 실제로 불교 이전의 신토적인 것이라고 할 수 있는 만큼, 불교적인 것이라고 할 수 있을까 확신이 안 듭니다.[3)]

위의 대담은 민속불교론이 우메하라가 선양하는 유형의 '일본학(日本學)'을 지지하는 주된 기둥들 중의 하나라는 것을 보여준다. 우메하라의 말은 또한, 일반적으로 불교의 교리는 아무런 가치가 없고 기껏해야 형식적 가치만이 있다는 민속불교론의 입장을 정형화하면서, 일본의 '대중들'이 공유하는 종교적 의식의 기저를 무비판적으로 절대화하고 있다. 이러한 방식으로 '조상 숭배'라는 아이디어는 검토 없이 존중되는 것으로 보인다. 이러한 방식의 사유가 일본 민속학과 문화인류학의 현행 연구를 압도하고 있지만, 역사학자 구로다 도시오(黑田 俊雄)의 다음과 같은 경고는 매우 시의적절하다.

> 가장 심각한 것은, 이러한 종류의 (왜곡된) 의식이 자명한 진리라고 간주되는 한, 우파 신토 이데올로기와 그것을 지지하는 민속학 및 문화인류학 사이의 관계가 더욱 강화될 수 있을 따름이라는 점이다.[4)]

다시 말해서, 표면적으로 이러한 학문 분과들이 가치 판단에서의 자유와 객관성을 옹호하고 있지만, 그 실상은 일본 민속불교론에 따르는 자신들의 아이디어로 인하여, 그들의 작업이 기득권층의 가치를 보조하고 지지하는 역할을 하게 된다는 것이다. 그러한 것이 모든 "가치중립적" 이론들의 불변하는 운명이다.

간접적 일본주의와 순수한 일본주의의 구분이 암시하듯이, 나는 전자의 자민족중심주의를 "불순한" 형태의 것이라고 여기며, 이러한 측면에서 나는 우메하라의 일본화을 그 전형적 사례로 제시한다. 승복의 펄럭임 아래로 윤이 나는 갑옷의 번쩍임이 바로 눈에 띈다. 겉으로는 일본인 연구에 객관적이고 가치중립적이고 다면적이고 중층적이고 지구적인 접근을 옹호하는 국학(國學) 비판의 옷을 입고 있지만,[5] 속옷으로는 '일본 민족의 우월성'에 대한 믿음이라는 두터운 갑옷을 입고 있다. 당시 수상 나카소네(中曽根)와 우메하라 사이의 대담에서 나카소네는 우메하라의 아이디어에 대한 자신의 이해를 다음과 같이 정리하였다. "세계에서 가장 오래된 일본문화의 본래적 특성은 오늘날의 일본에도 여전히 완벽하게 현존하고 있으며, 불교와 유교 모두 다 그 특성에 적응하여 변화해 왔다." 우메하라는 이러한 묘사에 전적으로 동의하였다. '일본민족의 우월성'에 대하여 전혀 언급이 없기는 하지만, 이러한 말이 발언되고 거의 문자 그대로 반복되는 맥락에서 그러한 우월성은 뚜렷한 전제로 확립되어 있다.

나카소네: 당신은 "일본문화의 기초가 야마토(大和) 조정 이전에 농경이 도입되기에 앞서서 조몬(繩文) 시대 때에 형성되었다"고 쓰셨습니다. 일본에서 우리는 1만 2천 년이 된, 세계에서 가장 오래된 토기를 발굴했습니다. 이것은 이른바 문명의 발상지라고 하는 메소포타미아에서 발굴된 가장 오래된 토기보다도 4천 년이나 더 오래된 것입니다. 그 문화의 원래적 모습이 오늘날의 일본에서도 여전히 온전하게 살아 있으며, 불교와 유교 모두 다 거기에 적응하여 변화해 왔습니다. 조몬 시대의 틀은 이러한 외부로부터의 문화나 사상의 한가운데에서 그것들을 수용하면서 계속해서 생존해 왔습니다. 다시 말해서, 당신은 불교와 유교가 일본에서 어떤 큰 변화를 초래하지 않았다고 말씀하고

계십니다. 내가 당신이 뜻하시는 것을 제대로 파악했는지요?

우메하라: 내가 35세였을 때 나는 유럽철학이면 충분한지 여부를 묻기 시작했고, 경이로운 철학이 바로 우리의 발아래에 숨겨져 있다는 것을 깨달았습니다. 그때부터 나는 방향을 바꾸었고 그 이래로 일본을 연구하면서 25년을 보내 왔습니다. 그 25년에서 나의 결론은, 수상께서 방금 말씀하셨듯이, 궁극적으로 일본문화가 실로 가장 오래된 문화라는 것입니다.[6]

이와 마찬가지로, 자신의 "지적 수준에 관한 발언"(1986년 9월 22일)에서 나카소네 수상은 "세계에서 가장 오래된 토기"에 대해서 다시 언급하면서, "조몬 시대로부터 우리 조상들의 영적 구조 …. 여하튼 세계에서 가장 오래된 토기가 일본에서 발견되었습니다. … 1만 2천 년 전 토기의 발견은 바로 이 나라의 역사가 얼마나 오래된 것인지 입증합니다."라고 하였다.[7] 그가 세계에서 가장 오래된 토기 유적의 존재에서 일본문화와 역사의 위대한 시대로 곧장 연결시키는 것을 가능하게 하는 것은, 다만 '일본민족의 우월성'에 대한 그의 자신감뿐이다.

나카소네가 아프리카계 미국인들에 대한 미국의 교육 문제를 비판한 것도 이 발언에서였다는 것도 상기된다. 그러나 그의 발언에서 실로 그 기저에 있는 문제는, 그러한 공개적인 모욕이라기보다는 그 모욕이 일본인의 우월성에 대한 그의 자신감을 전제로 하고 있었다는 사실이다.

불자로서 나는 우메하라의 일본학 국제 연구 센터 설립에 반대하는데, 왜냐하면 그 센터는 불교를 포함해서 모든 외래 종교를 평가 절하하는 것을 당연시하는 문화적 우월주의사상을 고무하기 위한 허울에 불과하기 때문이다.[8]

'불교'가 여래장사상,[9] "산천초목이 다 성불함(山川草木悉皆成佛)", 그리고 쇼토쿠 태자의 "조화(和)"에 대한 가르침에 있다는 우메하라의 관점은 잘 알려져 있다. 흔히 망각되는 것은 바로 이 "조화의 철학"이 전쟁 시기 일본에서 얼마나 많이 내세워졌느냐이다. 예컨대 나는 앞에서 인용한 바로 그 대담에서 다음과 같은 언급을 인용해보겠다.

> 또 하나의 것은 자연에 대한 일본인의 태도입니다. 내 뜻은, 우리는 수렵인 시절부터 "산천초목이 다 성불한다"는 자연관을 온전히 보전해왔기 때문에 언제나 자연을 보호해왔다는 것입니다. 우리는 이러한 독특한 특성을 부활시킬 필요가 있습니다.[10)]

또한 나카소네 수상의 다음과 같은 언급도 주목해보자.

> 우리 일본인들은 유일신론자들이 아닙니다. 우리는 자연에서 태어나서, 죽을 때 자연으로 돌아가면서, 우리를 다신론의 세계로 이끌어 가는 순환을 경험합니다. 산천초목이 우리의 형제이니, 이것이 "산천초목이 다 성불한다"는 관념의 기원입니다. … 그러나 보다 큰 의미에서 "산천초목이 다 성불한다"는 사상은 불교보다는 조몬 시대로부터 연원하는 일본 사람들의 전승에 속합니다.[11)]

명백히, 우메하라와 나카소네는 완벽하게 일치하고 있으며, 그 일치의 축이 되는 확신은, "산천초목이 다 성불한다"는 사상이, 불교적이라서가 아니라, 고대 일본의 "수렵인 시절" 내지 "조몬 시대"로부터 존속해온 전통적이고 독특하게 일본적인 세계관 내지 자연관을 대표하기 때문에 찬탄할 만하다는 것이다. 이것은 "교리는 일본인들에게 중요하지 않다"는 우메하라의 주장과 전적으로 상응한다. 자신의 "지적 수준에 관한 발언"에서 나카소네 수상은 자연계 전체가 성불한다는 아이디어를 다시 언급하였는데, 다만 "초목과 국토가 다 성불한다(草木國土悉皆

成佛)"는 취지의 도겐의 말을 인용함으로써 오히려 스스로 우스꽝스럽게 보이게 되어버렸다.[12] 그는 또한 일찍이 1986년 1월 27일 내각 정책 발언에서 이 구절을 인용하였었는데, 여기에서 나는 불자들, 특히 조동종의 불자들이 이러한 종류의 관심을 받는 것에서 도대체 얼마나 행복할 수 있을까 궁금해진다.[13]

마찬가지로, 우메하라가 17개조 헌법에 들어 있는 조화(和)의 철학을 찬미하는 사례는 많다.[14] 전쟁 시기 일본에서 이러한 철학에 대한 강조의 구체적 사례로, 우리는 『국체의 본의』(国体の本義, 일본의 국가적 실체의 본질적 원리)를 인용할 수 있겠다. 천황의 역할이 국가를 초월하는가 아니면 단순히 국가의 한 기관인가 여부에 관한 논쟁(1935년 2월)과 더불어, 2월 26일 사건(1936년 2월-3월) 직후인 1937년 3월에 편집되어 출간된 이 저서의 의의는 잘 알려져 있다. 천황이 단순히 국가의 한 기관이라는 아이디어를 명시적으로 배격하고 신성 국가 이데올로기를 확고하게 함으로써 이 저서가 목표로 한 것은, 국민적 정서를 국가적 목표에 동원하는 것이었으며, 그 가운데 가장 중요한 것은 전면적 전쟁을 준비하는 것이었다.

『국체의 본의』 첫 장은 조화의 이데올로기를 천명하는 "조화와 진리"라는 절을 포함하고 있다. (『국체의 본의』가 출간된 해인) 1937년 7월에 발생한 노구교사건(盧構橋事件)은 일본이 중국을 침공하면서 전면적 침략 전쟁에 나서게 되는 촉매제가 되었다. 이 사건은 그 뒤 난징대학살(1937년 12월)과 더불어, 그 저서에서 가르치는 "조화의 철학"의 진면목과 역사적 실체를 드러낸다. 그 저서에서 주창하는 부류의 "조화"에 대한 보다 명료한 아이디어를 얻기 위하여 여기에서 이 다소 긴 글-그 전체를 다 일본의 모든 불자들이 반드시 읽어야 할 글로 여겨야 한다-을 인용하는 것이 논의의 전개상 적절해 보인다.

우리가 우리나라의 건국 및 역사 발전의 자취를 추적해볼 때, 우리가 거기에서 언제나 발견하게 되는 것은 *조화의 정신*이다. 조화는 우리나라 건국의 위대한 성취의 산물이며, 우리의 역사적 성장의 힘인 동시에, 우리의 일상적 삶과 분리될 수 없는 인륜의 도이다. 조화의 정신은 *만물의 융합* 위에 구축된다. 사람들이 결단코 자신들을 주체로 삼으며 사적인 것을 주장할 때에는 모순과 상호대립밖에 없으며, 조화는 생성되지 않는다. 개인주의에서도 이러한 모순과 상호대립을 조절하고 완화하기 위하여 협력하고 타협하거나 희생 등을 할 수 있으나, 결국 진정한 조화는 존재하지 않으며 ….

우리나라의 조화(和)는 [냉정한] 앎(이성)에서 출발하는, 서로 독립적인 평등한 개인의 기계적 협조가 아니라, *전체 중에 부분으로 존재하고 그 부분에 맞는 행위를 통해서 일체(一體)를 잘 보전하려는 대화(大和)이다. … 각각 그 특성을 가지고 서로 차이가 나면서도 그* [*개별적*] *특성 곧 역할을 통하여 그 본질(本質)을 잘 드러내고, 그리하여 일여(一如)의 세계*[일원론적 세계, 단일한 진리의 세계]*로 조화되는 것이다.* 곧 우리나라의 조화는 각자 그 [개별적] 특질을 발휘하고 갈등과 절차탁마를 통하여 *귀일(歸一)하는* 대화(大和)이다. [개별적] *특성이 있고 갈등이 있어서 이 조화는 더욱 위대하게 되고, 그 내용은 풍부하게 된다.* 또한 이에 의해서 개성은 더욱 신장되고, 특질은 아름다움을 이루고, 동시에 *전체의 발전융창을 더욱 제고하게 된다.*[15]

여기에서 우리는 조화의 철학의 기본적 전제를 본다. 내가 이탤릭체로 표시한 구절들은 개인적으로 나에게 화엄철학적 표현으로 다가오기도 하지만, 여하튼 그 기저의 이데올로기를 총괄하는 단어는 "전체주의" 밖에 없다. 전체를 구성하는 여러 요소들의 존재 이유는 전체를 하나의 단일체로 공고하게 하는 것 외에는 허용되지 않는다. 실질적으로 각각의 요소에 요구되는 것은 그저 '자아를 제거하고 하나로 돌아가라'는 것이거나 '자아를 소멸시켜서 공공에 봉사하라'는 것이다. 보다 전형적으로 '자신의 명을 다한다'(盡命)는 다음과 같이 제시된다.

> 한 걸음 더 나아가, 이 조화는 또한 공동체의 삶에서 구현되어야 한다. 공공기관에서 일하는 사람들뿐만 아니라 회사에서 일하는 사람들도 [다] *이 조화의 길을 따라야 한다.* 각각의 공동체에는 상급직에 있는 사람들이 있는가 하면 하급직에 있는 사람들도 있다. *각자가 자신의 몫을 완수함으로써 공동체의 조화가 이루어진다.* 자신의 몫을 완수한다는 것은 각자 자기 자신의 영역에서 자신에게 지정된 과제를 최선의 충실성과 함께 수행한다는 것을 의미한다. 그리고 이것은 상급자들이 하급자들에게서 도움을 받으며, 하급자들이 상급자들에게서 사랑을 받는다는 것을 의미한다. 함께 조화롭게 일하는 가운데 아름다운 협조가 드러나고 창조적인 작업이 수행된다.[16)]

이러한 사고방식이 극단적인 군국주의자들에게만 한정되지 않았다는 것은, 『국체의 본의』가 발간된 바로 그 해인 1937년 10월 일본과학촉진위원회에서 후원한 공공 철학 강연에서 니시다 기타로의 발언을 통하여서도 볼 수 있다. 그는 "일본은 천황 가문을 중심으로 모든 것에서 자기 정체성을 보전해왔다"고 선언하였다. 바로 그 모임에서 다카쿠스 준지로(高楠 順次郎) 또한 다음과 같이 언급하였다.

> 우리나라는 그 건국시기부터 *전체주의* 나라로 존재해 왔다. 우리는 그 전체주의를 오늘날까지 보전해왔다. … 우리는 모든 것이 완벽한 조화 속에 있는 화엄의 진리를 온전히 이해할 필요가 있으며, *한 점의 자아도 남기지 말고* 공공에 봉사하는 데 헌신하기를 바라야 한다. 나는 누구나 다 자신의 자아를 잊어버리고 국가의 일을 대면하기 위하여 자신의 자아를 포기하는 것을 보기를 열망한다.[17)]

『국체의 본의』로 돌아와 보면, 우리는 그 주된 강조점이 극단적인 국가주의에 두어져 있음을 보게 된다.

> 몰아(沒我)의 정신은 단순한 자아 부정이 아니라, 자신의 작은 자아를 부정함으로써 위대하고 진정한 자아에 따라 산다는 것을 의미한다. 개인은 본질적으로 국가에서 분리된 존재가 아닌바, 각자는 *국가의 일부를 구성하며* 스스로 분담할 몫이 있다. 그리고 *그 일부를 구성하기에 각자는 언제나 내재적으로 국가와 하나가 된다*. 바로 이것에서 몰아의 정신이 생성된다.[18]

"조화"의 원리마저도 전쟁을 긍정하는 데 이용되고 있다는 것이 다음과 같은 단락에서 분명해진다.

> 그리고 이 조화는 우리나라의 군인정신에서도 뚜렷하게 보이니 … 진무(神武) 천황이 8월에 동정(東征)할 때에 그 군인정신이 발휘되었다. 그러나 이 *군인정신은 그 자체를 위하여서가 아니라 평화[문자 그대로 조화]를 위하여 존재하는 것이며*, 신성한 군인정신이라고 불릴 수 있는 것이다. 우리의 군인정신은 사람을 죽이는 것이 아니라 사람을 살리는 것을 목표로 한다. 이 군인정신은 만물을 살리려는 것이며, 파괴하려는 것이 아니다. 다시 말해서, 그것은 평화[문자 그대로 조화]를 그 기초로 하고 있으며, 기르고 발전시키려는 전망에서의 투쟁이며, 그 투쟁을 통해서 만물에 생명을 주는 것이다. 여기에 우리나라의 군인정신이 놓여 있다. 이러한 의미에서 전쟁은 어떠한 의미에서든 타자를 파괴하고 압도하거나 복속시키려는 의도에서 수행되는 것이 아니라, 도(道)를 따라 창조의 작업을 하면서 *위대한 조화[大和]를*, 곧 평화를 *가져오기 위한 것*이어야 한다.[19]

이러한 것이 "조화의 철학"의 실질적 본질이다. 놀라운 일도 아니지만, 『국체의 본의』는 그 "조화의 철학"을 권위적으로 입증하고자 쇼토쿠 태자의 17개조 헌법의 첫 조항을 전문 그대로 인용한다. 위의 인용문들에서 명백하듯이, 그 첫 조항에서 "8월의 조화"에 대한 전체주의적이고 국가주의적인 이해는 단순한 오해로 지나칠 수 없다. 하카마야가 「사회적 차별의 이념적 배경에 대한 고찰」이라는 자신의 논문에서 주목하듯이, 17개조 헌법 그 자체가 전체주의적이고 국가주의적이어서, 어떠한 의미에서든 전혀 종교를 가르치고 있다고 할 수 없다.

그래서 오늘날 우리에게, 독특하게 일본적인 "조화의 철학"을 찬미하며 노래하는 수상 나카소네와 학자 우메하라가 있다. 그들의 주장이 단지 50년 전에 군국주의를 지지하며 일본을 재앙으로 내던져지도록 한 『국체의 본의』에서 제시되는 주장과 실로 얼마나 다른가는 독자가-특히 불자로서의 독자라면-홀로 숙고해 보기를 바란다. 다만 다음과 같이 정리해 둘 필요는 있겠다. 『국체의 본의』는 불교를 외래종교로서 통째로 부정하지는 않음으로써 간접적으로 일본국가주의 형식을 대변하며, 나카소네 수상과 우메하라 다케시의 "불교는 일본 정신에 적응하여 변화해 왔다"는 주장도 그러하다. 나는 이러한 적응이라는 아이디어-또는 아마도 더 적절하게 표현하자면 동질화라는 아이디어-가 아주 기만적이라고 생각하는데, 왜냐하면 거기에서는 일본 '정신'에 전적인 무게가 실리고, 불교는 무의미한 위치로 밀리기 때문이다. 이것이 일본 정신이 절대화된 과정이다. 물론, 이러한 종류의 국가주의가 언제나 간접적인 것으로 유지된 이유는 그 주창자들이 모두 기득권층에 속하고 그 기득권층은 당연히 결코 공개적으로 순수한 일본주의를 지지할 수는 없다는 데 있다. 이러하기에 그것은 더욱더 위험스러운 것이 된다.

순수한 일본주의에 대한 비판

주제를 옮겨서 "순수한 일본주의"에 대한 비판을 다루겠는데, 나는 그것을 일본 그 자체가 절대적 가치를 지닌다는 사상이라고 정의한다. 이러한 입장의 대표자로 나는 가와바타 야스나리(川端 康成), 모토오리 노리나가(本居 宣長), 그리고 미시마 유키오(三島 由紀夫)를 꼽겠다.

가와바타의 미학적 낙관주의로서 일본주의

순수한 일본주의의 세 대표자 가운데 가와바타의 일본주의는 내가 "순수한"이라고 명명하기가 가장 혐오스럽다고 느끼는 사상이다. 그러나 사실상, 그가 주창하는 미학적이고 낙관주의적인 일본주의와 자연에 대한 찬미는 낙관주의적 일본 지성인들에 의하여 하나의 전형으로서 너무나 일상적으로 고양되고 있어서, 나는 달리 선택의 여지없이 그 사상을 주목하여 논의할 수밖에 없다. "아름다운 일본과 나 자신"이라는 자신의 노벨상 수상 연설에서 가와바타는 일본 정신의 독특함에 대하여 다음과 같은 이야기를 하였다.

> 달을 보면서 나는 달이 되고, 달은 나에게 보이면서 내가 된다. *나는 자연에 침잠하여 자연과 하나가 되고* … [선 수행자는] *무념무상으로* 느낌조차 없는 경지에 들어선다. 그는 *무아로 되고 무*(無)*의 경지에 들어선다.* 이것은 서양의 무나 비어 있음이 아니다. 이것은 오히려 그 역으로서, 무궁히 보배로운 정신의 우주이고, 그 안에서 각각의 모든 것이 자유로이 서로 소통하며 경계를 초월하는 무한한 비어 있음이다. 당연히 선사(禪師)들이 있고, 제자는 그 스승과 문답을 나누는 가운데 깨달음으로 나아가며, 경전을 공부한다. 그러나 제자는 항상 자기 자신의 생각의 주인이어야 하고, 자기 자신의 노력으로 깨달음에 도달해야 한다. 그리고 *강조점이 두어져야 하는 것은 이성과*

논증보다는 통찰, 곧 직접적 느낌이다. 깨달음이 오는 것은 *다른 사람들의 가르침에서가 아니라 내면에서 눈뜸을 통해서*이다. *진리는 '말을 버림' 속에 있으며, '말과 무관하다.'*[20]

일본 자연의 아름다움을 찬미하면서, 일본 정신의 독특함이 "자연에 침잠"하거나 "자연과 하나가 되"는 것이라고 간주하는 것은 전쟁 시기 일본에서도 발견되는 기풍이다. 예컨대 서양의 "자연에 대한 정복"과 대조되는 "자연과의 일치 내지 조화"에서 일본 정신의 독특함을 발견하려는 시도는 일찍이 『국체의 본의』에서도 제시되었다.

다시, 이러한 조화는 인간과 자연 사이의 친밀한 관계에서도 보인다. 우리나라는 바다에 둘러싸여 있고, 빼어난 산들이 있으며, 맑은 물(로 축복받고 있으며), 네 계절의 변화(로 행복하고), *다른 나라들에서는 발견되지 않는 자연적 특색들*이 있다. 이러한 아름다운 자연적 특색들은 천신(天神)과 뭇 신들이 창조해낸 것이다. 그들은 우리가 애정을 품을 대상이지 (확실히) 두려움의 대상이 아니다. 바로 여기에서 자연을 사랑하는 우리의 민족적 특색이 생성되고 *인간과 자연 사이의 조화*가 확립된다. 예컨대 인도는 그 자연적 특색으로 압도되고, 서양에서는 인간에 의한 자연 정복을 의식하며, 우리나라에서와 같은 인간과 자연 사이의 깊은 조화는 발견되지 않는다. 반대로 *우리나라 사람들은 자연과 언제나 조화롭다.*[21]

이러한 자연과의 조화 기풍에서 불교적 배경을 찾는다면, (우메하라가 그렇게 찬탄하는) "산천초목이 다 성불한다"는 관념 또는 그 밑받침을 제공하며 대승불교사상의 정점이라고 이야기되기도 하는 천태본각사상에 대한 일반적 이해로 시작하는 것보다 나은 방법이 없겠다.[22] 이러한 사유방식은 또한 "선"(禪) 불교를 대표한다고 여겨져 왔으며, 가와바타가

"무념무상"(無念無想), "직관"(直觀), 또는 "불립문자"(不立文字)와 같은 표현들을 사용하는 데에서도 보일 수 있다. 이 모든 아이디어들이 다 여래장사상과 본각사상에 기초하고 있으며, 또한 그 자체로 모두 다 여래장사상 비판의 대상 가운데 포함될 수 있다. (이러한 맥락에서, 8세기 티벳에서 있었던 삼예 논쟁에서 중국 선에 대한 카말라실라의 비판은 여전히 주목할 가치가 있다.) 간단히 말하자면, 다소 정형화시킨다고 할 수도 있겠지만, 그 모두는, 문자 그대로 진정한 의미에서, "무념무상"인 바위가 되는 것이 사람이 되는 것보다 더 바람직한가 여부로 귀착된다.

모토오리 노리나가의 일본주의

다음으로 나는 모토오리 노리나가(本居 宣長, 1730-1801)의 일본주의를 다루고자 하는데, 그는 – 히라타 아츠타네(平田 篤胤, 1776-1843)의 덕택으로 – 후대의 사람들에게 상당한 영향을 미쳐 왔으며 그 영향은 정치적 영역으로도 확대되어 왔다. 여기에서는 고바야시 히데오(小林 秀雄, 1902-1983)와 하카마야 노리아키의 노리나가에 대한 상호 대립적 평가를 고찰해보자.

고바야시 자신은 마사무네 하쿠초(正宗 白鳥, 1879-1962)와의 유명한 논쟁에서 "사상"(思想)의 가치를 방어하는 입장을 취하기는 했지만, 사실상 그는 두 층 사이의 계단을 제거함으로써 2층의 "사상"에서 분리된 1층의 "실제의 삶"을 유지해왔다고 노리나가를 찬미하면서 그 가치를 평가절하하였다.[23] 하카마야는 그에 대해 반박하면서, 노리나가가 (신토를 배격한) 유학자 다자이 슌다이(太宰 春台, 1680-1747)를 "진정한 유학자"라고 찬미하였다는 것에 주목하며, 노리나가 사상의 진면목은 지성적 삶을 실제의 삶에서 분리시키는 것을 수반하지 않는다는 점을 논증하였다.[24]

하카마야에 따르면, 노리나가는 "본각" 사상을 반대했을 뿐만 아니라, 언어의 중요성을 깊이 꿰뚫어 볼 수 있는 드문 사상가들 중 한 명

이었다. 하카마야는 그 양면에서 그가 도겐에 비견된다고 주장한다.[25] 나는 본각에 관한 한 그가 옳다고 생각하지만, 내가 실제로 노리나가의 저작을 숙독했을 때 발견한 것은 나를 놀라게 했다고 말할 수밖에 없다. 그가 "가미(神)의 길"과 천황 제도에 관하여 이야기한 것은 언어의 중요성에 대한 지성적 믿음을 전혀 보여주지 않을 뿐만 아니라, 순전한 자연주의와 실용주의의 수준으로 침잠해 버린다. 아래와 같은 단락을 살펴보면, 그가 어떠한 영리함(さかしら)도 더할 필요가 없는 "자연적으로"(おのずから) 사상을 숭배하고 있으며, 그에 수반하여 언어를 단적으로 경멸하고 있다고는 하지 않더라도 배격하고 있음이 드러난다.[26]

> 경배할 만한 우리나라는 평화 속에 통치되는 신성한 국가(安國, カムながら ヤスクニ)라고 일컬어지는데, 우리는 "가무나가라(カムながら)"라는 말에 관하여 『일본서기(日本書紀)』 「난파장병조정어권」(難波長柄朝廷御卷, ナニハノナガラノミカドノミマキ)에 서술된 것을 상기할 필요가 있다. 가미(神, かみ)의 길을 따르는 가운데 그(천황) 자신이 가미의 길이 된다고 한다. 가미의 길을 따른다는 것은 세상에 대한 그의 통치방식이, 가미의 시대 이래로 행해져 온 방식대로, *어떠한 인간적 지혜를 더함이 없이* 세상을 다스린다는 것을 의미한다. 이러한 방식으로, 가미들의 시대 이래로 다스려져 온 대로 세상을 평화롭게 다스림으로써, *가미의 길은 자연스럽게 그 자체로 기능하면서*, 그 밖의 어떤 것도 모색하는 것이 불필요하게 된다. 그것이 그 자체로 가미들의 길이 되어 왔다. 그래서 우리가 "우리의 오늘날의 신"(現御神, 천황)이나 "대팔주국"(大八州國)에 관해서 이야기할 때, 그것은 시대를 거치면서 내려 온 천황들의 통치가 가미들의 통치로 되어 왔다는 것을 의미한다. 이것이 『만엽집(萬葉集)』 같은 시가에서 "가무나가라"라는 단어가 사용될 때의 의미이기도 하다. 그리고 사실상 중국 사람들이 우리나라를 "가미의 나라"라고 부를 때에 의미

했던 것이 바로 이것이다. 고대에는 *어느 누구도 "길"과 같은 말을 거론하지 않았다.* 우리나라는 그 때에는 오직 모든 것이 가미들에 부합하여 *아무 것도 언어로 표현되지 않았다.*[27]

그러나 이 문제에 관련하여 단번에 결정적으로 나의 관점을 굳힌 것은 아래의 단락이었다.

우리는 모두 가미들의 영(産巣日神のみたま)에서 태어났기에, 우리는 본성적으로 삶에서 행해야 할 필요가 있는 모든 것을 알고 그렇게 행한다. 그렇게 가미들의 영의 힘으로, 행해야 할 것이 새나 곤충을 포함하여 세상에 살고 있는 모든 것들 각자에게 그에 고유한 방식으로 알려지고, 그렇게 행하여진다. 살아 있는 것들 중에, 사람은 우월하게 태어났고, 그 우월성에 부합하게 *사람은 알아야 할 것과 행해야 할 것을 무엇이든 알고 있으니, 어째서 그들에게 그 이상의 것을 요구할 필요가 있겠는가?* 사람이 가르침을 받지 않고는 알거나 행할 수 없다면, 새나 곤충보다 열등하다고 할 것이다. 선함, 의로움, 예의 바름, 겸손, 효도, 형제애, 충성심, 신뢰성 등은 다 사람이 행해야 할 것이다. *이것들이 인간이 행해야 할 것들인 한, 인간은 본성적으로 그것을 알고 그러한 가르침에 의지하지 않고도 그것을 잘 행할 것이다.* 성인들의 길은 통치하기 어려운 나라에 질서를 강제하기 위한 목적으로 형성되었다. 이것은 사람들이 되어야 할 것의 한계를 넘어섰고, 그래서 사람들에게 강요되고 엄격하게 가르쳐진 것들은 진정한 길이 아니다.[28]

여기에서 노리나가는 본성적으로 사람이 이미 행해질 필요가 있는 것을 행하려는 성향이 있기 때문에, 사람에게 자연적으로 느껴지는 것 이상을 행하라고 강제할 필요가 없다고 말하고 있다. "[사람은] 자연적으로 행해야 할 것만큼을 행하는데, 왜 우리가 그들에게 그 이상을 행하라고 강제해야 하는가?" 이러한 글을 읽으면서, 일본 그리스도인 순교자들의 십자가 처형의 이미지가 상기되었고, 노리나가에게는 자신의 믿음을 위하여 죽으려는 것이 얼마나 어리석게 보일 것인가 스스로 생각해보았다! '자연주의자'에게는 언제나 그러하듯이, 그는 자신이 『나오비노미타마(直毘靈)』에서 극찬하는 "가미의 길"을 위해서조차도 자신의 목숨을 내놓는다는 것을 상상하기에는 지나치게 낙관주의자요 실용주의자인 것이었다.

나는 궁극적으로 어떤 이상이나 사상을 현실에서 구현할 수 있다고 생각하는 것이 의미가 있는가 여부에 대해서 확신은 없다. 그러나 그 이상이 실용적이고 타협적인 한, 확실히 그 이상은 '이상'으로서의 자격이 더 이상 없다. 노리나가는 지성적 삶을 멸시하면서 자연주의 방향으로 나아갔는데, 그 경향은 아츠타네를 거쳐서 시간이 흘러가면서 더욱 현저해져 갔다.

미시마 유키오의 순수한 일본주의

마지막으로 나는 미시마 유키오를 다루겠는데, 그의 죽음은 이미 15년 이상 이전의 일이 되었고, 그에 대하여 나는 진정으로 순수한 일본주의자로서 나의 경의를 표해야 한다고 느낀다. 다시 말해서 나는 그가 이상적으로 그리고 지성적으로 순수했다고 생각한다. 미시마의 일본주의에 대한 강렬한 지성적 헌신은, 그가 생각한 것과 그가 행한 것 사이에 그가 성취한 일관성의 수준에서 드러난다. 그에게 일본은 절대적 가치였고, 너무나 그러해서 그는 일본이 없는 자기 자신의 존재 내지 천황이 없는 일본의 존재는 상상도 할 수 없었고, 그것의 논리적 결론은 천황이 없이는 자기 자신도 존재하지 않는다는 것이었다.

고바야시 히데오의 실용적 일본주의를 그 배경으로 하여 대조시키면, 미시마의 순수성은 더욱더 찬란하게 빛난다. 1970년대에 한 차례 학생들과의 만남에서 고바야시는 질문을 잘 받아치다가 천황에 관한 물음을 받았다. 그는 우선 자신이 정치적 입장 표명을 하는 것은 아니라는 점을 뚜렷하게 한 뒤에 답을 시작하면서 연이어 천황의 덕을 찬미하였다.[29] 이러한 종류의 방어적 헌신은 우리가 미시마 특히 그의 말년에 보는 것과는 정반대이다. 자신이 알지 못하는 사람들 앞에서조차 미시마는 "천황 만세!"를 외치면서 대담을 시작하곤 했다. 여기에는 단순히 '삶을 위한 에토스'와 '죽음을 위한 에토스'의 차이를 넘어서는 것이 내포되어 있다. 그것은 확신의 순수성에서 근본적 차이가 있는 문제인 것이다.

미시마는 1969년 5월 도쿄대학에서 학생운동을 하는 젊은 혁명가들과의 토론에서 다음과 같이 말하였다.

> 일이 잘 풀리지 않아도 오케이다. 나는 일본인이다. 나는 일본인으로 태어났고 일본인으로 죽을 것이며, 나로서는 그것이 다 좋다. 나는 도대체 이러한 한계를 벗어나고픈 바람이 없다. …
>
> 나는 내가 일본인의 민족성을 가지고 있다는 사실을 나 자신으로부터 떼어낼 수 없다. 나는 이것이 나의 숙명이라고 확신한다.[30]

나는 이 말을 읽을 때마다 감동을 받는데, 특히, 미시마가 대부분 그 자신보다 20년 이상이나 어린 청중들과 대면하여 자신의 느낌을 진솔하게 표현하는 그 진정성에 충격을 받을 정도이다. 나는 이것이 일본주의에 관한 가장 웅변적이고 아름답기까지 한 발언이라고 생각한다.

무엇이 미시마로 하여금 일본에 관하여 그토록 광적이게 하였을까? 이것이 내가 몇 주 전에 그의 저작들을 읽기 시작할 때부터 줄곧 나를 괴롭혀 온 문제이다. 최초의 자극은 한 친구로부터 "일본인 작가들 가운데 오직 아쿠타가와 류노스케(芥川 龍之介, 1892-1927)와 미시마 유키오만이 외부 세계의 존재를 입증할 수 있었어"라는 말을 들은 데서 비롯되었다.[31] 그 말은 나에게 상당한 충격이었다. "외부 세계"를 불교의 유식철학파에서 배격하는 외부 객체(*bāhyārtha*)의 의미로 받아들이면서, 나는 이 언급이, 우리가 대부분의 시간 동안 우리 자신의 마음 안에서 자기동일성의 세계에 너무나 침잠하여 "외부 객체"의 순수한 내지 절대적 타자에 도달할 실이 없다는 것을 의미한다고 이해하였다. 그러나 미시마 유키오는 행위를 통하여 말 그대로 자기동일성의 세계를 깨고 나올 수 있었다. 여하튼 나는 미시마의 극단적 일본주의의 뿌리에 대한 답을 그의 저작들에서 찾는 데 집중하였고, 『문화방위론』(文化防衛論)이라는 그의 저작에서 "문화적 연속성"이나 "임시적 연속성"과 같은 표현들에 특히 인상을 받았다.[32]

표면적으로 문화적 연속성이라는 아이디어가 미시마의 일본주의에 열쇠를 제공하는 것으로 보이는데, 동시에 그것은 내가 그에게 배격하기를 기대했었을 것 같은 "자기동일성"과 같은 것으로 보인다. 여래장 사상이 "동일성"의 철학이라면, 유식 이론은 "자기동일성"의 철학이다.[33] 단순한 동일성과 달리, 자기동일성은 시간성을 그 윤곽에 어떻게든 가져온다. 다시 말해서, 그것은 자기 폐쇄적 과거의 가능성을 시사한다. 오늘날 일본주의자들 사이에서는 "일본인의 일본민족 아이덴티티(identity) 확립"이라는 깃발을 흔드는 것이 유행이지만,[34] 미시마는 이러한 종류의 낙관적 '동일성'보다는 비극적 '연속성'에 더 끌림을 받았다. 실로 그는 "시간적 연속성"이라는 아이디어를 간단히 "시간"(時間)이라고도 표현하는데, 아래의 내용에서도 그것을 볼 수 있다.

일본인의 심성이 민중의 저변에서 지속되어 왔다는 것, 이것이 내가 이야기해온 시간의 문제이다. 공간을 형성하는 일본인이란 여러분 모두와 같이 새로운 일본인이다. 그러나 우리나라는 여전히 시간 안에서 살고 있는 일본인들로 가득하다. 이들은 공간을 의미 있게 하는 길을 발견할 수 없는 일본인들이다.[35)]

위 단락의 "시간"과 유식학파의 자기폐쇄적 시간 사이에서 의미의 일치는 그의 마지막 저작 『풍요의 바다(豊饒の海)』 4부작에서도 잘 입증된다. 그 저작의 시작과 끝은 유식에 대한 유가행파의 설법처럼 읽히며, 심지어 '아뢰야식' 이론에 대한 전문적 설명이라고 일컬어질 수 있는 부분들도 있는데, 이 모든 것은 바로 미시마가 유가행파 사상에 얼마나 깊이 몰두하고 있었는가를 시사한다. 미시마가 이 저작을 "꿈과 전생(轉生)의 이야기"(夢と転生の物語)라고 부른 것도 적절하다고 하겠는데, 왜냐하면 유식설(唯識說)에 꿈과 윤회전생보다 더 적합한 것은 확실히 아무 것도 없기 때문이다.

그러나 내가 시작한 질문은 미시마가 외부세계(外境)의 존재를 어떻게 보았는가와 관련이 있었다. 궁극적으로 나는 미시마가 유식설에서 자기동일성의 세계에 전적인 혐오를 느꼈음에 틀림없다는 결론에 이르렀다. 그의 윤회에 대한 불쾌감은 그 무엇보다도 강렬했으며, 그는 언제나 유식(唯識)적 세계 밖으로 나가는 데 몰두해 있었다.

모든 것이 혐오스럽다. 방탕, 죽음, 광기, 전염병, 파멸 … 이러한 것들이 어떻게 그렇게 마음을 유혹하고 영혼을 밖으로 꾀어낼 수 있었을까. 왜 영혼들은 안락하고 어둡고 고요한 거처를 버리고 '탈주'해야 했는가? 왜 인간의 마음은 고요한 무기력함의 상태를 배격하였는가?

그것이 역사에서 그리고 개인들에게 일어난 것이었다. 만약 사람들이 그렇게 하지 않았다면, 그것은 그들이 스스로 우주의 전체에 닿을 수 없다고 확실히 느꼈기 때문이었다. 술에 취하여, 부스스한 채로, 옷을 쥐어뜯으며, 생식기를 노출하고, 입안의 날고기에서 피가 뚝뚝 떨어지는 채로-바로 이러한 행위들로, 그들은 스스로 그 전체의 표면이라도 긁을 수 있다고 느껴왔음에 틀림없다.[36]

미시마는 자살을 통하여 그 유식의 세계로부터 스스로를 궁극적으로 떼어냈지만, 나는 이것이 외부 세계의 실재를 확증하려는 의도가 있었다고는 그다지 생각하지 않는다. 실로 그것이 무엇인가를 입증했다면, 그것은 외부 세계의 부재이었으니, 이는 그가 자기 자신의 마음의 영역 밖에서 상상할 수 있었던 유일한 것이 죽음이었다는 것을 뜻하기 때문이다. 그러하기에 그는 완벽한 유가행자라고 생각될 수 있을 것이다. 미시마에게 외부 세계 곧 순수한 "타자"는 언제나 죽음이었고, 그 순수한 타자와의 만남이 그의 사상을 이끌어가는 근본적 힘이었다.

미시마 유키오는 자기 자신의 삶으로, 아니 오히려 자기 자신의 삶을 마감함으로써 "순수한 일본주의는 필연적으로 죽음의 철학이다"라는 것을 입증하였다. 그러한 주장의 진실(나는 그것이 예외 없이 진실이라고 생각하는데)은 그의 사상 기저의 동기가, 전혀 순수한 일본주의가 아니라, 오히려 죽음의 철학이었다는 사실과 결코 모순되지 않는다. 다시 말해서 그는 그 명제의 진실을 이해했기에, 스스로를 죽이기 위하여 순수한 일본주의자로 되었던 것이다.

이러한 기질이 더욱 정제되고 순화되어 이사오의 세계, 보다 젊었던 시절에 혼다가 그와 공유하지 않았던 세계, 단지 외부자로서 목격했었던 세계를 형성하였다. 이사오의 젊음에 찬 일본인적 심성이 절대적 고립감 속에서 갈등하면서 그 자체를 어떻게 파괴시켰었는지 주목하면서, 혼다는 자신이 스스로 살아온 방식대로 살아올 수 있게 하였던 것이 외부에서 수입된 서양사상의 힘이었다는 것을 깨닫지 않을 수 없었다. *[독특함에 관하여] 풍요롭게 뇌시 잃은 사유는 죽음을 가져온다.*[37]

살기를 원한다면 이사오가 그러했듯이 순수성에 집착해서는 안 된다. 보든 물러심의 경로에서 스스로를 단절시켜서는 안 된다. 모는 것을 배격해서는 안 된다.

혼다가 *불순물이 섞이지 않은 [순수한] 일본*이라는 문제를 무엇보다도 더 깊이 파고들도록 강요한 것은 바로 이사오의 죽음이었다. 일본과 함께 정직하게 사는 길로서, 모든 것을 배격하는 것, 오늘날의 일본과 일본 사람들을 배격하는 것 외에 어떤 길이 있었겠는가? 궁극적으로 살인을 하고 자살을 하는 이 가장 힘든 길 외에 다르게 사는 길이 없었는가? 누구나 말하기 두려웠지만, 이사오는 자신의 실천으로 증명하지 않았던가?[38]

미시마는 참으로 순수해지기 위해서는 삶을 버려야 한다는 것(고바야시 히데오에게 만족스러울 사상)을 보았다. 이러한 인상은 미시마의 일본주의가, 비록 그가 전쟁 시기에 이미 죽음의 철학에 매료되어 있었지만, 전쟁 시기보다는 그의 만년에 더 강렬했다는 사실에 의하여 확증된다.

여하튼 우리가 미시마 유키오에게서 보는 사상과 실천의 드문 일치는 최고도의 순수한 일본주의를 산출하였으니, 그 순수성의 끝은, 어떠한 논증보다도 더 뚜렷하게 순수한 일본주의가 죽음의 철학이라는 것을 입증한다. 불자로서 나는 모든 온갖 죽음의 철학에 반대하며, 따라서 순수한 일본주의를 전적으로 버릴 수밖에 없다.

일본주의에 대한 반대

결론적으로, 나는 일본에 관한 나 나신의 입장을 간략하게나마 명료하게 하고 싶다. 어떻게든 나는 "무일본주의(無日本主義)"의 입장에 공감할 수는 없다. 그 표현은 다소 어색하기는 하지만, "일본이 실제로 존재하지 않는다거나 '일본'이라는 단어에 실제로 상응하는 실체는 없다는 관념"이라고 이해하고 있다. 몽테스키외는 "나는 필연적으로 인간이지만, 우연적으로 프랑스인이다"라고 말한 적이 있다고 한다.[39] 나는 일본인이라는 것이 자신의 "숙명"이라고 한 미시마의 주장이나 1921년 8월 11일 자신의 일기에 "나는 어느 날엔가 크리스찬이기를 그만두고 순수한 일본인이 되고픈 바람이 있다."라고 쓴 우치무라 간조(内村 鑑三)와 비교해서 몽테스키외의 말이 경박하다고 생각한다. 미시마와 우치무라 간조의 말들은 종교적 울림이 있다.[40]

나는 호리 다츠오(堀 辰雄, 1904-1953)의 글 가운데 아래와 같은 단락에 공감을 느끼며, "불교와 가미"라는 질문에 완벽한 대답이라고 여기고 있다.

> 아마도 그것은 옛적부터 이카루가노사토(斑鳩の里)라고 알려진 이 지역의 온갖 고대 유적 – 사찰이라든가 오래된 탑이라든가 – 때문일 것이지만, 이 주변은 무언가 태곳적의 기운을 띠고 있다. 그 건너에 유메도노(夢殿)를 중심으로 우마야도노미코(厩戸皇子, 쇼토쿠 태자)가 살았던 곳에 있는데, 그의 성실한 명상은, 아마도 의식적이지 않고 그 스스로도 전혀 자각하지 못하였겠지만, 그 주변의 모든 것에 영적인 기운을 깊이 불어넣었다. 그리하여 그 주변의 산들과 숲들이 점증하는 속도로 자신들의 태초로부터의 수면에서 깨어나고, *그 안에 머무르던 무수한 작은 가미들*이 쫓겨 나오면서, 아침 저녁으로 그 산들과 숲들을 응시하던 마을 사람들의 가슴은 점차로 고요하게 되었으

며 *삶의 기쁨*을 깊이 들이마실 수 있게 되었다.

이마도 2년 내지 3년의 연구를 요하겠지만, 나는, 불교라는 새로운 종교가 일본에 전해져서 점차로 그 가미들을 대체하게 되면서, 먼 지역으로 유랑의 여정을 나서게 된 그 무수한 가미들의 애처로운 이별 이야기를 쓰고 싶다. 나는 그 주인공으로 한 젊은 귀족을 택하여 추방당한 가미에 대하여 깊은 공감을 느끼게 하겠으나, 그 자신의 열망에서조차도 그 새로운 신앙이 일깨워질 것이다. 이것은 멋진 이야기가 되지 않겠는가?[41]

미시마는 그렇게 탁월한 산문을 술술 써내려가는 호리 다츠오의 능력을 부러워했지만, 이 단락이나 이러한 메시지에 특히 매료되지는 않았다. 호리의 말들은, 일본을 향한 사랑과 헌신으로 흘러넘치기는 하지만, 새로운 종교의 관점에서 이야기되는 작별이었다. 그 안에서 그는 삶의 철학으로서 불교와 죽음의 철학으로서 순수한 일본주의를 대조시킨다. 삶에 대한 고대 일본인의 관점이 낙관주의적이었고 오직 불교의 도입과 함께 비관주의적으로 되었다는 관념은 종교의 의미에 대하여 초보적인 것도 모르는 사람들이 퍼뜨린 난센스에 불과하다. 사실상 고대 일본인들은 어떠한 희망이라도 가질 기반이 없었다. 그들은 죽음과 공포스러운 어두움의 나라[黄泉の国]로의 여정을 두려움과 비장함 속에 전망하면서 삶을 살았다. 그들이 비로소 삶에 대하여 희망을 가지고, 비로소 내세에서의 되살아남에 대하여 확신을 가지게 된 것은 불교와의 만남을 통해서였다.

나 자신의 일본과의 관계에서 말하자면, 나는 일본에 대한 사랑이 일종의 자기애라고 생각한다고 말할 수밖에 없다. 나는 일본을 나 자신의 마음과 몸의 연장이라고 체험하며, 나 자신의 몸을 사랑하는 것과 꼭 마찬가지로, 나는 일본을 사랑하게 된다. 자기애는 나르시시즘으로서 달콤하고 매혹적이며 빠지기는 쉽고 헤어 나오기는 어렵다. 반면에 사랑은 자기가 아니라 타자에 뿌리를 두고 있다. 그것이 자기를 지향하고 있다면 그것은 사랑이 아니라 단순한 자기 집착이다.

무아에 대한 불교의 가르침은 두 가지 결론으로 이어진다.

1. 자기를 미워해야 한다.
2. 절대적 타자(신 또는 붓다)만을 사랑해야 한다.

무아의 가르침을 따르는 불자로서 나는 결코 일본을 나 자신의 육체적 자아의 연장으로서 사랑하는 차원까지는 가지 않을 수밖에 없다. 나는 나 자신을 사랑하지 않아야 한다고 믿지만, 사실은 내가 가장 확실하게 그렇게 하고 있다는 것이며, 나는 일본을 사랑하지 않아야 한다고 믿고 있음에도 불구하고, 내가 그것을 벗어날 수 없다는 것을 발견한다. 그럼에도 불구하고, 붓다의 가르침은 절대적이며, 따라서 다음과 같은 결론 외에 다른 선택은 나에게 남아 있지 않다. 불자는 일본을 사랑해서는 안 된다.

21. 천태본각사상과 일본의 자민족중심주의적 전환

루벤 하비토(Ruben L. F. Habito)

비판불교에 관한 자신의 생각을 표현한 하카마야 노리아키의 초기 논문들 중 하나는 오사카의 부라쿠 해방 센터 강연에서 발표된 것이다.[1] 이 논문에서 그는 조동종 내에서 차별적 태도 및 언어를 검토하고 그 뿌리를 본각사상 곧 본래적 깨달음의 사상으로 추적해 들어간다.[2] 그는 이어지는 논문들에서 이러한 생각을 확대시켜 왔으며, 이러한 그의 입장은 다음과 같이 정리될 수 있다. 곧, 본각사상은 사회적 차별뿐만 아니라 문화적 국수주의와 자민족중심주의라는 태도를 품게 하고 심화하도록 하는 해로운 사유방식으로서 배격되어야 한다.[3]

19세기 말과 20세기 초, 군국주의 대두는 일본으로 하여금 아시아의 이웃 국가들을 침략하여 식민지화하고 궁극적으로는 제2차 세계대전에서도 침략국 역할을 하도록 그 동기를 부여하였는데, 그 모든 것이 위와 같은 태도의 소산이라고 볼 수 있다. 더욱이 이러한 문제적 태도는 일본의 패전에서도 뿌리 뽑히지 않았을 뿐만 아니라 전후 오늘날까지 계속해서 일본이 누려온 경제적 성공으로 더욱더 부추겨져 왔다.

바로 이러한 태도의 집합이 또한, 종종 천황을 꼭대기로 하는 피라미드로 묘사되는 위계적 일본 사회 구조를 지지하고 고착시키는 역할을 하고 있다.[4] 정확히 이러한 위계적 구조 안에서, 특정한 그룹들(일본 내에 거주하는 한국인, 중국인, 그리고 동남아시아인들 뿐만 아니라 전통적으로 사회 내에서 불가촉천민으로 취급되어 온 그룹의 구성원들, 곧 피차별 부락 출신의 사람들)이 2등 시민 내지 3등 시민으로 취급되고 있다.

여기에서 핵심 포인트는 바로, 일본의 과거와 현재에서 여러 사회악과 관계되어 있는 문화적 국수주의, 자민족중심주의, 그리고 사회적 차별이라는 문제적 태도가 일본불교전통에서 육성되어 온 사유방식 곧 본각사상에 그 뿌리를 두고 있다는 것이다. 중세 천태종에서 발전된 이 사상 그리고 그와 관련된 사고방식은 중세시대 이래 줄곧 일본문화와 사회의 다양한 측면에 지속적으로 영향을 주어 왔다.[5]

여기에서 우리는 하카마야가 제시한 복잡한 철학적 주장들을 다루지는 않을 것이다. 오히려, 이 논문은 일본의 자민족중심주의와 천태본각사상 사이의 역사적 연관 가능성을 조명하고자 하는 보충적 논문으로 제시되는 것이다. 첫 부분은 그러한 천태본각사상의 대략적 개요를 제시할 것이다. 둘째 부분은 13세기 말과 14세기 초를 중심으로 일어난 일본인 의식에서의 전환을 조명할 것인데, 그 전환은 "자민족중심주의적 전환"이라고 부를 수 있는 것으로서, 일본의 천황 가계를 다루는 두 문헌, 곧 『우관초』(愚管抄, 1219년 무렵에 천태종 승려 지엔(慈円)이 지음)와 『신황정통기』(神皇正統記, 1339년에서 1343년 사이에 기타바타케 지카후사(北畠 親房)가 지음)의 비교에서 식별될 수 있다. 셋째 부분은 일본인의 정체성 이해에서 이러한 전환을 확증해주는 13세기 말의 다른 텍스트들을 검토할 것이다. 우리의 넷째 (마지막) 부분은 이러한 자민족중심주의적 전환과 천태본각사상 사이의 연결 가능성에 대한 필자의 입장을 제시할 것이다.

중세 일본에서 천태본각사상

일본의 문화적, 사회적, 그리고 종교적 역사에서 천태본각사상의 중요성에 대하여 광범위한 관심이 불러일으켜진 것은, 1970년대에 최고의 대학으로 이름난 도쿄대학에서 일본불교 전공 교수로 있던, 다무라 요시로(田村 芳朗)의 저작에 의해서였다. 여기에서 우리는 그 주제에서 최소한의 핵심적 골자만을 제시하고자 한다.[6]

간략히 말해서, 본각사상은 현세의 현상 세계 - 태어남과 죽음이 있는 이 세상 - 를 완벽한 불성 자체의 현현으로서 절대적으로 긍정하는 사상을 내포하고 있다. 아래의 단락은 이러한 종류의 긍정을 예시한다.

> 성불을 바라고 극락정토에 기필코 태어나겠다고 서원할 때, 다음과 같이 생각해야 한다. 나 자신의 마음 바로 그 자체가 진여(眞如)이다. 법계에 두루 편만한 진여가 나 자신이라고 생각할 때, 나 자신이 법계이고, 그 외에는 다른 아무 것도 없다고 생각해야 한다. 이에 대하여 깨달으면, 법계의 헤아릴 수 없는 제불보살이 모두 나 자신 안에 머무른다. 나 자신을 떠나서, 밖에서 붓다를 찾는 것은 나 자신이 그 자체로 진여라는 깨달음을 결여하고 있는 것이다. 진여와 내가 하나로 동일하다는 것을 깨달으면, 샤캬무니, 아미타불, 약사여래, 그리고 시방제불, 보현보살, 문수보살, 관음보살, 미륵보살, 그리고 무수한 보살들이 나 자신과 떨어져 있지 않다.[7]
>
> 그러므로 우리는 진여의 몸이다. 밤낮으로 행주좌와에서 잊지 않고 끊임없이 떠올리며 이렇게 생각할 때, 나 자신이 그 자체로 붓다

라는 사실에 추호의 의심도 없다. 그렇게 진언종의 가르침을 믿어서 "나는 마하비로자나불(摩訶毘盧遮那佛)이다"라고 바르게 생각한다면, 바로 이 몸 그 자체가 붓다이다. 나의 모든 처신과 움직임이 진여의 현현이 된다. 따라서 그 혀의 모든 발설, 모든 단어가 그 자체로 진언(眞言)이다. 몸의 모든 자세, 모든 움직임이 그 자체로 비밀수인(秘密手印)이다. 모든 생각과 모든 기억이 본존(本尊)이다. 모든 망상이 그 자체로 비밀관상(秘密觀想)이다. 마음에 새겨라. 바로 이 몸 그 자체가 붓다이다. 나 자신이 진여이다. 나 자신이 마하비로자나불이다.[8)]

그 가장 극단적 형태로 표현되는 본각사상에서는, 욕망과 망상과 불완전함으로 가득 찬 *이토록* 평범한 인간 *그 자체*를 완벽한 붓다 그 자체와 전혀 다름없다고 확언한다. 다시 말해서, 거기에서는 *바로 이러한 자아가 붓다*이며, 붓다가 아닌 것이 없고, "성불"이라고 하는 것은 자기 자신이 이미 *바로 있는 그대로* 붓다라는 사실을 자각하는 것뿐이라고 확언한다. 따라서 전통적 의미에서, 곧 출가하여 절에 들어가 엄격한 계율을 지키고 종교적 명상을 실천하면서, 성불을 바라는 것은, 그렇게 함으로써 자신이 아닌 것(곧 붓다)이 될 수 있다고 생각하면서 그렇게 한다면, 잘못 이해된 이상을 좇는 것이다.

이러한 논리 기반에서, 샤카무니-인도에서 태어나 여러 해 동안의 힘든 수행 뒤에 깨달음에 도달하고 사성제와 팔정도를 가르치며 승가를 확립한 역사상의 붓다-는 경전에서 거론되는 다른 붓다들과 마찬가지로 다만 '잠정적' 붓다로 간주된다. 지금 여기에 있는 이 몸 자체가, 바로 이것이 진정한 붓다이다.

이러한 극단적 형태의 본각사상은 쉽사리 종교적 나태함이나 수행의 전적인 포기를 위한 구실이 될 수 있으며(실제로도 그렇게 되어왔으며), 또는 부도덕하거나 무책임한 행위의 합리화로 이어질 수 있다. 그리하여 그 사상은 천태 승려 호치보 쇼신(寶地房 證眞, 12세기)이나 도겐 선사(1200-1253)와 같은 진지한 불교 수행자들에게서 심한 비판을 받았다.[9]

다무라 요시로는, 가마쿠라 시대 신불교운동의 창시자들(특히 호넨, 신란, 도겐, 그리고 니치렌)이 히에이 산의 천태종 수행 중심지에서 승려로서 자신들의 종교적 생애의 일부를 보냈기에, 이러저러한 경로를 통하여 이 사상을 알게 되고, 이 사상에 대한 대응으로서 내지는 그로부터 일정한 형태의 영향을 받으면서, 자신들의 핵심적 가르침을 어떻게 형성하였는가, 그리고 그 사상의 영향력이 일본 중세 사회에서 실로 얼마나 편만해 있었는가를 논증해왔다.[10] 구로다 도시오(黒田 俊雄)는, 이 사상이 어떻게, 황실과 지배 가문들, 무사계급, 그리고 막대한 장원(莊園)을 거느린 사찰에 기반한 종교 지도자들을 포함하는 엘리트 그룹들 사이에 상호이익적 결속을 중심으로 얽히고설킨 권력구조의 특성을 지닌, 중세 시대의 종교정치적 체제(権門 体制)에 이데올로기적 기반으로 작용하게 되었는가에 주목해왔다.[11] 간단히 말해서, 현세적 실재에 대한 절대적 긍정은 그 본각사상의 중심적 취지로서 당대의 정치 경제적 구조에 대한 종교적 합리화를 제공하는 역할을 하면서, 지배 엘리트들의 정치적, 경제적, 그리고 종교적 이익의 수렴에 기초한 '정통'을 강화해왔다.[12]

다음 두 부분에서 우리는, 일본 역사에서 본각사상의 역할을 숙고하기 위한 기초로서, 13세기 무렵부터 14세기 초에 이르기까지 일본인 심성의 특색을 반영하는 역사적 문헌들을 살펴볼 것이다.

『우관초』와 『신황정통기』

『우관초』와 『신황정통기』는 대략 1세기를 그 사이에 둔 저작들로서, 둘 다 야마토 시대의 통치자들을 기술하면서 그 승계의 연속성을 강조한다. 둘 다 일본의 역대 천황들의 통치를 열거하여 기술하고 있지만, 각각 고유한 방식으로 독특한 의도와 함께 기술되어서, 그 저자들의 시대가 맞닥뜨렸던 문제에 접근하는 독특한 주제를 드러내면서 고유한 주장을 펼치고 있다.

『우관초』에서 일관되는 주제는, 신들의 뜻에 따르는 것에 기초하여, 일본이라는 나라를 통치하는 우주적 원리(道理)를 밝히는 데 있다. 이러한 맥락에서 주장되는 "신들의 뜻"은 가마쿠라 시대에 권력의 위치를 확립한 군사 지도자들과 천황의 신하들 사이의 협력 정책을 선호한다.

여기에서 주목해야 할 것은, 진무 천황의 후손들에 의하여 직접적으로 승계되어 통치되는 이 나라 거주자들의 안녕에, 신들이 각별한 관심을 쏟고 있다고 묘사되고 있는 점이다. 바로 이러한 맥락, 곧 일본을 신들의 각별한 보호를 받는 나라로 언급하는 맥락에서 신국(神國)이라는 용어가 사용되고 있다. 간단히 말해서, 신들이 일본이라는 나라에 베푸는 각별한 호의는 그 나라가 진무의 후손에 의하여 계속하여 다스려지고 있다는 사실과 직접적으로 연계되어 있으며, 『우관초』의 독자로 의도되고 있다고 상정되는 사람들(곧, 황실의 신하들과 교토의 조정에 공감적인 기타의 사람들) 다수는 자신들이 그 후손을 섬기고 있다고 생각하게 되는 것이다.

다른 한편으로 『신황정통기』의 지배적 관심은, 고다이고(後醍醐) 천황이 다스리는 남부 조정의 혈통을 정당화하는 데 있으니, 당시 그 조정은 북부의 라이벌과 직접적으로 정치군사적 갈등 관계에 놓여 있었던 것이다. 다시 말해서, 고대로부터 고다이고까지 천황의 승계가 줄곧 이어져 있다는 것에 대한 강조는, 북부 조정의 찬탈자들에 대적하여 "신들은 우리 편이다"라는 주장과 연계되어 있다.

아래의 내용은 『우관초』의 몇 가지 주목할 특색들이다.

첫째, 그 지리적 관점은 수미산에 세계의 중심을 두는 전통적인 불교적 우주론에 상당히 기반하고 있다. 불법은 이 중심지에서 밖으로, 남섬부주(南贍浮洲 Jambudvıpa, 인도아대륙)에서 동쪽의 중국으로, 그리고 다시 일본으로 전파되는 것으로 묘사된다. 그리하여 일본은 이 우주의 가장자리에 있는 "변토"(邊土)로 제시된다.

둘째, 그 역사적 관점은 말법 시대라는 불교적 관념에 기반한다. 또한 세계 종말의 도래 이전에 일본에 100명의 왕(百王)이 나타나리라는 관점도 등장한다. 이러한 맥락에서 그 저작의 다음과 같은 서두가 이해될 수 있다. "이제 우리는 84번째의 통치에 있고, 그다지 많이 남아 있지 않다."[13] 여기에서의 함의는 역사의 움직임이 쇠퇴의 방향이고, 그 쇠퇴를 잠시라도 막을 유일한 길은 신들이 정한 우주적 원리(道理)에 따라 국사를 운영하는 것이라는 점이다. 『우관초』의 저술에서 동기적 요소가 되는 것은, 이러한 원리를 밝혀서 통치 당국자들에게 그 원리를 준수하라고 설득하고, 그리하여 그 시대를 특징짓고 있던 혼돈 상황을 다소 질서 있는 상태로 이끌려는 바람인 것이다.

요컨대, 『일본서기(日本書紀)』에서는 단순히 일본을 신들이 애호하는 나라로 칭하며, 그 나라를 진무 천황의 직계 후손이 계속해서 다스리기에, 신들이 그 나라의 통치에 적극적인 관심을 가지고 있다고 언급하고 있는데, 이 저작에서 "신국"(神國)이라는 단어는 그 『일본서기』(日本書紀)에서의 용례 이래로 그 의미에서 그다지 중요한 변화를 드러내지 않는 것으로 보인다.[14]

그러나 1세기 뒤에 저술된 『신황정통기』에서는 일본의 이미지에서 현저한 변화가 발견된다. 첫째, 일본을 더 이상 불교적 우주론의 변방에서와 같이 묘사하지 않고, 여전히 동일한 우주론으로부터 이미지를 활용하고 있지만, 이제는 일본에 우호적 방향으로 역전시켜서, 세계의 중심에 일본이 있는 것으로 묘사한다.

> 일본은 남섬부주 대륙 바깥 대양에 있다. 히에이 산의 전교대사 사이쵸(傳教大師 最澄, 767-822)와 나라의 승정 고묘(護命, 750-834)는 둘 다 일본이 "중토"(中土)라고 썼다. 이에 따르면, 일본은 남쪽 대륙과 동쪽 대륙 사이의 차말라(遮末羅, Cāmara)라는 땅이 된다. 그런데 『화엄경』에서는 다음과 같이 이야기한다. "동북쪽의 바다에 산이 있다. 그 이름이 금강산(金剛山)이라고 한다." 이는 일본의 공고 산(金剛山)을 칭하는 것으로 보이며, 따라서 우리나라는 인도와 중국 모두의 동북쪽 바다에 위치해 있다는 것을 시사한다. 분리되어 있는 땅으로서, 이 나라는 신의 후손으로 혈통이 이어지는 군주들에 의하여 독자적으로 통치되어 왔다.[15)]

둘째, 『우관초』에서 쇠퇴를 받아들이는 것에 기초한 미래관은, 아마테라스 후손들의 영원한 통치에 관한 낙관적 전망에 자리를 내준다. 예컨대 과거에 당대 천황이 적들에 포위되었던 혼란기에 황권을 대표하는 신물이 파괴되었거나 분실되었다는 민간의 "(잘못된) 인식"을 배격하면서, 『신황정통기』는 다음과 같이 확언한다.

> 사람들은 황권을 대표하는 신물의 성격과 역사에 대하여 누렷하게 알아두어야 한다. 제대로 알고 있지 않은 사람들은 고대의 덴토쿠(天德) 내지 조큐(秋吉) 시대에 거울이 파괴되었고, 구사나기 검(草劍)은 단노우라(壇ノ浦)의 바다에서 분실되었다고 믿는다고 한다. 이것은 절대적으로 진실이 아니다. 우리는 원래의 신물이 우리나라의 존재 자체에 절대적으로 필수적이며 그 덕의 근간이라고 간주한다. 해와 달이 하늘을 계속해서 가로지르는 한, 우리는 그 신물의 어느 것도 분실되지 않음을 확실히 알 수 있다. 아마테라스가 다음과 같이 명하

였는데, 이에 어떤 의혹이 있을 수 있겠는가? "황권 제도는 하늘과 땅 그 자체와 더불어 영원히 번창할 것이다." 우리는 미래에 그러한 번창이 있으리라는 절대적 신념을 계속해서 간직해야 한다.[16]

이 점을 진지하게 주목해야 하는 것은, 『신황정통기』가 12세기와 13세기의 사유를 특징지었던, 그리고 앞에서도 언급하였던 가마쿠라 시대 신불교운동의 흥기를 야기하는 배경에 있었던, 말법 시대 의식을 내던지고 있는 것으로 드러나기 때문이다. 타락한 시대에 대한 이러한 의식 대신에, 우리는 신들이 이 나라에 그들의 애호를 계속해서 베풀 것이라는 신념에 기초한, 미래에 대한 낙관주의를 발견하게 된다.[17]

위의 두 가지 점에서, 곧 우주론적 구도에서 변방에서 중심으로 일본의 위치가 이동하는 데에서, 그리고 "말법 시대"에 대한 비관적 의식이 일본의 번영된 미래에 대한 낙관적 전망에 자리를 내주며 대체되는 데에서, 우리는 『우관초』와 『신황정통기』가 일본인의 정체성에 대한 관점에서 현저한 차이가 있음을 발견한다.

자아 정체성에 대한 태도에서 현저한 차이를 드러냄으로써 『신황정통기』가 『우관초』와 구별되도록 하는 또 하나의 측면은, 전자에서, 신국 일본이 또한 그 국토의 신성함뿐만 아니라 그 안에 거주하는 사람들의 신성함이라는 의미도 포함한다고 이해되고 있다는 것이다. 다시 말해서, 『우관초』에서뿐만 아니라 신국이라는 용어를 언급하는 그 이전의 저술들에서도, 그 용어는 일본이라는 나라에 대하여 신들이 부여한 애호와 신들의 후손이 계속해서 (천황으로서) 그 나라를 '통치'한다는 사실에 기초하기는 하지만 다소 막연한 개념으로 제시되고 있었다.[18] 그와 대조적으로 『신황정통기』는 이러한 신성한 축복에 관하여, 그 거주자들의 신성한 혈통뿐만 아니라, 그 나라 안의 자연의 온갖 혜택 등 그

나라 자체의 신성함을 묘사하면서, 매우 구체적이고 생생한 윤곽을 제시한다.

> 우리가 매일 먹는 쌀은 황실의 은혜이고, 우리가 매일 마시는 깨끗한 우물물은 신들로부터의 축복이다.[19]

> 천하의(이 땅의) 사람들은 모두 신들의 자녀들이다. 그리하여 신들은 사람들의 삶이 진정한 평화와 만족스러움에 도달하도록 하는 것을 자신들의 가장 진정한 바람(本願)으로 삼아 왔다.[20]

그 땅과 그 사람들의 신성함이라는 이러한 의미는 신국이라는 용어의 이해에서 새로운 특색이다. 『신황정통기』에서 언급되는 이러한 의미는 이 시기 즈음에 지어진 다른 저술들에서도 표현되고 있으며, 그 이전의 저술들에서는 온전히 드러나지 않고 있던 의미이다.[21]

주목해야 할 또 하나의 차이가 있으니, 신국이라는 용어는 두 저작 모두에서 등장하지만, 후자의 저작에서는 당시에 알려진 다른 나라들에 비하여 일본이 우월하다고 선포하는 표현으로서 그 용어를 제시한다. 예컨대 그 저자는 일본을 인도 그리고 중국과 비교하면서, 그 각각을 특징짓는 창조 이야기와 역사의 부침을 언급한다.

> 오직 우리나라에서만, 하늘과 땅이 나뉜 때부터 현재 시대에 이르기까지 혈통의 단절이 없이 천황의 승계가 이어져 왔다. 단일 가문 안에서 불가피하기에 그 승계가 때때로 방계적으로 이어진 적도 있지만, 그것이 변함없이 직계로 되돌아간다는 원칙이 압도해 왔다. 이것은 전적으로 아마테라스의 불변하는 명령이며, 일본이 다른 모든 나라와 다른 이유이다.[22]

요약하자면, 일본 그리고 세계 내 일본의 위치에 대한 이해에서, 『우관초』와 『신황정통기』 사이에 현저한 태도 전환이 발생하고 있다. 알려진 세계의 변토에 있던 일본은 이제 우주의 중심에 위치하게 된다. 오직 더 타락하는 쪽으로 나아가고 있는 '말법 시대'에 있던 일본이라는 나라는, 신들의 축복과 함께 영광스럽고 번영하는 미래를 향하여 전진하고 있는 것으로 긍정된다. 더욱이, 일본이 신국이라는 의미는 이제 중대한 한 걸음을 더 전진하였다. 신들에 의하여 애호되는 나라이자 신들의 후손들이 단절 없이 승계되며 '통치'하는 나라로서의 신국이라는 이해에 더하여, 일본의 국토와 사람들의 신성함이라는 의미가 후자의 저작에서는 전면에 등장한다. 신국 일본에 대한 이해에서 이 세 가지 측면은 세계의 다른 나라들에 대한 일본의 우월성을 확언하는 기초로 된다.

> 위대한 일본은 신성한 국가이다. 하늘의 시조가 건국하였고, 태양의 여신이 그 후손들에게 영원히 통치하도록 물려주었다. 오직 우리나라에서만 참되게 그러하다. 다른 나라에는 유사한 사례가 전혀 없다. 그러하기에 우리나라는 신성한 국가라고 일컬어진다.[23)]

이것은 하나의 질문을 제기하도록 한다. 위에서 기술하였듯이 『우관초』와 『신황정통기』 사이에 일본인의 자기 정체성에 대한 관점의 차이는 단순하게 우연히 한 세기 떨어져서 저술을 하게 된 각각의 저자들의 개인적 시각 차이인가, 아니면 이 차이는 적어도 어느 정도는 당시 사회적 인식상의 변화를 반영하는 차이인가? 후자가 사실이라면, 그에 수반되는 질문은 다음과 같다. 이러한 변화를 초래한 요소들은 무엇이었는가?

상기의 질문을 적절히 답하기 위해서는, 현존하는 증거에 기초하여,

13세기 초부터 14세기 초의 이 시기를 중심으로, 일본 사회의 사건들과 특색들을 철저히 검토하는 것이 필수적이다. 나는 그 차이가 지엔과 지카후사 사이의 개인적 차이 이상이었으며, 다른 문헌적 사료에도 반영되어 있는, 일본인의 자기 이미지에 관한 변화된 인식을 시사한다고 생각한다. 본 논문의 다음 부분은 이러한 생각에 대한 논증을 제시한다.

13세기 말 문헌에서 일본 중심주의

13세기 일본은 여러 가지 면에서 격동의 시기였다. 그 시기는 사회 정치적이고 경제적인 차원에서 격변의 시기였을 뿐만 아니라, 종교적이고 문화적인 차원에서도 요동의 시기였고, 여러 가지 면에서 축이 되는 시기였다.[24]

이때를 중심으로 이루어지는 일본인의 자기 이미지 변화에서 하나의 특이한 요소가 설득력 있는 요인으로 두드러진다. 몽골의 침략 위협에 의하여 야기된 국가적 위기의식, 그리고 일본 해안에 접근하던 몽골군이, 그 침공 함대를 대파시킨 상서로운 태풍들에 크게 도움을 받아, 두 차례(1274년과 1281년)에 걸쳐 패퇴된 뒤에 널리 확산된 승리감이 그것이다. 이 태풍들은 가미카제(神風)라고 불리면서, 일본이 실로 신들에 의하여 애호되는 국가라는 믿음을 북돋았다.

하나조노(花園) 통치 시기(1308-1318)에 작성된 『팔번우동훈(八幡愚童訓)』은 이와시미즈(石清水)의 하치만 궁(八幡宮)에서 거행되는 기도 의례를 묘사하는 저작으로서 "고귀하고 지혜로우며 신성한 나라 일본"을 찬미하는데,[25] 그 대중들은 함께 간절히 기도하면서 의례를 거행하며 신들과 붓다들에게 침략자를 물리치도록 도와달라고 간청하였다. 이 저작에는 나라(奈良)의 사이다이지(西大寺)의 존경받는 승려 에이손(叡尊, 思円上人)이 바쳤다고 하는 기도문을 상술하고 있는데, 그 일부 내용은 아래와 같다.

외국이 우리를 침략하고자 위협하니, 남녀귀천 가릴 것 없이 모두 다 탄식하며 슬퍼합니다. … "신들께서는 이제 이 신들의 나라를 멸하시렵니까? 제불(諸佛)은 이 나라를 버리셨습니까?" …

"고귀한 통치자들의 권위가 약화되고, 백성들의 힘이 무력해질 때 (내가 그들을 도우러 오겠다)"는 하치만 신의 약속, 이 약속은 바로 이때를 위한 것이 아닌가요? 그러니 우리는 당신의 신성한 힘을 재빨리 보내시어 저 가증스러운 적도들을 축출해달라고 탄원 드립니다.

외국을 우리의 이 나라와 비교하자면, 몽골 사람들은 개들의 후손인 반면, 일본 사람들은 신들의 후손입니다. 이들의 차이는 하늘과 땅 사이의 거리만큼 큽니다. 어찌 신들을 개들과 비교할 수 있겠습니까?[26]

바로 이 저작의 아래와 같은 첫 쪽은, 일본이라는 국가에 대한 관점에서 그 전반적 기조를 이미 시사하고 있다.

이 아키츠(秋津, 일본) 섬의 다섯 지방과 일곱 길뿐만 아니라 떠다니는 구름과 내리는 비가 모두 신사(神社)요 제단이다. 통치자로부터 대중에 이르기까지 이곳의 사람들은 모두 다 하늘과 땅의 신들의 후손이다. 이 땅은 위대한 천왕(天王) 범천(梵天, Brahma)의 통치 밖에 있다. 이 땅은 중국 및 다른 외부 지역과 분리되어 있다. 삼한(三韓)은 이 나라에 신하 됨을 인정하였지만, 우리나라는 결코 다른 나라에 속한 적이 없다. 삼천 보좌의 신들과 백 명의 천왕이 모두 그 문을 지킨다. … 신들은 그 보호에 결코 태만하지 않다. 제불은 보이지 않는 도움을 펼치기를 결코 중단하지 않는다. 누가 감히 이 신국에 대적하겠는가?[27]

『팔번우동훈(八幡愚童訓)』은 『신황정통기』에 몇 해 앞서서 전신(戰神) 하치만(八幡)을 봉헌하는 신사의 사제 내지 사제들에 의하여 지어진 글로서 국가적 위기의 때에 신들의 도움을 간청하는 전민족의 합심된 노력을 보고하고 있다. 이 글은 다른 나라들에 대한 우월성의 의미와 더불어 그 땅과 그 사람들의 신성함이라는 의미를 포함하는, "신국"에 관한 새로운 자기 이해에 또 하나의 추가적 증거이다.

극히 흥미로운 또 하나의 문헌은 1318년 천태종 승려 고슈(光宗)에 의하여 지어졌다고 하는 『계람습엽집(溪嵐拾葉集)』이다. 이 저작은 백과사전 형식으로 당시 히에이 산에서 실천되고 가르쳐진 천태불교의 다양한 면모들을 제시하는 방대한 작품이다. 이 문헌 도입부의 기록에 따르면, 그 저자는 천태와 진언 전통에서 교육을 받았을 뿐만 아니라 선, 화엄, 삼론(三論), 법상(法相), 구사(俱舍), 그리고 정토와 같은 다른 불교 교파에 관해서도 박식하고, 추가적으로 신토의 사상과 의례에도 정통한 승려였다.

이 저작에서는 아래와 같은 단락들이 주목된다.

> 우리나라(일본)는 신국이니, 신들이 무수하게 현현한다. 사실이 이러한 가운데, 우리 시대의 위대한 스승 샤카무니가 신으로 나타난 것이 대화신(大化神) 히에(日吉)이다.[28)]
>
> 그 신들이 다름 아닌 대일여래(大日如來, 摩訶毘盧遮那)이다. 샤카무니는 붓다의 응신(應身)이다. 지금 이 때에 우리나라는 대일여래의 본국(本國)이다. 인도는 응신불 샤카무니의 나라이다. 따라서 산왕(山王)이 세상에 오는 장소인 깨달음의 나무는 바로 대일여래의 이 본국(일본)이다.
>
> 인도의 보리수는 응신불의 현현 장소이다.[29)]
>
> 우리나라는 삼천대천세계의 중심이다. 따라서 우리나라는 신들의 보호를 받는다. 이로 인하여 우리나라는 결코 외국의 침략을 받을 수 없다.[30)]

마지막 단락은 특히 주목할 가치가 있는데, 왜냐하면 일본이 "외국의 침략"을 당하지 않는다는 것을 강조하고 있기 때문이다. 이는 그 최근 수십 년 전의 경험을 뚜렷이 가리키는 것이며, 그 경험이 대중의 마음에 강한 인상을 남겼음을 역력히 시사하고 있다.

그 앞의 두 단락은 전통적인 불교적 우주론의 역전으로 주목되니, 그 전통적인 우주론에서는 인도 아대륙이 (붓다의 탄생지로서) 세계의 중심에 있었고 일본은 그 변방에 있었다.[31] 일본은 이제 우주의 중심으로 간주되고, (천태종 본거지 히에이 산의 신사에서 섬겨지는 신으로서) 산왕 히에(山王 日吉)는 샤카무니의 현현과 비견된다. 인도에서 태어난 샤카무니는 (그저) 응신에 지나지 않는 것으로 간주되는 반면, 대일여래(마하비로자나)와 동일시되는 진정한 법신의 본국은 바로 이 일본국이다.[32]

일본의 자기 이미지에 관한 새로운 이해에 증거가 되는 또 한 부류의 저작으로, 『신도오부서(神道五部書)』라고 하여, 이세(伊勢) 신토의 토대를 놓은 저작들이 있다. 와타라이(渡会) 가문(度邊 行中, 1236-1305; 度邊 家行, 1256-1362; 度邊 行正, 1263-1339)에서 지었다고 하는 이 저작들은 가마쿠라 시대 중엽, 곧 13세기 말에 지어졌을 가능성이 가장 크다.

그 오부서의 하나인 『왜희명세기(倭姬命世記)』(대략 1177년에서 1180년 사이에 저술됨)는[33] 아래와 같이 선포한다.

> 나는 이와 같이 들었다. 위대한 국가 일본은 신국이다. 신들의 보호를 받으며 그 국가는 평화와 안녕을 누린다. 그 국가의 숭배와 헌신을 받으며 신들은 권능과 위엄이 증장된다.[34]

이 『신도오부서(神道五部書)』는 이러한 기본적 아이디어를 발전시키면서, 신들에 의하여 나라가 확립되고 신들의 보호 아래 그 나라가 계속해서 유지되어 오는 것을 상세하게 제시한다. 여기에서 두 가지 주목할 만한 특색은 첫째, "국가(國家)"라는 용어의 사용, 그리고 둘째, 그 국가와 신들 사이에 주고받음의 상호적 결속에 대한 묘사이다. 다시 말해서, 신들은 그 국가에 보호를 베풀고 안녕을 보장하며, 그 국가는 신들에게 숭배와 헌신을 제공하고, 신들을 영광되게 하여 그 권능과 장엄을 증장시킨다. 여기에서 "국가"는 - 지배층인 천황과 귀족, 종교계 종사자에서 서민 대중에 이르기까지 한 마음으로 결합된 - 전체 국민이라고 읽을 수 있다. 말할 필요도 없겠지만, 신들에 대한 숭배와 헌신에서 이렇게 한 마음이 되는 것이, 몽골 침략에 맞서 거행된 기도 행사와 의례에서 체험으로 이루어진 것이다.

13세기 후반부터 일어난 일본인의 자기 이미지 변화와 관련하여 상기의 발견을 확증해주는 훨씬 더 많은 문헌들이 이 시기에서 나타나고 있다.[35] 여기에서 나는 "자민족중심주의적 전환"이 일본사의 이 시점에서 일어났다는 관점을 지지하는 몇 가지 현저한 사례들만을 소개했을 뿐이다.

본각사상과 일본인의 자민족중심주의

위에서 우리는 일본사의 한 시기, 곧 13세기 초에서 14세기 초의 시기 - 지엔의 『우관초』(1219)와 기타바타케 지카후사의 『신황정통기』(1339) 저술 사이의 시기 - 를 조명해 왔다. 그 두 저작 사이에서 우주 내 일본의 위치에 대한 관점에 주목할 만한 차이가 있다는 점으로부터 단서를 얻어, 우리는 이 시기에 저술된 다른 몇몇 문헌들도 살펴보면서, 그 차이가 그저 두 개인적 저자 사이의 차이 이상이었다는 논지에 대한 확증을 찾고자 하였다. 우리는, 역사관의 차이, 우주 내 일본의 위치에 대한 관점의 차이, 그리고 "신국"이라는 용어에 대한 이해의 차이에 기초하여, 이러한 인식상의 변화를 "자민족중심주의적 전환"이라고 일컬었다.

여기에서 우리의 가설은 다음과 같다. 본각사상에서 작동하고 있는 부류의 논리가 일본의 위치를 우주의 변방에서 중심으로 이동시키는 이론적 기초를 제공해주었다는 것이다. 우리의 난서는 "바로 이 몸이 (진정한) 붓다이다"라고 확언하며, 인도에서 태어난 역사적 붓다(샤카무니)를 단지 "응신"불로 간주하는 사고방식에 있다.

이러한 논리는 "역 코페르니쿠스적 전환"이라고 할 수 있는데, 왜냐하면 사물들의 구도에서 태양과 지구의 각각의 위치를 역전시키고 있기 때문이다. 태양(大日 = "진정한" 붓다, 法身)은 바로 *이* 곳, 다시 말해서, 일본(日本 = "태양의 근본")에 위치해 있고, 지구(이 지구의 땅위에서 걸어 다녔고 인도에서 살았던 역사적 붓다)는 "저 건너" 다른 쪽에 있게 되는 것이다. 말할 필요도 없이, 이것은 수미산을 (남섬부주, 곧 그 중심에 근접해 있는 남부 아대륙 인도와 더불어) 중심에 두고, 일본을 변토(邊土)에 위치시키는 불교의 전통적 우주론을 역전시키고 있다. 앞에서 『계람습엽집(渓嵐拾葉集)』에서 인용한 단락은 이러한 논리가 적용되고 있는 뚜렷한 사례를 제시하고 있다. 일본을 그 본국으로 하는 대일(大日, 마하비로자나)이 진정한 붓다이고, 인도에서 태어나고 살았던 샤카무니는 단지 응신불에 불과한 것이다.

이러한 역전의 논리의 기저에는 (진정한, 본래의, 참된) '본문(本門)'과 (외양의, 자취의, 흔적의) '적문(迹門)'을 구분하는 사고방식이 있는데, 이는 천태 대사 지의(智顗, 538-597)의 저작에서 연원하는 천태 전통의 주요한 특색 가운데 하나이다. 이것은 『법화경(法華經)』의 해석에 적용된 사고방식인데, 거기에서 전반부는 "적문", 곧 중생들을 깨달음으로 이끄는 방편에 기초하여 인도의 역사적 붓다가 제시하는 가르침이라고 간주되고, 후반부는 "본문", 곧 역사를 초월하여 모든 시대에 두루 온갖 중생들을 위해서 계속하여 활동하는 무량수불(無量壽佛) 여래의 가르침으로 간주된다. 이러한 본문과 적문의 구분은 다방면에서 심대한 영향을 미친 천태 전통의 사상 범주 가운데 하나이다.

이러한 범주는 또한 불교가 일본에서 그 영향력을 확산시키며, 일본을 보호하는 신들과, 인도, 중국, 그리고 한국에서 온 경전들에서 열거되고 묘사되는 붓다들 사이의 관계의 본질에 관한 문제를 거론할 때 유용한 역할을 하게 되면서, 축이 되는 범주로 부각되었다. 그리하여 일본의 신들이 서방(인도)의 붓다들(本)의 현현(迹)이라는 설－본지수적설(本地垂迹說)－은 신들과 붓다들 사이의 관계를 이해하는 틀로 작용하였다. 이 설은 헤이안 말기로부터 나타나는 저작들에서 빈번하게 언급되며, 여러 세기 동안 공인된 틀로 되었다.

그러나 13세기 후엽으로부터 나타나는 저술들에서, 우리는 그 틀 내에서 붓다들과 신들의 역할이 역전되는 것을 보기 시작한다. 신들이 이제 "본지"(本地)로 간주되고, 붓다들은 "수적"(垂迹)으로 간주된다. 이러한 역전된 설은 반본지수적설(反本地垂迹說)이라고 불리었는데, 그것의 보다 성숙된 형태는 요시다 가네토모(吉田 兼俱, 1435-1511)[36]와 그 이후의 신토 이론가들[37]의 저술들에서 발견된다. 여기에서 다시 천태본각사상의 역할은 이러한 발전에 기반을 제공하고 고무하는 데 아주 중요했던 것으로 확인되어 왔다.

결 론

일본의 자민족중심주의는 1937년 일본의 군국주의 정부 하에서 문부성(文部省)에 의하여 발간된 『국체의 본의』에 명확하게 공식적으로 표현되었다.[38] 19세기 말과 20세기 초에 온 나라를 휩쓸며, 아시아의 이웃 나라들을 침략하도록 일본을 내몰은 군국주의와 결합하여, 마침내 일본을 제2차 세계대전 속으로 통째로 던져 넣은 광적인 국수주의는, 일본 역사에서 그 이전 여러 세기를 거치면서 형성되고 발전되어 온 자민족중심주의적 정신의 구체적인 드러남이라고 볼 수 있다.

제2차 세계대전에서 파국적 패배 뒤에 일본은 괄목할 만한 재건 기획에 착수하였고, 한 세대도 안 지나서 경제적으로 세계적 열강의 위상을 성취하는 데 성공하였다. 역사의 이 시점에서 다양한 징후들은, 일본인들의 자기 이미지에 그리고 그들이 그 밖의 세계와 관계하는 방식에 영향을 주어 온 바로 그 동일한 자민족중심주의적 태도가 지속되고 있으며 여러 형태로 부활하고 있다고 주장할 만한 양상을 보여주고 있다.[39]

비판불교는 일본불교의 기득권층과 일본사회 전반이 사회적 차별, 문화적 국수주의, 그리고 자민족중심주의를 끌어안고 사주하여 온 데 대하여 예리한 사회 윤리적 비판을 제기해 왔다. 이러한 비판은 일본의 불교계만이 아니라 더 광범위한 대중적 영역에서도 느낄 수 있을 정도로 민감하게 신경을 건드려 왔다. 철학적이고 종교적이며 사회 정치적인 측면뿐만 아니라 역사적인 측면을 포함하여 다양한 차원에서 이 문제에 대한 논의가 추구될 필요가 있다. 이 논문은 일본의 자민족중심주의와 천태본각사상 사이에 추정되는 연결고리를 살펴보면서, 그 논의에 기여하려는 소박한 시도 가운데 하나에 지나지 않는다.

22. 『법화경』과 일본문화

마츠모토 시로(松本 史朗)

『법화경』과 일본문화에 관한 현재의 이 논문은 여래장사상이 불교가 아니라는 나의 주장의 연장이다.[1] 내가 여기에서 스스로 제기하는 질문은 동아시아에서 아마도 가장 영향력 있는 불교 경전이라고 할 수 있는 『법화경』의 가르침이 무엇이냐이다. 나는 불교에 관한 일본의 선도적 권위자 가운데 한 명인 히라카와 아키라(平川 彰)의 관점에 대하여 대응하면서 나의 논의를 체계화하였는데, 그의 입장은 아래와 같이 세 가지 점으로 요약될 수 있다.

1. 『법화경』에서 "일승"(一乘, *ekayāna*) 사상은 "삼승"(三乘, *triyāna*)을 합일시키는 원리를 시사한다.
2. 『법화경』에서 "일체개성"(一切皆成) 사상은 『대반열반경』(大般涅槃經)에서 "일체중생실유불성"(一切衆生悉有佛性) 사상과 동일하며, 따라서 『법화경』이 여래장사상에 의하여 물들여져 있음을 보게 된다.

3. 불탑신앙이 『법화경』 형성의 기반이다.

"일승": 합일의 원리인가 아니면 특수한 선택인가?

『법화경』에서 "일승" 사상의 기능은 무엇인가? 히라카와는 아래와 같이 서술하고 있다.

> 삼승의 각각의 추종자들-성문, 연각, 그리고 보살-은 모두 각 승의 상이한 수행을 실천하지만, 다 성불의 길에서 동등한 진전을 이룬다. 「방편품」(方便品)에 따르면, "오직 일승만이 있으며, 이승이나 삼승은 없다."(T9.8a) 그와 대조적으로 『유마경』(維摩經)에 따르면, 성문승 추종자들은 "부패한" 곧 저열한 종자를 갖고 있다고 멸시되며 성불할 가능성이 없다고 이야기된다. 그러나 성문과 연각이 궁극적인 구원을 성취할 수 없다면 『유마경』의 가르침은 온전한 대승이라고 일컬어질 수 없으니, 왜냐하면 그렇게 되면 붓다의 자비의 범위에 포함되지 않는 일부의 존재들이 있게 되기 때문이다. 『법화경』에서 일불승(一佛乘)의 가르침은 아마도 소승 수행자들의 구원을 설하는 대승적 교설을 정립할 필요에서 생겨났다. 역사적 맥락에서 보자면, 소승과 대승 전통 사이의 대립과 차이를 강조하는 시기 뒤에 대승 사상가들이 『법화경』의 사상과 같은 새로운 가르침을 구성하였으니, 그 가르침에서는 그 두 전통을 포괄하고자 하였을 것이다. 그러한 가르침의 호소력은 불탑신앙의 대중성에 기반하고 있었다.[2)]
>
> 『법화경』의 일승은 성문승과 연각승을 포함하고 합일시킨다. … 이것은 성문승을 전적으로 버린 뒤에 보살승에 들어간다는 것이 아니라, 성문승의 수행 자체가 보살승의 수행으로 된다는 것을 의미한다.[3)]

히라카와에 따르면 『법화경』에서 "일승" 사상은 소승과 대승을 합일시키는 원리를 제공한다. 이것은 소승을 버리고 대승으로 전향할 필요를 없애는데, 왜냐하면 성문의 길이 성불을 위한 수행으로 간주되기 때문이다. 나는 이러한 해석에 동의하지 않는다.

『법화경』에서 "일승" 사상은 아래와 같은 제2「방편품」 53-55절에 근거하여 이해되어야 한다.[4)]

> 도사(導師, *nāyaka*) 성문(聲聞)이
> 내가 설하는 법을 들을 때에,
> 단 한 게송이라도 귀 기울여 듣거나 마음에 새기면,
> 그들은 모두 의심의 여지없이 깨달음에 도달하게 되리라.[53]
>
> 오직 하나의 승(乘, *yāna*)만이 있으니,
> 세상에 두 번째나 세 번째는 없기에,
> 다만 승들 사이의 차이는
> 가장 높은 이에 의하여 방편으로 [가르쳐진 것일 뿐].[54]
>
> 세상의 보호자가 세상에 태어나니
> 붓다의 지혜(*buddha-jñāna*)를 밝히고 가르치기 위함이라.
> 오직 하나의 목적뿐, 두 번째는 없네.
> 제불(諸佛)은 중생들을 소승으로 이끌지 않네.[55]

이 게송들의 가르침은 아래의 도표1에서 명시된다.

나는 『법화경』의 진정한 취지가, 비록 삼승이 방편으로 가르쳐진다고 하더라도, 오직 대승(곧 佛乘)만이 참되고 진실하다고 가르치는 데 있다고 주장한다. 삼승의 존재는 『법화경』의 일승 교설 안에서 전제된다.

우리는 『법화경』 편집 이전에 (반야바라밀다 경전군에 반영되어 있듯이) "소승"과 대승이 공존하였거나 아니면 서로 대립하였던 형태의 대승이 있었다고 가정할 수 있다.[5] 그러나 『법화경』 「방편품」의 등장과 함께 삼승 가운데 오직 대승(佛乘, *Buddha-yāna*)만이 참된 것이라는 주장이 이루어졌다. 그 이전에는 다른 두 승이 다소의 타당성을 인정받은 반면, 『법화경』의 등장과 함께 그들은 타당하지 않은 것으로 선포되었다. 「방편품」의 핵심적 가르침은, 그 저열한 두 승이 실제로 성불로 이끄는 승이 전혀 아니니, 그 까닭은 그들이 그 과제에 부적합하기 때문이라는 것이다. 그렇다면 성불로 이끄는 승이라고 불리기에 타당하고 적합한 불교의 형태로서 자격이 있는 것은 무엇인가? 그 답은, 붓다의 지혜(*buddha-jñāna*)를 주는, 곧 중생들이 성불하도록 하는 형태이어야 한다는 것이다. 이 점에서 성문과 연각의 길은 자격을 갖추지 못하고 있다. 오직 대승 – 보살과 붓다의 '승' – 만이 이러한 성취를 위한 하나의 '승'이다.

도표1

삼승 = 방편	일승 = 참
3.성문승	x
2.연각승	x
1.보살승 ⟶	불승(대승)

먼 과거로부터 『법화경』의 일승 사상은 "성문과 연각의 성불"(二乘作佛)이라는 표현으로 요약될 수 있다는 것이 공인된 지혜로 간주되었다. 히라카와와 달리 나는 이것이 성문과 연각으로서 자신들의 그 "길"에 남아 있으면서 성불할 수 있음을 뜻하는 것이 *아니라*고 주장한다. 성불하고자 한다면 그들은 자신들의 그 상태를 버리고 대승으로 전향해야

한다. 중국불교에서 이러한 전향은 "작음에서 전향하여 큼에 들어감"(廻小入大)이라는 어구로 표현되었으며, 이것은 성불하려는 이승의 사람들에게 필수적 조건으로 설정되었다. 보다 구체적으로 말하자면, 이러한 전향은 『법화경』의 가르침을 통하여 일승의 교설을 듣고 그 메시지를 믿는 것을 포함한다. 『법화경』을 믿는 모든 이들은 성불할 것이지만, 믿지 않는 이들은 결코 성불하지 못할 것이다. 이것이 『법화경』의 기본적 입장이다.

「방편품」을 일관하는 핵심적 가르침은 이승이 사람들을 성불로 인도할 수 없으며 따라서 쓸모없는 '승'이라는 것이다. 앞에서 인용된 게송들은 이러한 사상을 극히 뚜렷하게 표현하고 있으며, 이러한 사상은 구마라집의 번역(T 9.8a20-22)에서도 정확하게 전달된다.

붓다의 지혜를 설하기 위하여
제불은 세상에 온다네.
오직 이 하나의 인(因)만이 참되니,
다른 둘은 진실하지 않네.
맨 마지막까지 그는 그 저열한 승에 의지하지 않네
중생들을 건네기 위하여.[6]

이 게송들에 기초하여 우리는 『법화경』에서 아래와 같은 등식을 제시하고 있다고 말할 수 있다.

이승 = "다른 둘" = 소승 = "진실하지 않네"
불승 = "하나의 인(因)" = 대승 = "참"

간단히 말해서, 『법화경』의 일승 교설은 회유적이거나 혼합주의적인 교설이 아니다. 그 교설은 그릇된 것을 배격하고 옳은 것을 받아들이는 것을 포함하는 근본적 선택을 요구하고 있다. 상이한 시대와 장소에서 도겐(1200-1253)은 그와 동일한 입장을 취하게 되었다. 『정법안장수문기』(正法眼藏隨聞記)에서 그는 다음과 같이 말한다.

> 누군가 와서 가르침을 구하거나 수행의 요체에 대하여 묻는다면, 비구는 언제나 그에게 진실하게 답해야 한다. 설령 그 사람이 재능이 전혀 없는 사람인 듯이 보이거나 지식이 거의 없는 초심자라서 이해할 수 없다고 하더라도, 비구는 방편 내지 진실하지 못한 답으로 응대해서는 안 된다. 보살계의 정신은, 설령 그 질문자가 소승의 길을 구하는 소승 사람이라고 하더라도, 오직 대승의 가르침으로 답할 것을 요구한다. 이것이 여래가 그의 평생 동안 가르친 방식이다. 방편의 임시적 가르침은 실로 아무 가치가 없다. [『법화경』의] 최종적인 진실한 가르침만이 참된 가치를 지닌다. 그 사람이 이해하느냐 여부는 염려하지 마라. 오직 진실로 답하라.[7)]

여기에서 도겐은, 보살의 이상에서, 심지어 이해력이 없거나 명시적으로 소승의 가르침을 구하는 이들에게까지도 대승의 가르침이 베풀어져야 함을 요구하며, 이것이 또한 붓다 그 자신이 취한 방식이었다고 뚜렷하게 이야기한다. 더욱이 '방편적인' 곧 임시적인 수단은 가치가 없으며, 듣는 자의 이해 능력에 상관없이, 진실은 발해셔야 한다. 다음과 같은 것이 『법화경』의 근본적 일승의 가르침이다. 곧, 대승만이 옳으며, 다른 가르침들은 옳지 않으며 쓸모없다.

히라카와의 입장과 이러한 입장의 차이는 분명하다. 나는 그 차이를 도표2와 3에서 명시하였다. 간단히 말해서, 히라카와는 성문과 연각의 이승을 포괄하는 합일의 원리를 뜻하는 것으로 일승을 이해한다. 나는 그 이승을 배격하고 대승을 선택하는 것을 내용으로 하는 원리로 일승을 이해한다.

그 두 입장 사이의 차이를 바라보는 또 하나의 길은, 히라카와의 관점이 네 가지 수레를 포함하는 반면에 나의 관점은, 오직 세 가지 수레만을 포함한다는 것에 주목하는 것이다. 나는 이른바 사거설(四車說)과 삼거설(三車說) 사이의 전통적 논쟁이 그 문제가 표현되는 방식 그 자체에서 결함을 지니고 있다는 가리야 사나히코(苅谷 定彦)의 견해를 알고 있지만,[8] 여기에서도 나는 이의를 제기하고자 한다. 이 논쟁의 관건은 일승이 대승과 동일한 것이냐 여부의 문제이고, 이 문제는 『법화경』의 가르침을 논의할 때 무시될 수 없는 문제이다.

그렇다면 왜 삼거설 대 사거설의 논쟁은 내내 여전히 해소되지 않은 채로 남아 있는가? 그 답은 실로 아주 간단하다. 그 순수한 의미에서 삼거설은 동아시아불교사에서 결코 받아들여진 적이 없다. '순수한 의미'로 내가 뜻하는 것은, 여래장사상 곧 내가 기체설(基體說)이라고 부르는 구조에 의존하지 않는 삼거설이다.

도표2

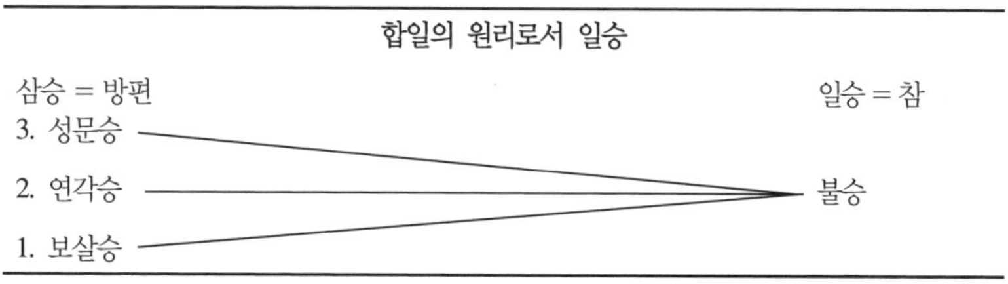

도표3

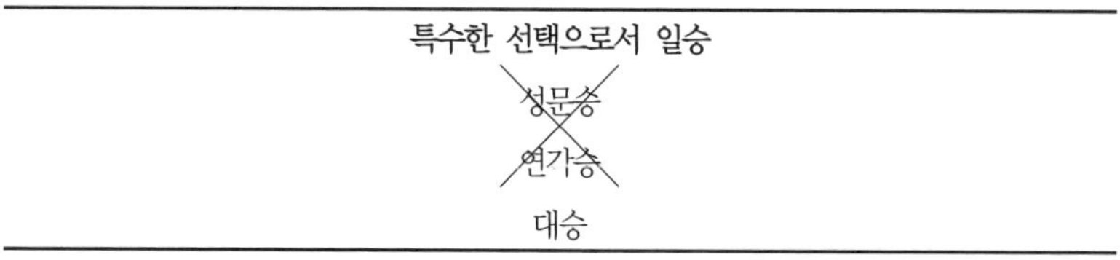

현대의 일본인 학자들 가운데에서는, 반세기도 더 전에 『법화경』의 형성에 관한 기념비적 연구서를 출간한 후세 고가쿠(布施 浩岳)가 삼거설의 맥락에서 일승사상을 해석하는 유일한 학자인 것으로 여겨진다.[9] 그는 "초월적" 일승(곧 내가 "합일의 원리로서 일승"이라고 부르는 것)에 대해서 이야기하면서, 삼승 가운데에서 일승을 골라내는 것을 선호하는 사상을 배격한다.[10] 현대의 다른 모든 일본인 불교학자들은, 때로는 노골적으로 때로는 암묵적으로 "사거설"을 지지하면서, 삼승을 "융합"하거나 "화해"하거나 "합일"하는 맥락에서 『법화경』의 일승을 이해한다.[11] 이러한 의미에서 히라카와는 일본인 불교학자들의 표준적 관점을 대표한다고 할 수 있을 것이다.

문제는 합일의 원리로서 일승이라는 사상은 "오직 대승만이 진실"이라는 도겐의 입장이나 "오직 『법화경』만이 올바르다"는 니치렌의 철저하고 강렬한 결단을 설명할 수 없다는 점이다. 전반적으로 가마쿠라 시대의 신불교운동은, 천태종과 진언종에 의하여 대변되는 "조화"와 "통합"의 만연한 기풍과 대조적으로, 특정한 가르침 내지 수행에 대한 뚜렷한 "선택"을 결단하였다. 그러한 만연한 기풍은 천태의 "본각법문"(本覺法門) 전통에 의하여 가장 잘 대변되는데, 이러한 전통은 다시 여래장사상과 그 기체설적 구조에서 비롯된 것이다. 이제 『법화경』과 여래장사상 사이의 관계라는 문제를 살펴보자.

『법화경』과 여래장사상

잘 알려져 있듯이, 히라카와는 『법화경』을 여래장사상의 맥락에서 이해하며, 가리야는 이 때문에 그를 비판한다.[12] 우리는 우선 히라카와의 실제 발언을 살펴보자.

'불성'(佛性, *buddha-dhātu*)이라는 전문 용어는 『법화경』에 등장하지 않지만, 그럼에도 불구하고 그와 동일한 관념은 성문의 성불에 대한 예언 내지 보증(聲聞授記) 그리고 이승 사람들의 성불(二乘作佛)과 같은 사상에서 표현되고 있다. 그러므로 우리는 일승 사상이 하나의 [특정한] 교설일 뿐만 아니라 여러 교설들의 기반 내지 기초이기도 하며, 사실상 '일체중생실유불성'의 이상을 가리킨다고 말할 수 있다. 우리는 모든 중생이 불성을 지니고 있다는 점을 인정하지 않고서 이승의 사람들이 성불할 수 있다고 말할 수는 없다.[13)]

모든 존재가 성불할 수 있다(또는 부정적으로 표현하자면 성불할 수 없는 존재는 없다)는 사상은[14)] '모든 존재가 불성을 지니고 있다'는 것과 동일한 사상이다.[15)]

간단히 말해서 히라카와는 『법화경』에서 모든 존재가 성불할 수 있다는 사상을 『대반열반경』에서 "모든 중생이 예외 없이 불성을 지니고 있다"는 가르침과 동일시하였다. 나는 다른 곳에서 이 두 입장이 상이하며, 여래장사상은 일종의 기체설이기에 결과적으로는 결코 성불할 수 없는 사람들이 있다고 주장하게 되는 차별의 철학이라는 점을 상세하게 논증하였다.[16)] 도표4와 5는 이 점을 명시해주고 있으며, 각각 『승만경』[17)]과 유가행파의 『대승장엄경론』[18)]에서 가르쳐지는 일승 사상의 구조를 보여주고 있다.

나는 이 두 구조가 모두 다 기체설이라고 간주하지만, 구조4에서 구조5로 이론적 발전이 있다. 결정적 차이는, 구조4에는 생성과 해체의 움직임이 있는 반면, 구조5에는 일방적인 생성의 움직임만이 남아 있다는 것이다. 이것은 유가행파의 종성(種姓, *gotra*) 이론을 반영하는데, 거기에서는 각 유형의 종성이 고정되어 있으며 극복될 수 없다고 가르친다.

그 두 구조 사이에는 아직 또 하나의 차이가 있다. 도표4에서 "대승"(大

乘, Mahayana)이라는 용어는 도표5에서 여래-법(如來-法, *tathāgata-dharma*)으로 바뀌었다. 이것은 기체설 텍스트들의 중요한 특색, 곧 삼거설을 지지하는 것으로 보이지만 실제로는 논리적으로 사거설을 주장하고 있는 점을 반영한다. 일승과 삼승 사이의 관계를 논의하는 가운데, 유가행파 사람들은 오직 초기체(超基體, super-locus)의 영역에만 관심을 가지고 있었다. 그 결과로 그들은 삼승이 고정되고 상이한 실체로서 병존한다고 이해하는 한편 동시에 대승이 우월하다고 주장하였다. 이러한 패턴은 『법화경』에 의하여 일승사상이 도입되기 이전의 상황과 유사하다. 심지어 더욱더 해로운 것은 승들 사이의 차이와 그들의 우열관계가 하나의 단일한 실체적 기체에 기초하여 존재론적으로 공고화되고, 이는 필연적으로 차별 이데올로기로 이어진다는 사실이다. 나는 이러한 유형의 기체설을 "종성론"이라고 부르며, 거기에서는 인도 사회의 종족(*kula*)과 혈통(*vaṃśa*)이라는 관련 사상에서 발견되는 것과 동일한 차별적 특색을 드러내고 있다고 간주한다.

이와 관련해서 한 가지 상기하자면, 우리는 본 논문의 앞에서 히라카와로부터의 인용문을 언급하면서, 그가 성문을 "부패한 종자"라고 멸시하는 『유마경』의 기원을 소승과 대승 사이에 현저한 대립이 있었던

도표4

➡ 생성 ⇨ 해체 [초기체]	*śrāvaka-*	*pratyeka*	*Mahayana* (대승)	=*yānatraya* (삼승)
	⬆ ⇩	⬆ ⇩	⬆ ⇩	
	ekayāna-buddhayāna (일승-불승)			

도표5

→ 생성 [초기체]	*śrāvaka-dharma* (성문법)	*pratyekabuddha-dharma* (연각법)	*tathāgata-dharma* (여래법)	=*yānatraya* (삼승)
	↑	↑	↑	
[기체] (hetu, 因)	*dharmadhātu-ekayāna* (법계-일승)			

시기로 거슬러 올라가면서 『법화경』보다 시대가 앞선다고 간주하고 있음에 주목하였다. 그러나 나는 그렇게 극히 차별적 종성론을 가르친다는 점과[19] 그 가르침이 일종의 기체설이라는 점에서[20] 『유마경』이 『법화경』보다 뚜렷하게 뒷시대에 작성되었다고 간주한다.

우리는 이제 왜 몇몇 기체설 문헌이 사실은 사거설의 논리에 기반하고 있으면서도 삼거설을 가르치고 있는 것으로 보이는가의 문제를 다루고자 한다. 우선, 세친(世親)의 『법화론』(法華論, **Saddharmapuṇḍarīkopadeśa*, T No. 1519)에서 기체설적 경향은 아래의 단락에서 명료하게 드러난다.

> [『법화경』은] 모든 중생들이 불성(*buddha-dhātu*)을 갖추고 있다[는 사상을] 뚜렷이 명시한다.[T 26.9a]

> 법신(*dharmakāya*)은 성문, 연각, 그리고 붓다에게 동일하다.[T 26.7a]

여기에서 "불성"과 "법신"이라는 용어는 하나의 단일한 기저의 기체를 지칭하며, 그에 대하여 개별적 성문, 연각, 그리고 붓다는 "초기체"

이다. 그럼에도 불구하고 세친은 자신의 논의 말미의 그 유명한 단락에서 삼거설을 명료하게 강설하면서 "둘을 배격하고 하나를 밝힘"(破二明一)을 지지한다.[21]

여기에서 나는 이 어구의 취지가, 내가 받아들이고 있고 앞의 도표3에서 명시한 삼거설과 전혀 다르다는 점에 주목하고자 한다. 일승에 대한 나의 이해에서, 『법화경』의 사상은 이승에 대한 전적인 부정 내지 배격을 포함하고 있는 반면, 세친은 삼승 모두의 타당성을 인정하고 그런 연후에 그 우열관계를 확립하고자 나선다. 그의 추론은 뚜렷이 종성론에 기반하고 있는데, 이는 그가 유가행-유식학파에서 일반적인 "사종성문(四種聲聞)" 이론을 활용하고 있는 데에서도 반영되어 있다. 이 이론에 따르면, 성문은 고정된(決定), 오만한(增上慢), 변화된(應化), 그리고 보리로 전향한(廻向菩提) 이들의 네 부류로 분류된다. 세친은 이 네 부류의 성문 가운데에서 오직 마지막 두 부류만이 『법화경』에서 궁극적인 깨달음이 확실시되는 성문에 포함된다고 주장한다. 이러한 구도에서 성불할 수 있는 이 두 유형의 성문은 본래적으로 보살의 종성(種姓, *gotra*)을 간직하고 있으며 다만 성문의 임시적 형태를 취하고 있는 반면, 성문의 종성으로 고정되어 있는 "실제의" 성문들은 결코 성불할 수 없다는 점을 주목하는 것이 중요하다. 보살만이 성불할 수 있고 성문은 성불할 수 없으며, 삼승 사이에는 확정적인 차이가 있다고 하는 유가행파의 근본적 관념의 기초가 여기에 놓여 있다.

더욱더 경악스러운 것은 종성론에 기반하여 대승이 우월하다고 하는 이러한 차별적 관념이 심지어 『법화경』 자체에도 스며들어 왔다는 것이다. 성문 수행이 그 자체로 보살의 수행이 될 수 있다는 자신의 주장에서, 히라카와는 구마라집의 한역 『법화경』에서 아래의 두 단락에 의지한다.

a. 내적으로 자신들의 보살의 품행을 숨기면서
그리고 외적으로 자신들이 성문들이라고 내보이면서 … .[22)]

b. 그대들이 지금 걷고 있는 것은
보살의 길이다.
짐진직인 닦고 배움에 의하여
그대들은 모두 성불하리라.[23)]

이 두 단락이 종성론에 기초하고 있으며, 보살은 성불할 수 있지만 성문은 성불할 수 없다는 입장을 지지하고 있음은 분명하다.

더욱 문제를 복잡하게 하는 것은, 이 단락들이 문헌사적 근거에서 의심스럽다는 점이다. 예컨대 나는, 후대에 그 첫째 단락 (a)가 본문에 추가된 것이라는 가리야의 견해에 동의한다.[24)] 그 둘째 단락 (b)에 관해서는 제5품인 「약초유품」(藥草喩品) 전체가 매우 문제적인데, 그 문제는 구마라집의 번역이 이 품의 마지막 절 전체를 누락시키고 있다는 사실에 의하여서도 시사된다. 인용된 게송은 구마라집의 번역본에서 이 품의 말미에 나오는데, 가리야는 이 품의 대부분을 원전에 없는 것으로 배격하기까지 하면서도[25)] 이 게송은 원문 『법화경』의 일부라고 보류한다. 여하튼 이 단락이 기체설의 특색을 간직하고 있다는 문제는 여전히 남는다. 실제로 나는 다른 곳에서, 이 품은 기체설의 특색이 아주 현저하여, 불교문헌 가운데 기체설의 가장 초기의 명백한 사례라고 주장하였다.[26)] 이러한 주장의 가치가 어떠하든, 산스크리트 원문은 훨씬 더 뚜렷하게 이 단락의 기체설에 가까운 논리를 드러낸다.

śrāvakāḥ … caranti ete vatabodhicārikāṃ (131.11-12)
이 성문들은 … 깨달음을 위한 탁월한 수행을 하고 있다.

이 문장은, “이 때에 『법화경』을 듣고 있는 이 성문들은 실로 보살의 종성을 간직하고 있는 보살들이다.”라는 뜻을 함의하고 있다는 점에서, 뚜렷하게 기체설적 구조에 기초한 종성론을 설하고 있다. 이러한 단락에 의지함으로써, 히라카와는 『법화경』에 대한 자신의 해석 전체를 의문스럽게 하고 있는 것이다. 그에게 동료가 없는 것은 아니다. 『법화경』에 대한 가장 중요한 중국인 주석가의 한 사람인 길장(吉藏, 549-623)은 단락 (a)가 그 경전에 대한 올바른 이해에 결정적이라고 간주하였다. 스에미츠 야스마사(末光 愛正)에 따르면, 길장은 성문을 다섯 부류로 나누고, 사리불(舍利佛, Śāriputra), 사대성문(四大聲聞), 그리고 부루나(富樓那, Pūrṇa)를 “외적으로는 자신들이 성문들이라고 내보이는, 숨은 보살들”로 분류하였다.[27)]

길장의 관점에 따르면, 『법화경』에서 궁극적인 깨달음 곧 성불이 확실시되는 모든 성문들은 실제로는 보살 종성을 간직하고 있는 보살들이고, 성문 종성을 간직하고 있는 실제의 성문들은 결코 성불할 수 없다. 다시 말해서, 길장은 영구적으로 성불할 수 없는 사람들의 부류가 존재함을 인정한다. 길장이 기체설의 근본적 신봉자라는 점을 감안하면, 그의 이러한 결론에 우리는 실로 놀랄 필요가 없다.[28)] 길장이나 히라카와와 반대로, 나는 『법화경』에 대한 그들의 해석이 여래장사상과 기체설에 영향 받고 있으며, 그들이 그 경전의 진정한 메시지를 심각하게 잘못 해석해 왔다는 입장을 갖고 있다.

불탑신앙과 『법화경』

나는 불탑신앙과 『법화경』 문제에서 다시 히라카와와 갈라선다. 히라카와는 『법화경』에서 불탑신앙의 중요한 역할을 강조하며 아래와 같이 이야기한다.

> 『법화경』의 기원에 관해서는, 불탑신앙의 맥락에서 등장한 것이라고 하는 것이 가장 합리적이다.[29]

히라카와의 유명한 가설은, 대승불교 자체가 엄격한 승려도 아니고 재가자도 아닌 신자들로 구성된 재가자 중심의 불교 그룹에서 일어났다는 것이다.[30] 그는 또한 불탑신앙과 여래장사상이 불성(佛性, *buddha-dhātu*)이라는 단어의 사용을 공유하고 그 단어의 우선적 의미가 "붓다의 유물 내지 유골"이라는 점에서, 그 양자 사이의 관계에 주목한다.[31] 그는 아래와 같이 이야기한다.

> 마음의 본래 성품이 청정하다면, 그 본래 성품의 드러남은 성불과 같다. 대승불자의 성불에 대한 서원은 그 마음이 내재적으로 청정하다는 믿음에 기초하였다.[32]

곧, 히라카와에 따르면, 내재적으로 청정한 마음 즉 불성이라는 여래장 유형의 사상을 받아들이는 것이 보리심(菩提心, *bodhicitta*)를 일으키는 선결 조건이다. 이것은 여래장사상이 없이는 대승불교가 있을 수 없다고 말하는 것과 마찬가지이다! 나는 이것은 받아들일 수 없다고 본다. 나로서는, 여래장을 대승불교 흥기의 필수적 요소라고 보는 그의 논리가 불탑신앙론을 이론적으로 지지하기 위하여 잘못 채택된 것으로 여겨진다.

히라카와와 달리, 나는 불탑신앙이 『법화경』의 원래 형태에서는 지지되지 않았다고 주장한다. 나는 『법화경』의 형성사와 관련하여 다양하고 빈번하게 정면으로 반대되는 이론들이 제기되어 온 것은 아직 해결되지 못한 수많은 의문들 때문이라는 점을 인정한다. 그러나 동시에 나는 (불탑과 불상에 관하여 설하는) 제2「방편품」의 78-96절이 후대에 추가된 것이라고 주장하는 후세 고가쿠의 이론을 지지한다.[33] 이 이론의 추가적 증거로서, 불탑에 관한 몇몇 종교적이고 철학적인 문제들에 우리의 관심을 돌려보자.

우선 히라카와에게 "불탑신앙"이라는 용어는 붓다의 유물(유골)이 안치되고 지켜지는 건축적 구조물에 대한 신앙을 의미한다. 다시 말해서, 그것은 유물에 대한 신앙을 가리킨다. 여기에서 떠오르는 질문은 다음과 같다. 붓다의 유물이란 무엇인가? 붓다의 입멸 후에 남은 유골이란 무엇인가? 그 질문에 적절하게 대답하기 위해서, 우리는 『대반열반경』에서 열반(*nibbāna*)과 죽음이라는 개념이 지니는 의미를 명료하게 할 필요가 있다.

이전의 한 논문에서 나는 "열반"(*nibbāna*)이라는 용어에 관하여 일반적으로 받아들여지는 해석에 대한 비판적이고 어원적인 분석에 착수하였다.[34] "(번뇌의) 불꽃을 불어서 끔" 내지 "소멸"이라는 의미에서 *nirvāṇa*의 어근으로서 "nir + vā + ana" 내지 "nir√vā"를 읽어내는 일반적 방식 대신에, 나는 어근 "nir√vṛ"(벗기다)로부터 파생되었음을 제안하였는데, 이렇게 되면 "해방, 자유로워짐, 덮개를 제거함"의 의미를 부여하게 된다. 따라서 나는 *nibbāna*가 *nirvṛti*와 동의어라고 간수하게 되었는데, 이 *nirvṛti*는 다시 *vimukti* 곧 "해방"과 동의어이다.

이 두 용어 *nibbāna*와 *vimukti*가(또는 *mokṣa*)가 불교의 등장 이전에 사용되고 있었으며, 그 단어들은 원래 영혼(atman)이 육체(非atman)에 갇혀 있던 데에서, 허물을 벗어버리는 뱀과 같이 해방되거나 자유로워지는 것을 가리켰음에 주목하는 것이 중요하다. 이러한 해방 내지 자유로워짐의 사상은 두 가지 특색을 지닌다. 그것은 자아론(*ātma-vāda*)에 기반하며, 죽음에서 육체의 궁극적 포기를 이상화한다. 이러한 관념이 『대반열반경』과 같은 텍스트를 통하여 불교전통에 착오로 들어온 것이며, 그 경전의 저자 내지 저자들은 붓다의 죽음을 그의 영혼(atman)이 그 육체의 속박(非atman)에서 풀려난 것으로 해석한 것이다. 그리하여 우리는 이 경전에서 "자아에 귀의해야"(*atta-dīpā viharatha*) 한다는 그 유명한 표현을 발견하게 되는데,[35] 이는 자아론의 아이디어를 뚜렷이 시사하고 있다. 이 표현에서는 육체적 죽음을 통하여 몸에서 풀려난 뒤에 영원히 생존하는 아트만에 귀의해야 한다고 설하고 있는 것이다.

이 경전에서는 영원한 아트만 사상을 설할 뿐만 아니라, 붓다의 유물(유골)을 영원한 아트만과 동일시함으로써 유물 신앙을 정당화하기도 한다. 그 결정적 표현은 "*sarīrān' eva avasissiṃsu*" 곧 "오직 유골만이 남았다"이다.[36] 이는 붓다의 몸을 화장한 뒤에 오직 유골(*sarīrāni*)만이 남았다는 역사적 사실을 가리킨다. 그렇다면 이 "유골" 내지 "유물"이란 무엇인가? 그것들은 화장의 불꽃에서 생존하여 계속해서 영원히 존재하는 어떤 것을 상징한다. 다시 말해서, 그것들은 육체적 죽음에서 생존하는 아트만과 동일시된다. 그 결과로 유골이 나중에 *buddha-dhātu*라고 불리게 된다. 이 용어를 대승 『대반열반경』에서 불성 및 여래장과 동일시하게 되는 것은 그다지 논리적 비약이 아니다. 사실상 이것은 그 다음의 논리적 단계이니, 이 모든 용어들이 영원하고 불멸하는 아트만을 가리키고 있기 때문이다.[37]

요약하자면, 불탑신앙은 영원한 아트만 사상을 상징하고 투사하는 붓다 유골 숭배에 지나지 않는다는 것이 명백하다. 그러한 불탑신앙은 불교의 기본적인 무아(anatman)와 연기(*pratītya-samutpāda*) 사상에 정면으로 모순되어 받아들여질 수 없다. 사실상 그러한 수행은 재가자에게 맡겨져 있었는데, 심지어 그들을 어느 정도나 불자라고 부를 수 있을지 없을지를 판단하기에는 그들에 관한 정보가 부재하다.

이러한 맥락에서 간과되어서는 안 되는 것이, 불탑신앙과 유골 숭배를 명시적으로 배격하는 『법화경』 자체의 단락들이니, 예를 들자면 제10 「법사품」(法師品)과 제17 「분별공덕품」(分別功德品)의 문장들이다.[38] 가장 중요한 단락은 제11 「견보탑품」(見寶塔品)에서 다보여래(多寶如來)에 대한 묘사 부분이다. 샤캬무니가 다보여래의 탑에서 문을 열 때, 그는 죽은 유골이 아니라 살아 있는 살과 피를 지니고 앉아서 선정에 들어 있는 붓다를 발견한다. 가리야 사다히코가 이 문제에 관하여 행한 탁월한 연구를 간과해서는 안 된다. 거의 30년 전에, 중앙아시아의 고대 사본에 기초하여 가리야는 *pariśuṣka-gātraḥ*("건조된 몸을 지닌")라는 용어가[39] *apariśuṣka-gātro*("건조되지 않은 몸을 지닌")라고 수정되어서, 그 불탑 안의 붓다가 영원히 사는 아름다운 몸을 지니고 있는 것으로 보아야 함에 주목하였다.[40] 이러한 독해는 『법화경』의 철학적 연구에서 선도적 권위자 가운데 한 명인 도다 히로후미(戶田 宏文)에 의하여 지지되고 있는데, 그는 "*paryaṅkaṃ baddhvā 'pariśuṣkagātro 'saṃghaṭṭitakāyo*"라는 자기 자신의 수정안도 제시하고 있다.[41]

가리야는 더 나아가 이 붓다가 법신(法身, *dharmakāya*)이라기보다는 오히려 보신(報身, *saṃbhogakāya*)으로 나타나고 있다고 주장한다.[42] 불신(佛身)의 삼신설(三身說)은 진여(眞如, *tathatā*) 내지 법신(法身, *dharmakāya*)을 기체(基體, *dhātu*)로 삼는 기체설적 구조에 기반하고 있기에, 『법화경』(제16 「如來壽量品」)에서 설하는 영원한 붓다가 법신인가 아니면 보신인가 여부의 문제는 큰 중요성을 갖는다. 『법화경』이 기체설의 맥락에서 이해된다면, 『법화경』의 영원한 붓다는 법신이라고 전제하는 것이 자연스럽다. 하나의 전형적 사례는 중세 일본의 천태본각 전통인데, 여기에서는 법신사상을 한 단계 더 심화시켜서, "모든 행위를 넘어서 있는 본각 붓다"의 존재를 설한다. 기체설에 기초한 이러한 해석과 날카롭게 대조되는 차원에서, 중국 천태종 창시자이자 가장 중요한 중국불교철학자 지의(智顗, 538-597)는 보신불이라는 입장에 선다. 『법화문구』(法華文句)에서 그는 『법화경』 제16품에 "[붓다의] 삼신[에 관한 가르침]을 대체적으로 명시하고 있는데, 그 구체적인 취지는 보신을 명료하게 하는 데 있다"고 서술한다.[43] 니치렌은 지의로부터 이러한 입장을 계승한다.[44] 나는 가리야의 입장에 전적으로 동의하며, 덧붙여 말하자면, 제17품에서 영원히 살아 있는 이러한 붓다의 이미지는 「여래수량품」에서 그 이미지가 나타나는 "영원하고 참된 붓다"에 반영되어 있다고 하겠다.

나는 다만 가리야가 『법화경』 「견보탑품」에서 제시되는 것과 같은 비전은 실제로 불탑신앙에 대한 부정을 포함하고 있다고 주장하는 데에서는 그와 다소 견해를 달리 한다. 나는 거기에서 유골 신앙에 대한 명백한 배격과 죽음에 대한 상징적 묘사가, 영원히 살아 있는 붓다를 선호하여 열반을 죽음의 상징으로 여기는 사상을 배격한다고 본다. 다른 한편으로, 『대반열반경』은 – 『법화경』의 선례에도 불구하고 – 여래장사상 그리고 유골(*dhātu*)과 아트만에 관한 아이디어에 기초한, 죽음의 철학에 대한 집착으로 회귀하고 있다. 한 마디로, 거기에서는 기체설을 설하고 있다. 여기에서 다시 우리는 『법화경』을 여래장사상의 맥락에서 해석하는 것의 위험성을 본다. 그러한 접근은 다만 심중한 오류와 그릇된 결론으로 이끌 수 있을 뿐이다.

일본문화에 대한 개인적인 생각

일본문화 전반에 대하여 전문적 식견은 없다는 점을 인정하면서도, 나는 여래장사상에 기초한 일본문화에 관한 최근의 이론들이 아무런 도전도 받지 않고 유행하는 것을 방치하면서 유유자적할 수는 없음을 자각하게 된다. 학계 일각에서는 일본문화가 아래와 같은 특성을 드러내는 문화라고 하면서 그 '정체성'을 지나치게 낙관적으로 보는 관점을 제시하는 경향이 있다.

1. ("초목성불" 사상에서 예시되듯이) 인간보다 자연을 찬미하는 자연주의 제고
2. 논리와 지성보다 직관과 체험을 중시하는 경험적 반합리주의(선불교의 신비주의나 밀교적 불교의 예찬) 제고
3. 개인보다 전체를 중시하며, "조화"(和)를 강제적으로 적용하면서 집단적 국가주의로 가는 길을 여는 전체주의 제고[45]
4. 상대주의에 기초하여, 절대적 유일신관보다 애니미즘과 다신론 내지 범신론 제고[46]

나는 일본문화를 묘사하는 이러한 방식이 "발생론적 일원론" 곧 여래장사상의 기체설에서 비롯한다고 주장하려 한다. 이러한 관점은 그렇게 크게 새로운 것도 아니다. 예컨대 우리는 이미 1937년 문부성에서 발간된 국가정책에 관한 소책자 『국체의 본의』에서 그것을 발견하는데, 거기에서는 "조화"(和)의 사상이 쇼토쿠 태사(574-622)가 지었다고 하는 「17조 헌법」으로 거슬러 올라가며, 국수주의적 내지 전체주의적 맥락에서 강조된다.

일본인의 정체성에 대한 이와 같은 관점들이 이제 국제일본문화연구소 소장 우메하라 다케시같은 사람들에 의하여 옹호되고 있다.[47] 그 자신이 인정하듯이, 그는 여래장사상의 "초목성불"을 애니미즘적 다신론으로서 옹호하고 찬미한다. 일본문화에 대한 우메하라와 같은 설명은

어느 정도는, 서양의 합리주의, 과격한 개인주의, 그리고 인간중심적 사고방식과 행동방식이 모두 다 유다-그리스도교 전통에 깊이 뿌리박고 있는데, 그 전통은 이미 회복할 수 없이 쇠락하였고 그 자체로 인류를 오늘날의 문제들로부터 구원해낼 수 없다는 것이 입증되었다는 ("서양의 몰락" 이론들에서 일반적으로 발견되는 부류의) 전제에서 비롯된다. '동양사상', 특히 조화(和)의 자연 중심적 세계관과 같은 일본적 전통이 우리를 그러한 곤경에서 벗어날 수 있도록 도와주는 대안으로 제시되는 것이다.

나는 일본인의 특수성이 단순히 '자연과 하나됨'에 놓여 있지 않다는 점을 가능한 한 가장 강력하게 말하고자 한다. 일본 사람들이 언제나 꽃과 나무를 응시하면서 황홀경에 도취되어 있는 것은 아니다. 우리는 식물과 같은 사람들이 아니다. 우리를 독특하게 인간적이게 하는 것은, 서양인들을 인간적이게 하는 것과 동일하다. 우리는 생각할 수 있는 것이다.

9세기 티벳의 삼예(bSam yas) 논쟁에서 마하연이라는 중국의 소위 이름난 어떤 선사가 선양한 여래장사상에서 제안되는 것과 같은 '생각 없음'이 인류의 이상이라면,[48] 우리는 모두 삶을 중단하고 달려가서 식물과 돌과 유골이 되어야 한다. 일본이 상당한 정도의 경제적 발전을 성취했다면, 이 성공도 역시 합리주의, 개인주의, 그리고 인권 의식의 긍정적 영향에 대부분 기인한다. (그러나 서둘러 첨언하건대, 이러한 이상들은 아직 일본에, 적어도 서양에서와 같은 정도로는 깊이 뿌리내리지 못하고 있다.) 그렇다면 왜 우리는 인간으로서 우리의 존엄을 포기하고 '자연'으로, '초목'으로, 그리고 '동양'으로 회귀해야 하는가?

나는 인간의 손에 의하여 저질러지는 환경적 재앙으로부터 자연과 동물을 보호하기 위하여 전 지구적으로 전개되는 운동들에 대하여 눈을 감고 있지는 않다. 나 역시 생태적 의식을 제고할 필요를 인정하지만, 하나의 분명한 단서와 함께 그러해야 한다. 곧, '자연이나 동물을 죽이는 것보다 인간을 죽이는 것이 더 악하다.' 또한 잊지 말아야 할 것은, 오늘날의 생태적 운동이 동양적 자연주의에 의하여 생겨난 것이 *아니라*는 사실이다. 그 운동들은 서양인들에 의하여 주도되었고, 합리주의와 인권 존중의 전통에 토대를 두었다. "산천초목실개성불"과 같은 어구에서 표현되는 동양적 자연주의에서 환경운동과 환경윤리를 파생시키는 것은 간단히 말해서 논리적으로 불가능하다. 그러한 '자연주의'는 어디에서나 '아무 것도 하지 않는 자연적 상태' 외의 어느 곳으로도 이끌지 못한다. 그것은 우리의 문제들에 대하여 해결책을 숙고하거나 적극적으로 모색하도록 우리를 이끌지 못한다. 자연계의 파괴에 의하여 야기된 '잘못들'을 인정하고 이러한 잘못들을 우리의 생활방식의 변화를 통하여 바로잡기 위하여, 우리는 생각하고 행동할 필요가 있다. 그러나 동양의 자연주의적 철학의 "무사"(無思)와 "무위"(無爲)에서는 바로 이러한 생각과 행동이 전적으로 배격된다.

개인적으로 말하자면, 일본인이라는 것이 나의 운명이지만, 나는 여래장사상과 기체설에 기초한 "일본", "동방", "자연", 그리고 "조화" 등의 사상에 대한 반합리주의적 찬미로 가득한 일본문화론을 순진하게 옹호하는 이들과는 나 스스로 거리를 두려는 뜨거운 열망이 있다.[49]

| 미 주 |

본서에 포함된 논문에 대한 쪽 표시는 이탤릭체로 되어 있다.

서론

1) 이 사건의 맥락, 그 이후의 논쟁, 그리고 비판불교에서 그 역할에 대해서는 다음을 참조하라. Bodiford, "Zen and the Art of Religious Prejudice."

2) *Journal of the Association of Buddhist Studies* 18/2 (1995)에서 방법론에 관한 논문들을 참조하라. 예컨대 불교학에서 문화비판의 관행에 대해서는 다음을 참조하라. Lopez, ed., *Curators of the Buddha*.

3) 불교학에서 규범적인 연구의 역할에 대해서는 최근에 나온 *Journal of the Association of Buddhist Studies* 18/2 (1995)를 참조하라. 특히 그 가운데 다음 논문들을 참조하라. Jose Cabezon, "Buddhist Studies as a Discipline," 256–60, 그리고 Luis O. Gomez, "Unspoken Paradigms," 201–3, 204–12.

4) Donald S. Lopez, Jr., "A Sangha-less Sangha," in *Tricycle* 5/3 (Spring 1996), 101.

1. 왜 선은 불교가 아니라고 이야기되는가?

1) 상세하게는 다음을 참조하라. Paul Groner, *Saicho: The Establishment of the Japanese Tendai School*. (Berkeley: Buddhist Studies Series 6, 1984), 91–106.

2) D. Seyfort Ruegg는 tathāgata-garbha를 "붓다의 자궁"으로 보는 나의 풀이에 반대하면서, "이 표현은 관련 산스크리트 텍스트에서뿐만 아니라 그에 상응하는 티벳 텍스트에서도 그러한 의미를 전혀 지니지 않는다"고 주장해왔다(다음을 참조하라. "Some Reflections on the Place of Philosophy in the Study of Buddhism," 170). 그러나 한역("如來藏")은 "자궁"이라는 의미를 담고 있으며, 동아시아불교는 여러 측면에서 그 용어를 매우 명시적으로 이러한 의미에서 사용하고 있다. 중국불교 용어 및 동아시아불교전통에서 그 쓰임새에 대하여 친숙한 학자들은 이러한 의미를 받아들이는 데 아무런 곤란도 없을 것이다. 심지어 인도 전통에서도 "자궁"이라는 의미의 용례가 다수 있다. William Grosnick은 최초의 *tathāgata-garbha* 텍스트에 관하여 다음과 같이 이야기한다.

> *tathāgata-garbha*라는 용어를 서양학자들은 종종 "matrix of the *tathāgata*"라고 번역해왔는데, "matrix"는 산스크리트어 "*garbha*"의 의미의 광범위한 영역을 다 포괄하지 못한다. *Tathāgatagarbha Sūtra*의 저자는 이 점을 잘 알고 있는 듯 *Tathāgatagarbha*의 의미를 설명하는 다양한 비유에서 "*garbha*"의 그토록 상이한 의미들을 다수 활용한다. 그 가장 일반적인 어법에서 "*garbha*"는 "자궁"을 뜻하며, 그 경전의 여덟 번째 비유는 *Tathāgatagarbha*를 피폐하고 비루하며 추한 여성이 자신의 자궁에 고귀한, 세계를 정

복할 왕을 품고 있는 것에 비유하고 있다. (Donald S. Lopez, Jr., ed., *Buddhism in Practice* [Princeton: Princeton University Press, 1995], 92)

마츠모토는 다음과 같은 글에서 이 문제를 상세히 논하고 있다. "*Padma-garbha and tathāgata-garbha*," *Critical Studies on Zen Thought*, 411–543.

3) 이것은 유사한 뉘앙스를 담고 있는 산스크리트어가 없다거나 "이에 상응하는 산스크리트어는 없다"고 말하려는 것이 아니다. 그러나 "本覺"은 중국에서 만든 단어이고 산스크리트어(확실히 *prakṛti*)의 번역은 아니다. 이러한 의미에서 그것은 "*tathāgata-garbha*"라는 산스크리트 대응어가 확인되는 "如來藏"과 같은 용어들과는 구분될 수 있다. 그 반대의 주장은 다음을 참조하라. D. Seyfort Ruegg, *Théorie du tathāgatagarbha et du gotra.*

4) 다음의 번역서를 참조하라. Hakeda Yoshito, *The Awakening of Faith* (New York: Columbia University Press, 1967). 『대승기신론』의 기원에 관한 논쟁에 대해서는, 다음 저작들을 참조하라. William Grosnick의 최근 저작들 (예컨대 "The Categories of *T'i, Hsiang, and Yung*: Evidence That Paramārtha Composed the *Awakening of Faith*," *Journal of the International Association of Buddhist Studies* 12/1 [1989]: 65–92), 그리고 Whalen Lai, "A Clue to the Authorship of the Awakening of Faith: Śikṣānanda's Redaction of the Word '*Nien*'." *Journal of the International Association of Buddhist Studies* 3/1 (1980): 34–53.

5) 중국의 위경들과 『인왕경』(仁王經)에 대하여 상세하게는, 다음을 참조하라. 필자의 *Foundations of T'ien-t'ai Philosophy: The Flowering of the Two Truths Theory in Chinese Buddhism* (Berkeley: Asian Humanities Press, 1989), 41–50; 그리고 Robert E. Buswell, Jr., *The Formation of Ch'an Ideology in China and Korea: The Vajrasamādhi-Sūtra, A Buddhist Apocryphon* (Princeton: Princeton University Press, 1989). 또한 Buswell의 다음 논문 모음집도 참조하라. *Chinese Buddhist Apocrypha* (Honolulu: University of Hawai'i Press, 1990).

6) 이 경전에 관하여 상세하게는, 다음을 참조하라. Buswell, *The Formation of Ch'an Ideology.*

7) 다음 번역을 참조하라. Hakeda, *The Awakening of Faith*, 37.

8) 상세하게는, 이 주제에 관한 다무라 요시로의 다음과 같은 권위 있는 논문을 참조하라. "An Outline of the Tendai Theory of Original Enlightenment" in Tada et al., eds., *The Texts of the Tendai Original Enlightenment Tradition*, 477–548.

9) 다음을 참조하라. 『大乘起信論義記』, T No. 1846.

10) 상세하게는, 천태불교에 대한 특별호인 Japanese Journal of Religious Studies 14/2–3 (1987)에서 나의 서론을 참조하라. 또한 같은 호에서 다음의 논문들을 참조하라. 하자마 지코의 "The Characteristics of Japanese Tendai," 그리고 시라토 와카의 "Inherent Enlightenment and Saicho's Acceptance of the Bodhisattva Precepts." 독자는 또한 Japanese Journal of Religious Studies 22/1–2 (1995)에서 본각사상에 관

한 스에키 후미히코, Jacqueline Stone, Paul Groner, 그리고 Ruben Habito에 의한 네 편의 논문들을 참조할 필요가 있다.

11) 다음을 참조하라. Tamura, "An Outline of the Tendai Theory of Original Enlightenment."

12) 종종 이러한 어구들이 대승 텍스트로부터 인용된 것으로 가정되는데, 사실상 그렇지 않으며, 적어도 내가 판단하는 한에서는 그렇지 않다. 다음을 참조하라. 宮本 正尊, 「'草木國土悉皆成佛'の佛性論的意義とその作者」, 印度學佛教學硏究 9/2 (1961): 672-701. 『대반열반경』에는 "一切衆生悉有佛性"과 같은 유사한 어구들이 있지만, 그러한 대승 문헌들도 의식이 없는 사물들까지 불성을 가지고 있다고 인정하지는 않는다. 사실상, 적이도 『대반열반경』의 한 단락에서는 정확히 그 반대의 이야기를 하고 있다. "이 무정물들이 아닌 것이 모두 다 불성이라고 불린다."(T No. 375, 12.581a22-23 그리고 828b26-27) 다음을 참조하라. Jamie Hubbard, "Absolute Delusion, Perfect Buddhahood: The Universal Buddha of the San-chiehchiao," in Griffiths and Keenan, eds., *Buddha Nature*, 75-94.

13) 쇼신은 천태 전통의 창조적 천재이자 창시자인 천태 지의의 주요 저작에 대한 방대한 주석으로 유명하다. 쇼신은 자신의 연구에 너무나 몰입하여 당시 다이라 가문과 미나모토 가문 사이의 갈등을 의식하지 못했다고 하는데, 이는 1940년대에 어떤 독일 학자가 제2차 세계대전에 대하여 의식하지 못하고 있던 상황과 비견될 수 있겠다.

14) 다음을 참조하라. Tamura Yoshiro, "Critique of Original Awakening Thought in Shōshin and Dōgen" 그리고 그의 *Essays on Hongaku Shisō*, 특히 393 이하를 참조하라. 또한 다음도 참조하라. Yamauchi Shun'yū, *Dōgen's Zen and the Tendai Hongaku Tradition*, 718 이하.

15) 본서에 실려 있는 그 논문의 번역(pp. *247-257*)을 참조하라.

16) 『마하박가』에서의 이러한 설명에 대한 번역으로는, 다음을 참조하라. Henry Clarke Warren, *Buddhism in Translations* (New York: Atheneum, 1962, reprint of 1896 edition published by Harvard University Press), 83-7.

17) 마츠모토는 "토착"이라는 용어를 자신이 명시적 의미로 사용하고 있지는 않다고 애써 언급한다.

18) 본서에 있는 그 논문의 번역(pp. *523-548*)을 참조하라.

19) 본서에 있는 그 장의 부분적인 번역을 참조하라. 「'선'(禪)의 의미」, pp. *361-373*.

20) Dan Lusthaus는 임제에 관한 이러한 결론에 도전한다. 본서에 있는 그의 논문을 참조하라. 「비판불교와 근원으로의 회귀」, pp. *43-81*.

21) 다음을 참조하라. "The Significance of the Critique of Original Enlightenment," 1-34.

22) "The Significance of the Critique of Original Enlightenment," 9.

23) "The Significance of the Critique of Original Enlightenment," 13.

24) 본서에 있는 이 논문의 번역을 참조하라. pp. *497-521*.

25) 마츠모토의 「불교와 가미」의 번역을 참조하라. pp. *523-548*.

26) 이 논전에 대한 하카마야의 생각에 관해서는, 뒤의 pp. *205-207*을 참조하라.

27) 이 문제에 대한 상세한 분석으로는, 뒤의 Steve Heine의 논문(pp. *375-422*)을 참조하라.

28) 이 서설은 본서에 포함되어 있다. pp. *83-120*.

29) 서양학자들에게는 이 점을 주목하는 것이 불필요한 것으로 여겨질지도 모르지만, 일본 학계에서는 이러한 태도가 근본적인 태도이다. 그와 대조적으로 서양학계에서는 일본 학계에서 더 전형적으로 드러나는 관용과 정중함을 다소 필요로 한다고 할 수도 있다. 하카마야의 논문은 뒤에 번역되어 있다. pp. *169-216*. 또한 본서에 실려 있는 Paul Griffiths의 논문도 참조하라. pp. *217-242*.

30) 이 논문은 뒤에 다음과 같이 출간되었다. Heisig and Kiyota, *Japanese Buddhism* (Tokyo: Buddhist Books International, 1985), 145-62.

31) 이 논문은 『批判仏教』(275-304)에 실려 있다.

32) "A Critique of the Zen School," 64.

33) 다음을 참조하라 "Buddhism as Critical of the Idea of 'Nature'," 386.

34) 이 논문은 고마자와 대학 저널에 일본어로 발표되었다. 마츠모토가 같은 회의를 위하여 집필한 논문이 본서 pp. *569-590*에 번역되어 있으니 참조하라.

35) 이 논문들은 「悪業拂拭の儀式關聯經典雜考」라는 제목 아래, 첫 논문은 고마자와 대학 불교학부 연구 기요 50 (1992): 247-74, 여섯 번째 논문은 고마자와 단기 대학 연구 기요 24 (1996): 67-91 등 여러 고마자와 저널에 등재되었다.

36) Ishii Shūdō, *Studies on the History of the Ch'an School during the Sung Period,* ix.

37) Yoshizu Yoshihide, *Studies in the history of Hua-yen-Ch'an philosophy*, 10.

38) Ito Takatoshi, *Critical Studies on Chinese Buddhism*, 57.

39) 다음을 참조하라. Tada et al., eds. *The Texts of the Tendai Original Enlightenment Tradition.* 그리고 본서의 참고문헌목록에서 Hazama Jikō, Shimaji Daitō, 그리고 Tamura Yoshirō의 저작들들 참조하라.

40) 하카마야는 첨언하기를 그들 양자 모두가 동일한 기체설이며 둘 다 불교가 아니라고 한다. 다무라가 본각사상에 대하여 순진하게 무비판적인 것은 아니었음에 주목할 필요가 있는데, 예컨대 그의 다음 논문을 참조하라. "Critique of Original Awakening Thought in Shōshin and Dogen"

41) 마츠모토(『縁起と空』, 147)는 다카사키가 1988년에 인도학불교학회에서 「이른바 기체설에 관하여」라는 제목의 논문을 발표하였음을 지적한다. 그러나 그 학회의 발표문을 출간한 『印度學佛教學研究』 저널에 이 논문은 실리지 않았다.

『여래장사상 II』(1989), 『불성이란 무엇인가?』(1990), 『「大乘起信論」を讀む』(동경: 岩波書店, 1991)는 마츠모토와 하카마야의 비판이 등장하기 오래 전에 준비되고 있었던 책들이며, 그 책들의 말미에 다카사키의 관련 언급이 첨부되어 있다.

42) 高崎 直道, 『「大乘起信論」を讀む』, 206

43) 高崎 直道, 『如來藏思想 II』, 373.

44) 高崎 直道, 『如來藏思想 II』, 373 이하.

45) 高崎 直道, 『「大乘起信論」を讀む』, 212. 다카사키의 보다 최근의 반응에 관하여서는, 본서에 번역되어 있는 코멘트들(pp. *463-471*)을 참조하라.

46) 平川 彰 편, 『如來藏と大乘起信論』(東京: 春秋社, 1990), 78이하.

47) 히라카와의 논문은 『승만경』에 관한 마츠모토의 앞서의 논문에 대한 반응으로 저술된 것이었으며, 그 주제에 대한 그의 추후의 전개는 포함하고 있지 않다는 것에 유의할 필요가 있다.

48) 다음을 참조하라. Schmithausen, *Buddhism and Nature*, 53–62.

49) *Buddhism and Nature*, 62. 슈미트하우젠의 견해에 대한 논의에 관하여서는 본서 내에 있는 폴 그리피스의 논문을 참조하라(pp. *217-242*).

50) 사회적 차별과 조동종의 이슈, 그리고 비판불교에 대한 복합적 반응을 살펴보는 데에는, 다음을 참조하라. William Bodiford, "Zen and the Art of Religious Prejudice."

51) 다음을 참조하라. Ian Reader, "Zazenless Zen, The Position of Zazen in Institutional Zen Buddhism," *Japanese Religions* 14/3 (1986): 7–27; 그리고 "Transformations and Changes in the Teachings of the Sōtō Zen Buddhist Sect," *Japanese Religions* 14/1 (1985): 28–48.

52) 大越 愛子, 源 淳子, 山下 明子 편, 『性差別する佛教』 (京都: 法藏館, 1990), 9–13. 또한 다음을 참조하라. 源 淳子, フエミニズムは「今こそ日本主義の解体を-梅原猛批判」, 『フエミログ-日本主義批判』 (Kyoto: Genbunsha, 1990).

53) 필자의 다음 논문을 참조하라. "T'ien-t'ai Chih-i's Concept of Threefold Buddha-nature: A Synergy of Reality, Wisdom, and Practice," in Griffiths and Keenan, eds. *Buddha Nature,* 171–80.

54) 샐리 킹은 불성에 관한 자신의 최근 저작에서 이러한 방향으로 중요한 진전을 이루었다. 본서 내에 그녀의 논문도 참조하라(pp. *259-285*).

ㄹ. 비판불교와 근원으로의 회귀

1) 정확히 언제 그리고 어떻게 불교가 초기 팔리 문헌에서 뚜렷이 식별되는 윤리적 예리

함을 상실하였는가는 논란이 있는 문제이고, 여기에서는 탐구하지 않겠다. 원나라 시대에 이르도록 중국불교의 윤리적 예민함을 예증하는 중요한 사례로는 다음 논문을 참조하라. Sechin Jagchid, "The Mongol Khans and Chinese Buddhism and Taoism," *Journal of the International Association of Buddhist Studies* 2 (1979): 7-28.

2) 하나의 사례: 가마쿠라-에도 시대에 엔키리 데라(緣切寺)라고 불리는 몇몇 절들은 얻어맞고 학대당한 여성들의 피난처로 기능하였으며, 그러한 여성들이 자신들의 남편과 이혼할 수 있는 유일한 방편, 곧 3년간 여승으로 살아가는 길을 제공하였다. 이러한 절들 가운데 가장 유명한 것이 가마쿠라에 있는 도케이지(東慶寺)이다. 엔키리 데라 제도는 메이지 시대에 폐지되었다. 그와 대조적으로, 1980년대 중반에는 태국과 필리핀으로부터 상당수의 여성들이 허위적인 구실 아래 일본으로 데려와져서 창녀 노릇을 하였다. 몇몇 태국 여성들은 불교 사찰에서 피난처를 구하였으나 구조나 원조를 거절당하였다. 몇몇 필리핀 여성들은 기독교인으로서 기독교 기관에 도움을 요청하였고, 그 기관이 적극적으로 나서서 마침내 일정한 수의 태국 여성들과 필리핀 여성들이 고국으로 돌아가게 되었다. 일본 대중들도 이 사건들을 잘 알고 있다.

3) 서양의 학문은 일본학에서 그리고 인도와 티벳의 원전을 심층적으로 이해하는 데 일정한 역할을 해 왔고, 다수의 서양 학자들이 일본에 머무르면서 일본의 학자들과 아이디어를 교류하였으며, (하카마야를 비롯하여) 몇몇 선도적인 일본 학자들은 서양에서 상당한 시간을 보냈지만, 현장에서는 일본식 학풍이 압도적이어 왔다. 동아시아불교에 대한 서양의 연구자들이 동아시아적 전개의 인도적 선례들에 대한 그들 자신의 이해에서 일본의 연구에 의지하여 배웠고 그것이 그들의 서양 제자들에게 소개되었고, 그리하여 실질적으로 동아시아에서 전제되어 온 전통적인 "잘못된 정보"를 전하게 되는 경우가 드물지 않다. 그럼에도 불구하고 불교 연구는 점진적으로 국제적인 노력으로 되어가고 있다.

4) 南条 文雄, *A Catalogue of the Chinese Translation of the Buddhist Tripitaka* (A translation of the *Ta-ming san-tsang sheng-chiao mu-lu* 大明三藏聖教目錄) (Oxford: Clarendon Press, 1883).

5) 다음을 참조하라. Nakamura Hajime, *Indian Buddhism.*

6) 그의 책의 전반적 구조는 다이쇼 판본에 나타나는 본문의 순서를 따르고 있으며, 그 내용을 축약한 요약본이라고 간주될 수 있다. 동아시아의 전제에 관하여서 단 하나의 사례만 인용하자면, "cittamātra라는 용어는 원래 Citta(心)가 모든 현상의 기반임을 의미하였으나, 후대에는 Vijñapti-mātratā 개념과 동일화되었다"(363). 나카무라의 역사적 순차는 역행적이지만, 이러한 역류는 당나라 중기 이래 기체설 이데올로기의 전제이어 왔다.

7) 나카무라가 자신이 기술하는 텍스트들에 대하여 비판적으로 평가하는 것은 그가 팔리, 산스크리트, 그리고 티벳 사료, 일본의 주요한 학문적 성과에 대하여 섭렵하고, 서양에서의 연구를 충분히 참조한 데 바탕하고 있다.

8) 예컨대 나카무라(346)는 팔리 *Mahāparinibbāna suttanta*의 초기 역본들에 대한 巴宙

의 비판을 인용하고 있는데, 巴宙는 최근에 이를 현대 중국어로 다음과 같이 번역하였다. 所以初期的漢譯經典頗不易讀, 若無注疏則了解實難, 其最劣者是有失原義, 不爲無益, 反而有實.

9) 이것은 그가 유가행파 사료들(chs. 17.B 그리고 C)과 여래장 텍스트들(ch. 16.M)을 다루는 데에서 가장 현서한데, 이러한 편향은 그의 텍스트 전반에 침투되어 있다.

10) *Aśvaghoṣa's Discourse on the Awakening of Faith in the Mahayana*, trans. by D. T. Suzuki (Chicago: Open Court, 1900).

11) D. T. Suzuki, *Studies in the Laṅkāvatāra Sūtra* (Boulder: Prajñā Press, 1981) and *The Laṅkāvatāra Sūtra*.

12) p. 182와 p. 282을 참조하라. 세 번째 곳(335)에서 그는 지명을 하지 않고 다만 "the author of the *Awakening of Faith*"라고만 언급한다. 그 세 언급의 각각이 Aśvaghoṣa를 저자로 확인하는 데 점진적으로 얼마나 더 주저하게 되는가에 주목하라.

13) 우리가 빈번하게 마주치게 되는 것은, 금세기의 인도학자들이 스즈키와 여타의 동아시아 학자들에게 영향받아서 (종종 *Mahāyānaśraddhotpāda-śāstra*라고 산스크리트로 표기되기도 하는) 『대승기신론』의 저자로 Aśvaghoṣa를 지목하고 있다는 것이다. 보다 예리한 인도학자들은 여전히 회의적이다.

14) Aśvaghoṣa는 또한 『대승기신론』에서 채택하고 있는 유가행파나 여래장 계열의 모델과 어휘가 발전되기 몇 세기 이전에 생존하였다.

15) 그러한 활동 자체가 19세기 서양에서 성서 연구를 위하여 발전된 역사-철학적 방법론의 불가피한 결과인데, 이러한 방법론들은 "역사적 예수"의 문제라는 맥락에서 그리스도교의 역사적 기원, 복음서의 편집, 그리고 초기 교회의 역사를 마찬가지로 문제화 해왔다.

16) 대다수의 그리스도교 신학자들은 오랫동안 예수의 역사성과 그의 부활이 그리스도교 신앙의 최소한의 기반으로 전제되어야 한다고 주장해 왔다. 그리스도교가 특정한 장소와 특정한 시간에 인간의 역사 안에 결정적으로 침투해 들어오는 하느님이라는 관념에 그 신학의 기반을 두는 한, 그리스도교는 선불교와 같은 전통보다 더 역사적 입증에 의존적인 것으로 여겨지는데, 선불교의 지지자들 다수는 선불교가 역사적 입증보다는 실존적 입증에 기반하고 있다고 주장하곤 하기 때문이다. 나는 그러한 주장을 의문시한다.

17) 다음을 참조하라. Tsukamoto Zenryū, *A History of Early Chinese Buddhism: From Its Introduction to the Death of Hui-Yüan*, trans. by Leon Hurvitz, 2 vols. (Tokyo: Kodansha, 1985). 반야학파에 대하여 두 개의 장이 할애되어 있다. 다음도 참조하라. Whalen Lai, "Before the Prajñā Schools: The Earliest Chinese Commentary on the *Aṣṭasāhasrikā*," *Journal of the International Association of Buddhist Studies* 6/1 (1983): 91-108; and "The Early Prajñā Schools, Especially 'Hsin-Wu', Reconsidered," *Philosophy East and West* 33/1 (1983): 1-19.

18) Robinson은 이러한 논쟁이 대중을 대상으로 하는 혜원의 저술에서만 나타나며 그의 보다 엄격한 저술들에서는 나타나지 않는다고 주장하는데, 이 문제는 아직 확실히 규명되었다고는 할 수 없다. 다음을 참조하라. Richard Robinson, *Early Mādhyamika in India and China* (Madison: University of Wisconsin Press, 1967), 102-6.

19) 나가르주나를 인용하는 동아시아의 저자들은 *Mūlamadhyamakārikā*보다는 압도적으로 『大智度論』에 더 의존한다.

20) 원효의 『대승기신론』 주석서를 참조하라. 이 주석서에서 그는 『도덕경』(25)의 표현을 바꾸어 말하면서, "道"를 "大乘"으로 환언하고 있다. 현장 당시 신라 승려인 원효는 법장에게, 특히 『대승기신론』의 중요성과 관련하여 큰 영향을 주었다.

21) 예컨대 아뢰야식의 순수성 여부에 관한 토론; 또는 제9의 "순수한" 식, 이른바 *āmala-vijñāna*에 관한 진제의 새로운 이론이 있는데, *āmala-vijñāna*는 적어도 부분적으로는 *āśraya-paravṛtti*(轉依)에 대한 그의 특유한 번역에서 말미암았던 것으로 보인다.

22) 이 논란은 Ming-wood Liu의 미간행된 다음 논문에 상세하니 참조하라. "The Teaching of Fa-tsang: An Examination of Buddhist Metaphysics" (University of California, Los Angeles, 1979).

23) 진제의 번역은 T No. 1593; 현장의 주요 본문 번역은 T No. 1594; 바수반두의 주석에 대한 번역은 T No. 1597; *Asvabhāva의 주석에 대한 번역은 T No. 1598.

24) 『勝宗十句義論』(Skt., *Daśapadārtha-śāstra*), T No. 2138. 이 텍스트는 우이 하쿠주에 의하여 영어로 번역되었는데, 한문본이 부록으로 첨부되고, F. W. Thomas에 의하여 편집되어 *The Vaiśeshika Philosophy*라는 제목으로 출간되었다(Varanasi: Chowkhamba Sanskrit Studies 22, 1962).

25) 石虎 등은 디그나가의 *Prajñā-pāramitā-saṃgraha-kārikā*(T No. 1518)를 번역하였다; Giusepp Tucci가 산스크리트 그리고 티벳 텍스트와 함께 영어로 번역한 것은 다음의 저널에 게재되어 있다. "Minor Sanskrit Texts on the Prajñāpāramitā," *Journal of the Royal Asian Society* (1947): 53-75; 우이 하쿠주의 일본어 번역은 그의 『陳那著作の研究』(Tokyo: Iwanami Shoten, 1958), 233-329에 실려 있다. 그 이상의 참고를 원한다면, M. Hattori, *Dignāga on Perception*, 7, n. 40을 보라. 디그나가의 *Hastavāla-prakaraṇa-vṛtti*는 진제에 의하여 번역되었고(T No. 1620), 현장 이후 義淨에 의하여 번역되었다(T No. 1621); F. W. Thomas와 우이 하쿠주에 의한 영어 번역도 있다. "The Hand Treatise, a Work of Āryadeva [*sic*]," *Journal of the Royal Asian Society* (1918): 267-310; 우이의 일본어 번역은 그의 『陳那著作の研究』, 133-65에 실려 있다. *Ālambana-parīkṣā-vṛtti*도 진제에 의하여 번역되었다(T No. 1619. 이 이상의 참고를 위해서는, Hattori, *Dignāga on Perception*, 8 [n. 45]를 보라).

26) T No. 1628. 의정은 나중에 이 텍스트를 다시 번역하였다(T No. 1629). 우이 하쿠주의 일본어 번역은 그의 『印度哲學研究』 제5권 505-694에 실려 있다.

27) 나는 불교에서 "사유"(思惟)의 중요성에 대한 하카마야의 강조를 이러한 맥락에서 바

라보는데, 다만 그가 도출해내는 함의는 이러한 역사주의적 관찰을 넘어선다.

28) 현장은 자신이 가는 곳마다 불자 및 비불자와 진지한 논변에 참여하였다. 각 지역에서 이러한 논변들은 종종 그에게 일차적 내지 가장 중요한 사건이었다. 그는 상대방 내지 적수의 이해력과 지식을 테스트하고 그들의 잘못된 관념을 논박하거나 교정하곤 하였다. 현장을 본받아 몇 십 년 뒤에 인도로 여행하였던 중국의 또 한 명의 순례승 의정은 자신의 다양한 저술에서 인도 승려들의 기본적인 훈련으로서 논리의 중요성을 확증해주고 있다. 특히 그의 『南海寄歸內法傳』 제34를 참조할 필요가 있으니, 그곳에서는 날란다 사에서의 커리큘럼을 묘사하고 있다. 거기에는 막중한 분량의 문법 이론과 논리가 포함되어 있었다.

29) 고대 중국에서, 특히 新墨家에서는 논리학이 발전되고 있었으나 한나라 시대에는 절멸된 것으로 보인다.

30) 다음 책의 첫 장을 참조하라. Peter Gregory, *Tsung-mi and the Sinification of Buddhism.*

31) 하카마야는 자신의 저서 한 권 전체를 할애하여, 도겐이 그의 가장 성숙한 저술에서는 자신의 여타의 저술에서 보이는 본각 그리고 기체설의 경향을 극복하고 있다고 주장하고 있다. 하카마야는 또한 천태 지의는 기체설의 문제를 갖고 있지 않다고 간주한다. 나는 또한 임제와 지례도 그러한 문제가 없을 가능성이 있는 후보군에 넣고자 한다.

32) 현장은 그들 가운데 누구도 언급하지 않지만, 그 몇 십 년 뒤에 의정은 당시 생존해 있지 않던 Dharmakīrti를 이미 날란다 현장에서 우뚝 솟아 있는 지성계의 인물로 인용하고 있다. 그는 인도에서 현장의 시대 바로 뒤에 저명해졌음에 틀림없다. Candrakīrti와 나머지 사람들은 그 뒤이다.

33) 이것은 『肇論』과 같은 초기 저술들에서 뚜렷이 드러나며 지의, 법장, 그리고 다른 많은 사람들의 저술에서도 마찬가지로 명시적이다.

34) 천태와 화엄은 그 명상 수행에서 적어도 한 동안은 다소의 복합성을 유지하고 있었다. 일본에서 진언종은 가장 정교한 형태의 명상을 유지하고 있는데, 다만 구카이의 저술에서 비롯하는 그 형이상학은, 인도에서라면 불교적 사상보다는 힌두적 사상에 더 일맥상통하는 것으로 보일 수 있는 실체적 존재론을 드러낸다. 只管打坐라는 용어와 그 이념은 도겐에 의하여 창안되었다.

35) *Buddhānusmṛti* 명상 수행 또한 정교한 시각화 및 구체적인 의례를 포함하여 원래는 아주 복잡하고 다층적인 것이었으나, 念佛로서 그 수행은 궁극적으로는 대체로 "나무아미타불"을 암송하는 것으로 단순화되었고, 이러한 종류의 수행이 니치렌에 의하여 채택되어, 그 추종자들은 아미타불보다는 법화경에 귀의하면서 "나무묘호렌게쿄"(南無妙法蓮花經)라고 암송한다.

36) 두 가지 현저한 사례는 명나라 때 불교 승려 憨山 德清과 일본 하쿠인(白隱)의 자서전적 서술들인데, 양자 모두 6차례 이상의 깨달음을 기술하면서, 그 각각이 순차적으로 이전의 체험을 "심화"하면서 전복하는 체험인 것으로 묘사한다.

37) 깨달음이 인간이 아닌 어떤 것에 적용된다는 것은 하카마야에 의하여 확실하게 배격된다. 이 점에서 그는 자신의 배후에 인도 전통의 무게를 지니고 있다. 그 전통에서는 인간으로 태어나는 것이 깨달음을 성취하기 위한 필수적 조건이라고 일관되게 역설되었다. 그 주장에 따르면 인간으로 태어나는 것이 극히 어렵기에 지금 여기에서 각자의 기회를 낭비해서는 안 된다. 어떤 후대의 설들에서는 인간으로 한 번 태어나는 것만으로 깨달음의 문턱에 도달할 수 있고 바로 이어지는 삶에서 천계의 한 세상에서(또는 더 나중에는 미륵의 도솔천과 같은 불국토에서) 天으로 태어나 그 과제를 완결할 수 있도록 하게까지 되었으나, 식물과 바위가 깨달음에 이른다는 아이디어는 인도에서는 등장한 적이 없다.

38) 그 *mārga*를 단계적으로 상세하게 밝히는 이러한 지도들의 고전전 표현들에는 *Abhidharmakośa*와 *Mahāvibhāṣa*와 같은 아비달마 문헌들, Harivarman의 **Satyasiddhi*, *Vimutimagga*, *Yogācārabhūmi-śāstra*, *Mahāyānasaṃgraha*, 그리고 *Avataṃsaka Sutra*가 포함된다.

39) T No. 1666, 32.576b15-18.

40) 『대승기신론』에 대한 몇몇 주석가들, 가장 저명하게는 원효, 법장, 그리고 감산(憨山) 등은 이 단락을 매우 심오한 의미를 지닌 것으로 풀이하는 데 큰 에너지를 쏟아 부었다. 그 첫 두 주석가는 바로 이러한 이유 때문에 여러 면에서 본각사상의 선구자들이다(감산은 초창기에 영향력을 발휘했다기에는 너무 나중에 활동하였다). 또한 상당한 정도로, 송(宋)나라 시기 천태에서 특히 지례에 의하여 주창된 정통 "산가"파와 이단적인 "산외"파 사이의 논쟁은 산외파가 화엄의 기체설적 사상에 의하여 어느 정도로 침투당하고 있는가의 문제를 중심으로 전개되었다. 일본 천태종은 지의와 지례의 보다 정통적인 입장보다는 더 밀접하게 기체설적인 천태사상에 연계되어 있는 것으로 여겨진다. 하카마야는 자신의 『本覺思想批判』(8)에서 이 점을 언급하면서, 일본 천태의 본각사상은 중국의 정통 천태보다는 오히려 『대승기신론』으로 거슬러 올라가는 것이라고 주장하는데, 나도 그의 주장이 옳다고 믿는다. 그의 주장에 따르면, 지의는 "본각"과 『대승기신론』을 배격하였으며, 지의의 저술에서 『대승기신론』이 유일하게 언급되는 부분조차도 후대에 삽입된 것으로 강하게 의심된다.

41) 이 질문에 대한 『대승기신론』의 유명한 답변으로서 파도의 비유는 그 문제에 대한 해답이 되지 못한다. 그 비유의 주장에 따르면 바람은 무지, 바다는 깨달음, 그리고 파도(일시적인 망념)는 바람에 의하여 야기되지만, 파도는 결코 그 본질적인 "濕性"(깨달음의 본성)을 잃지 않는다. 명백히 이 비유는 그 바람이 어디에서 왔는지를 설명해야 한다는 점을 간과하고 있다. 바다 또한 보편적이지 않다. 불성이 절대적으로 순수하다는 "일방적" 주장에 대한 천태의 유명한 대응은 불성이 그 안에 무엇보다도 악과 중생의 고통을 인식하고 대응할 수 있도록 하는 차원에서 악의 요소를 갖고 있다고 주장하는 것이었다. 중국 사상 연구자들은 즉시 화엄과 천태의 이러한 논쟁이 인간 본성에 관한 맹자와 순자의 (한나라 초기 지배적인 주제의 하나가 되었던)논쟁이 이제 불교적 어휘의 옷을 입은 채 재연되는 것임을 간파할 것이다.

42) 나는 특히 지례의 『十不二門指要鈔』(T No. 1928)에 대하여 생각하고 있는데, 그곳에서의 논의는 명쾌하고 예리하며 대론자의 입장 안에서 논리적 흠결을 찾아내는 것에 놀라운 능력을 보여주는데, 이는 중국 텍스트에서 드문 일이다.

43) 보다 정확히 말해서, 『대승기신론』의 중심 관념은 一心二門이다. 眞如로서의 마음은 영원불변한 빈면에 生滅로서의 마음은 그 안에서 깨달음을 포함하여 모든 것이 일어나고 스러진다. 다시 말해서 깨달음은 공식적으로 "生滅"의 차원을 갖는 것으로 범주화되지만, 본각은 一二門을 연결하는 여래장에 의하여 진여로서의 마음과 동일성을 함축하고 있다.

44) 『대승기신론』은 이것을 *aniyata-raśi*(깨달음으로 향하는 대승적인 길을 추구하도록 정해져 있지 않은) 이들을 *niyata-raśi*(대승을 따르도록 정해진)로 "변화"시키는 것으로 기술한다. 이러한 변화는 또한 菩提心의 완곡한 표현이기도 하다.

45) 그 단락이 이렇게 번역되는 것은 始覺과 究竟覺 사이에서 "故"라는 용어의 어법 때문이다(나는 이 점을 위의 번역에서는 무시했었다). 이러한 점에서 그 전체 단락은 다음과 같이 읽힐 수 있다.

> "깨달음"이라는 용어의 의미는 무엇인가? 그것은 (망녕된) 念相과는 별도의 心體를 의미한다. "(망녕된) 念相과는 별도의"(가 의미하는 것은 그것이) ākāśa(허공)의 경계와 동일하다는 것이다. 어디에든 그것은 편만해 있다. 법계의 단일한 특성은 여래와 동일하고 법신과 대등하다. 이 법신에 기반하여 그것은 "본각"이라고 불린다.
> 어떠한 이유로? 본각의 의미는 "始覺"과 대조된다. 始覺을 이룬다는 것은 정확히 본각과 동일하다. 始覺이 의미하는 것은, 본각에 의지하기 *때문에* 不覺이 있으며, 不覺에 의지하기 *때문에* 始覺이 있다고 일컬어진다는 것이다. 더 나아가, 마음의 근원을 깨닫게 되기 *때문에* 그것은 "구경각"이라고 이름한다. 왜냐하면 (만약) 마음의 근원을 깨닫지 못한다면 구경각은 없기 *때문*이다.

이러한 해석은 더욱이 네 가지 깨달음 사이의 구분을 혼동하도록 한다. 마츠모토와 하카마야는 이 단락이 기체설의 본각적 형태에 기반적 의의를 지닌다는 점을 밝혀왔다.

46) 주목해야 할 점은, 도겐의 저술들, 특히 그의 12권본 『정법안장』에 대한 하카마야의 재평가는 전혀 다른 접근을 활용한다는 것, 다시 말해서 그 원천 사료와 영향에 대한 단순한 고증학적 평가에 그치는 것이 아니라 오히려 그 저술의 취지를 철학적으로 평가한다는 것이다. 나는 임제에 대한 마츠모토의 접근이 갖는 여러 측면들을 후에 논의할 것이다.

47) 마찬가지로 우리는 우리의 눈을 뜨게 해주는 책, 시, 영화나 노래의 배후에는 깨달은 저자가 있음에 틀림없다고 전제하고 싶은 유혹을 받지만, 사실에 있어서는 종종 그러하지 않다는 것을 발견한다. 예술적 통찰력은 자신의 예술 이외의 영역에서도 통찰력이 있다는 것에 필수적으로 의존하지는 않는다.

48) 나가르주나는 자체적 검증의 관념을 맹렬하게 논박하였다. 다음을 참조하라. *Mūlamadhyamakakārikā* 1, 7.8-12, etc.

49) 마츠모토의 『縁起と空』, 153 참조.

50) Louis de La Vallée Poussin, ed., *Mūlamadhyamakakārikās de Nāgārjuna avec la Prasannapadā de Candrakīrti* (St. Petersburg: Bibliotheca Buddhica 4, 1903–1913), 54.

51) 현장의 정통 유가행파는 三自性 - 변계소집성, 의타기성, 원성실성 - 을 *Madhyānta vibhāga* 에서 설명되는 변증의 맥락에서 바라보니, 곧 변계소집성은 허위의 잘못된 욕망과 편향을 인과적으로 산출된 지각(*paratantra*)에 투사하는 것이다. 원성실성은 의타기성에서 변계소집성을 "비우는" 것이니, 인과의 흐름에서 잘못된 개념과 인식을 제거하는 것이어서, 인과의 흐름을 "정화"하여 있는 그대로 보도록 하는 것이다. 곧 원성실성은 그 세 자성에서 정점에 해당하는 것이 아니라, 변계소집성의 병에 대한 "해독제"(*pratipakṣa*)이다. 이러한 구도에서 의타기성은 두 가지 차원이 있다. (변계소집에 의하여 감염된) 오염된 의타기성과 (원성실성에 의하여 변계소집성이 제거되어) 정화된 의타기성이다.

삼자성은 또한 삼무자성(三無自性 *tri-niḥsvabhāva*)이라고도 불리니, 왜냐하면 첫 번째 것은 결코 실재하는 것이 아니며, 세 번째 것은 다만 두 번째 것에서 첫 번째 것의 부재일 뿐이고, 두 번째 것은 空에 대한 정의이기 때문이다. 『唯識三十頌』 24에서는 이를 다음과 같이 설명한다. "첫 번째[변계소집성]는 (自)性을 가지고 있지 않은 것으로 특징지어지고, 두 번째(곧 의타기성)는 자체에서 기원하는 본성을 결여하고 있으며[*paratantra*는 문자 그대로 '다른 것에 의존하는'을 뜻한다], 마지막[원성실성]은 앞의 것(곧 변계소집성)이 我와 法에 집착하는 특성을 가지는 것으로부터 멀리 떨어져 있기에 [自性을 결여하고 있다]."

52) 마츠모토는 『縁起と空』(370, n. 50)에서 "『중론송』에 따르면, 연기는 단지 '한 순간에 일어나는 원인과 결과'가 아니라 또한 '과거, 현재, 미래 안에서 원인과 결과'이기도 하다"라고 주장한다. 이것은 그의 "종교적 시간" 관념에도 수반되어 있다. 어떤 의미에서는 MMK 26이 마츠모토의 주장을 지지하는 것으로 해석할 수도 있겠지만, MMK의 나머지는 그러한 주장을 의문시하는 것이겠고, 특히 "시간"에 관한 품들(예컨대 2, 11, 19)은 그러하다. MMK의 다른 품들에서 다수의 주장들은 "三時" 관념에 대한 나가르주나의 비판을 중심으로 하고 있으며, 따라서 마츠모토의 주장은 이에 비추어 평가할 필요가 있다.

53) 毘婆沙師는 실제로 잠재성의 이론을 갖고 있었는데, 이러한 점에서 그들은 다른 불자들 특히 경량부의 비판을 받았다. 정통 유가행파의 이론은 보다 복잡하다. "종자"들은 "잠재태들"과 유사하게 취급되는데, 각각의 종자가 순차적으로 순간에서 순간으로 그 대체물을 야기한다는 면에서 순간적이라고 일컬어진다.

54) 질료인은 일부 불교학파들에서 적극적으로 수용하였는데, 궁극적으로는 작용인의 아류로 간주되었다.

55) 이것은 여기에서는 더 발전시키기에는 너무 복잡한 이슈이다. 중국에서 핵심적인 인과 관념들로는 음양의 상호작용설, 오행설, 感應 관념, 그리고 어떤 것(그리고 많은 것들)의 다소 "마법적인" 생기와 귀환의 근원이 되며 그것들이 존재하는 동안에는 그

것들을 자라나게 하는 기반이 되는 근본적인 무(本無) 등이 있었다.

56) 지금은 이러한 변화를 기록하고 분석하기에 적절하지 않으니, 그 변화는 길고 구체적인 역사를 수반한다. 혹자는 일찍이 『肇論』에서 그리고 『대반열반경』에서 우유로부터 버터로 순차적 변화에 대한 중국 지식인들의 매력적이면서도 비인도적인 해석에서, 그리고 늦게는 "순수화된" 연기에 대한 산가파의 비판과 관련하여 천태종 산가파와 산외파 사이의 논쟁에서 그것을 본다. 나는 불교의 중국화에 관련하여 내가 준비하고 있는 책에서 이 문제를 거론하고자 계획하고 있다.

57) 본생담의 이야기들은 여러 생에 걸쳐서 연속적인 정체성이 견지됨을 전제하기에, 그 이야기들은 무아(*anātman*)보다는 오히려 자아(*ātman*) 내지 불변하는 인격(*pudgala*)의 관념을 고무하는 것으로 보인다.

58) 다음을 참조하라. Suzuki, *Laṅkāvatāra,* 282-4. 766절에 관하여서는, *Bhagavad Gītā*, ch. 11, vv. 12, 19-32. *Laṅkāvatāra*에서는 이 주제에 대하여 결연하게 묵시록적인 분위기를 주고 있다. *Laṅkāvatāra*의 묵시록적 비전에 관하여 더 알고 싶다면 786-9절을 참조하라. 또한 767절에 함의된 여러 맛의 관념과 관련하여 *Saṃdhinirmocana Sutra* (ch. 1)에서 옹호되는 一味(eka-rasa) 관념을 참조하라.

59) *Dīgha Nikāya*의 *Ambaṭṭha sutta*와 *Tevijja sutta*를 참조하라.

60) 화엄경의 편집과 원천 사료에 관하여서는 다음을 참조하라. Nakamura, *Indian Buddhism*, 16.G.

61) 和는 일본의 사회적 상호작용 및 사회 이론의 초석이며, 사업과 정치 윤리에 두루 스며들어 있다. 마츠모토와 하카마야에 의하면 和는 의미 있는 도전, 대립, 또는 변화("不和")에 저항하면서 기성 질서를 강화하고 견고하게 하는-실제로는 일본사회 내에서 불평등과 차별적 태도를 보호하는-장막에 지나지 않는 것으로 되어 왔다.

62) 본서에 실려 있는 야마베의 노부요시 논문(pp. 287-*302*)이 이 문제를 다루고 있다.

63) 하카마야와 마츠모토의 주장에 대한 비판의 상당수는 도겐, 종밀(본서 pp. *423-439*에 실려 있는 피터 그레고리의 논문을 참조하라), 그리고 여타의 인물들이 비판불교학자들이 그들에게 귀속시키는 이념과 입장을 천명하고 있는가 여부, 또는 도겐의 경우에서와 같이 비판불교학자들이 그 인물들을 문제가 되는 입장으로부터 거리가 있는 것으로 하려는 시도가 정당한 것인지 여부를 둘러싸고 전개된다.

64) 오늘날 우리는 "방법론"의 시대에 몰입되어 있어서, 이 점이 쉽게 간과될 수 있다. 대상을 선정한다는 것이 그 대상을 처음부터 또는 매번 성공적으로 가격할 수 있다는 것을 요건으로 하지는 않는다. 대상은 조준의 표적이고, 조준과 사격의 기법이 완벽하게 되기 전에는 그 표적이 가격되지 않지만, 그 중간의 과정이 그 표적 자체를 정당화하지 못하는 것은 아니다.

65) *Mahāvagga*는 테라바다 『율장』의 일부를 구성한다. *Mahāvagga* 1에서는 고전적인 12연기의 順觀(*anuloma*, 순서대로 첫째부터 열두째까지)과 逆觀(*pratiloma*, 역으로 열두째부터 첫째까지)을 기술하면서, 붓다가 깨달은 지 첫 몇 주 동안 이 아이디어에 대한

명상에 몰두하였다고 하며, 12연기를 명료하게 보는 것이 깨달음이라고 주장한다.

66) 마츠모토는 (『縁起と空』, 1) 12연기에 대한 자신의 선호를 역설하지만, 12연기가 팔리 경전에서 발견되는 다른 구성보다 선호되어야 하는 문헌학적-역사적 이유는 제시하지 않고 있다.

67) 赤肉團上, 有一無位眞人, 常從汝等諸人面門出入.『臨濟錄』1.

68) 두 눈, 두 콧구멍, 두 귀, 한 입, 항문, 그리고 생식기의 구멍.

69) 마츠모토는 이 전지적 자아를 아트만이라고 언급하는데, 자이나교도들은 이러한 맥락에서 jīva라는 용어를 선호하는 경향이 있다.

70) 불교의 有漏(āsava) 이론은 마음 그리고 마음에서 이러한 유루의 생성을 조건화된 과정으로 취급하기에, 마츠모토에 따르면 이 모델은 아트만 모델과 대조된다.

71) 마츠모토는 단지 心이라는 단어보다는 心臟이라는 단어를 사용하여, 애초에 동아시아불교 텍스트에서 일반적인 혼용과 달리 내장으로서 심장과 마음에 대한 혼동을 피하고자 한다. 산스크리트어 hṛdaya(심장)는 "핵심, 고갱이"를 함의하며, 마음과 마음의 활동에 사용되는 여러 용어들(citta, manas, vijñāna 등)과 어원적으로 무관하다. 중국어와 일본어에서 "심장"과 "마음"은 동일한 단어 心에 의하여 지칭된다. 마츠모토가 "赤肉團"을 "내장으로서 심장"이라고 해석하는 것은 흥미롭지만, 결정적인 것은 아니다. 다른 이들은 마치 "眞人"이 장자의 이상적인 유형 가운데 하나를 뚜렷이 상기시키는 것과 같이(비록 임제가 "無位"라는 수식어를 덧붙이기는 했지만) "團"을 莊子의 "大塊"(*Harvard-Yenching Concordance to Chuang Tzu* [Cambridge: Harvard University Press, 1956], 3/2/4, 16/6/24, 그리고 17/6/57)와 같은 관념들과 연관되는 것으로 몸 일반에 대한 지칭이라고 해석해 왔다.

72) 마츠모토는 무위진인이 적육단과 관계되는 것은 마음의 바탕(基體 또는 마음의 본성)이 그에 기반하여 일어나는 덧없는 현상들에 대한 영원하고 형이상학적인 토대로서 현상적인 심적 경험들과 관계되는 것과 같다고 주장하는 것으로 여겨진다. 마츠모토는 "無念"을 정의하는 『壇經』 31절("그대의 자성이 항상 순수하게 머무르도록 하여, 六識이 六門을 통과하면서 대상과 감각기관에 의하여 산출되는 六塵에서 분리되지도 않고 집착하지도 않으면서 자유로이 오갈 수 있도록 하라") 다음 번역서를 참조하여 필자의 임의로 번역하였다. Wing-tsit Chan, *The Platform Scripture* [New York: St. John's University Press, 1963], 83)을 언급하면서, 다음과 같은 대체를 제안한다(『단경』의 용어가 먼저 오고, 『임제록』에서의 "대응어"가 뒤따른다). "自性" = "無位眞人", "六門" = "面門", "去" = "出", "來" = "入". 마츠모토는 추가적으로 다음과 같이 서술한다. "비록 '적육단'이라는 어구가 『단경』에서는 발견되지 않지만, '마음은 토대요, 본성은 왕이라'(心即是地, 性即是王)는 어구가 있는데, 여기에서 '본성'은 마음/심장의 토대 위에 존재하는 아트만이라 …"(338). 나중에 『임제록』에서 "心地"가 유사한 맥락에서 사용되는데, 임제는 역설적인 표현을 하고 있는 것인가? 그는 다음과 같이 말한다.

그대들 모두는 열렬히 붓다와 법과 구제를 추구한다. 그대들은 삼계를 벗어나고자 추

> 구한다. 그대들 어리석은 이들이여, 삼계로부터 벗어나고자 한다면, 도대체 어디로 갈 수 있겠는가? 붓다와 조사는 단지 존중의 표현들일 뿐이다. 삼계를 이해하기를 원하는가? 삼계는 바로 지금 법을 듣고 있는 그대들의 心地와 전혀 다르지 않다. 그대들의 탐욕의 마음이 일어나는 한 순간의 생각이 욕계이고, 그대들의 분노의 마음이 일어나는 한 순간의 생각이 색계이며, 어리석은 마음이 일어나는 한 순간의 생각이 무색계이다. 이것들은 그대들의 집에 있는 가구이라 ….

불교의 우주론을 이처럼 기발하게 "실존화"하는 것은 거의 아트만적인 것으로는 여겨지지 않는다. 다음 번역서와 대조해보라. Irmgard Schloegl, *The Zen Teaching of Rinzai* (Berkeley: Shambhala, 1976), 45; Ruth Fuller Sasaki, *The Recorded Sayings of Ch'an Master Lin-chi Hui-chao of Chen Prefecture* (Kyoto: Institute for Zen Studies, 1975), 26; 그리고 한문 원문 14.

73) 임제에 대하여 마츠모토가 주목하는 것의 한 가지 의의는 그러한 주목이 - 고마자와 대학 교수로서 그가 소속되어 있는 - 조동종으로부터 임제종에 이르기까지 선에 대한 비판을 확대시킨다는 점이다. 이 두 종파는 일본에서 선종의 대표적인 두 종파이다. 반면에 한국은 오직 임제만을 배타적으로 따른다. 우리는 한국의 학자들과 불자들이 임제에 대한 마츠모토의 해석에 어떻게 반응하느냐를 기다리며 지켜보아야 할 것이다.

74) 예컨대 우파니샤드/힌두 이데올로기와 임제 당시의 중국불교 사이의 역사적 연결 고리로서 탄트라에 대한 호소가 중국불교 그리고 심지어 인도불교에서 그러한 이데올로기와 용어의 다른 더 이른 사례들까지 설명해주는가? 탄트라의 도입 이전에 중국에서 그러한 용어 또는 이데올로기가 드러나는 사례가 있는가? "面門"에 대한 마츠모토의 논의는 지지할 수 있는가, 또는 설득력이 있는가? 그가 확인하는 세 가지 모델이 유일하게 가능한 후보들인가, 그리고 "내향적"인 것과 "외향적"인 것 사이의 대립은 그가 주장하듯이 중심적인가, 또는 설명력이 있는가? 임제를 『단경』의 맥락에서 해석하는 것은 얼마나 적절한가? 그들은 실제로 이념적으로 유사한가, 또는 후자의 용어를 덮어씌우는 것이 편파적이고 부당한가? 이러한 질문들을 여기에서 추가적으로 상세하게 추구하는 것은 나의 의도가 아닌데, 다만 마지막 세 질문에 대한 다소의 논의는 제시될 것이다.

75) 역사적 예수의 종교적 중요성을 보전하기 위하여 성서 연구에서 사용되는 매우 일반적인 전략이다.

76) 『단경』(53절)에 따르면, 혜능의 마지막 메시지이자 그 가르침의 요약이 되는 것이 "자성[에서] 참된 붓다[를 발견함에 의한] 해탈"이라는 제목의 확대된 절 안에 담겨 있는데, 그 모두가 다 그릇되고 오염되어 있으며 망상적인 견해들의 악에 대조되는 "순수한 자성"에 관한 것이다. 다른 곳에서 혜능은 점진적인 것과 순간적인 것 사이의 무차별에 대한 기초를 "自識本心, 自見本性"(스스로 본래의 마음을 인식하고, 스스로 본래의 성품을 본다)이라고 요약한다.

77) Schloegl의 번역은, *The Zen Teaching of Rinzai,* 44–5; 이와 대조할 수 있는 것은 Sasaki, *The Recorded Sayings,* 25, 그리고 한문 원문은 p 14.

78) 붓다의 깨달음이 밤의 三更을 통하여 진행되는 것으로 묘사하는 것을 참조하라. 연기에 대한 깨달음으로 정점에 이르는 그 세 번째 시각은 최고의 세 지혜(三明)와 평행하며, 연기에 대한 "깨달음"은 "漏盡"에 의하여 대체된다. 또한 *Majjhima Nikāya*의 *Tevijja-vacchagotta sutta*를 참조하라.

79) "오직 제법의 상이 空하다는 것을 봄으로써, 그대의 마음에서 단일한 생각의 순간은 '보리수'라고 불리는 쉴 곳을 갖는다."(다음을 참조하라. Schloegl, p. 46; Sasaki, p. 26, 한문 원문은 p. 14).

80) 다음을 참조하라. Schloegl, secs. 22b, 12b; 11b, d; 14b, c; 15a, b; 16a; 17b; 21a; 22b; 26; 28; 29c; 30; 33a; 35; 37; 39; 40b; 85b; 그리고 그 밖의 여러 곳. Schloegl은 야나기타의 구분을 따르며, 일반적으로 사사키보다 더 작은 부분들로 원분을 분할하여, 단락들을 그러한 준거로 찾아내기가 더 쉽다.

81) 비판불교학자들도 지속적인 오독에 빠져 있는가 여부는 열려 있는 질문으로 놓아두겠다.

3. 비판철학 대 장소철학

1) 또한 다음을 참조하라. Matsumoto Shiro, *The Path to Buddhism*, 66-7 and 78-9.

2) 기술적으로 말하자면, 일본어 '場所'는 topos의 번역어로 사용되고, '場所論'은 *topos*의 방법 내지 이론으로서 *topica*의 번역어로 사용된다. [영어 번역자 주: 또한 모든 사물들의 "기반" 내지 "장"을 보다 더 가리키면서 단일한 또는 통합된 *topos*로서 단수성을 지칭하는 데 '場所'가 사용되는 하나의 의의가 있다. 전반적으로 이 논문은 장소철학 곧 비판 이전의 언어학적으로 초월적인 진리를 전제로 하는 철학에 관심이 있다.] *topos*와 *topica*에 관하여 보다 상세하게는, 다음을 참조하라. 中村 雄二郎, 『場所 (トポス)』 [Topos] (東京: 弘文堂, 1989). 다만 나는 그러한 입장에 대한 그의 열정은 공유하지 않는다.

3) Ernesto Grassi, "Critical Philosophy or Topical Philosophy? Meditations on the *De nostri temporis studiorum ratione," in Giambattista Vico: An International Symposium*, G. Tagliacozzo and H. V. White, eds. (Baltimore: The John Hopkins Press, 1969), 44-5. Grassi의 인용에서 축약된 몇몇 비평은 내가 다음의 곳에서 복구해내었다. Giambattista Vico, *De nostri temporis studiorum ratione*, translated by Elio Gianturco as *On the Study Methods of Our Time*, 13-14.

4) *topica*에 관하여 아리스토텔레스는 다음과 같이 서술한다.

> 토대(topos)의 선택에 관한 한, 철학자와 변론가는 유사한 탐구를 하고 있지만, 추후의 자료 배열과 질문의 구성은 변론가의 특유한 영역이다. 왜냐하면 그러한 절차는 항상 다른 상대방과의 관계를 포함하기 때문이다.

Aristotle, *Topica*, Book 8, Chapter 1 (Eng. translation, 675). 나의 다음 논문과 비교해 보라. "*Tathatā* as Topos," in *Critiques*, 273-318.

5) 『學問の方法』(東京: 岩波文庫, 1987).

6) 그의 *Apology for Apologetics* 그리고 *On Being Mindless* (La Salle: Open Court, 1986)의 서론을 참조하라. 그곳에서는 방법에 대한 상당한 논의를 포함하고 있다. 이와 관련하여 다음의 비평도 참조하라. 小谷 信千代, "ポールJ.グリッフイス教授の方法論 [The methodology of Professor Paul J. Griffiths]," 『佛教學 セミナー』, 46 (October 1987): 60-5.

7) 『本覺思想批判』에 모아져 있는 논문들을 참조하라.

8) 다음에 포함되어 있다. 마츠모토 시로, 『緣起と空』, 11-97, 335-71.

9) 中村 雄二郎, 『共通感覺論』(東京: 岩波現代選書, 1979), 300-301. 이 저서에서 나카무라는 "共通感覺"이 sensus communis를 의미한다고 이해하고 있다.

10) Nakamura, *Topos*, 245; 이탤릭체에 의한 강조는 필자에 의함.

11) *The Method, Meditations and Philosophy of Descartes*, trans. by John Veitch, 160.

12) *The Method of Descartes*, 161.

13) *The Method of Descartes*,. 197-8.

14) Vico, *On the Study Methods of Our Time*, 13.

15) [영어 번역자 주: *veritas*와 *verisimilis* 사이의 대립에 대한 구조화된 목록에 대해서는, 『本覺思想批判』 p. 289에 나타나는 도표를 참조하라(본서 p. 89에도 실려 있다). *verisimilitas*의 사실적 우선성이 그 우월성을 시사한다는 관념에 대한 논의에 관해서는, 그 책의 pp. 288-96을 또한 참조하라.]

16) 인도에서 비판불교로서 緣起에 대한 논의에 관하여서는, 마츠모토 시로의 『緣起と空』을 참조하라. 동아시아 전역에 걸쳐서 비판불교를 완전히 압도하고 흡수해온 중국과 일본의 장소불교로서 본각이론에 관한 논의에 대해서는, 필자의 『本覺思想批判』을 참조하라.

17) 아마도 이 부분을 가리킨다. Vico, *On the Study Methods of Our Time*, 13.

18) Grassi, "Critical Philosophy or Topical Philosophy?," 50.

19) Nakamura, *Topos,* 46-7.

20) *The Method of Descartes*, 149.

21) *The Method of Descartes*, 150.

22) 사실상 나로서는 데카르트의 어디를 보더라도 "시간"을 다루고 있는 것으로 보인다. 왜냐하면 예컨대 "나는 보다 성숙한 나이가 되기까지는 그 주제에 접근해서는 안 된다고 생각하였다(당시 겨우 23세였기에)"라고 하고 있기 때문이다(*The Method of*

Descartes, 165).

23) Nakamura, *An Essay on Common Sense*, 251.

24) Michael Ende, *Momo*, trans. by Maxwell Brownjohn (London: Pufin Books, 1985), 143. [Hakamaya의 본능은 옳았다. 실제 독일어본은 Herz로 되어 있다 — 영역자 주].

25) Ende, *Momo*, 142. 영어본에서 이 장의 제목은 "Nowhere House"이다(일본어 번역본은 독일어본에 더 가깝다. "모모는 시간의 나라에 도착한다"). 영어 "nowhere" 또는 희랍어 "οὐ"를 어떻게 이해하는 것이 최선인가에 관하여 전적으로 확신은 없지만, 나는 마츠모토 시로의 "無住"(Skt. *asthāna*, *apratiṣṭhāna*, *apratiṣṭhita*)에 대한 해석과 연관시킨다. "[그러므로 우리가 이해하는 *susthito 'sthānayogena*가 의미하는 것은] (모든 것들의 기반으로서) 그 자체로는 아무런 기반도 가지고 있지 않은 것과의 합일을 통하여 확립되는 (본유적으로 안정적인) 본유적 머무름이다." 『縁起と空』, 234.

26) Ende, *Momo*, 135.

27) 그의 첫째 저작과 둘째 저작인 *Essai sur les données immédiates de la conscience* 그리고 *Matière et Mémoire*로부터 그의 마지막 주요 저작인 *Les deux sources de la morale et de la religion* 에 이르기까지 내내 그의 철학이 취한 방향을 나는 이러한 방식으로 독해한다.

28) 『芥川龍之介全集』 (Tokyo: Chikuma Shobo, 1958), vol. 5, 209.

29) 『史記』, 中國の古典 (Tokyo: Gakushū kenkyūsha, 1984), vol. 14, 152. 인용문은 요약된 것이다.

30) *The Complete Works of Chuang Tzu*, trans. by Burton Watson, (New York: Columbia University Press, 1968), 35, 93, 356.

31) "無住"에 대한 마츠모토의 독해가 그 아이디어를 나에게 시사하였는데, 이에 관해서는 앞의 주 26을 참조하라.

32) *Tao Te Ching*, trans. by Victor Mair (New York: Bantam Books, 1990), 59.

33) *The Complete Works of Chuang Tzu*, 81.

34) Itō Jinsai, *Childlike Questions*, 20.

35) *Childlike Questions*, 53.

36) 예컨대 다음을 참조하라. 伊藤 隆寿, 「僧肇と吉藏-中國における中觀思想受容の一面」. 이 논문 및 관련 논문들은 그의 다음 책에 모아져 있다. 『中国仏教の批判的研究』 (1992).

37) 白川 靜, 『字統』 (Tokyo: Heibonsha, 1984), 283 ('悟') 그리고 106 ('覺').

38) 本居 宣長, 「くず花」, 『本居宣長全集』, vol. 8, 178-9. 필자의 『本覺思想批判』, 37도 참조하라.

39) 『本居宣長全集』, vol. 8, 167.

40) 『本居宣長全集』, vol. 8, 158.

41) 本居 宣長, 玉勝間, 『本居宣長全集』, vol. 1, 228-9.

42) 언어와 명제에 대한 노리나가의 긍정적 태도에 관하여서는 또한 필자의 『本覺思想批判』 4장, 6장, 그리고 8장도 참조하라. 노리나가의 おのずから("저절로", "자연적으로")를 찬미하는 대조적인 태도에 관해서는 마츠모토의 『緣起と空』 3장, 특히 104-6을 참조하라.

43) *The Complete Works of Chuang Tzu*, 81.

44) *The Complete Works of Chuang Tzu*, 81.

45) 知覺에 대한 고바야시의 아이디어에 관한 문제는, 『批判佛敎』 3장을 참조하라.

46) 西谷 啓治·八木 誠一, 『直接經驗-西洋精神史と宗教』(東京: 春秋社, 1989), 157-8. 서론에서 인용은 p. ii에 실려 있다.

47) 『直接經驗-西洋精神史と宗教』, 180.

48) Ōe Kenzaburō, *Grave across the Tightrope*, 12.

4. 장소 공포증

1) 이 점이 강조될 필요가 있는 것은, 많은 수의 사람들이 하카마야와 마츠모토가 가장 이른 시기의 것, 곧 그들이 믿기에 샤캬무니 그 자신이 가르친 것이라는 의미에서 "진정한" 불교를 찾고 있다고 전제해왔기 때문이다. 그러나 사실상 마츠모토가 1993년 비판불교에 관한 AAR 패널에서 코멘트를 하면서 명백히 밝혔듯이, 샤캬무니 그 자신이 실제로 직접 여래장사상을 가르쳤다는 것이 입증될 수 있다고 한다고 하더라도 비판적 태도에서는 여전히 그 사상이 무아 그리고 연기 사상과 양립불가능하다고 배격해야 할 것이라는 결론으로 나아가면서, 심지어 샤캬무니의 가르침과 수행마저도 의문시될 필요가 있다.

2) 하카마야에게 부정이나 부인은 단순하게 배격을 의미한다. 예컨대 佛性이 단지 자아에 대한 부정을 "더 높은 차원에서 긍정"한다고 보는 긍정적(cataphatic) 해석을 그는 배격하는데, 그러한 해석은 그가 보기에 "주장"(phasis)과 "부정"(apophasis)이라고 하는 "판단"의 플라톤적 의미에 위배되기 때문이다. Hakamaya, "Buddhism as Self-Criticism," 118. 이러한 면에서 흥미로운 것이 C. W. Huntington의 부정 언어와 시적 언어 사이의 관계에 대한 최근 언급이다. "A Way of Reading," *The Journal of the International Association of Buddhist Studies* 18/2 (1995): 279–308.

3) Hakamaya, "The Realm of Enlightenment in *Vijñaptimātratā*," 21.

4) 하카마야, 「비판철학 대 장소철학」, pp. *83-84*.

5) 하카마야, 「비판철학 대 장소철학」, p. *118*.

6) 이러한 명제들은 다시 종종 발생론적 일원론과 연관되고 또한 선 담론을 압도하는 "직접성의 수사학"에서 전형적이기도 하다. 따라서 하카마야는 "[선정 수행으로서] 선이 개념적 사유의 종식을 의미한다면, 곧 선은 불교 그 자체를 부정하는 것이다"라고 주장한다(마츠모토, 「'선'(禪)의 의미」, pp. *364-365*).

7) 하카마야, 「비판철학 대 장소철학」, pp. *86-87*.

8) 하카마야, 「비판철학 대 장소철학」, pp. *99-100*.

9) John Veitch, trans. *The Method, Meditations and Philosophy of Descartes*, 161; 이 부분이 다음에 인용되어 있다. 하카마야, 「비판철학 대 장소철학」, pp. *92-93*.

10) W. A. Pickard-Cambridge, trans., *Topics*, in *The Basic Works of Aristotle* (New York: Random House, 1941), 188. Organon 안의 다른 저작들에 포함되는 것은 *Categories*, *On Interpretation*, *Prior* 그리고 *Posterior Analytics*, 그리고 *On Sophistical Refutations* 등이다.

11) 그 방법의 몇몇은 일견 나가르주나 내지 겔룩파 논자들이 채택한 방법들과 현저하게 유사해 보이는데, 예컨대 아리스토텔레스는 정의를 내리는 행위를 다음과 같이 변증과 연관시킨다. "'정의'란 어떤 사물의 본질을 가리키는 어구이다 … 만약 우리가 두 사물이 동일하다 또는 다르다고 주장할 수 있으려면, 우리는 동일한 논증 순서에서 그들의 정의에 대한 공격적 서술도 충분히 제공받아야 할 것이다"(*Topics*, 91). 아리스토텔레스의 정언적 삼단논법과 티벳 논리학 및 토론의 "攝類學(bsdus grwa)" 전통 사이의 비교에 관하여서는, 다음을 참조하라. Daniel E. Perdue, *Debate in Tibetan Buddhism* (Ithaca: Snow Lion Publications, 1992), 836–49.

12) *Topics*, 189–90.

13) 따라서 물리 세계의 제일 원리들, 곧 사물들의 형이상학적 근거들은 오직 신만이 알 수 있는데, 다만 그 사물들이 실험을 통하여 "다시 만들어질" 수 있는 한도 내에서는 그 근거들이 알려질 수도 *있다*. 그러므로 그러한 제일 원리들이 궁극적인 내지 확정적인 의미에서는 미지의 것이게 되지만, 그렇다고 하더라도 이것이 논증의 최초의 "장소들"이 발견될 수 없다거나 절대적으로 확실한 제일 원리의 부재에서 모든 논증이 마찬가지로 유효(또는 무효)로 된다는 것은 결코 함의하지는 않는다. 그것은 오히려 괴델의 증명 내지 하이젠베르크의 불확정성 원리를 상기시키는데, 이 양자는 모두 제일 원리의 절대적 확실성을 부정하면서도 중요한 기술적 응용을 이끌어내어 왔다.

14) *The Encyclopedia of Philosophy*, Paul Edwards, ed. (New York: Macmillan, 1972), 8: 249. 하카마야는 이러한 인문주의를 서양의 토착사상이라고 부르지만, 이러한 인문주의에 대한 셈족 전통 특히 그리스도교의 도전이 너무나 강력하여서 장소철학은 서양에서 하나의 저류에 지나지 않았다고 생각한다.

15) *The Encyclopedia of Philosophy*, 8: 249.

16) Frederick Copleston, *A History of Philosophy* (New York: Image Books, 1960), 6/1: 179–89.

17) 하카마야, 「비판철학 대 장소철학」, pp. *86-87*. 하카마야는 비코의 장소철학을 일본에서 수입하는 것을 일본판 장소철학, 특히 도교적 영감을 받은 선불교, 이른바 토착적인 일본적 범신론의 생명 긍정적 현상주의, 농양적 조화의 관념, 그리고 교토학파 철학을 서양에서 열렬히 소비하는 것에 비견한다. 이러한 점에서 그는 서양이 오리엔탈리즘적 수사학에 의하여 철저히 유혹받고 있다고 보며, 예컨대 Paul Griffiths가 1985년 Madison에서 열린 학술회의에서 니시타니의 승리주의적이며 신비적인 입장 대신에 비판적이고 합리적인 논증을 통한 종교간 대화를 지향하는 전략을 주창하였을 때 받았던 부정적 반응에 대하여 서술한다(하카마야, 「비판철학 대 장소철학」, pp. *88-89*). 이 학술회의에서 Griffiths가 발표한 논문은 나중에 다음과 같이 출간되었다. "On the Possible Future of the Buddhist-Christian Interaction" in Heisig and Kiyota, eds., *Japanese Buddhism*. 동일한 책의 pp. 185-91에 실려 있는 그 논문에 관한 토론 기록도 참조하라.

18) 하카마야, 「비판철학 대 장소철학」, pp. *91-92*; 이탤릭체에 의한 강조는 하카마야에 의함.

19) 하카마야, 「비판철학 대 장소철학」, pp. *92-93*.

20) Hakamaya, "*Tathatā* as Topos," 289.

21) 예컨대 다음을 참조하라. Karl Potter, *Presuppositions of India's Philosophies* (Westport: Greenwood Press, 1963); Paul Griffiths, *On Being Mindless* (La Salle: Open Court, 1986); Peter Gregory, ed., *Sudden and Gradual: Approaches to Enlightenment in Chinese Thought* (Honolulu: University of Hawai'i Press, 1987); Robert M. Gimello, "Mysticism and Meditation," in *Mysticism and Philosophical Analysis*, Steven Katz, ed. (New York: Oxford University Press, 1978).
이러한 논의의 흥미로운 측면들을 다루는 다른 저작들에는 다음과 같은 문헌을 참조하라. Bernard Faure, *Rhetoric of Immediacy* (Princeton: Princeton University Press, 1991). 그리고 Anne Klein은 자신의 최근 저작 *Meeting the Great Bliss Queen: Buddhists, Feminists and the Art of the Self* (Boston: Beacon Press, 1995)에서 페미니즘의 "본질주의" 시각과 "포스트모던" 시각에 대하여 티벳불교 수행의 "발견"과 "발전" 모델들을 연계시키고 있다.

22) D. Seyfort Ruegg, *Buddha-Nature, Mind and the Problem of Gradualism in a Comparative Perspective*, 3.

23) 여래장전통에서 "산술적 공제"로서 空에서 "남겨진 것" 對 유가행파 전통에서 의식의 전환 모델에 대한 나가오 가진의 논의를 참조하라("'What Remains' in Śūnyatā: A Yogācāra Interpretation of Emptiness," in Minoru Kiyota, ed., *Mahāyāna Buddhist Meditation: Theory and Practice* [Honolulu: University of Hawai'i Press, 1978], 66–82). 또한 *nibbāna*가 어근 nir + vṛ에서 파생되어 "덮개를 벗겨내다"를 뜻하며 불교 이전에 그 단어가 아트만이 그 덮개, 곧 신체적 한계로부터 해방(*vimukti*)된다는

의미를 갖고 있었던 것과 연관된다는 주장에 대한 마츠모토의 비판도 참조하라(「『법화경』과 일본문화」, *399*).

24) Nagao, "An Interpretation of the Term 'saṃvṛti' (Convention) in Buddhism," *Silver Jubilee Volume of the Zinbun-kagaku Kenkyūjō*, 1954.

25) 예컨대 다음을 참조하라. Seyfort Ruegg, *Buddha-Nature*, 191-2.

26) Seyfort Ruegg, *Buddha-Nature*, 8; 또한 그의 다음 논문을 참조하라. "Some Reflections on the Place of Philosophy in the Study of Buddhism," 171, 178.

27) 예컨대 『법화경』은 다른 불교전통들에 대하여 포괄주의적 접근을 택하고 있는데, 그럼에도 불구하고 하카마야와 마츠모토는 양자 모두 그 경전을 비판적 사유의 한 사례로 인용하는데, 왜냐하면 그 경전에서는 그 자체의 메시지 이외의 어떤 주장에 대하여서도 궁극적으로는 배타주의적 접근을 취하고 있기 때문이다. 다음을 참조하라. 마츠모토, 「『법화경』과 일본문화」; 또한 필자의 다음 논문도 참조하라. "Buddhist-Buddhist Dialogue? The *Lotus Sutra* and the Polemic of Accommodation," *Buddhist-Christian Studies* 15 (1995): 119-36.

28) 하카마야, 「비판철학 대 장소철학」, pp. *92-93*.

29) 하카마야, 「비판철학 대 장소철학」, pp. *95-96*.

30) "玄"은 일본의 종교적이고 시적인 "幽玄"이라는 관념에서도 중심적이며, "幽玄"이라는 미학적 관념의 내용이 되는 개방적이고 재귀적인 무한의 논리는 무한한 "道"의 논리와 매우 유사하다. William LaFleur, "Symbol and Yūgen: Shunzei's Use of Tendai Buddhism" in his *The Karma of Words: Buddhism and the Literary Arts in Medieval Japan* (Berkeley: University of California Press, 1983), 80-106.

31) p. *133*에 있는 하카마야의 도표에서 보이듯이, 순차적인 시간 관념은 그러한 유토피아에서는 이질적인 것으로서 비판불교에서 극히 중요하다(*date-*vāda* vs. *dhātu-vāda*). 다음 논문을 참조하라. Matsumoto, "On *Pratītyasamutpāda*" 또한 Ian Harris의 "Causation and Telos: The Problem of Buddhist Environmental Ethics," *Journal of Buddhist Ethics* 1 (1994): (http://www.psu.edu/jbe/jbe.html)에서 연기에 대한 시간적인 이해와 공간적인 이해의 차이 그리고 환경윤리에 대한 그 함의에 관한 논의를 참조하라.

32) 하카마야, 「비판철학 대 장소철학」, pp. *107-108*.

33) 원초적 topos의 이러한 절대적 본성은 불교적 맥락에서 특히 문제가 되는데, 왜냐하면 불교에서는 모든 사물들의 상관성 내지 의존적 존재성을 일반적으로 고수하기 때문이다. 여기에서는 또한 차안(무지)에서 피안(앎)으로 어떻게 갈 것인가의 실천적 문제가 제기되며, 전형적으로는 일종의 "도약" 내지 "순간적" 접근으로 귀결된다.

34) 또한 합리성 이전의 비명제적 경험에 기초한 절충이 (일관성이 없이) 합리적이고 명제적인 주장들 안으로 밀반입되는 논리적 문제가 있으니, 예컨대 "말할 수 있는 道는

항상된 도가 아니다"라는 흥미롭고도 복합적인 주장이 있다.

35) 사실상 통치가 (법가의 가르침과 명백히 연관되는) "철학적" 道家의 중심적 관심이었으며, 마키아벨리적 태도에서 이야기되는 시민의 상태가 일본의 격언 중에, 아기에게 선호되는 상태, 곧 포동포동하고 잠들어 있는 상태에 상응한다는 것 또한 주목할 수 있겠다.

36) 물론 도는 실제로 하나의 단일한 사물이라는 의미에서 단일체는 아니다(곧, 도는 실체적 일원론의 사례는 아니다). 그 무한한 범위에서 분별할 수 없거나 측량할 수 없는 도는 오히려 카오스 이론에서 묘사되는 우주, 곧 질서나 구별이 없기 때문이 아니라 그 질서가 그 자체로 의지하고 있는 무한한 현상으로 인하여 측량될 수 없기 때문에 "카오스적"인 우주와 더 닮아 있다. 텍사스에서 날개를 파닥이는 나비가 도쿄의 날씨에 영향을 주는 것이 사실이라면, 그 날씨를 정확히 예보하는 데 필수적인 매개변수들 모두를 계산할 정도로 충분히 강력한 슈퍼컴퓨터는 결코 존재할 수 없을 것이다. 이에 대한 장소론자의 반응은 그저 비올 때에는 젖고 해가 빛날 때에는 열기를 느끼며 자연의 즉발성에 스스로를 내맡기는 것이다.

37) 하카마야, 「비판철학 대 장소철학」, p. *108*.

38) 하카마야, 「비판철학 대 장소철학」, p. *110*; 또한 p. *115*도 참조하라.

39) 예컨대 「이념적 배경」에서 "간단한 길"에 대한 그의 비판(*343*)을 참조하라.

40) Hakamaya, "The Significance of the Critique of Original Enlightenment," 5.

41) 하카마야, 「비판철학 대 장소철학」, p. *109*.

42) 하카마야, 「비판철학 대 장소철학」, p. *109*.

43) 하카마야, 「비판철학 대 장소철학」, p. *110-111*.

44) 하카마야, 「비판철학 대 장소철학」, p. *109*.

45) T No. 1666, 32.576b; Hakamaya, "The Significance of the Critique of Original Enlightenment," 6에 인용되어 있다.

46) Hakamaya, "The Significance of the Critique of Original Enlightenment," 6–7.

47) 하카마야, 「비판철학 대 장소철학」, *58-59*; 바로 철학의 역사에서 일본적 사유에 해당하는 "장소"를 마련하는 것이 일본 지식인들 사이에서 얼마나 중요한 것으로 간주되었는가를 보기 위해서는 다음 저서의 여러 논문들을 참조하라. Heisig and Maraldo, eds., *Rude Awakenings: Zen, the Kyoto School, and the Question of Nationalism.*

48) Kasulis, "Whence and Whither: Nishitani's view of History," in Taitetsu Unno, ed. *The Religious Philosophy of Nishitani Keiji* (Berkeley: Asian Humanities Press, 1989), 261–2.

49) Kasulis, "Whence and Whither," 261.

50) Kasulis는 또한 베단타적 브라흐만의 일원론적 단일성, 선불교의 "父母末生前面目",

여래장, 아뢰야식, 그리고 "모든 창조성이 즉발적으로 흘러나오는 [道의] 고요한 지점"을 "근원으로 되돌아감이라는 주제"의 다른 사례들로 인용한다. 물론 이 모든 것은 하카마야에게는 불교가 가장 결연히 부정하는 것의 사례들로서 제시된다.

51) Tanabe Hajime, *Philosophy as Metanoetics*, trans. by Takeuchi Yoshinori(Berkeley: University of California Press, 1986), 2.

52) 니시타니의 사상은 마찬가지로 "승리주의적"이라고, 다시 말해서 자체적으로 정당성을 주장하는 경험에 의하여 보증되고 합리적 논증의 가능성(그리고 따라서 그 필요성)을 넘어서는 것으로서 비판되어 왔다. 다음을 참조하라. Griffiths, "Buddhist- Christian Interaction," 155-57 (그리고 앞의 주 17을 보라). 자신의 결론에서 Griffiths는 종교적 진리 주장에 관한 불일치의 사실에 대하여 자기식의 타당한 접근법을 제시하는데, (놀라운 일도 아니지만) 하카마야의 비판철학 관념과 거의 동일한 접근법이다.

> 그러한 불일치를 다루는 유일하게 지성적으로 방어할 수 있는 방식은 비판적 실재론자의 방식이니, 전통들 내에서 그리고 그들 사이에서 형이상학적 불일치의 범위와 중요성을 진지하게 받아들이고, 그러한 불일치를 철학적 도전으로 보고, 불일치의 각 입장을 재단하고 평가하기 위한 시스템 중립적인 준거를 개발하려고 - 그리고 아마도 몇몇 사례에서는 한쪽 또는 다른 어느 쪽이 오류라는 것을 결론적으로 입증하려고 - 시도하는 방식이다. (158)

53) 또한 다음을 참조하라. William Bodiford, "Zen and the Art of Religious Prejudice."

54) 「비판으로서의 학문」, pp. *182-183*; English translation from Robert Morrell, *Early Kamakura Buddhism*, 53.

55) 「사회적 차별의 이념적 배경에 대한 고찰」, pp. *510-511*. 비슷한 맥락에서 읽히는 것이 다음의 내용이다. Arima Tatsuo, *The Failure of Freedom* (Cambridge: Harvard University Press, 1969), 13-14:

> 순수경험이라는 철학적 범주는 그 모든 논리적 장식들과 함께, 개인적 깨달음을 성취하는 수단으로서 사회적 체념을 확산시키는 데 사용되었다. … 그것은 실재에 대한 일종의 종교적 복종을 권장한다. 이것이 궁극적 실재이므로, 자아가 그 사회적 환경을 개소할 필요는 없다.

56) 「비판으로서의 학문」, p. *184*;인용 원전은 Umehara Takeshi, *Saicho Meditations*, 201.

57) 이러한 이데올로기가 오늘날에도 효용이 있다는 것은 일리노이의 노르말에서 미츠비시의 피고용인의 사례로 예증되는데, 그녀는 성적 학대에 대하여 불만을 제기했는데 오직 "'동료 작업자들과 사이좋게 지내지 못함'이라는 사유로 징계를 받았다. 그녀에 관한 기록에는 그녀가 '和'의 원리를 망각하였다고 되어 있다"((Ellen Goodman, "Hostility with Economic Undertones," *Daily Hampshire Gazette*, 3 May 1996, 8). 이 사건의 가장 심란스러운 측면은 그녀의 불만에 대한 동료 작업자들의 반응 그리고 그 공장에서 다른 수많은 사람들의 반응이었는데, 그들은 그 일본 기업이 그 공동체에 가져온

호의와 그에 따른 경제적 혜택을 상실할 것을 두려워하고 있었던 것이다. 명백히 和의 이데올로기는 집단의 번영을 위하여 개인적 행복의 희생을 요구하고 있다.

58) 「비판으로서의 학문」, pp. *200-201*, 인용 원전은 Iyanaga Nobumi, *The Fantasy Orient*.

59) 예컨대 「비판으로서의 학문」, pp. *190-195*을 참조하라. 여기에서 하카마야는 일본의 기저에 놓여 있는 불변하는 "기질"이라는 관념이 예컨대 일본인 그리스도인들과 기타 소수자들의 감수성을 짓밟는 패권적인 것이라고 비판한다. 이러한 입장의 승리주의는 또한 예컨대 아베 마사오의 다음과 같은 최근 논문에서 발견되는, 동양의 정신 그리고 서양의 합리성과 물질주의 사이의 안이한 대조에서도 드러난다. "Critical Reflections on the Traditional Japanese View of Truth," in Fu and Heine, eds., *Japan in Traditional and Postmodern Perspectives*.

60) 이치카와 하쿠겐은 "있는 그대로"의 철학이 도덕적으로 공허하다고 공격한 또 한 명의 비판가이며, 하카마야의 비판은 모순의 동일성이라는 논리를 포괄주의적 topos 논리라고 하는 이치카와의 평가에 대하여 공명하는 것이다.

> 卽非의 논리, 곧 비자유가 있는 그대로 자유이며 [어떤 이에 따르면] "모든 상황의 종이 되는 것"(聖戰에서 자기를 희생하고 공적인 것에 봉사하는 것)이 "모든 상황의 주인이 되는 것"(대승불교의 선에서와 같이)이라는 절대적으로 모순적인 자기 동일성의 논리는 [제국주의 체제를 고무하는] 사회적이고 정치적인 역할을 하였다. … 절대적 무의 자리에서, 존재와 비존재, 가치와 역가치, 합리성과 불합리성은 동일하다. 대립과 배격의 논리 이상이라는 이것이 관용과 조화의 논리이다. 이것이 장소[場所, topos]의 비갈등과 관용[의 작용]이다.

이 부분은 다음에 인용되어 있다. Christopher Ives, "Ethical Pitfalls in Imperial Zen and Nishida Philosophy," in Heisig and Maraldo, eds., Rude Awakenings, 26.

61) Bernard Faure는 이것을 니시다 철학의 "유토피아적" 본성이라고 비판해 왔다.

> 니시다는 '구체성'의 철학을 정교하게 하는 것을 바랐지만, '순수경험'과 '절대 무' 등 그의 개념들은 근본적으로 추상적이고 이원적인 것으로 남았다. 철저하게 적용될 때 대승불교에서 不二의 논리는 '순수경험'의 가능성을 부정하며, 또는 심지어 그러한 표현의 언어적 적절성조차도 부정할 것인데, 왜냐하면 순수경험과 '불순한' 일상 경험 또는 철학적/형이상학적 언어와 일상 언어 사이의 구분 그 자체가 이원적일 뿐만 아니라 유토피아적인 것으로 남기 때문이다.

"The Kyoto School and Reverse Orientalism," in Fu and Heine, eds., Japan in Traditional and Postmodern Perspectives, 254-55. 바로 이러한 비판에 직면하여서도 선의 초월성을 계속하여 고수하는 사례로서는 다음을 참조하라. Hirata Seikō, "Zen Buddhist Attitudes to War," in Heisig and Maraldo, eds., Rude Awakenings.

62) 우리의 경험의 매개적 속성에 대한 가장 잘 알려진 논증은 Nathan Katz의 "Language, Epistemology, and Mysticism"에서 발견되는데, 이 논문은 그의 논문 모음집인 다음 저서에 실려 있다. *Mysticism and Philosophical Analysis* (New York: Oxford

University Press, 1978).

63) Robert Sharf, "Whose Zen? Zen Nationalism Revisited," in Heisig and Maraldo, *Rude Awakenings*, 44.

64) 「사회적 차별의 이념적 배경에 대한 고찰」, pp. *513-514*.

65) 하카마야, 「비판으로서의 학문」, p. *186*에 인용되어 있다. 단순히 부화뇌동하는 선의 초월성에 대한 Hirata Seikō의 대조적 주장도 참조하라. "선은 그 자체로 자유롭게 시대의 정신에 적응한다. '진보'라고 불리는 것은 … 선의 관점에서는 그저 변화일 뿐이다"("Zen Buddhist Attitudes towards War," in Heisig and Maraldo, eds., *Rude Awakenings*, 14-15).

66) 하카마야, 「비판철학 대 장소철학」, p. *120*.

67) 다른 이들은 최근에 사유 이전의 "순수 경험"에 대하여 독특하게 일본적인 감상을 강조하는 것이 서양의 오리엔탈리즘 담론 형식을 반영하는 동시에 전도시킨 구성이라는 사실에 주목해 왔다. 다음을 참조하라. Bernard Faure, "The Kyoto School and Reverse Orientalism"; Robert Sharf, "The Zen of Japanese Nationalism," *History of Religions* 33/1 (1993): 1-43. 전혀 다른 시각이면서도 일본적 종교성의 기반을 합리성 이전의 경험에서 발견하는 분석으로는 다음을 참조하라. Neil McMullin, "Historical and Historiographical Issues in the Study of Pre-Modern Japanese Religions," *Japanese Journal of Religious Studies* 16/1 (1989): 29. 이러한 주장이 日本人論 담론의 복제에 불과하다고 비판하는 나의 다음 논문도 참조하라. "Premodern, Modern, and Postmodern: Doctrine and the Study of Japanese Religion," *Japanese Journal of Religious Studies* 19/1 (1992): 10–11.

68) 하카마야, 「비판으로서의 학문」, pp. *174-175*.

69) Weber, "Science as a Vocation," 146. 이 부분이 인용된 논문은 하카마야, 「비판으로서의 학문」, pp. *195-196*. 또한 다음도 참조하라. Griffiths, 「비판의 한계」, pp. *227-228*.

70) 하카마야, 「비판으로서의 학문」, pp. *171-173*.

71) 하카마야, 「비판철학 대 장소철학」," pp. *88-89*. 마츠모토는 다음과 같은 입장이다. "[나의 입장은] 객관적이고 가치중립적인 학문을 고집하는 이들과는 정반대의 입장이라는 것을 명확하게 밝힌다. 나의 입장은 주관적이고 처음부터 끝까지 가치 지향적이다. (「불교와 가미」, p. *523*). 최근 제3차 연례 국제아시아철학종교학술회의(the Third Annual Conference of the International Association for Asian Philosophy and Religion)(대만 1996년 6월)에서 발표한 논문에서 마츠모토는 조동종 내에서 차별의 문제에 직면한 뒤 자신의 시각이 변화되었음을 설명하였다.

> 불교란 무엇인가? 객관적 학문의 입장에서는 결코 풀릴 수 없는 문제라는 점에서, 이러한 질문이나 물음을 품거나 제기하는 것은 나에게 쓸모없는 것으로 여겨졌었다. 그러나 불교 내에서 차별의 문제에 직면하면서 나의 견해는 바뀌었다. 나는 불자가 된다는 것이 불자들이 저지른 악행에 대하여 책임을 지는 것임을 보

게 되었다. 그리고 불자가 된다는 것은 객관적 의미에서 학자가 된다는 것과 양립 불가능하다. 이러한 이유에서 나는 객관적 학문을 버리고 주관적 입장을 취하였다.

72) 마츠모토, 「불교와 가미: 일본주의에 반대하며」, p. *524*.

73) 하카마야, 「비판으로서의 학문」, pp. *196-197*.

74) 하카마야, 「비판으로서의 학문」, pp. *182-183*.

75) 현대불교문화에서 가장 편만해 있는 아이디어 가운데 하나는 空의 경험이 무한한 상호의존의 경험과 같은 것인 이상 자발적이고 불가피하게 자비심을 일으킨다는 것이다. 이 관계는 겉보기보다 더 문제가 심각하다. 심지어 실로 이러한 아이디어에 대한 원전을 비탄트라 계열 인도불교 문헌에서 발견하는 것은 어려운 것으로 드러난다. "공과 자비의 관계", "지혜/자비", 그리고 "비움과 자비" 등의 다양한 주제 아래 1995년 7월 27일에서 1995년 11월 9일 사이에 BUDDHA-L에서 논의된 것을 참조하라(BUDDHA-L@ulkyvm.louisville.edu). 절대적 청정과 망상 사이의 관계가 어렵다면, 도대체 그러한 연관을 부정하는 것도 마찬가지로 문제가 된다. 왜냐하면 모종의 본래적으로 청정한 마음, 청정한 종자의 저장고 등이 없이는 어떻게 오염된 마음이 도대체 청정함을 일으킬 수 있는지 설명할 수 없기 때문이다. 연꽃은 진흙 속에서 자랄 수 있겠지만, 종자가 없다면 진흙은 그 자체로 꽃을 피워내지 못할 것이다. 곧 예컨대 아상가와 바수반두의 고전적 유가행파 입장에서 의식은 오염의 근원으로 간주되었는데, 다만 청정의 토대이기도 하며, 그 종자는 dharma-dhātu(dharmadhātu-niṣyanda)의 흘러나옴으로서 청정한 법을 듣는 것이었다. 다음을 참조하라. Hakamaya, "The Realm of Enlightenment." 내 생각에 추가적으로 이러한 어려움으로 인하여 유가행파에서 청정한 마음의 전통을 강하게 수용하게 되었을 뿐만 아니라 『楞伽經』과 『대승기신론』 같은 텍스트에서 유가행파와 여래장사상의 종합으로 나아가게 되었다고 주장할 수 있을 것이다.

76) 불교연구에서 비판적 입장의 역할에 관한 최근의 여러 자기성찰 가운데 특히 시사하는 바가 큰 코멘트로는 다음을 참조하라. T. Griffith Foulk, "Issues in the Field of East Asian Buddhist Studies: An Extended Review of *Sudden and Gradual: Approaches to Enlightenment in Chinese Thought*," *Journal of the International Association of Buddhist Studies* 16/1 (1993): 93–180; Luis O. Gomez, "Unspoken Paradigms: Meanderings through the Metaphors of a Field," *Journal of the International Association of Buddhist Studies* 18/2 (1995): 183–230; Jose Ignacio Cabezon, "Buddhist Studies as a Discipline and the Role of Theory," *Journal of the International Association of Buddhist Studies* 18/2 (1995): 231–68; 그리고 Donald S. Lopez, Jr., "At the Feet of the Lama," in his *Curators of the Buddha*.

77) 우리의 삶에서 판단 위계의 사실과 역할에 관한 유쾌하고 통찰력 있는 논문으로는 다음을 참조하라. Philip Zaleski, "A Peculiar Test," in *First Things* 40 (1994): 9–12.

78) 예컨대 다음 논문에 인용된 우메하라의 코멘트를 참조하라. 「불교와 가미: 일본주의에 반대하며」, pp. *525-526*.

79) 하카마야, 「비판으로서의 학문」, pp. *196-197*; 다음을 참조하라. 마츠모토, 「여래장사상은 불교가 아니다」, p. *248*.

80) 종종 不了義/了義, 본래적 (또는 초기) 불교, "불교의 근본 철학" 등의 범주로 틀이 제시되기도 하지만, 그 주제가 佛法에 일치하고 그리하여 암묵적으로 규범적 학문에 참여하는 것으로 보이지 않는 학문적 연구는 실로 매우 드물다.

81) Rey Chow (*Writing Diaspora: Tactics of Intervention in Contemporary Cultural Studies*, Bloomington: Indiana University Press, 1993) 그리고 다른 이들이 주장해 왔듯이, 지역 연구가 그 시작이 냉전에서 비롯되는 "분야"라는 것(미국에서 60년대부터 80년에 걸쳐서 불교학 과정의 대학원생들 다수가, 나 자신을 포함해서, 미국 국방부 장학금을 지원받았다)이 의미심장하다면, 불교연구에서 국제학술회의, 도서 출판, 그리고 심지어 직책조차도 불교 기관들의 지원을 얼마나 빈번하게 받고 있는가를 주목하는 것도 가치 있는 일이다. 내가 뒤에 언급하겠지만, 나는 결코 그러한 지원이 의심스럽다거나 우리의 학문적 성과를 부당한 것으로 만든다고 생각하지는 않는다. 반대로 정부 자금의 수령은 나에게 시민적 의무로서 비판적인 학문적 작업에 대한 책임 의식을 부여한 것과 꼭 마찬가지로, 내가 예한 누마타 불교학 교수직을 맡고 있다는 사실은 윤리적 의무로서 비판적인 학문적 작업에 관하여 더욱더 잘 느끼게 해준다. 아마도 혹자는 이것을 정당하게 참여 불교의 학문적 형태라고 부를 수 있겠다.

82) *An Apology for Apologetics*에서 Paul Griffiths는 정당한 기반을 지닌 (곧 비판적인) 호교론의 필요성을 주장한다.

83) 그리피스, 「비판의 한계」, pp. *226-227*.

84) Roger Corless, *The Vision of Buddhism* (New York: Paragon House, 1989), 125.

85) 예컨대 "Reverse Orientalism" pp. 267-9에서 하카마야의 "지성적 테러리즘"에 대한 Bernard Faure의 비판을 참조하라.

86) Max Fisch가 언급하듯이 비코의 사유에는 이러한 방향으로 발전할 암시조차 있다. "[앞서의] 고대의 지혜[1710]에서 신은 실체들을 만들고 인간은 자신의 가장 신다운 틀에서 오직 작위적인 것들만을 만들었다. [나중의] 새로운 과학[1744]에서 인간은 자신의 가장 신다운 틀에서 실체들을 만든다." "Vico and Pragmatism," in *Giambattista Vico: An International Symposium*, G. Tagliacozzo and H. V. White, eds. (Baltimore: The John Hopkins Press, 1969), 413.

87) Vico, *On the Study Methods of Our Time*, xiii.

88) 비코에서 "진리"와 "참된"의 차이에 관하여서는, 다음을 참조하라. Max H. Fisch, "Vico and Pragmatism," 407-14.

89) 이 주제에 관한 시의적절한 소개로는 다음을 참조하라. Steven D. O'Leary, *Arguing the Apocalypse: A Theory of Millennial Rhetoric* (New York: Oxford University Press, 1994).

90) 그렇다고 해서, 어떤 경험이 지식의 타당한 생산자로 간주되기 위하여서는 그 경험자가 그 경험 또는 그것의 결과로서 통찰을 합리적 검토의 대상이 되도록 해야 한다는 것을 시사하는 것은 아니다. 그러한 관점이 부과하는 "견딜 수 없는 인식적 의무의 부담"에 관하여서는 본서 내에 있는 Paul Griffiths의 코멘트를 참조하라.

5. 비판으로서의 학문

1) 관련된 논의에 대해서는 필자의 "Critique of the Kyoto School"을 참조하라.

2) "600 Words on Academic Rumors," 2.

3) Max Weber, "Science as a Vocation," 146.

4) *The Method, Meditations and Philosophy of Descartes*, 203.

5) Ernesto Grassi, "Critical Philosophy or Topical Philosophy? Meditations on the *De nostri temporis studiorum ratione*," 39–50.

6) 岩崎 稔,「想起をめぐるトポスーヴイ-コとへ-ゲル」,『思想』(1987): 233-55, 239.

7) 佐々木力,「ヴイ-コの近代科學論一デカルト的數學自然學に抗して」,『思想』(1987년 2월): 119.

8) 木村 誠司,「チベット佛教における倫理學の位置付け」, 山口 瑞鳳 편,『チベット佛教と社會』(東京: 春秋社, 1986), 365–401.

9) 같은 날 나는 일본 티벳학회 모임에 갔는데, 거기에서 고야산 대학 총장 마츠나가 유케이를 만났다. 그는 마이니치 신문의 그 글을 보고 있었다. 그러한 심포지엄을 후원하는 데 들어간 엄청난 비용에 대한 그의 언급을 별도로 한다면, 나는 그의 나머지 코멘트에 대해서는 언급하지 않는 것이 아마도 바람직하겠다.

10) "긍정하지 않는 부정"(無遮)은 긍정을 전혀 함의하지 않는 부정이다. 예컨대 "산이 없다"는 단순히 산의 존재를 부정하며, "평야가 있다"를 함의하지 않는다.

11) 栗田勇,「最澄と本覺思想一序の序」,『文芸』(1987년 2월): 258-67. 또한 다음 논문에 인용된 저작들도 참조하라. 하카마야,「사회적 차별의 이념적 배경에 대한 고찰」, 그리고 "Norinaga's Critique of Ryōbu Shinto"

12) Shimaji Daitō, "The Need to Study Early Japanese Tendai," 189.

13) 다음을 참조하라. Kuroda Toshio, *State and Religion in Medieval Japan*, 413ff. "顯密體制"에 대하여 "본각"이라는 용어를 내가 선호하는 것에 관하여서는 나의 다음 논문을 참조하라. "Buddhism and the Kami: Thoughts against Japanism," 219–20.

14) Kurita Isamu, "Saichō and Original Enlightenment," 258–9.

15) Umehara Takeshi, *Saichō Meditations,* 219.

16) 나의 다음 글을 참조하라. 「四依(catuṣ-pratisaraṇa) 批判考序說」, 『本覺思想批判』, 184-208.

17) 道元, 「四禪比丘」, 『正法眼藏』.

18) 나의 논문 "The Definitive Standpoint for Understanding Dōgen" 그리고 "How to Read the 'Bendōwa'"를 참조하라. 『宗學硏究』 제29권에서 구마모토 히데토(熊本 英人)는 나의 논문들에서 종파적 어조에 관하여 짧게 언급하면서 불만을 표하였다. 나는 종파적 관점에서 "호교론"을 발전시키고 있다는 점을 부인하지 않는다. 본 논문에서 주장해 왔듯이, 내가 그렇게 하는 이유는, 어떤 전통에 대한 진정한 비판은 그 비판자가 그 전통 내에 서 있을 것을 요구한다고 믿기 때문이다. 더욱이 나의 "호교론"의 취지는 도겐만이 조동종이며 도겐이 없이는 조동종이라는 종파가 없다는 것이다. 상기하건대 나는 조사들의 계보에 의거한 권위주의를 주장한 적은 전혀 없다. 나는 조동종 "승가"의 역사적 실체성을 고수하는 이들이 본 논문을 철저히 읽고 자신들의 주장을 저술하는 것을 환영한다. 그에 답하여 나는 기꺼이 나의 입장에 대한 보다 충실한 설명을 제공할 것이다.

19) 묘에 쇼닌의 저작들로부터 취한 것이다. 영어 번역은 다음을 참조하라. R. Morrell, *Early Kamakura Buddhism*, 53. 또한 다음을 참조하라. 栗田 勇, 『道元の讀み方一今を生き切る哲學-正法眼藏』 (東京: 祥伝社, 1984), 91-2.

20) 필자의 다음 글을 참조하라. 「사회적 차별의 이념적 배경에 대한 고찰」, "The Definitive Standpoint for Understanding Dōgen," 그리고 "How to Read the 'Bendōwa'"

21) Kurita, *How to Read Dōgen*, 93.

22) "Bukkyo" chapter of the *Shōbōgenzō*; Eng. trans. vol. 3, 85.

23) Umehara, *Saichō Meditations*, 178-92.

24) Umehara, *Saichō Meditations*, 201.

25) 奈良 康明 편, 『仏教の實踐』, 日本人の仏教 2 (東京: 東京書籍, 1983). 마츠모토의 이름은 표지에 등장하지 않지만, 제7장을 제외하고 책 전체를 그가 집필하였다. 그는 나중에 자기 자신의 이름으로 『仏教への道』라는 제목 아래 개정판을 출간하였다.

26) 지면의 한계로 나는 그 시험 문제를 여기에서는 생략할 수밖에 없다. 나는 독자들에게 찾아볼 것을 권한다. 내가 듣기로 학생들은 그 대조를 이해하는 데 전혀 어려움이 없었고 몇 가지 탁월한 답안을 제출하였는데, 이는 스테레오타입을 준수하는 것에 의하여 눈이 가리워져 있는 우메하라 같은 기존 유형에서 산출하는 것보다 다소 덜 편향적이고 풍부한 상식을 가진 측에서 얼마나 더 나은 판단을 산출하는가를 보여준다.

27) 『国体の本義』, 51.

28) 다음을 참조하라. Matsumoto, "On *Pratītyasamutpāda*," 94.

29) *Komazawa University Campus Newsletter* 150 (25 May 1987), 1.

30) 『久松眞一著作集』 제6권(京都: 法藏館, 1995 [增補版]), 524에 실린 藤吉 慈海의 후기에 인용되어 있다.

31) 이 강연 직후에 나는 이 문제와 씨름하려는 의도로 "교토학파에 대한 비판"을 집필하기 시작하였다. 궁극적으로는 아직 인쇄되어 나오지 않은 것을 비판하는 것은 불공정하다고 판단하였다. 그러나 그 글이 곧 출판될 예정이고 藤吉 慈海가 "정토는 단지 방편일 뿐이다"라는 자신의 주장을 자주 반복해 왔기에 나는 여기에서 그 문제를 다루는 것이 부적절하다고 생각하지는 않는다.

32) 江藤 淳, 『同時代への視線』(東京: PHP 硏究所, 1987), 145.

33) 『同時代への視線』, 145.

34) 『同時代への視線』, 164-5.

35) 『同時代への視線』, 161.

36) 『同時代への視線』, 147.

37) [영역자 주: 제2차 세계대전에 대한 일본어 명칭은 정치적 입장을 드러내는 것으로 보이게 되었다. "大東亞戰爭"은 아시아 국가들을 서양 식민주의 압제자들로부터 "해방"시키겠다고 하는 일본의 의도를 강조하는 이들이 선호하는 용어이다(아마도 그리하여 뒤에 "일본은 결코 중국에 전쟁을 선포하지 않았다"는 江藤 淳의 주장이 있게 된다). 일반적으로 "太平洋戰爭"은 일차적으로 미국 그리고 그 우방국들과의 전쟁을 지칭하는 것으로 이해된다.

38) 江藤 淳, 『同時代への視線』, 238.

39) "The Keen Eye of History,"(1939), 『小林秀雄全集』(東京: 新潮社, 1968), vol. 7, 190.

40) 江藤 淳, 『同時代への視線』, 156.

41) 江藤 淳, 『同時代への視線』, 234-6.

42) 江藤 淳, 『同時代への視線』, 176-7.

43) Weber, "Science as a Vocation," 146.

44) Weber, "Science as a Vocation," 146.

45) Weber, "Science as a Vocation," 153.

46) 다음 글에 있는 나카무라 하지메로부터 인용문을 비교해 보라. 栗原 淑江, 「仏教における現世觀の諸相ーウエ-バ-の仏教論」, 『東洋哲学硏究所紀要』 2 (1986), 39, n. 3.

47) 尾高 邦雄 翻訳, 『職業としての學問』 (東京: 岩波文庫), 80. 다음도 참조하라. Weber, "Science as a Vocation," 154.

48) 間瀨 啓允, 「宗教多元論の哲學」, 『宗教硏究』, 61/1 (1987): 133-4.

49) Iyanaga Nobumi, *The Fantasy Orient: The Genealogy of Orientalism*, 369–70.

50) 中村 雄二郎, 「近代の超克とポストモダン一西田機多郎への一視點」, 『現代思想』 (1987년 1월호): 38-51; 그리고 「絶對矛盾的自己同一と日本文化一或る心の論理とその射程」, 『思想』 (1987년 1월호): 5-21. 또한 다음을 참조하라. 河上徹太郎·竹內 好 편, 『近代の超克』 (東京: 冨山房, 1979). 또한 본서에 실린 필자의 다음 논문도 참조하라. 「비판철학 대 장소철학」, 본서, pp. *56-80*.

51) 다음 논문들을 참조하라. "Overcoming Modernity" 그리고 「西田機多郞と小林秀雄一日本の近代のなかの經驗と自己」, 『新潮』 (February 1987): 198-214. 후자의 논문은 秋山 駿이 자신의 마이니치 신문 리뷰(文藝時評, 1987년 1월 28일자)에서 언급하면서, 니시다의 "철학과 문학의 통합에 관한 풍부한 시사"라며 아양에 가까운 찬사를 보내고 있다. 그 논문은 그러한 묘사를 받을 자격이 없을 뿐만 아니라, 나는 단순히 그 필자가 자신이 리뷰하고 있는 텍스트를 독해하는 역량에 대해 의심하게 되었다. 아키야마 자신이 고바야시에 대하여 책 한 권 분량의 논의를 전개하여 『魂と意匠』 [東京: 講談社, 1985]이라는 제목으로 출간하였기에, 혹자는 그가 고바야시의 논문 "학자들과 관료들"(*Collected Works*, vol. 7, 78-86, 특히 84)도 잘 알 것이라고 기대할 것이다. 그가 니시다에 대한 고바야시의 비판을 읽었더라면(이 문제는 오늘날 아직도 쟁점이 되고 있다), 니시다의 "철학과 문학의 통합"에 대한 자신의 멍청한 코멘트를 다듬는 데 오랜 시간을 보냈을 것이다. 그 대신에 포스트모더니즘의 파도에 정신없이 휩쓸려서 그는 자신이 나카무라와 구리타를 그 그림에 "통합"시킴으로써 자신의 역할을 해야 한다고 느꼈다. 유행하는 풍조에 무작정 따르는 문예비평은 신뢰받을 수 없다. 나 또한 고바야시에 대한 나의 평가를 바꿀 필요를 느끼지만, 그렇게 하기에 앞서 나는 滿田 郁夫가 모아 놓은 예리한 비평 전부를 읽을 계획이다. 滿田 郁夫, 「小林秀雄と本居宣長」, *Gun* 6 (1986). 나는 아키야마에게도 그렇게 하기를 강력히 촉구한다.

52) 竹內 芳郞, "ポストモダンにおける知の陥穽," 『世界』 (November 1986): 105-6.

53) 竹內 芳郞, 「前後日本の哲學の條件一中村雄二郞氏に答える」, 『思想』 (1987년 3월호): 146-55. 다케우치와 나카무라의 논쟁에 관한 논의는 西島 建男의 아사히 신문 1986년 4월 6일자 석간판 칼럼 「現代哲學を問う一竹內中村論爭」을 참조하라. 나카무라와 달리 다케우치는 그들 각각에게 수어신 세 질문에 바로 답하였다. 우리가 특히 주목해야 하는 것은, 나카무라는 그 자신이 포스트모던 사상을 "혼합주의"의 한 형태로 간주한다는 것인데, 이는 "혼합주의"가 결코 하나의 "아이디어"도 아니고 하나의 사상체계도 아니라는 사실을 무시하는 것이다. 필자의 「불교와 가미: 일본주의에 반대하며」, *221*, n. 4를 참조하라.

54) *Komazawa University Campus Newsletter* 150 (25 March 1987).

55) 필자의 "Critique of the *Vimalakīrti Sutra*"를 참조하라.

56) Takasaki Jikidō, *An Introduction to Buddhism.*

57) 高崎 直道, 「挨拶一仏教思想學會發足に際して」, 『仏教學』 19 (1986), 3.

58) Takasaki, *What is Buddha-Nature?*, 142.

59) Weber, "Science as a Vocation," 143.

60) Yamaguchi Zuihō, *Tibet*, vol. 1, iii; 이탤릭체에 의한 강조는 필자에 의함.

61) *Tibet*, vol. 1, iii-iv; 이탤릭체에 의한 강조는 필자에 의함.

62) 中村 元·三枝充悳, 『バウツダ』 (東京: 小学館, 1987), 22; 이탤릭체에 의한 강조는 필자에 의함.

63) 필자의 리뷰 에세이 "Kobayashi Hideo's *Motoori Norinaga*"를 참조하라.

64) 필자의 다음 논문을 참조하라. "*Vijñāpti-mātra* and *Anātman:* My 'Seated Meditation'"; 그리고 "Thoughts on 'Truth' while Reading *Sickness unto Death*"

65) 다음을 참조하라. Robert A. Thurman, *Tsong Khapa's Speech of Gold in the Essence of True Eloquence: Reason and Enlightenment in the Central Philosophy of Tibet* (Princeton: Princeton University Press, 1984), 91, n. 124.

66) 山内 舜雄, ed., *Religious Studies I*; 1979년에 사적으로 출판됨.

6. 비판의 한계

1) Paul J. Griffiths, *An Apology for Apologetics*.

2) 예컨대 *Adhyāśayasañcodana-sūtra*에서는 훌륭하게 말한(*subhāsitam*) 것은 무엇이든 붓다가 말한(*buddhabhāsitam*) 것이라고 이야기한다. 이 경전은 이른 시기의 인도 저작(AD 2세기 경)으로서 더 이상 현존하지는 않지만 다음 문헌에 인용되어 있다. Louis de La Vallée Poussin, ed., *Bodhicaryāvatārapañjikā* (Calcutta: Asiatic Society of Bengal, 1901-1914), 431-2; 그리고 P. L. Vaidya, ed. *Śiksāsamuccaya* (Darbhanga: Mithila Institute, 1961), 12. 다소의 세부사항을 위해서는 필자 본인의 다음 텍스트도 참조하라. *On Being Buddha: The Classical Doctrine of Buddhahood* (Albany, New York: SUNY Press, 1994), chapter 2.

3) William A. Christian, Sr.는 이것을 "A-T/R schema"라고 부르는데, 그 의미는 어떤 사상이 그 공동체의 진정한(authentic, A) 사상이라면 그 사상은 기술적 사상인 경우에는 참된(true, T) 사상이거나 권장할 만한 사상인 경우에는 올바른(right, R) 사상임에 틀림없다는 것이다. 그의 다음 텍스트를 참조하라. *Doctrines of Religious Communities: A Philosophical Study* (New Haven: Yale University Press, 1987), 68-86.

4) 나는 특히 Wilfred Cantwell Smith가 여기에 해당한다고 생각한다. 이와 같은 관점들은 그의 저작들 다수에서 함의되거나 명시적으로 서술되고 있는데, 가장 현저하게는 다음 책들을 참조하라. *The Meaning and End of Religion* (New York: Macmillan, 1963) 그리고 *Towards a World Theology* (Philadelphia: Westminster, 1981).

5) 나는 여기에서 말하는 것의 대부분을 하카마야의 논문 "*Tathatā* as Topos"에 기반하고 있다. p. 289에는 하카마야의 관점에서 비판철학과 장소철학 사이의 핵심적 차이를 보여주는 유용한 도표가 포함되어 있다(앞의 p. *133*에 복사되어 있다). 또한 본서에 번역되어 실려 있는 하카마야의 「비판철학 대 장소철학」 그리고 「비판으로서의 학문」을 참조하라.

6) 막스 베버의 이념형에 대한 아이디어는 그의 다음 텍스트에 명료하게 서술되어 있다. "Religious Rejections of the World and Their Directions," in Gerth and Wright, *From Max Weber: Essays in Sociology*, 323–39, esp. 323–4.

7) 불교에서 거울 이미지에 관하여서는 다음을 참조하라. Paul Demiéville, "Le miroir spirituel," *Sinologica* 1/2 (1947): 112–37; Alex Wayman, "The Mirror-Like Knowledge in Mahāyāna Buddhist Literature" *Asiatische Studien* 25 (1971): 353–63, 그리고 "The Mirror as a Pan-Buddhist Metaphor-Simile" *History of Religions* 13 (1974): 251–69. 그리고 大圓鏡智(*ādarśa-jñāna)*에 관한 몇몇 텍스트에 관하여서는 다음을 참조하라. Paul J. Griffiths, John P. Keenan, Hakamaya Noriaki, and Paul L. Swanson, *The Realm of Awakening: A Translation and Study of the Tenth Chapter of Asaṅga's Mahāyānasaṅgraha* (New York: Oxford University Press, 1989), 104–6. 철학에서 지배적 비유로서 이것에 대한 다소의 비판에 관하여서는 다음을 참조하라. Richard Rorty, *Philosophy and the Mirror of Nature* (Princeton: Princeton University Press, 1979).

8) 예컨대 『批判佛教』(38-9)에서 하카마야는 자신이 1989년에 오에 겐자부로의 『厳粛な綱渡り』를 읽은 것을 예로 들어 권위에 호소하는 것을 배격하면서, 그러한 호소가 장소주의와 일맥상통한다고 이야기하고 있다.

9) 이와 관련해서는 다음을 참조하라. Dignāga, *Pramānasamuccaya*. 이 저작의 *pratyakṣa* 장은 다음 텍스트에 영역되어 있다. Hattori, *Dignāga on Perception*.

10) 유가행파의 불교 이론가들은 이러한 부가적 오염물들을 *āgantuka-kleśāḥ*('客塵煩惱')라고 부르는 경향이 있다. 예컨대 다음을 참조하라. Sitansusekhar Bagchi, ed., *Mahāyānasutrālaṅkāra of Asaṅga* (Darbhanga: Mithila Institute, 1970), 59; 跨谷 憲昭, 荒井 裕明 校註, 『大乘莊嚴經論』, 新国訳大蔵経 瑜伽·唯識部 12 (東京: 大蔵出版, 1993), 168–9. 인도의 표준적인 비유는 백내장이라는 안질의 비유이다. 이 병은 시력에는 영향을 주지만 시각적 감각에 본질적인 것은 아니며 치료될 수 있다.

11) Rorty는 여기에서 철학을 단지 또 한 종류의 글쓰기라고 확인하는데, 이 점도 그의 적절하고 전형적인 입장이라고 하겠다. 다음을 참조하라. Richard Rorty, *The Consequences of Pragmatism: Essays 1972–1980* (Minneapolis: University of Minnesota Press, 1982), 90–109.

12) 하카마야가 종교, 철학, 그리고 학문 사이에 제시하는 관계는 본서에 번역되어 실린 그의 「비판으로서의 학문」에 가장 뚜렷이 드러난다.

13) 이 모든 것에 반대하는 하카마야의 논쟁점들이 대표적으로 모아져 있는 글이 그의 "The Anti-Buddhist Character of *Wa* and the Antiviolent Character of Buddhism"이다.

14) Max Weber, "Science as a Vocation."

15) 나는 여기에서 하카미야의 베버에 대한 해석이 바른 것일 수 있는가라는 흥미로운 물음은 전혀 다루지 않겠는데, 다만 아마추어적이기는 하지만 내 생각에 적어도 이 점에 관한 한 그의 해석이 옳을 수 있다.

16) 다음을 참조하라. Alvin Plantinga, *Warrant* (New York: Oxford University Press, 1993); 그리고 William Alston, *Epistemic Justification* (Ithaca: Cornell University Press, 1989).

17) Plantinga, *Warrant*, vol. 2, 29.

18) John Locke, *Essay Concerning Human Understanding*, ed. by P. H. Nidditch from the fourth edition of 1700 (Oxford: Clarendon, 1975), IV.17.xxiv.

19) Locke의 *Essay*에서 인식론을 Hume의 *Treatise of Human Nature*에서 인식론과 비교할 때, 그들이 확실히 모든 점에서 일치하는 것은 아니지만 인식론에 관하여 말하자면 그들은 양자 모두 넓은 의미에서 그 접근에서 내재론적이라는 것을 보게 된다. 그와 대조적으로 아우구스티누스 등은 넓은 의미에서 외재론적 관점을 제시한다. Augustine, *De Utilitate Credendi* ("On the Usefulness of Believing," in John Burleigh, trans., *Augustine: Earlier Writings* [Philadelphia: Westminster, 1953]); Thomas Reid, *Essays on the Intellectual Powers of Man*, ed. by A. D. Woozley (London: Macmillan, 1941); 그리고 J. H. Newman, *An Essay in Aid of a Grammar of Assent* (Oxford: Clarendon, 1985).

20) 『批判佛教』, 114, 133.

21) 『批判佛教』 p. 289에서는 비판론자들의 속성 아래 *Śraddhā*를 열거하고 있다.

22) Lambert Schmithausen, "Buddhismus und Natur," in Raimundo Panikkar and Walter Strolz, eds., *Die Verantwortung des Menschen für eine bewohnbare Welt im Christentum, Hinduismus und Buddhismus* (Freiburg: Herder, 1985).

23) Hakamaya, "Buddhism as Critical of the Idea of 'Nature.'"

24) Schmithausen, *Buddhism and Nature*, 특히 53-62.

25) Schmithausen, *Buddhism and Nature*, 56.

26) 이러한 맥락에서 Schmithausen의 조심스러운 대응에 관하여서는 다음을 참조하라. *Buddhism and Nature*, 56, n. 317.

27) Hakamaya, "Buddhism as Critical of the Idea of 'Nature'," 396-7.

28) Schmithausen, *Buddhism and Nature*, p. 588.

29) 『批判佛教』 p. 16에서 하카마야는 샤카무니가 인도에서 최초의 비판론자라고 말한다.

30) 그러나 가장 불확실한 것은 Schmithausen인데, 그는 Tilmann Vetter의 의심스러운 재구성을 선호한다. Tilmann Vetter, *The Ideas and Meditative Practices of Early Buddhism* (Leiden: Brill, 1988). 실증주의적인 베버의 역사 기술 태도에 대한 하카마야의 명시적 배격은 불자로서 그의 자기 정체성과 일맥상통하며, 내가 예상하기로 인식론에 있어서, 그의 원칙적 외재론에서 비롯된다. 진실은 샤카무니가 무엇을 가르쳤는가에 관한 하카마야의 관점은 Schmithausen이나 Vetter의 관점과 꼭 같은 정도로 충분한 근거를 갖고 있다는 것이다. 그들 모두는 매우 낮은 정도로 진실일 가능성이 있다.

31) Schmithausen은 *Buddhism and Nature*의 서두(p. 2)에서 "자연에 대하여 인간이 저지른 잔학행위들" 그리고 "자연의 아름다움과 다양성의 엄청난 상실"은 재앙적이며 변명할 여지가 없다는 관점에 대하여 자기 자신이 감정적이며 가치론적으로 깊이 동의하고 있음을 밝힌다. 그러나 그는 바로 이어서 말하기를, 논의 중인 저작에서 자신의 목표가 "자연에 대한 불교전통의 태도를 가능한 한 객관적으로 기술하고 분석하는 것"이라고 하는데, 자신의 이념적 경향이 불교전통에 대한 자신의 독해에 영향을 미치도록 허용함이 없이, 이러한 작업이 이루어질 수 있는 듯한 태도를 보인다.

32) Schmithausen, *Buddhism and Nature*, 62.

ㄱ. 비판불교에 대한 코멘트

1) 이 코멘트는 1993년 11월 22일 Washington, D.C.에서 개최된 미국종교학회 연례 학술회의 비판불교 패널에서 나의 응답의 한 부분으로 발표되었다.

2) 티벳 중관 철학에 대한 나의 접근에 관하여서는 나의 "The Mādhyamika Philosophy of Tsong-kha-pa"를 보라.

3) 다음을 참조하라. 『縁起と空』, 153.

4) 이 점에 관한 하카마야의 이론에 대한 나의 비판은, 나의 다음 논문을 참조하라. "Deep Faith in Causality" (1991). 이 논문은 나의 다음 책에도 실려 있다. *Critical Studies on Zen Thought*, 579–630.

5) 『縁起と空』, 239-47.

6) 나는 *Suttanipāta*가 붓다 당시 인도에서 널리 유행하였으며, 금욕적 수행을 통하여 육체 및 육체적 욕망으로부터 영혼(atman)의 해탈(mokṣa)을 옹호하였던 금욕주의 문학의 일종이라고 생각한다. 이러한 아이디어는 *atma-vāda*에 기반하고 있다. 나는 나카무라 하지메가 초기불교 연구방법에서 *Suttanipāta*와 같은 초기불교 텍스트들의 운문 부분이 붓다의 가르침을 뚜렷하게 하는 일차적 사료라고 이해하고 있다는 점에서, 그의 연구방법을 수용할 수 없다. 이 문제와 관련하여 나의 다음 논문을 참조하라. "Critical Considerations on Buddhism" (1994), 132–55.

7) 다음을 참조하라.『緣起と空』, 200-207.

8) 본서에 실린 나의 논문「'선'(禪)의 의미」를 참조하라(pp. *361-373*).

9) 이 두 유형에 관한 보다 상세한 내용은 나의 다음 저작을 참조하라. *Critical Studies on Zen Thought*, 96-103 그리고 589-97.

8. 여래장사상은 불교가 아니다

1) 이 논문은 조동종 내에서 동료들 네 명의 저술들로부터 영감을 받았다. 高崎 直道,『如來藏思想の形成』; Yamauchi Shun'yū, *Dōgen's Zen and the Tendai Hongaku Tradition*; Yamaguchi Zuihō, "Tibetan Studies and Buddhism"; 그리고 하카마야 노리아키에 의한 두 논문「사회적 차별의 이념적 배경에 대한 고찰」, 그리고 "The Definitive Standpoint for Understanding Dōgen." 나는 야마우치, 야마구치, 그리고 하카마야의 저작이 여래장 관념에 대하여 비판적이라고 이해하고 있다. (야마구치와 하카마야는 더 이상 조동종에 소속되어 있지 않다.)

2) 다음을 참조하라. "On *Pratītyasamutpāda*."

3) *Mahāvagga*, I, 1.3; English translation by T. W. Rhys Davids and Hermann Oldenberg in *Vinaya Texts*, Part I (Sacred Books of the East 13), reprinted by Motilal Banarsidass, 1974), 78.

4) 玉城 康四郎,「佛教における法の根源態」,『仏教における法の研究：平川彰博士還暦記念論集』(東京: 春秋社, 1975), 59.

5) 津田 真一,「縁起説の根拠の位層としての法dharmaの構造」,『仏教思想の諸問題：平川彰博士古稀記念論集』, 平川彰博士古稀記念会 編, (東京: 春秋社, 1985), 71-3, 79, 82. 인용된 단락은 p. 77부터이다.

6) 津田 真一의 아이디어에 대한 비판 그리고 緣起에 대한 나의 해석은 나의 "On *Pratītyasamutpāda*"를 참조하라.

7) 平川 彰,『初期大乘佛教の硏究』(東京: 春秋社, 1968), 202 n. 1. 언급된 단락은 Vaidya edition, 3, 1.18에서 발견된다(T No. 224, 8.425c24).

8) 나의 다음 논문을 참조하라. "The Ekayana Theory in Yogacara"

9) 우이 하쿠주는 *Ratnagotravibhāga*에서 *icchantika*에 대한 경전적 언급("*icchantika*는 영원히 열반의 가능성을 결여하고 있는 이들이다" Johnston, ed., 37)이 *Mahāparinirvāṇa Sūtra*를 참조한 것이라고 이해한다. 다음을 참조하라. 宇井 伯寿,『宝性論研究』(Tokyo: Iwanami Shoten, 1959), 536, n. 4.

10) 다음을 참조하라. 高崎 直道,『如來藏思想の形成』, 137, 161-2.

11) Dharmakṣema(曇無讖)의 번역은 다음과 같다. "모든 중생은 불성을 간직하고 있다;

이러한 본성으로 인하여 무수한 오염을 제거하면서 지고의 완벽한 깨달음이 성취될 수 있는데, *icchantika*는 제외한다"(T No. 374, 12.404c).

12) Dharmakṣema의 번역은 다음과 같다. "*icchantika*조차도 불성을 간직하고 있다; 그러나 그것은 무한한 어긋남의 오염에 의하여 덮여 있어서 드러날 수 없으니, 마치 고치 속의 누에와 같다. 자신들의 업으로 인하여 그들은 깨달음의 오묘한 원인을 일으킬 수 없어 영원히 윤회 속을 배회할 것이다"(T No. 374, 12.419b).

13) 高崎 直道, 『如來蔵思想の形成』, 161, 166.

14) 高崎 直道, 『如來蔵思想の形成』, 419.

15) 다시 말해서, *gotra*와 [*bodhi-*]*hetu*는 *dhātu* 그리고 *garbha*와 동일하지 않다.

16) 나의 다음 논문을 참조하라. "The *Srīmālādevī Sutra* and Ekayana Theory"

17) 예컨대 다음을 참조하라. 高崎 直道, 『如來蔵思想の形成』, 762; *A Study on the Ratnagotravibhāga*, 60–1; *An Introduction to Buddhism*, 221.

9. 불성사상은 온전히 불교적이다

1) 『佛性論』, T No. 1610, 31.787-813. Vasubandhu(世親)의 저작인지는 의심스럽다. 『佛性論』은 *Ratnagotravibhāga*(寶性論)에 막중하게 의존하고 있으며, Paramārtha(眞諦)로부터 상당한 영향이 뚜렷이 보이니, 그는 생애 내내 불성사상을 옹호하였다. 나 자신을 포함해서 다수의 학자들은 Paramārtha가 이 저작의 저자일 가능성이 극히 농후하다고 믿는다.

2) 나는 나의 *Buddha Nature*에서 이 주제를 보다 상세하게 다루었다. 본 장에서 몇몇 번역은 그 책과 약간 다른 형태로 실려 있다.

3) T 31.793a14–16, 20–21.

4) T 31.798c1–7, 10–12.

5) T 31.798b26–798c1, 798c12–21.

6) T 31.787a8.

7) T 31.787a8–21, 787b6–16, 27–28.

8) T 31.811b17–24.

9) T 31.788c18–24.

10) T 31.787b4–5.

11) T 31.787b8–9.

12) 마츠모토, 「『법화경』과 일본문화」.

13) T 31.794b8-14.

14) T 31.795c25-27.

15) T 31.794c.

16) *Tathāgatagarbha-sūtra*, T No. 666, 16.457b28-457c3.

17) 이러한 반권위주의적 사상은 종종 다른 이들의 권위에 적용되며 다른 이들에 대한 자기 자신의 권위에까지 확장되지는 않는다. 그러나 심지어 박해를 받는 이들 가운데에서도 자기 자신의 권위에 대한 비판적 관점이 발전하는 것은 극히 드물며, 이는 식민지였던 아메리카의 종교사에서도 뚜렷이 드러난다.

18) Thich Nhat Hanh, *Being Peace* (Berkeley: Parallax Press, 1987), 13, 15.

10. 유가행파와 여래장 문헌에서 기체설 사상

1) Matsumoto, "The *Śrīmālādevī Sūtra* and Ekayana Theory," 313.

2) Hakamaya, "Critical Notes on the *Awakening of Mahayana Faith*," 66.

3) Matsumoto, "Deep Faith in Causality: Thoughts on Dōgen's Ideas," 201-2 (581-2).

4) Hakamaya, "The Significance of the Critique of Original Enlightenment," 8 *et passim.*

5) Matsumoto, "On *Pratītyasamutpāda*," 67.

6) 이 도표는 마츠모토의 세 논문들에 있는 도표들을 합성한 것이다. "The Ekayana theory in Yogacara," 305; 「여래장사상은 불교가 아니다」, p. *253* 그리고 "On *Pratītyasamutpāda*," 67.

7) 마츠모토, 「여래장사상은 불교가 아니다」, pp. *253-254.*

8) 하카마야는 이 목록에 두 가지 추가적 특색을 더한다.

 7. 초기체는 기체에 의하여 무조건적으로 포괄된다.
 8. 초기체는 말로 표현될 수 있지만, 기체는 언어적 표현을 넘어서 있다.

 그의 다음 문헌들을 참조하라. Dōgen and Buddhism, 28, 129; 그리고 "The Characteristics of the Zen Sects," 81.

9) 마츠모토, 「여래장사상은 불교가 아니다」, p. *255.*

10) 마츠모토, 「여래장사상은 불교가 아니다」, p. *255.*

11) 마츠모토, 「여래장사상은 불교가 아니다」, pp. *255-256.*

12) dharmadhātor asambhedād gotra-bhedo na yujyate |
ādheya-dharma-bhedāt tu tad-bhedaḥ parigīyate ‖ (Wogihara, 77.28-9)

13) 보다 정확히 하자면, 우리는 모든 중생들이 자신들 안에 tathāgata를 간직하고 있다고

말할 수 있겠다.

14) 마츠모토, 「여래장사상은 불교가 아니다」, pp. *255-256.*

15) 마츠모토는 이러한 번역이 적절하지 않다고 간주한다. 다음을 참조하라. 마츠모토, 「여래장사상은 불교가 아니다」, pp. *252-253.* 내가 그 단어를 사용하는 것은 단지 편의적인 것이다.

16) 산스크리트 원문은 다음과 같다.

tatra gotraṃ katamat | *samāsato gotraṃ dvi-vidham* | *prakṛtistham samudānītam ca* |
tatra prakṛtisthaṃ gotraṃ yad bodhisattvānāṃ ṣaḍāyatana-viśeṣaḥ | *sa tādṛśaḥ paramparâgato 'nādi-kāliko dharmatā-pratilabdhaḥ*
tatra samudānītaṃ gotraṃ yat pūrva-kuśalamūlâbhyāsāt pratilabdhaṃ |
tad asminn arthe dvi-vidham apy abhipretaṃ | *tat punar gotraṃ bījam ity apy ucyate dhātuḥ prakṛtir ity api* | (Wogihara, 3.1-8; 굵은 활자는 Wogihara에 의한 재구성을 가리킨다)

17) Hakamaya, "*Tathatā, Dharmadhātu, Dharmatā,*" 261.

18) 다음을 참조하라. Hakamaya, *Mahāyānasūtrālaṃkāra* (1993), 44–5.

19) 이러한 재구성은 『보살지』(*Bodhisattvabhūmi*)에서 다음과 같은 상응에 의하여 지지된다. *rang bzhin gyis gnas pa* (Derge No. 4037[Wi]2b4) = *prakṛtistha* (앞의 주 16에서 인용문을 참조하라).

20) 티벳어본은 다음과 같다.

mdor-bsdu na khams ni gnyis yod de | *rang-bzhin gyis gnas-pa* dang | *goms-pas yongs-su-brtas-pa'o* |
de la rang-bzhin gyis gnas-pa ni ji-ltar khams bco-brgyad-po 'di dag so-sor nges-par rgyud-la-yod-pa'i sa-bon no ‖
de la goms-pas yongs-su-brtas-pa'i khams ni dge-ba 'am mi-dge-ba'i chos sngon gyi skye-ba gzhan-dag tu kun-tu [D. du]-brten[Pek. bsten]-pa gang yin pa de-dag yang-dag-par-grub-par bya -ba'i phyir* | *da-lta sa-bon yongs-su-brtas*-pa rten la gnas-pa yin te* | *des na de rkyen chung-ngu tsam la yang dmigs nas des bkri-zhing des 'gro-bar 'gyur ro* ‖ (Pek. No.5540, vol.111[i]330a3–6; Derge No.4039[Zi]288b1– 3; T 30. 846c18–23)
* Pek.은 *rtas*, 그러나 Derge는 *brtas*로 되어 있다.

나의 다음 논문을 참조하라. 「初期瑜伽行派に於ける界の思想について—Akṣarāśi-sūtraをめぐつて」, 『待兼山論叢—哲學篇』 12 (1987): 26-9. 그 마지막 문장은 인용문 안에 번역되어 있지 않음에 유의하라.

21) *kārikā* III.4의 *Paripuṣṭaṃ[gotram]*은 *Bhāṣya*에서 *samudānītam[gotram]*이라고 해석되어 있다(Sylvain Lévi, ed. *Mahāyānasūtrālaṃkāra*. Paris: Honoré Champion, 1907, 11.10–12).

22) 『유가사지론』「섭사분」(*Vastusaṃgrahaṇī*)에서는 『잡아함경』(*Saṃyuktāgama*)의 經들에 대한 유가행파적 해석을 제시하며, 우리가 방금 본 부분은 계(*dhātu*)에 관한 經들을 논의하는 장의 서론이다. 다음을 참조하라. 向井 亮, 「『瑜伽師地論』の摂事分と『雑阿含経』ー『論』所説の相応アーガマの大綱から『雑阿含経』の組織復原案までー附『論』摂事分ー『経』対応関係一覧表」, 『北海道大學文學部紀要』 33/2 (1985): 36). 나의 해석은 본 장과 관련 경들의 내용에 기초하고 있다. 나의 다음 논문을 참조하라. "The *Dhātu* Theory in Early Yogacara," 21–4 (앞의 주 20을 참조하라).

23) Hakamaya, "A Source of the Three-Vehicle Theory," 135–6. 보다 최근의 저술에서도 그는 이 점을 재확언하고 있다. 그의 다음 논문을 참조하라. "*Tathatā, Dharmadhātu, Dharmatā*," 259.

24) 추가적으로, 『보살지』(*Bodhisattvabhūmi*)로부터 다음 단락을 비교해 보라(Wogihara, 401, 4–11):

> *yat punas tad eva bījaṃ vibhjyâneka-prakāraṃ gṛhṇāti* | *idam nānā-dhātu- jñāna-balāt* | *sa punar dhātu-pravibhāgaḥ samāsataś catur-ākāro veditavyaḥ* | *prakṛtistham bījaṃ pūrvâbhyāsa-samutthitaṃ bījaṃ* [|] *viśodhyaṃ bījaṃ* | *tad-yathā parinirvāṇa-dharmakāṇām* | *aviśodhyaṃ ca bījaṃ* | *tad-yathā aparinirvāṇa-dharmakāṇām* | *yat tāvat yathā-dhātv-anurūpaṃ pratipad-avatāraṃ prajānāti* | *idaṃ nānā-dhātu-jñāna-balāt* |
>
> [붓다가] [신해(*adhimukti*)를 일으키는] 종자를 분석하고 [그것들의] 여러 유형을 이해하는 것이 [이루어지는 것은] 다양한 *dhātu*에 관한 지혜에 의하여서이다. *dhātu*의 나뉨은 총괄적으로 네 가지로 알려져야 한다. 본성에 의하여 존재하는 종자; 이전의 습관적 수행에 의하여 현실화되는 종자; 정화될, 곧 *parinirvāṇa*(반열반)의 본성을 지닌 이들의 종자; 그리고 정화될 수 없는, 곧 *parinirvāṇa*의 본성을 지니고 있지 않은 이들의 종자. [붓다가] *dhātu*에 부응한 수행과 [진리에의] 입문을 아는 것은 다양한 *dhātu*에 관한 지혜에 의해서이다.

여기에서 다시 dhātu, bīja, (그리고 gotra)는 상호 호환되는 것으로 다루어진다. nānā-dhātu-jñāna-bala라는 표현은 이러한 맥락에서 dhātu의 다양성을 뚜렷이 전제한다.

25) 이것은 다음 문헌에서 안혜(Sthiramati)의 의견이다. 『대승장엄경론주석』(*Sūtrālaṃkāra-vṛttibhāṣya*)(Pek. No. 5531, vol.108[Mi] 46a7–b4):

> ···*ji-tar* ***Ri-lu'i phung-po bstan-pa'i mdo*** *las* | *bcom-ldan-'das kyis 'di-lta-ste* | *dge-slong-dag ri-lu'i phun- po 'phang-du yang dpag-tshad gcig-tsam la chu zheng-du yang dpag-tshad gcig-tsam yod-pa'i ri-lu'i phung-po de las skyes-bu la-la-zhig gis lo brgya'am lo brgya 'das nas ri-lu gcig blangs te* | *ri-lu 'di ni nyan-thos kyi khams su gtogs* | *ri-lu 'di ni rang-sangs-rgyas kyi khams su gtogs zhes smras na yang ri-lu de myur-du zad cing med-par 'gyur gyi sems-can gyi khams ni de-ltar zad par mi 'gyur ro zhes gsungs-pa lta-bu'o* ||
>
> *gsung-rab 'di la khams zhes bya-ba'i don gang zhe na* |
>
> ***Khams mang-po bstan-pa'i mdo*** *dang sbyar na ni mig la-sogs-pa'i khams tha-dad-*

par bstan-pa'i sgo-nas khams dpag-tu-med-pa 'on-kyang 'di'i skabs su ni rigs la khams zhes bya ste | khams zhes kyang bya | rigs zhes kyang bya | rgyu zhes kyang bya | sa bon zhes kyang bya ste | rnam-grangs su gtogs so ‖ …gang 'dod-chags la-sogs-pa'i rigs yod-pa de-dag ni 'dod-chags bskyed-pa nyid kyi rgyu byed kyi zhe-sdang bskyed-pa'i rgyu mi-byed-pa bzhin-du theg-pa gsum gyi rigs tha-dad-pa rnam-pa gsum yang med-du mi-rung ste | rigs tha-dad-pa gsum med na ci'i phyir theg-pa rnam-pa gsum du 'gyur-ba mi-rigs so ‖

…*Akṣarāśi-sūtra*(*Ri-lu'i phung-po bstan-pa'i mdo*)에서 세존이 선언하듯이: "오 비구들이여, [상상해보라] 어떤 사람이 1백 년이나 그 이상의 기간마다 너비와 높이가 한 유순(*yojana*)인 *akṣa* 종자 한 무더기에서 *akṣa* 종자 하나를 꺼내며 말하기를, '이 *akṣa* 종자는 聲聞의 *dhātu*에 속하고, 이 *akṣa* 종자는 獨覺의 *dhātu*에 속한다'라고 말한다. 그러한 경우에도 그 *akṣa* 종자들은 곧 다 사라질 것이지만, 중생들의 *dhātu*는 사라지지 않을 것이다."

[질문:] 이 가르침에서 *dhātu*의 의미는 무엇입니까?

[대답:] *Bahudhātuka-sūtra* (多界經, *Khams mang-po bstan-pa'i mdo*)에 따르면, *dhātu*는 [거기에서] 언급되는 눈의 *dhātu*와 같이 다양한 *dhātu*의 맥락에서 무한하지만, [*Mahāyānasūtrālaṃkāra*의] 본 장에서 *dhātu*는 *gotra*를 지칭한다. *dhātu*, *gotra*, *hetu*(원인), 그리고 *bīja*(종자)는 모두 동의어이고 …. 탐욕(*'dod-chags, rāga*) 등의 근원(*rigs, gotra* [=*dhātu*])은 다만 탐욕이 일어나는 원인으로서만 작용하며 증오((*zhe-sdang, dveṣa*)의 원인으로서는 작용하지 않는다; 마찬가지로 三乘의 세 가지 *gotra*들은 [三乘의 각각의 특유한 원인들로서] 존재하지 않을 수 없다. *gotra*들 사이의 세 가지 구분이 없이는, 三乘[사이의 구분]의 근거는 이해할 수 없을 것이다.

여기에서 *Sūtrālaṃkāra-vṛttibhāṣya*(대승장엄경론주석)에 대한 언급은 전혀 자의적인 것이 아니다. *Sūtrālaṃkāra-vṛttibhāṣya*의 이 부분은 *Akṣarāśi-sūtra*에 관한 논의이며, *Vastusaṃgrahaṇī*(섭사분)는 앞에서 언급된 서론 바로 뒤에 동일한 經을 논의한다. 다음을 참조하라. Hakamaya, "A Source of the Three-vehicle Theory," 132-7, 그리고 Yamabe, "The *Dhātu* Theory In Early Yogacara," 24-9.

26) 산스크리트 텍스트는 다음과 같다.

…etac caiva kathaṃ bhaviṣyaty eṣāṃ prahīṇaḥ kleśa eṣāṃ aprahīṇa iti | prāptau satyāṃ etat sidhyati tad-vigamâvigamāt |
āśraya-viśeṣād etat sidhyati | āśrayo hi sa āryāṇāṃ darśana-bhāvanā-mārga-sāmarthyāt tathā parāvṛtto bhavati yathā na punas tat-praheyāṇāṃ kleśānāṃ praroha-samartho bhavati | ato 'gni-dagdha-vrīhivad abījī-bhūte āśraye kleśānām prahīṇa-kleśa ity ucyate | (P. Pradhan, ed., *Abhidharmakośa-bhāṣya* [Patna: K. P. Jayaswal Research Institute, 1975, second edition], 63.19-23)

나의 다음 논문을 참조하라. "*Bīja* Theory in *Viniścayasaṃgrahaṇī*," 『印度學佛教學研究』 38/2 (1990): 929. 첫 문단의 번역은, 본문 중에는 번역되어 제시되지 않았지만, 다음과 같다.

[질문: *citta-viprayukta-saṃskārahetu*(심불상응행)의 하나로서 *prāpti*(得)가 없다면] 번

뇌(kleśa)를 버린 이들과 그렇지 않은 이들 사이의 구분을 그대는 어떻게 설명하겠는가? *prāpti*가 있다면 [그 구분은] 그것[*prāpti*]과의 결합이나 분리의 맥락에서 이루어진다.

27) 또한 유의해야 할 것으로, *bīja*와 *gotra*가 유가행파 텍스트에서 전반적으로 동의어로 취급되며, *Abhidharmakośa-bhāṣya*(『구사론』)와 *Yogācārabhūmi*(『유가사지론』) 사이의 긴밀한 친연성이 여러 일본 학자들에 의하여 이미 확립되어 있고, 그 가운데 가장 중요한 학자 중 한 명이 다름 아닌 하카마야 자신으로서, 그는 "On *Pūrvācārya*"를 집필하였다. 그러므로 나는 *Abhidharmakośa-bhāṣya*의 *bīja*에 의하여 *Bodhisattvabhūmi*(「보살지」)의 *gotra*를 해석하는 것은 전혀 문제가 없다고 본다.

28) *Triṃśikā-bhāṣya*(『유식삼십송』)로부터의 다음 단락과 비교해 보라. (Sylvain Lévi, ed., *Vijñaptimātratāsiddhi*. Paris: H. Champion, 1925, 38.28–9):

tasmiṃś [=*kleśa bīja*] *cāpanīte na punas ten<u>āśrayeṇa</u> kleśānām utpattir iti sōpadhiśeṣo nirvāṇa-dhātuḥ prāpyate* |
그것[번뇌의 종자]이 제거될 때, <u>그 몸에서</u>(*āśraya*) 어떠한 번뇌도 일어나지 않으며, 그리하여 남음이 있는 *nirvāṇa-dhātu*가 성취된다.

29) *Madhyāntavibhāga-ṭīkā*(『중변분별론소』)로부터의 아래 단락과 비교해보라. 이 텍스트는 또한 다음에서도 논의되고 있다. David Seyfort Ruegg, *La Théorie du tathāgatagarbha et du gotra*, 98:

<u>gotrasya</u> ca viśuddhy-artham,
*tasya śūyatā prakṛti-śūyatā, atrâiva kāraṇam āha, gotraṃ hi prakṛtir iti, kuta etat, ata āha, svābhāvik**ād iti svābhāvikam anādi-kālikam, an-āgantukam ity arthaḥ, yathânādi-saṃsāre kiñcic cetanaṃ** kiñcid acetanam evam ihâpi <u>kiñcit saḍāyatanaṃ buddha-gotraṃ kiṃcic chrāvakâdi-gotram iti</u>* | *na câkasmikatvaṃ gotrasyânādi-paramparâgatatvāc cetanâcetana-viśeṣavad iti* |
<u>sarva-sattvasya tathāgata-gotrikatvād atra gotram iti tathātā</u> * ***<u>jñeyam ity anye</u>*** |
(Yamaguchi, 55.19–56.6; 굵은 활자는 편집자에 의한 재구성을 가리킨다)

*Yamaguchi에 따르면, Peking 판과 Narthang 판은 *de bzhin du shes bya'o*라고 되어 있다(Derge 또한 동일하게 읽히도록 되어 있다. No. 4032[Bi]216b3). 그러나 그는 텍스트를 *de bzhin nyid du shes bya'o*라고 읽히도록 교정할 것을 제안하며, *tathātvaṃ*을 재구성한다. 그의 제안은 설득력이 있는 것으로 보이지만, 만약 그러하다면 아마도 *tathatā*가 더 가능성이 있는 산스크리트어일 것이다. 우리가 뒤에 *Abhisamayālaṃkāra-vṛtti*(『현관장엄론』)에서 보겠지만, *gotra*를 보편적 원리(*dharmadhātu* 등)로 해석한 몇몇 사람들이 분명히 있었다.

"<u>*gotra*</u>를 정화하기 위하여"(*Madhyāntavibhāga*(『중변분별론』) I.19a)
그것의 비어 있음은 본질적으로 공성(*prakṛti-śūnyatā*)이다. [*Bhāṣya*에서는] 이에 대한 이유를 다음과 같이 제시한다. "[그것은] *prakṛti*가 *gotra*이기 때문이다." 어떻게 그러한가? 그러므로 [*Bhāṣya*에서는] 말하기를, "그것은 본질적이기 때문이다"라고 하는데, 그 의미는 "시작이 없는 과거로부터" 그리고 "우발적이지 않은"이라는 뜻이다. 시작이 없는 윤회로부터 어떤 것은 의식이 있고 어떤 것은 의식이 없는 것과 꼭 마찬가지로, 그렇게 여기에서도 어떤 六處는 *buddha-gotra*를 가지고 있고, 또 어떤 것은 *śrāvaka-gotra*를 가지고 있다. [그 구별은] 우연적인 것이 아니니, 왜냐하면 *gotra*는 시작이 없는 [과거]로부터 계속해서 전해져 오기 때문이다. 이는 의식이 있는 것과 없는 것의 구별과 마찬가지이다.

다른 이들은 말하기를, "모든 중생들은 *tathāgata-gotra*를 가지고 있기에, 여기에서 *gotra*는 *tathatā*로 알려져야 한다."

*gotra*의 두 가지 해석의 이러한 병치는 중요하다. 첫 번째 견해는 대체로 우리의 *Bodhisattvabhūmi*(「보살지」)에 대한 해석과 일치한다. 우리가 뒤에 보겠지만, *gotra*의 의미는 후대의 여래장 문헌들에서 재정의된다. Sthiramati의 시대에 유가행파는 그 자체로 그러한 재해석의 영향으로부터 전적으로 자유롭지는 않았던 것으로 보인다.

30) 아비달마 체계에서 無漏(*anāsrava*)의 심적 요소들은 道諦(*mārga-satya*)의 범주에 속한다.

ya ete mano-dharma-manovijñāna-dhātava uktāḥ
sāsravânāsravā ete trayaḥ (I.31cd)
ye mārga-satyâsaṃskṛta-saṃgṛhītās te 'nāstravā anye sāsravāḥ | (Pradhan, 21.23-25)
manas, dharma, 그리고 *manovijñāna*의 *dhātu*는 [게송 I.31ab에서] 언급되기를,
이 셋은 오염되어 있거나 청정하다.
mārga-satya(도제)와 *asaṃskṛta*[의 범주]에 포함되는 것들은 청정하고, 다른 것들은 오염되어 있다.

설일체유부 체계에서 *Dharmadhātu*에는 *caitasikā dharmāḥ*(심적 기능들)이 포함된다. 초세간적인 지혜(無漏의 심적 요소)는 청정하지만 *asaṃskṛta*(여기에는 오직 *ākāśa*, *pratisaṃkhyā-nirodha*, *apratisaṃkhyā-nirodha*만 포함된다)는 아니기에 그것은 *mārga-satya*에 포함된다. 자연히 *mārga-satya*는 *saṃskṛta*로 간주되며(*mārga-satyasya saṃskṛtatvāt Abhidharmakośa-vyākhyā, Wogihara*, 12.25), 따라서 因과 緣이 일어나는 것을 요구한다(*hetu-pratyaya-janitā rūpādayaḥ saṃskṛtāḥ*, ibid., 12.22).

곧 아비달마 불교의 틀에 따르면 초세간적 지혜는 *saṃskṛta*이어서, 그 원인을 요구한다.

31) *Asaṃskṛta*는 인과를 초월한다. *Abhidharmakośa-bhāṣya*(Pradhan, 91.4-6)의 다음 단락을 보라.

saṃskṛtasyâiva dharmasya hetu-phale bhavataḥ |
nâsaṃskṛtasya te ‖ (II.55d)
kiṃ kāraṇam | *ṣaḍvidha-hetv-asaṃbhavāt pañca-vidha-phalâsaṃbhavāc ca* |
오직 *saṃskṛta* dharma에 대해서만 因과 果가 있다.
그들은 *asaṃskṛta* [dharma]에 대해서는 [존재하지] 않는다.
어떤 이유로? [그것은] [*asaṃskṛta dharma*에 대해서는] 六因五果가 적합하지 않기 때문이다.

32) *Viniścayasaṃgrahaṇi* 내의 *Bodhisattvabhūmi*에 의하면, *asaṃskṛta*로 간주되는(*de-bzhin-nyid ni 'dus-ma-byas yin no*, Pek. No. 5539, vol.111 ['i] 5a7) *tathatā*는 (발생적) 원인이 아니다(*de-bzhin-nyid ni rgyu ma yin no*, Pek. No. 5539, vol.111['i]

7a4–5); *tathatā*는 오직 所緣緣(*ālambana-pratyaya*)의 범주에 속한다(*de-bzhin-nyid ni dmigs-pa'i rkyen gyis bsdus-pa kho-na yin no*, Pek. No. 5539, vol.111['i] 5b7). 그러나 유가행파 역사의 관점에서, 실제 문제는 *tathatā*를 *asaṃskṛta*로 인정하는 것일 수 있다. 현상적 *vastu*로부터 *tathatā*의 분리는, 하카마야가 자신의 논문 "Nirvikalpa-jñāna in Yogacara Literature"(219)에서 지적한 것으로, 이러한 인정에 연관될 수 있다. 또한 *Viniścayasaṃgrahaṇī*의 *Sopadhikā-* 그리고 *Nirupadhikā- bhūmi*에서도 중요한 예외가 발견된다. 다음을 참조하라. Lambert Schmithausen, *Der Nirvāṇa-Abschnitt in der Viniścayasamgrahaṇī der Yogācārabhūmiḥ* (Vienna: Verlag der Österreichischen Akademie der Wissenschaften, 1969), 42-5. 또한 『顯揚聖敎論』(T 31.581c5–8)을 보면 붓다의 모든 행위는 **asaṃskṛta-dharmakāya*의 기반에서 일어난다고 서술한다.

33) 예컨대 다음을 참조하라. *Mahāyānasūtrālaṃkāra* IX.57. 또한 다음을 참조하라. Yamabe, "On *Tathatā-ālambana-praryaya-bīja*," 80-1. Peter Harvey는 *Atthasālinī* 221 그리고 *Visuddhimagga* 668(양자 모두 PTS 판본)에서도 "하나의 길이 *nibbāna*를 그 목표로 취하고, 이것은 (집착 등에서 비어 있듯이) 비어 있으며, 無相(*animitta*)이고 욕망이 없다"라고 서술하는 데 주목한다. 그의 다음 논문을 참조하라. "'Signless' Meditations in Pāli Buddhism," *The Journal of the International Association of Buddhist Studies* 9/1 (1986): 30.

34) 여기에서도 이 해석은 아비달마 불교의 틀과 조화를 이루고 있다. *Abhidharmakośa-vyākhyā*(Wogihara, 45.9-12; 본서의 「재반론」의 주 23에 인용된 *Abhidharmakośa-bhāṣya* 13.22-3을 참조하라)는 다음과 같이 읽힌다.

> ***asaṃskṛtaṃ na dhātuḥ syāt*** | *na hy asaṃskṛtam asaṃskṛtasyânyasya vā sabhāga-hetuḥ* |
> **citta-caittānāṃ tarhî***ti* | *kiṃ* | *ākarā iti prakṛtaṃ* | *dvayaṃ pratītya vijñānasyotpattir iti sarva-dhātavo vijñānasya sa-saṃprayogasya pratyayo 'vaśyam ālambanam adhipatiś cêty ākarāḥ* |
> [질문: 만약 *dhātu*라는 단어가 원인이라고 정의된다면] ***asaṃskṛta*[dharma]는 *dhātu*가 아닐 것인데**, 왜냐하면 *asaṃskṛta*는 *asaṃskṛta*나 *saṃskṛta*의 同類因(*sabhāga-hetu*)이 아니기 때문이다.
> [대답:] **마음과 마음의 기능에 관하여**. [*Bhāṣya*의 이 불완전한 문장이 의미하는 것은] 무엇인가? 그 근원(ākara)이 [논의의] 주제이다. 의식은 두 가지 조건[곧 대상과 감각 기관]에 의존하여 일어나기에, 모든 *dhātu*는 의식 그리고 인식 대상(*ālambana*)이자 增上(*adhipati*)으로서 의식과 연결된 대상에 필요한 조건들이다. 그리하여 근원들이라고 [그들은 불린다].

여기에서 굵은 활자는 *Abhidharmakośa-bhāṣya*의 인용을 가리킨다. 이 단락의 의미는 어떤 것도 발생시키지 않는 無爲(*asaṃskṛta*)의 dharma가 *dhātu* 곧 "원인"이라고 불리는 것은 단지 의식의 인식대상이 되기 때문이라는 것이다. 설일체유부의 아비달마에 의하면, 어떠한 의식도 인식대상이 없이는 일어날 수 없으며, 그러므로 심지어 무위법이라고 하더라도 의식의 대상이 됨으로써 의식의 발생을 도울 수 있다. 오직 이러한 의미에서 무위법은 "원인"으로 간주된다. 그것은 결코 어떤 것도 직접적으로 발생시키지 않는다.

35) *dhātu-vāda*의 주장에 따르면, 보편적 *dharmadhātu*는 모든 dharma들을 발생시켜야 하지만, 나는 유가행파 문헌에서 그러한 견해를 지지하는 어떤 것도 발견하지 못하고 있다. 심지어 *dharmadhātu*가 "원인"으로 언급되는 특별한 경우에 있어서도, 그것은 오직 초세간적인 지혜(또는 아마도 보다 정확하게 하자면, 초세간적 지혜의 첫 순간)와 관련된다. 다른 요소들은 평범한 다수의 종자들로부터 일어난다. 다음을 참조하라. Lambert Schmithausen, *Buddhism and Nature*, 55, n. 311.

36) *Mahāyānasūtrālaṃkāra-bhāṣya*(『대승장엄경론』) XI.53-59; XII.19-23에 관하여 마츠모토가 지적하듯이 보편적 *dharmadhātu*는 또한 유가행파 문헌에서도 *gotra*의 구분을 다루는 맥락에서 언급된다. 언급된 단락에서 요점은 一乘 사상이, 유가행파에 따르면 숨은 의도를 지니고(*ābhiprāyika*) 있으며, 붓다의 의하여 가르쳐진 것은 三乘이 동일한 *dharmadhātu*를 공유하기 때문이라는 것이다. *Mahāyānasūtrālaṃkāra-ṭīkā* 그리고 *Sūtrālaṃkāra-vṛttibhāṣya*에서 *Mahāyānasūtrālaṃkāra* XI.53에 대한 언급에 따르면, 三乘이 *yātavya*인 동일한 *dharmadhātu*를 깨달을 때 삼승의 *ārya-dharma*가 일어난다. 이 단락들에 기초하여 마츠모토는 유가행파 사상에서 *dharmadhātu*의 보편성은 dharma들의 다양성을 부정하는 것이 아니라 오히려 그 기반으로 기능한다고 주장한다. 다음을 참조하라. Matsumoto, "The Ekayana Theory in Yogacara," 307-12.

*dharmadhātu*의 보편성은 또한 유가행파 텍스트의 다른 곳에서도 一乘과 연계하여 언급된다. 다음을 참조하라. *Saṃdhinirmocana Sutra*(『해심밀경』) IX.32; cf. VII.14; 『현양성교론』 T 31.581b20-5; *Mahāyānasaṃgraha*(『섭대승론』) X.32, 그리고 관련 주석들을 보라. 또한 다음을 참조하라. 早島 理, "*Chos yoṅs su tshol baḥi skabs Dharmaparyeṣṭy adhikāra: The XIth Chapter of the Sūtrālamkāravṛttibhāṣya, Subcommentary on the Mahāyānasūtrālaṃkāra*" pt. 3, 『長崎大學教育学部人文科学研究報告』 28 (1979): 46-57. 이 모든 단락에서 *dharmadhātu*는 오직 일승 사상을 내치기 위해서만 언급된다. 유의해야 할 것은, 유가행파에서 일승사상을 잠정적 가르침에 불과한 것으로 간주하며 결코 궁극적으로는 승인하지 않는다는 점이다. 다시 말해서, 보편적 *dharmadhātu*는 *gotra* 구분의 확실한 증거가 아니다. 유가행파에서는 오직 삼승이 *dharmadhātu*를 공유하는 만큼만 삼승의 기저에 있는 보편성을 주서하며 인정한다. 유가행파 사상가들이 *gotra* 구분의 사상을 확립하고자 실제로 시도할 때, 그들은 전형적으로 *dhātu*의 다양성에 호소한다. 복수적 *dhātu/gotra* 그리고 일원적 *dharmatā/ekayāna* 사이의 어법적 대조의 훌륭한 사례는 『顯揚聖教論』(T 31.580c28-581b25)에서 발견될 수 있다. *Bodhisattvabhūmi*(「보살지」), *Śrāvakabhūmi*(「성문지」), 그리고 *Yogācārabhūmi*(「유가사지론」)의 다른 보다 오래된 부분에서 발견되는 유가행파 *gotra* 이론의 전형적 구조는 의심할 바 없이 복수적이다.

37) 마츠모토("The *Śrīmālādevī Sutra* and Ekayana Theory," 328)는 인도에서 유가행파와 여래장사상이 *dhātu-vāda*의 동일한 범주에 속하며 그 양자 사이에는 아무런 논쟁이 없었다고 주장한다. John P. Keenan("Original Purity and the Focus of Early

Yogācāra," *The Journal of the International Association of Buddhist Studies* 5/1 (1982): 15)은 논쟁이 없었다는 데 동의한다. 그러나 이것은 엄밀히 사실은 아니다. 『成唯識論』(*Vijñaptimātratāsiddhi*, T 31.8c18-9a7)에서는 *prakṛti- prabhāsvara*(자성청정) 이론을 명시적으로 배격한다. 이 텍스트에서는 그 이론을 Vibhajyavādin(분별설부)에 귀속시키지만, 『成唯識論』이 여래장사상의 사유방식에 적대적인 것은 확실하나. 『阿毗達磨大毗婆娑論』(T 27.140b24ff.)을 참조하라.

38) tathatā(진여)가 인과에 관여하는가 여부의 문제는 여래장 이론을 다른 불교적 사유방식과 구분하는 데 중요한 의미를 지닌다. 다음을 참조하라. 藤田 正浩, 「初期如來藏系經典と緣起思想」, 『仏教思想の諸問題：平川彰博士古稀記念論集』, 平川彰博士古稀記念会 編, (東京: 春秋社, 1985), 214.

39) 산스크리트 본문은 다음과 같다.

asaṃskṛtād apravṛtti-lakṣaṇād api tathāgatatvād anābhogataḥ sarva-saṃbuddha-kṛtyam ā saṃsāra-koṭer anuparatam anupacchinnaṃ pravartate | (E. H. Johnston, 8.11-12; 中村 瑞隆, ed. *Ratnagotravibhāga* [Tokyo: Sankibō Busshorin, 1961], 13.17-19) Saṃbuddha(정등각자)의 모든 행위는, 비록 그것[tathāgatatva]이 無爲[*asaṃskṛta*]이고 일어나지 않음의 특성을 지니고 있지만, 윤회의 끝까지 그침 없이 계속해서 노력 없이 여래의 본질(tathāgatatva)로부터 일어난다.

40) 산스크리트 본문은 다음과 같다.

samāsato 'nāsrave dhātau tathāgata-garbhe caturo 'rtān adhikṛtya catvāro nāma-paryāyā veditavyāḥ … tad-gotrasya prakṛter acintya-prakāra-samudāgamârthaḥ | *yam adhikôtyfiktam* | *saḍāyatana-viśeṣaḥ sa tādṛśaḥ paramparâgato 'nādi-kāliko dharmatā-pratilabdha iti* | (*Ratnagotravibhāga*, Johnston, 55.10-17; Nakamura, 107.23-109.10.

요컨대, *anāsravadhātu*(무루계) 곧 여래장은 그 네 가지 의미에 상응하는 네 가지 이름으로 알려지게 된다. … [둘째는] *gotra*의 본성의 상상할 수 없는 전수 방식(*cintya-prakāra-samudāgamârtha*)의 뜻이다. 이 [의미]에 관하여, [보살들의] 六入의 구분되는 상태는 시작이 없는 과거에 자연히 획득되었고 동일한 방식으로 [현재까지] 전수되어 왔다고 이야기된다.

prakṛtistha-gotra(본성주종성)를 *tathāgatagarbha/tathatā*(여래장/진여)와 동일시하는 것은 *Kāśyapaparivarta*(迦葉品)에 의하여 영향 받았을 수 있는데, 그 텍스트에서는 *gotra*와 *asaṃskṛta*를 동일시한다. 여기에서 또한 주목해야 할 것은, Lokakṣema(지루가참)에 의한 가장 오래된 한문 번역에는 *gotra*(종성) 대신에 羅漢滅(**arhad nirodha*)이라고 되어 있다는 점이다. (A. von Staël-Holstein, ed., *Kāśyapaparivarta*, [Shanghai: The Commercial Press, 1926], sec. 102). 원래의 **arhad nirodha*가 후대에 여래장 이론이 발달하면서 *gotra*로 대체되었다고 생각할 수 있겠다. Ronald Davidson 또한 여기에서 *gotra*라는 단어가 원래의 표현인지 여부를 의문시하고 있다("Buddhist Systems of Transformation: *Āśraya-parivṛtti-parāvṛtti* among the Yogācāra" [Ph. D. dissertation. University of California, Berkeley, 1985], 101-2). 반면에 Friedrich

Weller는 *arhad nirodha라는 표현에 의심을 품는다("Kāśyapaparivarta nach der Han-Fassung verdeutscht," in *Friedrich Weller Kleine Schriften* [Stuttgart: F. Steiner, 1987], 1157–61).

41) 산스크리트 본문은 다음과 같다.

tatra paścād antaśo mithyātva-niyata-saṃtānānām api sattvānāṃ kāyeṣu tathāgata-sūrya-maṇḍala-raśmayo nipatanti … | yat punar idam uktam icchantiko 'tyantam aparinirvāṇa-dharmêti [sic] tan mahāyāna-dharma-pratigha icchantikatve hetur iti mahāyāna-dharma-pratigha-nivartanârtham uktaṃ kālântarâbhiprāyeṇa | <u>na khalu kaścit prakṛti-viśuddha-gotra-saṃbhavād atyantâviśuddhi-dharmā bhavitum arhati</u> | (Johnston, 36.16–37.4; Nakamura, 71.8–16.)

이 부분을 *Śrāvakabhūmi*(「성문지」)로부터의 아래 단락과 비교해 보라.

ihâparinirvāṇa-dharmasya pudgalasyâdita evâlaya-tṛṣṇā sarveṇa sarvaṃ sarvathā ca sarva-buddhair āśraya-sanniviṣṭā aprahāṇa-dharmiṇī bhavaty anutpāṭyā dūrāgatā pragāḍha-sanniviṣṭhā idaṃ prathamam agotraka-sthasya pudgalasya liṃgaṃ* ‖ 高橋尚夫, 松濤泰雄, 勝部隆敏 編, 「梵文声聞地: 初瑜伽処中種姓地」, 和訳·科文, 『大正大學綜合仏教研究所年報』 3 (1981): 199-201; Karunesha Shukla, ed., *Śrāvakabhūmi* [Patna: K. P. Jayaswal Research Institute, 1973], 16.15–18)

두 판본 모두 anutpādyā로 되어 있는데, 티벳 판본은 *ma bshig pa* (*bshig pa* = to destroy, break; Pek. No. 5537, vol. 110[Wi]8a8); 玄奘 판본은 不可傾拔 (T 30.398a4). 나는 그것을 *anutpāṭya*로 읽었다.

여기에서 본성적으로 parinirvāṇa(반열반)에 이를 수 없는 사람에게 ālaya(알라야)에 대한 집착은 바로 애초부터 몸 안에 고착되어 있어서 전혀 어떠한 방법으로도, [심지어] 모든 붓다들에 의하여서도 제거되거나 뿌리 뽑힐 수 없다. [그 집착은] 먼 과거로부터 전해져 오면서 확고하게 고착되어 있다. [이것은] 어떤 사람은 *gotra*에 머물고 있지 않다는 첫 번째 징후이다.

42) 예컨대 *Mahāyānasaṃgraha*(『섭대승론』)에서는 *dharmadhātu*가 구원론적 맥락에서 중요한 역할을 하는데, *gotra* 사이의 구분은 더 이상 상소되시 않는다.

43) 티벳어 본은 다음과 같다.

*'jig-rten las 'das-pa'i chos-rnams ni de-bzhin-nyid la dmigs-pa'i rkyen gyi sa-bon dang-ldan-par skye'i bag-chags bsags-pa'i sa-bon dang-ldan-pa ni ma yin no (*lokottara-dharmās tathatâlambana-pratyaya-bījā utpadyante na tûpacita-vāsanā-bījāḥ)* (Pek. No. 5539, vol. 110[Zi]30b1)

초세간적인 dharma들이 일어날 때에는 [명상의] 인식 대상인 tathatā를 그들의 종자(*bīja*)로 하며, 축적된 習氣(vāsanā)를 그들의 종자(*bīja*)로 하지는 않는다.

44) 티벳어 본은 다음과 같다.

gal-te bag-chags bsags-pa'i sa-bon dang-ldan-par skye-ba ma yin na | de-lta na ni

ci'i phyir gang-zag yongs-su-mya-ngan-las-'das-pa'i chos-can gyi rigs gsum rnam-par-bzhag-pa dang | *gang-zag yongs-su-mya-ngan-las-mi-'da'-ba'i chos-can gyi rigs rnam-par-gzhag-pa mdzad de* | *'di-ltar thams-cad la yang de-bzhin-nyid la dmigs-pa'i rkyen yod pa'i phyir ro zhe na* | (Pek. No. 5539, vol. 110[Zi]30b1–3)
혹자는 물을 것이다. "만약 [초세간적인 dharma들이] 축적된 習氣를 그들의 종자로 하여 일어나지 않는다면, 그렇다면 열반에 이를 수 있는 세 종류의 *gotra*의 사람들 그리고 열반에 이를 수 없는 *gotra*의 사람들이 있는 것은 어떻게 그러한가? 왜냐하면 인식 대상으로서 *tathatā*(진여)는 누구에게나 존재하기 때문이다."

45) 산스크리트 본은 다음과 같다.

eka-mṛd-dravyâbhinirvṛttâika-tejaḥ-paripakva-kṣaudra-śarkarâdi-bhājana-bhedôdāharaṇena |

Corrado Pensa, ed., *Abhisamayālaṃkāra-vṛtti* (Rome: IsMEO, 1967), 77.14–15; 다음을 참조하라. D. Seyfort Ruegg, "Ārya and Bhadanta Vimuktisena on the Gotra-Theory of the Prajñāpāramitā," *Wiener Zeitschrift für die Kunde Süd- und Ostasiens und Archiv für Indische Philosophe* 12–13 (1968): 310–11; Matsumoto, "The *Śrīmālādevī Sūtra* and Ekayana Theory," 317, 334.

46) 예를 들면:

asati tu gotre sarveṇa sarvaṃ sarvathā bodher aprāptir eva veditavyā (*Bodhisattvabhūmi,* Wogihara, 11.18–19)
그러나 *gotra*가 없다면, 깨달음에 이르는 것이 어떻게든 전혀 불가능하다는 것을 알아야 한다.

또한 앞의 주41을 참조하라.

47) *Vṛtti*는 頂(*mūrdhan*)의 단계까지 *śrāvaka-gotra*(성문종성)의 무한한 전환을 허용하는 *Abhidharmakośa*(『구사론』)의 이론을 따른다(Pensa, 78.4–7; Seyfort Ruegg, "Ārya and Bhadanta Vimuktisena," 312). 그리하여 聲聞들에게 전환의 가능성이 유가행파에서보다 훨씬 더 큰데, 유가행파에서는 不定種姓(*aniyatagotra*)에게만 전환을 허용한다. 나는 *Abhidharmakośa-bhāṣya*(『구사론』)에서 *gotra*라는 단어의 어법에 대하여 철저한 연구를 하지는 않았지만, 나의 인상으로는, 이 텍스트에서 *gotra*는 *gotrabhū*의 전통을 따르고 있다. 다시 말해서, 그것은 수행의 과정에서 도달한 決擇分(*nirvedha-bhāgīya)*에 충분히 상응하는 것을 대변한다는 것이 나의 인상이다. 다음을 참조하라. 高崎 直道, 「Gotrabhūとgotrabhūmi」, 『金倉博士古稀記念ー印度学仏教学論集』 (京都: 平楽寺書店, 1966), 330–1; Seyfort Ruegg, "Pāli *Gotta/Gotra and the Term Gotrabhū* in Pāli and Buddhist Sanskrit" (in *Buddhist Studies in Honour of I. B. Horner*, L. Cousins, A. Kunst, and K. R. Norman, eds., Boston: Reidel, 1974), 200. 이 시스템에서 gotra는 그 자체로 존재하는 어떤 것이라기보다는 수행을 통하여 획득되는 어떤 것이어서, śrāvaka-yāna(성문승)를 수행함이 없이 śrāvaka-gotra(성문종성)를 명시적으로 성취할 수는 없는 것으로 보인다. 만약 그러하다면, 이것은 우리가

유가행파 시스템에서 발견하는 종류의 미리 정해진 것과 매우 다르다.

48) 이러한 이유로 나는 이 게송에서 차별이 보다 본질적이라는 마츠모토의 견해에 동의하지 않는다(("A Critique of Realism," 141–2).

49) *ādhāraḥ pratipatteś ca dharmadhātu-svabhāvakaḥ* (Wogihara, 17).

50) 생략된 부분의 번역은 다음과 같다.

그들은 [합성어] "*prakṛtistha-gotra*(본성)"에서 "*prakṛti*(본성주종성)"라는 단어의 의미를 설명해야 한다. 만약 그 단어가 "원인"이라는 의미로 사용된다면, 그것은 또한 "조건에 의하여 성취된 것[*gotra*]"에도 적용된다; [그렇다면] [이 두 부류의 *gotra*들 사이에] 의미의 차이는 무엇인가? [만약 "*prakṛti*"라는 단어를 취하여] *dharmatā*라는 의미를 갖게 한다면, 그러한 문제는 없다. 그렇지 않다면, [우리가 또한 말할 수 있는 것은] 그들의 *gotra*[에 대한 정의]는 명목적(*prajñaptika*)인 반면, [우리의 것은] [dharma들의] [실제의] 측면에 (*lākṣaṇika*) 부합한다. 그러므로 [우리의 해석은] [그들의 해석과] 일치하지 않는다.

51) 『インド思想と仏教: 中村元博士還暦記念論集』(東京: 春秋社, 1973)에 실린 高崎 直道의 「種姓に安住する菩薩ー瑜伽行派の種姓論·序説」(p. 209)에 따르면, *gotrastha*(주종성)라는 표현은 대승 經들에서는 거의 전혀 등장하지 않고 유가행파 문헌들에서 전형적이다. 여기에서 *Abhisamayālaṃkāra-vṛtti*(『현관장엄론석』)는 유가행파 측으로부터 반박을 예상하고 있었을 가능성이 농후하다.

52) 산스크리트 본문은 다음과 같다.

*tad anena dharma**dhātur evārya-dharmāṇāṃ hetutvāt** prakṛtisthaṃ gotraṃ pratipatty-ādhāra ity upadarśayati* | …
saḍāyatana-viśeṣo gotraṃ tad dvi-vidham: pratyaya-samudānītaṃ, prakṛty-avasthitaṃ cêty apare | *taiḥ prakṛtistha-gotre prakṛty-abhidhānasyârtho vācyaḥ* | *kāraṇa-paryāyaś cet tad api pratyaya-samudānītam* | *iti kim artha-viśeṣaḥ* | *dharmatā-paryāye punar eṣa doṣo nâsti* | *prajñaptikaṃ vā teṣāṃ gotram, idaṃ tu lākṣaṇiam* | ***ato** na tenâdaḥ saṃgacchate* |
nanu ca dharmadhātor gotratve sarvo gotra-sthaḥ prāpnoti, tasya sāmānya-vartitvāt* | *yathā câlamhyamāna ārya-dharmāṇāṃ hetur bhavati, tathā gotram ucyata** iti kim atrâtiprasaṅgaṃ mṛgayati* | (*Vṛttitti*, 76.17–77.7; cf. Seyfort Ruegg, "*Ārya* and Bhadanta Vimuktisena," 309–10; 굵은 활자는 편집자 Pensa에 의한 재구성을 가리킨다)

*원문에는 *gotratraṃ*으로 되어 있지만, 티벳 본은 *rigs nyid yin na*로 되어 있다(Pek. No. 5185, vol. 88 [Ka] 68b1).

**원문에는 ucyata 다음에 daṇḍa가 있지만, saṃdhi로부터 판단할 때 이 daṇḍa는 제거되어야 한다.

마지막 절의 번역은 다음과 같다.

그렇다면 왜 이 문제에 관하여 과도한 적용(*atiprasaṅga*)[의 책망]을 구하겠는가?

53) 예컨대 다음을 참조하라. Edward Conze, *The Prajñāpāramitā Literature* (revised and enlarged edition, Tokyo: Reiyukai, 1978), 102-3.

11. 기체설 사상에 관한 비판적 대론(對論) 논의에 대한 답론

*편집자 주: 이 답론은 1993년 11월 워싱턴 D.C.에서 미국 종교학회 연례 학술회의 비판불교 패널에서 마츠모토 시로가 구두로 제시한 것이었다.

1) Unrai Wogihara, ed., *Bodhisattvabhūmi*, 3, lines 1-8.

2) 다음을 참조하라. 袴谷 憲昭, 『批判佛教』, 261, 14-15행.

3) 다음에서 인용. Unrai Wogihara, ed., *Bodhisattvabhūmi*, 3, lines 1-8.

4) 하카마야의 번역도 동일한 의미이다. 그의 『批判佛教』, p. 261을 보라.

5) 야마베는 자신의 논문 주25에서 *Sūtrālaṃkāra-vṛttibhāṣya*(Peking ed., Mi, 46a7-b4)의 텍스트를 번역하고 있다.

6) 하카마야는 *Yogācārabhūmi*(『유가사지론』)에서 문제의 단어들이 동의어임을 지적하면서 이 부분에서 나의 오류를 이미 드러내주었다. 곧, "bījaparyāyāḥ punar dhātur gotraṃ prakṛtir hetuḥ … paryāyā veditavyāḥ" (Vidhushekara Bhattacharya, ed. [Calcutta: University of Calcutta, 1957], 26, lines 18-19); 다음을 참조하라. 袴谷 憲昭, 『批判佛教』, 261.

7) 다음을 참조하라. "tatra prakṛtisthaṃ gotraṃ yad bodhisattvānāṃ ṣaḍāyatanaviśeṣaḥ. sa tādṛśaḥ paraparāgato 'nādikāliko dharmatāpratilabdhaḥ," Wogihara, ed., *Bodhisattvabhūmi*, 3, lines 2-4.

8) 주50에서 야마베는 Ārya-vimuktisena의 *Abhisamayālaṃkāra-vṛtti*로부터의 한 단락을 번역하고 있다.

9) 야마베의 주목에 의하면, "*Tathatā*(진여)는 *dharmadhātu*(법계)와 동의어이고, 하카마야와 마츠모토에 따르면 이것이 세간과 초세간의 모든 요소들을 일으킨다. 그러나 주목해야 할 것은, 유가행파 체계의 구원론적 맥락에서 *tathatā*의 역할은 (특히 *Yogācārabhūmi*에서) 다소 제한되어 있다. 그것이 때때로 성스러운 dharma들(곧 초세간적 지혜)의 원인이라고 불린다면 이것은 tathatā가 초세간적 지혜의 인식 대상 곧 所緣緣(*ālambana-pratyaya*)으로 됨으로써 초세간적 지혜가 일어나는 데 도움을 주기 때문이다." 그러나 유의해야 하는 것은, *tathatā*가 *Jñānālokālaṃkāra Sutra*(『지장엄광명경』)에서 "기체" (*pada, gshi*)라고 불린다는 것이다(Peking ed., Kha, 321b8).

10) 다음을 참조하라. Matsumoto, "The Ekayana Theory in Yogacara," 307; 또한 다음을 보라. 松本 史朗, 『緣起と空』, 316.

11) Johnston, ed., *Ratnagotravibhāga*, 36.

재반론

1) Matsumoto, "The Ekayana Theory in Yogacara," and "The *Śrīmālādevī Sutra* and Ekayana Theory."

2) 마츠모토, 「여래장사상은 불교가 아니다」, pp. *255-256*.

3) 이 문제에 관한 나의 견해는 竹村 牧男의 견해에 가까운데, 나는 그로부터 이 주석들에 관한 몇몇 참고사항을 얻었다. 그의 다음 문헌을 참조하라. 『唯識三性說の硏究』 (東京: 春秋社, 1995), 381-407.

4) 마츠모토, 「여래장사상은 불교가 아니다」, *169*; "The Ekayana Theory in Yogacara," p. *253*.

5) 여기에서 그는 자신의 언급을 다음 저서에 기반하고 있을 수 있는데, 다만 이것은 나의 추정이다. 高崎 直道, 『如來藏思想の形成』, 190, n. 56.

6) Monier-Williams의 *Sanskrit-English Dictionary*에서 *dhā*-에 대하여 주어진 의미들 가운데에는 다음과 같은 것이 있다. "to put, place; present to; generate, cause; seize, support; to accept, obtain." -tu에 관해서 말하자면, 그것의 원래적 기능은 동사(행위) 그 자체의 추상형을 가리키는 것이었지만, 보다 흔한 경우에 이 어미는 행위에 의하여 초래된 것, 행위의 장소나 수단, 또는 심지어 행위의 담지자 내지 행위자를 가리킨다. 다음을 참조하라. Albert Debrunner, *Altindische Grammatik* (Göttingen: Vandenhoeck & Ruprecht, 1954), 665, section 489. Louis Renou는 베다에서 어미 -tu의 어법은 이미 시간적 내지 수량적 구분 그리고 그 과정의 결과 내지 도구와 같이 구체적 측면들에 지향되어 있었다는 점에 주목한다(*Le suffixe -tu- et la constitution des infinitifs,* Monographies sanskrites, part 2 [Paris: Adrien-Maisonneuve, 1937], 17).

7) Renou(*Le suffixe -tu*, 8)는 *Mahābhārata*와 불교 문헌들의 시대로부터 계속해서 *dhātu*의 용례에서 다음과 같은 의미를 제시한다. "element, basis; primary material, mineral; grammatical root; plane; bones, relics."

8) Renou, *Le suffixe -tu*, 8–9.

9) Renou, *Le suffixe -tu*, 16.

10) Renou, *Le suffixe -tu*, 9.

11) Renou, *Le suffixe -tu*, 16에서 인용되고 번역되었다.

12) Renou, *Le suffixe -tu*, 16.

13) 산스크리트 본문은 다음과 같다.

ity ete catvāraḥ svalakṣaṇôpādāya-rūpa-dhāraṇād dhātavaś catvāri mahā-bhūtānṛty ucyante (*Abhidharmakośa-bhāṣya* 8.13)

이들 네 요소[地, 水, 火, 風]가 *dhātu*라고 불리는 것은 그것들이 그것들 자체의 특징과 합성 물질들을 유지(*dhāraṇa*)하고 있기 때문이다.

atha kasmād ete kāma-rūpârūpya-dhātava ity ucyante | svalakṣaṇa-dhāraṇād dhātuḥ (*Abhidharmakośa-bhāṣya* 112.24)

14) 산스크리트 본문은 다음과 같다.

kāṭhinyâdi-svalakṣaṇam cakṣur-ādy-upādāya-rūpaṃ ca dadhātîti dhātavaḥ

Dhātu가 그렇게 불리는 것은 견고함 등의 특징, 그리고 눈과 같이 합성 물질들을 유지하고 있기 때문이다.

Abhidharmakośa-vyākhyā 32.33-33.1. 심지어 여기에서도, Yaśomitra의 주석으로부터 판단하건대, 우리는 아마도 *dhā*-가 "두다"가 아니라 "유지하다"의 의미로 취해져야 하며, *-tu*는 장소가 아니라 행위자를 가리킨다고 결론지을 수 있다.

15) Matsumoto, "The Ekayana Theory in Yogacara," 306–7; 「답론」, 앞의 pp. *205–7*.

16) 산스크리트 본문은 다음과 같다.

anādi-kāliko dhātuḥ sarva-dharma-samâśrayaḥ |
*tasmin sati gatiḥ sarvā nirvāṇâdhigamo 'pi ca** ‖

**Triṃśikā*는 *ca* 대신에 *vā*로 되어 있다. 산스크리트 본문은 다음 텍스트에서 복원되었다.

Triṃśikāvijñapti-bhāṣya, Sylvain Lévi (1925), 37.12–13; 그리고 *Ratnagotra-vibhāga*, Johnston, 72.13–14; Nakamura, 141.19–21.

17) Matsumoto, "The Ekayana Theory in Yogacara," 306.

18) "The Ekayana Theory in Yogacara," 306.

19) 예컨대 「本地分」(*Maulībhūmi*)의 五識身相應地(*Pañcavijñānakāya-saṃprayuktā-bhūmi*)에서는 감각 의식의 다섯 유형에 대한 기반으로서 '依'(āśraya)의 세 유형을 제시한다(俱有依 *sahabhūr-āśraya* [sic], 等無間依 *samanantara-āśraya*, 種子依 *bīja-āśraya; Yogācārabhūmi* [*Pañcavijñānakāya-saṃprayuktā-bhūmi*], Vidhushekara Bhattacharya, ed. (Calcutta: University of Calcutta, 1957), 4.6–7, etc.). 이 셋은 각각 增上緣 *adhipati-pratyaya*, 等無間緣 *samanantara-pratyaya*, 그리고 因緣 *hetupratyaya*에 상응하며(『成唯識論』, T 31.19b22–28을 참조하라), 실로 전문 용어로서 *āśraya*는 단순한 *pratyaya* 이상의 별 뜻은 의미하지 않고 공간적 함의도 거의 없는 것으로 보인다. 특히 *samanantara-āśraya*의 경우 어떤 것이 다른 것에 선행할 때 전자가 후자의 基體일 수 없다는 것은 뚜렷하다.

마츠모토는 *dhātu-vada* 구조에서 *dhātu*(=기체)가 dharma들(=초기체; "*Pratītyasa-mutpāda*," 68)에 선행한다는 그의 주장을 감안할 때 여기에서 동의하지 않을 수 있지만, 이러한 입장이 그의 다음과 같은 서술과 어떻게 조화될 수 있는지 납득하기가 매우 어렵다. "예컨대 책상 위에 책이 놓여 있을 때, 그 책은 초기체이고, 책상은 기체이다"(Matsumoto, "The Ekayana Theory in Yogacara," 307). 적어도 일상 언어에서는, 그 둘이 공존하지 않는다면 우리는 책상이 책의 기체라고 말할 수 없다.

20) Matsumoto, "The Ekayana Theory in Yogacara," 306; 「『법화경』과 일본문화」.

21) 산스크리트 본문은 다음과 같다.

tatra katame dhātavaḥ | katamad dhātu-kauśalyam | āha | aṣṭādaśa dhātavaḥ | cakṣur-dhātū rūpa-dhātuś cakṣur-vijñāna-dhātuḥ | śrotra-dhātuḥ | śabda-dhātuḥ | śrotra-vijñāna-dhātuḥ | … | yat punar ete 'ṣṭādaśa-dharmāḥ[*] svaka-svakād dhātoḥ *svaka-svakād bījāt / svaka-svakād gotrād jāyante nirvartante prādurbhvantîti* | jānāti rocayaty upanidhyāti | idam ucyate dhātu-kauśalyam ‖ yad aṣṭādaśānām dharmāṇāṃ svaka[**] -svakād dhātoḥ pravṛttim jānāti | tad evam eti [?] hetupratyaya[***] -kauśalyam etad yad uta dhātu-kauśalyaṃ ‖ (Karunesha Shukla, ed. *Śrāvakabhūmi* [Patna: K. P. Jayaswal Research Institute, 1973], 244.12–245.11; T 30.434a4–11)

[*]Text, etān aṣṭādaśa-dharmān. [**]Text, svaru-. [***]Text, -pratya-.

22) 비교해 보라. *pūrvôtpannaṃ cakṣuḥ paścimasya sabhāga-hetur ity ākaro dhātuḥ* (*Abhidharmakośa-vyākhyā* 45.8).

23) 산스크리트 본문은 다음과 같다.

gotrârtho dhātv-arthaḥ | yathâikasmin parvate bahūny ayas-tāmra-rūpya-suvarṇâdi-gotrāṇi dhātava ucyante (sic) evam ekasminn āśraye santāne vā aṣṭādaśa gotrāṇi aṣṭādaśa dhātava ucyante | ākarās tatra gotrāṇy ucyante | ta ime cakṣur-ādayaḥ kasyâkarāḥ | svasyā jāteḥ | sabhāga-hetutvāt | asaṃskṛtaṃ tarhi na dhātuḥ syāt | citta-caittānāṃ tarhi [|] (P. Pradhan, ed., *Abhidharmakośa-bhāṣya* [2d ed. Patna: K. P. Jayaswal Research Institute, 1975], 13.19–23)

마시막 행에 관하여시는, *Abhidharmakośa-vyākhyā* 45.10-12를 참조하라(앞에 있는 나의 논문 주3에 인용되어 있다). *Abhidharmakośa-bhāṣya*의 이 단락은 또한 하카마야의 "*Tathatā* as Topos"에서도 논의되고 있다.

24) 다음 단락도 참조하라.

sajātīyānāṃ cakṣur-ādīnāṃ hetutvād dhātava ucyante |
te 'pi evaṃ sabhāgānāṃ rūpâdīnāṃ hetu-bhāvād dhātava ucyante |
te 'pi sabhāgānām eva cakṣur-ādi-vijñānāṃ hetu-bhūtatvād dhātava ucyante |
***atra pūrva-cakṣur-ādaya uttara**-cakṣur-ādīnām eva hetavo bhavanti na tatrânyaḥ kaś cid ātmânyo vā hetur vidyata ity evaṃ dhātu-kauśalyād ātmani hetu-grāha-vyāvṛttiḥ* | (*Madhyāntavibhāga-ṭīkā*, 143.18–19, 21–144.1, 144.3–4, 144.14–17; 굵은 활자는 편집자 Yamaguchi에 의한 재구성을 가리킨다).

25) 티벳어 본문은 다음과 같다.

mig yin la mig-gi-khams ma yin pa ni dgra-bcom-pa tha-ma'i mig gang-yin-pa ste mu dang-po'o ‖ (Pek. No. 5539, vol. 110[Zi]81b5–6)

다음과 비교해 보라. *Mahāyānasūtrālaṃkāra bhāṣya*, Lévi, 152.4-5.

26) 추가적으로 역시 *Viniścayasaṃgrahaṇī*의 *Pañcavijñānakāya-saṃprayuktā-manobhūmi*로부터의 다음 단락을 보라.

mig dang mig-gi-rnam-par-shes-pa gal-te rgyu dang 'bras-bu'i dngos-po yin na de-lta na ci-ltar de gnyis lhan-cig gi dngos-por (**Pek.** *po*) *'gyur* | *gal-te lhan-cig gi dngos-po yin na ni de-ltar na ji-ltar de gnyis rgyu dang 'bras-bu'i dngos-por rung zhe na* | *smras pa* | *sa-bon dang myu-gu bzhin du mig la* (**Pek.** *las*) *brten te rnam-par-shes-pa skye ba ni mi rung ngo* | *de ci'i phyir zhe na* | *mig ni mig-gi- rnam-par-shes-pa skyed-pa'i-rgyu ma yin pa'i phyir te* | *'on-kyang gnas-kyi-rgyu yin-pas de'i-phyir de gnyis ni mar-me dang 'od-bzhin du* (**Pek.** om. *du*) *lhan-cig gyi dngos-po dang rgyu dang 'bras bu'i dngos pos rung ngo* ‖ *mig dang mig-gi-rnam-par- shes-pa ji-lta-ba bzhin-du* | *rna-ba dang sna dang lce dang lus dang de-dag gi rnam-par-shes-pa rnams kyang de bzhin du blta-bar-bya'o* ‖ *gzhan-du na rang gi sa-bon las skye- bar-gyur na mig la-sogs-pa'i rnam-par-shes-pa gnas med-ba las 'byung-bar 'gyur-bas mi rung ngo* ‖ (Pek. No. 5539, vol. 101[Zi] 85a3–6; Derge No. 4038[Shi], 81b1–3; T 30.610c28– 11a5)

[질문:] 만약 눈과 눈의 의식이 원인과 결과라면, 왜 그 둘은 동시적인가? 만약 그 둘이 동시적이라면, 어떻게 그 둘이 원인과 결과일 수 있는가?

답: 눈의 의식이, 마치 종자에서 싹[이 발생하는 것]과 같이, 눈에 의존하여 발생한다는 것은 불합리하다. 이것은 왜 그러한가? 왜냐하면 눈은 눈의 의식의 발생적 원인이 아니라 건립적 원인이기 때문이다. 그러므로 비록 그 둘이 동시적이기는 하지만 그 둘은 등과 등의 빛에서와 같은 원인과 결과일 수 있다. 그리고 눈과 눈의 의식에서와 같이, 귀, 코, 혀, 몸과 그 각각의 의식 역시 동일한 방식으로 이해되어야 한다. 만약 그렇지 않다면 눈의 의식이 그 자체의 종자(**svabīja*)로부터 발생할 때 그것은 기반(*āśraya = indriya)이 없이 발생하게 되는 것인데, 이것은 이치에 맞지 않는다.

여기에서 다시, 명백한 전제는 발생적 원인(*bīja*)은 그것의 결과(이 경우에는 의식)를 선행해야 한다는 것이다. 결과와 동시인 것은 그것의 건립적 원인(=indriya, "感官")일 수는 있지만, 그것의 발생적 원인일 수는 없다. 또한 다음을 보라. *Śrāvakabhūmi*, Shukla, 199.1. 이곳에서 dhātu는 hetu에, 그리고 āyatana는 pratyaya에 연계된다.

추가적으로 우리가 주목하게 되는 것은, 발생적 원인(*skyed pa'i rgyu*, 正生因, **janmahetu*)이 건립적 원인(*gnas kyi rgyu*, 建立因, *pratiṣṭhāhetu; pratiṣṭhârtha 사이의 상응에 기초한 재구성, [*Yogācārabhūmi,* Bhattacharya, 111.6] = *gnas par byed pa'i don* [Pek. No. 5536, vol. 109 (Dzi)67a4] = 建立義 [T 30.302a26–7])과 뚜렷하게 구별된다는 점이다. 다시 우리가 주목해야 하는 것은, pratiṣṭhā가 반드시 "기체"를 의미하지 않는다는 점이다. 유가행파 문헌에서 *prati-sthā*-는 특별한 공간적 함의가 없

이 사용될 수 있는 아주 일반적인 단어이다. 이 단어의 어법이 시사하는 것은, pratiṣṭhā가 의미론적으로 āśraya에 매우 가깝다는 점이다. 두 용어는 모두 매우 폭넓은 의미에서 "건립"(support)을 의미하거나 심지어 간단히 "조건" (condition)을 의미한다. *Yogācārabhūmi* (*Savitarka-savicārâdi-bhūmi*) 111.6에서 다음 단락을 주목해 보라.

pratiṣṭhârthaḥ pratyayaḥ |
"緣"(pratyaya)은 "건립"(pratiṣṭhā)의 의미를 지닌다.

여기에서, pratyaya는 분명히 모든 종류의 조건을 포함하는 일반적 용어이다. 추가적으로 동일한 텍스트에서(105.6-10) 우리는 다음과 같은 내용을 발견한다.

*kiṃ-pūrvā kiṃ** *pratiṣṭhāya kiṃ saṅgamya kasya dharmasyôtpattir bhavati* |
*svabīja-pūrvā bījâśrayaṃ sthāpayitvā tad-anyam āśrayam rūpiṇam*** *arūpiṇam vā karma ca pratiṣṭhāya sahāyam ālambanaṃ ca saṅgamya kāma-pratisaṃyukutānāṃ rūpa-pratisaṃyuktānām ārūpya-pratisaṃyuktānām apratisaṃyuktānām utpāditā bhavati* | *tac ca yathā-yogam* |
*Text *ki.* **Text *pratirūpiṇam.* Tib. *gzugs can* (Pek. No. 5536, vol. 109 [Dsi]62b8-63a1)
무엇에 의하여 선행되고, 무엇에 기반하며, 그리고 무엇과 만나서, 어떤 dharma가 일어나는가?
그 자체의 종자에 의하여 선행되고, 色[界]과 無色[界]에 속하는 기반과 업으로서 그 종자 이외의 기반들에 기반하며, 동반되는 것들 그리고 인식 대상과 만나서, 欲[界], 色[界], 無色[界]에 속박된, 그리고 [어떠한 界에도] 속박되지 않은 [dharma들이] 적절하게 일어난다.

여기에서 *pratiṣṭhāya*라는 단어는 모든 세간적 업뿐만 아니라, *svabīja*(=*dhātu*) 이외의 건립들에 관계된다. 그렇다고 하더라도, 어떤 것이 그렇게 많은 "기체들"에 동시에 의지한다고 말하는 것은 타당하다고 할 수 없다. 특히 업은 유가행파에서는 물질로 간주되지 않으므로, 업은 어떤 것이 의지하는 "기체"일 수는 없다. 그러므로 우리는 이 학파에서 매우 폭넓은 의미에서 어떠한 공간적 함의가 없이 "-에 기반한, -에 의하여 건립된"이라는 의미를 지니는 전문적 용어로 *pratiṣṭhāya*라는 단어를 사용하였다고 결론짓게 된다. 추가적으로, *bīja*와 그 결실 사이의 관계는 *pratiṣṭhāya*의 관계항에서 명시적으로 배제된다.

27) 다시, 이 논증은 오직 ālaya-vijñāna(알라야식)를 전제하지 않는 부분에만 적용될 수 있다. 잘 알려져 있듯이, ālaya-vijñāna와 pravṛtti-vijñāna(현행식) 사이의 인과 관계는 동시적인 것으로 간주되지만, 나는 이 관계가 가능하게 된 것은 오직 ālaya-vijñāna의 도입 이후라고 믿는다.

28) *Viniścayasaṃgrahaṇī*의 *Pañcavijñānakāya-saṃprayuktā-manobhūmi*에서 잠재적으로 문제가 되는 단락이 등장하는데, 그곳에서는 *dhātu*라는 단어를 다음과 같이 정의한다.

khams kyi don gang zhe na | *smras-pa* | *khams kyi don ni ryu'i don dang sa-bon gyi don dang rang-bzhin gyi don dang rigs kyi don dang cha-phra-ba'i don dang gzhi'i*

don to |
ci'i phyir na mya-ngan-las-'das-pa'i-dbyings dang nam-mkha'i (**Pek.** *nam-kha'i*)-*khams la khams zhes bya zhe na* | *smras-pa* | *sdug-bsngal mi-skye-ba'i bzhi'i don dang lus dang mig la-sogs-pa yongs-su-gyo-ba'i bzhi'i don gyis so* ‖ (**Pek. Zi** 82b6-7; D Zhi 79a5-6; T 30.610a1-4)
dhatu의 의미는 무엇인가? 답: dhātu의 의미는 "원인"(*rgyu*, 因, **hetu*), "종자" (*sa-bon*, 種子, **bīja*), "본성" (*rang-bzhin*, 本性, *prakṛtiraki*), "종성" (*rigs*, 種姓, **gotra*), "미세" (*cha-phra*, 微細, *sūkṣma*), 그리고 "임지" (*bzhi*, 任持, **ādhāra*)이다.
왜 *nirvaṇa-dhātu*(열반계) 그리고 *ākāśa*(공간)-*dhātu*(허공계)는 *dhātu*라고 불리는가?
답: [그들이 그렇게 불리는 것은] 괴로움이 일어나지 않는 것의 임지(*bzhi*, **ādhāra*)가 되는 의미 때문이고, 몸과 눈 등의 움직임의 임지가 되는 의미 때문이다.

만약 *ādhāra라고 정의되는 *nirvāṇa-dhātu* 그리고 *ākāśa-dhātu*가 모든 현상의 기저에 있는 보편적 요소들이라면, 이것은 마츠모토의 입장에 우호적인 논증이 될 것이지만, 그러한 독해의 가능성은 오히려 희박한 것으로 보인다. 우리가 "다양한 *dhātu*" 이론의 고전적 단락인 *Bahudhātuka Sutra*(T 1.723a8-24c4; *Bahudhātuka- sutta, Majjhima-nikāya* No.115 [3:61-7]; Hakamaya, "A Source of the Three- Vehicle Theory," 134도 참조)를 보면, *ākāśa-dhātu*가 중생을 구성하는 여섯 가지 요소-地, 水, 火, 風, 空(**ākāśa*), 識 (T 1.723b11-12; *Majjhima-nikāya* 3: 62.21-23)-가운데 하나로 나타난다. 더군다나, 앞의 인용문의 설명은 여기에서 "空"이, 대우주 전체가 아니라, 일차적으로 우리의 신체 내부의 구멍을 지칭한다고 함의하는 것으로 보인다. *nirvāṇa-dhātu*라는 용어는 그 자체로는 *Bahudhātuka Sutra*에는 나타나지 않는데, 다만 *Bahudhātuka Sutra*의 목록에 나타나는 滅界(**nirodha-dhātu*, 色界 **rūpa-dhātu* 그리고 無色界 **ārūpya-dhātu*와 대조; T 1.723c1) 그리고 無爲界(**asaṃskṛta-dhātu*, 有爲界 **saṃskṛta-dhātu*에 대조; T 1.723c12)와 같은 용어들에 대한 의미상 대등어일 것이다. *nirvāṇa-dhātu*는 윤회로부터 해탈에 의하여 들어가므로, (색계, 무색계, 유위계로 예시되는)윤회의 세계와 다른 세계임이 틀림없다. 나에게는 *nirvāṇa-dhātu*가 (적어도 교리 발전의 이 단계에서는) 모든 현상의 보편적 기반으로서 상정되지는 않았던 것으로 보인다. Renou가 *Ṛgveda*에서 그러하다고 말하듯이, *dhātu*는 여기에서 보편적 기반이 아니라 "구분의 한 원리"로서 기능해온 것으로 보인다. 어쨌든, *Viniścayasaṃgrahaṇī*로부터의 단락은 뚜렷하게 이들 *nirvāṇa-dhātu* 그리고 *ākāśa-dhātu*가 (발생적) 원인이 아니라고 전제하고 있다. 그러므로 나는 이 단락이 마츠모토의 발생론적 일원론 모델에 어떠한 지지도 제공해줄 수 없다고 결론짓는다.

29) *Mahāyānasaṃgraha-bhāṣya*, Pek. No. 5551, vol. 112 (Li)147b6; *Mahāyānasaṃgrahopanibandhana*, Pek. No. 5552, vol. 113 (Li)238b8-39a1: *Vivṛtagūḍhārthapiṇḍa-vyākhyā*, Pek. No. 5553, vol. 113 (Li)368a2-3, etc.; Takeda Yoshio, ed., *Triṃśikā-ṭīkā* (Kyoto: Teijiya, 1938), 152.8.

30) 우리가 이 게송을 *Mahāyānasūtrālaṃkāra*의 아래와 같은 두 게송(XI.32-3)과 비교할 때 이러한 인상은 제고된다.

sva-dhātuto dvayâbhāsāḥ sâvidyā-kleśa-vṛttayaḥ |
vikalpāḥ saṃpravartante dvaya-dravya-vivarjitāḥ ‖
*ālambana-viśeṣâpteḥ** *sva-dhātu-sthāna-yogataḥ |*
ta eva hy advayâbhāsā vartante carma-kāṇḍavat ‖

*텍스트에는 *-āptiḥ*로 되어 있지만, *Bhāṣya*의 티벳 본은 *thobs pa yis* (Pek. No. 5527, vol. 108 [Phi]184a1)로 되어 있으며, *Vṛttibhāṣya* 또한 *dhob pa yi*로 되어 있다(다음을 참조하라. *Mahāyānasūtrālaṃkāra-Vṛttibhāṣya*, 96.7, Hayashima, "*Chos yoṅs su tshol baḥi skabs or Dharma-paryeṣṭy adhikāra*"; *Ṭīkā*에서는 이 단어를 인용하지 않는다). 여기에서 나는 그 본문을 *āpteḥ*로 읽는다.

> 마음의 구성물들은 두 가지로 나타나고 무지 그리고 [기타의] 번뇌로 작용하면서, 그 두 가지의 실체를 가지지 않고 [그들] 자체의 dhātu로부터 일어난다. 그들 자체의 dhātu 안에 머무는 요가에 의하여 특화된 인식 대상을 획득함으로부터 이 동일한 [마음의 구성물들은] 두 가지로 나타남이 없이, 꼭 [부드러워진] 가죽 그리고 [곧게 된] 막대와 같이 일어난다.

비록 *Bhāṣya*에서는 첫 번째 *svadhātu*를 *ālaya-vijñāna*로, 두 번째를 *tathatā*로 확인하지만, 우리가 연속적인 두 게송에서 동일한 단어를 상이한 방식으로 해석할 수 있다는 것은 의심스럽다. 아마도 그 게송들의 원래의 취지는 망념과 지혜가 동일한 *svadhātu*에 의존한다는 것이었을 것이다. 만약 그러하다면, *Abhidharma Sutra*의 게송과의 연계 가능성은 심각하게 검토되어 마땅하다.

31) 아뢰야식 이론을 전제하지 않는 원전들에서, 종자를 유지하는 것은 개인적 존재 전체(āśraya)이다. 아뢰야식 이론을 실제로 가지고 있는 원전들에서, 아뢰야식은 기본적으로 āśraya의 기능을 대체하며(Lambert Schmithausen, *Ālayavijñāna: On the Origin and the Early Development of a Central Concept of Yogācāra Philosophy* [Tokyo: International Institute for Buddhist Studies, 1987], vol. 1, 51), 종자의 유지자로 간주된다. 어느 경우이든, (앞에 있는 발췌문에서와 같이) "종자/dhātu는 āśraya/ālaya-vijñāna에 존재한다"는 표현에 더하여, āśraya/ālaya-vijñāna는 하나의 전체로서 이따금 종자와 직접적으로 동등한 것으로 간주된다(복수 형태로 표시됨이 없이; 다음을 참조하라. Schmithausen, *Ālayavijñāna*, vol. 1, 158; vol. 2, 454; *Mahāyānasūtrālaṃkāra-bhāṣya* 169.6 [XIX.49]). 초기의 *bīja/dhātu* 이론은 복수적이었다는 데 의심의 여지가 없다고 여겨지므로, 유가행파 사상가들의 언어학적 관행이 심지어 복수형이 의도된 경우들에도 그러한 단수적 표현이 사용되도록 허용해 왔다고 이해해야 하겠다. 단수 형태는 표면적으로는 복수적 의미를 반드시 배제하지는 않는다. *Abhidharma Sutra* 게송에서는 *ālaya-vijñāna*에 관한 언급이 없다. 그럼에도 불구하고 유가행파 문헌으로 그 경전을 읽는 가운데, *dhātu*가 지속적으로 *ālaya-vijñāna*로 해석되고 있음은 명백하다. 이러한 상황에서는 단수형 *dhātu*가 반드시 *dhātu*의 다수성을 배제하지는 않는다고 주장하는 것이 가능해진다.

이 후자의 게송과 관련하여, 그것이 윤회와 열반이 모두 아뢰야식에 기초한다는 아이디어의 표현으로 이해된다면, *Mahāyānasaṃgraha* 이전에 그러한 아이디어의 출처로 가장 가능성이 높은 것은 *Viniścayasaṃgrahaṇī*의 *Pañcavijñānakāya- saṃprayuktā-manobhūmi*이다 (이른바 "*Pravṛtti Portion*" 그리고 "*Nivṛtti Portion*": Schmithausen, *Ālayavijñāna*, vol. 2, 299-30, n. 226). "다양한 *dhātu*" 이론의 표준적 전거인 Akṣarāśi Sutra가 인용되는 것도 또한 바로 그곳에서이다("*Nivṛtti* Section," Hakamaya, 39 40). 이것은 동일한 복수적 아이디어가 *Abhidharma Sutra* 게송의 기저에 있었다는 점을 시사한다. 또한 다음을 참조하라. Hakamaya, "Critical Notes on the *Awakening of Mahayana Faith*," 75–76.

32) 「유가행파와 여래장 문헌에서 기체설 사상」, pp. *295-296* 참조.

33) *dharma-tulyatvād eka-yānatā śrāvakâdīnāṃ dharmadhātor abhinnatvād yātavyaṃ yānam iti kṛtvā* (68.17–18).

34) 마츠모토, 「논의에 대한 답론」, pp. *303-307* 참조.

35) *Mahāyānasūtrālaṃkāra-vṛtti-bhāṣya*, Hayashima, 48.

36) Matsumoto, "The Ekayana Theory in Yogacara," 307 참조.

37) *ārya-dharma-hetutvād dharma-dhātuḥ. ārya-dharmāṇām tad-ālambana-prabhavatvāt. hetv-artho hy atra dhātv-arthaḥ.* (23.23–24.2).

38) 마츠모토, 「논의에 대한 답론」, pp. *303-307* 참조.

39) Pek. No. 768, vol. 28(Khu)321b8. 또한 마츠모토, 「논의에 대한 답론」 참조.

40) 西尾 京雄, 『仏地經論之研究』 (東京: 国書刊行会, 1982), vol. 2, 24–5; 高崎 直道, 『如来蔵思想の形成』, 604.

41) "Nivṛtti Portion," Hakamaya, 41, 66; 山部 能宜, 「真如所縁縁種子について」, 『日本の仏教と文化: 北畠典生教授還暦記念』, (京都: 永田文昌堂, 1990), 79-80.

42) 앞의 주26 참조.

43) 나의 "*On Tathatā-ālaṃbana-pratyaya-bīja*," 80-7 참조.

44) 나의 논문 「유가행파와 여래장 문헌에서 기체설 사상」, pp. *645-646*의 주36 참조.

45) 마츠모토, 「여래장사상은 불교가 아니다」, pp. *250-251*.

46) 마츠모토, 「논의에 대한 답론」, pp. *303-307*.

47) 마츠모토, 「여래장사상은 불교가 아니다」, pp. *251-252*.

48) 마츠모토, 「논의에 대한 답론」, 주9. 마츠모토에 의하여 언급된 하카마야의 논문에 인용된 텍스트들에 더하여, *Viniścayasaṃgrahaṇī의 Pañcavijñānakāya-saṃprayuktā-mano-bhūmi*도 참조하라(Pek. No. 5539, vol. 110 [Zi] 82b6–7, 앞의 주28에 인용되어 있다). 주목해야 할 것은, 심지어 *Ratnagotravibhāga*에서도 dhātu와 gotra는 동등하다는 점이다. 다음을 참조하라. Hakamaya, "A Critique of the Structure of Faith in the *Ratnagotravibhāga*," 268, n. 28.

49) 마츠모토, 「논의에 대한 답론」.

50) 산스크리트 본문은 다음과 같다.

tatra dhātu-puṣṭiḥ katamā | *yā prakṛtyā kuśala-dharma-bīja-sampadam niśritya pūrva-kuśala-dharmâbhyāsād uttarôttarāṇām kuśala-dharma-bījānām paripuṣṭatarā paripuṣṭatamā utpattiḥ sthitiḥ** | *iyam ucyate dhātu-puṣṭih* | (Wogihara, 80.12–5; Nalinaksha Dutt, ed., *Bodhisattvabhūmi* [Patna: K. P. Jayaswal Research Institute, 1978], 56.23–5)

*Wogihara는 *utpatti-sthitiḥ*라고 하고 있으나, 나는 Dutt를 따른다.

51) Wogihara, 3.23; 4.18; 5.13–4; 6.6; 6.19–20; 7.26; 8.22; 8.27; 9.9; 10.1; 10.6. 다음과 비교해 보라.

iha bodhisattvo gotra-vihārī prakṛti-bhadra-saṃtānatayā prakṛtyā bodhisattva-guṇair bodhisatvârhair kuśalalir dharmaiḥ samanvāgato bhavati (*Bodhisattvabhūmi*, Wogihara, 318.13–5)

52) 마츠모토, 「논의에 대한 답론」.

53) 산스크리트 본문은 다음과 같다.

sarveṣāṃ ca buddha-dharmāṇaṃ gotra-vihārī bodhisattvaḥ bīja-dharo bhavati. sarva-buddha-dharmāṇam asya sarva-bījāny ātmabhāva-gatāny āśraya-gatāni vidyaṃte (*Bodhisattvabhūmi,* Wogihara, 318.18–21)

유가행파 용어에서, *ātmabhāva* 그리고 *āśraya*는 둘 다 기본적으로 "몸"을 뜻한다. *gotra*(=*bīja*)가 우리의 초월적 "*prakṛti*"가 아니라 우리의 육체적 존재 안에 머문다는 것은 명백하다.

우리가 또한 주목해야 하는 것은, *dharmatā*가 반드시 초월적인 어떤 것을 지칭하지 않는다는 점이다. Walpola Rahula는 이와 관련하여 다소 흥미로운 단락들을 지적한다. "한 작은 뱀이, 그 습관에 따라서, *attano dhammatāya*, 한 금욕수행자의 은거처에 온다. 여기에서 *dhammatā*라는 단어는 단지 그 뱀이 다니는 습관을 가리키기 위하여 사용되고 있다." 그리고 Devadatta가 바위를 내리굴려서 붓다의 발에 그 바위의 한 조각이 맞게 한 이야기에 관하여, 그는 다음과 같이 언급한다 "Nāgasena는 말한다. 그러나 그 조각은 그 자체의 본성에 의하여 (자동적으로, *attano dhammatāya*) 떨어지지 않았고, Devadatta의 행위로 인하여 떨어져 내렸다." 그의 다음 논문을 참조하라. "Wrong Notions of *Dhammat,, (Dharmat,,)*," in L. Cousins, A. Kunst, and K. R. Norman, eds., *Buddhist Studies in Honour of I. B. Horner* (Boston: Reidel, 1974), 182–3.

나는 *Bodhisattvabhūmi*의 단락에서 *dharmatā*의 어법이 이러한 사례들에서 사용되는 방식과 매우 가깝다고 생각한다. 간단히 말해서, 그것은 보살들이 본성에 의하여 탁월한 六入을 품수받고 있다는 것을 의미한다. 나는 *dharmatā*가 이 맥락에서 일원론적인 어떤 것을 지칭한다고는 믿지 않는다.

54) 마츠모토, 「논의에 대한 답론」.

55) 「유가행파와 여래장 문헌에서 기체설 사상」, *201-2*.

56) *Vibhāṣā*, T 27.65b5-24; 河村 孝照, 『有部の仏陀論』, (東京: 山喜房佛書林, 1975), 351-3.

57) 나의 「유가행파와 여래장 문헌에서 기체설 사상」, 본서 pp. *640-641*, 주25 참조.

58) 마츠모토, 「논의에 대한 답론」.

59) 「유가행파아 여래장 문헌에서 기체설 사상」 참조.

60) Matsumoto, "The *Śrīmālādevī Sutra* and Ekayana Theory," 300-4.

61) 티벳어 본은 다음과 같다.

> *bcom ldan 'das nyan thos dang | rang sangs rgyas kyi theg pa rnams ni | theg pa chen po la yang dag par 'du ba'i slad du ste | … | bcom ldan 'das de ltar na theg pa gsum po 'di dag ni theg pa gcig kho na'i grangs su mchi'o ‖ bcom ldan 'das theg pa gcig rtogs pas | bla na med pa yang dag par rdzogs pa'i byang chub rtogs par 'gyur ro ‖* (Pek. No. 760[48], vol. 24['i], 264b2-4).

이 단락은 다음 논문에도 인용되어 있다. Matsumoto, "The *Śrīmālādevī Sutra* and Ekayana Theory," 305.

62) 마츠모토의 견해에 따르면 二乘을 배격함에 의하여 선택되어야 하는 것이 대승이다 ("배타적 一乘"). 二乘의 수행이 동시에 성불을 위한 수행이라고 주장하는 것("통합적 一乘")은 그릇된 견해이다. 다음을 참고하라. 「『법화경』과 일본문화」, pp. *574-576*.

63) Matsumoto, "The *Śrīmālādevī Sutra* and Ekayana Theory," 307.

64) "The *Śrīmālādevī Sutra* and Ekayana Theory," 313.

65) 「유가행파와 여래장 문헌에서 기체설 사상」 참조.

12. 티벳으로 도입된 인도불교의 핵심 요소들

1) 세부사항에 관하여서는 다음을 참조하라. Paul Demiéville, *Le concile de Lhasa: Une controverse sur le quiétisme entre bouddhistes de l'Inde et de la Chine au VIIIe siècle de l'ère chrétienne* (Paris: Collège de France, Institut des Hautes Études Chinoises, 1987, original 1952). 또한 나의 다음 논문도 참조하라. 「摩訶衍の禪」, 講座敦煌 8, 『敦煌仏典と禅』, (東京: 大東出版社, 1980).

2) 이 텍스트는 돈황 사본들 가운데에서 발견되었으며, P. Pelliot에 의하여 No. 4646으로 목록화되었고, A. Stein에 의하여서는 No. 2672로 목록화되었다. 비판적 주석이 달린 텍스트가 다음 논문에 포함되어 있다. 長谷部好一, 「吐蕃仏教と禅: 頓悟大乘正理決

をめぐって」, 『愛知学院大學文学部紀要』 1 (1971): 70-88; 이 텍스트에 대한 참조는 이 비판본의 쪽수와 칼럼 번호를 따른다.

3) 나의 다음 논문을 참조하라. 「インド仏教における「方便」」, 『東方』 通号 3 (1987): 52-69.

4) 다음을 참조하라. sDe dge 16, ff. 121a–132b; Peking 739, ff. 161b–175b. 이 문제가 구체적으로 논의되는 곳은 sDe dge 16, f. 126a and Peking 739, f. 168a. 해탈이 아니라 보리-지혜가 목표라는 아이디어가 뚜렷하게 서술되는 곳은 sDe dge 16, f. 130b5 and Peking 739, f. 173a6.

5) 다음을 참조하라. sDe dge 3917, ff. 62a–63a; Peking 5312, ff. 67a–68b. 나는 이 부분을 뒤에 논하겠다.

6) 나의 다음 논문을 참조하라. 「三輪清浄の布施」, 『成田山仏教研究所紀要』 通号 15, (1992): 577-608.

7) *Suttanipāta*에서 성인의 열반의 내용을 설명하는 가장 중요한 단락은 게송 355이다.

> 다섯 금욕수행자 가운데 가장 위대한, 숭고한 스승은 다음과 같이 말하였다, "그는 이 세상에서 名色에 대한 망령된 집착을 끊어냈다. 그는 자신이 오랫동안 빠져 있었던 어두운 악의 흐름을 끊어냈다."

이 게송 또한 "名色"이라는 어구를 사용한다. 만약 이 어구가 "개인적 존재"에 한정한다고 이해된다면, 그것은 성인이 육체적 존재에 대한 망령된 집착을 아직 갖고 있었음을 의미할 것이며, 그리고 그것은 그가 여기에서 "어두운 악의 흐름"이라고 언급된, 사물들을 실체적으로 바라보는 잠재의식 내지 경향을 아직 끊어내지 못하였음을 의미할 것이다.

8) 모든 것이 거의 즉시적으로 일어나고 소멸한다는 아이디어.

9) 나의 다음 논문을 참조하라. 「「現世利益」と「げんぜりやく」」, 『図書』 9 (東京: 岩波書店, 1993):16-19.

10) 12권본 『正法眼藏』의 「發菩提心」 권을 보라(pp. 332-42). 또한 다음을 참조하라. Terada and Mizuno, eds. *Dogen*, vol. 2, 371–81.

11) 다음을 참조하라. *Tarkajvālā*, sDe dge 3856, f. 146b6 and f. 147a3; Peking 5256, f. 159b4 그리고 160a1. 또한 나의 다음 논문을 참조하라. "The Perfect Extinction of Three Substantial Attachments in the Act of 'Giving'," 579–80.

12) Dharmakīrti는 *Pramāṇavārttika*의 vv. 285-86에서 "실재는 요가수행자에 의하여 직접적으로 지각된다"고 말한다. 다음을 참조하라. 戸崎 宏正. 『仏教認識論の研究』 (東京: 大東出版社, 1979), vol. 2, 376–80. 또한 나의 다음 논문도 참조하라. 「シャーンタラクシタの中觀」, 『成田山佛教研究所紀要』 11 (1988): 641-82.

13) *Suttanipāta*의 게송 756 그리고 757은 실재성이 없는 "名色" 그리고 "허상적 존재들"에 대하여 이야기한다.

> 보라. 이 세계의 신들과 사람들은 자아가 아닌 것을 자아로 취하고, 名色에 집착하게 되고, 이를 실재로 간주한다. (756)

그들이 [한 순간에] 그렇게 취하는 것과 그들이 [그 다음 순간에] [동일한 것으로] 취하는 것은 동일하지 않다. 그것에 의하여 시사되는 그 다음 "무엇"에 대하여, 그 첫 "무엇"은 비어 있는 허상이 된다. 지나가는 것은 실로 허상이다. (757)

yena yena hi maññanti, tatos taṃ hoti aññathā, taṃ hi tassa musā hoti,
mosadhammaṃ hi ittaraṃ.

14) *Mūlamadhyamakakārikā*(『근본중송』)의 유명한 서두에서, 나가르주나는 "실체적 환영의 네 가지 부정"을 사용하여, 사물들이 그들 자체로부터, 다른 것들로부터, 그 양자 모두로부터, 또는 원인이 없이 일어나지 않는다는 점을 지적한다.

15) 다음을 참조하라. 三枝 充悳, 『中論偈頌總覽 』, (東京: 第三文明社, 1985), 38:

gataṃ na gamyate tāvadagataṃ naiva gamyate |
gatāgatavinirmuktaṃ gamyamānaṃ na gamyate ||
우선, 지나간 곳에서는 걸을 수 없다. 물론 아직 가지 않은 곳에서도 걸을 수 없다. 그리고 지나간 곳과 올 곳과 가고 있는 곳으로부터 구분되는 현재의 곳에서도 걸을 수 없다.

16) 다음을 참조하라. sDe dge 12, ff. 169b–170a; Peking 734, ff. 182b–183a; Vaidya, *Aṣṭasāhasrikā Prajñāpāramitā*, pp. 152–3. 또한 나의 다음 논문을 참조하라. 「『般若經』に如來藏思想が說かれているか」, 『インド学密教学研究』, 宮坂宥勝博士古稀記念論文集, (京都: 法蔵館, 1993), 306-7; p. 327, n. 17; 330, n. 19.

17) 다음을 참조하라. Saegusa, *An Overview of the Mūlamadhyamakakārikā*, 4:

anirodhamanutpādamanucchedamaśāśvatam |
anekārthamanānārthamanāgamamanirgamam |
yaḥ pratītyasamutpādaṃ prapañcopaśamaṃ śivam |
deśayāmāsa saṃbuddhastaṃ vande vadatāṃ varam ||

나의 다음 논문을 참조하라. 「日本に伝わらなかった中観哲学」, 『思想』 802 (1991): 4-29.

18) 역사적 배경에 관한 세부사항에 대해서는, 나의 다음 논문을 참조하라. 「二巻本訳語釈(序)の研究」, 『成田山仏教研究所紀要』 4 (1979): 1-24.

19) 다음을 참조하라. Vaidya, *Aṣṭasāhasrikā Prajñāpāramitā*, 3, 27; sDe dge 12, f. 3a7; Peking 737, f. 3b5; T No. 227, 537b. 나의 다음 논문도 참조하라. 「『般若經』に如來藏思想が說かれているか」, 300–1, 그리고 326 n. 13.

20) 세부사항에 대해서는 나의 다음 논문을 참조하라. 「日本に伝わらなかった中観哲学」, 『思想』 802 (1991): 4-29, 특히 10-18. 또한 「大乘佛教教理の由來」 (824 (1993): 73–81)에서 나의 논의도 참조하라.

21) sDe dge 3885, f. 59a–b; Peking 5285, f. 55a–b.

22) 나의 다음 논문을 참조하라. 「縁起生の復權」, 『成田山佛教研究所紀要』 14 (1991), 1-57.

23) P. Demiéville, *Le Concile de Lhasa*, pp. 348ff 참조. 나는 pratyavekṣā에 대한 Lamotte의 "l'analyse"라는 번역이 정확하지 않다고 믿는다; 티벳어 *so-sor rtags pa*

는 "확인함"을 뜻한다.

24) *Thugs (/sems) su chud*는 "현재"에 대한 인과 관계의 흐름의 동력이 일정한 시간의 경과 동안 보전되어 있는 아뢰야식에서 의식의 "종자들"의 축적을 가리키는데, 이는 다른 요소들과 함께 수정된, 곧 [가장 최근 과거의 짧은 시간 동안] "현재의 시간"으로 파악된 심적 환영 직후에 일깨워진다.

25) 『正法眼藏』의 다음 판본에서 "坐禪儀" 그리고 "坐禪箴"을 참조하라. 河村 孝道, et al., eds., 『正法眼藏』 (『道元禪師全集』, 東京: 春秋社, 1991, 100-12); Terada and Mizuno, *Dōgen*, vol. 1, 126-7.

26) 나의 논문 「三輪清浄の布施」, 583-98 참조.

13. '선'(禪)의 의미

1) [영역자 주: 소문자로 시작하는 "zen"이라는 단어는 선정 곧 명상을 가리킨다. 대문자로 시작되는 "Zen"은 서양(그리고 일본)의 일부에서 유행하는 다소 신비주의적인 어법으로서, 모호하고, 보편적이며, 초언어적인, 언표 불가능한 "道"를 가리킨다.]

2) 예컨대 다음을 참조하라. 宇井 伯寿, 『禪宗史研究』, (東京: 岩波書店, 1935), 2.

3) 예컨대 다음을 참조하라. 藤田 宏達, 「元始仏教における禪定思想」, 『仏教思想論叢: 佐藤密雄博士古希記念』, (東京: 山喜房仏書林, 1972), 298.

4) 히라카와 아키라는 이 점을 다음과 같이 설명한다.

> 불교에서는 戒, 定, 慧의 三學을 설하였다. 지혜는 선정의 수행에 대하여 우월한 위치에 두어졌다. 이것이 시사하는 것은, 진리는 선정의 수행을 하는 것만으로는 발견될 수 없다는 점이다. 선정은 마음을 심리적으로 단련시키는 것이며, 그 자체로는 맹목적이다. 진리는 지혜의 눈이 성취되었을 때에만 자각될 수 있다.

A History of Indian Buddhism, 25. [이 단락의 번역은 현재의 맥락을 감안하여 이루어졌다. - 영역자 주]

5) 이 점에 대한 보다 상세한 논의로는, 나의 『縁起と空』, 239-48 참조.

6) [마하연과 Kamalaśīla 사이의 논쟁에 관하여서는, 본서에 실려 있는 「티벳에 도입된 인도불교의 핵심 요소들」(220-41) 참조. 이 논문의 온전한 일본어 버전에서, 마츠모토는 이 문제를 다소 상세하게 다루고 있으며, 또한 선종의 조사로서 南宗禪의 탁월한 인물인 神會(684-758)에 의하여 주창된 "無念"이라는 아이디어를 논하면서, 신회 또한 개념적 사유의 타당성을 부정한다고 결론짓는다 - 영역자 주]

7) 세부사항에 관하여서는, 다음 논문을 참조. Fujita, "The Theory of Dhyana Meditation in Early Buddhism," 그리고 Lambert Schmithausen, "On Some Aspects of Descriptions or Theories of 'Liberating Insight' and 'Enlightenment' in Early Buddhism," *Alt-*

und Neu-Indische Studien 12 (1981): 199–250.

8) 마하연은 "개념화는 … 모든 중생 안에 내재해 있는 全知의 지혜를 방해한다"고 말한다. 여기에서 "방해한다"는 āvaraṇa의 번역어라고 해석할 수 있는데, 이 단어는 "덮개"라는 의미이다. 그러므로 "개념화"는 모든 중생에 내재해 있는 지혜를 "덮는" 또는 "은폐하는" 기능을 하는 것으로 제시된다. 이것은 "모든 중생에 내재해 있는 지혜"를 일차적인 것으로 보고 "개념들"을 이차적인 것으로 보면서 "해탈"을 강조하는 사유 패턴이다. 이러한 "내재적 지혜"는 붓다의 지혜와 동일시되는데, 이를 마하연은 "全知의 지혜"(*sarvajña-jñāna*)이자 "佛性"이라고 부른다.

9) 첫 둘에는 뚜렷이 *saṃjñā*라는 용어가 포함된다; 셋째는 *nimitta*라는 어구를 사용하지만 동일한 의미이다; 다음을 참조하라. Schmithausen, "Theories of 'Liberating Insight' 그리고 'Enlightenment' in Early Buddhism," 236, n. 133: "*anupūrvavihāra* 패턴에서 *saññāvedayitanirodha*에 대하여 *animitto cetosamādhi*가 대체되어 있다. 이 두 용어의 등치는 적어도 산스크리트 아비달마 전통에서 *nimitta*들이 *saṃjñā*의 전형적인 객관적 상관물이고, … *nimitta*들의 부재는 결과적으로 *saṃjñā*의 그침을 함의한다는 사실에 의하여 지지되는 것으로 보인다.

10) 九次第定의 구도 내에서, 이 둘은 四無色定의 셋째와 넷째 단계에 할당된다.

11) Fujita, "The Theory of Dhyana Meditation in Early Buddhism," 305.

12) 中村 元, 『原始佛教の思想』, 『中村元選集』 vol. 2 (東京: 春秋社, 1971, 14 vols.), 235.

13) 다음을 참조하라. *Suttanipāta*, verses 874 and 1070–1072; Eng. trans, 102, 123.

14) Saddhatissa는 이 단락을 다음과 같이 번역한다(*The Sutta-nipāta*, 102):

> "色이 존재하기를 그치는 상태가 있다"라고 붓다는 말한다. "그것은 일상적 지각이 없고, 무질서한 지각이 없으니, 지각이 없고, 지각의 여하한 지멸도 없는 상태이다. 그것은 지각, 의식, 곧 모든 기초적 장애의 원천이다."

15) 다음을 참조하라. Nakamura, *Early Buddhist Thought*, 232–4. 그 이전에 나카무라는 "초기불교에서 "무소유"의 상태를 지향하여 노력하는 수행은 아마도 자이나교와 같은 … 비불교적인 사유방식에 의하여 영향 받아서 존재하였다"고 인정하였다(231).

16) Fujita, "The Theory of Dhyana Meditation in Early Buddhism," 307–8.

17) Fujita는 또한 이러한 4 단계의 선정 이론이 비불교적인 기원을 갖고 있다고 주장한다.

18) 나의 번역이다; 또한 The Pali Text Society 번역도 참조하라. *The Book of the Discipline* (*Vinaya-Piṭaka*), Volume IV (*Mahāvagga*), trans. I. B. Horner, London: Routledge & Kegan Paul (1982), 1–2.

14. 비판불교와 도겐의『정법안장(正法眼藏)』
75권본과 12권본 텍스트를 둘러싼 논란

1) 河村 孝道,『永平開山道元禪師行状建撕記』, (東京: 大修館, 1975), 79-80.

2) Terada and Mizuno, eds., *Dōgen*, vol. 2, 496.

3) 다음을 참조하라. 石井 修道,「最後の道元十二巻本『正法眼蔵』と『宝慶記』」, 鏡島 元隆·鈴木 裕禅 編,『十二巻本『正法眼蔵』の諸問題』, 319-74.

4) 12권본(영어 번역은 Yokoi Yūhō, *Zen Master Dōgen* [Tokyo: Weatherhill, 1975]에서 발견할 수 있다)은 다음과 같은 권들을 포함한다. 出家功德, 受戒, 袈裟功德, 發菩提心, 供養諸佛, 歸依佛法僧寶, 深信因果, 三時業, 四馬, 四禪比丘, 一百八法明門, 八大人覺.

5) 松本 史朗,『緣起と空』, 8.

6) 이 논문에서 나는 우선적으로 도겐 연구에서의 이슈들 그리고 12권본에 대한 비판불교학자들의 견해를 비판해온 이들을 다루고 있다. 그러나 수많은 다른 반응들이 있어 왔으며, 여기에는 Lambert Schmithausen, 다카사키 지키도, 히라카와 아키라, 그리고 (다무라 요시로의 옛 제자이자 천태학의 선도적 학자인) 스에키 후미히코가 포함되는데, 이들에 대하여 하카마야(“The Japanese and Animism”)는 부분적으로 응답해 왔다.

7) 조동종 내에서 비판불교 그리고 기타의 개혁 운동들 배후에 있는 추동력의 일부는 조동종의 대변인 마치다 무네오가 1979년 세계종교평화회의에서 부라쿠민에 대한 불교측의 차별이 있었음을 부인한 발언에 대한 광범위한 당혹감에서 왔다. 이러한 그의 언급은 학계에서 사제의 의례 활동에 이르기까지 조동종 기관의 여러 차원에 반향을 일으키는 소동을 야기하였다. 또한 다음을 보라. Bodiford, “Zen and the Art of Religious Prejudice,” 그리고 Ishii Shūdo, “Recent Trends in Dōgen Studies,”『駒澤大學禪硏究所年報』7 (1990): 219-64. 일본사회에서 부라쿠민의 의례화된 주변부화 및 희생에 관하여서는 다음을 보라. Emiko Ohnuki-Tierney, *Monkey as Mirror: Symbolic Transformations in Japanese History and Ritual* (Princeton: Princeton University Press, 1987).

8) 예컨대 Richard DeMartino는 자신이 1960년대 중반에 The Asahi Journal을 위하여 D. T. 스즈키를 인터뷰했을 때(1965년 3월 14일) 스즈키는 불교가 “어머니의 사랑”에 기초하여 자비를 실천했다고 고집하였으며, 차별이나 군국주의에 대한 묵종과 같은, 사회 내에서 불교의 문제적인 측면은 인정하지 않으려는 것으로 보인 사실에 관하여 비평을 한 적이 있다.

9) King, *Buddha Nature,* 170.

10) 袴谷 憲昭,『本覺思想批判』, 142.

11) 다음을 참조하라. N. Dale, *The Myth of Japanese Uniqueness*.

12) 다음을 참조하라. Abe Masao, *A Study of Dōgen: His Philosophy and Religion* (Albany: SUNY Press, 1992); Tamura, *Thought of the New Buddhism of Kamakura,*

그리고 "Critique of Shōshin and Dōgen"; Yamauchi, *Dōgen's Zen and the Tendai Hongaku Tradition*; 地田 魯參, 『道元学の搖籃』, (東京: 大蔵出版, 1991).

13) 가마쿠라에서는 그의 和歌 모음집에 포함된 일본어 시 12편 이외에 도겐의 가르침에 대한 기록은 없다. 몇몇 수정주의 역사가들은 도겐이 호죠 도키무네(北条 時宗)가 아니라 오히려 후원자들의 요청으로 여행을 하였으며, 다만 선동적 설명이 그 종파의 성인전의 일부로 되어 온 것이라고 추정해 왔다.

14) 다음을 참조하라. Carl Bielefeldt, "Recarving the Dragon: History and dogma in the study of Dōgen," in *Dōgen Studies*, ed. William R. LaFlcur (Honololu: University of Hawai'i Press, 1985).

15) 다음을 참조하라. Hakamaya, *Dōgen and Buddhism*, 245-88, esp. 249.

16) 하카마야는 또한 근대의 조동종 승려들이 작성한 도겐 철학 요약집인 『修証義』에서 懺悔의 역할에 대하여 길게 논의하고 있다. 흥미롭게 주목되는 것은, 도겐의 임종게가 그의 중국 스승 如浄의 임종게와 매우 유사한데, 다만 도겐은 如浄이 자기 자신의 악업에 대한 인정을 가리키는 데 사용하는 罪業이라는 어구를 생략하고 있다는 점이다. 반면에 도겐은 75권본의 「谿聲山色」에서 악업에 비추어 참회의 역할을 실질적으로 논하고 있다. 더 나아가, 참회라는 주제는 천태 명상 실천에서 중세에 유행한 불교문학을 거쳐서 교토학파 사상가 다나베 하지메의 현대 철학에 이르기까지 불교와 일본 종교의 많은 측면에서 아주 중요하다.

17) 다음을 참조하라. Nara, ed., *From Buddha to Dōgen*; Kagamishima and Suzuki, eds., *Issues Concerning the 12-Fascicle Shōbōgenzō.*

18) 특히 角田 泰隆의 서지학적 기록을 참조. 「十二巻本『正法眼藏』の研究動向」, Kagamishima and Suzuki, eds., *Issues Concerning the 12-Fascicle Shōbōgenzō*, 458-72.

19) 가와무라와 하카마야 양자 모두에 의하여 인용되는 영향력 있는 논문으로 杉尾 玄有의 논문이 있다. 「道元禅師の自己透脱の御生涯と『正法眼蔵』の進化－十二巻本によって「一百巻」を思う」, 宗学研究 27 (1985): 7-12.

20) 다음을 참조하라. 河村 孝道 校訂·註釈, 『正法眼蔵』, 道元禅師全集, (東京: 春秋社, 1991). 그리고 河村 孝道, 『正法眼蔵の成立史的研究』, (東京: 春秋社, 1987); 石井 修道, 『中国禅宗史話―真字「正法眼蔵」に学ぶ』, (京都: 禅文化研究所, 1988); Heine, *Dōgen and the Kōan Tradition: A Tale of Two Shōbōgenzō Texts* (Albany: SUNY Press, 1994).

21) 河村 孝道, 「道元と『正法眼蔵』 ― 十二巻本とはなにか」, 奈良 康良, 『ブッダから道元へ―仏教討論集』, 231.

22) Hakamaya, "The Meaning of the 12-Fascicle *Shōbōgenzō* in Dōgen," 238-49.

23) 다음을 참조하라. 衛藤 即応 編, 『正法眼蔵』, 3巻, (東京: 岩波文庫, 1939-1943).

24) 상이한 판본들에 관한 혼란의 일부는 도쿠가와 시대에 60권본을 지지한 天桂 伝尊 그리고 75권본을 지시한 卍山 道白 사이의 논란으로 거슬러 올라갈 수 있다.

25) p. *278*의 도표는 袴谷 憲昭의 道元と佛教, 192에서 『正法眼蔵』 텍스트의 편집 과정 및 판본에 대한 플로차트인데, 이는 다음 논문에서 발전된 범주들의 영향을 받고 있다. 水野 弥穂子, 「古本『正法眼蔵』の内容とその相互関係-六十巻『正法眼蔵』の性格をさぐるために」, 『宗学研究』 通号 15 (1973): 68-73.

26) Terada and Mizuno, *Dōgen*, vol. 2, 418.

27) Terada and Mizuno, *Dōgen*, vol. 2, 317-18.

28) 伊藤 秀憲의 「十二巻本『正法眼蔵』の撰述とその意図について」(鏡島 元隆·鈴木 格禅 編, 『十二巻本『正法眼蔵』の諸問題』, 1991, 378) 또한 경전을 읽고 해석하는 주제에서 75권본 「如來全身」(여래의 온전한 몸)과 친연성을 지적한다.

29) 『無門關』의 頌에 따른다. Shibayama Zenkei, *Zen Comments on the Mumonkan* (New York: Mentor, 1974), 34.
不落, 不昧:/ 兩采一賽./ 不昧, 不落:/ 千錯萬錯!

30) Terada and Mizuno, *Dōgen*, vol. 2, 232–33.

31) Terada and Mizuno, *Dōgen*, vol. 2, 433.

32) Ishii Shūdo, "Recent Trends in Dōgen Studies," 227.

33) Terada and Mizuno, *Dōgen*, vol. 2, 437.

34) 다음을 참조하라. Matsumoto, "Deep Faith in Causality: Thoughts on Dōgen's Ideas."

35) 마츠모토가 시사하는, 여래장사상과 도겐의 관계 문제를 설정하는 또 하나의 길은, 도겐의 후기 관점을 세 가지 각도에서 구분하는 것이다. (1) 모든 존재가 불성을 지니고 있고, 그러므로 우리는 수행을 해야 하지만, 그 목표는 성취할 수 없는 것으로 보인다; (2) 불성은 모든 존재를 포괄하고, 그러므로 우리는 수행을 할 필요가 없으니, 불성이 이미 현존하기 때문이다; (3) 불성은 수행에 의하여 실현되고, 그러므로 우리는 계속해서 수행해야 한다. 도겐의 초기 입장은 (1)과 (2)에 대한 논박으로서 (3)의 관점에 반영되고 있지만, 심지어 이러한 관점도 業因의 응보적 결과를 충분히 강조하지 않고 있다(Matsumoto, "Deep Faith in Causality: Thoughts on Dōgen's Ideas," 589–90).

36) 鏡島 元隆, 「十二巻本『正法眼蔵』の位置づけ」, 鏡島 元隆·鈴木 格禅 編, 『十二巻本『正法眼蔵』の諸問題』, 7.

37) 鏡島 元隆, 「十二巻本『正法眼蔵』の位置づけ」, 13.

38) 다음 저서의 서문을 참조하라. 石井 修道, 『宋代禅宗史の研究』. 하카마야(『本覺思想批判』, 347)는 石井 修道의 몇몇 입장에 대하여 응답하며 다음의 영향력 있는 논문을 인용한다. 水野 弥穂子, 「『宝慶記』と十二巻『正法眼蔵』- 特に「深信因果」巻について」, 『宗学研究』 通号 21 (1979): 27-30.

39) 1225-1227년 사이에 도겐이 如浄과 나눈 대화의 기록인 『宝慶記』는 사후에 발견되

었고, 그가 자신의 생애 만년에 중국으로부터 如浄의 어록 한 부를 받은 후에야 기록했을 수 있다. 전통적인 설명에 따르면, 그는 이 어록이 실망스러우며 자신의 스승이 남긴 핵심적 가르침의 진정한 유산을 보전하고 있다고 하기는 어렵다고 보았다.

40) 예컨대 다음을 참조하라. 石井修道, 「最後の道元十二巻本『正法眼蔵』と『宝慶記』」, 鏡島 元隆·鈴木 裕禅 編, 『十二巻本『正法眼蔵』の諸問題』, 335-6. 여기에서 지적하는 것은, 도겐이 「深信因果」 권에서 인과를 부정하는 대표적인 사례로 宏智의 견해를 비판하고 있었던 동시에, 『永平広錄』(10.47)에서 자기 자신의 "달 감상"(月見)에서 그 송(宋)나라 스승의 시를 모방하고 있기도 했는데, 여기에서는 도겐의 유명한 자기 묘사에 걸맞은 서예 솜씨도 주목된다.

41) 石井 修道, 「最後の道元十二巻本『正法眼蔵』と『宝慶記』」(328-30)의 계산에 따르면, 도겐은 자신의 총 531회 설법 가운데 281회를 자신의 생애 중 마지막 5년 동안 행하였다.

42) 池田 魯参에 의하면, 다음 권들에서 전통적인 불교 그리고 선 텍스트들에서의 인용 횟수는 이러하다. 「出家」 5, 그리고 「出家功德」 21; 「傳衣」 4, 그리고 「袈裟功德」 11; 「發無上心」 6, 그리고 「發菩提心」 10; 「大修行」 3, 그리고 「深信因果」 9; 「三時業」(60권본) 12, 그리고 「三時業」(12권본) 15. 그의 다음 논문을 참조하라. 「新草十二巻『正法眼蔵』の構想と課題」, 鏡島 元隆·鈴木 裕禅 編, 『十二巻本『正法眼蔵』の諸問題』.

43) 다음을 참조하라. 石井 清純, 「十二巻本『正法眼蔵』と『永平広録』-「百丈野狐」の話を中心として」, 『宗學研究』 30(1988), 257-62; 松岡 由香子, 「新生の道元-十二巻本『正法眼蔵』をめぐつて」, 『禅文化研究所紀要』 19 (1993): 65-151; 또한 다음을 참조하라. Matsuoka Yukako, "The contemporary meaning of the 12-fascicle *Shōbōgenzō*."

44) 다음을 참조하라. Bernard Faure, "The Kyoto School and Reverse Orientalism" in Fu and Heine, eds., *Japan in Traditional and Postmodern Perspectives,* 254-55.

45) 다음을 참조하라. Akizuki Ryōmin, *New Mahāyāna: Buddhism for a Post- Modern World*, tr. James W. Heisig and Paul L. Swanson (Berkeley: Asian Humanities Press, 1990), 55; 市川 白弦, 『仏教者の戦争責任』, (東京: 春秋社, 1970); Christopher Ives, *Zen Awakening and Society* (Honolulu: University of Hawai'i Press, 1992).

46) T No. 1545, 27.592a-593b.

47) Kyoko Motomochi Nakamura, trans. Miraculous Stories from the Japanese Buddhist Tradition: The Nihon ryōiki of the Monk Kyōkai (Cambridge: Harvard University Press, 1973), 29.34.

48) 다음을 참조하라. Damien Keown, *The Nature of Buddhist Ethics* (London: Macmillan, 1993); David J. Kalupahana, *Causality: The Central Philosophy of Buddhism* (Honolulu: University of Hawai'i Press, 1975), 89-146; Hirakawa, *A History of Indian Buddhism*, 170-219.

49) 다음을 참소. Matsumoto, "Deep Faith in Causality: Thoughts on Dōgen's Ideas,"

610–20.

50) 다음을 참조. 島田 裕巳,『戒名-なぜ死後に名前を変えるのか』, (京都: 法藏館, 1991), 67-97; 中尾 俊博,『佛教と差別』, (京都: 永田文昌堂, 1985), 115-36.

51) 中尾 俊博,『佛教と差別』, 70-114.

52) 다음을 참조. Mark C. Taylor, *Erring: A Postmodern A-Theology* (Chicago: The University of Chicago Press, 1984).

53) 다음을 참조. Gustavo Benavides, "Religion and the Modernization of Tradition in Latin America," in Charles W. Fu and Gerhard Spiegler, eds., *Religious Issues and Interreligious Dialogues* (Westport, CT: Greenwood Press, 1989).

15. 비판불교는 실제로 비판적인가?

1) 이 점은 Robert Gimello의 다음과 같은 박사학위 논문에서 충분히 전개되었다. "Chih-yen (602–668) and the Foundations of Hua-yen Buddhism" (Columbia University, 1976), 214–77.

2) 나의 *Tsung-mi and the Sinification of Buddhism* 8장을 참조.

3) 나의 *Tsung-mi and the Sinification of Buddhism* 7장을 참조.

4) 나의 *Tsung-mi and the Sinification of Buddhism* 9장을 참조.

5) 곧, (1) 연꽃 속에 숨은 붓다, (2) 벌에 둘러싸인 꿀, (3) 껍질 속의 쌀알, (4) 진흙 속에 잃어버린 금, (5) 땅 아래 숨겨진 보화, (6) 커다란 나무로 자라는 종자, (7) 누더기 옷에 쌓인 황금 상, (8) 왕에 의하여 임신한 천민 여인의 자궁, 그리고 (9) 황금 상이 그것이 주조된 흙으로 된 주형 안에 있는 것 (T 16.457a–460b 참조).

6) 다음을 참조. Lambert Schmithausen, "On Some Aspects of Descriptions or Theories of 'Liberating Insight' and 'Enlightenment' in Early Buddhism," *Alt- und Neu-Indische Studien* 12 (1981): 199–250.

7) 다음을 참조. T. Griffith Foulk, "The 'Ch'an School' and Its Place in the Buddhist Monastic Tradition" (Ph.D. dissertation, University of Michigan, 1987).

8) 다음을 참조. Luis Gómez, "Proto-Mādhyamika in the Pāli Canon," *Philosophy East and West 26* (1976): 137–65.

16. 형이상학, 고통, 그리고 해방

1) Edward Said의 *Orientalism* (New York: Vintage, 1978)에 부합되게 불교 연구와 식

민주의 사이의 관계에 대한 비판적 자기 성찰에 관하여서는 다음 논문의 서론을 참조하라. Donald S. Lopez, Jr., "At the Feet of the Lama," *Curators of the Buddha*.

2) 다음을 참조. David Kolb, *The Critique of Pure Modernity* (Chicago: The University of Chicago Press, 1986). 하버마스는 다음과 같이 선포한다. "헤겔은 현대 담론을 개시하였다. 그는 그 주제, 곧 현대에 대한 자기 비판적 확신을 도입하였다. 그는 그 주제, 곧 계몽의 변증법이 변주될 수 있는 규범들을 확립하였다." 다음을 참조. Jürgen Habermas, *The Philosophical Discourse of Modernity* (Cambridge, MA: MIT Press, 1987), 50.

3) Jürgen Habermas는 Dieter Heinrich의 질문 "무엇이 형이상학인가-무엇이 현대인가?"에 대하여 응답하여 이성과 주체에 대한 자신의 탈형이상학적 개념들을 발전시킨다. 다음을 참조. Jürgen Habermas, *Postmetaphysical Thinking* (Cambridge: Polity Press, 1992).

4) "세계 그림의 시대"(Die Zeit des Weltbildes)라는 논문에서 하이데거는 현대 세계의 다섯 가지 특징을 열거한다. 수학적 자연과학, 기계기술, 신들의 상실, 모든 이를 위한 보편적 문화 형성의 시도, 그리고 예술 영역이 미적 경험의 영역으로 전환. 다음을 참조. Kolb, *The Critique of Pure Modernity*, 121.

5) Martin Heidegger, *Nietzsche IV: Nihilism* (San Francisco: Harper & Row, 1982), 28.

6) 이러한 견해는 많은 학자들에 의하여 공유되고 있다. G. B. Madison은 *The Hermeneutic of Postmodernity* (Bloomington: Indiana University Press, 1988)에서 다음과 같이 서술한다.

> 데카르트에서 우리의 20세기 실증주의자들과 분석가들에게 이르기까지 표상주의가 경기방식이어 왔다. 하이데거가 자신의 논문 "세계 그림의 시대"에서 서술하였듯이, 현대의 두 가지 존재론적 특징은 세계가 그림 내지 표상이 되고 동시에 인간은 단순한 대상들의 한 가운데에서 표상하는 주체로 되는 것이다. (x)

7) Habermas, *The Philosophical Discourse of Modernity*, 27.

8) 1966년 *Der Spiegel* 인터뷰에서 하이데거는 다음과 같이 말하였다. "오직 신만이 우리를 구원할 수 있다. 우리에게 남겨진 유일한 가능성은 침몰(*Untergang*)의 시대에 신의 등장을 위하여 내지 신의 부재를 위하여 사유와 詩化를 통하여 일종의 기꺼움을 준비하는 것이다; 왜냐하면 부재하는 신을 직면하여 우리는 침몰하기 때문이다." 다음을 참조. "Only a God Can Save Us: *Der Spiegel*'s Interview with Martin Heidegger," *Philosophy Today* (Winter 1976): 277.

9) 다음을 참조. Theodor W. Adorno, *Negative Dialectics* (New York: Continuum, 1983), 361.

10) Adorno, *Negative Dialectics*, n. 8, 278.

11) 현대와 기술에 대한 하이데거의 이해에 관하여서는, 다음을 참조. Kolb, *The Critique of Pure Modernity*, 144–50.

12) Adorno, *Negative Dialectics*, 367.

13) 다음에 인용되어 있다. Zoltan Tar, *The Frankfurt School* (New York: Schocken Books, 1985), 175.

14) Adorno, *Negative Dialectics*, 26, 31. 하버마스는 또한 아도르노가 "도구적 이성의 공격으로부터 비동일성의 순간을 구해내고자" 시도한다고 지적한다(*Postmetaphysical Thinking*, 122).

15) Habermas, *Postmetaphysical Thinking*, 28, 116-17.

16) Jürgen Habermas, "Modernity versus Postmodernity," *New German Critique* 22 (1981), 9.

17) Habermas, *Postmetaphysical Thinking*, 120.

18) Habermas, *Postmetaphysical Thinking*, 8, 31.

19) 다음을 참조. 袴谷 憲昭, 『批判佛教』, 그리고 「비판철학 대 장소철학」; 또한 본서의 다른 장들도 참조.

20) 다음을 참조. Malcolm David Eckel, "The Ghost at the Table: On the Study of Buddhism and the Study of Religion," *Journal of the American Academy of Religion* 72/4 (1994): 1095-6. 이 논문에서 Eckel은 비판불교를 본질주의의 한 형태로 독해하고 있다.

21) 다음을 참조. 袴谷 憲昭, 『本覺思想批判』, 8-10; 또한 다음을 참조. 스완슨, 「왜 선(禪)은 불교가 아니라고 이야기되는가?」 본서의 pp. *18-19*.

22) 다음을 참조. 松本 史朗, 『縁起と空』, 5-8, 67-68; 또한 다음을 참조. 스완슨, 「왜 선(禪)은 불교가 아니라고 이야기되는가?」 본서의 pp. *3-41*.

23) 하카마야는 포스트모더니즘을 불합리주의 그리고 반근대주의 내지 반데카르트주의와 뚜렷이 등치시킨다. 그의 『批判佛教』, 6, 21 참조. "dharma" 관념에 대한 津田 真一의 해석을 비판하면서, 마츠모토는 하이데거의 존재(Sein)와 존재자(Seiendes) 사이의 존재론적 차이에 대한 자신의 반대를 표명한다. 다음을 참조. 『縁起と空』, 65-70.

24) 呂澂, 「內院佛學五科講習綱要講記」(1943), 『呂澂佛學論著選集』(二), (濟南; 齊魯書社, 1991), 609-11.

25) 歐陽竟無의 중국불교 비판에 관하여서는, 다음을 참조. 藍吉富, 「現代中國佛教的反傳統傾向」, 『二十世紀的中日佛教』(台北: 新文豐, 1991), 3-5.

26) 呂澂, 「觀行與轉依」, 『呂澂佛學論著選集』, Vol. III, 1378.

27) 呂澂, 「試論中國佛學有關心性的基本思想」(1962), 『呂澂佛學論著選集』(三), 1416-17. 추가적인 서지학적 정보에 관하여서는 나의 다음 논문을 참조. 「佛教哲學可以是一種批判哲學嗎?」, 釋恒清 編, 『佛教思想的傳承與發展-印順導師九秩華誕祝壽文集』(臺北: 東大, 1995), 599-619.

28) 呂澂, 「試論中國佛學有關心性的基本思想」, 1418-22.

29) Nishitani Keiji, *Religion and Nothingness,* Jan Van Bragt, trans. (Berkeley: University of California Press, 1982), 11.

30) Nishitani, *Religion and Nothingness*, 14.

31) Nishitani, *Religion and Nothingness*, 88.

32) 서양 형이상학에 대한 하이데거의 "파괴"는 반토대주의와 반주관주의의 한 형태라고 간주될 수 있다.

33) Nishitani, *Religion and Nothingness*, 109.

34) Nishitani, *Religion and Nothingness*, 110.

35) 나는 Jan Van Bragt의 번역을 약간 수정하였다; Nishitani, *Religion and Nothingness*, 110.

36) 하카마야 노리아키의 이해에 따르면, 교토학파의 철학이 빚지고 있는 것은 독일 관념론 그리고 불교의 본각사상이며, 따라서 언표 불가능한 절대의 신비주의에 굴복하게 된 것이다. 『批判佛教』, 49, 78-80 참조.

37) Nishitani, *Religion and Nothingness*, pp. *18-19.*

38) Nishitani, *Religion and Nothingness*, pp. *3-41.*

39) 中村 雄二郎, 『西田幾多郎』 (東京: 岩波書店, 1983); 袴谷 憲昭,『批判佛教』, 12의 인용문들도 참조.

40) "문헌의 장르에 관한 우리의 관습적 기대로 인하여 우리는 Bhāvaviveka의 텍스트를 이른바 '철학'의 한 사례로 대하면서, 쉽게 알 수 있는 다른 '철학자들'과 그의 관계를 확립할 인식론적이고 존재론적인 주장들을 거기에서 찾아내려는 유혹을 받게 된다. 그러나 이러한 기대는 그 주장들이 놓인 서사적 맥락을 흐린다." 다음을 참조. M. D. Eckel, *To See the Buddha: A Philosopher's Quest for the Meaning of Emptiness* (San Francisco: Harper, 1992), 26.

41) Eckel, *To See the Buddha*, 2, 7.

42) Eckel, *To See the Buddha*, 66–7.

43) 三年逢一閏, 鷄向五更啼. Nishitani, *Religion and Nothingness*, 191에 인용되어 있다.

44) 장소의 비어 있음 또는 비어 있음의 장소는 Eckel이 "궁궐" 비유를 3 단계로 분석하는 것에서도 예시된다. 첫째, 궁궐의 꼭대기로 향하는 계단들은 세속제에서 승의제로 나아가는 추론 과정의 단계들을 나타낸다. 둘째, 궁궐은 궁궐 꼭대기에 서 있는 이가 볼 때에는 환영인 것으로 드러난다. 셋째, (궁궐 꼭대기에 서 있는) 깨달은 이는 교육적 목적을 위한 방편으로 궁궐의 이미지를 사용한다. 이러한 해석은 장소불교를 향하여 조준된 비판이 지지될 수 없다는 것을 뚜렷이 보여주니, topos 곧 장소의 비유는 결코 "실체"의 의미로 보이지 않기 때문이다. 오히려 그것은 우리가 행위하고, 사유하고, 먹고, 그리고 죽는 "생활세계"를 명시한다. Eckel, *To See the Buddha*, 23 참조.

45) K. N. Jayatilleke, *Early Buddhist Theory of Knowledge*(Delhi: Motilal Banarsidass, 1963), 430.

46) *Religion and Nothingness*의 결론(285)에서 니시타니는 자기중심적 주관주의의 소산으로서 자유주의와 민주주의의 초석인 자유와 평등이라는 서양적 개념들을 요약한다. 그는 이어서 "空의 장에 기초한 절대적 자율"로서 "참된 자유", 그리고 "절대적 불평등의 상호적 교류", 곧 "사랑 속의 평등"으로서 "참된 평등"이라는 자신의 아이디어를 제시한다. 전쟁 기간 중 "현대성을 극복함"이라는 이슈에 대한 니시타니의 입장에 관해서는 다음 논문을 참조. Minamoto Ryōen, "The Symposium on 'Overcoming Modernity'," Heisig and Maraldo, *Rude Awakenings*, 217-20.

17. 기체설과 불교학의 최근 동향에 대한 고찰

1) 나는 정확히 언제부터 하카마야 노리아키와 마츠모토 시로가 여래장사상과 본각사상에 대한 자신들의 비판을 시작하였는지 알지 못하지만, 내가 직접 그것을 접한 최초의 논문은 하카마야의 「사회적 차별의 이념적 배경에 대한 고찰」이었다.

2) *Mahāyāna-saṅgraha*의 기반으로 인용되는 텍스트인데 현존하지는 않는다.

3) 『不增不减經』, T No. 668, 16.466-8.

4) 나는 이 주제에 대한 확장된 논의를 다음의 책에서 「無始以來の界」再考」라는 제목의 논문으로 발표하였다. 『勝呂信靜博士古稀記念論文集』, (東京: 山喜房佛書林, 1996), 41-59.

5) Skt. *āryadharmahetutvād dharmadhātuḥ; Madhyāntavibhāga-bhāṣya*, ad v. I, 16 참조.

6) *Saṃyuttanikāya* II, 25 (*Nidana-samyutta*, 20, *paccaya*); T 2.84b도 참조.

7) 立川 武藏, 『中論の思想』, (京都: 法藏館, 1994), 226.

8) 깨달은 사람은 계신(戒身), 정신(定身), 혜신(慧身), 해탈신(解脫身), 해탈지견신(解脫知見身)을 자신의 "몸"으로 갖추고 있다는 사상.

9) *Aṅguttaranikāya*, I, 286; 한역 경전에는 상응하는 텍스트가 없다.

10) *Saṃyuttanikāya*, II, 106; T 2. 80c.

11) *Saṃyuttanikāya*, II, 1-11; T 2.101c.

12) 보다 상세한 논의에 관하여서는, 나의 「佛教思想論」 참조(『岩波講座東洋思想, 第9卷: インド仏教 (2)』, 東京: 岩波, 1988).

13) 비인격적인 Dharma에서 인격적인 Buddha로 강조점의 이동은 초기 대승 경전들의 특징 중 하나이다. 곧 붓다는 자신의 깨달음과 동등한 지고의 깨달음으로 사람들을 이끌기 위하여 法을 가르치는 이로서, 믿는 이들을 위한 영원한 귀의(sarana)의 대상이 되도록 요구되었다. 이러한 개념은 예컨대 『법화경』에서 無量壽如來(16品)로 나타

난다. 또한 그것은 *Sukhāvativyūha*에서 상징적으로 無量壽佛과 無量光佛이라는 이름을 부여받는다. 붓다의 이론적 절대화는 *dharmadhātu*와의 동일시를 통하여 계속되었다.

14) 나는 여기에서 마츠모토의 『禅思想の批判的研究』를 참조하고 있다.

15) 다음을 참조. 袴谷 憲昭, 『道元と仏教—十二巻本『正法眼蔵』の道元』.

16) 다음을 참조. 鏡島 元隆·鈴木 裕禅 編, 『十二巻本『正法眼蔵』の諸問題』.

18. 비판불교에 대한 재검토

1) 본서 pp. *247-257*에 실려 있다.

2) 본서 pp. *463-471*에 부분적으로 번역되어 실려 있다.

3) 이 사건 그리고 그 이후 차별에 관한 조동종의 노력에 대해 더 자세한 것은 다음을 참조. William Bodiford, "*Zen and the Art of Religious Prejudice*."

4) 본서에 실린 Steven Heine의 기고문 참조, *pp. 375-422.*

5) 袴谷 憲昭, 『本覺思想批判』, 9-10 참조.

6) Yamaguchi Zuihō, *Tibet* 참조. 또한 본서 *220-41*에 실린 야마구치의 논문도 참조.

7) 조동종 밖에서는, 日蓮宗의 伊藤 瑞叡가 비판불교에 공감을 표해 왔다; 그의 다음 논문을 참조. 「本覚思想批判と教相勝劣主義について」, 『早島鏡正著作集 14』에 첨부된 소책자, (東京: 世界聖典刊行協会, 1996), 11-14.

8) 다음을 참조. 伊藤 隆寿, 『中国仏教の批判的研究』, 그리고 石井 修道, 『宋代禅宗史の研究』.

9) 예컨대 다음을 참조. 津田 真一, 「『般若経』から『華厳経』へ」, 『成田山仏教研究所紀要』 通号 11 (1988): 291-395.

10) 즈다와 마츠모토의 대론에 관하여 상세한 것은, 松本 史朗, 『縁起と空』, 제4장을 참조. 또한 다음을 참조. 津田 真一, 「Dhātuの本質の構造」, 『仏教学』 通号 36 (1994): 101-32.

11) 上田 閑照, 道元 (東京: 中央公論社, 1995), 208-51 참조. 上田 閑照 이후에, 『正法眼藏』에 대한 하카마야의 해석을 가장 최근에 비판한 논문은 松岡 由香子, 「『正法眼蔵』 十二巻本の現代的意義」, (『禅文化研究所紀要』 通号 22, 1996)이다.

12) 「「日本仏教」を再考する」라는 논문은 원래 1988년에 발표되었다.

13) 나의 『平安初期仏教思想の研究』 참조.

14) 나의 『日本仏教思想史論考』에 전재되어 있다.

15) 나의 다음 저술들 참조. 『平安初期仏教思想の研究』, 그리고 「明恵の場合」 (『シリーズ·東アジア仏教』 四, 東京: 春秋社, 1995).

16) 나의 다음 저술 참조. 「アジアの中の日本佛教」, 『日本の佛教 2』, (1995): 2-24 (『佛教-言葉の思想史』에 전재됨, 東京: 岩波書店, 1996).

17) 何燕生, 「道元の心常相滅論批判に關する一視點」, 『宗教研究』 69/3 (1995): 125-47 참조.

18) 『十宗要道記』에 대한 훌륭한 소개로는 다음을 참조. Carl Bielefeldt, "Filling the Zen shu: Notes on the *Jisshū yōdō ki,*" *Cahiers d'Etrême-Asie* 7 (1993-1994): 221-48.

19) 다음을 참조. P. Gregory, "Tsung-mi and the Problem of *Hongaku shisō*," 『駒澤大學禪研究所年報』 5 (1994): 1-50. 또한 본서에 실린 그의 기고문 참조(pp. *423-439*).

20) 다음 저서의 서문 참조. 石井 修道, 『道元禅の成立史的研究』, (東京: 大蔵出版, 1991).

21) *The Blue Cliff Record*, T. Cleary and J. Cleary, trans. (Boston: Shambhala, 1992), 391.

22) 袴谷 憲昭, 『本覺思想批判』, 289 참조; 본서의 p. *133*에 제시된 도표.

23) 자세한 것은, 나의 "Japanese Buddhism in an Asian Context," 17-24 참조.

24) 자세한 것은 다음을 참조하라. 竹内 好, 『竹内好全集』, vol. 5, (東京: 筑摩書房, 1981), 그리고 溝口 雄三, 『方法としての中国』, (東京: 東京大學出版会, 1989).

25) 溝口 雄三, 『方法としての中国』, 130-41 참조.

19. 사회적 차별의 이념적 배경에 대한 고찰

1) 이 논문은 내가 1985년에 발표한 다른 논문들 몇 편, 곧 「宣長の仏教批判雑考」, 「宣長の両部神道批判」, 그리고 「道元理解の決定的視点」과 일관된 논지의 논문이다. 이 논문은 애초에, 인권보호를 위하여 조동종 본부 내에서 통합 자문 부문과 협력하였던 연구 모임인 조동종 교리자문위원회 특별부문 연합회의에서 발표되었던 것이다. 그 연합회의는 자체의 목표가 이루어졌다고 판단하여 1985년 10월 6일에 해산되었지만, 특별부문에서는 원래의 8인의 구성원들(岡部 和雄, 小坂 機融, 中野 東禅, 石井 修道, 伊藤 隆寿, 伊藤 秀憲, 松本 史朗와 나)이 3인의 신규 구성원(片山 一良, 池田 練太郎, 金沢 篤)들과 더불어 우리의 연구를 계속하기로 결정하였다.

2) 梅原 猛, 「佛教の日本的展開」.

3) 本居 宣長, くず花, 『本居宣長全集』, vol. 8, 178-9. 또한 나의 『本覺思想批判』, 37 참조.

4) 다음을 참조하라. 石川 力山, 『中世曹洞宗切紙の分類試論』, 두 학술지에 4부로 발표됨: 『駒沢大學仏教学部研究紀要』 通号 41 (1983) 그리고 42 (1984), 그리고 『駒沢大學仏教学部論集』 通号 14 (1983) 그리고 15 (1984). 기리가미(切紙)는 구두의 내지 비의적인 가르침과 더불어 스승에서 제자로 전하여지는 "쪽지" 내지 "메모"였다. 여기에는 장례식과 사망자명부를 포함하여 사찰 승려의 다양한 직능에서의 지침이 담겨 있었으며, 이러한 의례는 모두 종종 사회적 차별을 영속화시키려는 명시적 목적과 함께 거행

되었다.

5) "三時業"은 자신의 행위의 과보가 경험되는 때, 곧 금생, 내생, 내지 이후의 삶의 때에 따른 세 가지 종류의 업을 가리킨다. 업에 대한 이러한 이해는 실체화되면서 현세의 삶의 다양한 조건들에 적용되었으며, 따라서 이것이 운명주의를 강화하는 것과 관련하여 다수의 물음이 제기된다.

6) 『修証義』의 편집에 관하여서는 다음을 참조. 水野 弘元, 『修証義講話』, (東京: 曹洞宗宗務庁, 1968), 3-21. 또한 다음을 참조. 水野 弘元, 『修証義布教のためのガイドブック』, (東京: 曹洞宗宗務庁, 1990), 9-41; 영역본으로는 다음을 보라. Mizuno, "Principles of Practice and Enlightenment of Soto Sect [*sic*]," in *Outlines of the Doctrine and History of the Sōtō Sect* (Tokyo: Sōtō Shūmin, 1934).

7) 伊藤 秀憲, 「明治期宗報『修証義』資料」(특별부문 연합회의 1월 30일 모임을 위한 자료로 출간되지는 않았다). 세 용어 모두 『正法眼藏』의 「三時業」 권에서 나온다. "전타라"(旃陀羅, caṇḍāla)의 원전은 『景德傳燈錄』이다. "황문"(黃門, ṣaṇḍha)과 "불남"(不男, paṇḍaka)은 *Mahāvibhāṣā-śāstra*로 추적되어 왔다.

8) 心常相滅. 이것은 마음의 원래적 본성이 상주불변하며, 생멸하는 것은 단지 그 현상적 측면에서 마음 내지 몸일 뿐이라는 관념이다. 이것은 모든 현상이 단일한 원래적 본성 내지 원래적 실체로 되돌아간다는 강하게 철학적인 형태의 일원론을 드러낸다.

9) 大久保道舟 編, 『古本校定正法眼藏』, (東京: 筑摩書房, 1971), 738-9. 본문에서의 번역은 다음의 텍스트를 기준으로 하였다. *A Complete English Translation of Dōgen Zenji's Shōbōgenzō* by Kōsen Nishiyama and John Stevens, vol. 1, 155.

10) 다음을 참조. 硲 慈弘, 『日本仏教の展開とその基調』. 특히 「鎌倉時代に於ける心常相滅論に関する研究」라는 제목의 장을 참조(298-318). 그의 연구는 1948년에 출간되었지만, 아주 최근에 와서야 조동종 도겐 연구자들의 주목을 받기 시작하였다. 예컨대 衛藤 即応의 『正法眼蔵序說: 弁道話義解』(東京: 岩波書店)는 이 문제를 중요한 이슈로 다루지 않았다.

11) 山内 舜雄, 『道元禅と天台本覚法門』 참조.

12) 비록 그다지 분별력 있는 저작은 아니지만, 다음을 참조하라. 須田 道輝, 「先尼外道について」, 『宗學研究』 3 (1961): 112-16.

13) "本覺"이라는 용어의 최초의 뚜렷한 사례는 『大乘起信論』에 등장하지만, 영원한 마음에 상응하는 원래적 본성 내지 원래적 실체인 "本覺"으로서 여래장사상의 영향 아래 그 개념은 중국과 일본의 불교계 전반으로 확산되었으며, 심지어 동아시아 전체의 세계관으로까지 확산되었다. 예컨대 本地垂迹에 대한 본각사상의 영향에 관하여서, 다음을 참조하라. 西田 長男, 『日本神道史研究』, (東京: 講談社, 1978), vol. 4, 96-8. 그러나 평등주의적 철학으로서 본각사상에 대한 전통적이고 긍정적인 이해가 학자들의 판단에 주어 온 영향을 감안해야 한다는 것에 유의해야 한다. 니시다(p. *163*)는 『太平記』 제36권에서 本地垂迹과 본각사상 사이의 밀접한 관계의 전형적 사례를 제시한다. 이와 같은 문학작품에 대한

그 영향 이외에, 본각사상의 가장 중요한 특징 가운데 하나는 모든 것의 원초적이고 자명한 근원인 본각의 출발점에서 현상세계를 설명하고자 시도한다는 점이다.

14) 조동종의 소식지『宗報』, 390 (1913): 12 참조.

15) 大久保道舟 編,『古本校定正法眼藏』, 680 (vol. 3, 101).

16) 大久保道舟 編,『古本校定正法眼藏』, 678 (vol. 3, 98-9).

17) 특별부문 연합자문 2월 29일 모임을 위하여 배포된 小坂 機融의 미출간된 사본을 참조. 특히, 不昧因果와 不落因果의 이해에서,『正法眼藏』의「深信因果」권에 의하면 전자는 원인과 결과의 원리에 대한 깊은 믿음으로 이끄는 반면, 후자는 원인과 결과에 대한 부정으로 이끄는데, 이러한 이해는 조동종의 교리에 중심적 중요성을 갖는 이슈이고, 원인과 결과의 불가피성이라는 문제와 연관된다.

18) 大久保道舟 編,『古本校定正法眼藏』, vol. 1, 140-6.

19) 여기에서 시범적으로 "전법의 진실한 본성"이라고 번역한 것의 원래 일본어는 "從上の物体"이다. 이 어구는 조동종 전통에서 전문 용어로 잘 알려져 있지 않고, 선불교 사전류에서 발견할 수도 없다. 나의 추정으로, 이 어구는 그것을 넘어서(從上) 다른 본성이 없는(勿体) 진실한 본성을 가리킨다. 그러나 나는 이러한 독해에 확신은 없으며, 그 용어는 단지 "모든 것 가운데 가장 중요한 물체"를 가리킬 수도 있다.
영어로 "most important matter of cause and condition"으로 번역되는 '一大事因緣'은『법화경』제2품의 eka-kṛtya에서 비롯되었는데, 그곳에서 이 용어는 붓다가 이 세상에 나타난 "유일한 목적"이라고 일컬어지는 것을 의미한다.

20) 原田 祖岳,『改訂新版 修証義講話』, (小浜: 大雲会, 1953), 50;『修証義』No. 3, 16.

21) 조동종과 "五位"에 관해서는, 石井 修道가 1985년 10월 26일 曹洞宗 宗學 대회를 위하여 준비한 자료 참조.

22) 岸沢 惟安,『参同契葛藤集·宝鏡三昧歌講話』, (東京: 大法輪閣, 1971), 50.

23) 岸沢 惟安,『参同契葛藤集·宝鏡三昧歌講話』, 54.

24) 岸沢 惟安,『参同契葛藤集·宝鏡三昧歌講話』, 54-5.

25) 新井 石禅,「因果歴然善惡十來」,『新井石禅全集』, (東京: 新井石禅全集刊行会, 1929-1931), vol. 8/2, 51.

26) Sāṃkhya는 순수 영혼(puruṣa)과 물질(prakṛti)의 두 원리를 상정하여 세계가 생기하여 존재하게 되는 과정을 설명하려는 "인도육파철학"의 하나이다. 이러한 이원론은 본각사상과 다르기는 하지만, 결과가 이미 원인 내에 존재한다, 곧 모든 결과가 그 근본 원인인 기반 물질(prakṛti) 내에 이미 존재한다고 주장하는 점에서 매우 유사하다. 일원론의 한 형태로서 본각사상은 또한 ātman과 brahman의 이론과도 유사하다.

27) 비판적 평가로는, 나의「『大乘起信論』に關する批判的覺へ書」참조.

28) 1985년 4월 27일 특별부문 연합회의 모임을 위하여 伊藤 隆寿가 준비한 미간행 원

고「中国における業報輪廻說と神不滅論」 참조. 石井 修道는 1985년 3월 1일 특별부문 연합회의 모임을 위한 자료로 배포한 자신의 미간행 원고「人權と業-宗教と部落差別を深く考へなかつた反省としての私的メモ」에서 중국 선종의 역사에 특히 관련되는 문제에 초점을 맞추었다.

29)『弘法大師全集』(東京: 吉川弘文館), vol. 5, 189-94 참조. 또한 나의「宣長の仏教批判雜考」127-9 참조.

30) 이 점은 연구 모임에서 충분히 검토되지 않았지만, 나는 다만 이 주제에 관하여 출간된 보고서 두 개만 언급하겠다. 마츠모토 시로는 자신의「『勝鬘經』の一乘思想について」에서 여래장사상(곧 마츠모토의 용어로 하자면 *dhātu-vāda*)을 대표하는 경전으로서『勝鬘經』에 초점을 맞추어, 공사상과 대조되는 본각사상을 연구하고자 한다. 山口瑞鳳의「チベット学と仏教」는 정확한 공 전통이 보전되고 있는 티벳불교와 본각사상에 뿌리박고 있는 중국불교의 차이를 뚜렷하게 하면서, 도겐은 전자에 더 가깝다고 주장한다. 두 논문 모두 본각사상을 이해하는 데 탁월한 논문들이다.

31) 1985년 3월 26일 특별부문 연합회의 모임을 위한 자료로 배포된 岡部 和雄의 미출간 원고「『修証義』成立前後の仏教界の情勢」 참조.

32) 本居 宣長, 答問錄,『本居宣長全集』, vol. 1, 526-7.

33) 나의「宣長の仏教批判雜考」 참조.

34) 大久保道舟 編,『古本校定正法眼藏』, 616 (vol. 3, 164). 이 어구는 또한『修証義』에 인용되어 있는데, 다만 나는 거기에서도 동일한 것을 의미하는지 여부는 알지 못한다.

35) 小森 龍邦,『業·宿業観と人間解放—現代を生きる良心』, (部落解放新書 12), (大阪: 解放出版社, 1984), 2.

36) 이 논문을 완성한 뒤에 小森 龍邦,『主体的仏教者の道』, (東京: 曹洞宗宗務庁, 曹洞宗ブックレット° 宗教と差別３, 1985), 35-6에서 다음과 같은 내용을 접했다.

> [인류가 사악한 구조를 받아들이는 데 나약함을 지니고 있다는] 이러한 논리는, 잘못된 사람들에게서는, "이러한 경향을 감안할 때, 할 일이 전혀 없다"는 단순한 결론으로, 그리하여 사회적 차별의 불가피성에 대한 긍정으로 나아갈 수 있다. 우리는 이러한 이론들을 경솔하게 반복해서는 안 된다. 그 이론들이 발설된다면 종교적 맥락에서 그 이해를 지지해주는 방식으로만 되어야 한다. 그러나 나는 그러한 아이디어들이 종교의 독점적 권리라고 할 의도는 없다. 예컨대 삶의 철학에 대한 깊은 관심의 정신을 특징으로 하는 환경 또한 적합할 수 있다. 그러한 환경을 결여하면, 사람들은 "글쎄, 인류가 그러한 나약함을 간직하고 있다면, 그 이상의 무엇을 말해야 할까? 차별이 인간의 본성에 뿌리를 갖고 있다면, 그것은 단순히 적자생존의 문제이다. 동물의 세계에서 상황이 변화될 수 없다면, 인간의 세계에서도 마찬가지이다."라고 반응하기 쉬울 것이다.

1) Max Weber, "Science as a Vocation," 135ff, 145ff. 이 논문의 일본어 번역은 1936년 7월에, 곧 **2월 26일 사건**에 가깝게 뒤따르면서 나타났는데, 이 저작이 당시의 일본 학자들에게 준 충격에 대하여서는 오직 추측할 수 있을 따름이다.

2) 나는 이 이론을 岡部 和雄로부터 처음으로 들었고, 조동종 교리자문위원회 제2차 특별부문에서 비판의 대상으로 선정한 "두 적"의 하나로서 여래장사상과 그 이론을 연계시켰다.

3) 梅原 猛·山本 七平, 「天皇·この巨大なる謎ー神道がもつ人類普遍の輪廻の思想が世界を救う」, Voice (1985), 4月号 특별부록, 156; 이탤릭체에 의한 강조는 필자에 의함.

4) 黑田 俊雄, 『歷史学の再生』, (東京: 校倉書房, 1983), 37.

5) 모든 외부적 요소의 제거를 통하여 일본문화를 (일종의 "삭감에 의한 문화"로) 추출하고자 추구하는 유형의 国學과 대조적으로, 梅原 猛의 접근은 그 자신이 인정하듯이 불교나 유교와 같은 외부적 영향이 일본에서 어떻게 변화 내지 변용되어 왔는가를 연구함으로써 일본문화의 독특한 원리들을 찾는 것이다(일종의 일본문화 "증식" 이론). 그의 『日本学事始』 (東京: 集英社文庫, 1985), 41 참조. 이러한 방식으로 梅原 猛는 자신이 주창하는 일본학이 일본을 영광스럽게 하고 절대화하는 부류의 国學과 상이하며, 따라서 자신의 일본학은 아무런 위험도 노정하지 않는다는 점을 실질적으로 이야기하고 있는 것으로 여겨진다. 나는 그렇다고 믿지 않는다.

6) 中曽根 康弘·梅原 猛, 「昭和六十一年を迎へて-世界文明の流れと日本の役割」, 『文藝春秋』, 1986년 2월호, 291.

7) 中曽根 康弘, 「全採錄-中曽根首相「知的水準」講演」, 『中央公論』 (1986년 1월): 159-60.

8) 센터의 설립은 나카소네 수상의 지원을 통하여 실현되었는데, 그는 우메하라를 비롯하여 이들 교토 학자들의 아이디어에 공감하였으며, 우메하라는 그 센터의 초대 소장으로 뽑혔다. 또한 다음을 참조하라: 袴谷 憲昭, 「京都学派批判」, 71-6; 早川 和男, 「終戦の日に思う」, (『日本の科学者』, Vol.21, No.10. 1986.10)는 이것이 야기한 극히 드문 비판의 전형이다.

9) 여래장사상에 대한 梅原 猛의 강조는 잘 알려져 있다. 예컨대 그의 신문 칼럼 「仏教の日本的展開」 참조. 하카마야는 자신의 「사회적 차별의 이념적 배경에 대한 고찰」에서 이를 비판한다. 또한 다음을 참조. 梅原 猛·山本 七平, 「天皇·この巨大なる謎ー神道がもつ人類普遍の輪廻の思想が世界を救う」.

10) 中曽根 康弘·梅原 猛, 「昭和六十一年を迎へて-世界文明の流れと日本の役割」, 300.

11) 中曽根 康弘·梅原 猛, 「昭和六十一年を迎へて-世界文明の流れと日本の役割」, 297.

12) 中曽根 康弘, 「全採錄-中曽根首相「知的水準」講演」, 162.

13) 물론 실제로 무정중생의 성불을 독특하게 일본적인 기여라고 해석할 필요는 없다. 하카마야는 이미 吉藏 그리고 三論宗의 사상과 이 아이디어의 관계에 주목하였다. 또한 그의 「사회적 차별의 이념적 배경에 대한 고찰」, 158, 그리고 「和の反佛教性と佛教

の反戰性」 참조.

14) 예컨대 中曽根 康弘·梅原 猛, 「昭和六十一年を迎へて-世界文明の流れと日本の役割」, 294-5 참조.

15) 『国体の本義』, 93-4; 이탤릭체에 의한 강조는 필자에 의함. 괄호 속의 단어들은 원래의 영어 번역에 나타난다; 대괄호 속의 단어들은 본 논문의 번역자에 의하여 삽입되었음을 가리킨다.

16) 『国体の本義』, 97-8.

17) 中島 健蔵, 『昭和時代』, (東京: 岩波新書, 1957), 125-6. 또한 鎌田 茂雄, 「華厳哲学の根本的立場」, 田雄 太郎·中村 元 編, 『華厳思想』, (京都: 法蔵館, 1960), 448-9, n. 5.

18) 『国体の本義』, 134.

19) 『国体の本義』, 94-5.

20) 川端 康成, 「美しい日本の私」. 영어 번역은 E. G. Seidensticker, *Japan the Beautiful and Myself* (Tokyo: Kodansha, 1969) 참조.

21) 『国体の本義』, 96.

22) 『国体の本義』에서도 일본의 천태종이 "초목과 대지가 다 불성을 간직하고 있다"고 가르쳤다고 한다.

23) "이것은 아마도 그의 사상과 실제 생애 사이의 거리를 보여주는 것으로 간주되어야 하는데, 왜냐하면 양자가 직접적으로 연관되어 있지만 그는 양자 사이의 마찰이나 갈등을 피하기 위하여 필요하다면 둘 사이에 거리를 두는 태도를 유지했기 때문이다. 그는 '이것이 나의 실제 의미이다'라고 말하고 있는 것으로 보인다." 小林秀雄, 『本居宣長』, (東京: 新潮社, 1977), 28. 袴谷 憲昭, 「宣長の仏教批判雑考」, 110-12를 비교해서 보라.

24) 袴谷 憲昭, 「宣長の仏教批判雑考」, 120-1 참조.

25) 이것이 하카마야의 이론에 대한 나의 해석이다; 하카마야는 직접 명시적으로 노리나가가 도겐과 유사하다고 이야기하지는 않는다.

26) 『直毘霊』의 끝부분에서, 노리나가는 "가미의 길이 중국의 노자나 장자와 같지 않은가" "어떤 사람"이 묻지 않을지 생각한다. 그는 자신이 사실상 자신의 사상과 도가의 자연주의 사이에 전반적 유사성을 실제로 인정했음을 밝힌다. "도가는 유가의 지혜에 질렸고 자연으로 향했는데, 이는 유사성을 시사한다"(『本居宣長全集』, vol. 9, 62). 츠다 소키치(津田 左右吉)는 상당한 지면을 할애하여 賀茂 真淵의 시대 이후 国学 학자들이 실로 유가 비판적 입장과 도가 양자 모두에 의하여 얼마나 영향을 받았는지를 밝힌다. 그의 『日本の神道』(東京: 岩波書店, 1949), 248-68 참조. 츠다는 또한 노리나가의 사상이 기성 질서를 긍정하며 실천적 효용성을 결여하고 있다고 본다(특히 266-8 참조).

27) 『本居宣長全集』, vol. 9, 50.

28) 『本居宣長全集』, vol. 9, 59-60.

29) 小林秀雄, 「文學の雜感」, (東京: 新潮社, 1985) 카세트 테입 No. II 참조.

30) 이러한 코멘트의 분위기를 온전히 파악하기 위해서는, 보다 온전히 맥락을 파악할 필요가 있다. 『討論 三島由紀夫vs東大全共闘』, (東京: 新潮社, 1969), 93-5.

31) 여기에서 나의 친구는 金沢 篤인데, 다만 나의 이해가 그가 의도했던 의미에서 벗어날 수 있다.

32) 예컨대 미시마 유키오의 『文化防衛論』, (東京: 新潮社, 1969), 46, 49, 59 참조.

33) 나는 니시다가 "절대적 모순의 자기동일성"이라는 표현을 사용하는 것이 내가 논의하고 있는 문제의 일부라고 생각하며, 미래의 언젠가 그의 철학 자체와 본격적인 씨름을 하고 싶다.

34) 예컨대 中曽根 康弘, 「全採錄-中曽根首相「知的水準」講演」, 159 참조.

35) 三島 由紀夫, 『討論 三島由紀夫vs.東大全共闘』, 67.

36) Mishima Yukio, *The Temple of Dawn*, trans. by E. Dale Saunders and Cecilia Segawa Seigle (New York: Alfred A. Knopf, 1973), 104.

37) 나는 이 번역이 다소 이상하다고 생각한다; "個有の思想"의 보다 문자 그대로의 번역은 "개별화된 사유"(individualized thinking)이다.

38) Mishima Yukio, *The Temple of Dawn*, 25-6; 이탤릭체에 의한 강조는 필자에 의함.

39) 野田 良之, 『栄誉考』, (東京: みすず書房, 1986), 76 참조.

40) 『內村鑑三全集』, (東京: 岩波書店, 1983), vol. 33, 415.

41) 堀 辰雄, 「十月」, 『堀辰雄全集』, (東京: 筑摩書房, 1977), vol. 3, 133-4. 이 작품은 1942년에 집필되었다. 나는 호리 다츠오에게 영향을 준 오리구치 시노부(折口 信夫) 또한 순수한 일본주의를 죽음의 철학이라고 이해하였다고 주장하겠지만, 여기에서 그 논의에 들어갈 여유는 없다.

*후기(1996년 9월): 이 논문을 쓴 뒤에, 나는 이른바 프랑크푸르트학파의 저술들을 정독해왔다. 나는 나의 논문 서두에서 사용된 "객관적"과 "주관적"이라는 용어들이 프랑크푸르트학파의 저술들에서 사용되는 용어들과 의미가 동일하지 않다는 점을 밝힐 수밖에 없으며, 이제 어느 정도 그 용어들에 관한 나의 어법은 부당하다는 것을 인정한다. 나는 미래에 이 이슈를 다루기를 희망한다.

21. 천태본각사상과 일본의 자민족중심주의적 전환

1) 「사회적 차별의 이념적 배경에 대한 고찰」, pp. *497-521* 참조.

2) 여기에서 나는 本覺이라는 용어에서 '本'을 어색하기는 하지만 덜 제한적인 영어 단어 "originary"로 번역하는 가운데 나 자신의 이전의 저작 일부에서 멀어지고 있다. "innate" 또는 "inherent" 또는 "original"과 같은 용어들은 특정한 단점들이 주목되어 왔고(Swanson, *Tendai Buddhism in Japan*, 74 참조), "originary"는 이러한 용어들의 한정적 뉘앙스를 반드시 지니지는 않는 방식으로 그것들의 의미를 포괄하는 것으로 보이는 듯하다. 그 용어는 또한 시간과 공간을 가로지르며 지금 여기의 긍정을 품는 차원을 함의한다.

3) 다른 한 편의 논문에서 나는 비판불교의 두 공격 전략으로 존재론적 비판과 사회윤리적 비판을 언급한 적이 있다(*Originary Enlightenment: Tendai Hongaku Doctrine and Japanese Buddhism* [Tokyo: International Institute for Buddhist Studies, 1996]). 이 논문은 역사적 고찰을 제시하고 있다. 또한 다음 저술들을 참조하라. 袴谷 憲昭, 『本覺思想批判』, 209-26; 『批判佛教』, 275-304.

4) 영어에서 관행적인 번역인 "emperor"는 부정확하며, 나는 영어논문에서 단지 "Tennō"(天皇)라고 음사하여 사용한다.

5) 田村 芳朗, 『日本佛教史入門』 참조. 이 책에서는 천태본각사상의 전개 및 일본문화에서 그 사상의 전반적 영향에 초점을 두어 일본불교사상의 역사를 설명하고 있다. 또한 그의 "Japanese Culture and the Tendai Concept of Original Enlightenment" 참조.

6) 본서 말미의 참고문헌 목록에서 Tamura Yoshirō, Paul Groner, Jacqueline Stone, Sueki Fumihiko, 그리고 Ruben L. F. Habito의 저술들 참조.

7) 「真如観」, 多田 厚隆 등 편, 『天台本覚論』, 120-21.

8) 「真如観」, 多田 厚隆 등 편, 『天台本覚論』, 148.

9) Tamura, "Critique of Original Awakening Thought in Shōshin and Dōgen" 참조.

10) 다음을 참조. 多田 厚隆, 『鎌倉新佛教思想の研究』; 末木 文美士, 『日本佛教思想史論考』.

11) 黑田 俊雄, 『日本中世の国家と宗教』.

12) (그 자신의 제자들 일부를 포함하여) 보다 젊은 학자들은 중세 일본 사회의 권력구조에 대한 그의 견해에서 추가적인 정교화와 수정이 필요함을 지적하기는 하지만, 黑田 俊雄의 논지는 점진적으로 널리 수용되어 왔다. 중세 사회에서 "정통"과 "이단" 그리고 본각사상의 역할에 관하여 다음 저서들을 참조. 佐々木 馨, 『中世国家の宗教構造—体制仏教と体制外仏教の相剋』, (東京: 吉川弘文館, 1988); 平 雅行, 『日本中世の社会と仏教』, (東京: 塙書房, 1992). 또한 *Kuroda Toshio Commemorative Volume, a special issue of the Japanese Journal of Religious Studies* (Fall 1996, 23/3-4), edited by James Dobbins and Suzanne Gay 참조.

13) Delmer M. Brown and Ichirō Ishida, trans., *The Future and the Past: A Translation and Study of the Gukanshō, an Interpretative History of Japan Written in 1219* (Berkeley: University of California Press, 1979), 19.

14) 神国思想 전개의 미묘한 함의에 관하여서는 다음을 참조. 佐々木 馨, 「神国思想の中世的 展開」, 黒田 俊雄 편, 『國家と天皇』, (東京: 春秋社, 1987), 183-224; 黒田 俊雄, 「中世国家と神国思想」, 川崎 庸之 등, 『日本宗教史講座』, (東京: 三一書房, 1959); 그리고 高橋 美由紀, 『伊勢神道の成立と展開』, (東京: 大明堂, 1994), 191-207. 神国이라는 용어의 실제 내용은 여러 문헌에서 다양하게 나타나며, 발달 단계를 보여주고, 따라서 가장 적합한 번역은 각각의 경우에 따라 결정되어야 한다. 예컨대 『神皇正統記』 이전에는 "신들의 나라"가 가장 적합할 것이지만, 이 논문에서는 이 글에서 또한 시사하려는 이유로 인하여 "신성한 땅" 내지 심지어 "신성한 나라"가 보다 적합하다고 주장될 수 있을 것이다. (메이지 유신 이래 일본 국가를 지칭하는) "신성한 국가"가 수용할 만한 번역이 되는 것은 다만 19세기 그리고 20세기의 용례에서만이다.

15) Paul H. Varley, trans., *A Chronicle of Gods and Sovereigns: Jinnōshōtōki of Kitabatake Chikafusa* (New York: Columbia University Press, 1980), 55.

16) Varley, *A Chronicle of Gods and Sovereigns*, 218.

17) 말법사상에 대한 北畠 親房의 "극복"에 관하여 더 상세한 것은 다음을 참조. Michele Marra, "The Conquest of Mappō: Jien and Kitabatake Chikafusa" *Japanese Journal of Religious Studies* 12 (1985): 330–36.

18) 여기에서 "통치"는 매우 넓은 의미에서 이해되어야 하니, 일본 역사의 여러 단계들을 통하여 변화하는 권력구조들의 맥락 내에서 천황의 "다스림"이 행사하는 역할의 미약함을 감안해야 한다.

19) Varley, *A Chronicle of Gods and Sovereigns*, 230.

20) 永原 慶二/笠松 宏至 訳, 『神皇正統記』, 日本の名著 9, (東京: 中央公論社, 1971), 431. 본문의 번역은 필자에 의함. Varley의 영어 번역(*A Chronicle of Gods and Sovereigns*, 230)은 다음과 같다. "The gods have pledged to succor the people, and in this sense the people of the country all belong to the gods."

21) Jacqueline Stone, *Ideas of Original Enlightenment* 참조. 그녀는 실패한 몽골 침략의 여파루 땅의 신성함에 대한 이러한 의식이 어떻게 이루어지는가를 보여준다.

22) Varley, *A Chronicle of Gods and Sovereigns*, 61.

23) Varley, *A Chronicle of Gods and Sovereigns*, 49.

24) 다음의 저서들을 포함하여, 이 시기에 대한 표준적인 역사서들을 참조. 黒田 俊雄, 『日本の歴史 (8) 蒙古襲来』, (東京: 中央公論社, 1965); Kozo Yamamura, *The Cambridge History of Japan, Vol. 3, Medieval Japan* (Cambridge: Cambridge University Press, 1990). 또한 이러한 격동의 시기들에 대한 설명 및 역사가들 사이의 다양한 조망에 관하여서, 朝尾 直弘 등, 『岩波講座-日本通史 vol. 8, 中世』, (東京: 岩波書店, 1994), 2 참조.

25) 塙 保己一 편,『続群書類従』, (東京: 続群書類従完成会, 1929, 訂正版 1959, 1975), vol. 1, 395.

26) 塙 保己一 편,『続群書類従』, vol. 1, 416.

27) 塙 保己一 편,『続群書類従』, vol. 1, 386.

28) 末木 文美士 외 편,『神道大系: 論說編 4, 天台神道 2』, (東京: 神道大系編纂会, 1991), 406.

29) 末木 文美士 외 편,『神道大系: 論說編 4, 天台神道 2』, 410.

30) 末木 文美士 외 편,『神道大系: 論說編 4, 天台神道 2』, 418.

31) 상세히는, 定方 晟,『須弥山と極楽 -仏教の宇宙観』, (東京: 講談社, 1973) 참조.

32) 나는 (토착적인) 일본의 신격들과 (인도적 기원의) 붓다들의 관계에 대한 하나의 핵심적 이론에서 언급되는 '本地'와 '垂迹'을 영어로 번역하는 데 "real"과 "provisional"이라는 용어를 사용한다. 이 이론에 대하여 충분한 전거와 함께 역사적 설명을 하고 있는 저서로 다음을 참조하라. 村山 修一,『本地垂迹』, (東京: 吉川弘文館, 1974).

33) 이 문헌의 연대 추정에 관한 다양한 이론에 대해서는, 高橋 美由紀,『伊勢神道の成立と展開』, 45 참조.

34) 大隅 和雄 편,『中世神道論, 日本思想大系 19』, (東京: 岩波書店, 1977), 32.

35) 상세히는 末木 文美士,『日本佛教思想史論考』에서 불교와 자민족중심주의에 관한 장 참조.

36) 大隅 和雄 편,『中世神道論, 日本思想大系 19』, 209-51.

37) 田村 芳朗,『本覺思想論』, 443-455, 그리고 末木文美士,『日本佛教思想史論考』, 347-71 참조. 둘 다 神道 이론의 발전에 대한 本覺의 영향을 다루고 있다.

38)『国体の本義』는『神皇正統記』를 명시적으로 언급하면서, 일본을 신들의 나라로 선포하는 서두의 행들을 인용하고 있다. Hall, ed., Gauntlett, trans., *Kokutai no hongi*, 104 참조.

39) 소위 日本人論, 곧 일본인의 정체성에 관한 담론은, 일본의 경제적 힘이 막 정점에 달했을 때인 70년대에 지배적인 주제로 되었으니, 그 주창자들의 선언 이면의 태도들을 엿볼 수 있게 해주고 있다. 이러한 담론에 대한 심층적인 연구로, Peter N. Dale, *The Myth of Japanese Uniqueness* 참조.

ㄹㄹ.『법화경』과 일본문화

1)「여래장사상은 불교가 아니다」, pp. *247-257* 참조.

2) Hirakawa, *History of Indian Buddhism*, 284-5.

3) 平川 彰,『初期大乗と法華思想』, 平川彰著作集 6, (東京: 春秋社, 1989), 322; 또한 394-5, 435도 참조.

4) 산스크리트 본문으로는, 다음을 참조. H. Kern and B. Nanjio, eds., *Saddharma-puṇḍarīka*, Bibliotheca Buddhica 10, 1908–1912 (reprinted in Japan, 1977). 나는 苅谷定彦,『法華経一仏乗の思想』, (大阪: 東方出版, 1983), 156에서의 현대일본어 번역을 따랐다. 이 게송들의 한문으로부터의 번역은 Hurvitz, *Lotus Sutra*, 34 참조.

5) 그러나 히라카와는 다음과 같이 첨언한다. "나로서는 *bodhisattva-yāna*라는 용어는 초기 대승에서는 사용되지 않았던 것으로 보인다. (『初期大乗と法華思想』, 321)

6) 영어번역은 Hurvitz, *Lotus Sutra*, 34 참조.

7) 大久保道舟 編,『道元禪師全集』, (東京: 筑摩書房, 1970), vol. 2, 424-5 참조. 영어 번역은 Masunaga Reihō, *A Primer of Sōtō Zen: A Translation of Dōgen's Shōbōgenzō Zuimonki* (Honolulu: East-West Center Press, 1971), 107에서 다소 수정하였다.

8) 苅谷定彦,『法華経一仏乗の思想』, 153 참조. 四車說에서는, 법화경의 불타는 집 비유에 기초하여, 원래의 성문, 연각, 그리고 보살의 3개 수레에, 4번째 佛乘의 수레를 더하여, 4개의 수레가 있다고 주장한다. 三車說에서는 菩薩乘이 佛乘이라고 주장하여서, 곧 오직 三乘만을 제시한다.

9) 布施浩岳,『法華經成立史』, (東京: 大東出版社, 1934), 231 참조.

10) 苅谷定彦,『法華経一仏乗の思想』, 231 참조.

11) 이 주제에 대한 잘 구성된 간략한 요약으로, 野村 耀昌,『一仏乗の思想』, 講座·大乗仏教 通号 4 法華思想, (東京: 春秋社, 1983), 160-5 참조. 이 주제에 대한 탁월한 연구로 Fujita Kōotatsu(藤田宏達), "One Vehicle or Three," *Journal of Indian Philosophy* 3 (1975): 79–166 참조. 苅谷定彦,『法華経一仏乗の思想』 또한 이 주제에 대한 창조적이고 유용한 기여로 알려져 있다. 그러나 그는 대승과 佛乘(*buddhayāna*)의 차이를 강조하고, 따라서 이러한 의미에서 그의 입장은 四車說에 더 가깝다.『法華經』에 관한 田村 芳朗의 대중적인 페이퍼백 저작『法華経 真理·生命·実践』(中公新書 1969年, 中公文庫 2002年) 또한 三乘의 '통합'으로서 一乘의 쪽에 기운다.

12) 苅谷定彦,「法華経と如來藏說 — 一切衆生悉皆ぼさつと悉有仏性」, (『森三樹三郎博士頌寿記念 東洋學論集』, 1979), 1127-40 참조.

13) 平川 彰,『初期大乗と法華思想』, 398.

14)『法華經』, T 9.9c 참조.

15) 平川 彰,『初期大乗と法華思想』, 316.

16) 상세히는, 본서 pp. *247-257*에 실린 나의 논문「여래장사상은 불교가 아니다」의 번역문 참조.

17) 더 자세히는, 나의「『勝鬘經』の一乘思想について」, 312 참조.

18) 나의 논문「唯識派の一乘思想」, 305 참조.

19) 高崎 直道, 『如来蔵思想の形成』, 487 참조.

20) 袴谷 憲昭, 「『維摩經』批判」, 『本覺思想批判』, 227-35 참조.

21) T No. 1519, 26.10b 참조; 또한 T 26.7b25-29 참조.

22) 「五百弟子授記品」, 『法華經』 제8품, (Hurvitz, *Lotus Sutra*, 160; T 9.28a).

23) 「藥草品」, 『法華經』 제5품, (Hurvitz, *Lotus Sutra*, 109; T 9.20b).

24) 苅谷定彦, 『法華経一仏乗の思想』, 307-12 참조.

25) 苅谷定彦, 『法華経一仏乗の思想』, 337-59 참조.

26) 나의 「『勝鬘經』の一乘思想について」 참조.

27) 末光 愛正, 「吉蔵の成仏不成仏観 II」, 『駒沢大學仏教学部論集』 18, (1987): 358-62 참조.

28) 유행하는 견해와는 반대로, 나는 길장의 입장이 *dhātu-vāda*이며, 길장과 그의 삼론종이 인도 중관의 진정한 śūnyavāda 전통을 전하였다고 믿는 것은 심중한 착각이라고 생각한다. 이 문제에 관하여 伊藤隆寿, 「僧肇と吉蔵」(『中国仏教の批判的研究』, 279-300), 그리고 나의 논문 「三論教學の批判的考察」 참조. 平井俊榮, 『法華玄論の註釋的研究』(東京: 春秋社, 1987), 46-66은 『법화경』에 대한 길장의 주석의 목적이 "모든 중생이 불성을 가지고 있음", 그리고 "法身常住"의 두 가르침을 *Mahāparinirvāṇa Sutra*에서만이 아니라 『법화경』에서도 가르쳤음을 입증하는 것이었음을 밝힌다. 이것은 길장의 입장이 *dhātu-vāda*의 범위 내에 있었음을 보여준다.

29) 平川 彰, 『初期大乗と法華思想』, 509-10.

30) 平川 彰, 『初期大乗仏教の研究と法華思想』, (東京: 春秋社, 1968), 778-811 참조. 또한 Hirakawa Akira, "The Rise of Mahayana Buddhism and Its Relationship to the Worship of Stūpas," *Memoirs of the Research Department of the Toyo Bunko 22* (1963): 57-106 참조.

31) 平川 彰, 『初期大乗と法華思想』, 401.

32) Hirakawa, *History of Indian Buddhism*, 297.

33) 布施浩岳, 『法華經成立史』, (東京: 大東出版社, 1934), 238-39, 245, 253 참조.

34) 나의 「解脱と涅槃」, 『縁起と空』, 191-224 참조.

35) DN II, 100.

36) DN II, 164.

37) 이 이슈에 대한 보다 상세한 분석은, 나의 논문 「『般若經』と如來藏思想」, 『縁起と空』, 265-6 참조.

38) 다음의 산스크리트 텍스트 참조. Kern and Nanjio, *Saddharmapuṇḍarīka*, 231.8-11 and 339. 6-8. 상세하게는, 苅谷 定彦, 「『法華経』に於ける「舎利」－Śarīraとdhātu」, 『印

度学仏教学研究』 14/1 (1965): 176-79; 그리고 塚本 啓祥, 「インドにおける仏塔信仰と法華経の交渉」, 『法華経信仰の諸形態』, (京都: 平楽寺書店, 1976), 45-9 그리고 59-62 참조.

39) Kern and Nanjio, *Saddharmapuṇḍarīka*, 249.5.

40) 苅谷 定彦, 「法華経見宝塔品について」, 『印度学仏教学研究』, 11/1 (1962): 138-9. 平川 彰, 『初期大乗と法華思想』, 509 참조. 여기에서 平川 彰의 이해는 미리 교정된 텍스트에 기반하고 있다.

41) 戸田 宏文, 「梵文法華経考」, 『仏教學』, 7 (1979), 4.

42) 苅谷 定彦, 「『法華経』に於ける「舎利」 - Śarīraとdhātu」, 179, n. 4.

43) T No. 1718, 34.129a19–20.

44) 浅井 要麟, 『日蓮聖人教学の研究』, (京都: 平楽寺書店, 1945), 226–41, 287–315 참조. 또한 北川 前肇, 『日蓮教学研究』, (京都: 平楽寺書店, 1987), 190-718 참조.

45) 이것은 단순히 학문적인 질문이 아니다. 중국에서 여래장/기체설 사상의 영향을 통하여 확립된 『화엄경』과 화엄사상에서 파생된 法界縁起 사상에 기반하여, 다시 일본에서 전체주의가 확산된 것은 그다지 오래 전이 아니다. 일종의 일원론으로서 이러한 사유방식은 전제주의로 나아가는 경향이 있다.

46) 여기에서 유의해야 할 것은, 나의 견해로는, 일신론이 일원론(기체설)의 한 형태가 아니며, 특정한 선택을 요구한다는 점에서 "일승" 사상의 구조에 더 가까운 반면, 다신론은 단일한 기반에 다양한 대상들을 통합하는 일원론에 상응한다는 점이다. 이 이슈에 관한 추가적인 논의로는, 나의 논문 「불교와 가미」 참조(*356-73*).

47) 우메하라의 일본문화론에 대한 구체적인 비판으로는, 하카마야의 「仏教と神祇」, 99-112, 그리고 나의 「불교와 가미」 참조. 和 이념에 대한 추가적인 언급으로는, 袴谷 憲昭, 「聖徳太子の和の思想批判」, (1989) 참조.

48) 본서에 실린 야마구치 즈이호의 논문 「티벳에 도입된 인도불교의 핵심 요소들: 일본불교와의 대조를 통하여」(pp. *329-359*) 참조.

49) 보다 상세히는, 나의 「法華經の思想」 (1995) 참조.

| 참고문헌 |

아래의 목록은 본서에서 언급된 하카마야 노리아키와 마츠모토 시로의 모든 저작들, 비판불교와 직접적으로 관련된 참고문헌들, 그리고 본서의 둘 또는 그 이상의 논문들에서 참조된 기타 저작들을 포함하고 있다. 그 밖의 모든 서지적 정보는 인용 정보를 담고 있는 각주에 포함되어 있다.

본서에 나타나는 번역 내용에 관련한 쪽수 정보는 각 항목 끝{ } 안에 제시되어 있다.

Bodiford, William. "Zen and the Art of Religious Prejudice: Efforts to Reform a Tradition of Social Discrimination." *Japanese Journal of Religious Studies* 23 (1996): 1–28.

Dale, Peter N. *The Myth of Japanese Uniqueness*. New York: St. Martin's Press, 1986.

Descartes, René. *Discours de la méthode*. In John Veitch, tr. *The Method, Meditations and Philosophy of Descartes*. Washington & London: M. Walter Dunne, 1901.

Fu, Charles Wei-hsun and Steven Heine, eds. *Japan in Traditional and Postmodern Perspectives*, Albany: SUNY Press, 1995.

Gerth, H. H. and C. Wright, eds. *From Max Weber: Essays in Sociology*. New York: Oxford University Press, 1946.

Gregory, Peter N. *Tsung-mi and the Sinification of Buddhism*. Princeton: Princeton University Press, 1993.

Griffiths, Paul J. *An Apology for Apologetics: A Study in the Logic of Interreligious Dialogue*. Maryknoll, New York: Orbis, 1991.

Griffiths, Paul J. and John P. Keenan, eds. *Buddha Nature: A Festschrift in Honor of Minoru Kiyota*. Tokyo: Buddhist Books International, 1990.

Griffiths, Paul J., Noriaki Hakamaya, John P. Keenan, and Paul L. Swanson. *The Realm of Awakening: Chapter Ten of Asanga's Mahāyānasaṅgraha*. New York: Oxford University Press, 1989.

Habito, Ruben L. F. "The Logic of Nonduality and Absolute Affirmation: Deconstructing Tendai *Hongaku* Writings." *Japanese Journal of Religious Studies*

22 (1995): 83–101.

袴谷 憲昭.「小林秀雄著『本居宣長』」.『駒沢大學仏教学部論集』9 (1978): 287-94.

________.「*Viniścayasamgrahaṇi*におけるアーラヤ識の規定」. 東洋文化研究所紀要 79 (1979): 1-79.

________. "The Realm of Enlightenment in *Vijñaptimātratā*: The Formulation of the 'Four Kinds of Pure Dharmas'." *Journal of the International Association of Buddhist Studies* 3/2 (1980): 21–41.

________.「三乗説の一典拠-*Akṣarāśi-sūtra*と*Bahudhātuka-sūtra*」. 仏教の歴史的展開に見る諸形態: 古田紹欽博士古稀記念論集, 東京: 創文社, 1981.

________.「唯識文獻における無分別智」.『駒沢大學仏教学部研究紀要』43 (1985): 169-252.

________.「Pūrvācārya考」. 印度學佛教學研究 34/2 (1986): 859-66.

________.「研究余話, 600 Words」.『駒沢大學學園通信』46 (1986년 12월 5일): 2.

________.「聖德太子の和の思想批判」.『駒沢大學仏教学部論集』20 (1989): 77-107.

________.「天皇制批判」.『駒沢大學仏教学部論集』20 (1989): 373-400.

________.『本覚思想批判』. 東京: 大蔵出版, 1989.

________.「本覚思想批判の意義」.『本覚思想批判』, 1-34.

________.「空性理解の問題点」.『本覚思想批判』, 35-54.

________.「『大乘起信論』に關する批判的覺へ書」.『本覚思想批判』, 55-89.

________.「緣起と眞如」.『本覚思想批判』, 88-108.

________.「宣長の仏教批判雜考」.『本覚思想批判』, 109-33.

________.「差別的事象を生み出した思想的背景に關する私見」.『本覚思想批判』, 134-58 {497-521}.

________.「宣長の両部神道批判－思想と言語の問題に關連して」.『本覚思想批判』, 159-83.

________.「四依批判考序說」.『本覚思想批判』, 184-208.

________.「仏教と神祇－反日本学的考察」.『本覚思想批判』, 209-26.

________.「『維摩經』批判」.『本覚思想批判』, 227-35.

________.「『宝性論』における信の構造批判」.『本覚思想批判』, 236-72.

________.「場所としての眞如」.『本覚思想批判』, 273-318.

________.「道元理解の決定的視点」.『本覚思想批判』, 319-26.

________. 「弁道話の讀み方」. 『本覚思想批判』, 327-37.
________. 「十二卷本『正法眼藏』撰述説 再考」. 『本覚思想批判』, 338-48.
________. 「三敎一致批判小考」. 『本覚思想批判』, 349-53.
________. 「道元に對する「全一の仏法」的理解の批判」. 『本覚思想批判』, 354-71.
________. 「教外別傳と敎禪一致-禪の融合主義批判」. 『本覚思想批判』, 372-94.
________. 「道元の否定したもの」. 『本覚思想批判』, 395-98.
________. 「七十五卷本發無上心と十二卷本發菩提心」. 『本覚思想批判』, 399-415.
________. 『批判仏教』. 東京: 大蔵出版, 1990.
________. 「批判佛教序說-「批判の哲學」對「場所の哲學」」. 『批判仏教』, 3-46 {83-120}.
________. 「京都學派批判」. 『批判仏教』, 47-92.
________. 「批判としての學問」. 『批判仏教』, 93-154 {169-216}.
________. 「小林秀雄『私の人生觀』批判」. 『批判仏教』, 155-220.
________. 「アメリカ佛教事情瞥見-アメリカのある若き佛教研究者の發表に向けて」. 『批判仏教』, 221-48.
________. 「眞如・法界・法性」. 『批判仏教』, 249-74.
________. 「「和」の反仏教性と仏教の反戰性」. 『批判仏教』, 275-304.
________. 「僞佛教を排す」. 『批判仏教』, 305-22.
________. 「和辻博士における「法」と「空」理解の問題」. 『批判仏教』, 323-52.
________. 「如實知見-死にいたる病を讀みながら」. 『批判仏教』, 353-62.
________. 「唯識と無我-僕の只管打坐」. 『批判仏教』, 363-72.
________. 「禪宗批判」. 『駒沢大學禅研究所年報』 1 (1990): 62-87.
________. 「法華經と本覚思想」. 『駒沢大學仏教学部論集』 21 (1990): 111-41.
________. 「自然批判としての仏教」. 『駒沢大學仏教学部論集』 21 (1990): 380-403.
________. 「道元と仏教-十二卷本『正法眼藏』の道元」. 東京: 大蔵出版, 1992.
________. 「日本人とアニミズム」. 『駒沢大學仏教学部論集』 23 (1992): 351-78.
________. 「道元における十二卷本の意義」. 奈良 康明 編, 『ブッダから道元へ』, 238-49.
________. 『大乗莊嚴經論』. 新国訳大蔵経 12. 東京: 大蔵出版, 1993.
________. 「自己批判としての仏教」. 『駒沢短期大學仏教論集』 1 (1995): 97-130.
________, ed. "Nivṛtti Portion." (「*Viniścayasamgrahaṇī*におけるアーラヤ識の規

定」를 보라).

________, ed. "Pravṛtti Portion." (「*Viniścayasaṃgrahaṇī*におけるアーラヤ識の規定」를 보라).

________. 「禅宗の体質—道元と知慧の問題の一環として」.『師家養成所講義録』(1993): 79-112.

Hattori Masaaki, ed. and tr. *Dignāga on Perception*. Cambridge: Harvard University Press, 1968.

硲 慈弘,『日本仏教の展開とその基調-中古日本天台の研究』. 東京: 三省堂, 1948 (1923년판의 재판).

Heisig, James W. and Minoru Kiyota, eds. *Japanese Buddhism: Its Tradition, New Religions and Interaction with Christianity*. Tokyo: Buddhist Books International, 1987.

Heisig, James W. and John C. Maraldo, eds. *Rude Awakenings: Zen, the Kyoto School, & the Question of Nationalism*. Nanzan Studies in Religion and Culture. Honolulu: University of Hawai'i Press, 1994.

Hirakawa Akira 平川 彰. *A History of Indian Buddhism: From Śākyamuni to Early Mahāyāna*. Paul Groner, trans. Honolulu: University of Hawai'i Press, 1990.

平川彰博士古稀記念会 編.『仏教思想の諸問題: 平川彰博士古稀記念論集』. 東京: 春秋社, 1985.

Hurvitz, Leon, tr. *Scripture of the Lotus Blossom of the Fine Dharma (The Lotus Sutra)*. New York: Columbia University Press, 1976.

石井 修道.『宋代禅宗史の研究』-中国曹洞宗と道元禅-, 東京: 大東出版社, 1987.

伊藤 隆寿.『中国仏教の批判的研究』. 東京: 大蔵出版, 1992.

彌永 信美.『幻想の東洋—オリエンタリズムの系譜』. 東京: 青土社, 1987.

Johnston, E. J., ed., *Ratnagotravibhāga*. Patna: Bihar Research Society, 1950.

鏡島 元隆・鈴木 裕禅 編,『十二巻本『正法眼蔵』の諸問題』. 東京: 大蔵出版, 1991.

King, Sallie B. *Buddha Nature*. Albany: State University of New York Press, 1991.

Kokutai no hongi: Cardinal Principles of the National Entity of Japan, ed. Robert King Hall, trans. John Owen Gauntlett. Cambridge: Harvard University Press, 1949, 1974.

黒田 俊雄.『日本中世の国家と宗教』. 東京: 岩波書店, 1975.

Lopez, Donald S., Jr., ed. *Curators of the Buddha: The Study of Buddhism under*

Colonialism. Chicago: University of Chicago Press, 1995.
松本 史朗.『唯識派の一乗思想』.『駒沢大學仏教学部論集』13 (1982): 290-312.
________.『縁起と空—如来蔵思想批判』. 東京: 大蔵出版, 1989.
________. 「法華経と日本文化に関する私見」.『駒沢大學仏教学部論集』 21 (1990): 216-35 {569 590}.
________. 「如来蔵思想は仏教にあらず」.『縁起と空—如来蔵思想批判』, 1-9 {247-257}.
________. 「縁起について」.『縁起と空—如来蔵思想批判』, 11-97.
________. 「仏教と神祇—反日本主義的考察」.『縁起と空—如来蔵思想批判』, 99-119 {523-548}.
________. 「実在論批判—津田真一氏に答えて」.『縁起と空—如来蔵思想批判』, 121-90.
________. 「解説と涅槃—この非仏教的なるもの」.『縁起と空—如来蔵思想批判』, 191-224.
________. 「『般若経』と如来蔵思想」.『縁起と空—如来蔵思想批判』, 225-98.
________. 「『勝鬘経』の一乗思想について」.『縁起と空—如来蔵思想批判』, 299-335.
________. 「空について」.『縁起と空—如来蔵思想批判』, 335-71.
________. "The Mādhyamika Philosophy of Tsong-kha-pa." *Memoirs of the Research Department of the Toyo Bunko* 48 (1990), 17-47.
________. 「深信因果について一道元の思想に関する私見」. 鏡島元隆・鈴木裕禅 編,『十二巻本『正法眼蔵』の諸問題』. 東京: 大蔵出版, 1991; 松本史朗.『本覚思想批判』, 579-630에 리프린트됨.
________.『仏教への道』. 東京: 東京書籍, 1993 (개정판).
________.『禅思想の批判的研究』. 東京: 大蔵出版, 1993.
________. 「禅思想の意義-相と作意について」.『禅思想の批判的研究』, 1-86 {361-373}.
________. 「『金剛經解義』について-神會の基本的立場に関する考察」.『禅思想の批判的研究』, 87-224.
________. 「臨濟の基本思想について一hṛdayaとātman」.『禅思想の批判的研究』, 225-410.
________. 「蓮華蔵と如來蔵-如來蔵思想の成立に関する一考察」.『禅思想の

批判的研究』, 411-543.

________.「三論教学の批判的考察-*Dhātu-vāda*としての吉蔵の思想」.『禅思想の批判的研究』, 545-78.

________. "My Report of the Panel on 'Critical Buddhism.'"『駒沢大學仏教学部研究紀要』52 (1994): 296-304 {243-244}.

________.「仏教の批判的考察」.『世界像の形成』, アジアから考える 7. 東京: 東京大學出版会, 1994, 131-82.

________.「法華經の思想」.『駒澤大學大學院仏教学研究会年報』28 (1995): 1-27.

松岡 由香子,「『正法眼蔵』十二巻本の現代的意義−袴谷憲昭『道元と仏教』批判」.『禅文化研究所紀要』通号 22 (1996).

Morrell, Robert. *Early Kamakura Buddhism: A Minority Report*. Berkeley: Asian Humanities Press, 1987.

本居 宣長.『本居宣長全集』. 東京: 筑摩書房, 1972.

Nakamura Hajime. *Indian Buddhism: A Survey with Bibliographical Notes*. Osaka: KUFS Publication, 1980.

奈良 康明 編.『ブッダから道元へ』. 東京: 東京書籍, 1992.

Nishiyama Kōsen and John Stevens. *A Complete English Translation of Dōgen Zenji's Shōbōgenzō*. Sendai: Daihokkaikaku, 1975.

大江 健三郎.『厳粛な綱渡り(全エツセイ集)』. 東京: 文藝春秋, 1965, 1972.

Schmithausen, Lambert. *Buddhism and Nature: The Lecture Delivered on the Occasion of the EXPO 1990*. Studia Philologica Buddhica, Occasional Paper Series VII. Tokyo: The International Institute for Buddhist Studies, 1991.

Seyfort Ruegg, David. *La théorie du tathāgatagarbha et du gotra: Études sur la sotériologie et la gnoséologie du Bouddhisme*. Paris: École Française d'Extrême-Orient, 1969.

________. *Buddha-Nature, Mind and the Problem of Gradualism in a Comparative Perspective*. New Delhi: Heritage Publishers, 1992.

________. "Some Reflections on the Place of Philosophy in the Study of Buddhism." *Journal of the International Association of Buddhist Studies* 18/2 (Winter 1995): 145-81.

島地 大等.「日本古天台研究の必要を論ず」.『思想』60 (1926): 174-92.

________. 『天台教学史』. 東京: 隆文館, 1977 (리프린트).

Stone, Jacqueline. "Medieval Tendai *Hongaku* Thought and the New Kamakura Buddhism: A Reconsideration." *Japanese Journal of Religious Studies* 22 (1995): 17–48.

________. *Ideas of Original Enlightenment in Medieval Japan—Tendai and Nichiren Traditions*. Honolulu: University of Hawai'i Press, forthcoming.

末木 文美士. 『日本仏教思想史論考』. 東京: 大蔵出版, 1993.

________. 「日本仏教を再考する」. 末木文美士. 『日本仏教思想史論考』.

________. 「中世天台と本覚思想」. 末木文美士. 『日本仏教思想史論考』.

________. 『平安初期仏教思想の研究』. 東京: 春秋社, 1995.

________. "Two Seemingly Contradictory Aspects of the Teaching of Innate Enlightenment (*hongaku*) in Medieval Japan." *Japanese Journal of Religious Studies* 22 (1995): 3–16.

The Suttanipāta. H. Saddhatissa, trans. London: Curzon Press, 1985.

Suzuki, D. T. *The Laṅkāvatāra Sūtra*. Boulder: Prajñā Press, 1978.

Swanson, Paul L., ed. *Tendai Buddhism in Japan*. *Japanese Journal of Religious Studies* 14/2–3 (1987).

多田 厚隆 등 편, 『天台本覚論』. 東京: 岩波書店, 1973.

高崎 直道, *A Study on the Ratnagotravibhāga (Uttaratantra): Being a Treatise on the Tathāgatagarbha Theory of Mahāyāna Buddhism*. Roma: Istituto Italiano per il Medio ed Estremo Oriente, 1966.

________. 『如来蔵思想の形成』. 東京: 春秋社, 1974.

________. *An Introduction to Buddhism*. Tokyo: The Tōhō Gakkai, 1987.

________. 『如来蔵思想 II』. 東京: 法蔵館, 1989.

________. 『仏性とは何か』. 東京: 法蔵館, 1990.

田村 芳朗. 『鎌倉新仏教思想の研究』. 京都: 平楽寺書店, 1965.

________. 『日本仏教史入門』. 東京: 角川書店, 1965.

________. 『法華經』. 東京: 中央公論社, 1969.

________. 「天台本覚論概説」. 多田厚隆 등 편, 『天台本覚論』, 1973, 477-548.

________. "Critique of Original Awakening Thought in Shōshin and Dōgen." *Japanese Journal of Religious Studies* 11 (1984): 243–66.

________. "Japanese Culture and the Tendai Concept of Original Enlightenment." *Japanese Journal of Religious Studies* 14 (1987): 203–10.

________. 『本覚思想論』. 東京: 春秋社, 1990.

寺田 透 · 水野弥穗子 편. 『道元』. 2 vols. 東京: 岩波書店, 1970, 1972.

梅原 猛. 「仏教の日本的展開」. 展望, 毎日新聞, (1985년 9월): 20—21.

______. 最澄瞑想. 東京: 佼成出版社, 1987.

Vaidya, P. L., ed. *Aṣṭasāhasrikā Prajñāpāramitā*. Darbhanga: Mithila Institute, 1960.

Veitch, John, tr. *The Method, Meditations and Philosophy of Descartes*. Washington & London: M. Walter Dunne, 1901.

Vico, Giambattisto. *On the Study Methods of Our Time*. Elio Gianturco, trans. Ithaca, N.Y.: Cornell University Press, 1990.

Weber, Max. "Science as a Vocation." In Gerth and Wright, eds., *From Max Weber: Essays in Sociology*.

Wogihara, Unrai, ed. *Abhisamayālaṃkārāloka*. 2 pts. Tokyo: Toyo Bunko, 1932–1935.

____________, ed. *Abhidharmakośa-vyākhyā*. Tokyo: Sankibō Busshorin (1936). Reprint, 1989.

____________. *Bodhisattvabhūmi*. Tokyo: Sankibō Busshorin, 1971.

Yamaguchi Susumu, ed. *Madhyāntavibhāga-ṭīkā*. Tokyo: Suzuki Research Foundation, 1966.

山口 瑞鳳. 「チベット学と仏教」. 『駒沢大學仏教学部論集』 15 (1984): 30-53.

________. 『チベット』. 2 vols. 東京: 東京大學出版会, 1988.

山内 舜雄. 『道元禅と天台本覚法門』. 東京: 大蔵出版, 1986.

________. 『禅と天台止観』. 東京: 大蔵出版, 1986.

吉津 宜英. 『華厳禅の思想史的研究』. 大東出版社, 1985.

역자 해제

『보리수 가지치기』(*Pruning the Bodhi Tree*)는 간략히 말하자면 1980년대 중반 일본에서 사회적 문제에 대하여 기성 불교가 정의롭게 대처해오지 못하였다는 심각한 반성과 함께 하카마야 노리아키(袴谷 憲昭)와 마츠모토 시로(松本 史郞) 두 학자가 여러 저술들을 내놓으면서 촉발된 비판불교 운동에 관하여 여러 각도에서 전개되는 논의를 모아 놓은 저서이다.

세계의 여러 주요 종교 전통들이 구체적인 사회적 참여에 대하여 얼마나 적극적 관심을 가지고 있는가에 대하여서는 답을 쉽게 내리기 어려운 매우 난해한 논의가 전개될 수 있을 것이고 불교에 관하여서도 마찬가지이겠지만, 역자는 하카마야 노리아키와 마츠모토 시로의 노력이 그 성공 여부는 차치한다고 하더라도, 그 자체로서 매우 중요한 의의를 갖는다고 생각하며, 그러한 노력이 앞으로도 다각도로 전개되어야 한다고 여기고 있다. 다시 말해서, 역자는 불교의 사상과 실천을 역사 내지 사회의 전개와 무관한 것으로서 '순수한' 독립적 실체로 다루기보다는, 그 역사적 내지 사회적 함의를 보다 철저하고 적극적으로 천착해야 한다고 여긴다.

학문을 한다는 것의 의미는 무엇이고, 불교학을 한다는 것, 종교학을 한다는 것의 의미는 무엇인가? 무엇이 학자로서 책임을 다하는 것인가? 우리가 객관적 학자로서 연구에 몰두할 때 이러한 질문을 그냥 방치해 두어도 좋은 것인가? 비판불교 운동은 이러한 의구심에서 비롯되었다.

> 조동종(曹洞宗) 계통의 선불교 내에서 불교사상들에 대하여 비판적 관점을 자극하게 된 아마도 가장 명백한 요인은, 1979년 세계종교평화회의(World Conference on Religion and Peace)에서 비롯된 이른바 "마치다 사건"(町田事件)의 충격이었다. 당시 일본 조동종(曹洞宗) 종무총장(宗務総長)이자 전일본불교회(全日本仏教会) 이사장이었던 마치다 무네오(町田 宗夫)는, 일본에 어떠한 형태의 사회적 차별도 존재하지 않는다고 주장하였다. 그는 뒤(1984년)에 이 발언을 취소했으며, 조동종은 그 종파의 오랜 역사를 통하여 사회적 차별을 지속해왔음을 인정하고 여러 위원회를 설립하여 그러한 상황을 연구하고 고쳐나가기 시작했다. 나아가, 그 사건에 관련되었던 많은 사람들이 이 문제를 더 심각하게 바라보면서, 그러한 관행이 조동종의 그 오랜 역사 동안 아무런 의문 없이 지속될 수 있었던 데에 어떤 시스템적인 이유가 있는지 궁금해하기 시작했다.[1)]

이렇게 촉발된 비판불교운동에서 집중적으로 비판받고 있는 본각(本覺)사상의 전개를 개략적으로나마 이야기한다면, 불교에서, 특히 6세기 중국불교에서 『대승기신론』(大乘起信論)의 등장 이래 본각사상은 중립적

---

1) 본서 p. xxix.

으로 말한다고 하더라도 상당히 논란이 많을 수밖에 없는 역할을 해왔다. 동아시아불교 사상에서 중심적 개념의 자리에 있는 것이 본각이라고 할 수도 있는데, 동아시아 불자들이 궁극적으로 의미 있는 삶을 살아가는 데 그 본각이 어떠한 기여를 해왔는가를 묻게 될 때, 이떠한 대답을 할 수 있을 것인가? 동아시아에서 불교전통이 유구하게 이어지고 있다는 것은 어떠한 차원에서든 사람들의 삶에 큰 기여를 해왔다고는 할 수 있을 것인데, 그 기여가 어떠한 기여이어 왔는가는, 당연하다고도 할 수 있겠으나, 판단하기가 쉽지 않다.

다만 비판불교 주창자들은 '근본주의'라고 불릴 정도로 불교전통의 원초적인 진면목에 대해서는 강한 신뢰를 갖고 있다. 그 원초적인 진면목에서 불교가 보다 정의로운 세계 구현에 적극적으로 참여하자는 주장을 중심으로 하기에, 비판불교 주창자들은 인류사회에 대한 불교전통의 긍정적 기여 가능성에 대해서는 추호도 의심하지 않는다.

비판불교 주창자들 가운데 한 명인 하카마야 노리아키는 불교인 것과 아닌 것을 재단하는 기준으로서 불교의 세 가지 결정적 특징을 제시한다. 우선 첫째 특징을 보자.

> 붓다의 기본적 가르침은 연기(緣起, *pratītya-samutpāda*)의 법칙이며, 이것은 인도철학의 실체적 아트만에 대한 대응으로서 정식화된 것이다. 기저의 실체("topos"; 場所)를 함의하거나 수용하는 사상이나 철학은 무엇이든 기체설(基體說)이라고 불린다. 기체설의 예를 들자면, 인도에서의 아트만 개념, 중국철학에서의 "자연"(自然) 사상, 그리고 일본에서의 "본각"(本覺) 사상을 이야기할 수 있다. 이러한 사상은 불교의 기본적인 연기 사상에 상반된다.[2]

2) 본서 p. 18.

여기에서 우선적으로 드러나는 것은, 붓다의 가르침으로서 연기(緣起)가 인도철학의 아트만 개념과 대조된다는 점이다. 본각사상도 기체설(基體說)이라는 틀 안에서 아트만 사상과 함께 이야기되면서 배격된다. "상반된다"는 표현은 이점을 더욱 명료하게 한다. 더 나아가서, 중국철학에서의 "자연"(自然) 사상까지 기체설의 범주에 넣었다는 사실은 하카마야를 비롯한 비판불교 주창자들이 단순히 불교 내에서의 논쟁에 몰두하고 있는 것이 아님을 선명하게 드러낸다.

역자는 종교학의 위치에서 불교 연구에 임하는 학자로서 종교연구를 그저 객관적으로 하는 풍토에 다소 젖어 있기도 하다. 그러한 풍토에서 이러한 비판불교 주창자들의 태도는 상당히 거북할 수밖에 없다. 종교다원주의를 심정적으로 수긍하면서 종교연구에 종사하고 있는 사람이라면 더욱 부담스러워질 수 있을 것이다. 단순히 특정 종파에 속한 일반 신자가 이런 주장을 한다면 그냥 넘길 수도 있고, 더 나아가서 성직자가 그렇게 이야기한다고 해도 학적 마인드가 없으니 저러겠지 할 수도 있을 터인데, 하카마야 노리아키는 일본불교학계의 대표적 학자 중 한 명이다.

물론 학자가 학자로서 발언하는 경우와 사적인 개인으로서 발언하는 경우가 구분될 수 있다고 할 수 있고, 일급의 학자라고 하더라도 사적으로는 그러한 신념을 지닐 수 있다고도 할 수 있을 것이다. 그러나 하카마야 노리아키는 이러한 주장을 함에 있어서 학자이기를 포기하지 않는다. 오히려 그는 한 발 더 나아가서 가치판단에서 한 발 물러서는 객관적 학문이라는 것의 문제를 다음과 같이 신랄하게 지적한다.

> 나는 대학이 막스 베버가 "직업으로서의 학문"에서 기술하는 부류의 가치판단 배제의 사상에 이끌려서 조각 지식들을 판매하는 데서

만족을 취하는 사이비 객관주의에 의해 압도되고 있다는 생각을 떨칠 수가 없다.

그 증거로, 우리는 다만 - 원래 일종의 영적 기회주의를 기술하는 경멸적 용어로 사용된 - 혼합주의가 종교학, 문화인류학, 그리고 민속학에서 갑자기 시민권을 얻어서, 어떠한 뒤죽박죽의 종교도 가치중립적으로 다른 여느 종교와 마찬가지로 정당한 종교로 바라보도록 하게 된 과정을 훑어보기만 하면 된다.

나의 입장에서, 종교의 최소한의 요건은 자신의 신념을 말로 표현하고 그 말의 진위를 확인하고자 모색하는 것이다. 따라서 나는 나 자신에게 내가 대학에 고용된 상태에서 스스로 부여하는 최소한의 조건으로서, 베버의 이상에 정면으로 배치되는 "비판으로서의 학문"이라는 이상을 설정하고자 한다.[3)]

종교학 분야에 속한 사람에게는, 아니 불교학이라고 하더라도 객관적인 불교학을 고수하고자 하는 사람에게는 다소 아니 상당히 부담스러워지는 주장이라고 하지 않을 수 없다.

오늘날의 대학이 위기를 맞고 있다거나 특히 인문학이 위기를 맞고 있다거나 하는 말은 어제 오늘 들리는 말이 아니다. 하카마야와 같이 자극적이고 직설적으로 이야기하지는 않았다고 하더라도 20세기의 대표적 종교학자 중 한 사람이었다고 할 수 있는 윌프레드 캔트웰 스미스(Wilfred Cantwell Smith)도 『비교적 조망에서의 현대 문화』(*Modern Culture from a Comparative Perspective*)를 비롯한 자신의 여러 저술들에서 현대 학문의 이른바 객관성이 지니는 문제점을 통렬히 비판한다.

그러나 하카마야는, 캔트웰 스미스보다 훨씬 더 나아가서, 명시적으로 객관성이니 가치중립성이니 하는 관념들이 기회주의에 불과하다는

---

3) 본서 pp. 169-170.

점을 지적한다. 하카마야의 이러한 주장을 객관적 학문을 고수해온 사람들은 어떻게 대해야 할 것인가? 각자 나름대로 다른 태도를 보일 수 있겠지만, 적어도 하카마야의 입장에 대하여 주목해 보는 것은 바람직하다고 할 것이다.

더 나아가, 학문에 대해서만이 아니라 종교에 대해서도, 종교라는 이름으로 불린다고 해서 다 종교가 아니라, "종교의 최소한의 요건은 자신의 신념을 말로 표현하고 그 말의 진위를 확인하고자 모색하는 것이다."라는 기준에 부합해야 종교라고 할 수 있다는 그의 주장은 종교인들에게 용감하게 사회적 문제에 대하여 발언할 책임을 시사한다. 이러한 그의 입장이 불교에 직접 조준되고 있다는 것은 두말할 필요도 없다.

불교가 종교라고 불릴 수 있으려면 "자신의 신념을 말로 표현하고 그 말의 진위를 확인하고자 모색"하여야 하는 것이다. 특히 종교학에서는 "종교현상학"이라는 이름 하에서 종교의 진위에 대한 확인은 괄호에 쳐 두자는 태도가 오늘날에도 여전히 유행하는 면이 있다는 점에서, "진위를 확인"하자고 하는 태도는 종교 간의 대화 내지 종교에 대한 학문적 연구를 매우 긴장되게 한다. 이러한 하카마야의 태도를 단순히 무시해도 좋을까?

이어서 그가 다음과 같이 비판불교에 대하여 두 번째로 제기하는 주장은 이른바 악평등(惡平等)의 문제점이 종교학에서의 "사이비 객관주의"와 불교의 일부에 공통되고 있다는 점을 시사한다.

> 불교의 도덕적 요청은 다른 존재들을 이롭게 하기 위하여 무아(無我, *anātman*)로 행동하라는 것이다. 자아를 애호하여 다른 존재들을 소홀히 하는 종교는 어떤 종교든 불교적 이상에 위배된다. "산이나 강이나 풀이나 나무나 다 성불하였다."(山川草木, 悉皆成仏)라거나 "의식이 있는 존재나 그렇지 않은 존재나 다 성불의 도를 갖추고 있

다."(有情非情, 皆俱成佛道)(또는 하카마야의 표현대로 하자면, "붓다의 실체에 포함되어" 있다)라고 하는 본각사상의 아이디어는 이러한 도덕적 요청을 위한 여지를 전혀 남겨놓지 않는다.[4]

여기에서 하카마야는 불교의 무아(無我) 사상이 단순히 사실에 대한 기술적 진리가 아니라, 불자들에게 도덕적 요청을 하고 있다고 주장한다. 이타(利他)적 삶에 직결되지 않는 무아(無我)는 의미가 없다는 것이다. 불교적 기준을 강요한다고도 할 수 있겠지만, 이러한 기준에서 자아 애호와 더불어 타자를 소홀히 하는 종교는 당연히 배격해야 한다는 것이 하카마야의 입장이다. 그러한 차원에서 인도의 아트만 개념이나 중국철학의 "자연"(自然) 사상이 배격된다.

상당히 호전적 태도라고도 할 수 있는데, 현실에서 타종교의 근본적인 사상에 대해서까지 비판하는 것이 과연 바람직할 것인가에 대해서는 논의가 복잡하게 전개될 수 있을 것이다. 대개 쉽게 주장될 수 있는 것은, 그 근본적 진리는 바람직한데, 그 진리를 응용하여 실천하는 사람들이 문제라고 하는 것이겠는데, 하카마야는 과감하게 힌두교와 도교의 핵심 진리 주장들을 일거에 배격한다.

그리고 물론 이러한 태도에서 불교 내에서의 주요 주장들도 배격된다. "불교 내"라고 하는 표현 자체가 어폐가 있다고도 할 수 있는데, 하카마야에 의하면 "불교"라는 이름을 달고 행세하지만 그러한 주장들은 진정한 의미에서는 불교라고 할 수 없는 주장들이기 때문이다. "산이나 강이나 풀이나 나무나 다 성불하였다."(山川草木, 悉皆成仏)라거나 "의식이 있는 존재나 그렇지 않은 존재나 다 성불의 도를 갖추고 있다."(有情非情, 皆俱成佛道)라는 표현들을 멋들어진 표현들로만 알고 있는 사람이

---

4) 본서 pp. 18-19.

라면, 이런 표현이야말로 불교의 적이라고 이야기하는 하카마야가 야속함을 넘어서 미워질 수 있겠다.

모든 존재를 긍정하는 절대 긍정의 표현이라고 할 수 있는 이 표현들이 왜 이렇게 신랄한 공격을 받아야 하는가? 이 표현들이 도덕적 요청을 위한 여지를 박탈하기 때문이라고 하카마야는 말한다. 지금까지의 논의에서, 바로 이러한 태도가 사이비 객관주의이고 혼합주의이고 영적 기회주의라고 하겠다. 이러한 문제 인식은 예컨대 우리나라를 대표하는 불교학자의 한 사람이라고 할 수 있는 길희성 교수의 선불교 연구에서도 드러난다. 선불교에서는 선택적 긍정을 할 여지가 없다는 것이 현실에서 윤리적 실천을 위한 여지를 박탈한다는 것이다.

위와 같은 문제 인식에서 하카마야는 세 번째 주장으로서, 신앙, 언어, 그리고 지성을 진정한 불교의 특징으로서 강조한다.

> 불교는 연기의 진리를 선택하기 위한 신앙, 언어, 그리고 지성(지혜; 般若, *prajñā*)의 사용을 요구한다. 언어 사용에 대한 선불교의 알레르기적 반응은 불교적이라기보다는 오히려 중국의 토착적인 것이며, 본각사상에서 주장되는 "진여"(眞如)의 언표 불가능성은 언어나 신앙을 위한 여지를 전혀 남겨놓지 않는다.[5]

여기에서 신앙, 언어, 그리고 지성이 선택으로서 강조된다. 그리고 그러한 선택에서 언어 사용에 알레르기적 반응을 보이는 선불교에 대하여 불교적이라기보다는 '중국의 토착적인 것'이라는 평가를 내린다. 현실에서 구체적 실천을 하기 위해서는 언어를 강조할 수밖에 없다고 보는 것이 하카마야의 입장이다. 이러한 하카마야의 입장에서 "침묵은 금이다"라는 금언은 빛을 잃는다. 발언해야 할 상황에서 "침묵은 금이다"

---

5) 본서 p. 19.

라고 하면서 물러서는 것은 학자의 태도도 아니요 종교인의 태도도 아니라고 하는 것이 하카마야의 일관된 입장이다. 이러한 하카마야의 입장은 제이미 허바드(Jamie Hubbard)의 다음과 같은 서술에서도 선명하게 드러난다.

> 그들이 비판하는 것은 불교전통만이 아니다. 노자나 장자의 도(道), 니시다 기타로의 장소(場所), 학계 전반에서의 객관적이고 가치중립적인 학문관에 관한 위선, 모든 것이 동등하게 타당하다는 나태하고 반동적이며 포스트모던적인 긍정 등도 장소철학의 사례들로서 거론된다. 이들은 모두 불교의 비판정신에 정반대되는 것들인데도 불구하고 나약한 정신의 소유자들은 흔히 이들을 불교와 융합시키곤 하는 것이다.[6]

"나약한 정신의 소유자"라는 말은 일부 종교 연구자 내지 불자들을 낯 뜨겁게 할 수도 있을 것이다. 역자 자신도 비판불교에 대해서 접하면 접할수록, 스스로 "나약한 정신의 소유자"라는 생각을 떨치기 어렵다. 그러나 비판불교 주창자들을 따라 진정한 학자, 진정한 불자, 진정한 종교인이 되려면 그 나약함을 떨쳐 버리고, 준엄한 비판의 태도를 갖추어야 한다.

이 책이 나오는 데에는, 일일이 거명할 수 없는 것이 안타깝지만 여러 사람의 도움과 인내와 노력이 밑거름이 되었다. 이 책의 윤문 과정에서 많은 도움을 준 금강대학교 불교문화연구소 차상엽 교수께 감사드린다. 또한 이 책이 나오는 과정에서 오랜 시간을 참고 기다려 주시면서 여러 모로 애써주신 한국학중앙연구원 최연식 교수, 그리고 도서출판 씨아이알 김성배 대표, 그리고 김동희 선생 및 관련 여러분들께 감사드린다.

---

6) 본서 p. xxvi.

| 색 인 |

1. 한글 색인

[ㄱ]

가가미시마 겐류(鏡島 元隆) 386, 402
가나자와 아츠시(金沢 篤) 120
가라타니 고진(柄谷 行人) 419
가리야 사다히코(苅谷 定彦) 575
가마쿠라 불교 381, 417
가마쿠라 시대 6, 7, 31, 96, 109, 142, 186, 382, 412, 513, 515, 553, 554, 557, 563, 576
가마쿠라 신불교 32, 119, 181, 182, 184
가마쿠라(鎌倉) 187, 379, 385, 396, 408, 409, 410, 411, 412, 416, 596, 657
가무나가라(カムながら) 538
가미 xli, liii, 5, 12, 21, 25, 40, 170, 171, 179, 523, 538, 539, 546, 547, 594, 616, 617, 622, 670, 678
가미의 길 113, 538, 540, 671
가미카제(神風) 560
가설(假說) 277
가섭불 398
가와무라 고도(河村 孝道) 386, 388, 389
가와바타 야스나리(川端 康成) xli, 535
가와지 류코(川路 柳虹) 189
가우타마 샤카무니(Gautama Śākyamuni) 239
각(覺, chüeh) 110
「간기」(懷奘奥書) 376
간디 492
간접적 일본주의 524, 526
「갈등」(葛藤) 406
갈애(愛) 461
감산 덕청(憨山 德清) 599
감산(憨山) 600
감흥게(感興偈, udāna) 249
개념화(saṃjñā) 364, 365, 370
객관성 xxxvi, 152, 157, 158, 160, 171, 172, 194, 214, 350, 381, 419, 420, 446, 474, 483, 491, 524, 526
『건시기』(永平開山道元禪師行狀建撕記) 376
겁화(劫火) 69
게셰 소파(Geshe Sopa) xlvi
게이잔 조킨(瑩山 紹瑾, 1268-1325) 376, 490
겐신(源信) 6
겐토 소쿠츄(玄透 即中) 391
겔룩파 151, 174, 481, 610
「견보탑품」(見寶塔品) 586, 587
결정(決定) 580
경(境) 278
경험 xxxii, xxxiv, 22, 24, 26, 37, 57, 61, 62, 88, 102, 116, 117, 118, 123, 125, 129, 131, 136, 137, 140, 145, 146, 149, 150, 151, 159, 161, 163, 164, 167, 179, 187, 196, 227, 230, 275, 276, 277, 278, 279, 281, 332, 333, 336, 340, 341, 342, 344, 345, 346, 349, 350, 352, 446, 465, 507, 529, 563, 604, 612, 614, 615, 616, 617, 619, 661, 667
『계람습엽집』(渓嵐拾葉集) 562, 565
계명(戒名) 418
계보 7, 44, 49, 50, 60, 61, 62, 79, 182, 200, 212, 620
「계성산색」(谿聲山色) 657
고(苦) xxvi, 268
고나이고(後醍醐) 554
고마자와 단기 대학(駒澤短期大學) xlix
고모리 다츠쿠니(小森 龍邦) 520
고묘(護命, 750-834) 556
고묘지 187, 192
고바야시 히데오(小林 秀雄, 1902-1983) 116, 194, 211, 537
고보리 게이치로(小堀 桂一郎) 193
『고사기』(古事記) 190
고슈(光宗) 562
고야산(高野山) 175, 177, 619

고요함의 계발(śamatha) 135
고치 에카쿠(光地 英學) 188
고통 xl, 25, 153, 154, 167, 186, 213, 215, 216, 267, 285, 337, 358, 367, 369, 372, 373, 415, 441, 442, 445, 446, 449, 460, 462, 503, 506, 519, 520, 521, 600, 660
고학문성(高學問性, Hochwissenschaftlichkeit) 228
공(空) 15, 64, 66, 89, 175, 178, 248, 260, 339, 340, 400, 425, 427, 459, 515
공경사(恭敬事) 272
공고 산(金剛山) 556
공덕바라밀(功德波羅蜜, guṇapāramitā) 264, 265, 266, 267, 268, 269
공론(空論, śūnya-vāda) 465
공성(空性) 459
공안(公案) l, 389, 396, 397, 398, 408, 410, 411, 486, 487, 488, 489
공양제불(供養諸佛) 394
공자 105, 106, 108, 114, 119, 140, 165, 393, 407, 519
관념론 49, 98, 144, 446, 447, 451, 452, 458
『관불』(觀佛, To See the Buddha) 458
관음보살 551
괴델 160, 610
굉지 정각(宏智 正覺, 1091-1157) 409
교고(経豪) 384, 388, 405, 418
교선일치 21
교외별전(教外別傳) 21, 387, 404
교토학파 xxv, xxvii, 22, 87, 88, 104, 116, 142, 144, 145, 163, 164, 200, 201, 414, 449, 456, 458, 479, 482, 611, 621, 657, 663
교판(教判) 420, 428
구경각(究竟覺) 59
구로다 도시오(黒田 俊雄) xlii, 156, 553
구리타 이사무(栗田 勇) 177
구마라습(鳩摩羅什) 51
구사(俱舍) 562
구양경무(歐陽竟無, 1871-1943) 442
구유의(俱有依) 643
구전(口傳) 511
구조주의 100
『구즈바나』(葛花) 111, 112, 114
구차제정(九次第定) 365
구카이(空海) 6, 177, 515
국가(國家) 564
국수주의 xlii, 384, 415, 480, 482, 492, 549, 550, 567, 588
국수주의자 482
국체(国体)의 본의(本義) 170
『국체의 본의』(国体の本義) xlii, 148, 150, 185, 192, 530, 532, 533, 534, 536, 567, 588
국학(國學) 527
권문 체제(権門 体制) 553
「귀의불법승보」(帰依仏法僧宝) 394
귀일(歸一) 185, 531
규기(窺基) 54
규범(dharma) 153
규봉 종밀(圭峰 宗密, 780-841) 425
그라씨(Grassi) 97
그리스도 중심 199
그리스도교 23, 34, 36, 40, 49, 99, 171, 192, 197, 198, 199, 218, 241, 421, 464, 589, 597, 610
그리스도인 116, 118, 192, 239, 242, 540, 615
극락정토 513, 551
근본주의 xxx, 381, 413, 414, 420, 449, 451, 462
『근본중론송』(根本中論頌, Mūlamadhyama) 244
근원실재론 255
『금강경』(金剛經) 16, 335, 340, 357, 365
금강산(金剛山) 556
『금강삼매경』(金剛三昧經) 5
『금석물어집』(今昔物語集) 417
금욕주의 362, 371, 626
기리가미(切紙) 501, 666
기리야마 세유(桐山 靖雄) 176
기무라 다이켄(木村 泰賢) 90
기술적(記述的, descriptive) xxvi

기시자와 이안(岸澤 惟安, 1865-1955) 510
기요타 미노루(清田 実) xlv
기체(基體, dhātu) xxxviii, xli, 9, 11, 18, 35, 51, 56, 64, 65, 68, 96, 203, 249, 253, 254, 255, 256, 264, 277, 279, 289, 290, 291, 292, 293, 295, 297, 299, 304, 305, 306, 309, 310, 311, 312, 313, 314, 315, 317, 319, 320, 322, 323, 383, 393, 450, 457, 464, 481, 484, 578, 579, 586, 629, 641, 643, 644, 645, 646
기체론자(基體論者 dhātu-vādin) 482
기체설(基體說, dhātu-vāda) xxxvii, xxxviii, xl, xli, xliii, liii, 9, 10, 11, 13, 14, 16, 17, 18, 24, 28, 33, 34, 37, 38, 44, 47, 51, 52, 53, 55, 56, 57, 62, 63, 64, 65, 68, 72, 73, 74, 75, 78, 79, 80, 81, 123, 125, 133, 203, 206, 207, 243, 244, 249, 250, 253, 254, 255, 256, 257, 259, 260, 264, 265, 269, 270, 275, 282, 287, 288, 289, 290, 292, 295, 296, 297, 298, 299, 301, 302, 303, 304, 305, 306, 309, 310, 311, 312, 318, 323, 325, 326, 379, 380, 397, 415, 425, 449, 450, 457, 463, 464, 466, 467, 469, 470, 481, 482, 575, 576, 577, 578, 579, 581, 582, 586, 587, 588, 590, 594, 596, 599, 600, 601, 629, 641, 649, 651, 664, 678
기타바타케 지카후사(北畠 親房) 550
길장(吉藏, 549-623) xlvi, xlvii, 16, 29, 109, 110, 143, 582
깨달음(覺, 사토리) 111, 116

[ㄴ]

나가르주나 6, 16, 44, 51, 52, 62, 63, 80, 81, 119, 356, 466, 467, 487, 508, 598, 601, 602, 610, 653
나는 생각한다. 따라서 나는 존재한다(cogito ergo sum) 159
나는 이해하기 위해서 믿는다(credo ut intelligam) 198
나라 야스아키(奈良 康明) 388
나무묘호렌게쿄(南無妙法蓮花經) 599
『나오비노미타마』(直毘靈) 540
나카무라 유지로(中村 雄二郎, 1925-) 86, 100, 101, 130, 201, 458
나카무라 하지메(中村 元) 46, 207, 209, 368
나카소네 야스히로(中曽 根) xxx
나카자와 신이치(中沢 新一) 207
나한멸(羅漢滅, *arhad nirodha) 637
난조 분유(南条 文雄) 46
남섬부주(南贍浮洲 Jambudvīpa) 555, 556, 565
남종선(南宗禪) 654
내면의 빛(Light Within) 282
내면의 신성(神性, That of God Within) 282
네루 492
노리나가(宣長) 211
노마 히로시(野間 宏) 419
노자 xxvi, 104, 105, 106, 107, 108, 109, 112, 113, 114, 119, 123, 140, 393, 407, 432, 671
노장사상 109, 110, 111, 142
논리(logos) 211
논어 108, 109, 114, 165
뉴먼(Newman) 235
뉴에이지 xxxii, 130, 175
『능가경』(楞伽經, Laṅkāvatāra Sutra) 48, 66, 68
니시다 기타로(西田 幾多郎) xxvi, 145
니시타니 게이지(西谷 啓治) 117
니체 104, 170, 441, 443, 455, 457, 461
니치렌(日蓮) 181
니힐리즘 201, 455
닐 맥멀린(Neil McMullin) 156

[ㄷ]

다나베 하지메(田辺 元) 145
다르마키르티(Dharmakīrti) 57, 341
『다마카츠마』(玉勝間) 113
다마키 고시로(玉城 康四郎) 249
다무라 요시로(田村 芳朗) xlii, 31, 32, 477, 551
다보여래(多寶如來) 586
다스림 538, 674

다신론 171, 172, 529, 588, 678
다원론 290, 292, 293, 298, 301, 310, 311, 317, 318, 324
다이혼잔 에이헤이지(大本山 永平寺) 391
다자이 슌다이(太宰 春台, 1680-1747) 114, 537
다치카와 무사시(立川 武藏) 466
다카사키 지키도(高崎 直道) xli, xlvi, li, liii, 33, 204, 252, 463, 475
다카쿠스 준지로(高楠 順次郎) 532
다케우치 요시로(竹内 芳郎) 200
다케우치 요시미(竹内 好) 491
단(團) 604
단가(檀家) 418, 490
『단경』 604, 605
당(唐) 52
대괴(大塊) 604
대동아공영권(大東亞共榮圈) 148
『대반열반경』(大般涅槃經, Mahāparinirvāṇa Sutra) 51, 58, 66, 569
『대비로자나경』(大毘盧遮那經, Mahāvairocana Sutra) 78
「대수행」(大修行) 395, 659
대승(大乘) 52, 577
대승(佛乘, Buddha-yāna) 572
『대승기신론』(大乘起信論) 5, 143
대승불교 15, 29, 32, 33, 89, 203, 204, 269, 336, 339, 363, 442, 469, 498, 536, 583, 615
『대승아비달마경』(大乘阿毘達磨經, Mahāyāna-abhidharma Sutra) 255
『대승장엄경론』(大乘莊嚴經論, Mahāyānasūtrālaṃkāra-bhāṣya) 250, 290, 304, 318, 324
대역사건(大逆事件) xxx
대오(待悟) 355
대일(大日) 565
대일여래(大日如來, 摩訶毘盧遮那, 마하비로자나) 562, 563
『대지도론』(大智度論) 52, 598
대치(對治, pratipakṣa) 66
대팔주국(大八州國) 538
대화(大和) 185, 531
대화신(大化神) 562
댄 러스트하우스(Dan Lusthaus) xxxv, l, 43
더러움(穢れ) 419
데 캄(bDe khams) 330
데리다(Derrida) xl, 443
데이빗 콜브(David Kolb) 443
데카르트(Descartes, 1596-1650) xxxv, 124
덴케이 덴손(天桂 伝尊) 402
덴토쿠(天德) 556
도(道, mārga) xxvi, 31, 52, 104, 107, 111, 115, 137, 438, 500, 533, 598, 612, 614, 654
도겐(道元, 1200-1253) xxxix, l, liii, 17, 181, 432
도교 19, 21, 24, 29, 30, 57, 80, 115, 118, 124, 140, 142, 155, 156, 165, 167, 183, 197, 239, 387, 450, 611
도깨비 25
『도덕경』 108, 137, 138, 598
도덕률폐기론 411, 428
도득(道得) 487
도리(道理) 273, 277
도보카이(同朋會) xxix
도사(導師, nāyaka) 571
도제(道諦, mārga-satya) 634
도쿠가와 시대 8, 384, 391, 402, 407, 418, 476, 657
도쿠이츠(德一) 3
『도행반야경』(道行般若經) 250
독일 관념론 87, 116, 201, 203, 663
돈(頓) 135
돈오(頓悟) 60, 487
『돈오대승정리결』(頓悟大乘正理決) 332
돈점(頓漸) 56
동물 133, 171, 177, 216, 417, 498, 589, 590, 669
『동시대에의 시선』(同時代への視線) 188
동양 11, 28, 87, 88, 124, 144, 198, 200, 201, 202, 448, 454, 589, 590, 611, 615

동어반복(tautology) 275
둔황 330, 332
등무간연(等無間緣, samanantara-pratyaya) 643
등무간의(等無間依, samanantara-āśraya) 643
『디가 니카야』(Dīgha Nikāya) 70, 393
디그나가(Dignāga, 陳那) 53, 57, 598

[ㄹ]

라이언 왓슨(Ryan Watson) 177
락(樂) 267, 268
락바라밀(樂波羅蜜) 267
람버트 슈미트하우젠(Lambert Schmithausen) 35, 229, 237, 435
레이쿠 고켄(霊空 光謙) 8
로고스 163, 459
로고스중심주의(logocentrism) 202, 421, 442, 446, 450, 458, 461
로돌푸스 아그리콜라(Rodolphus Agricola) 174
로버트 샤프(Robert Sharf) 149
로버트 써먼(Robert Thurman) xxxiv
로저 콜리스(Roger Corless) 159
로크(Locke) 231, 235, 625
로티(Rorty) 443
론 허바드(L. Ron Hubbard) 155
료겐(良源) 6
료타르(Lyotard) 443
루벤 하비토(Ruben L. F. Habito) xlii, xlix, 549
루엑(Seyfort Ruegg) 134, 159
루이 르누(Louis Renou) 312
루이스 고메즈(Luis Gómez) 437
리(理) 31, 425, 516, 517
『리그베다』 312, 313
리이드(Reid) 235
리처드 로빈슨(Richard Robinson) xlvi
린쩐구어(林鎭國) xl, l

[ㅁ]

마니교 197
마명(馬鳴, Aśvaghoṣa) 48
마사무네 하쿠초(正宗 白鳥, 1879-1962) 537
마세 히로마사(間瀬 啓允) 199
마야(māya, 幻) 153
마에다 에가쿠(前田 惠學) 475
마오쩌둥 492
마유(麻油) 70
마음(心, citta) xlviii, xlix, 6, 13, 38, 52, 59, 65, 601
『마지마니카야』(Majjhimanikāya) 368
마츠나가 유케이 175, 177, 619
마츠모토 시로(松本 史朗) xxv, xlvii, li, liv, 243, 247, 303, 361, 523, 569
마츠오카 유카코(松岡 由香子) 410
마치다 무네오(町田宗夫) xxix
마치다 사건(町田事件) xxix, xxx
『마하박가』 593
마하비라 367
마하비로자나 552, 563, 565
마하비로자나불(摩訶毘盧遮那佛) 552
마하연(摩訶衍) xxxviii, 16, 330, 331, 332, 333, 334, 335, 336, 340, 364, 365, 371, 589, 654, 655
마하일 바흐친(Mikhail Bakhtin) 194
막스 베버 xxxiv, xxxvi, 169, 204, 214, 227, 228, 523, 624
『만엽집』(万葉集) 190
말(末) 426
말법 시대 555, 557, 559
말법(末法) 417, 421
말법사상 674
말의 잎(言の葉) 211
맑스주의 421, 453
맬컴 데이빗 에켈(Malcolm David Eckel) 442, 458
메이지 불교 516
메이지 시대 7, 148, 391, 418, 434, 501, 510, 516, 517, 596
메이지 유신 674

메이지 중흥 513
메이지 천황 513
멸계(滅界, *nirodha-dhātu) 647
멸진정(滅盡定, nirodha-samāpatti) 371
모든 중생이 다 불성을 갖고 있다(一切衆生悉有佛性) 182, 252, 254
『모모』(Momo) 101, 102, 103, 104
모토오리 노리나가(本居 宣長, 1730-1801) 111, 500, 517, 535, 537
몽테스키외 546
묘류 지산(妙立 慈山) 8
묘에(明惠) 147, 153, 182, 183, 185, 210, 483, 620
무념(無念) 604, 654
무념무상(無念無想) 12, 340, 535, 537
무량수불(無量壽佛) 566
무루(無漏, anāsrava) 634
『무문관』(無門關) 397
무사(無思) 590
무상(無常) 417, 515, 519
무상불성(無常佛性) 384
무상심삼매(無相心三昧, animitto cetosamādhi) 365
『무상의경』(無上依經) 282
무색계(無色界, *ārūpya-dhātu) 647
무성(無姓, agotra) 254, 307
무성(無性, Asvabhāva) 53, 509
무소유 366, 367, 368, 370, 655
무소유처정(無所有處定) 366, 367
무시시래지계(無始時來之界, anādhikāliko-dhātuḥ) 464
무실체 63
무실체성 380
무아(無我, anātman) xxxiii, xxxvii, xliii, 9, 18, 23, 63, 65, 70, 121, 247, 265, 603
무아바라밀(無我波羅蜜 anātmapāramitā) 265
무아설(無我說, anātma-vāda) 239
무위(無爲) 106, 316, 355, 590, 635, 637
무위(無位) 604
무위계(無爲界, *asaṃskṛta-dhātu) 647
무위법(無爲法, asaṃskṛta) 294
무위진인(無位眞人) 604
무일본주의(無日本主義) 546
무자성(無自性, niḥsvabhāva) 63
무차별적 인식(nirvikalpa-jñāna) 363
무하유지향(無何有之鄕) 105, 106, 115
문답 105, 484, 485, 535
문수보살 551
문학비평 434
미국종교학회 xxvii, xxxvii, xliii, 475, 626
미나모토 준코(源 淳子) 36
미륵보살 551
미시마 유키오 xlii, 12, 535, 540, 542, 544, 545, 672
미조구치 유조(溝口 雄三) 491
미즈노 야오코(水野 弥穗子) 391
미카엘 엔데(Michael Ende) 101
민속불교론(民俗佛敎論) 524
민속종교 11, 152, 170, 172, 175, 393
민족주의 73, 80, 449, 492
믿음(信, śraddhā) xxxii, 17, 23, 24, 25, 29, 48, 60, 61, 75, 81, 112, 123, 133, 176, 186, 187, 188, 192, 194, 200, 215, 219, 220, 221, 222, 223, 224, 225, 226, 227, 229, 230, 231, 232, 233, 234, 235, 236, 283, 356, 385, 389, 392, 393, 413, 431, 435, 438, 450, 500, 507, 515, 520, 527, 538, 540, 560, 583, 668
밀교 52, 175, 176, 177, 179, 180, 340, 378, 475, 482, 588

[ㅂ]

바라문(婆羅門, Brahmin) 64, 71
바바비베카(Bhāvaviveka) 244, 459
『바웃다』 207, 209
반근대주의 100, 104, 662
반데카르트주의 100, 162, 662
반본지수적설(反本地垂迹說) 566
반본환원(返本還源) 452

반야(般若) 272
반야바라밀(般若波羅蜜) 265
반야바라밀다 63, 64, 66, 250, 337, 400, 427, 438, 452, 572
반야존중(般若尊重) 400
반열반 273, 274, 631, 638
반지성주의 104, 453
반합리주의 588, 590
발견(heuresis) 162
발견(inventio) 85, 133
발견의 기술(ars inveniendi) 133, 226
「발무상심」(發無上心) 22, 395, 396, 412, 416
발무인과(撥無因果) 399
「발보리심」(發菩提心) 22, 395, 396, 412, 416
발생론적 일원론 123, 125, 255, 289, 293, 295, 306, 588, 610, 647
발심(發心, cittotpāda) 60
방법론 xxvii, xxviii, xli, 71, 75, 100, 121, 125, 126, 132, 136, 161, 162, 163, 214, 381, 387, 402, 414, 415, 416, 419, 420, 421, 422, 437, 448, 458, 483, 597, 603
방법으로서 불교 484, 491
방법으로서 아시아 491, 492
방법으로서 중국 491, 492
방편(方便, upāya) 29, 437
「방편품」 570, 571, 572, 573, 584
백왕(百王) 555
백장(百丈) 397, 488
백상야호(百丈野狐) 396
번뇌(kleśa) 633
번뇌(漏, āsava) 77
번뇌장(煩惱障, kleśāvaraṇa) 336, 354
범신론 171, 172, 453, 588, 611
범아일여(梵我一如) 33, 469
범천(梵天, Brahma) 561
법(法, dharma) 255, 262, 468
법계(法界, dharmadhātu) 249, 250, 289, 295, 306, 318, 467
법계연기(法界緣起) 248, 678
「법사품」(法師品) 586
법상(法相) 54, 56, 562
법상종 3, 49
법성(法性) 55, 56, 466, 467
법신(法身, dharma-kāya) 64, 265, 340, 467
법신상주(法身常住) 677
법장(法藏, 643-712) 6, 31, 52, 54, 428
법체설(法體說) 52
법화 운동 180, 181
「법화거혹」(法華去惑) 3
『법화경』(法華經) xlii, xliii, liv, 25, 28, 29, 37, 72, 81, 133, 162, 184, 185, 251, 252, 255, 264, 410, 418, 498, 569, 570, 571, 572, 573, 574, 575, 576, 577, 578, 579, 580, 581, 582, 583, 586, 587, 612, 628, 644, 651, 664, 668, 675, 677
『법화론』(法華論, *Saddharma) 579
『법화문구』(法華文句) 587
베르그송(Bergson) 99
『벽암록』(碧巖錄) 488
변계소집(遍計所執, parikalpita) 66
「변도화」(辨道話) 21, 243, 400, 470
변증법 67, 90, 127, 144, 145, 261, 414, 442, 445, 446, 455, 462, 661
변토(邊土) 565
『보경기』(宝慶記) 378, 656, 658, 659
『보경삼매』(寶鏡三昧) 510
보당종(保唐宗) 428
보리(菩提)의 지혜 xxxviii, 331, 332
보리달마(菩提達磨) 60
보리심(菩提心, bodhicitta) 60, 583
보리의 인(因, bodhi-hetu) 251
보살 58, 60, 261, 265, 267, 268, 284, 291, 294, 324, 342, 343, 352, 393, 394, 551, 570, 572, 574, 580, 581, 582, 650, 676
보살종성(菩薩種姓, bodhisattva-gotra) 294
「보살지」(菩薩地, Bodhisattvabhūmi) 290
『보성론』(寶性論, Ratnagotravibhāga) xlvi, li, 21, 154, 296, 324

보수주의 453
보신불 587
보현보살 551
복음서 421, 597
본(本) 384, 426
본각(本覺) xxv, 4, 5, 6, 7, 8, 18, 28, 31, 36, 44, 59, 60, 81, 89, 110, 116, 123, 142, 143, 144, 154, 164, 165, 178, 179, 201, 203, 256, 287, 379, 382, 383, 384, 393, 396, 412, 427, 428, 429, 450, 451, 452, 453, 457, 462, 486, 497, 505, 508, 516, 537, 538, 586, 599, 600, 601, 619, 668
본각사상(本覺思想) xxxix, xl, xlii, liii, 4, 5, 6, 7, 8, 12, 17, 18, 19, 20, 21, 22, 24, 26, 27, 28, 29, 30, 31, 32, 33, 34, 36, 37, 38, 39, 59, 60, 63, 87, 89, 96, 112, 179, 180, 183, 225, 228, 243, 256, 375, 379, 380, 382, 383, 384, 385, 386, 387, 392, 396, 400, 404, 408, 412, 414, 418, 423, 424, 426, 427, 429, 430, 431, 432, 434, 449, 450, 456, 457, 470, 474, 476, 477, 478, 479, 483, 484, 485, 486, 487, 488, 489, 490, 497, 499, 500, 504, 505, 510, 511, 513, 514, 515, 516, 517, 519, 537, 549, 550, 551, 552, 553, 564, 565, 592, 594, 600, 663, 664, 667, 668, 669, 673
『본각찬』(本覺讚) 6
본각찬석(本覺讚釋) 6
본국(本國) 562
본래적 깨달음(本覺, original enlightenment) 18, 58
『본리대강집』(本理大綱集) 6
본문(本門) 565
『본생담』 410, 417
본성(nature) 134
본성(本性) 291, 647
본성주종성(本性住種姓, prakṛtistha-gotra) 291, 292, 296, 300, 305, 321, 323, 637, 640
본세이(太容 梵清) 388
본심(本心) 63
본원(本源) 506, 507
본원적 실체(mūla-prakṛti) 64
본유(本有) 273
본존(本尊) 552
본증묘수(本證妙修) 384, 400
본지(本地) 566, 675
「본지분」(本地分) 298, 643
본지수적(本地垂迹) 7, 667, 675
본지수적설(本地垂迹說) 566
본질론 465
본질주의 62, 63, 262, 449, 611, 662
본체론 81, 269, 270, 275, 276, 277, 278, 431, 433
부라쿠 549
부라쿠민(部落民) 382, 418, 656
부루나(富樓那, Pūrṇa) 582
부모미생전면목(父母未生前面目) 613
부정(apophasis) 609
부정의 길(via negativa) 262
부정종성(不定種姓, aniyatagotra) 639
『부증불감경』(Anūnatvāpurṇatva) 464
「분별공덕품」(分別功德品) 586
분별설부 637
분별성(分別性 parikalpita-svabhāva) 276, 277
불가촉천민 382, 418, 419, 550
불각(不覺) 59
불계(佛戒) 509
불남(不男, paṇḍaka) 502
불락인과(不落因果) 397, 398, 399, 406, 411, 668
불립문자(不立文字) 12, 351, 487, 537
불매인과(不昧因果) 397, 398, 399, 411, 668
불법(佛法) 38, 41, 111, 248, 500
불사불관(不思不觀) 334, 340
불성(佛性, buddhadhātu) xxv, xxxvii, xl, xlvi, l, lii, 3, 4, 6, 17, 25, 37, 38, 39, 41, 56, 58, 63, 64, 123, 124, 134, 182, 206, 208, 244, 251, 252, 253, 254, 260, 263, 264, 268, 269, 270, 271, 272, 273, 274, 276, 278, 280,

282, 283, 284, 285, 290, 296, 375, 382, 384, 385, 386, 387, 428, 465, 489, 498, 551, 577, 579, 583, 585, 593, 595, 600, 627, 628, 658, 671, 677
『불성론』(佛性論) 260, 261, 264, 265, 269, 270, 272, 276, 278, 279, 280, 282
불성사상(기체설) 39
「불성초」(仏性抄) 3
『불소행찬』(佛所行讚, Buddhacarita) 48
불승(佛乘) 676
불신(佛身) 586
불의(不義) 40
불이(不二) xxv, 17, 21, 276, 382, 400, 401, 411, 615
불이성(不二性) 138
불탑 584, 586
불탑숭배 xliii
불탑신앙 570, 582, 583, 584, 585, 586, 587
불확정성 원리 610
붓다 xxxiii, xliii, xlix, 3, 4, 9, 18, 19, 25, 27, 29, 37, 40, 55, 57, 60, 61, 62, 80, 81, 95, 105, 106, 111, 117, 118, 130, 141, 166, 178, 181, 182, 243, 244, 249, 253, 261, 262, 265, 268, 269, 270, 271, 272, 273, 281, 292, 294, 296, 335, 337, 339, 346, 353, 356, 358, 359, 362, 365, 371, 372, 380, 384, 394, 411, 423, 426, 432, 435, 436, 449, 452, 459, 465, 466, 467, 468, 469, 481, 504, 507, 508, 511, 512, 513, 518, 519, 548, 551, 552, 560, 562, 563, 565, 566, 570, 572, 573, 574, 579, 583, 584, 585, 586, 587, 591, 603, 604, 605, 606, 623, 626, 631, 635, 636, 638, 650, 655, 660, 664, 665, 668, 675
붓다됨 3, 4, 9, 10, 37, 281
붓다의 지혜(buddha-jñāna) 571, 572
브라흐만 141, 256, 613
브라흐만교 239, 450
브루스 달버그(Bruce Dahlberg) 159
비개념적인 인식(nirvikalpa-jñāna) 244
비량(比量, anumāna) 133
『비밀 정법안장』(秘密 正法眼藏) 388
비밀관상(秘密觀想) 552
비밀수인(秘密手印) 552
비상비비상(非想非非想) 368
비상비비상처(非想非非想處) 365
비상비비상처정(非想非非想處定) 366
비약(leap) 134
비코(Vico, 1668-1744) xxxv, xxxvi, 90, 124, 449
비트겐슈타인 169, 214, 215
비판(critica) 86, 95
비판론(critica) 90, 158
『비판론』(Critica) 162
비판론자(criticalist) 92
비판불교 xxv, xxvii, xxviii, xxix, xxxvii, xxxviii, xl, xli, xlvi, xlix, lii, liii, 17, 21, 22, 30, 41, 43, 44, 45, 53, 56, 59, 62, 65, 66, 72, 73, 74, 75, 81, 83, 86, 87, 88, 89, 95, 96, 97, 110, 119, 121, 122, 124, 125, 126, 167, 217, 220, 221, 222, 227, 241, 243, 259, 282, 287, 375, 379, 380, 381, 382, 383, 385, 386, 387, 388, 389, 392, 394, 395, 396, 397, 399, 400, 401, 402, 403, 404, 405, 406, 407, 408, 409, 410, 412, 413, 414, 415, 416, 417, 418, 419, 420, 421, 422, 423, 438, 439, 442, 448, 449, 451, 454, 456, 458, 460, 461, 471, 473, 474, 475, 476, 479, 480, 481, 482, 484, 486, 487, 489, 490, 491, 493, 549, 567, 593, 595, 603, 606, 607, 609, 612, 626, 641, 656, 660, 662, 665, 673
비판철학(kritische Philosophie) xxxv, lii

[ㅅ]

사(邪) 40
사(事) 426
사거설(四車說) 575, 576, 578, 579, 676
사견취(邪見聚, mithyātva-niyata-saṃtāna) 307
『사기』(史記) 105

사나(闍那, jñāna) 272
사대성문(四大聲聞) 582
사리불(舍利佛, Śāriputra) 582
사무색정(四無色定) 365, 366
사물 그 자체(vastu-matra) 460
『사분율』(四分律) 8
사사키 지카라(佐々木 力) 174
사선(四禪) 366
「사선비구」(四禪比丘) 181, 390, 393, 620, 656
사성제(四聖諦) 363, 435
사실에 대한 믿음(*vastvādhimuktika) 133
사이구사 미츠요시(三枝 充悳) 209, 653
『사이쵸 명상』(最澄瞑想) 180
사이쵸(最澄) 3, 178
사종성문(四種聲聞) 580
사쿠라이 도쿠타로(桜井 徳太郎) 151
사회계약 129
사회적 차별 xxix, xxx, xxxvii, xli, liii, 20, 74, 147, 153, 154, 164, 183, 213, 214, 250, 254, 255, 256, 381, 401, 418, 429, 450, 476, 480, 497, 501, 505, 513, 515, 516, 517, 534, 549, 550, 567, 595, 614, 616, 619, 620, 627, 664, 666, 669, 670, 672
사회적 참여 xx, xxxi, xxxvii, 164, 285, 420, 687
산가(山家)파 천태종 59
산신 25, 394
산왕 히에(山王 日吉) 563
산왕(山王) 562
산외(山外)파 천태종 59
산천초목 실개성불(山川草木, 悉皆成佛) 7, 19
삼거설(三車說) 575, 576, 578, 579, 580
『삼경의소』(三經義疏) 194
삼교일치(三教一致) 21, 387, 393, 404, 410
삼론(三論) 562
삼론종(三論宗) 31
삼매(三昧, samādhi) 13, 69, 267, 268, 354, 457
삼밀(三密) 177
삼승(三乘, triyāna) 289, 292, 295, 296, 297, 298, 299, 300, 301, 319, 320, 321, 325, 464, 569, 570, 571, 572, 575, 576, 578, 579, 580, 636
「삼시업」(三時業) 390, 392, 393, 396, 501, 656, 659, 667
삼신설(三身說) 586
삼악취(三惡趣) 364
삼예(bSam yas) 논쟁 589
삼예(bSam yas) 329
삼자성(三自性, trisvabhāva) 55, 66, 276
삼지작법(三支作法) 53
삿된 가르침(邪教) 25
상(常) 267, 268, 269
상(相, lakṣaṇa) 251, 265, 277, 337, 369, 426
상당(上堂) 409, 410
상수멸(想受滅, saṃjñā-vedita-nirodha) 365
상수멸정(想受滅定) 365
상식(bon sens) 170
『상윳타 니카야』(Saṃyuttanikāya) 466
상의상대(相依相待) 248
『상적유대경』(象跡喩大經, Mahāhatthipadopama-sutta) 249
상즉(相卽) 179
색계사선(色界四禪) 365
샐리 킹(Sallie B. King) xxxvii, xl, l, 259
생각하지 않음(amanasikāra) 371
생성 59, 123, 161, 229, 230, 237, 292, 399, 425, 531, 533, 536, 577, 578, 579, 604
샤저우(沙州) 330
샤카무니 xxvi
샹카라스바민(Śaṅkarasvāmin, 商羯羅主) 54
서방극락정토 187
『서방의 사람』(西方の人) 104
『석마하연론』(釋摩訶衍論) 6
석밀(石蜜) 70
석호(石虎) 598
선(dhyāna, bsam gtan, 禪, Zen) 3, 4, 6, 9, 16, 17, 26, 27, 28, 30, 32, 38, 44, 49, 58, 60, 61, 62, 117, 133, 361, 591, 593, 610

선(善) 40
선문답 118
선불교 5, 8, 12, 19, 45, 109, 117, 142, 149, 351, 384, 387, 388, 410, 411, 412, 418, 428, 436, 456, 457, 464, 470, 480, 588, 597, 611, 613, 668
선사상(禪思想, Zen thought) 361
선수행(zen practice) 361
선정(禪定) xxxix, 13, 133, 134, 171, 244, 249, 333, 352, 358, 361, 362, 394, 413, 469, 586, 603, 610, 654, 655, 670
선종(禪宗) 31, 49, 50, 52, 109, 142, 361, 362, 485, 487, 515, 605, 654, 669
설화문학 381, 417
「섭결택분」(攝決擇分, Viniścayasaṃgrahaṇī) 297, 316
『섭대승론』(攝大乘論, Mahāyānasaṃgraha) xlv, 53, 66
성(性) 277, 425, 426, 507
성기(性起) 457
성문(聲聞) 267, 292, 299, 304, 318, 571
성문수기(聲聞授記) 577
성문승 325, 570, 572, 575, 639
성문종 639
「성문지」(聲聞地, Śrāvakabhūmi) 315, 636, 638
성불 xlix, l, 3, 7, 12, 19, 35, 37, 133, 180, 181, 251, 252, 253, 254, 271, 272, 274, 282, 334, 336, 356, 450, 482, 528, 529, 536, 551, 552, 570, 571, 572, 573, 577, 580, 581, 582, 583, 588, 651, 670
성실성(Wahrhaftigkeit) 170
『성유식론』(成唯識論) l, li, 637, 643
「성읍경」(城邑經, Nagara Sutta) 468
『성차별하는 불교』(性差別する仏教—フェミニズムからの告発) 36
성해탈군(聖解脫軍, Ārya-Vimuktisena) 299
세계 종교인 회의 180, 184, 185, 200
세계종교평화회의(World Conference on Religion and Peace) xxix
세니카 외도(先尼外道) 384
세속제(saṃvṛti) 135, 332, 353, 462, 663
세친(世親, Vasubandhu) 53, 252, 260, 261, 306, 579, 580
센네(詮慧) 384, 388
「소나단다 숫타」(Sonadanda sutta) 70
소락(蘇酪) 70
소멸(nirodha) 373
소부(小夫) 107
소승불교 336
소연연(所緣緣 ālambana-pratyaya) 295
소지장(所知障, jñeyāvaraṇa) 81, 336, 353
소크라테스 119
속제(俗諦, saṃvṛti) 67
송(宋)나라 46, 52, 59, 600, 659
『송고백칙』(頌古百則) 408
쇼토쿠 태자(聖德, 574-622) 148, 588
수계(受戒) li, 329, 394, 406
수론학파(數論學派, Sāṃkhya) 64
수미산 555, 565
수사법 59, 120, 150, 166
『수사학』(Rhetoric) xxxi, xxxv, 64, 68, 71, 86, 89, 90, 91, 92, 97, 126, 127, 128, 131, 139, 159, 162, 163, 165, 178, 217, 219, 226, 383, 384, 396, 399, 420, 421, 448, 453, 458, 610, 611
『수선사결』(修禪寺決) 7
수적(垂迹) 566, 675
『수증의』(修証義) 501, 502, 503, 505, 506, 507, 508, 509, 513, 516, 519, 657, 667, 668, 669
수증일등(修證一等) 384
수행(bhāvana) 438
수행(修行) 133
순관(順觀, anuloma) 603
『숫타니파타』(Suttanipāta) 244, 337, 368, 369
슈겐도(修驗道) 7
슈미트하우젠 xxxvii

스기오 겐유(杉尾 玄有) 403
스에미츠 야스마사(末光 愛正) 582
스에키 후미히코 xli, li, 473, 593, 656
스즈키 가쿠젠(鈴木 格禅, 1926-1999) 388
스즈키 다이세츠(鈴木 大拙, 1870-1966) 26, 27, 28, 32, 47, 48, 49, 68, 71, 72, 149, 160, 597, 656
스티라마티(Sthiramati, 安慧) 305
스티븐 하이네(Steven Heine) xxvii, xxxix, xliii, l, liii, 375
스피노자 233
습기(習氣, vāsanā) 638, 639
습소성종성(習所成種姓, samudānīta-gotra) 291
승론학파(勝論學派, Vaiśeṣika) 53
『승만경』(勝鬘經, Śrīmālādevī Sūtra) xlvii, 15
승의제(勝義諦, paramārtha-satya) 34, 333, 344, 353, 462, 663
승조(僧肇, 384-414) 29, 109
시각(始覺) 5, 21, 24, 41, 59, 60, 240, 275, 276, 277, 333, 386, 404, 414, 415, 465, 471, 480, 491, 492, 519, 524, 559, 599, 606, 611, 616, 624
시간(時間) xliv, xlv
시간설(*date-vāda) 133
시미즈 히데오(清水 英男) 403
시방제불 551
시중(示衆) 391, 410
신 중심 99, 199
신국(神國) 554, 555, 557, 558, 559, 561, 562, 563, 565
신기루 346
신기원(神祇院) 193
『신도오부서』(神道五部書) 563
신락(信樂) 267, 268
신란(親鸞) 181, 183, 553
신불분리(神佛分離) 7, 418
신불습합(神佛習合) 7
신비주의 xxvi, 104, 164, 177, 453, 588, 654, 663
신앙(信仰, śraddhā) 236
신토(神道) xxxi, 239, 418
신해(信解, adhimukti) 133
『신황정통기』(神皇正統記) 550
신회(神會, 684-758) 16, 425, 654
실상(實相, tattva) 244
실상인(實相印) 509
실유(實有, dravya-sat) 63
실재론 13, 95, 154, 272, 274, 276, 614
실존론 465
실존주의 99
실증주의 xxxii, xxxiii, 151, 160, 227, 228, 239, 240, 241, 242, 462, 491, 626, 661
실차난타(實叉難陀, śikṣānanda) 47
실체론 xxxvii, 37, 38, 71, 72, 81, 135, 259, 260, 262, 270, 431, 432, 433, 465, 469
심성(心性) 63
심성본정(心性本淨, prakṛtiś cittasya prabhāsvarā) 15
심신(深信) 401
「심신인과」(深信因果) 17, 392, 393, 394, 395, 400, 402
심신일여(心身一如) 243
심지(心地) 78, 425, 604, 605
심해탈(心解脫, ceto-vimutti) 133
『십불이문지요초』(十不二門指要鈔) 601
십이인연(十二因緣) 277
십이지연기(十二支緣起) 9, 248
십전유(十錢喩) 60
『십종요도기』(十宗要道記) 485
「십칠조 헌법」(十七條 憲法) 148
싯다르타 62, 153
쓰촨성(四川省) 428

[ㅇ]

아(我) 68, 69, 70, 267, 268
아뇩다라삼먁삼보리(阿耨多羅 三藐 三菩提, anuttara samyak sambodhi) 58
아도르노 xl, 441, 442, 445, 446, 447, 448, 662

아라이 세키젠(新井 石禪, 1864-1924) 513
아뢰야식(阿賴耶識, ālaya-vijñāna, 藏識) 465
아리스토텔레스 xxxvi, 126, 127, 128, 140, 161, 162, 174, 606, 610
아마테라스(天照) xlii, 556, 558
아미타불 192, 551, 599
아바라밀(我波羅蜜 ātmapāramitā) 265
아베 마사오(阿部 正雄) 145
아비달마 불교 294, 634, 635
아비달마 400, 417, 452, 466, 469, 600, 634, 635, 655
『아비달마경』(阿毘達磨經, Abhidharma Sutra) 310
『아비달마구사론』(阿毘達磨俱舍論, Abhidharmakośa-bhāṣya) 293, 316
『아비달마대비바사론』(阿毘達磨大毘婆沙論) 417
아사하라 쇼코(麻原 彰晃) 155
아상가(Asaṅga) 357
아우구스티누스 198, 235, 625
아카데미아 127
아쿠타가와 류노스케(芥川 龍之介, 1892-1927) 542
아키야마 슌(秋山 駿) 178
아키즈키 료민(秋月 龍珉) 415
『아타르바 베다』(Atharva Veda) 76, 77
아트만(영혼) xliii, 4, 14, 16, 18, 28, 29, 33, 35, 66, 76, 77, 78, 80, 141, 238, 244, 254, 256, 264, 265, 266, 269, 274, 279, 367, 373, 431, 439, 450, 469, 585, 587, 604, 605, 611
『아함』(阿含, Āgama) 370
『아함경』 35, 467
아함종(阿含宗) 176
악(惡) 40
안락율파(安楽律派) 8
알라라 칼라마(Āḷāra Kālāma) 366
알라야 638, 646
앎(jñāna) 101, 107, 121, 129, 130, 133, 135, 136, 137, 138, 139, 141, 146, 150, 153, 164, 167, 202, 216, 217, 218, 223, 224, 229, 230, 234, 265, 267, 341, 342, 352, 356, 444, 453, 454, 462, 531, 612
「앗타카박가」(Aṭṭhakavagga) 437
『앙굿타라 니카야』(Aṅguttaranikāya) 468
앙신(仰信, śraddhā) 133
애니미즘 11, 24, 80, 382, 588
애착(愛) 372
앨런 그래퍼드(Allan Grapard) 156
앨빈 플랜팅가(Alvin Plantinga) 229
야기 세이이치(八木 誠一) 117
야나기타 구니오(柳田 國男) 189
야나기타 세이잔(柳田 聖山) 386
야마구치 즈이호(山口 瑞鳳) li, 207, 329, 407, 479
야마모토 시치헤이(山本 七平) 525
야마베 노부요시(山部 能宣) li, 287, 309
야마시타 아키코(山下 明子) 36
야마오리 데츠오(山折 哲雄) 90
야마우치 슌유(山內 舜雄) 477, 504
야마토 다마시(大和魂) 147
야마토 시대 553
야마토(大和) 527
야스쿠니 신사 xxx, 188, 189, 193
야쿠산 구도(藥山 弘道) 354
야호(野狐) 397, 410
약사여래 551
「약초유품」(藥草喩品) 255, 581
『양부신도이도』(兩部神道二圖) 515
양부신토(兩部神道) 20
양육(nurture) 134
양자역학 160
언어(logos, vāc) 20
언어에 대한 믿음(*vāk-śrāddhika) 133
언표 불가능성 19, 123
얼굴(面門) 76, 77, 604, 605
『엄숙한 줄타기』(厳粛な綱渡り) 119
업보 147, 380, 386, 392, 397, 399, 401, 420, 513

업식(業識, karma-vijñāna) 489
에고(ego) 454
에르네스토 그라씨(Ernesto Grassi) 84, 606, 619
에이사이(榮西) 181
에이손(叡尊, 思円上人) 560
에이헤이지(永平寺) 378, 385, 409
에조(懐奘) 376
에치젠 385, 386, 406, 411
에토 준(江藤 淳) 188
엔니(圓爾 1202-1280) 485
엔키리 데라(縁切寺) 596
여래장(如來藏, tathāgata-garbha) xxxv, xxxvii, xxxviii, xlvi, 4, 12, 15, 16, 25, 34, 35, 55, 66, 68, 123, 124, 135, 154, 164, 250, 251, 252, 259, 264, 280, 281, 282, 287, 290, 295, 296, 302, 310, 311, 324, 325, 326, 382, 423, 424, 425, 427, 428, 431, 432, 436, 450, 451, 465, 480, 488, 489, 498, 515, 583, 585, 597, 601, 614, 627, 629, 634, 637, 649, 651, 678
여래장불교 499
여래장사상 xxviii, xxxvii, xlvi, xlvii, li, lii, liv, 8, 9, 10, 11, 14, 15, 16, 17, 32, 33, 34, 35, 63, 65, 73, 89, 225, 243, 244, 247, 250, 253, 256, 257, 259, 275, 280, 301, 302, 303, 304, 307, 325, 326, 387, 449, 463, 464, 469, 470, 474, 479, 480, 481, 484, 498, 515, 528, 537, 542, 569, 575, 576, 577, 582, 583, 587, 588, 589, 590, 595, 609, 617, 618, 627, 629, 630, 636, 637, 642, 649, 658, 664, 667, 669, 670, 675, 676
여래장전통 xli, 4, 15, 33, 249, 250, 254, 325, 326, 465, 467, 470, 611
여래종성(種姓)(gotraṃ tathāgatam) 70
여실(如實, yathābhūtam) 81, 275
여실지견(如實知見) 23
여여(如如) xli, 133, 147, 271, 275, 276, 278, 279, 280
여여경(如如境) 278, 279
여여지(如如智) 278, 279
여정(如浄) 378, 657, 658, 659
여징(呂澂, 1896-1989) 442
역관(逆觀, pratiloma) 603
역사 기술 626
연각 294, 570, 572, 574, 579, 676
연각승 570, 572, 575
연기(緣起, pratītyasamutpāda) xxxiii, xxxvii, li, lii, liv, 9, 133, 239, 247, 259, 263, 277, 284, 287, 288, 380, 423, 435, 439, 465
연화장(蓮花藏, padma-garbha) 16
『열반경』 250, 251, 252, 253, 254, 264, 290
염분의타(染分依他) 66
염불 464
염탁의타(染濁依他) 279
영리함(さかしら) 538
영성(靈性) 485
영지(靈知) 485
영지주의 197
『영평광록』(永平廣錄) 391, 397, 409, 410
『영평광록』(永平広録) 659
영혼(atman) 367, 584, 585, 626
에다사(穢多寺) 418
에다좌(穢多座) 419
예수 117, 118, 119, 199, 597, 605
오고시 아이코(大越 愛子) 36
오교판(五教判) 428
오르페우스주의 197
오리엔탈 르네상스(Oriental Renaissance) 443
오리엔탈리즘 157, 200, 443, 611, 616
오봉(御盆) 191
오봉(五奉) 488
오분법신(五分法身) 467
오사카 부락 해방 센터(大阪部落解放センター) 20, 212
「오식신상응지의지」(五識身相應地意地, Pañcavijñānakāya-saṃprayuktā-manobhūmi) 316
오에 겐자부로(大江 健三郎) 119

오온(五蘊) 69, 265
오우치 세이란(大內 青巒, 1845-1918) 501
오위설(五位說) 510
오종성(五種姓) 3
오카베 가즈오(岡部 和雄) 150, 176, 516
오히간(お彼岸) 525, 526
옴진리교 xxxii
와츠지 데츠로(和辻 哲郎) 23, 89
와키모토 즈네야(脇本 平也) 176
와타라이(渡会) 563
왕생(往生) 417
외도(外道) 265
외재론 231, 232, 234, 235, 236, 241, 242, 625, 626
요가 275, 340, 341, 354, 370, 648
요가수행자 341, 342, 344, 348, 652
요시다 가네토모(吉田 兼俱, 1435-1511) 566
요시미네데라(善峯寺) 396
요시즈 요시히데(吉津 宜英) 31, 475
요코지(永光寺) 376
용(用) 428
『우관초』(愚管抄) 550
우마야도노미코(厩戸皇子, 쇼토쿠 태자) 546
우메하라 다케시(梅原 猛, 1925-) xli, 124, 180, 525
우에다 시즈테루(上田 閑照) 482
우이 하쿠주(宇井 伯壽) 50
우치무라 간조(内村 鑑三) 546
우치야마 구도(内山 愚童, 1874-1911) xxx
우파 신토 526
우파니샤드 33, 141, 177, 197, 248, 256, 259, 289, 362, 431, 463, 467, 605
운암(雲巖) 488
웃다카 라마풋타(Uddaka Rāmaputta) 366
『원각경』(圓覺經) 425
원각묘심(圓覺妙心) 425
원성삼자성(圓成三自性) 55
원성실(圓成實, parinișpanna) 55, 66
원효(元曉) 598, 600
위경(僞經) 5, 6, 452, 592
위대한 연민(大悲, mahākaruṇā) xxxix, 331
위산(潙山) 488
위생학 104
윌리엄 앨스턴(William Alston) 229
『유가사지론』(瑜伽師地論, Yogācārabhūmi) 290
유가행파 xxxviii, xlii, li, 3, 15, 17, 33, 49, 50, 54, 55, 66, 72, 81, 244, 266, 275, 276, 280, 287, 290, 295, 297, 299, 300, 301, 302, 303, 304, 306, 310, 311, 313, 314, 315, 317, 318, 320, 321, 322, 324, 325, 326, 387, 452, 465, 543, 577, 578, 580, 597, 602, 611, 617, 624, 629, 631, 633, 634, 635, 636, 639, 640, 641, 645, 646, 648, 649, 650, 651
유계론(有界論, dhātvasti-vāda) 465
유골(dhātu) 587
유교 21, 24, 112, 114, 124, 165, 183, 284, 387, 500, 516, 517, 518, 519, 527, 670
유다교 119, 197
『유마경』 xxv, 17, 21, 205, 570, 578, 579
유메도노(夢殿) 546
유명계(幽冥界) 518
유식 1, 17, 23, 56, 250, 542, 543, 544
『유식이십론』(唯識二十論) 350
유심(唯心) 55
유아견(有我見, Ātma dṛṣṭi) 81
유위계(有爲界, *saṃskṛta-dhātu) 647
유위법(有爲法, saṃskṛta) 294
유일대승(唯一大乘, Eka-Mahayana) 498
유일신론자 529
유재석(有財釋, Bahuvrīhi) 467
유정비정, 개구성불도(有情非情, 皆俱成佛道) 19
유체(遺體) 192
유케이(松長 有慶) 175
유토피아(utopia, οὐτόπος) 103, 106, 107, 139, 612
육극(六極) 106, 108
육문(六門) 604
육바라밀(六波羅蜜) xxxviii, xxxix, 332

육입(六入) 372, 637, 650
『육조단경』(六祖壇經) 61, 77
윤리 38, 45, 105, 149, 153, 158, 183, 185, 219, 228, 241, 444, 603, 612
윤리적 xxix, 38, 40, 45, 70, 75, 78, 81, 139, 283, 284, 285, 383, 392, 428, 429, 595, 596, 618
윤리학 xl
윤회 4, 251, 365, 397, 455, 465, 467, 505, 543, 628, 633, 637, 647, 648
윤회전생(輪廻轉生) 192
윤회즉열반(輪廻卽涅槃) 7
『율장』(律藏) 「대품」(大品, Mahāvagga) 9, 76, 248, 249, 372, 373, 435
율종 464
융(Jung) xliv, 99
응신(應身) 562
응신불 562, 565
응화(應化) 580
의(義) 40
의타기(依他起, paratantra) 55, 63, 66
의타삼자성(依他三自性) 55
의타성(依他性 paratantra-svabhāva) 277
『이만오천송반야경』(二萬五千頌般若經, Pañcaviṃśati-sāhasrikā-prajñāpāramitā Sūtra) 15
이사무애(理事無碍) 55
이성 84, 113, 163, 185, 200, 209, 227, 231, 242, 445, 447, 451, 453, 454, 455, 456, 457, 458, 459, 461, 462, 531, 535, 661, 662
이세(伊勢) 563
이슬람 171, 197, 464
이승작불(二乘作佛) 572, 577
이시이 세이준(石井 清純) 410
이시이 슈도(石井 修道) 21, 30, 378, 403, 407, 475
이시카와 리키잔(石川 力山) 501
이야나가 노부미(彌永 信美) 200
이와사키 미노루(岩崎 稔) 173
이와시미즈(石清水) 560
이원론 154, 160, 367, 428, 456, 668
이일다성증명(離一多性証明) 350
이제(二諦, 俗諦와 眞諦) 341
이치카와 다몬(市川 多門) 112
이치카와 하쿠겐(市川 白弦 415
이카루가노사토(斑鳩の里) 546
이타(利他) 19
이타적 29, 38, 147, 330, 335, 336, 344, 352
이타주의 478
이토 다카토시(伊藤 隆寿) 31, 109, 387
이토 슈켄(伊藤 秀憲) 388
이토 진사이(伊藤 仁斎) 109
인과 xli, xliii, 7, 10, 17, 19, 55, 62, 63, 64, 65, 68, 133, 142, 161, 263, 264, 315, 317, 332, 339, 341, 344, 345, 346, 375, 379, 380, 382, 385, 386, 387, 392, 393, 394, 397, 398, 399, 400, 401, 402, 404, 406, 411, 412, 414, 416, 422, 478, 506, 507, 508, 509, 520, 602, 634, 637, 646, 659
『인과무성』(因果無性) 508
『인명입정리론』(因明入正理論, Nyāyapraveśa) 54
『인명정리문론본』(因明正理門論本) 53
인연(因緣) 643
「인연상응」(因緣相應, Nidāna-Saṃyutta) 468
『인왕경』(仁王經) 5, 592
일계(一界, eko dhātuḥ) 465
일계론(一界論, ekadhātu-vāda) 465
일대사인연(一大事因緣) 509, 668
일법계(一法界, eka-dharmadhātu) 425
일본교(日本教) 193, 194, 196, 198
일본문화론 590, 678
『일본서기』(日本書紀) 190, 538, 555
일본어(仮字) 389
일본인론(日本人論) xxxi, 144, 148, 383
일본인주의 384
일본정신 147
일본주의 xli, xlii, liii, 523, 524, 526, 534, 535,

537, 540, 541, 542, 544, 545, 546, 547, 617, 622, 672
일본학(日本學) 11, 12, 217, 474, 526, 527, 528, 596, 670
일불승(一佛乘) 570
일승(一乘, ekayāna) 37, 464, 569
일신론 171, 172, 678
일심(一心) 64, 396, 425
일여(一如) 185, 531
일원론 xxxvii, xxxviii, xlvi, 63, 125, 154, 259, 260, 265, 269, 270, 276, 278, 279, 280, 289, 290, 291, 298, 301, 303, 304, 310, 311, 317, 318, 320, 321, 324, 325, 363, 425, 428, 449, 456, 461, 462, 476, 531, 613, 650, 667, 668, 678
일원절대(一元絶對) 508
일자(一者) 450
일전어(一轉語) 397
일천제(一闡提) 4, 251, 252, 254, 267, 268, 273, 274, 290, 296, 324
일체개성(一切皆成) 251, 252, 569
일체중생실유불성(一切衆生悉有佛性) 251, 252, 253, 569, 577
일체지자(一切知者)의 지(智) 334, 340
임제(臨濟) 16, 61, 77, 79, 80, 81, 593, 599, 601, 604, 605
임제록(臨濟錄) 44, 76, 77, 78, 79, 604
임제선 187
임제오산(臨濟五山) 385
임제종 386, 415, 605
입정교성회(立正佼成会) 284
잇펜(一遍) 178
있어야 할 그대로(阿留辺幾夜宇和, あるべきやうわ) 147, 182

[ㅈ]

자공(自空, rang stong) 134
자기동일성 542, 672
자민족중심주의 xlii, 284, 527, 549, 550, 564, 565, 566, 567, 672, 675
자성(自性, svabhāva) 339
자성청정심(自性清淨心, prakṛtiś cittasya prabhāsvarā) 250
자숙(自肅) 26
자야틸레케(K. N. Jayatilleke) 461
자업자득(自業自得) 386
자연 xliii, 18, 28, 35, 38, 40, 98, 112, 113, 114, 129, 138, 141, 142, 165, 166, 171, 173, 179, 181, 182, 192, 237, 238, 239, 240, 334, 379, 393, 396, 445, 450, 454, 498, 517, 529, 535, 536, 557, 588, 589, 590, 613, 626, 634, 637, 661, 671
자연법 129
자연외도(自然外道) 7, 401
자연적으로(おのずから) 538
자연주의 7, 149, 382, 385, 399, 401, 432, 450, 538, 540, 588, 590, 671
자연주의자 540
자의식적 합일(self-conscious union) 91, 132
자이나교 77, 80, 239, 248, 366, 367, 368, 371, 604, 655
작용인(作用因, efficient cause) 64
장사 경잠(長沙 景岑) 393, 410
장소(topica) 86, 92, 95
장소(topos) 92, 95, 96, 101, 105, 106, 107, 115, 125, 173, 202, 489
장소(場所) xxvi, 18, 21, 100, 415, 606, 615
장소론(場所論, topica) 87, 90, 91, 92, 123, 124, 125, 126, 127, 128, 130, 131, 132, 137, 140, 147, 149, 153, 155, 160, 161, 162, 163, 164, 173, 174, 216, 223, 224, 225, 226, 235, 236, 606
장소론자(topicalist) 93, 95, 100, 104, 105, 137, 146, 157, 166, 167, 223, 224, 225, 226, 235, 458, 613
장소불교(場所佛教) xxv, xl
장소의 논리 144, 459
장소철학(topische Philosophie) xxvi, xxxv,

xxxvi, xxxvii, lii, 21, 22, 27, 29, 83, 84, 85, 86, 87, 88, 89, 90, 92, 93, 95, 96, 97, 99, 101, 106, 115, 118, 119, 120, 124, 126, 128, 130, 131, 133, 134, 137, 139, 140, 143, 144, 145, 146, 147, 149, 150, 151, 152, 159, 164, 173, 174, 175, 195, 202, 203, 204, 211, 215, 216, 223, 415, 449, 473, 479, 490, 606, 609, 610, 611, 612, 613, 616, 622, 624, 662
장원(莊園) 553
장자(莊子) xxvi, xliv, 106, 604
잠바티스타 비코(Giambattista Vico, 1668-1744) 84, 479
저우언라이 492
적멸(寂滅, prapañcopaśama) 80
적육단상(赤肉團上) 76, 604
전교대사 사이쵸(傳教大師 最澄, 767-822) 556
전등록(傳燈錄) 397
전생(轉生) 543
전신(戰神) 562
「전의」(傳衣) 395, 396, 659
전일불법(全一佛法) 384
전주장(前主張, pūrvapakṣa) 235
전지(全知)의 지혜(sarvajñajñāna) 364
전지자(全知者) 77
전체주의 xxxi, 148, 150, 153, 165, 531, 532, 534, 588, 678
전타라(旃陀羅, caṇḍāla) 502
절대 무의 장소 123, 145
절대불이(絶對不二) 7
절대적 모순 672
절대지(絶對知) 200
절언(絶言) 19
점(漸) 135
점오(漸悟) 60
정(淨) 267, 268
정(正) 40, 509
정각(正覺, abhisaṃbodhi) 373
정근심(正勤心) 272
정념(pathos) 211
정등각자 637
정바라밀(淨波羅蜜) 267
정법(正法, saddharma) 27
『정법안장』(正法眼藏) xxxix, liii, 17, 21, 22, 181, 244, 375, 376, 377, 378, 379, 380, 381, 384, 385, 388, 389, 390, 391, 392, 397, 400, 401, 402, 404, 406, 407, 408, 409, 411, 412, 414, 415, 416, 417, 418, 420, 470, 477, 481, 482, 485, 486, 487, 489, 501, 502, 503, 507, 510, 516, 601, 656
『정법안장수문기』(正法眼藏隨聞記) 397, 574
『정법안장어문서』(正法眼藏御聞書) 388
『정법안장초』(正法眼藏抄) 388
정분의타(淨分依他) 66
정토 180, 181, 187, 188, 192, 452, 562, 621
정토종 49, 52, 187, 192, 198, 421, 485
정토진종(淨土眞宗) xxix, 418, 476
제이미 허바드(Jamie Hubbard) xxv, l, lii, liii, liv, 121
제창(提唱) 510, 512
조동선(曹洞禪) 501
조동종(曹洞宗) xxix
『조론』(肇論) 599, 603
조몬(繩文) 시대 527
조장(鳥葬) 208
조주(趙州) 489
조지 폭스(George Fox) 283
조큐(秋吉) 556
조화(和) xxxvi, xlii, xliii, 5, 12, 22, 24, 36, 40, 89, 136, 140, 146, 147, 148, 165, 168, 170, 179, 184, 185, 189, 254, 343, 344, 348, 382, 383, 445, 480, 497, 500, 528, 529, 530, 531, 532, 533, 534, 536, 576, 588, 589, 590, 611, 615, 635, 644
존 키난(John Keenan) xlv
존재론 xxxvii, 55, 63, 70, 71, 123, 130, 132, 140, 162, 219, 224, 227, 237, 238, 241, 249, 266, 275, 276, 278, 279, 280, 281, 282, 383, 400, 425, 428, 429, 442, 446, 449, 451, 452,

453, 457, 578, 599, 661, 662, 663, 673
종교 붐 24
종교 유형론 172
종교 4, 5, 7, 10, 11, 12, 18, 21, 23, 24, 27, 32, 40, 49, 88, 99, 104, 116, 123, 129, 140, 142, 146, 149, 150, 151, 152, 153, 154, 157, 159, 162, 163, 164, 170, 171, 172, 175, 176, 178, 180, 181, 182, 183, 184, 186, 187, 188, 191, 192, 193, 196, 197, 198, 199, 200, 204, 208, 213, 218, 221, 222, 227, 228, 275, 283, 284, 336, 340, 341, 367, 381, 382, 395, 407, 413, 414, 419, 420, 421, 426, 428, 429, 433, 434, 435, 438, 442, 453, 459, 470, 471, 491, 492, 498, 499, 501, 502, 516, 517, 520, 521, 525, 526, 528, 534, 546, 547, 551, 552, 553, 560, 564, 567, 584, 602, 605, 611, 612, 614, 616, 624, 657, 669
종교다원론 199, 204
『종문연등회요』(宗門聯燈會要) 397
종밀(宗密 780-841) xl, xlix, liii, 31, 485
종성(種姓, gotra) 70, 290, 294, 577, 580
『종용록』(從容錄) 397
종자(種子, bīja) 291, 294, 305, 315
종자의(種子依) 643
종족(kula) 578
좌선 27, 330, 332, 333, 334, 335, 340, 355, 407, 410, 511
주본각찬(註本覺讚) 6
주어의 논리 202
주자학(朱子學) 517
주장(phasis) 609
주종성 640
죽음의 철학(死の哲學) xlii, 12, 14, 118, 544, 545, 547, 587, 672
중관 불교 8, 385, 421
중관 33, 62, 243, 244, 427, 452, 626, 677
중관사상 xlvi, 34, 51, 402
『중관장엄론』(中觀莊嚴論, Madhyamakālaṃ-kāra) 329, 331, 341, 349, 354
중관파 15, 33, 66, 339, 346, 349, 387, 400, 407, 414, 417, 481
중도(中道) 67
『중론송』(中論頌, Mūlamadhyamka- kārikā) 16
『중변분별론』(中邊分別論, Madhyānta vibhāga) 67, 313
중토(中土) 556
즈냐냐가르바(Jñānagarbha) 460
즈다 소키치(津田 左右吉) 671
즈다 신이치(津田 眞一) 206, 248, 475
「즉심시불」(卽心是佛) 485
증상만(增上慢) 580
증상심(增上心, adhicitta) 133
증상연(增上緣) 643
증상혜(增上慧, adhiprajñā) 133
지(智) 278
지경(智境) 277, 278
지관타좌(只管打坐) 23, 57, 400, 407, 599
『지광명장엄경』(智光明莊嚴經, Jñānālaṃkārāloka Sutra, de-bzhin-ñid ni gzhi'o) 319
지나내학원(支那內學院) 442
지눌(知訥, 1158-1210) 60
지례(知禮) 59
지루가참 637
지식사회학 424, 453
지옥 392, 464
지인(至人) 106
『지장엄광명경』 641
지지일자(知之一字) 425
지혜(jñāna, prajñā) 363
직관(直觀) 12, 537
직업으로서의 학문 xxxvi, 169, 196, 197, 198, 228, 523
직접경험(pratyakṣa) 164, 174, 175
진공묘유(眞空妙有) 55, 508
『진리강요』(眞理綱要, Tattvasaṃgraha) 329
진리의 확증(pratyavekṣa) 335, 352
진무(神武) 천황 533
진보(progress) 134
진사실(眞事實) 509

진사이 109, 114
진실성(眞實性) 277
진실하고 실체적인 본성(眞體性) 265
진언(眞言) 180, 464, 552, 562
진언종 6, 485, 552, 576, 599
진여(眞如, tathatā) xxv, 68, 265, 271, 277, 278, 295, 297, 456, 551, 586
진제(眞諦, Paramārtha) 51, 67, 260
집착(取) 372, 461
징관(澄觀) 31

[ㅊ]

차말라(遮末羅, Cāmara) 556
차안(此岸) 456
찬달라(caṇḍāla) 418
찬드라키르티(Candrakīrti) 57, 62, 349, 599, 602
찰라멸(剎那滅 kṣaṇa-bhaṅga) 337
『참동계』(參同契) 510
참회(懺悔) li, 145, 146, 164, 387, 394, 401, 657
참회도(懺悔道) 145
참회멸죄(懺悔滅罪) 387
참회명상 418
창가학회(創價學會) 284
처방적(處方的, prescriptive) xxvi
천동 여정(天童 如淨) 409
『천성광등록』(天聖廣燈錄) 397
천태 지의(智顗, 538-597) 19, 432, 565, 587
천태 6, 8, 30, 37, 180, 452, 453, 483, 486, 553, 562, 565, 566, 576, 593, 599, 600, 657
천태본각사상 xlii, xlix, 477, 478, 486, 536, 549, 550, 551, 566, 567, 672, 673
천태종 3, 6, 49, 52, 59, 180, 408, 410, 418, 477, 478, 485, 550, 553, 562, 563, 576, 587, 600, 603, 671
천태지관(天台止觀) 30
천황 일신교 201
천황 26, 148, 184, 530, 532, 538, 540, 541, 550, 554, 555, 556, 557, 558, 564, 674
천황제 25, 26, 480
청정의타(清淨依他) 279
청정한 마음(citta-viśuddhi, citta-prakṛti) 123
체(體) 428
체용(體用)론 425
초기체(超基體, super-locus) 11, 65, 289, 578
초목 4, 244, 506, 529, 589, 671
초목국토 실개성불(草木國土, 悉皆成佛) 7
초목성불 11
총카파(Tsong kha pa, 1357-1419) 151, 174
『최사륜』(摧邪輪) 483
추론(anumāna) 150, 164, 174, 226
「출가」(出家) 377, 394, 395, 406, 552, 659
「출가공덕」(出家功德) 378, 395
측천무후(則天武后) 54

[ㅋ]

카말라실라(Kamalaśīla) xxxviii, xxxix, 330, 654
카스트제도 254
카오스 이론 160, 613
칸트 444
칼 빌레펠트(Carl Bielefeldt) 386
칼 포터(Karl Potter) 134
코기토(cogito) 454
코페르니쿠스적 전환 xlii, 199, 200, 565
콜린 윌슨(Colin Wilson) 177
퀘이커(Quakers, the Religious Society of Friends) 282
퀘이커교 283, 284
크레도(credo) 25
크로노토포스(chronotopos) 194
큰 깨달음(大悟) 340
클레어 프로펫(E. Claire Prophet) 155
키케로(cicero) 90

[ㅌ]

타공(他空, gzhan stong) 134
탄트라 68, 78, 340, 605

탑 416, 546
태양(大日) 565
태장계(胎藏界) 만다라(garbha-saṃbhava-maṇḍala) 176
태청(太淸) 106
『태평기』(太平記) 667
테르툴리아누스 198
「테비자 숫타」(Tevijja Sutta」, 『三明經』) 393
토착적 xxvii, xlvii, 5, 11, 19, 27, 28, 30, 31, 32, 36, 87, 90, 96, 98, 99, 100, 103, 104, 105, 106, 109, 110, 111, 113, 115, 116, 124, 140, 141, 142, 143, 144, 147, 155, 175, 180, 198, 203, 341, 393, 425, 431, 432, 478, 484, 489, 490, 499, 525, 611, 675
토착주의 124, 227, 384
토포스(topos, τόπος) 173, 195, 450, 458
톰 카술리스(Tom Kasulis) 144
통찰의 계발(vipassanā) 135
티송데첸(Khri srong lde btsan, 742-797) 330
틱낫한 284, 285

[ㅍ]

파르메니데스 447
파르시교 197
파이명일(破二明一) 580
파토스 163, 202
판교(判敎) 56
판단의 기술(ars iudicandi) 133, 226, 235
「팔대인각」(八大人覺) 376, 390, 394, 656
『팔번우동훈』(八幡愚童訓) 560, 562
팔정도(八正道) 468
『팔천송반야』(八千頌般若, Aṣṭasāhasrikā-prajñā-pāramitā) 14, 250
『팔천송반야경』 337, 342, 345, 346, 349, 351, 356
페미니즘 36, 611
페트루스 라무스(Petrus Ramus) 174
펜실베이니아 주립대학(Pennsylvania State University) 1
편(偏) 509
편재성(遍在性) 51
평등 9, 147, 148, 184, 185, 250, 255, 283, 290, 307, 383, 401, 498, 499, 505, 509, 511, 512, 517, 531, 664
평등일여(平等一如) 506, 507
포괄주의 xlii, 123, 125, 136, 139, 142, 146, 148, 149, 150, 151, 153, 162, 168, 176, 184, 199, 612, 615
포스트모더니즘 xxxiii, xxxvi, 86, 100, 130, 160, 175, 203, 451, 622, 662
포스트모던 xxvi, xxvii, xxxii, 130, 160, 201, 202, 415, 441, 611, 622
폴 그리피스(Paul J. Griffiths) xxviii, xxxvii, xlv, xlix, 88
폴 스완슨(Paul L. Swanson) xxxv, xliii, xlv, li, 3
푸드갈라 설(pudgala-vāda) 65
프리죠프 카프라 175, 177
플라톤 127, 609
피차별 부락 550
피터 그레고리(Peter N. Gregory) xxxiv, xl, xlix, liii, 486
핍진(逼眞, verisimilitude) 224, 227

[ㅎ]

하나의 영역 465
하나조노(花園) 560
하라다 소가쿠(原田 祖岳, 1871-1961) 508
하버마스 xl, 443, 444, 447, 448, 451, 661, 662
하야시 라잔(林 羅山) 517
하이데거(Heidegger) xl, 99
하이젠베르크 160, 610
하자마 지코(硲 慈弘) 31, 477, 504
하치만 궁(八幡宮) 560
하치만 신 561
하치만(八幡) 562
하카마야 노리아키(袴谷 憲昭) xxv, xlix, 17, 83, 169, 497

하쿠인(白隱) 599
하택종 485
한 생각 마음이 쉬는 곳(一念心歇得處) 80
한국 46, 50, 52, 54, 56, 58, 60, 72, 566, 605
한국인 550
한도 고젠(版橈 晃全) 391
한문(眞字) 389
합리주의 160, 227, 228, 479, 589, 590
합창단(chorus) 91, 92, 131
해방신학 381, 421
해석학 1, 71, 72, 81, 99, 214, 285, 375, 381, 419, 420, 443, 459
『해심밀경』(解深密經, Saṃdhinirmocana Sutra) 66, 636
해체 xxxii, 56, 65, 73, 129, 130, 421, 461, 487, 488, 577, 578
해체신학 381, 421
해체주의 100, 421, 434, 451, 458
해탈(mokṣa) 626
해탈(mukta, vimokṣa) xxxviii, xxxix, 331
해탈(vimukti) 13
「행지」(行持) 393
『행지규범』(行持規範) 516
행하는 바(karmaka) 70
허옌셩(何燕生) 485
헤겔 98, 144, 145, 443, 445, 458, 661
헤이안 시대 31
헤이안 li, 6, 186, 566
『현관장엄론』(現觀莊嚴論, Abhisamayālaṃkāra) 15, 252, 255, 290, 298
『현관장엄론석』(現觀莊嚴論釋, Abhisamayālaṃkāra-vṛtti) 299, 323, 640
현교 180
현대불교문학 617
현량(現量, pratyakṣa) 133
현상학 99
현성(現成) 384, 457
「현성공안」(現成公案) 385, 482
현세이익(現世利益) 338
현장(玄奘, 602?-664) 51, 52, 459
『현장』(玄奘) xlix
혈통(vaṃśa) 578
혜능(慧能, 630-713) 61
혜원(慧遠) 51, 58, 598
혜해탈(慧解脫, paññā-vimutti) 133
호교론 xxxiii, xxxix, xlix, 158, 618, 620
호넨(法然) 181, 415, 483, 553
호리 다츠오(堀 辰雄, 1904-1953) 546
호벤(方便) 333
호조 도키요리(北条 時頼) 385
호치보 쇼신(寶地房 證眞) 7
혼합주의 23, 24, 26, 170, 381, 382, 392, 393, 404, 407, 415, 416, 421, 573, 622
홉스 129
홍인(弘忍, 601-674) 61
홍주종(洪州宗) 428, 485
화(和, 조화) xxvii, 23, 24, 26, 29, 36, 37, 74, 165, 192
화엄 6, 9, 52, 54, 59, 72, 148, 425, 452, 453, 457, 532, 562, 599, 600
『화엄경』(華嚴經) 72, 425
화엄사상 248, 678
화엄종 49, 52, 59, 483
환상(mosadhammam) 346
환상의 동양 148, 200, 201
환영(幻影) 346
황문(黃門, ṣaṇḍha) 502
황천국(黃泉國) 12
회소입대(廻小入大) 573
회향보리(廻向菩提) 580
회호적 상입(回互的 相入) 457
후루타 쇼킨(古田 紹欽) 386
후세 고가쿠(布施 浩岳) 576
후주장(後主張, uttarapakṣa) 235
후지요시 지카이(藤吉 慈海) 187, 621
후지타 고타츠(藤田 宏達) 366
후쿠나가 고지(福永 光司) 107
흄(Hume) 235, 625

희론(戲論, prapañca) 80
히라이 슌에이(平井 俊榮) xlvi
히라카와 아키라(平川 彰) 34, 250, 569
히라타 아츠타네(平田 篤胤, 1776-1843) 537
히사마츠 신이치(久松 真一) 415
히사마치류 187
히에(日吉) 562
히에이 산 179, 504, 513, 515, 553, 556, 562, 563
힌두 197, 257, 264, 419, 469, 599, 605
힌두교 78, 80

2. 로마자 색인

[A]

a-saṃjñā 364, 365, 373
anātman, 無我 178
Apocrypha 592
apoha 349
Aristotle 607, 610
asaṃskṛta dharma, 無爲法 400
Augustine 625

[B]

Bernard Faure 611, 615, 616, 618, 659
bodhisattva 菩薩 293, 302
buddha-dhātu 253, 577, 579, 583, 585
Bīja 632
bīja 291, 304, 305, 631, 632, 633, 635, 645, 646, 647, 648, 650

[C]

constitution 189, 190, 191, 192, 642

[D]

date-vāda 612
Dhyana 654, 655
dhyana 362, 363, 364, 365, 366, 367, 368, 370, 371, 372
dhyāna 361, 362, 365, 369
Dhātu 631, 643, 665
dhātu 251, 253, 256, 288, 289, 291, 292, 304, 305, 306, 310, 311, 312, 313, 314, 315, 316, 317, 318, 319, 321, 322, 326, 399, 466, 467, 468, 628, 631, 632, 634, 635, 636, 642, 643, 645, 646, 647, 648, 649
dhātu-vāda 612, 636, 669, 677

[G]

Gotra 639
gotra 291, 300, 305, 309, 310, 315, 316, 326, 592, 628, 631, 632, 633, 634, 636, 637, 638, 639, 640, 649, 650

[H]

Herz 102, 608
hetu 256, 579, 632, 645, 647

[L]

locus 基體 253, 288

[M]

Mahāvagga 603, 627, 655
manasikāra 364
Max Fisch 618
Max Weber 619, 624, 625, 670
mokṣa 584
mārga 57, 600

[N]

Nyāyamukha 53

[O]

Organon 126, 610

[P]

pratyekabuddha 緣覺 293, 302
prāpti(得) 632

[R]

Richard DeMartino 656

[S]

saṃjñā 364, 365, 655
saṃskṛta dharma, 有爲法 400
super-locus 超基體 253, 288
Suttanipāta 626, 652, 655

[T]

Thomas Reid 625
Treatise of Human Nature 625

[V]

Vetter 626

[ā]

ātmāna 70

(ś)

śraddhā 241
śrāvaka 聲聞 293
śūnyavāda 677

보리수 가지치기

비판불교를 둘러싼 폭풍

초판인쇄 2015년 5월 29일
초판발행 2015년 6월 5일
초판 2쇄 2016년 9월 1일

저 자 Jamie Hubbard & Paul L. Swanson
역 자 류제동
펴 낸 이 김성배
펴 낸 곳 도서출판 씨아이알

책임편집 박영지, 김동희
디 자 인 송성용, 윤미경
제작책임 이헌상

등록번호 제2-3285호
등 록 일 2001년 3월 19일
주 소 (04626) 서울특별시 중구 필동로8길 43(예장동 1-151)
전화번호 02-2275-8603(대표)
팩스번호 02-2275-8604
홈페이지 www.circom.co.kr

I S B N 979-11-5610-136-9 93220
정 가 38,000원